中国人的文化密码

传承文明

二〇一二年十月 王定国

百岁老红军、著名社会活动家 王定国老人为本书的题词

目 录

前言

第一章　伏羲的故事

第一节　八卦符号画出了"易"的起源 ············ 04
第二节　八卦符号中天地乾坤的秘密 ············ 07
第三节　神秘的河图、洛书，解密的太极、五行 ············ 11
第四节　不再神秘的《周易》六十四卦 ············ 31
第五节　《周易》的十个翅膀 ············ 36
第六节　《周易》的时空变迁 ············ 47
第七节　易学解密——人人都能轻松地看懂《周易》 ············ 62

第二章　黄帝的故事

第一节　文字的发明与文字的演变 ············ 76
第二节　悠扬文字的文化结晶 ············ 84
第三节　文字中的生命内涵 ············ 92
第四节　奇特的发明——干支 ············ 96
第五节　神奇的奇门、风水数理模型 ············ 116
第六节　干支来源自日月星辰 ············ 151
第七节　中国人的宝贝《黄帝内经》 ············ 160
第八节　人体的组成部件——五藏 ············ 169
第九节　人体能量的联接通道——经络 ············ 188
第十节　人体能量通道上的站点——穴位 ············ 203
第十一节　二十八星宿与五运六气 ············ 239

第三章　孔子的故事

第一节　孔子生前的纷乱年代 ············ 275
第二节　孔子从政从教的岁月 ············ 283
第三节　感受孔子所说的学问 ············ 289
第四节　孔子身后的巨大影响 ············ 303

I

第四章　老子的故事

- 第一节　老子其人的神采 … 311
- 第二节　老子《道德经》之道 … 315
- 第三节　道家眼中的人体 … 327
- 第四节　如何亲近《道德经》 … 341

第五章　释迦牟尼的故事

- 第一节　成佛的艰辛过程 … 351
- 第二节　佛法无边边有涯 … 366
- 第三节　佛教与中国之缘 … 387
- 第四节　人们的修行之路 … 396
- 第五节　生命成就的真相 … 404

第六章　王羲之的故事

- 第一节　书圣王羲之成圣之路 … 472
- 第二节　人人可以写好毛笔字 … 479
- 第三节　人人都可以画出好画 … 493
- 第四节　琴棋的韵味来自哪里 … 523

第七章　张三丰的故事

- 第一节　真仙张三丰之路 … 540
- 第二节　真人张三丰之说 … 553
- 第三节　太极张三丰之谜 … 559
- 第四节　武艺武德与武术 … 565

感言 … 597

后记 … 601

参考书目 … 605

前言

这本书选了这么大的一个题目，好似有些不自量力。

但对于读过许多文化书籍的人，又会不会觉得很需要有这样一本书，来整体梳理一下中国文化的脉络，来提供一把应用中国文化的钥匙呢？

这本书，是在谈天说地，这本书，是一本很好看的说中国文化的故事书。

这本谈天说地并试图整体贯通地说中国文化的故事书，每个故事都挖掘了文化中的宝贝。之所以叫"文化密码"，那一定是展现了不为人知的诸多秘密，使得无论多么大的学者看了都能有新的惊喜、新的收获，使得无论多么普通的读者都能获得进入文化殿堂的钥匙。

正像任何微观的投资都需要在宏观的框架指导下进行，宏观是大方向，大方向对了，投资才不容易犯大错，才能把握机会、规避风险。

而中国文化的宏观就是天人合一。就像人们将文化起源定位在先民对于人与天的关系的理解一样，中国人谈文化，就必不可少地要谈人与天的联系。

这是为什么呢？

中国古代的先贤们把宇宙自然与人的关系看明白了，做到了天人合一，并讲出来给后人听；众多没有看明白的后人，却听明白了，并照着做，做了以后也就弄明白了。现代的人们接着做，依然是不可能离开宇宙自然的特点与规律。

在天人合一的宏观框架下，中国文化展现了无比丰富的内容，中华民族的智慧之源、文化的源头活水——《易经》，以生命科学为主体的里程碑式的巨典——《黄帝内经》，《论语》《道德经》《金刚经》，琴棋书画和武术，都成为中国文化中不可或缺的组成部分，并且一脉相承、源远流长。

为什么说这本书会很好看呢？

许多人都知道《易经》很难读、很枯燥，而读了这本书的第一个大故事，就能整体知晓《易经》的奥秘，甚至就能开始给别人"侃"《易经》了，这难道不好吗？读了第二个故事，人们就已能够结合第一个故事的内容，用于自己日常生活的健康提升了。而看过第三、四、五个故事，人们的精神状态会有一个很大的升华，人们会打心底喜欢上二千五百年前的这三位智者。看第六个故事，人们会在不经意间，学会用自己的眼睛看懂书画，甚至可以这样说，掌握了书里的方法，又有足够的意愿和毅力，很有可能你也成为了书画家。第七个故事，说的是"男人英姿潇洒、女人妩媚亮丽"的原因与方法。

说个真实的故事：

二十年前，我在旅游局工作时，国外旅游者在旅游商店大量购买的是低廉的字画。当时根据国务院领导要求大力发展旅游商品，扩大旅游外汇收入的指示，为了提高旅游商品的质量，国家旅游局请国家画院院长牵头（当年叫中国画研究院），将许多省级画院、美协的名画家们组织在一起，成立了"中国旅游书画联谊会"，希望通过联谊会来组织画家推出精品旅游书画产品。我与许多同事参加了这项工作，从而也认识了许多著名的书画家，但是，这么多书画家朋友中没有一个人同你讲怎样的书画是好的、怎样可以学会画画、写字，留给我的只是书画的神秘。也许，他们认为，书画是书画家的事，与百姓无关？

2009年3月，中央电视台走进科学栏目播出了"解密山水画----画家也能速成吗？"介绍了一位神奇的画家。江苏省工信厅的一位领导看到了这个节目后，告诉了已调到北京工作的一位原江苏副省长，这位副省长来到这位画家的北京画室说：我在江苏工作时，参加过许多画展、美展的开展，剪彩后参观时我总会问同样的一个问题，"这个书画家的作品好在哪里"？可惜没有人给我说明白过，所以今天我来了。

两个小时后，这位副省长明白地看懂了书画，随后，这位六十岁前从未画过画的领导的作品，很快便通过互联网展示在了人们的面前……

如果读者朋友们准备开始阅读本书，还要真诚地送上一句话：请以玩的心态开始玩，并坚持玩，即使有某一个部分不容易进入，尽可先跳过去，总归要让阅读时的感觉是好奇的、自在的、舒服的、安逸的。因为，《中国人的文化密码》没有高深和玄虚，有的是关于中国文化的无数精彩故事。

一本书，说了七个故事；
一本书，进入中国文化；
一本书，读懂中国文化；
一本书，学会中国文化；
一本书，践行中国文化。

作者
2012年12月21日 于北京

第一章
伏羲的故事

第一节 八卦符号画出了「易」的起源

第二节 八卦符号中天地乾坤的秘密

第三节 神秘的河图、洛书，解密的太极、五行

第四节 不再神秘的《周易》六十四卦

第五节 《周易》的十个翅膀

第六节 《周易》的时空变迁

第七节 易学解密——人人都能轻松地看懂《周易》

这本书，叙述了七个有关中国文化的很大很大的故事。

这七个很大很大的故事，试图讲透中国文化中天人合一的秘密，讲清通往天人合一的路径，讲明达到天人合一的方法。

这七个很大的故事，能使人们的心变得很大很大。人们的心变得很大了以后，就会很大气地对待自己与周围的一切。

我们从中国人所熟知的开天辟地的故事入手，讲述这七个能使人们的心变得很大，能使人们很大气地对待一切的故事……

传说在很久很久之前的太古时期，太空中漂浮着一个巨大的、形状像鸡蛋一样的"星星"，这颗星星，在无边无际的黑暗中运行，寂静无声。在这个巨星的内部，有一个叫盘古的巨人，正在用他手中的斧头不停地开凿，企图把自己从围困中解救出来。经过了1万8千年的努力，到276万480年前，随着一声巨响，巨星终于被盘古从当中劈开，分成了两半……

当盘古劈开巨星后，头上的一半巨星化为气体，不断上升；脚下的一半巨星变为大地，不断加厚，从此宇宙开始有了天和地。天日高一丈，地日厚一丈，盘古日长一丈。天越上升，地越加厚，盘古也越高大，可是四周却黑暗如故，伸手不见五指，大地依然寂静无声。

盘古忧伤地想：这世界没有光，没有热，没有山，没有水，什么都没有，后代无法生存，我必须牺牲自己才行，于是盘古死了。

盘古的死，换来了一连串新生命的诞生，世界在他死后慢慢地改变。他的左眼变成了太阳，右眼变成了月亮，血液变成了江河湖海，毛发变成了花草树木；呼吸变成了风，声音变成了雷；身体的其他部分则变成了三山五岳：头部变成东岳泰山，腹部变成中岳嵩山，左臂变成南岳衡山，右臂变成北岳恒山，双足变成西岳华山。

盘古为人类创造了一个美好的世界，盘古的死象征着宇宙的开端。

中华民族，源远流长。中国人，都相信自己的老老祖先就是276万年前的这位叫盘古的巨人。从276万480年前起（这一年是神话学家用奇异方法计算出来的），也就是从盘古开天辟地的那一年起，到公元前的480年止，共276万年，神话学家把它分为了十纪，每一纪27万6千年，神奇的是，它们竟然都有着特定的名称：九龙纪、五龙纪、摄提纪、合洛纪、连通纪、序命纪、循飞纪、因提纪、禅通纪、流讫纪。

如今，这十纪的划分，除了能说明岁月的漫长，已看不出有什么特别的意义。现代人通过古牙齿化石，推测出中国境内最早的古人类有170万年的历史。

盘古的子孙绵延繁殖，陆续出现了三位伟大的神，称为"三皇"，第一位是天皇，天皇是盘古后裔中第一位有成就的领袖，传说他活了1万8千岁，他有12个儿子，帮助他治理日益增多的人民。天皇死后，经过若干万年，地皇诞生，传说他也活了1万8千岁，他有11个儿子。地皇死后，又经过若干万年，人皇诞生,他的寿命有1万5千6百岁。人皇有九个弟弟，各个神通广大，法术高强。于是，人皇把中国分为九个州，命他的九个弟弟们各当一州的州长，他自己则住在九州的中央。

在三皇之后，又经过了若干万年，又有伟大的神祇人物应运而生：有巢氏、燧人氏、伏羲氏、女娲氏、神农氏。

在这里，"氏"的意思依然指的是神，不过神性似乎比"皇"少了一些。

最先出现的有巢氏，教导人民在树上用树枝树叶建造出简陋的篷盖，即原始的房屋，以躲避野兽和洪水，人们现在说起他们，认为那是人类蒙昧时期的巢居时代。

其次出现的是燧人氏，当时人们虽然知道用火，但没有人知道如何才能得到它，燧人氏教人钻木取火。人类掌握了取火的方法，就跟其他所有动物永远分道扬镳了。人类因此改吃熟食，生活方式出现了划时代的变化。

伏羲氏是第三位出现的神祇，他比前面的两位前辈还要法力无边。他不但教人使用火来烹饪，还发明了乐器，又教导人们与固定的配偶同居；制造了渔网，教导水滨的居民捕鱼；教导人们挖掘陷阱，捕捉动物；教导人们种植桑树养蚕,抽丝纺织。最为奇特的是,他通过观察日月星辰的运行，画出了八卦符号。有历史学者认为，伏羲氏的传说反映了人类文明肇始时渔猎时代的特征。

第四位神祇女娲氏，她的传说，一个是与伏羲一起造人；一个是她用五彩石补天。

第五位神祇神农氏，通过采集各种花草果实，一一亲口嚼食吃下，以确定出哪些可以吃、哪些不能吃，以及哪些可以作为食用的粮食、哪些可以作为药物。相传神农氏留下一本巨书——《本草》（当时还没有文字，不知怎么会有书），在这部人类最早的著作里，详细记载了各种药物的性能与功效。神农氏传说反映了早期的农业时代的特征。

本书开始的这一章，我们要来说伏羲的故事。

说中国人的文化，为什么却要谈伏羲呢？

我们中华文明最常说的一句话是"上下五千年"，有学者认为，在中华文明史上，唯一有资格被称为文明之根的就是"易"，而这个"易"的创始人，相传就是这位太昊伏羲氏。伏羲氏创立的"易"，被后世的各思想流派尊为众经之首、大道之源，是中国古代的自然科学和社会科学的重要源流之一。由此,伏羲被尊为中华文明的创始者,被尊为中华民族的人文始祖。

第一节　八卦符号画出了"易"的起源

在人类文明的进程中，符号是在文字之前出现的。六千年前的伏羲最早画出了一组特别的符号，后来人们称这一组符号为八卦符号。

伏羲当年用什么方法画出了八卦符号。

后世的人们为他总结出了三个方法，第一个方法叫仰视，仰视能够看太阳、看月亮、看星星。第二个方法叫俯视，抬头望了天，低头要看地，俯视能够看大自然，看到大自然有山、有水、有树木花草。第三个方法是看人，人就是一个小宇宙，自然中有山、有水，人身上也有。比如，人的"山"在哪里呢？人的鼻梁被称作山。人的"水"在哪里呢？人的血液就是水。大自然中所具有的东西，人们在自己身上几乎全都找得到。

伏羲看过了天、地、人，看到远古时候的人都没有衣服穿，男人跟女人最大的区别就在于生殖器的差异。男人的生殖器就像是一条线，它是阳，而女人正好是阴。于是，他从人类的身体上获得了灵感：

男阳用一横道"—"，女阴用两横道"— —"，用这两个符号，就确定了阴、阳。

现在一般认为阴阳是古人对相反相成性质事物的一种抽象理解，属于哲学范畴；认为古人观察到了自然界中各种对立又互相联系的自然现象，如天地、日月、昼夜、寒暑、男女、上下等，以抽象的思维方式归纳出了"阴阳"的概念。

伏羲氏通过观察大自然，观察人类自身，一画开天，画出这一画，也就意味着创造出了代表阴阳的符号：他用一个横道"—"，来表述白天的、光明的、阳性的东西；用两个中间分开的小横道"— —"，来表述夜晚的、黑暗的、阴性的东西。

在产生了文字以后，这两个小横道被人们叫做"爻"（yáo），称一个横道"—"为阳爻，称两个中间分开的小横道"— —"为阴爻，这是表述阴阳的初步的基础符号。

那么，这一道阳爻和一道阴爻的基础符号，又是怎样变成八卦符号的呢？

伏羲氏发现，大自然有一定的规律，这当中最根本的就是两个看起来相反实际上相成的宇宙间对立统一的事物，叫做阴、阳。一阴一阳，有时很容易被误解为是分开的一个阳、一个阴，其实，阴阳是同时存在的，才能称为一阴一阳。如果阴是阴，阳是阳，只有阳没有阴，或只有阴而没有阳，阴阳完全分道扬镳，这个世界就被割裂了。

世界上的事物都有阴阳两种状态，是分不开的。拿一天来说，有白天、有夜晚，白天、夜晚的两种形态，就被人们称为两仪。再拿一天的气温来说，人们早上起床，太阳已经出来了，这时候还不会觉得热，因为天上的太阳虽然是热的，但地面上还没有足够的热量，大地还是凉的，所以早上叫做少阳，也就是开始有一些热。用图画表示，就是上面开始热了，为阳"—"，大地还是凉的，为阴"— —"（见图）；到了中午，上面下面都热了，就叫做老阳，也叫太阳（见图）。

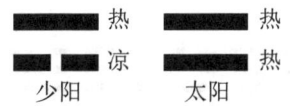

到了黄昏的时候，人们可以感觉到大气还很热，但是上面已经开始凉了，因为夕阳没有什么热量了，太阳快下山的时候，上面慢慢凉起来，下面还是热的，所以黄昏叫做少阴（见图），也就是开始有一些凉；到了晚上12点，上面下面都冷了，就叫做老阴，也叫太阴（见图）。

一天当中，按照上面四种现象来看，从早晨开始，由少阳转向老阳，正午以后，老阳慢慢转向少阴，黄昏到半夜，少阴再变成老阴。

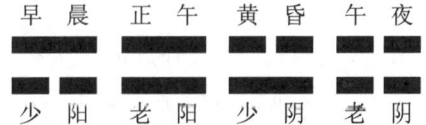

一年四季也可以按照这个四象来看，春天是少阳，夏天是老阳，秋天是少阴，冬天就是老阴。这种看待昼夜、日月的变化的方式，人们称之为是用了"太极生两仪，两仪生四象"的方法（见图）。

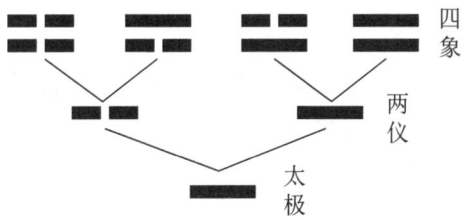

那么接下来，四象是怎么生出八卦来的呢？

从图中，太极生出两仪，人们清楚了；两仪生四象，人们也明白了。四象虽然很稳定，但是，世界不仅仅只有四象的冷热变化，因为春天总要走到夏天，秋天总要走到冬天，一切都在变动，这中间会有风雨雷电、会有地动山摇，这是人们都非常熟悉的道理，那么，天地日月、春夏秋冬、风雨雷电、地动山摇的符号怎么表示呢？这个四象还是在不断继续的变化，怎么变呢？从图形上变化就形成了：

将少阳加一阳爻，或加上一阴爻：⚎
将老阳加一阳爻，或加上一阴爻：⚌
将少阴加一阴爻，或加上一阳爻：⚍
将老阴继续加一阴爻，或加上一阳爻：⚏

八种基本时空关系的组合就形成了，这样，伏羲就画出了八卦符号，如下图：

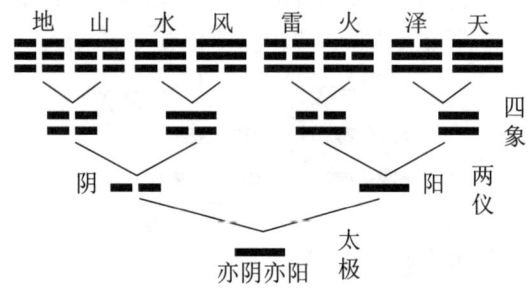

对于这八个符号，人们也许会觉得很陌生，不知道这八个符号能说明什么，我们慢慢往下看。

为什么叫八卦

这八个符号排列组合，就被称做八卦，但是为什么要叫八卦呢？

我们来看"卦"字。直观地看这个字，是土堆旁立着一根竿，竿上有光线斜照下来。出土的天文学文献中，有着伏羲命他的四子"做着步天的工作，观察天上的一切变化，日月经天，星辰回旋"的记载。所以，卦，首先是文字出现以前用于记录自然现象的符号；其次，卦代表着时空一体的某种存在。

在没有文字的年代，"卦"这种符号，简洁、朴素、直观地描述了特定时间与空间的存在与表现，并用阴阳爻符号有效地描述了这种时空统一体的特征，所以，选取了获得这图形实际测量时的那个卦字。阴阳爻符号所组成的八个图形被称为了"八卦"。

八卦的排列

相传伏羲创造出八个代表大自然规律的卦象之后，就开始思考：这八个卦象应该如何排列？它们之间应该是一种什么关系？

据说伏羲站在一座高台上，仰观天象，俯察地理，思索多日，终于画出了八卦符号，进而又分配了八卦的位置，画出了先天八卦图。当年伏羲所站立的这个画卦台，一直保留到了现在，即使今日，当人们站在画卦台的中央，面南而立，前面能看到有许多山，连绵不断，形状就像"天"的卦象一样。后面同样也是山，但它们是断开的，很像"地"的卦象。再看四面八方，地形都很奇特，而且有一条河蜿蜒而过，恰好把太极的两仪形象呈现了出来，是一个非常难得的地方。

那么，伏羲是根据什么原则来确定八卦的方位系统的呢？

为了弄清这个问题，古今学者根据传下来的八卦图形，结合古典文献的相关记载，对其做了推测。

中国自古就有"向明而治"的说法，南方为光明之位，所以绘图方向就是以面南而视为基础的（见右图），也就是南为天，北为地。与现代地图的上北下南、左西右东的方位正好相反，伏羲八卦图以南为天为上，以北为地为下，左为东右为西。伏羲按照这个定位，将它排成一个圈，就形成了八卦图。这个传统几乎同时影响着早期天文图和地图的方位系统，这个方位又恰好符合古人以圆首象天、方足象地的朴素思维。

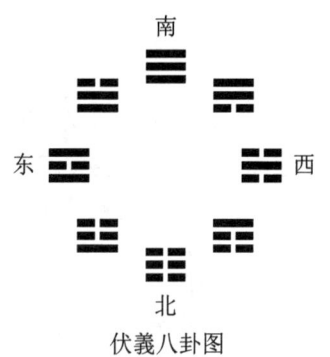

伏羲八卦图

伏羲八卦图这部无字天书，历经漫长的岁月，一直流传到今天，从伏羲八卦图中的一横一画，人们首先直观地看到了宇宙最基本的秘密——阴阳，阴阳是构成宇宙万事万物最基本的元素，人们会逐渐理解到，天地万物的变化就是阴阳的变化。

中国的祖先把阴阳的变化称作为"易"，认为易的起源来自伏羲，认为易是伏羲发明的。易是以阴阳之间的逻辑为基础，通过方圆结构来表示的整体逻辑符号体系，是描述宇宙万物运行规律的模拟系统，是通过自然的思维方式建立的宇宙观与方法论，是中华文明独有的认识自然及社会运行规律的认识体系。

那么，易是怎样来说明阴阳之间的逻辑关系，怎样描述宇宙万物运行规律，怎样建立了中华文明所独有的认识体系呢？

第二节 八卦符号中天地乾坤的秘密

现代人们接触最多的符号是遍布在城市、乡间的交通指示符号，以及学生在课本中看到的各种数理化符号。伏羲画出了八卦符号，画出了八卦图，那么八卦符号都代表什么意思呢？

为了便于理解，人们对八卦符号所代表的内容做了一种形象的描述：

大自然中最主要的元素，就是天和地，所以伏羲氏首先创造了天的符号，伏羲首先用三画代表天。有了天以后，感到天会有三种可能的变化：一种是天上面起变化，一种是天空中起变化，一种是天底下起变化。伏羲氏用这三条线也就是阳爻分别代表上、中、下（见图），他首先把最下面的阳爻换成阴爻，表示天下面动。天下面动代表什么？天下面能动的就有树木。树木摇动会给人什么感觉？看见树木摇动，人们通常会说风来了，所以天下面动就是风（见图）。

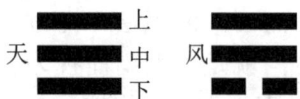

树在摇动是具体的象，而且跟人们没有很密切的关系，所以要把它抽离出来，换成代表着跟人类有密切关系的自然现象，就是风。

天当中动，就要把中间这阳爻换成阴爻。换了以后代表什么呢？是大雁吗？不是。一排大雁飞过来了，人们不会认为是天空中动。那是什么东西在天空中动会引起大家的注意？是火（见图）。以前森林会有野火，火一烧起来，火光冲天，浓烟滚滚，大家远远看去，就像是天空中着火了一样，而且能感觉到火势在蔓延，于是会很小心，会躲得远远的，所以天空中动就是火。

天上面动，就要把上面这阳爻换成阴爻，人们会在池塘旁边看到天的倒影在水波的底下，水的波浪正好在天的上面。这种情况在开阔而平静的湖泽能清楚地看到天的倒影，能看到大面积聚集的水域，所以称它为泽，于是天上面动就叫做泽（见图）。

由天的三种变化形式衍生出了风、火、泽这三个符号，也就是大自然的三种现象。

那么，地的符号是怎么产生的呢？

很显然，三条连在一起的横线叫天，天在上显示为阳，地在下就为阴，所以三条断开的横线就叫地（见图）。

同天的三种变化一样，地也有三种变化：地底下动、地当中动、地上面动。地底下动，就要把下面这阴爻换成阳爻，下面这爻换成阳的以后，这个模样，就像天被撕裂了一个大口子，什么东西能将天撕裂呢？大自然中只有打雷可以做到，而且打雷时会感觉是地底下在动（见图）。

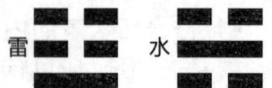

地当中动，就要把中间这阴爻换成阳爻。大地当中有一条条的水脉，一直绵延不绝，川流不息，那就是河，也就是水，所以我们把地当中动叫做水（见图）。

地上面动，就要把上面的阴爻换成阳爻。地上面动的东西太多了，什么动大家才会注意？就是山（见图）。因为那时候山是地面上隆起来最高的地方。但是山也会动吗？山也是会动的，火山的运动是形象的，山动就叫做走山。实际上，山一直都在不停地动，只是动得很缓慢，幅度比较小，平常人们很难感觉到，所以才说"不动如山"。

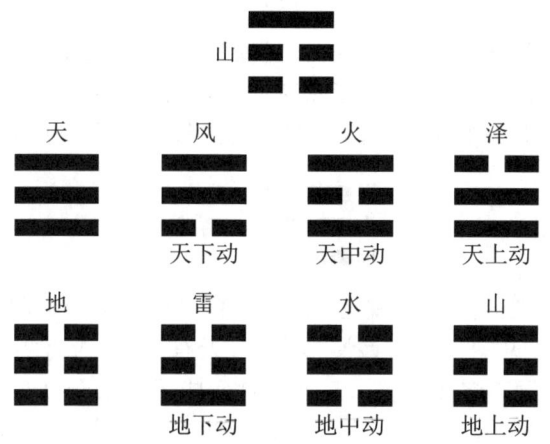

通过以上的描述，人们知道了八卦符号代表的，就是八种自然现象：天、地、水、火、雷、风、山、泽。从中可以看出八卦的名称，最早完全是从与人类生活有密切关系的八种自然现象中提取出来的，可是，如果总是用这种很具体的东西来作象征，那八卦的作用就受到了局限。我们的古圣先贤在有了文字后，就高明地把这八种自然现象的特性，又进行了概括提炼，将八卦由原来的天、地、水、火、雷、风、山、泽，对应变成了乾、坤、坎、离、震、巽、艮、兑（见图），成为八种较抽象的符号。

乾（qián）、坤（kūn）、坎（kǎn）、离（lí）、震（zhèn）、巽（xùn）、艮（gèn）、兑（duì）具有八种特殊含义的文字，不但正好配上八种自然现象，还能使所有跟人类有关的事物都通过这八种特性文字符号表述。

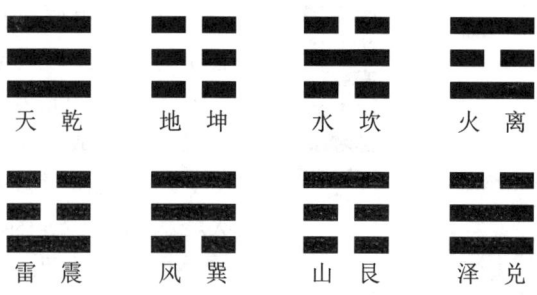

第一章 伏羲的故事

这样，将八卦符号配到前面的伏羲八卦图中，就形成了下图：

其顺序是：乾一、兑二、离三、震四、巽五、坎六、艮七、坤八。连接八个卦的这条线，就形成了后来人们叫做的太极线。现代科学也证明，一切事物的发展都是走曲线的，人们把走曲线的这个特点叫作"曲成"。

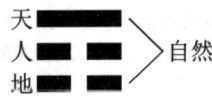

虽然伏羲上观天文，下视地理，中察人世，创造出了既简单又蕴意丰富的"三画卦"（见图），但伏羲慢慢发现，天有阴阳，人有阴阳，地也有阴阳，合起来是三阴三阳，这样一来，三画卦就变成了六画卦（见下图）。天、地、人三才是不能分割的，天有阴有阳，地有阴有阳，人也有阴有阳。

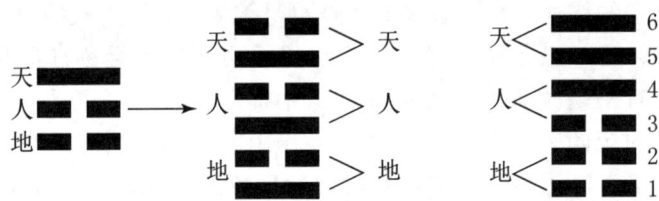

有一首陕北民歌叫"高楼万丈平地起"，六画卦也是从下往上数的。人们很自然地把三画卦变成六画卦，但古人认为：六是两个三组成的，所以人们后来把六画卦叫做重卦，并没有叫六画卦；认为八个三画卦两两相重，能组成六十四卦，这一切都是自自然然地产生的，并没有刻意地设计，只是把处在下面的三画卦叫**内卦**，把处在上面的三画卦叫**外卦**。

比如，人们把坎卦和离卦合在一起，就可组合成两个六画卦：离在下、坎在上，是既济卦（见图左）。我们知道坎是水，离是火，因而也叫水火既济。这时，坎卦在上叫外卦，离卦在下叫

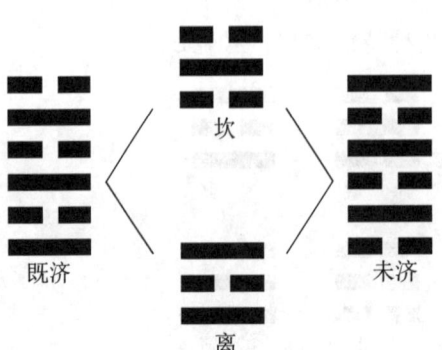

内卦。

当坎在下、离在上，就是未济卦（见右边图），也叫火水未济。这时，离卦在上叫外卦，坎卦在下叫内卦。

因此，三画卦一直传到现在，到今天还都是在讲八卦，在人们的语言中，很少讲六十四卦。人们认为，从太极到八卦是创造，八卦以后就是演化，创造和演化是同时存在的，就像大自然把人"创造"出来以后，人就开始不断演化一样。

这样一种比较形象的描述，对于初次接触八卦符号的人们，相信可以了解了伏羲所画八卦符号的方式；对于八卦符号所代表的八种自然形态"天、地、水、火、雷、风、山、泽"，以及八卦符号的名称"乾、坤、坎、离、震、巽、艮、兑"都有所了解，接下来我们会不断地使用到这些八卦符号。同时，人们能够感觉到八卦符号所代表的内涵，远远多于遍布在城市乡间的交通指示符号、各种数理化符号所表示的含义。

虽然人们了解了伏羲画八卦的过程，但一定想知道，在那个被称作结绳记事的年代，伏羲为什么非要画八卦符号？八卦符号内又蕴含着什么内容？八卦符号又能起到什么作用呢？

第三节　神秘的河图、洛书，解密的太极、五行

传说伏羲在画八卦符号的过程中，游走在黄河附近的山水之间，心鹜八极，神游万仞，突破时空，思索自然的奥秘。

有一天在黄河岸边，突然从滔滔黄河水中出现了一匹奇异的骏马，头颈如龙，身如骏马，马身上湿漉漉的鬃毛中呈现出一些花纹图案。由于花纹图案出自黄河，因此就被叫做"河图"。

又有一天，伏羲在去洛阳的途中，经过洛水河的时候，见一只巨龟从洛水中浮出，龟壳背上呈现出一些斑驳的图形——"篆图"，后世将其称为"洛书"。河图、洛书如下图：

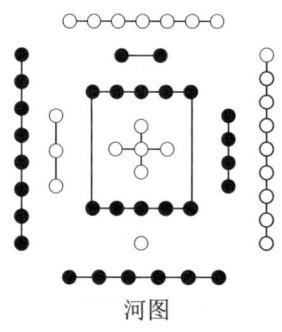 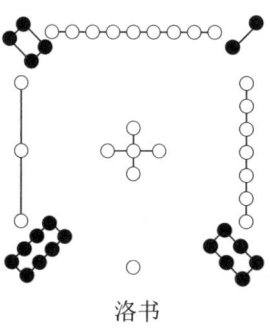

河图　　　　　　　　洛书

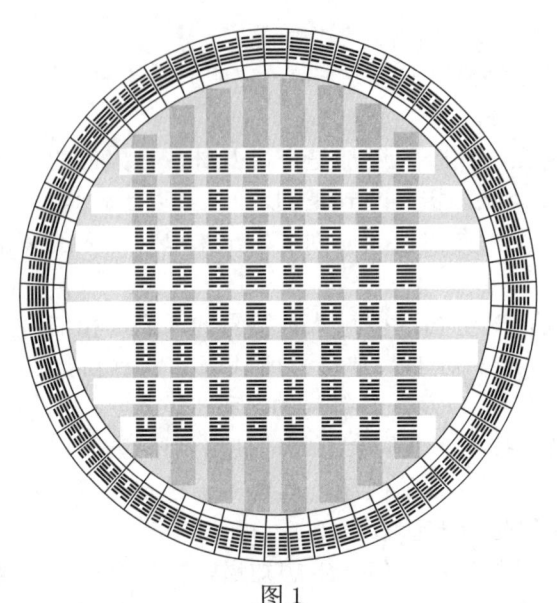

图1

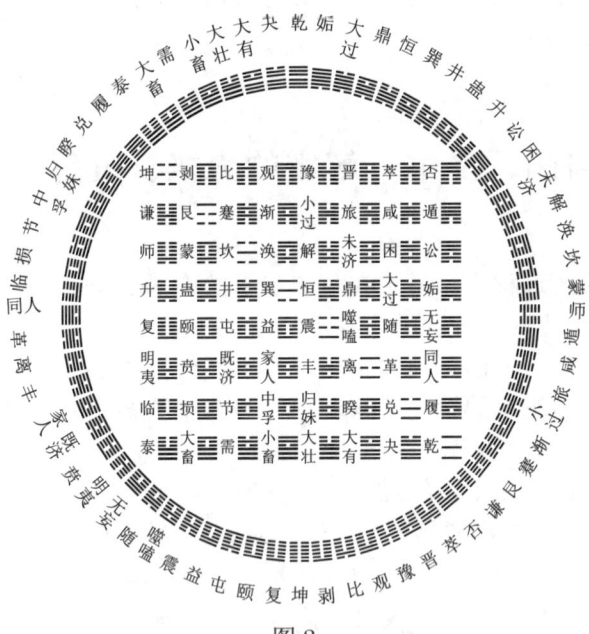

图2

这两张图的出现,使伏羲感悟到大自然运行的核心规则就蕴含在这两张图里,由此,伏羲建立了关于大自然运行规则的认识体系,即《伏羲先天六十四卦方圆图》,后人称为伏羲易。

图1:卦上无字的伏羲先天六十四卦方圆图;

图2:宋朝时,加上了《周易》一书中的卦名后的伏羲先天六十四卦方圆图。

说伏羲曾受到河图、洛书的启示,那么河图、洛书具体说的是什么意思呢?

人们从图中看到,在河图洛书中都有许多的白点和黑点,或者说,有许多的空点和实点。人们把单数的奇数的白点、空点,叫做"阳"点,代表太阳、白天等;把双数的偶数的黑点、实点,叫做"阴"点,代表月亮、黑夜等。这样,这两个图中就**有阴有阳**,描述了阴和阳两种物质的生成关系与相互关系。

人们看到,这些个黑白点的个数,有1,有2、3、4、5、6、7、8,有9,有10,也就是说明,图中**有数**(我们现在说的这些简单的数字,在结绳记事的年代,不知道当时的人能不能认识到)。

人们还能看到,这些有不同个数的黑白点,排在上下左右各个不同的位置上,这表示出了图中**有方位**。

所以,在河图、洛书的图中,**有数、有方位、有阴阳**。

数的产生原则

现代人对于每天都在打交道的数字,不会觉得有特别的地方。上古时期产生、使用、认识数字是件不容易的事情。

上古时期的圣人们,在论述到"数"的产生时,有两条基本的原则:一条是数法阴阳;一条是数法日月星辰。

数法阴阳,是说任何一个数,都是根据阴阳的变化而产生的。

数法日月星辰,是说数不是用手指头数出来的,而是通过观察日月星辰的运转而来的。

比如,人们怎么看见"一"呢?人们看到太阳的东升西降,就是一个日夜,这一个日夜中有阴阳;人们看到太阳绕了一圈,就知道又过了一年,数字就是根据观察天地的运动而得来的。那人们又是怎么知道圆的运动,怎么知道天体的运动呢?古人是从地平线上来观测日月星辰的出入方位,以确定它们的运动周期,因而古人说:"圆出于方"。所以,古人对数的来源的基本论述就是:数法阴阳、数法日月星辰,以及"数之法,出于圆方,圆出于方"。

河图的数、方位、阴阳

这张图,叫做河图。它在告诉人们什么意思呢?在有了文字以后,河图的文字解说被表述为:

"天一生水,地六成之;地二生火,天七成之;天三生木,地八成之;地四生金,天九成之;天五生土,地十成之。"

根据"数之法,出于圆方,圆出于方"的理论,我们可以推断数是与"方"有关系的,"方"就是方位,就是说数与方位有关系。

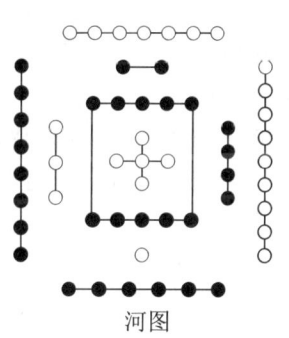

河图

从图中看到,下方的位置,有一个白点,六个黑点。"天一生水,地六成之",这是表征北方这个方位内的数与阴阳的关系,北方为水、为寒,其数为一、六;

"地二生火,天七成之",这是表明南方这个方位内的数与阴阳的关系,南方为火、为热,其数二、七;

"天三生木,地八成之",这是表明东方这个方位内的数与阴阳的关系,东方为木、为风,其数三、八;

"地四生金,天九成之",这是表明西方这个方位内的数与阴阳的关系,西方为金、为燥,其数四、九;

"天五生土,地十成之",这是表明中央这个方位内的数与阴阳的关系,中央为土、为湿,其数五、十。

图中的黑白点,以及河图的这个表述,告诉我们两个内容:

一个是，"一、三、五、七、九"为天数、为阳数，"二、四、六、八、十"为地数、为阴数。

一个是，人们根据一年四季中东南西北的气候变化，得出了"风热湿燥寒"是天的阴阳，"木火土金水"是地的阴阳的结论。同时，我们又可以得出这样的结论：一、六位处北方，为水、为寒；二、七位处南方，为火、为热；三、八位处东方，为木、为风；四、九位处西方，为金、为燥；五、十位处中央，为土、为湿。

因而，我们说：**河图中有数、有方位、有阴阳。**

从河图的文字表述中，人们看到了木火土金水，这五种人们熟悉的物质被用来表达事物之间普遍存在的关系，人们把它叫做"五行"，对于五行，我们放在本节的洛书之后来讨论。

数的阴阳生成

我们可以看到，河图充分体现了数法阴阳的原则，体现了数与阴阳的关系。那么，数与阴阳为什么会有这样的关系呢？

我们举个例子，来看看数与水、火的关系。

先来看水：在一年里面，什么时候开始有雨水了，什么时候人们能开始见到明显的水呢？这个时间是每年的阴历一月。一月冰河解冻，绵绵春雨会应时而来，而且，在后面要谈到的二十四节气中，一月里有一个节气就叫"雨水"，因而，水是这个时候生的，这是天一生水，说明了一与水有着一种密切关系。到了阴历六月，雨量增多，水到了成熟期，洪水往往发在这个时期。六月过后，雨量减少，很难再看到洪水，"天一生水，地六成之"就说明了水与一、六的关系。

再来看火。在燧人氏以前，在钻木取火以前的年代，人们首先用的火是雷击时产生的火，打雷会击燃一些东西，人们把火种留下来加以利用。那么，一年之中，是什么时候开始打雷呢？一般来说都是在每年的阴历二月。二月"惊蛰"，雷出于地，气候转温，温暖是火的一种象征，这是火生的时候。是什么时候火最"成熟"了呢？是阴历七月，七月天道虽已偏西，却是二十四节气中处暑当令的时节。所谓处暑，指暑热所居之处，因而，最炎热的时候，往往不是夏日，而常常是在七月。七月以后，天气转凉，这就是盛极而衰。二、七与火热的这种关系，河图用"地二生火，天七成之"来表示。

其他的"木""土""金"也有这样与数的对应关系。因此，人们认识到，万物有生数，当生之时才能生；万物有成数，能成之时必能成。所以，万物的生存皆有其数，这是中国文化中的一个特点。

那么河图里都有哪些数呢？

河图里的数

从河图中，人们看到共有 10 个数，1、2、3、4、5、6、7、8、9、10。其中 1、3、5、7、9，为天数、为阳数，2、4、6、8、10，为地数、为阴数。

阳数相加为 25，阴数相加得 30，阴阳相加共为 55 数。所以古人说："天地之数五十有五"，天地之数的和为 55，即万物生存皆有其数、万物之数皆由天地之数化生而来。

55 的众数和*为 1，即 5+5=10，1+0=1，1 代表着新世界、新事物的开始。河图中的数不仅仅有这些关系。下面对数的描述，不是数学，而是数字的有趣组合。

河图中的个位数字有：1、2、3、4、5、6、7、8、9。这些数字在河图中可分成横的一排和竖的一排，每排的数字都由 5 个数组成，他们是竖的 7、2、5、1、6 和横的 8、3、5、4、9，横竖相加还是 10 个数。

如果将这两排中 5 个数字的随机组合，抽出两个进行相乘，来看一看相乘结果的众数和是多少。

来看从上往下的数是 72516，从下往上是 61527，竖排数字打乱了以后，有 16527、27561 等等；从左往右的数是 83549，从右往左是 94538，横排数字打乱了有 38594、49583 等等。

任意从竖、横中各选一组数相乘，如下式：
72516×83549 = 6058639284，6+0+5+8+6+3+9+2+8+4 =51，5+1=6；
61527×94538 = 5816639526，5+8+1+6+6+3+9+5+2+6=51，5+1=6；
16527×38594 = 637843038，6+3+7+8+4+3+0+3+8=42，4+2=6；
27561×49583 =1366557063，1+3+6+6+5+5+7+0+6+3=42，4+2=6。

所以，河图中横竖两排数中，任意 5 个随机组合而成的数字相乘，其结果的众数和都为 6。因此，可以看到河图中数字"六"的重要。

洛书的数、方位、阴阳

再来看洛书的具体内容：

这张图，叫做洛书。它又在告诉人们什么意思呢？

前面说到洛书是从龟壳背上呈现出的一些斑驳的图形中发现的。用现在的观点来看"洛书"一词，需要分开来解析。先谈"书"。

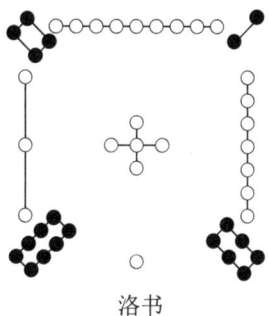

洛书

---

* 任意取一个数字，例如取 72516，将这个数字的各个数字进行求和，结果为 7+2+5+1+6=21，再将结果求和，得 2+1=3。将这种求和的方法称为求一个数字的众数和。

我们的中华文字,在二千年前的汉朝时称为了"汉字",在汉朝以前称为"书"或"书契"。

汉字单体叫做"文",合体叫做"字"。因此,"洛书"的"书",是指"文",因为先有"文"后有"字"。而"文"又指"纹样"。因此,"洛书"就是"洛文"。

再看"洛"字是三点水旁加一个各字。"各"的意思是"十字交叉"(例如"网络"的"络",是绞丝旁加一个各字,是"丝线十字交叉"的意思),因此"洛"本义为"十字交叉的河流"。这样,"洛书"的文字词义应该是:"从洛水中浮现的十字交叉纹样"。

人们将这个纹样图型结构,形象地描述成:戴九履一,左三右七,二四为肩,六八为足,以五居中。

五个方位的白圈都是阳数,有1、3、7、9,坐四方正位,5居中位(也称作中宫);四隅的黑点是阴数,为2、4、6、8,坐四隅(四角落)。

这九个数字所处的位置,居于东南西北、东南、东北、西南、西北,加上中宫共九个方位。所以,数字、方位、阴阳,也是洛书的重要内容。在那个还没有文字、数字来表达意思的年代,黑点、白点,竟然说出了数量、方位、阴阳。

洛书的数

首先我们看到洛书中的数字中,每一行之和都等于十五,就是横竖斜相加都等于十五,共有八对:

4+9+2=15	3+5+7=15	8+1+6=15	4+3+8=15
9+5+1=15	2+7+6=15	4+5+6=15	2+5+8=15

幻方的奇妙

将洛书中的九个数,按图中的位置依次排列起来,就得到一个数字方阵,用方框图进行表示,就是著名的**九宫图**,也就是世界上最早的幻方(如右图)。

4	9	2
3	5	7
8	1	6

宫,在这里是方位的意思。幻方是个数学概念,它的意思是:

由 n^2 个自然数按照规律排列成 n 行 n 列,方阵中每一行当 n 为 3 时,个数相加之和皆为 15,就是说不论纵、横、对角之和都等于 15。(n^2 是 n 的平方,n 是自然数,为幻方的阶数,阶数就相当于把它当作楼梯的台阶数)

幻方除了有以上三阶(三列),还可有四阶、五阶、六阶等很多种。人们已经得出计算任意阶数幻方的各行、各列、各条对角线上所有数的和的公式。

比如，幻方的阶数为 n，所求数为 Nn，那么公式为：$Nn = n(n^2+1)/2$。我们可以把这个公式用于上面的三阶幻方，不难推出：$N3 = n(n^2+1)/2 = 3 \times (3^2 +1) \times 1/2 = 3 \times 10 \times 1/2 = 15$。

幻方在中国古代称为"纵横图"，外国叫"魔方"，现代也称方阵。幻方最早记载于《大戴礼记》一书中，这说明中国人早在二千五百年前就已经知道了幻方的排列规律。在国外，到公元130年，希腊人塞翁才第一次提起幻方。

中国不仅拥有幻方的发明权，而且是较早对幻方进行深入研究的国家。宋朝的数学家杨辉已经编制出3—10阶幻方，记载在他于公元1275年写的《续古摘厅算法》一书中。在欧洲，直到1514年，德国著名画家丢勒才绘制出了完整的四阶幻方。

下面对数的描述，又是一些数字的有趣组合。

我们将洛书九宫图，也就是三阶幻方图中，第一排中的4、9、2这3个数字进行随机组合，将组合出的任意两组数相乘，并求出众数和，比如：492×294=144648。众数和为：1+4+4+6+4+8=27，2+7=9，这就是说，数字144648的众数和为9。

再如：429×942=404118，4+0+4+1+1+8=18，1+8=9。

我们再从洛书九宫图中任意横竖斜两行相加为15的8组数字中，随意选取两组3位数的数字进行相乘，然后求出结果的众数和：

564×528=297792，2+9+7+7+9+2=36，3+6=9，数字297792的众数和亦为9。

以上两个结果的众数和都为9。

进一步，在上面洛书九宫的三阶幻方图中，选取横竖斜任意三组数字的随机组合数字相乘，其结果的众数和都为9。

比　如，429×528×618=139984416，1+3+9+9+8+4+4+1+6=45，4+5=9，即139984416的众数和亦为9。

洛书还有另外一个秘密，就是任意两组3位数的数字的随机组合数字，互相相加，其结果的众数和都为3，例如：

537+825=1362，1+3+6+2=12，1+2=3；

825+951=1776，1+7+7+6=21，2+1=3；

915+735=1650，1+6+5+0=12，1+2=3；

951+735=1686，1+6+8+6=21，2+1=3。

让我们在将任意三组数字的随机组合数字，互相相加，看一看其结果：

951+159+735=1845，1+8+4+5=18，1+8=9；

618+492+627=1737，1+7+3+7=18，1+8=9；

573+985+564=2122，2+1+2+2=9；

438+951+528=1917，1+8=9。

原来这里亦有一个规律，任意三组数字的随机组合数字互相相加，其结果的众数和为9。

这里需要注意的是，将任意四组数字的随机组合数字互相相加，其结果则没有这种规律了。也就是只有在任意3组之内，其结果的众数和才是有规律的。

将以上的规律来总结一下：洛书九宫的任意一排数字相互相乘，其结果的众数和必为9；洛书九宫的任意一组数字相互相加为15，其结果的众数和必为6；其任意二排数字相加，其结果的众数和必为3；任意三组数字相加，其结果的众数和必为9。

所以，数字3、6、9有着千丝万缕的关系。

除此之外，还有什么数字玄机呢？

我们以左列的438与右列的276为例，加以说明（上列492与下列816也是一样）。当我们把数递变为两位数相加时，左右两列数字之和依然相等。即从上到下：43+38+84=165=27+76+62。从下向上递变也依然成立，即83+34+48=165=67+72+26。其众数和：1+6+5=12，1+2=3。

递变为三位数依然相等，即：

438+384+843=1665=276+762+627。从下向上递变依然成立，即：834+348+483=1665=672+726+267。其众数和：1+6+6+5=18，1+8=9。

再这样递变下去为四位数、五位数、六位数、N位数，也就是多少位数，等式都依然成立。

神奇之处还在继续：不管是一位数，还是两位数、三位数的平方相加的和，依然可以左右相等。比如两位数即

$43^2+38^2+84^2=10349=27^2+76^2+62^2$。

三位数、四位数、N位数平方相加和依然可以成立，也就是多少位数，等式依然都可以成立。

以上这些洛书数字的神奇排列，是不是让人们感觉莫名的惊诧？

由此可见数字3、6、9，在河图、洛书中的重要性，其中数字6和9更加代表了事物的阴和阳这个对立面。事物的阴和阳是相互对立和统一的，因此河图和洛书亦分别意味着对立统一。

我们知道了洛书数字中横竖斜相加的和都等于15，15这个数在我们地球上是个非常重要的数，因为，它是中国人所说的节气的数。

节气的形成

什么是节气呢？中国古代利用土圭实测日晷，将每年日影最长的那天定为"日至"（又称日长至、长至、冬至），日影最短的那天定为"日短至"（又称短至、夏至）。"夏至"和"冬至"就是指已经到了夏、冬两季的中间了。"夏至"是一年中白天最长的一天，"冬至"是一年中白天最短的一天。

一年中太阳两次直射在地球赤道上时，就分别为"春分"和"秋分"，春分和秋分，就是指已经到了春、秋两季的中间，这两天白昼和黑夜一样长。

据记载，在距今 3100～3700 年前的商朝时，只有四个节气（冬至、夏至、春分、秋分），到了距今 2200～3100 年的周朝时，节气发展到了八个，到距今 1800～2200 年的秦、汉朝时，二十四节气才完全确立。

古人根据太阳在一年内的位置变化，地面气候的演变次序，把一年三百六十五又四分之一的天数，分成了二十四段，每一段分别对应太阳在黄道上每运动 15°所到达的一定位置。

从地球上看太阳，太阳在宇宙中移动着位置，与地球公转方向相同，即自西向东，一年移动一圈，叫做太阳的周年视运动。太阳周年视运动在天球上的路径，就是黄道。

二十四节气又分为 12 个节气和 12 个中气，一一相间。二十四节气反映了太阳的周年视运动，所以在公历（阳历）中，它们的日期是相对固定的，月首的叫"节气"，月中的叫"中气"。上半年的节气在每个月的第 6 日，中气在第 21 日，下半年的节气在每个月的第 8 日，中气在第 23 日，二者前后不差 1～2 日。节气也被叫做节令。

二十四节气包含了：立春、雨水、惊蛰、春分、清明、谷雨、立夏、小满、芒种、夏至、小暑、大暑、立秋、处暑、白露、秋分、寒露、霜降、立冬、小雪、大雪、冬至、小寒、大寒。

二十四节气的命名反映了季节、物候现象、气候变化三种特点。

反映季节的是立春、春分、立夏、夏至、立秋、秋分、立冬、冬至，又称八位——八个方位，其中立春、立夏、立秋、立冬称为"四立"，表示四季开始的意思。

反映物候现象的是惊蛰、清明、小满、芒种四个节气。

反映温度变化的：小暑、大暑、处暑、小寒、大寒五个节气。

反映天气现象的：雨水、谷雨、白露、寒露、霜降、小雪、大雪七个节气。

为了便于记忆，人们编出了二十四节气歌诀：

春雨惊春清谷天，

夏满芒夏暑相连，

秋处露秋寒霜降，

冬雪雪冬小大寒。

每月两节不变更，

最多相差一两天。

上半年来六、廿一，

下半年来八、廿三。

在二十四节气歌诀中，人们习以为常地认为，立春是二十四节气的开始。确实，在后面说到的天干地支纪年法中，也是将立春作为一年的开始，而不是从阴历新年的正月初一开始算起。

在中国文化中的重要组成部分之一的命理学中，比如在四柱八字的数理模型中，是以立春，作为一年的开始；而在奇门遁甲数理模型中的起局排局，则是从24节气里的冬至开始，一直到最后一个节气大雪为止，来分阳遁九局和阴遁九局的。

到了距今二千一百多年前的公元前104年，由汉代制定的《太初历》，正式把二十四节气确定在历法中，明确了二十四节气的天文位置。在《太初历》之中，还规定了无中气的月份，定为上个月的闰月。

在二千一百年后的今天，每到节气日，国家电视台都要报导今天是什么什么节气，百姓们也还按照节气安排自己的日常生活。

太极图的秘密

中国古代利用土圭实测日晷，根据每年日影的长短确定了节气，人们想象不到，在根据日影长短确定节气的同时，也就确定了太极图的"模型"。

我们的祖先在二千一百年前的汉代出了一本书，叫《周髀》，它是我国最古老的天文学著作之一，主要阐明当时的盖天说和四分历法的内容。

到了距今一千三百年前的唐朝初年规定，将这本书作为中国古代教育体系中最高学府国子监的算术教材之一，因而改名叫《周髀算经》。这本书在数学上的主要成就是介绍了勾股定理及其在测量上的应用以及怎样应用到天文计算上。

《周髀算经》一书中，有个特别重要的记载，就是在一天的正午，利用高八尺的表杆测量晷影的长短来确定节令的记载，结果如下：

    冬至　一丈三尺五寸
    小寒　一丈二尺五寸小五分
    大寒　一丈一尺五寸一分小四分
    立春　一丈零五寸二分小三分
    雨水　九尺五寸三分小二分
    惊蛰　八尺五寸四分小一分
    春分　七尺五寸五分
    清明　六尺五寸五分小五分
    谷雨　五尺五寸六分小四分
    立夏　四尺五寸七分小三分
    小满　三尺五寸八分小二分
    芒种　二尺五寸九分小一分
    夏至　一尺六寸
    小暑　二尺五寸九分小一分
    大暑　三尺五寸八分小二分

立秋　四尺五寸七分小三分
处暑　五尺五寸六分小四分
白露　六尺五寸五分小五分
秋分　七尺五寸五分
寒露　八尺五寸四分小一分
霜降　九尺五寸三分小二分
立冬　一丈零五寸二分小三分
小雪　一丈一尺五寸一分小四分
大雪　一丈二尺五寸小五分

这个记载非常重要，人们按照天地日月运行在二十四节气那天日影的长短，也就是书中所告诉的这个尺寸来画图，便可以轻松地画出著名的《太极图》了。

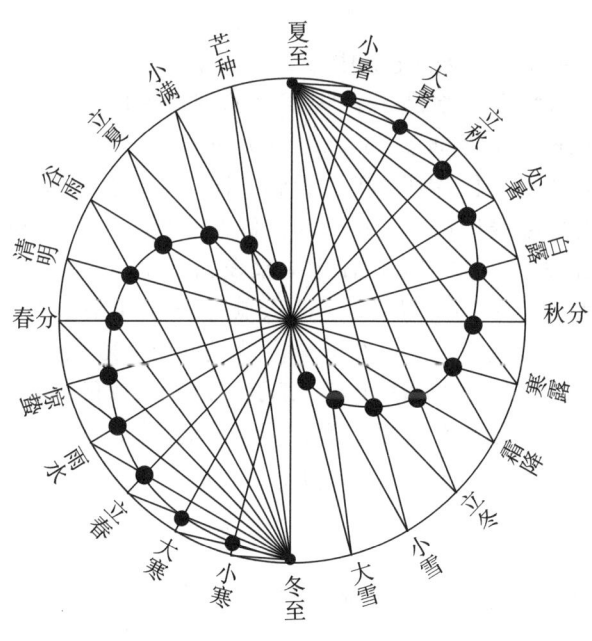

看到这张图，人们很容易真正了解到太极图是怎样成为了这个样子，是怎样画出来的了。毫不神秘，朴实无华，而且人们都能从图中体验到太极图所表述的宇宙、自然、生命、运动、能量的循环往复、此消彼长等很多的内容。

在古代中国，通过古人的仰观天象、俯察地理、参天地之造化，发现了太阳周年视运动，并确定了二十四节气历法，根据二十四节气画出了太极图，太极图从此成为了中华民族文化的标志。在距今一百三十年前的公元1883年（李氏王朝后期），我们的邻国韩国，开始使用太极图及八卦符号作为国旗的图案。

有趣的是，虽然根据二千一百年前《周髀算经》书中确定的大自然二十四节气尺寸就可以画出了太极图，但是几乎很少有人见到过这张图，而且见到过的人们，习惯上都把这张根据二十四节气画出的太极图称为

"密而不传"的太极古图（明朝的观点）。右面两张图是明朝末年的官员、书法家倪元璐（公元1593年～1644年）在书中刊出的图形，是在古太极图的基础上进行美化后形成的，后来民间所传、所用的太极图大多都是这种图形。

气候的内容

从上面《周髀算经》书中确定节令的记载中看到，一年24个节气，正好360天。洛书的数之所以纵横交错都是15，说明气的变化是以15天为一节的，而15天即是太阳在黄道上运动了15°。（下页两图可作参考）

但洛书中为什么要把5放在正中央呢？我们看到，比气更小的一个时间单位是候，气候气候，气是由候构成的，5日为一候，三候为一气。所以5天=1候，3候=1气=15天，所以将5放在中央来表示一候。

一候是5天，每5天就是一个小变动，3个5天就是一个中等变化，为一气，6个一气90天为一时、为一季，4个一季，就是四时360天，就构成了一年，就构成了一个春夏秋冬的循环往复。那么，这个气候的内容，人们是怎么知道的呢？下一章中将要说到的二千五百年前的《黄帝内经》，在告诉人们"气"的秘密时，会讲出气与候、与时的神秘联系。

洛书的方位

洛书中的方位，也是根据大自然的变化而确定的。

我们来看一年中的变化。每年的阴历十一月左右，北方气候最寒冷，阳气最少，所以数字为一。

到了阴历二月左右，俗话说二月二，龙抬头，阳气增加，气候开始变得温和了，所以数字为三，三位于东方。

到了阴历五月，夏至左右，天气炎热，阳气最旺，所以数字增加到最大的九，九位于南方。

到了阴历八月，天气虽然还是比较热，可是已远不如夏日的炎热了，所以数字减少到七，七位于西方。

再看东北方位（我们知道，古人的方位总是上南下北，左东右西），是阴历十二月到一月左右，此时天气一派阴寒，所以是阴数里的大数字八。

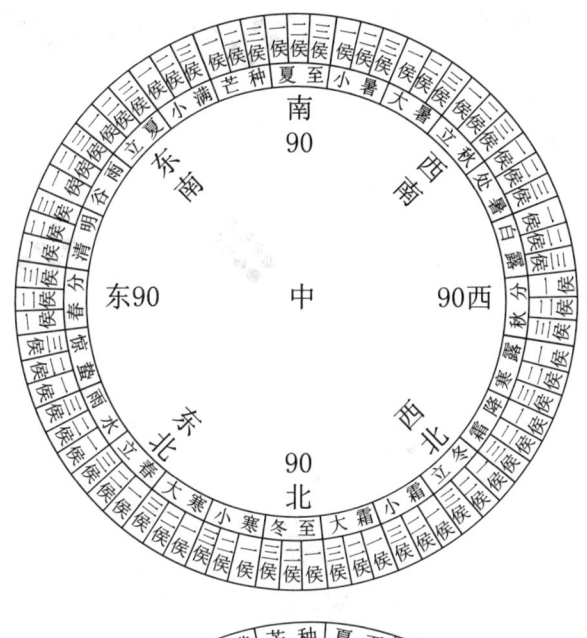

到了阴历三、四月间，春末夏初，阳气渐生，阴寒渐退，所以阴数由八减为四。数字退，温度长，所以位于东南方。

到了阴历六、七月间，比较三、四月间，天气进一步炎热，阴寒进一步消退，由于阴寒消退，阴数进一步减至二，位西南方。

阴历九、十月份，已由秋入冬，霜雪严寒又来，阴气渐浓，阴数又由二增为六，位西北方。

由以上的分析，人们看到了由于数的变动，带来了时间、方位的变动，也带来了气候的变动（当然也可以认为是时间的变化，引起方位与数的变化，但从洛书中，看到的是数的变化）。

可谓是牵一发而动全身，许多复杂的变化因素，都在洛书这样一个系统里统一了起来，我们也就清楚了洛书的方位。

那么，这个方位有什么用呢？后面会谈到，这个方位与所有人都有联

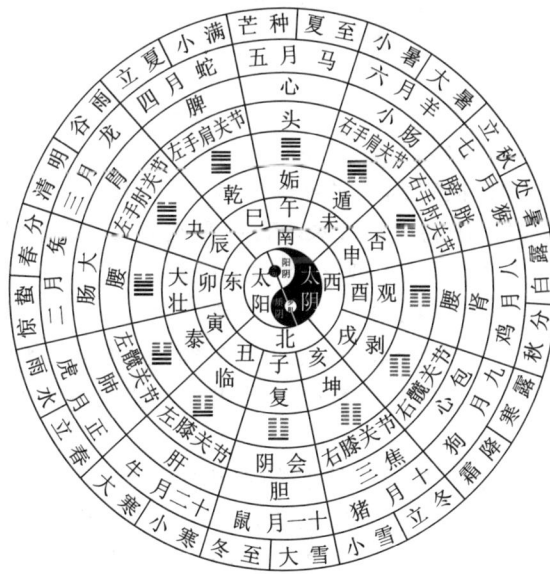

系、有关系。

因此，正像河图一样，**洛书中有数字、有方位、有阴阳**。

河图、洛书"有数字、有方位、有阴阳"的叙述中，人们会产生神奇的感觉，当我们揭开了它们的神秘面纱后，就会清楚地了解自然规律。

洛书与八卦

在上一节，我们看到了下边左边的这张八卦图，后面我们会谈到，这

张图被称作是先天八卦图，它的顺序是：乾一、兑二、离三、震四、巽五、坎六、艮七、坤八。

中间的这张图，是将八卦按照洛书九宫图的规则和顺序进行排列，被称作后天八卦图。后天八卦图的顺序和数字用口诀形式表述为：一数坎兮二数坤，三震四巽数中分，五寄中宫六乾是，七兑八艮九离门。后天八卦图的顺序和数字，在后面会比较多地用到。

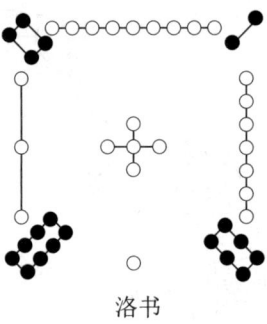

洛书

五行的内容

前面从河图的文字表述中，我们看到了"木火土金水"的概念，这五种物质被用来表示事物之间普遍存在的相互关系，合起来被叫做"五行"。

既然叫做五行，这五种自然要素会行走吗？答案是肯定的。

古人发现，大自然由这五种要素所构成，一切变化都与木、火、土、金、水这五种基本物质的运行（运动）和变化相联系，五行的行走、运动、变化、作用从未停止过。这五个要素的盛衰使大自然产生变化，既能使宇宙万物循环不已，又能影响到人们的命运。

五行学说强调世界的整体概念，描绘了事物的结构关系和运动形式。现代的人们习惯把阴阳、五行放到古代哲学的范畴来讨论，说阴阳是一种古代的对立统一学说，讲五行是一种原始的普通系统论，这一限定使人们的思维受到了极大的束缚。

实际上，古代先民观察到自然界对立又相互联系的各种现象，归纳出"阴阳"的概念。

五行，它是我们古人的一项非常伟大、非常杰出的创造。我们试想一下，如果没有五行，我们用什么东西能简单地说明天地间的各种变化呢？

我们前面知道了伏羲一画开天，画出大自然中的太极，从而可以来表述一；一天中的白天、黑夜，可以用阴阳来表述，这是表述了二；天地人、日月星可以用来表述三；一年春夏秋冬的循环可以用来表述四；到了五，是到了极高的逻辑层次，一般很难表达。而用"木火土金水"五行进行表述以后，这种极高逻辑层次的抽象概念，立刻能够得到具体、形象化的理解，使用起来也极其简便易行。

五行的生克关系

五行具有相生相克的关系。

五行相生，指的是：木生火、火生土、土生金、金生水、水生木。

五行相克，指的是：木克土、土克水、水克火、火克金、金克木。

这里的相生，有帮助、助推的意思；这里的相克，是制约的意思，（参看五行生克图）。

五行相生为顺，为德；五行相克为逆，为刑。五行相生与相克，是事物发展中不可分割的两个方面，没有生克，就没有事物的发展，就不能维持万物正常协调的变化。古人说："盖造化之机，不可无生，亦不可无制。无生则发育无由，无制则亢而为害。生克循环，运行不息，天地之道矣。"

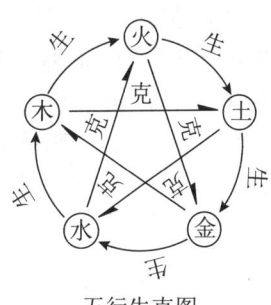

五行生克图

现代人对五行相生的理解基本是这样的：

木生火，因为木头可以作为燃料生火，木头烧尽则火会熄灭；

火生土，因为火燃烧物体后，物体化为灰烬，而灰烬便是土；

土生金，因为金蕴藏于泥土岩石之中，经冶炼后能提取金属；

金生水，因为地球上的水是从地球的岩石里面转化而来的；

水生木，因为水灌溉树木，树木才能欣欣向荣地生长。

现代人对五行相克的理解基本如下：

木克土，因为树根吸收土中的营养，以补己用，树木强壮了，土壤如果得不到补充，会自然削弱；

土克水，因为土能防水，土能治水，土能挡水；

水克火，因为火遇水便熄灭，即水可以用来扑灭火；

火克金，因为烈火能溶解金属；

金克木，因为金属铸造的割切工具可锯毁树木。

上面的这种对木、火、土、金、水相生相克的认识，都是把五行看成是具体的、实在的五种物质对待，这种认识不错，非常好，但不是全部。因为五行在论述中、在应用中，有时或者是许多时候，常常会仅仅作为一种符号，或是高度抽象的概念来使用。也就是说，所谓"水"，不一定就是指杯中喝的水，高速路上奔跑的汽车、铁轨上的火车，都可以看作是"水"，是虚水。"金"也不一定是指黄金，凡是坚固、凝固的物质都可以看作是"金"。这时的五行，就代表了自然中相互关联的五种能量了。

五行具有的生克关系，表达的是一种事物同与其有关的其他四种事物之间发生的相互关系。这四种关系，可以理解为是以"我"为中心来进行表述的：有生我者和克我者，有我生者和我克者。用图来表式为：

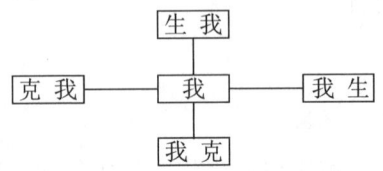

用五面体把这种五行关系表示出来，会更容易理解，如下面的五行结构图。左面第一张图，很像河图的结构，中间第二张，是五行生克图中相生的表述，右面第三张图中，能看到任一行与其他四行的连线，这表明，这里的五行是一种三维时空结构，在五面体中，任何一行都可与其它四行无交叉地发生直接联系而无需中介，这种与其它四行的四种关系就是：生我、我生、克我、我克。

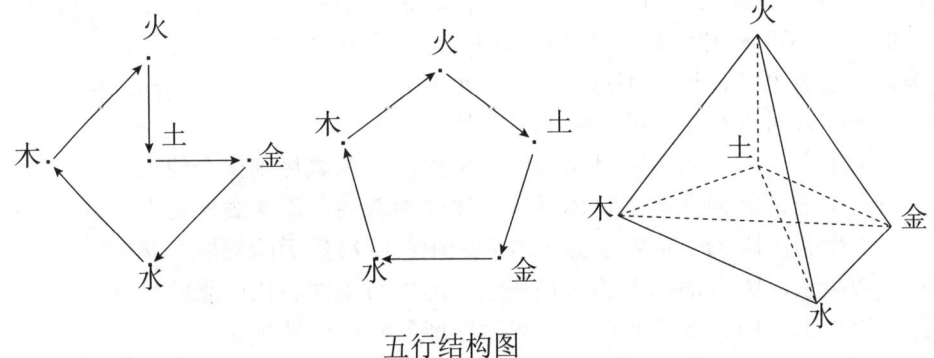

五行结构图

河图洛书的数学证明

了解了五行之后，我们试图用五行来说明河图、洛书的图形的结构和特点，从而揭示其秘密。

在一个三维四面体中（如图），中心点总是固定的（指四面体内总是能有一个中心点的），四个顶点的次序会有较大的自由度，只有最后一点是确定的。即是说，四个顶点的次序可以随意选择，选定1号点的机会有4个，选定了一个点以后，选择2号点的机会只有3个，选定了3号点后，4号点是最后一个了。

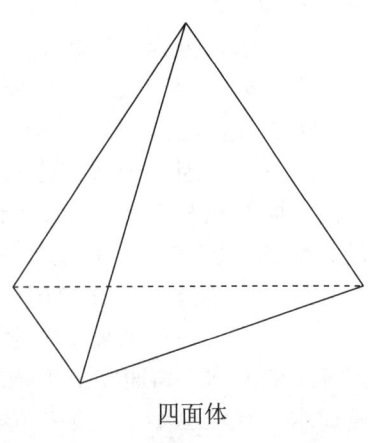

四面体

接下来，我们以四面体的中心点为起始点（0），用0到9的数字给四面体的各点编上号码，从0到9这十个数字可以出现一次循环。比如，我们将土、水、火、木、金,按照河图中的顺序编上数字:0、1、2、3、4;循环一次为:5、6、7、8、9。结果是:土(0 5)、水(1 6)、火(2 7)、木(3 8)、金(4 9)。

更详细地说就是:中心点(0 5)已经确定,给四面体的各点可以从1到4这4个数字,随意编上号码,编上号码的四个顶点的数字不能更改,对应1到4这4个数字,从6到9再出现一次循环;然后,再将土、水、火、木、金,按照河图的顺序与编上数字的四面体的各点对应,结果还是:土(0 5)、水(1 6)、火(2 7)、木(3 8)、金(4 9)。

将标上数码的四面体各点向一个三维垂面投影后,我们能够发现,正面视图和侧面视图就是我们谈到的河图、洛书的数字形状,而且,五行的结构数也正是据此而确定的。

由投影图中,我们看到,图形的排列比较规整,如果用四面体实际投影,其结果,中间的十字连线会是斜线,但位置关系与图中当然是一样的。(见投影图)

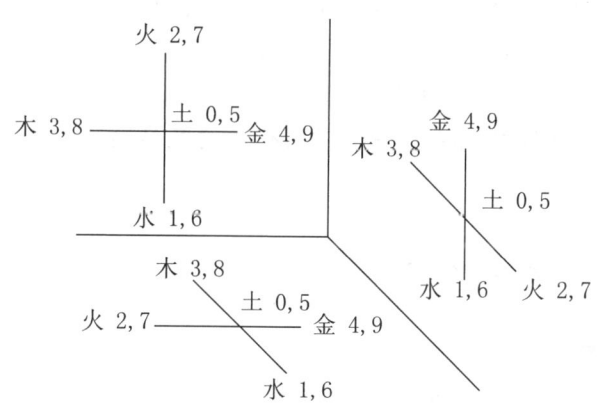

五行结构数---四面体三维投影图

由投影图中,我们看到,一个四面体从空中投影到三维垂面后,空中的一个点变成三个平面中的各一个点,其中(0 5)总是居中的,其它各点的投影次序会有三种情况,就是除了大家看到的河图、洛书数以外,还会出现第三种顺序结构,它与洛书比较,仅(3 8)和(4 9)调换了位置;它与河图比较,仅(1 6)和(4 9)调换了位置,但是,这三种平面位置的关系,在空间三维立体结构中则是一种关系,不管周围四个顶点序号怎样改变,关系只有一种,只是空间取向不同,这也是四面体结构的特征。

这里需提到的是,空间立体构型具有手征性的特点,有左手性和右手性,两者呈镜像对称的关系,因而空间四面体结构就有两种,一种是左旋体,一种是右旋体。这里的五行四面体结构是一种左旋结构,这种左旋结构有三种投影位置关系。与它对称的还有一种五运四面体结构(后面说五运时会谈到），那是一种右旋结构。

　　总之，我们将五行的数和内容，放在一个四面体上，通过在三维垂面上的投影，可以产生河图、洛书的结构图形，这便是河图、洛书图形的数学证明。

　　也许有人会提出一个疑问：从河图的文字表述中，我们看到了"木火土金水"五行的概念，现在又用五行的内容来证明河图，不是在说"因为1+1=2，所以2=1+1"吗？

　　实际上，人们看到河图、洛书的产生时，只有图形，没有文字，只是会认为图形结构非常奇特而有规律，但为什么会是这样？没有看到说明。

　　其次，对河图的文字描述，"天一生水，地六成之；地二生火，天七成之……"是从一年四季的气候变化来的，是对自然的描述，在这种对气候变化的描述中，自然出现了"木火土金水"。可以说，古代的人们就是根据自然规律，由河图、洛书的结构衍生出了五行概念。

　　因此，用自然出现的五行概念与立体实物结合在空间中的投影，竟能够产生包括洛书在内的河图、洛书的结构图形，是不是证明了河图、洛书的结构图形并不是仅仅来源于神话和神秘，而是来源于自然本有的一种数学模型或者叫自然本有的一种客观存在呢？

　　由此得出这样的结论：河图、洛书和九宫竟是地球上生命运动的基础数学公式。

五行有数、有方位、有阴阳

　　我们进一步来看五行概念中的几种关系：

　　五行与自然四季的对应关系：

　　木代表春天、火代表夏天、土代表长夏、金代表秋天、水代表冬天。也有用另一种表述的方式说：春天属木、夏天属火、长夏属土、秋天属金、冬天属水。说代表，说属性，这两种表述都是把五行作为一种符号，抽象化了。

　　五行与自然方位的对应关系：

　　木代表东方、火代表南方、土代表中央、金代表西方、水代表北方。

　　五行与人体藏腑的对应关系：

　　木代表肝、胆、目；火代表心、小肠、舌；土代表脾、胃、口；金代表肺、大肠、鼻；水代表肾、膀胱、耳。

　　五行与阴阳的对应关系：

　　在下一章我们会说到，木、火、土、金、水分别分出了阳木、阴木，阳火、阴火，阳土、阴土，阳金、阴金，阳水、阴水。

　　我们所说的五行，都是指的地象的相互关系，即"在地成形"；天象的相互关系是"五运"，即"天垂象"，我们也会在下一章中具体解释。

五行常常与空间概念的"东西南北中"、植物生长概念的"生长化收藏"、人体的"风热湿燥寒"联系在一起，并融为一体。

五行是木、火、土、金、水在大自然的阴阳运动变化过程中五种存在状态，因此万物的五行属性关系非常复杂，我们在应用时，慢慢地识别清楚五行，时间长了，也就能逐渐掌握了。

五行之数也就是五行的生数，在河图的文字表述里已经明确了：

"天一生水，地六成之；地二生火，天七成之；天三生木，地八成之；地四生金，天九成之；天五生土，地十成之"，是水一、火二、木三、金四、土五，也即是一水、二火、三木、四金、五土。

一、三、五为阳数，其和为九，因此九为阳极之数。二、四为阴数，其和为六，所以六为阴之极数。阴阳之数合而为15数，所以也有说洛书的纵横皆15数，也就是说的阴阳五行之数。

从河图和洛书中看到，有数、有方位、有阴阳，从上面的分析，我们看到了**五行也是：有数、有方位、有阴阳**。

当五行之数与河图、洛书之数结合后，五行实际上就上升为一个数学模型了。在五行这个数学模型中，如果将固定不变的中央"土"暂不计算在内，那么四面体四个顶点就是一组四象，重复一次后，两组四象就构成一组八卦。将中央"土"加进八卦，就是九宫。由五行的投影数构成的一组平衡图（洛书幻方），即是这样一组九宫八卦图。

阴阳五行的作用范围

人们也许会问，这里谈了这么多有关河图、洛书、五行、阴阳的诸多内容，有什么用呢？

从前面的介绍我们了解到，阴阳是自然的基本存在法则，人们每天都看得见白天黑夜，看得见男人女人，看得见自己的手心手背，却看不到天下地上哪里写着阴阳二字，但宇宙间一切事物，其发展变化都与阴阳的相互作用有关。

河图、洛书、五行中都有阴阳，阴阳理论是中国古代社会中的重要思想，国学（中医、天文、地理、术数、哲学）无不以此为基础。我们在后面的第四、五章会谈到三界的内容，人们都生活在三界中，而河图、洛书、五行、阴阳，就是关于宇宙三界空间中五行、阴阳相生相克的道理和规律，也就是关于宇宙大道对人类及众生的制约之理。

既然阴阳、五行说的是宇宙自然的道理和规律，它的作用范围就极其广泛，甚至无所不在。知晓了阴阳、五行的作用范围，人们就不可忽略生活中阴阳、五行规律所起的作用。具体的河图、洛书、阴阳、五行中所分别对应着的许多宇宙自然的周期规律，我们会在下一章谈到干支的内容时叙说。

进一步说，五行是维护人类世界物质体系的制约循环规律，这个规律在一定的宇宙范围是有效的，不只是针对人类，对三界的众生中都起着制约的作用，就好像人体中五藏六腑一样，相互关联、平衡、制约，维护着人体生命系统的正常运行。

当人们能从更微观的物质粒子深层次空间中去看宇宙时空，五行的制约就不存在了，而只是呈现出阴阳相生相克的相互作用，其表现就是宇宙中的生命存在的体现不同，这些都是宇宙大道体现在一定境界中的众生的存在之理，是制约生命的力量因素。那儿就如中国人所说的一句话：跳出三界外，不在五行中。

再往上，进入更深入的微观，在更广阔无垠的境界层次中，就完全脱离了阴阳相生相克的宇宙大道对生命的制约，那里没有了阴阳，更没有了五行，只在绝尽的"道"中，是生命对道的认知不同。

河图顺生 洛书逆克

了解了五行的概念后，再看河图，人们能感觉到河图形状浑圆，这种浑圆的象，好似万里云天，阴阳合一，木火土金水，五行一气，虽先天无为，但产生的是顺时针相生旋转的功效。

再看洛书，能感觉到洛书形状似方，这种形状似方的象，好似大地，阴阳错综，五行克制，呈现的是后天有为逆运变化之道。

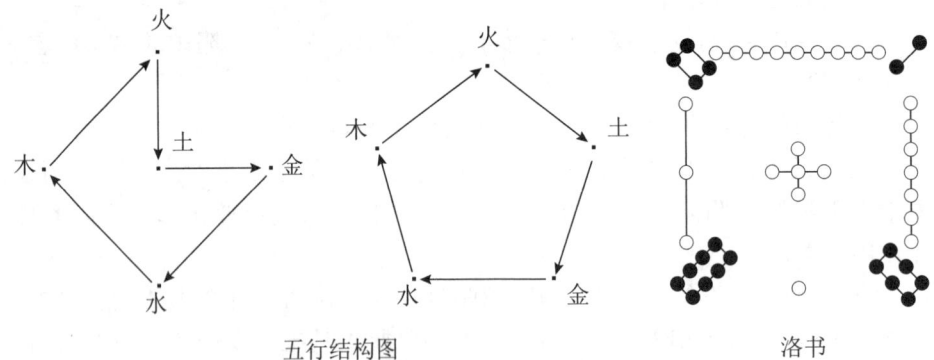

五行结构图　　　　　　　　洛书

说逆运变化，是逆时针右行相克行走，中间的土克北方水，北方水克西方火，西方火克南方金，南方金克东方木，东方木克中央土。以克为主，呈现出收敛成就之功效。洛书中，将河图中的金居了火位，火居了金位，金火同宫起到收敛的成效，这就好似自然万物，无不是在大自然的"熔炉中"陶熔出各自的成就。

为了弄清八卦的究竟，所以我们先要了解以上这些河图、洛书、阴阳、五行的基础内容，在后面的章节里还会经常使用到这些内容。

第四节　不再神秘的《周易》六十四卦

自伏羲氏以后，中华民族经历了女娲氏和神农氏，到了公元前27世纪（公元前的2698年），也就是距今四千七百年前，出现了黄帝，人们把五帝中的轩辕称黄帝，将颛顼称玄帝，以及帝喾、尧和舜。尧活了119岁，在位100年，离世后，尧帝的女婿舜帝继位；舜帝活了100岁，在位48年，舜帝死后，黄帝王朝结束。舜帝的继位人是鼎鼎有名的禹帝，他建立了夏王朝(公元前2070～前1600年)。禹帝在位仅8年，禹帝活了100岁而离世。禹帝的儿子启继位，改变了原始部落的禅让制，形成了父子兄弟相传的家天下继承制度。

在夏以后，分别出现了商（公元前1600～前1046年）和周（公元前1046～前256年）。

在距今三千多年前，商的最后一位君主帝辛在位，帝辛也被叫做纣王，历史书中记载他是一位残害忠良、极其残暴的一位君主。

对于他的残暴，史书中记载，纣王有三个忠心的大臣：九侯、鄂侯、姬昌。九侯的女儿是纣王的一个妃子，只是因为她不善于承仰颜色，纣王就把九侯父女俩都剁成了肉酱。对此，鄂侯据理力争，竟也被纣王剁成了肉酱。姬昌听到这个消息后叹了一口气，于是纣王把姬昌抓了起来，关在羑（yǒu）里城（现在的河南汤阴一带）。

姬昌是周部落的首领，他被认为是很有才干的圣人，称周文王。他被纣王一关三年，等到周部落向纣王献上大批好马、美女、珠宝后，纣王才释放了姬昌。姬昌回家后不久逝世，他的儿子姬发继位周部落酋长。在公元前1054年年初，姬发打败了纣王，商王朝从此灭亡。姬发建立周王朝后，抛弃了"帝"的称谓，改称为"王"，并被人们尊称为"天王"。灭掉商王朝建立周王朝的姬发，死后被称为周武王。

三易的传说

据历史书的记载，周文王被关在羑（yǒu）里城时，推演过伏羲易，写出了《周易》，人们一直都认为《周易》是一部占筮书（也就是算命的书籍）。

从伏羲创造八卦，到周文王时代的三千年中，据说伏羲易曾演变成为夏王朝的《连山易》，成为了夏王朝的占筮书；后来又演变成为商王朝的《归藏易》，成为了商王朝的占筮书，而《周易》是周文王推演的周朝的占筮书。现在《连山易》《归藏易》已经失传，看不到了，只是名称流传了下来。比如，七百年前宋代所编写的儿童启蒙读物《三字经》中，就有："有连山，有归藏，有周易，三易详"的记载。在现代人的解释中，《连山》《归藏》《周易》，是我国古代的三部书,这三部书合称"三易"。有学者认为"三易"是用"卦"的形式来说明宇宙间万事万物循环变化道理的书籍。

那么,《周易》到底是怎样的一部书呢?

原汁原味的《周易》

让我们怀着非常轻松的心情,打开《周易》一书,人们看到的是:

☰乾。元亨。利贞。

初九:潜龙,勿用。

九二:见龙在田,利见大人。

九三:君子终日乾乾,夕惕若,厉无咎。

九四:或跃在渊,无咎。

九五:飞龙在天,利见大人。

上九:亢龙有悔。

用九:见群龙无首,吉。

☷坤。元亨。利牝马之贞。君子有攸往,先迷,后得主。利西南,得朋。东北,丧朋。安贞吉。

初六:履霜坚冰至。

六二:直方,大不习,无不利。

六三:含章可贞。或从王事,无成有终。

六四:括囊,无咎无誉。

六五:黄裳,元吉。

上六:龙战于野,其血玄黄。

用六:利永贞。

☳屯。元亨。利贞。勿用有攸往。利建侯。

初九:磐桓,利居贞,利建侯。

六二:屯如邅如,乘马班如。匪寇婚媾,女子贞不字,十年乃字。

六三:既鹿无虞,惟入于林中,君子几不如舍,往,吝。

六四:乘马班如。求婚媾。往,吉,无不利。

九五:屯其膏,小贞吉,大贞凶。

上六:乘马班如,泣血涟如。

☶蒙。亨。匪我求童蒙。童蒙求我。初噬告,再三渎,渎则不告。利贞。

初六:发蒙,利用刑人,用说桎梏,以往吝。

九二:包蒙吉,纳妇吉,子克家。

六三:勿用取女,见金夫,不有躬,无攸利。

六四:困蒙,吝。

六五:童蒙,吉。

上九:击蒙,不利为寇,利御寇。

☰☷泰。小往大来。吉。亨。
初九：拔茅茹，以其彙。征。吉。
九二：包荒用冯河，不遐遗，朋亡得尚于中行。
九三：无平不陂，无往不复。艰贞无咎。勿恤其孚，于食有福。
六四：翩翩不富以其邻，不戒以孚。
六五：帝乙归妹以祉，元吉。
上六：城复于隍，勿用师，自邑告命，贞吝。
☷☰否。否之匪人，不利君子贞，大往小来。
初六：拔茅茹以其汇，贞吉。亨。
六二：包承，小人吉，大人否。亨。
六三：包羞。
九四：有命，无咎，畴离祉。
九五：休否，大人吉。其亡其亡，系于苞桑。
上九：倾否，先否后喜。
☷☶谦。亨。君子有终。
初六：谦谦君子，用涉大川，吉。
六二：鸣谦，贞吉。
九三：劳谦，君子有终，吉。
六四：无不利，撝谦。
六五：不富以其邻，利用侵伐，无不利。
上六：鸣谦，利用行师征邑国。
☵☲既济。亨。小利贞。初吉终乱。
初九：曳其轮，濡其尾，无咎。
六二：妇丧其茀，勿逐，七日得。
九三：高宗伐鬼方，三年克之，小人勿用。
六四：繻有衣袽，终日戒。
九五：东邻杀牛，不如西邻之禴祭，实受其福。
上六：濡其首，厉。
☲☵未济。亨，小狐汔济，濡其尾，无攸利。
初六：濡其尾，吝。
九二：曳其轮，贞吉。
六三：未济，征凶，利涉大川。
九四：贞吉，悔亡，震用伐鬼方，三年，有赏于大国。
六五：贞吉，无悔，君子之光有孚，吉。
上九：有孚于饮酒，无咎。濡其首，有孚，失是。

以上就是原汁原味的《周易》书中的内容，整部《周易》就是这样一段一段的，全部共有64段，记录了64卦的内容，别无其他。

我们在这里完整地摘录了书中最前面的 4 个卦、中部的 3 个卦和最末尾的 2 卦，共抄了 9 个卦，也就是 9 个段落，是整部书 64 段的一小部分。让我们继续怀着非常轻松的心情，来看书中的内容。

卦象卦辞爻辞

我们看到，每一段中都由三部分组成，一个是放在最前面的八卦图的符号，人们称作"卦象"（也有称作卦号、卦体）；一个是卦象后面带的一段文字，是说明卦象的，人们称作"卦辞"；一个是由"初六、九二、九三"等文字开始，后面还带了一些文字。

我们前面提到，在八卦中，一画叫一爻，数一个卦象的方法是从下往上数，最底下的叫初爻，往上的叫二爻、三爻、四爻、五爻，最上面的第六爻叫上爻。从这里我们看到，如果是阳爻，用"一"来表示时，文中用九代表；如果是阴爻，用"— —"来表示时，文中用六来代表。而"初六、九二、九三"等后面的文字，就叫做"爻辞"，是说明这一爻内容的。

因此，我们从每一段《周易》的文字中，可以看到有"卦象"、"卦辞"、"爻辞"这样的三个部分。

卦名

需要注意的是，我们并没有看到"卦名"，《周易》的所谓"卦名"，实际都是后来人们摘取了卦辞的主要的或常见的一个字或两个字而追题的，书中本来是并没有"卦名"，只有卦象（卦的符号），卦辞记录在卦象的后面。

人们为了可以很容易地记住书中 64 卦的卦名，将这个 64 卦卦名，按 7 字一句的方法排列了《上下经卦名次序歌》：

乾坤屯蒙需讼师，比小畜兮履泰否，
同人大有谦豫随，蛊临观兮噬嗑贲。
剥复无妄大畜颐，大过坎离三十备。
咸恒遯兮及大壮，晋与明夷家人睽，
蹇解损益夬姤萃，升困井革鼎震继，
艮渐归妹丰旅巽，兑涣节兮中孚至，
小过既济兼未济，是为下经三十四。

我们按照《周易》书中的顺序，在第 1、2 号卦处，找到了乾卦☰、坤卦☷，在第 29、30 号卦处，找到了坎卦☵、离卦☲，在第 51、52 号处，找到了震卦☳、艮卦☶，在 57 号、58 号处，找到了巽卦☴、兑卦☱。这八个卦，就是我们最早谈到的伏羲创造的八卦符号：

☰　☱　☲　☳　☴　☵　☶　☷
乾　兑　离　震　巽　坎　艮　坤

在这八个卦中，由于下面的内卦和上面的外卦，完全一样，因此，人们又把这八个能够使上下完全一样的卦，叫做八纯卦，或八经卦、八个基本卦。

上面，我们完整摘录的书中最前面的 4 个卦、中部的 3 个卦和最末尾的 2 卦，所抄的 9 个卦中，我们知道了乾卦、坤卦的上下内外卦是一样的，来看其他几个卦的内外组合。

内外上下卦

乾卦☰，即是由一个内卦——乾卦☰和一个外卦——乾卦☰组成的。

坤卦☷，即是由一个内卦——坤卦☷和一个外卦——坤卦☷组成的。

屯卦䷂，是由一个内卦——震卦☳和一个外卦——坎卦☵组成的，震即是雷，坎即是水，所以也称为水雷屯卦。

蒙卦䷃，是由一个内卦——坎卦☵和一个外卦——艮卦☶组成的，坎即是水，艮即是山，所以也称为山水蒙卦。

泰卦䷊，是由一个内卦——乾卦☰和一个外卦——坤卦☷组成的，坤即是地，乾即是天，所以也称为地天泰卦。

否卦䷋，是由一个内卦——坤卦☷和一个外卦——乾卦☰组成的，乾即是天，坤即是地，所以也称为天地否卦。

谦卦䷎，是由一个内卦——艮卦☶和一个外卦——坤卦☷组成的，坤即是地，艮即是山，所以也称为地山谦卦。

既济卦䷾，是由一个内卦——离卦☲和一个外卦——坎卦☵组成的，坎即是水，离即是火，所以也称为水火既济卦。

未济卦䷿，是由一个内卦——坎卦☵和一个外卦——离卦☲组成的，离即是火，坎即是水，所以也称为火水未济卦。

至此，对于 64 卦的卦象是怎么构成的，我们应该都能看懂了。

我们知道，每一个卦都有六个爻，这样，64 卦，一共有 6×64=384 爻，爻数的众数和是 3+8+4=15，1+5=6；我们还能知道，64 卦中，阳爻和阴爻相等，都是 192 爻，阳爻和阴爻的数量的众数和都是 1+9+2=12，1+2=3。

我们还注意到，在第 1、2 卦乾、坤卦的上爻后面，多出一句用九和用六，而其他卦中，上爻即是这卦的结尾。而在描述爻辞时，阳爻用到了：初九、二九、三九等；阴爻用到了：初六、二六、三六等。这是不是就是用九、用六的意思了呢？

从《周易》书中，我们看到了八卦的名称，并不是什么人给八卦命名的，而是采用《周易》中卦辞的最前面的一个字或两个字而已。反过来看，这样形成了卦名后，这些卦名也就成了 64 卦的符号，使人们一提到卦名也就知道了卦象。

比如，我们说到成语三阳开泰，看见泰卦这个名称，也就知道在说泰卦☷，泰卦☷是由一个内卦——乾卦☰，和一个外卦——坤卦☷组成的。因为泰卦的卦爻下面有三个阳爻，所以人们称为三阳开泰。后面我们会知道，一句三阳开泰，既说了泰卦，又说了泰卦内上下卦的组成部分，另外还包括着时间和空间的内容。

再比如，说到否极泰来这个成语，也就知道是在说否卦☷和泰卦☷，这两个卦象的形象正好相反，用以形容事情已经发生了根本的转变，而且是由不大好的天地否卦，转化到了比较好的地天泰卦了。

又如，许多人的名字叫"学谦"，就能知道家长之所以起这个名字，是想让他学做具有谦卦☷风格的人，谦卦的卦象中，上卦为坤、为地，下卦为艮、为山。谦卦艮下坤上，为地中有山，山在地下之象。山本来高大，但却去处于地的下方，高大显示不出来，以此显示这个人的德行很高，不张扬，具有谦德的君子风度。

到此，人们似乎并未感觉到《周易》一书的难读，虽然我们读到原文时，还并不明白书中是在说什么，但我们的心情非常轻松。

《周易》说什么

人们看到《周易》64卦中9个卦的文字，这看似天书的文字，相信一下子没有人知道是在讲什么吧？没关系，绝大部分人都不知道《周易》的文字是在讲什么，都不知道《周易》在说什么，因此不要气馁，但从卦象内外的排列和卦名的符号，人们是否已能稍稍感觉到一点点《周易》的味道了呢。相信人们读完了这一章伏羲的故事，就都能够弄明白《周易》在说什么了。

第五节　《周易》的十个翅膀

《周易》这部书产生于周朝，自周文王推演《周易》后，又过了500多年，在距今二千五百年前的战国时期，产生了一部解说和发挥《周易》的论文集——《易传》。古人把解释经典的文章称为"传"，相传《易传》是孔子和他的学生共同创作的。《易传》这部书有7种共10篇文章，包括：《彖传》（彖 tuàn）上下篇、《象传》上下篇、《文言传》、《系辞传》上下篇、《说卦传》、《序卦传》、《杂卦传》。

又过了400年，到了距今二千一百年的汉朝时，这十篇文章又被人们称为"十翼"，用来比喻给《周易》按上了十个羽翼。当时汉朝正在极力推崇儒家，"罢黜百家，独尊儒术"，由于人们认为《易传》与孔子有关，人们把就《周易》又往高抬了一下，把《周易》和《易传》合在一起，称做"易经"，成为了儒家的经典著作。

我们来看看"十翼"的内容：

1.《彖传》

彖是《易传》中的一部分，分《上彖》、《下彖》两篇，专门解释六十四卦卦辞的意义。六十四卦有六十四条卦辞，《彖传》也就有六十四条，每一卦为一条。

比如，它的第一条：乾〈彖〉说：大哉乾元！万物资始，乃统天。云行雨施，品物流形。大明终始，六位时成，时乘六龙以御天。乾道变化，各正性命，保合太和，乃利贞。首出庶物，万国咸宁。

第二条：坤〈彖〉说：至哉坤元，万物资生，乃顺承天。坤厚载物，德合无疆。含弘光大，品物咸亨。牝马地类，行地无疆，柔顺利贞。君子攸行，先迷失道，后顺得常。西南得朋，乃与类行；东北丧朋，乃终有庆。安贞之吉，应地无疆。

人们在总揽《彖传》后认为，《彖传》的思想是从自然观、政治观和人生观三方面来论述了卦辞。

2.《象传》

象，指的是一卦中内卦和外卦的象，以及六爻的象，因此，《象传》是以卦象为根据，对64卦的每一卦既解释卦象，讲述该卦的作用，又解释爻辞，解释爻辞的时候也大多以爻象（看它是阴爻还是阳爻）包括爻位为根据，来对爻辞进行评述或批注，因而叫《象传》，也称作象辞。我们看第1和第2卦的象辞原文如下：

乾卦。象说：天行，健，君子以自强不息。"潜龙，勿用"，阳在下也。"见龙在田"，德施普也。"终日乾乾"，反复道也。"或跃在渊"，进无咎也。"飞龙在天"，大人造也。"亢龙有悔"，盈不可久也。"用九"，天德不可为首也。

坤卦。象说：地势，坤，君子以厚德载物。履霜坚冰，阴始凝也。驯致其道，至坚冰也。六二之动，直以方也。"不习，无不利"，地道光也。"含章，可贞"，以时发也。"或从王事"，"知光大也"。"括囊无咎"，慎不害也。"黄裳元吉"，文在中也。"龙战于野"，其道穷也。用六永贞，以大终也。

总揽《象传》的特点，前半句多讲天道，后半句多讲人事，认为两者有同一性，希图因天道而明人事。

我们从乾坤两卦中，可以看到开始的两句：天行健，君子以自强不息。地势坤，君子以厚德载物。这两句在二千五百年后，被北京的清华大学摘录作为了校训，人们从而知道了清华的八字校训"自强不息，厚德载物"是出自古老易经的《象传》。

另外还能看到像"光大银行"的"光大"名称，著名道学大家黄元吉名字的来历，都与《象传》有着关联。

3.《文言传》

只有两篇文章，它们是详细解释乾卦的卦爻辞的《乾文言》，和详细解释坤卦的卦爻辞的《坤文言》，"文言"两字之意，即"文饰《乾》《坤》两卦之言"。

从《象传》《文言传》中能看到，作者是先把人类自身的情感、意志和道德准则赋予给了自然的天、地、万物，然后再倒转过来，用这种天地万物之道来为它所提出的人道作自然哲学的论证。《象传》《文言传》从天地之道到人道的思想，从形式上看，是一种循环论证，表面上是从天地之道到人道，实际上是用人道代替了天地之道。从内容上看，《象传》《文言传》所论述的人道原则却也是有价值的，因为它是对先秦儒家学派的政治和伦理思想的继承和发展。

如果把《彖传》《象传》《文言传》中有关天、地、人道的内容作个比较，会发现《易传》中存在着两种不同的对天地之道的理解，在《彖传》中，以对自然的天地规律作客观认知为主，而《象传》、《文言传》则倾向于用人类的情感、价值观念来把握宇宙的规律。虽然，这两种思维模式在取向上有些许不同，但它们都是在天地化生万物和人的宇宙生成论的前提下，直接由天地之道推导出人道，讲述天地之道和人道的一致性。

在《易传》的这种思维模式中，还有一个较明显的倾向，那就是忽视人对外在之道的认识过程，以及对于人类的感性及理性思维复杂性的探索，强调人对天地之道只是效法和遵循，而不主张发挥人类有改造和征服自然的主体能动性。这种人道被动顺应、效法天地之道的倾向是《易传》中的普遍倾向，《彖传》《象传》和《文言传》都是如此，前者侧重于要求人法天地的客观规律，而后者侧重于要求人法天地的道德属性。

4.《系辞传》上下篇

《系辞传》也叫《易经·系辞上传》《易经·系辞下传》，上篇12章，下篇12章。在《易传》7种中，无论是文字还是思想水平都被认为是最高的作品。《系辞》解释了卦辞和爻辞、卦象和爻位的意思，还用数学方法解释了《周易》筮法（古代用蓍（shī）草占卜的方法）和卦画的产生和形成，提出了是伏羲氏创造了八卦，伏羲创八卦的目的是"以通神明之德，以类万物之情"的看法。

《系辞》认为《周易》是一部讲圣人之道的典籍，认为《周易》是忧患之书，是道德教训之书，读《周易》要在忧患中提高道德境界，以此作为化凶为吉、趋吉避凶的手段。《系辞》对《周易》的基本原理，进行了创造性的阐述和发挥，提出了"一阴一阳之谓道"，奇偶二数、阴阳二爻、乾坤两卦、八经卦、六十四卦，都由一阴一阳构成，没有阴阳对立，就没有《周易》；它把中国古代的阴阳观念发展成了一个系统的世界观，用阴阳、乾坤、刚柔的对立统一来解释宇宙万物和人类社会的一切变化。

它特别强调刚柔相推而生变化，宇宙变化生生不已的性质，说"天地之大德曰生"，"生生之谓易"；又提出"穷则变，变则通，通则久"，揭示了"物极必反"的思想，强调了"居安思危"的忧患意识。它认为"汤武革命，顺乎天而应乎人"，肯定了变革的重要意义，主张自强不息，通过变革以完成功业。同时，它又以"保合太和"作为最高的理想目标，继承了中国传统的强调和合、和谐的思想。

《系辞》肯定了"《易》与天地准，故能弥纶天地之道。"它提出了"《易》有太极，是生两仪，两仪生四象，四象生八卦，八卦定吉凶，吉凶生大业"。"《易》之为书也，广大悉备。有天道焉，有人道焉，有地道焉"。"八卦以象告，爻彖以情言，刚柔杂居，而吉凶可见矣"。这些观点，对后来历朝历代的思想家产生了较大的影响，《系辞》也被后世的学者广为引用。

这里抄录《系辞》开篇的第一章，欣赏一下它的优美文笔：

　　天尊地卑，乾坤定矣。卑高以陈，贵贱位矣。动静有常，刚柔断矣。方以类聚，物以群分，吉凶生矣。在天成象，在地成形，变化见矣。是故刚柔相摩，八卦相荡，鼓之以雷霆，润之以风雨；日月运行，一寒一暑。

　　乾道成男，坤道成女。乾知大始，坤作成物。

　　乾以易知，坤以简能；易则易知，简则易从；易知则有亲，易从则有功；有亲则可久，有功则可大；可久则贤人之德，可大则贤人之业。易简，而天下矣之理矣；天下之理得，而成位乎其中矣。

八卦图的来历

看了《系辞》的优美文笔后，我们用图形来推导出《系辞上传》第十一章中谈到《周易》的一句非常著名的话："《易》有太极，是生两仪，两仪生四象，四象生八卦。"

我们来从易的太极图中（见图1-5-1）生出两仪、四象和八卦：

首先，我们把上面的"阴阳相含之象，就其中八分之"（见图1-5-2）。八等分后，外圈看作初爻，圆中心部位看作上爻，中间部分为中爻。白色为阳、黑色为阴。

 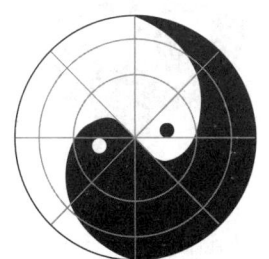

图1-5-1　　　　　图1-5-2

其次，把"黑白鱼眼"还原：黑鱼的"白点鱼眼位"，是离卦☲的上爻；

白鱼"黑点鱼眼位",是坎卦☵的上爻。(见图1-5-3)

第三,用震卦☳初爻位的半黑,补巽卦☴初爻位的半白:得完整的震、巽两卦。(见图1-5-4)

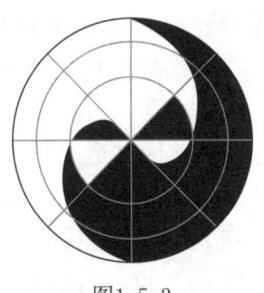
图1-5-3

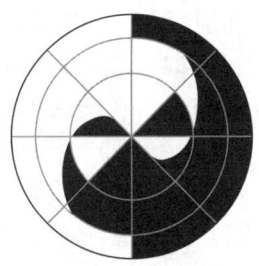
图1-5-4

第四,用坎卦☵位中爻的半黑,补离卦☲位中爻的半白:得完整的坎、离两卦。(见图1-5-5)

第五,用艮卦☶位上爻的半黑,补兑卦上爻的半白:得完整的艮、兑两卦。(见图1-5-6)

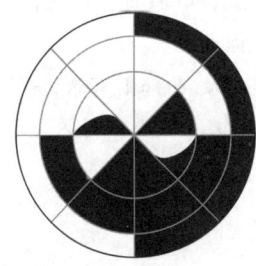
图1-5-5

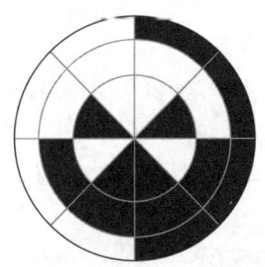
图1-5-6

第六,这样,就把黑白块八卦图,还原成原本卦爻符号的八卦图,即可得到"先天八卦图"图形。(见图1-5-7,1-5-8)

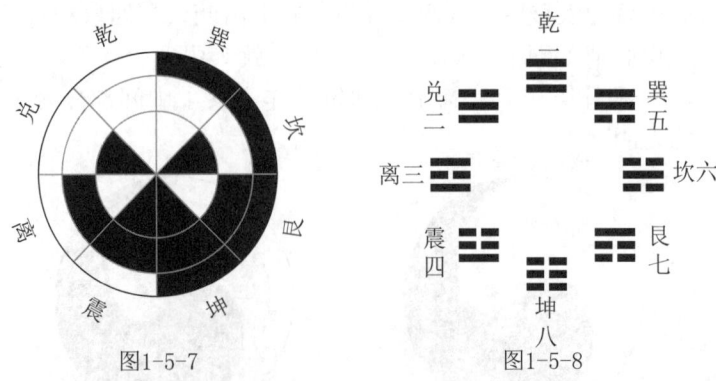
图1-5-7　　　　　　　图1-5-8

我们从太极图中生出了两仪、四象和八卦,自然会产生一个问题:

六千年前的伏羲,看到过晷影的长短,但是否认识到类似节令的东西,很有可能根据晷影的长短,画出过太极图。既然是伏羲创造出了八卦,是不是也将太极图八分，并由此得出了八卦图和八卦符号呢？当然，伏羲是传说中的人物，这一切还得不到文献的佐证。

可以确知的是古人通过仰观天象，俯察地理，通过观察太阳晷影的长短，推导出太极、两仪、四象、八卦，从而产生了宋朝人氏邵雍公布于世的先天八卦图和伏羲六十四卦方圆图。

5.《说卦传》

《说卦传》全文有969个字，粗一看像是将卦象和爻辞对应起来的一个"卦象单词表"，有人比喻离开《说卦传》读《周易》，正如抛开单词表来学习外语一般。

《说卦传》汇集了古代研究《周易》的专家总结象数应用的精辟文章，与儒家惯常的修身齐家治国的内容不同，它不受社会人事的局限，只为揭示宇宙与自然的奥秘。在成书时，原本不分章次，宋朝的儒士们将文章顺其自然段落，分为了十一章。首章是全篇的总纲，第二、三章是"参天两地而倚数"的传承。第四章是"归藏易"的遗法，是系辞所说的"阴阳不测之谓神"的秘文。第五章是说明八卦排列结果的规律性，也是周易占卜文字的遗存。第六章是"刚柔相推而生变化"的法则。第七至九章是"方以类聚"应用的示范。第十章是乾坤生六子，六子代乾坤，补论第六章略去乾坤之故，也是"三分法"与"两分法"相结合的象数原则。第十一章是八卦类象"物以群分"的示范文章。

《说卦传》第一章说："昔者圣人之作易也，幽赞神明而生蓍，参天两地而倚数。观变于阴阳，而立卦；发挥于刚柔，而生爻；和顺于道德，而理于义；穷理尽性，以至于命。"

我们看这一章中讲到的"观变于阴阳，而立卦"，这就是卦爻的阴阳变化而产生出新的一卦，任何一个六爻卦都可以变出六十三卦，加上自己本卦也即是不变卦，共有六十四卦的内容。

我们来看一卦变六十三卦的方法如下：

一卦中，有一爻变，其他不变者可得六卦；

一卦中，有两爻变，其他不变者可得十五卦；

一卦中，有三爻变，其他不变者可得二十卦；

一卦中，有四爻变，其他不变者可得十五卦；

一卦中，有五爻变，其他不变者可得六卦；

一卦中，有六爻变，其他不变者可得一卦；

6+15+20+15+6+1+1=64 卦。

同时，这里提到"和顺于道德，而理于义"，成为后来人们研究《周易》分为象数派和义理派的来由。义理也有称"易理"。

《说卦传》第三章说："天地定位，山泽通气，雷风相薄，水火不相射"。这里的天、地、山、泽、雷、风、水、火八种物质，代表乾、坤、艮、兑、震、巽、坎、离八卦之象。距今七百年前，宋朝的儒士周易大家邵雍说，这四句话正是讲伏羲先天八卦卦位的，因为这四句话反映了"春夏秋冬，晦朔玄望，昼夜长短，行度盈缩"的日月运行的天象。

下图即伏羲先天八卦图，它遵循乾一、兑二、离三、震四、巽五、坎六、艮七、坤八的数码规则。

《说卦传》第五章说："帝出乎震，齐乎巽，相见乎离，致役乎坤，说言乎兑，战乎乾，劳乎坎，成言乎艮。万物出乎震，震东方也。齐乎巽，巽东南也；齐也者，言万物之洁齐也。离也者，明也，万物皆相见，南方之卦也；圣人南面而听天下，向明而治，盖取诸此也。坤也者，地也，万物皆致养焉，故曰致役乎坤。兑，正秋也，万物之所说也，故曰说言乎兑。战乎乾，乾西北之卦也，言阴阳相薄也。坎者，水也，正北方之卦也，劳卦也，万物之所归也，故曰：劳乎坎。艮东北之卦也，万物之所成，终而所成始也，故曰成言乎艮。"这一章，对后天八卦卦象的意义和方位讲得很清楚。

人们是否发现下面这个后天八卦方位图中的数字，与前面洛书的数字、方位是一致的？

人们在记忆后天八卦的数字时，总结出一句非常实用的打油诗：

一数坎兮二数坤，三震四巽数中分，五寄中宫六乾是，七兑八艮九离门。

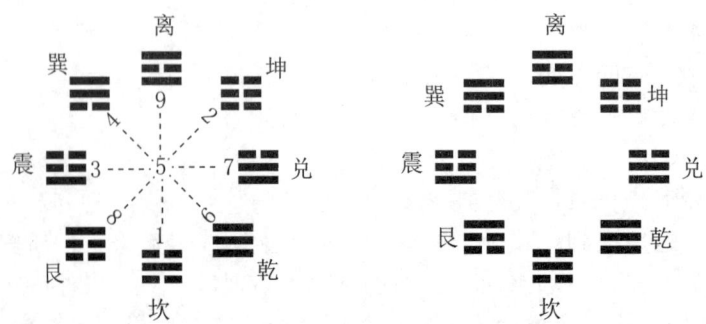

《说卦传》第九章说："乾为首，坤为腹，震为足，巽为股，坎为耳，

离为目，艮为手，兑为口。"这里，《说卦传》将八卦与人身体的部位做了对应，后人根据这个原理，更加细致地将八卦、五行和人体藏腑的部位做了对应，附图在此，表示有这样的相互关系：

五行	木		火		土		金		水	
阴阳	阳	阴	阳	阴	阳	阴	阳	阴	阳	阴
藏		肝		心		脾		肺		肾
腑	胆		小肠		胃		大肠		膀胱	
八卦	巽	震	离	离	艮	坤	乾	兑	坎	坎

6.《序卦传》

在上一节，我们提到过 64 卦卦名次序歌：

"乾坤屯蒙需讼师，比小畜兮履泰否，同人大有谦豫随……"

《序卦传》就是讲为什么《周易》各卦的顺序是这样排列的。它依据卦名的含义，把《周易》六十四卦看作是一个或相因、或相反的因果联系序列而加以诠释，就本卦内外来论阴阳的消长，而参之以天道来应对它的变化，是对《周易》六十四卦的推衍关系的总括。

在《序卦传》中，作者严格依照阴阳相依相对的原理，以卦理推演宇宙、人事间事物发展变化的规律。

作者对卦名的处理有两种方式：如卦名是直白容易理解的，它所反映的"卦时"与它的推衍在逻辑上没有矛盾的，就不予解释；否则，便解释出它的意义。

比如，"物生必蒙，故受之以《蒙》；蒙者，蒙也，物之稺也。物稺不可不养也，故受之以《需》。需者，饮食之道也。饮食必有讼，故受之以《讼》。讼必有众起，故受之以《师》。师者，众也。众必有所比，故受之以《比》。比者，比也。比必有所畜也，故受之以《小畜》。物畜然后有礼，故受之以《履》。履而泰，然后安，故受之以《泰》。泰者，通也。"其中，《讼》、《小畜》、《履》三卦便无释义。

《序卦传》希图告诉读者，学周易，更多的是了解事物的客观发展规律，以便去认识自然，修身养性，而不是盲目地占卦预测，应按照荀子的建议："善为易者不占；道生万物，一阴一阳为之道，天之道，损有余而补不足，泰极否至。"

7.《杂卦传》

大多数人们认为，《杂卦传》是作者杂取了六十四卦，不依原来的排列顺序来加以解说《周易》，所以叫《杂卦传》。实际上，《周易》的精髓，多汇集在这部短短的《杂卦传》里。

《杂卦传》言辞非常简练，有的以一个字解释一卦，有的以几个字解释一卦，《杂卦传》是从伏羲六十四卦太极圆图四时变化中，教人知道阴阳刚柔进退消长的道理，向人们揭示出与天合和修身养德的大道。整篇文字不长，抄录如下：

　　《乾》刚《坤》柔，《比》乐《师》忧。《临》《观》之义，或与或求。《屯》见而不失其居，《蒙》杂而著。《震》，起也。《艮》，止也。《损》《益》盛衰之始也。《大畜》时也。《无妄》灾也。《萃》聚而《升》不来也。《谦》轻而《豫》怠也。《噬嗑》食也，《贲》无色也。《兑》见而《巽》伏也。《随》无故也，《蛊》则饬也。《剥》烂也，《复》反也。《晋》昼也。《明夷》诛也。《井》通而《困》相遇也。《咸》速也。《恒》久也。《涣》离也。《节》止也。《解》缓也。《蹇》难也。《睽》外也。《家人》内也。《否》《泰》反其类也。《大壮》则止，《遁》则退也。《大有》众也。《同人》亲也。《革》去故也。《鼎》取新也。《小过》过也。《中孚》信也。《丰》多故也。亲寡《旅》也。《离》上而《坎》下也。《小畜》寡也。《履》不处也。《需》不进也。《讼》不亲也。《大过》颠也。《姤》遇也。柔遇刚也，《渐》女归待男行也。《颐》养正也。《既济》定也。《归妹》女之终也。《未济》男之穷也。《夬》决也，刚决柔也；君子道长，小人道忧也。

对《杂卦传》，大部分的人们所看到的，是这么讲解文章的意思：乾卦是刚健的，坤卦是柔顺的，比卦与人相比是快乐的，师卦兴师动众是可忧的……

对于这样的解释，人们能了解到什么？又会有什么感受呢？

我们再看，对《杂卦传》最前面的三句，如果换成是这样来解释文章的意思：

《乾》刚《坤》柔

人们从伏羲64卦方圆图中的大圆图看到，阴阳刚柔纯杂全都具备，乾卦☰位于大图的最上面，是纯阳的位子，六个爻都是阳爻，大图左方的32个阳卦，虽是阳卦，阳爻的数量却都超不过乾卦，所以说"乾刚"；坤卦☷位于大图的最下面，是纯阴的位子，六爻都是阴爻，大图右方的32个阴卦，虽是阴卦，阴爻的数量却也都超不过坤卦，所以说"坤柔"。刚柔两字，是《杂卦传》的纲领。

《比》乐《师》忧

比卦☵位处在太极图中的大雪节气的位子中间，其九五的一根阳爻，已处坎卦☵的上中位置，无险可忧，仅仅隔着剥☶坤☷两卦，便可自行入内而为复卦☳，所以说比卦"乐"了；师卦☷位子处在太极图中秋分节气

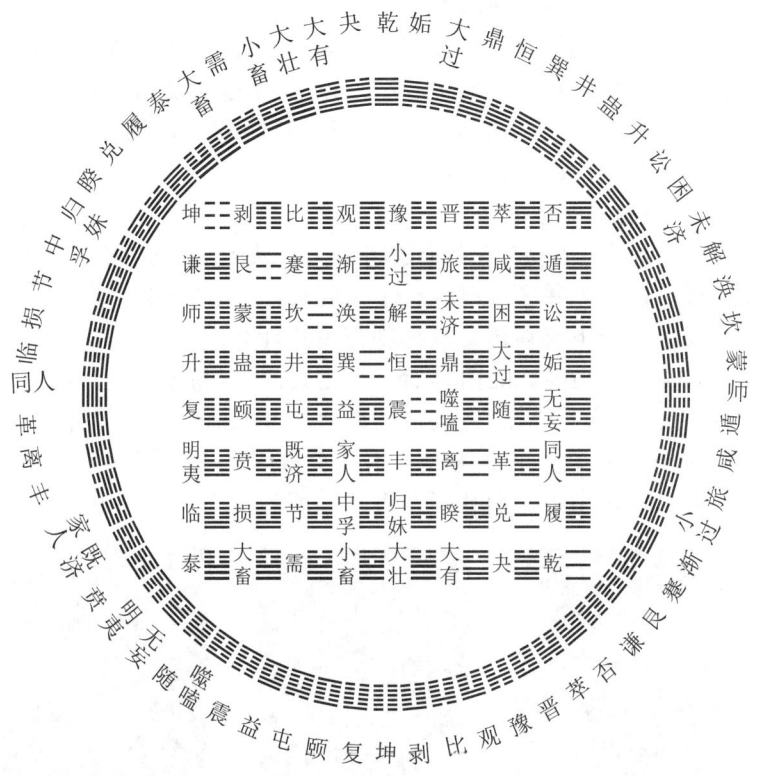

的开始，它的九二位的那根阳爻，还没有走出坎卦的束缚，有对阴盛的担心，要去到复卦还隔着16卦，路途遥远，阳爻从此不得处在内卦之中，要出去向外，也就是出了自己的少阴之宫，而要进入太阴之宫，所以说师卦"忧"。比、师二卦，都是五个阴爻一个阳爻的卦，忧愁、快乐之情，由于所处在不同的地位而迥异，而且比卦的一阳有入内的机会，而师卦却担心它的阴爻有不断增多的趋势。

《临》《观》之义或与或求

临卦☷☱处在太极图中春分节气的末尾，内卦的两个阳爻长成了，即使三、四、五、六的各个阴爻都被消化，阳爻也都能容纳的了它们，可以不用在乎，所以说"或与"。观卦☴☷处在太极图中大雪节气的开始，外卦的两个阳爻要出离，位处初、二、三、四的阴爻，想留又留不住这两个阳爻，这两个阳爻又不愿与阴爻相争，自己想要出走，所以说"或求"。

临观二卦，同为两阳四阴的卦象，他们的意义却迥异。临卦虽然四阴爻在上，趋势是在阳升的过程中，两个阳爻由内向上，权力在阳爻，可从容任它的阴爻自由消亡，所以说"或与"；观卦两个阳爻位处上方，似乎前景光明，然而四个阴爻茂盛，因而权力不在阳爻，阳爻难以长久居其所在，势必出外远行，所以说"或求"。

对于以上这样的解释，一面结合伏羲六十四卦方圆图和太极二十四节气图等，一面看着卦象、卦爻的升降变化，是不是会觉得玩卦已稍有味道？看来，人们都可以开始试试解释屯卦、蒙卦了，为什么说"《屯》见而不失其居，《蒙》杂而著"呢？

《易经》是怎样完成的

我们简要地将《周易》的十个翅膀——《易传》的内容做了整体的梳理，之所以这样，是因为许多人已经有了《周易》+《易传》=《易经》的概念，所以有必要了解一下《易传》具体都在说些什么。

人们知晓了《易经》的内容后，一定会问：《易经》是怎样完成的？按照一般的说法，《易经》的完成，叫做"人更三圣，世历三古"。就是说，经历了三位圣人：第一个是伏羲，第二个是周文王，第三个是孔子。伏羲在上古，周文王在中古，而孔子在近古，或者叫下古（见下图）。

伏羲　　　　　　周文王　　　　　　孔子

这就给人们一个印象，好像《易经》是一部经过三代圣人共同编纂出来的圣书。确实，在历史上，人们曾对《易经》崇拜得五体投地，感觉《易经》是一部神圣的、内容无所不包的万事经典。我们通过对八卦、对《周易》、对《易传》的初步分析，不仅知道了为什么会说《周易》是万事经典，而且初步了解了为什么《周易》还被人们认为是：

一部藏往知来的卜筮书，

一部伦理哲学书，

一部历史书，

一部卦学书，

一部辞书，

一部历学书，

一部管理书，

一部科学书。

可见，《周易》被认为有这么多的卓越功能，一定是它既很伟大，又有许多事情还没有被人们弄明白。

《周易》的伟大与疑惑

《周易》一书最伟大的地方，是为我们中国人保留了远古时代的卦，及其卦的系统。否则，曾经被中国人所拥有的卦和卦象组成的系统可能早已失传。

有趣的是，在《周易》这部书中，既没有说到卦的概念，又只字没有提及八卦两个字，为中国人留下了许多疑问和不解：

它没有记载卦的起源，

没有对三画卦做任何说明，

没有对六十四卦卦序排列的原则做说明，

没有记录具体用《周易》占筮的方法，

没有说明《周易》占筮外的功用，等等。

于是，才有了《易传》；于是，千百年来才有了诸多研究《周易》的书籍。

第六节　《周易》的时空变迁

在距今二千五百年前的战国时期，产生了解说和发挥《周易》的论文集——《易传》，传说这是孔子和他的学生共同创作的。孔子对《周易》的观点是"玩索而有得"，玩什么呢？是"玩其占"，就是要用放松的心态，来玩《周易》的卦爻。

《易传》的流传为古代易学奠定了基础。到了汉朝（公元前206年～公元220年），人们对《周易》的研究，逐渐发展成为了一种专门的学问，于是开始产生了易学。

易学主要分成了两个大的学派——象数学派和易理学派，象数学派主要从阴阳、卦爻象、八卦所象征的物象，来解说《周易》。易理学派主要从卦名的意义、卦的性质，以阐述卦爻象和卦爻辞易理，来解说《周易》。

汉朝出了许多研究易学的大家，影响较大的有三个人：孟喜、京房和扬雄。前两位用卦气说，就是以八卦或六十四卦配一年四时、十二月、二十四节气，解释《周易》的原理，发明了用《周易》的原理讲阴阳灾变的学说，即以天象的异常变化来预测人事的吉凶祸福。卦气，也就是卦历，是卦的历法。

孟喜的十二消息卦

距今二千一百年前的孟喜（公元前90年），在他的易学的卦气说中，有一个重要组成部分，也是被后人广为知晓的"十二消息"。"十二消息卦"指的是从六十四卦中选出了十二个能够表示一年四季十二个月的阴阳消长变化的卦的组合。如下图。

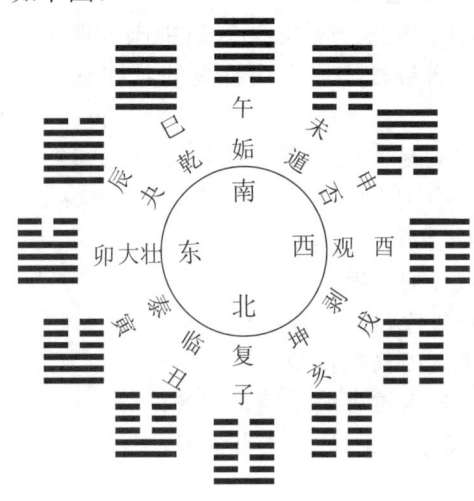

十二消息卦图

这张图的意思是：在一个卦体中，凡是阳爻去而阴爻来的称为"消"；凡是阴爻去而阳爻来的称为"息"。"十二消息卦"被视为由"乾"、"坤"二卦各爻的"消""息"变化而来。用十二个卦配十二个月，每一卦为一月之主，是谓"十二消息卦"，即十二月卦。

选出的这十二个卦是：复、临、泰、大壮、夬、乾、姤、遁、否、观、剥、坤。

在这十二卦中，先是阳爻递升的六个卦，即从复卦到乾卦，阳爻从初爻的位置逐次上升：复卦初爻为阳爻，临卦是初、二爻为阳爻，泰卦是初、二、三爻为阳爻，大壮卦是初、二、三、四爻皆阳爻，夬卦是初、二、三、四、五爻皆阳爻，而乾卦则全为阳爻。在此六个卦象中，阳爻逐次增长，故称为"息卦"，"息"即为生长之意。反之从姤（gòu）卦到坤卦，阴爻逐序上升，阳爻依序递减，从乾卦到姤卦，初爻为阴爻所取代，从姤卦、遁卦、否卦、观卦、剥卦，以至坤卦，此六个卦象中阳爻逐步消失，以至全无，故称为"消卦"。

前面我们说到，五天为一候，一年有72候。这里，十二消息卦共有72爻，主管一年72候。十二消息卦配以地支排序的月份，就是：复卦主十一（子）月，临卦主十二（丑）月，泰卦主正（寅）月，大壮主二（卯）月，夬主三（辰）月，乾主四（巳）月，姤主五（午）月，遁主六（未）月，否主七（申）月，观主八（酉）月，剥主九（戌）月，坤主十（亥）月（地支的内容在下一章会谈到）。

在十二消息卦中，子月（中气冬至）为复卦，为一阳来复之像（初爻为阳爻），表示冬至过后阳气初生，简称：冬至一阳生；复卦后是临卦，是十二月，二阳生；寅月是正月，三阳生，阴阳调和（三阳爻、三阴爻），故初春为"三阳开泰"，"三阳开泰"的意义就源于这十二消息卦。从复卦到乾卦,阳爻逐渐增加,从下往上增长,阴爻逐渐减少,表示阳气逐渐增强,阴气逐渐减弱,为阳息阴消的过程。

而午月(中气夏至)为姤卦,夏至过后,阳气盛极而转衰、阴气初生(初爻为阴爻),简称夏至一阴生。从姤卦到坤卦,阴爻逐渐增加,从下往上增长,阳爻逐渐减少,表示阴气逐渐增强,阳气逐渐减弱,为阴息阳消的过程。

"十二消息卦",也是"十二月消息卦"。孟喜的"十二消息卦",是发《周易》经传所未发的重要思想。孟喜的卦气说,用八卦来描述一年间的物候变化,探求了天气以年为周期的变化规律,也就是描述了一年里气候变化的一个系统模型。

人们了解了"十二消息卦"所说的八卦与年份、气候的变化规律的模型,只是初步的。看了下一章中的内容后,人们将自己的信息内容,放入这个模型中去考虑,才能对人们的生活起着具体的指导和参考的作用。

京房的八宫卦

距今二千多年前的京房(公元前77～前37年),以天文历法为理论根据,建构了包括日月星辰、四象五行、天地阴阳、纳甲、纳支、建候、积算、六子卦气等多种学说的理论体系,建构了一个庞大有序的宇宙模式图,试图以此推天道讲人事,合天人于一体。

我们不说他所建构的复杂内容,只是说说他在易学中的突出成就,也就是他创立的"八宫"排列法,古人所说的"宫",是指位置、方位。

八宫卦法与《周易》经文的六十四卦卦序不同,也与《易传》所列的八卦卦序不同,他将六十四卦分为乾、震、坎、艮、坤、巽、离、兑八个宫,每宫八个卦,引入了纯、世(一世、二世、三世、四世、五世)、魂(游魂、归魂)的概念。

京房的这种八宫卦序,为后来民间占筮术《火珠林》的发展提供了理论根据,使《火珠林》占筮术法(即六爻占筮法)基本取代了《周易》占筮术法,一直延续至今。他也为后人留下了《京氏易传》一书。

人们现在记忆六十四卦挂名时,也多按照京房所排八宫卦的卦序,原因是排卦既方便,又容易记忆,读来朗朗上口。

乾为天	天风姤	天山遁	天地否	风地观	山地剥	火地晋	火天大有
坎为水	水泽节	水雷屯	水火既济	泽火革	雷火丰	地火明夷	地水师
艮为山	山火贲	山天大畜	山泽损	火泽睽	天泽履	风泽中孚	风山渐
震为雷	雷地豫	雷水解	雷风恒	地风升	水风井	泽风大过	泽雷随
巽为风	风天小畜	风火人家	风雷益	天雷无妄	火雷噬嗑	山雷颐	山风蛊
离为火	火山旅	火风鼎	火水未济	山水蒙	风水涣	天水讼	天火同人
坤为地	地雷复	地泽临	地天泰	雷天大壮	泽天夬	水天需	水地比
兑为泽	泽水困	泽地萃	泽山咸	水山蹇	地山谦	雷山小过	雷泽归妹

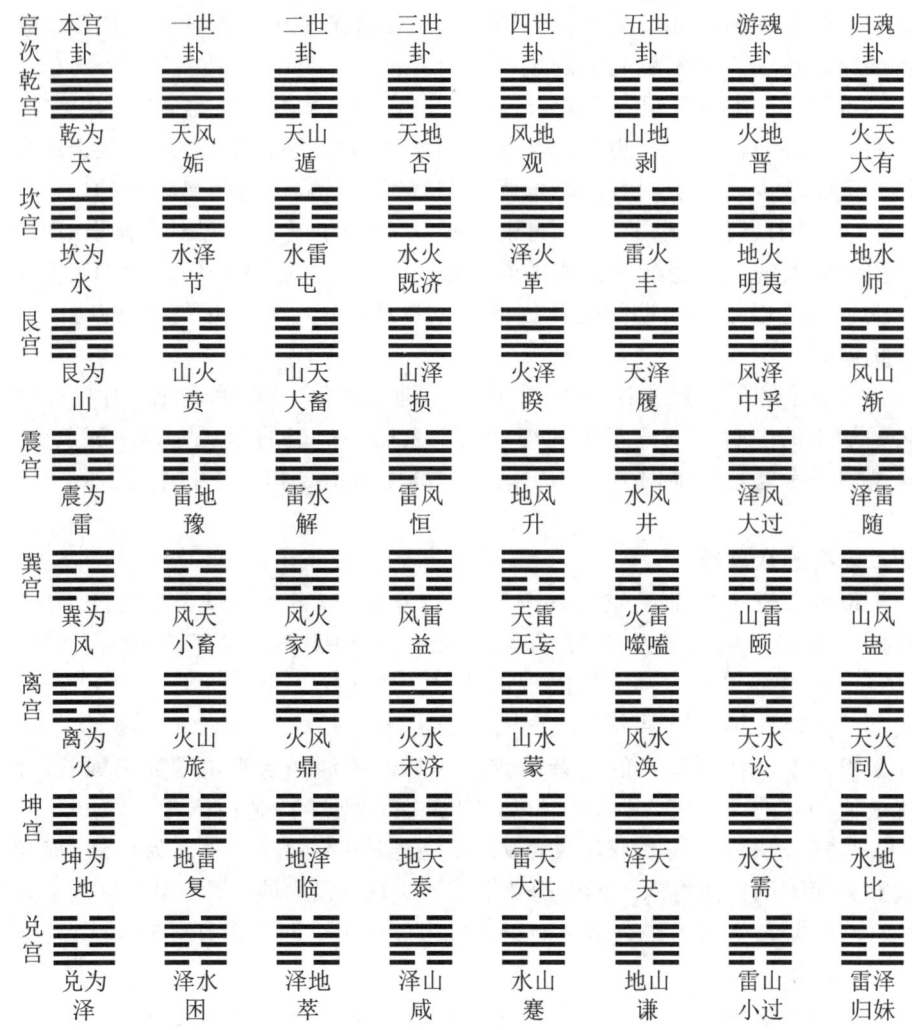

比如八宫卦第一行的：乾为天，天风姤，天山遁，天地否，风地观，山地剥，火地晋，火天大有。从卦象上看八宫卦第一行的变化，很有规律：乾为天☰，天风姤☴，天山遁☶，天地否☷，风地观☷，山地剥☷，火地晋☷，火天大有☰。

人们可以看到，从乾卦的初爻开始变化，成为姤卦，姤卦二爻再变为遁卦，遁卦三爻再变为否卦，否卦四爻再变为观卦。这样的八宫卦的卦序排序是有规律可循的。

按照京房的排序，八宫中的第七列都叫"游魂卦"，第八列都叫"归魂卦"。比如火地晋就叫游魂卦，火天大有就叫归魂卦。

从八宫图中，如果人们留意一下就可发现，孟喜提出的"十二消息卦"，全部都集中在"乾""坤"为上下卦的"乾坤区"内，也就是全部集中在八宫中的"乾""坤"二宫之中。

乾宫的八个卦是：乾为天，天风姤，天山遁，天地否，风地观，山地剥，火地晋，火天大有。坤宫的八个卦：坤为地，地雷复，地泽临，地天泰，雷天大壮，泽天夬，水天需，水地比。"十二消息卦"处在乾坤二宫的第一到第六卦，也就是"乾""坤"二宫除去"游魂卦"（晋、需卦）和"归魂卦"（大有、比卦）以外的全部的各六个卦。

京房的八宫卦排列法，使人们较容易地记忆六十四卦的卦名，有助于人们排卦、玩卦、看卦、记卦、用卦、琢磨卦。

有趣的是，京房在乐器改良方面，也为中国人做出了贡献。在京房以前，笛子不用"商"调，只有四个孔，对应于"宫、角、徵、羽"。京房在笛子上面加上了"商"，合成五音。他加孔置笛子后面的上部，便于手指按着吹奏，这一做法一直沿用到现在。

京房的另一音乐成就是发明了一种由十三根弦组成的称为"准"的定律器。在"准"发明之前，音律标准器主要由竹子制成，但竹管充当标准器，有它的不足之处，就是"竹声不可以度调"，很难通过调节它的长度来审音。为此，京房发明了"准"，"准"的结构原理类似于瑟，它有十三根弦。

我们知道，瑟的一弦一柱，它的清浊全凭移柱来定。现在"准"的十三弦也各有柱，可以通过移柱调整各弦振动的频率。京房以合于黄钟管音的中弦为其余十二弦的准则，由于其余各弦粗细相同，张力也相等，因此就可以用它们的长度来审音。

京房在音律学方面的造诣及贡献，可以在中国的古代科学史上占有一席之地。

扬雄的太玄经

距今二千多年前的扬雄（公元前53年～公元18年），是汉朝的官吏、学者，是汉朝著名的文学家和思想家。著名的《三字经》中，把他列为了"五子"之一："五子者，有荀扬，文中子，及老庄。"其中荀扬的扬，就是扬雄。

扬雄认为，说到经典，没有能超过《易经》的，所以他就模拟《易经》写了部《太玄经》。

扬雄认为，说到经传，没有能超过《论语》的，所以他就又写了部《法言》。

扬雄认为，说到史篇，没有能超过《苍颉》的（秦代为统一文字，用小篆编写的字书《苍颉》七章）所以他就写了《训纂》。

扬雄认为，说到箴，没有能超过《虞箴》（古代虞人为戒田猎而作的箴谏之辞）的，所以他就写了《州箴》。

我们看到，扬雄选定了当时各类著述中居于第一位的著作，作为自己所要达到的目标。他吸收了当时的天文学知识，构造了一个广大悉备的自然哲学系统，确立了中国古代元气论的基本思想，阐发了阴阳变易的辩证思维，对秦汉以来的易学，从理论上作了一次总结。并对当时流行的谶纬迷信、神仙学说进行了尖锐批评，对诸子之学也作了许多评论。所有这些，对汉朝以后的哲学思想和自然科学的发展，都产生了重要的影响。

《太玄经》的内容

那么，扬雄是如何模仿《易经》而写出《太玄经》的？

《易》画有二，讲阴与阳；《玄》画有三，谈一二三。

《易》有六位，讲初二三四五上；《玄》有四重，谈方州部家。

《易》以八卦相重，为六十四卦；《玄》以一二三错于方州部家，为八十一首。

《易》每卦六爻，合为三百八十四爻；《玄》每首九赞，合为七百二十九赞。

《易》有元亨利贞，《玄》有罔直蒙酋冥。

可见，扬雄自创的太玄体系中，他创造了八十一个符号，叫做"八十一首"，每首相当于《周易》的一卦，分别由"一"、"- -"、"- - -"三种基本符号按照四重来构成，自上而下，称为方、州、部、家。每首分为九赞，相当于易卦的爻，共七百二十九赞。他将八十一首七百二十九赞分布在一年四季中，用来表示阴阳二气的消长运行和万物兴衰的过程。

在人类历史上首先系统研究二进制周期运动的是《易经》，在人类历史上首先系统研究三进制周期运动的是《太玄经》。

太玄与周易，有源同的地方，两者均源于河图洛书，并都具有混沌（无极）生太极，太极生阴阳，阴阳生三才，三才生万物的阴阳宇宙观，回归到"道生一，一生二，二生三，三生万物"的宇宙生成模式。

有区别的地方，在于《易经》的卦是以阴阳观即二元论的数理模式，即太极体系来反映世界观；太玄卦则以一二三（初始、中间、终了）的三元论的数理模式，即太玄体系反映世界观。《太玄》与《易经》卦画不同，《周易》的卦画只是"- -"、"—"两种爻，由下往上画，每卦六爻，六十四卦共三百八十四爻。《太玄》为三进制，对应要求有三种符号"—"、"- -"、"- - -"三种，由上往下画，每首四画九赞，共八十一首七百二十九赞。

扬雄模拟"周易"的天、地、人三才，推演出玄产生阴阳，由阴阳消长变化而使事物一分为三，三分为九的三进制生成模式。一玄分而为三，即一方、二方、三方，也称天玄、地玄、人玄；三方又各分为三，合为九州，每州又各分为三，合为二十七部，每部又各分为三，合为八十一家。于是一玄、三方、九州、二十七部、八十一家及其描述的八十一首七百二十九赞，构成了"太玄经"的宇宙生成模式。

我们再用数字来加以说明：

当我们用数字来表示太极体系的时候，以 0 代表阴爻，以 1 代表阳爻，这时，八卦可以表示为 0，1，2，3，4，5，6，7 八个数。计数方式是：以初爻乘以 2²，二爻乘以 2¹，三爻乘以 2⁰，三者相加，可得出该卦所表示的数。

以同样的方法（底数为 3）也可以得出太玄体系的各个数。在爻为一层时，"- - -"代表 0，"- -"代表 1，"—"代表 2；在爻为二层时，即表示 0、1、2、3、4、5、6、7、8 共九个数；在爻为三层时，则表示 0、1、2、……24、25、26 共二十七个数（如图）。

三进制卦爻符号									
三进制数的表达	0			1			2		
十进制数的表达	0			1			2		
三进制卦爻符号									
三进制数的表达	00	01	02	10	11	12	20	21	22
十进制数的表达	0	1	2	3	4	5	6	7	8
三进制卦爻符号									
三进制数的表达	000	001	002	010	011	012	020	021	022
十进制数的表达	0	1	2	3	4	5	6	7	8
三进制卦爻符号									
三进制数的表达	100	101	102	110	111	112	120	121	122
十进制数的表达	9	10	11	12	13	14	15	16	17
三进制卦爻符号									
三进制数的表达	200	201	202	210	211	212	220	221	222
十进制数的表达	18	19	20	21	22	23	24	25	26

三进制卦爻表示法

所有这些数都是顺序展开的。当爻为四层时，则表示 0—80 共八十一个数。这就是《太玄经》中的一玄、三方、九州、二十七部、八十一家。

太极太玄体系

所谓太极体系，就是"2"的体系，是二分制和二进制的体系。总体为一，一分为二，二分为四，四分为八……，即 2^n 体系。它的数学表示为 0、1、10、11、100、111……

所谓太玄体系，就是"3"的体系，是三分制和三进制的体系。

总体为一，一分为三，三分为九，九分为二十七……，其中还包括它们与二的乘积，即 1×3^n 及 2×3^n 体系。它的数学表示为 0、1、2、10、11、12、20、21、22、100、101、102……

我们以二维直角坐标系的两个轴，分别表示太极体系和太玄体系，就构成实际应用的太极太玄模型。

从表示物质周期运动来看，二进制表达的是简谐运动，三进制能表达螺旋式上升运动，就是我们常说的辩证法运动。

这两个体系单独出现时显得很简单，两者结合在一起，则是非常完备的。下面两图是太极体系和太玄体系结合的两种形式。图1是以1为太极和太玄，图2是以360°为太极和太玄。它们既是分析模型，又是综合模型。

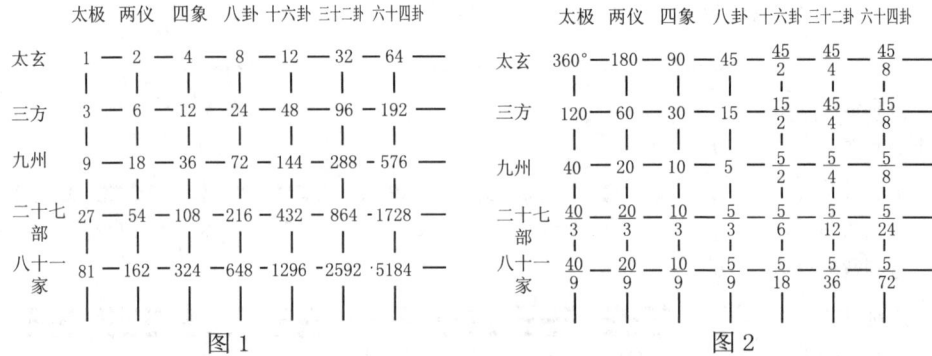

图1　　　　　　　　　　图2

《易经》八卦及六十四卦的数学结构表明，伏羲易早已解决了"二进制"与"十进制"的额定转换关系，而扬雄于二千年前作太玄经，解决了"三进制"与"十进制"的转换关系。三元论的宇宙生成模式，是继《易经》二进制周期运动，即二元论的宇宙生成模式的又一重要成果，也许这一模式将来会推动三进制的光子计算机的诞生，那将是一种真正模拟人脑的智能计算机。

后来，宋朝的大易学家邵雍称赞扬雄所作的"太玄经"："可谓见天地之心"，又赞扬雄既知历法又知历理。

实际上，许多人在没听说扬雄以前，都已听说过"太玄经"这个词，因为在金庸先生著名的武侠小说《侠客行》的故事中，描写了在一个侠客岛上有二十四个石室，每个石室内均有石壁，石壁上记载有二十四个图谱，内藏绝世武学。其中的第二十四个石壁以"太玄经"为主旨，其上刻有内功图谱。侠客岛的龙岛主、木岛主以为图谱乃蝌蚪文，为此耗尽心血，但最终却由不识字的石破天所破解，因而助石破天练成了绝世神功。

金庸先生巧妙地选择了李白的诗作《侠客行》，这篇诗文正好二十四句，既配侠客岛上的二十四个石室，又暗配二十四节气，使人们产生了对岁月的强烈感慨。《侠客行》的诗文如下：

　　赵客缦胡缨，吴钩霜雪明。
　　银鞍照白马，飒沓如流星。
　　十步杀一人，千里不留行。
　　事了拂衣去，深藏身与名。
　　闲过信陵饮，脱剑膝前横。
　　将炙啖朱亥，持觞劝侯嬴。

三杯吐然诺，五岳倒为轻。
眼花耳热后，意气素霓生。
救赵挥金锤，邯郸先震惊。
千秋二壮士，烜赫大梁城。
纵死侠骨香，不惭世上英。
谁能书阁下，白首太玄经。

邵雍

孟喜、京房、扬雄以后，在距今一千一百年到一千八百年的魏晋至隋唐朝（公元220年~907年），是易学的一个大转折的时代。易学从汉朝代的注重象数学派的易学，转向了注重易理学派的以老子庄子的道学解释易经的道路。

到了宋代（公元960年~1279年），出现了中国易学发展的第三个高峰，象数易学和易理易学，都达到了易学史上的最高水平，最为突出的当属大易学家邵雍。

邵雍（公元1011~1077年），谥号康节，后世也多称他为邵康节，是北宋朝代的哲学家、易学家，有内圣外王的美誉。

邵雍被称为先天易学的创始人，他认为万物都是由"太极"演化而成的，他以乾☰坤☷坎☵离☲为四正卦，推导出了一套图式，认为这些图式是出自伏羲所画，虽有卦却无文，是宇宙中自然而然所产生的，其中具备了阴阳终始的变化，天地万物的道理，这是《周易》的基本原理，因为伏羲所画的先天易图早于《周易》的产生，所以称为先天图，由此产生的学问为先天易学。

邵雍认为，在汉代的易学中，以坎☵离☲震☳兑☱为四正卦的图式，是周文王所做的易学，是从伏羲易推导出来的，并不是源出于宇宙自然，所以称为后天之易学。

对于邵雍所说的先天易学，可以用四个图谱清晰地体现出来：

1、伏羲先天八卦小横图：太极生两仪阴阳、两仪阴阳生四象、四象生八卦。

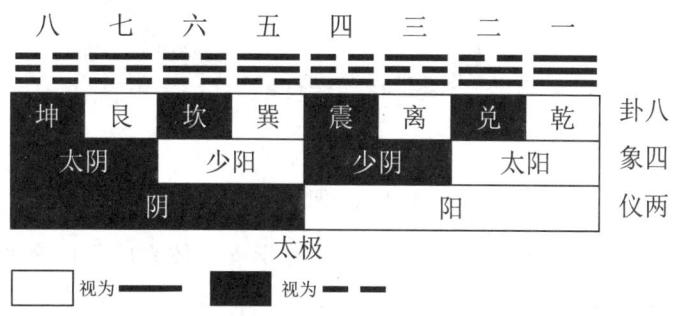

2、伏羲先天八卦圆图将八卦一至四左一弯，五至八右一弯，得出下图：

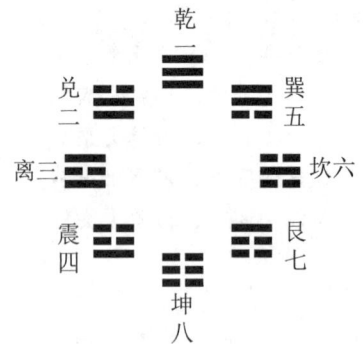

3、伏羲先天六十四卦横图：将第1点中伏羲先天八卦小横图图中的八卦，再向下细分三次，八变十六、十六变三十二、三十二变六十四（见下页图）。

4、伏羲先天六十四卦方圆图：将第3点中伏羲先天六十四卦横图图中的一至三十二左一弯，三十三至六十四右一弯，六十四卦的每一卦都有数、有方位、有阴阳：

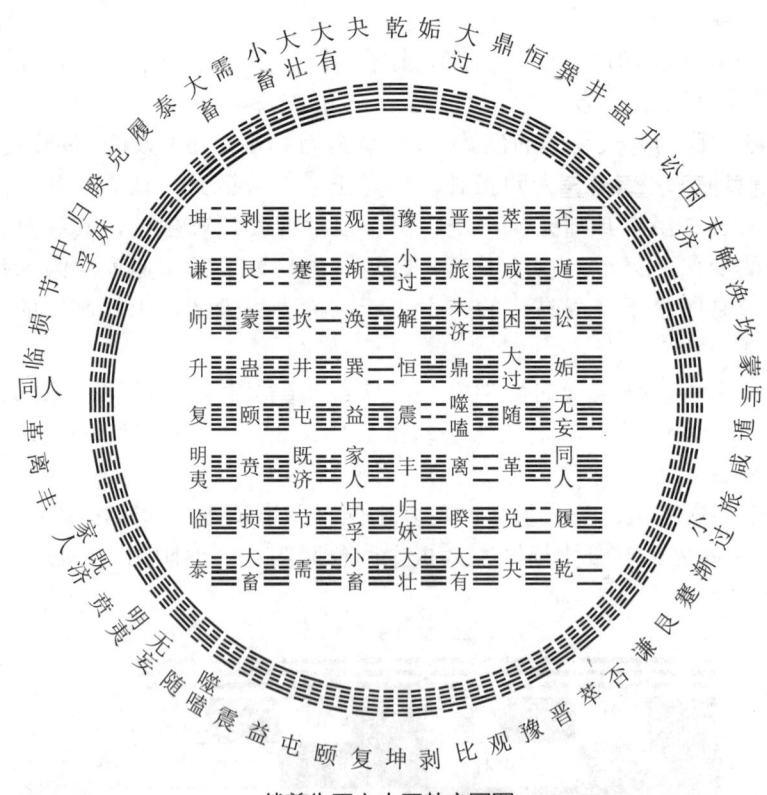

伏羲先天六十四卦方圆图

"伏羲先天八卦小横图"是邵雍先天易学理论体系的基础核心。

这个图给出了先天八卦的次序：乾一、兑二、离三、震四、巽五、坎六、艮七、坤八。先天八卦小横图，形象地表述了《易传·系辞》中的阐述：

"易有太极，是生两仪，两仪生四象，四象生八卦"。太极为一，分而为二，二为两仪，小横图认为两仪就是阴与阳，两仪上各生一阴一阳，分而为四，四就是四象，依次命名为太阳、少阴、少阳、太阴。四象之上，又各生一阴一阳，四分而变八，成为八卦，依次为乾、兑、离、震、巽、坎、艮、坤。邵雍认为，伏羲先天八卦的这个次序，是自然而然形成的，没有人为安排，所以称为先天八卦。

"伏羲先天八卦圆图"，是在小横图的基础上，将八卦画成圆图，使得乾☰坤☷、兑☱艮☶、离☲坎☵、震☳巽☴两两相对，用八卦表示方位，乾位南、坤处北、离在东、坎在西、兑在东南、震在东北、巽在西南、艮在西北。这样排的方位圆图，与从汉代以来一直流行的八卦方位图完全不同。邵雍认为，这个图表述了《易传说卦传》里"天地定位，山泽通气，雷风相薄，水火不相射，八卦相错"的意思。

虽然邵雍说它的这两个图表述的都是《易传》中的意思，但他画出的这两个图，都是以前没有出现过的，这个八卦卦序也是邵雍发明的，没有这个八卦卦序，邵雍的先天易学体系就不能建立出来。

伏羲先天六十四卦横图与圆图则是由八卦的小横图与小圆图的扩展图得来的。

八卦小横图生成后，一阴一阳叠加，经过十六，变成三十二，再变成六十四卦就产生了"伏羲先天六十四卦大横图"。

将大横图弯曲成圆形，从初爻都为阳爻的乾卦☰到复卦☷的三十二卦顺左弯排，从初爻都为阴爻的姤卦☰到坤卦☷的三十二卦顺右弯排，就产生了"伏羲先天六十四卦大圆图"。

将大横图分成八组再顺序排列，就变成了圆图中间的方阵图。方阵图与大圆图放在一起，就成为著名的《伏羲先天六十四卦方圆图》。（见六十四卦方圆图）

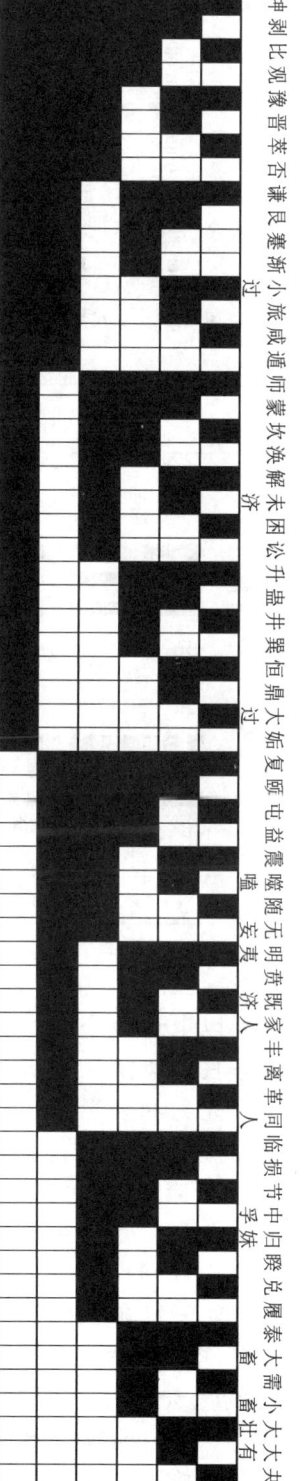

第一章 伏羲的故事

坤 ䷁	剥 ䷖	比 ䷇	观 ䷓	豫 ䷏	晋 ䷢	萃 ䷬	否 ䷋
谦 ䷎	艮 ䷳	蹇 ䷦	渐 ䷴	小过 ䷽	旅 ䷷	咸 ䷞	遁 ䷠
师 ䷆	蒙 ䷃	坎 ䷜	涣 ䷺	解 ䷧	未济 ䷿	困 ䷮	讼 ䷅
升 ䷭	蛊 ䷑	井 ䷯	巽 ䷸	恒 ䷟	鼎 ䷱	大过 ䷛	姤 ䷫
复 ䷗	颐 ䷚	屯 ䷂	益 ䷩	震 ䷲	噬嗑 ䷔	随 ䷐	无妄 ䷘
明夷 ䷣	贲 ䷕	既济 ䷾	家人 ䷤	丰 ䷶	离 ䷝	革 ䷰	同人 ䷌
临 ䷒	损 ䷨	节 ䷻	中孚 ䷼	归妹 ䷵	睽 ䷥	兑 ䷹	履 ䷉
泰 ䷊	大畜 ䷙	需 ䷄	小畜 ䷈	大壮 ䷡	大有 ䷍	夬 ䷪	乾 ䷀

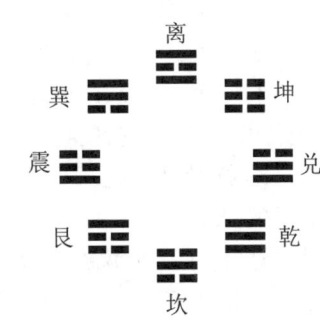

与先天易的四个图对应，邵雍还列出了《文王八卦次序图和方位图》与《后天八卦图》（见上图）。

后天八卦图中的数，是根据洛书中的数确定的，后天八卦数为：一坎、二坤、三震、四巽、六乾、七兑、八艮、九离。

以上这两个图，邵雍把它归功于周文王。按照邵雍的理解，先天的易学图，都是伏羲所画的易学图，后天的易学图是周文王所推演的易学。

先天的易学图，表述的是自然的大道理，后天的易学图，是依据先天的易学图，按照洛书的规律而经过人工放置后的系统；先天是本体，后天是应用。人们需要研究先天自然的易学图，搞清楚易学的本源，搞清楚先天易图演变为后天易学的过程，才能运用《周易》指导人们的社会实践和活动。

对于邵雍的学识和成就，宋朝的理学集大成者，比邵雍年龄小119岁的著名理学家、思想家、哲学家、诗人、教育家、文学家的朱熹，写过气魄宏大的《康节夫子赞》："天挺人豪，英迈盖世，驾风鞭霆，历览无际，手探月窟，足蹑天根，闲中今古，静里乾坤。"

相传，易学大师邵雍曾写过十首被后人称作"梅花诗"的诗，诗中以象征性隐语设喻，简略预言了他身后千年间中国的世事，其中有许多暗合后来的历史，令人叹为观止！这个说法虽然不被研究邵雍的专家所承认，抄录在此，请读者玩赏。

一、第一首诗预言北宋朝代的靖康事变。事情发生在邵雍去世后的第 50 年（公元 1126 年）：

　　　　　　　荡荡天门万古开，几人归去几人来。
　　　　　　　山河虽好非完璧，不信黄金是祸胎。

二、第二首诗预言南宋兴废事：

　　　　　　　湖山一梦事全非，再见云龙向北飞。
　　　　　　　叁百年来终一日，长天碧水叹弥弥。

三、第三首预言元朝史事：

　　　　　　　天地相乘数一原，忽逢甲子又兴元。
　　　　　　　年华二八乾坤改，看尽残花总不言。

四、第四首预言明朝史事：

　　　　　　　毕竟英雄起布衣，朱门不是旧黄畿。
　　　　　　　飞来燕子寻常事，开到李花春已非。

五、第五首预言清朝事：

　　　　　　　胡儿骑马走长安，开辟中原海境宽。
　　　　　　　洪水乍平洪水起，清光宜向汉中看。

六、

　　　　　　　汉天一白汉江秋，憔悴黄花总带愁。
　　　　　　　吉曜半升箕斗隐，金乌起灭海山头。

七、

　　　　　　　云雾苍茫各一天，可怜西北起烽烟。
　　　　　　　东来暴客西来盗，还有胡儿在眼前。

八、

　　　　　　　如棋世事局初残，共济和衷却大难。
　　　　　　　豹死犹留皮一袭，最佳秋色在长安。

九、

　　　　　　　火龙蛰起燕门秋，原璧应难赵氏收。
　　　　　　　一院奇花春有主，连宵风雨不须愁。

十、

　　　　　　　数点梅花天地春，欲将剥复问前因。
　　　　　　　寰中自有承平日，四海为家孰主宾。

　　由于诗中有"数点梅花天地春"一句，所以全诗的题目就来自了这里，被叫做了《梅花诗》。

　　"荡荡天门万古开，几人归去几人来"，邵雍在朱熹说的"手探月窟，足蹑天根"状态下所出的诗句,经过近九百年后到了今天,当代的人们也在朱熹说的"闲中今古,静里乾坤"的宁静状态下,真正看到了天门开的景象后,才明白这句古诗说的是什么。

"欲将剥复问前因"的"剥""复",是我们学易后得知的《周易》中的两卦:剥卦☶、复卦☷。从卦象上看这两个卦所谓剥极必复,也叫物极必反。历史如转轮,有前因必有后果。邵雍在这里似有所暗指:人类历史的纷扰坎坷,仿佛是早已安排好了的事情而已。

观复的故事

说到复卦,来说一个与复卦有关的现代故事。

人们现在常常能在电视中看到收藏专家,观复博物馆的创办人及现任馆长马未都先生讲述中国传统文化。在马先生的观复博物馆网站中,是这样描述观复的起名由来的:

> "观复"出自老子《道德经》第十六章,原文是"致虚极,守静笃,万物并作,吾以观复,夫物芸芸,各复归其根,归根曰静,静曰复命"。意思是说达到虚空的极点,安住深的禅定之中;宇宙万物相互运作生长,我们得以观察到它们的本根源头。不论万物如何变化多端,终会回归根本。回归根本称作静,就是所谓的回归其本来自性"观"即看,"复"即一遍又一遍。世间万物你只有静下心来一遍又一遍反复仔细观察,才能认清它的本质。"观复"博物馆由此得名。

这段介绍,使人们知道了"观复"的起名出自老子《道德经》,马先生博物馆的名称起的很好。正巧在这里说到了《周易》和邵雍的故事,我们也来进一步聊聊"观复"的意思。

我们在前面的十二消息卦图中可以看到,观,是风地观卦☴,观者,观看之意,在"十二消息卦"里观卦主八(酉)月,是从复卦的一阳来复、阳气初生一直走到观卦是第十个卦了,观卦的后面第十一个消息卦是剥卦;复,是地雷复卦☷,复者,循环、回复之意,是经过循环,又回复到新一年的开始,在"十二消息卦"里复卦主十一(子)月,是冬至过后一阳复生的开始。

本书第四章会讲到老子的故事。现代的大部分老子《道德经》的版本里,去看第十六章,的确是写的"万物并作,吾以观复";然而在较早的老子《道德经》的版本里,第十六章写的却是"万物并作,吾以观其复",观其复,这个"其"是在说谁呢?再有,复字在这一章中不是仅出现了三次,还有第四次,四次的意思是一贯的。

老子《道德经》第十六章的原文是:"致虚极,守静笃。万物并作,吾以观其复。夫物芸芸,各复归其根。归根曰静,静曰复命。复命曰常,知常曰明……"

"致虚极，守静笃，万物并作，吾以观其复"，意思是老子在示人、在讲解"养道求玄"之法，这是明示修行者要得到人体的玄关，惟有收敛浮华，凝神于虚，养气于静，致虚之极，守静之笃。修道进入虚无至极的意境，安守宁静，气定神闲。此时，人们在修行中，自然万物万象皆空，只有一真在抱。能做到此，万物在时空的隧道中行进，人们就可以观察他们的循环，也就能够用自己体内的元神来观其复，来内照人们的本原、内照人们本来之回复，这是从人体来说。

如从自然天时来说，复卦之时，正如邵雍所说："冬至子之半，天根理极微。一阳初动处，万物始生时。"一阳初动的此时，即天理来复之时，古人比喻为活子时。邵雍又说："一阳初发，杳冥冲醒。"这时正是万物返正，天地来复之机，人们体内先天的元始祖气，在此时大可观之。

所以，此时结合天时来观人体，其机甚微，其气甚迅，当前当下即是，转瞬转念则非。恰似石火电光，是一刹那的事而已。而人们要能观到此，都需要从虚极静笃中，才能观其体内"空性"虚无至极的意境，才能观其来复之象，才能知了人们自己体内的如此神秘之事。

莱布尼兹二进制数学理论

所有有关邵雍的传说和研究中，最吸引大家眼球的，要算是邵雍的《伏羲六十四卦方圆图》对德国学者莱布尼兹的二进制数学理论的影响了。

距今300多年前，莱布尼兹（Gotttfried Wilhelm Leibniz，1646～1716年）是德国的自然科学家、哲学家、数学家，他与牛顿先后独立发明了微积分。1703年前后，莱布尼兹发表了论文《二进位算术的阐述——关于只用0和1兼论其用处及伏羲氏所用数字的意义》，从而被认为是现代计算机的有力推动者之一。这样的一位科学家不但肯定先天易学与二进制数学一致，并且用书信表达了他对伏羲、对伏羲先天易学的崇敬之情。

莱布尼兹在给白晋（公元1688年即清康熙二十六年来到中国的一位法国数学家）的信中写道：

> 伏羲是中华帝国和东洋科学的创造者，这张易图是流传于宇宙间的科学中的最古的纪念物。易图和我的新算术完全符合，我如果没有发明二元算术，我也不能明白六十四卦的体系和算法图画的目的……二元算术不外乎是0和1的应用，换句话说，就是无和有的运用。伏羲的"– –"就是0，伏羲的"—"就是1。易六十四卦给予普遍文明的发明以重大的暗示，使思想与数发生关系，对于思想计算上是有非常的利益。八卦是中国人所认为八个基本的图画，伏羲将创造放入这八个图画之中，宇宙一切从"– –"与"—"而来，就是从0与1而来。

尽管在康熙大帝时代，中国还没有"科学"这个名词，莱布尼兹的这个评价仍然是从先天易学诞生以来得到的科学家的评价。虽然关于莱布尼茨的二进制与中国的八卦图特别是与《伏羲六十四卦方圆图》之间的关系，中国学者近年来做过许多考证，迄今没有定论。相反的，莱布尼茨承认自己早已从《伏羲六十四卦方圆图》中受到启发并在与数学的互相印证中得到了成果。

第七节　易学解密——人人都能轻松地看懂《周易》

从传说中的伏羲，我们知道了八卦，以及河图、洛书、太极、阴阳、五行的内容；

从三千年前的周文王，我们知道了《周易》一书；

从二千五百年前的孔子，我们知道了《易传》的各篇；

从二千年前的孟喜、京房、扬雄，一千年前的邵雍，三百年前的莱布尼兹，我们逐步来到了现在的公元 2013 年。

人们在不断了解了《周易》是一部什么样的书的同时，逐渐看到，三千年来，人们对这本书一直没能有过共识。汉朝称之为"象数"之书，两晋朝代以后称为"义理"（易理）之书，有非常多的人认为它是"卜筮"之书，近现代人称其为"哲学"之书、"科学"之书、"历史"之书、"中医"之祖源、"军事"之祖、"管理"之书，提法多种多样。人们根据思维方式的特性也从《周易》一书中总结出许多特征，比如直观思维、形象思维、逻辑思维、辩证思维、象数思维，等等。

古人们将《周易》分成了"象、数、理、占"的内容，扬雄的"太玄"理论从平面表述发展到了立体模型。谈到用图表来表述，古人有长图、圆图，也有用立体图形表述的，比如把八卦有条理地安放在"正方体方明"（方明是古代就有的称呼，指木制的立方体箱子）的八个角上，展示出的《八卦与方明》如右图：

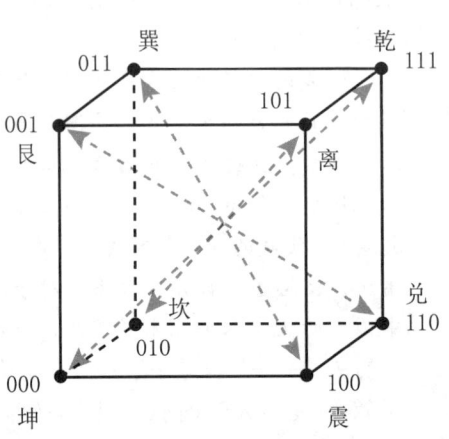

乾	兑	离	震	巽	坎	艮	坤
111	110	101	100	011	010	001	000
1	2	3	4	5	6	7	8

对此，许多今人正在研究和讲述"易卦在三维坐标系上的排列"，简称立体易模型的建立。这些都是今人在继续着"象、数、理、占"

的同时，进行着从平面到立体的全方位的有益探索和发展。

综上所述，历来有关《周易》的研究，大致有：

从哲学意义上进行发挥的；

从历史学意义上进行考证的；

从天文角度解说六十四卦的；

从预测学、生命科学等角度看待《周易》的。

但是，有没有像孟喜、京房、扬雄、邵雍那样，能提出开创性观点的当代人出现呢？有没有人能使大家感受到易的功用、作用，了解到易的本来面目，并窥探到易的未来发展密码呢？

易解人生

2010年初，《易解人生》一书出版，作者提出"问卜不如学易，易之真谛尽在伏羲"。

对于易的定义，作者认为："易是伏羲发明的，以阴阳逻辑为基础的，以方圆结构表示的整体逻辑符号体系，是描述自然万物运行规律的模拟系统，是通过联系自然式的思维方式建立的宇宙观与方法论，是中华文明独有的认识自然及社会运行规律的认知体系。这个方圆结构的基础模型就是《伏羲先天六十四卦方圆图》。这套符号体系完全具有文字的功能，可以说，这套符号体系是现有象形文字之前的一种'文字'。"

作者认为，这张《伏羲先天六十四卦方圆图》一直是中国文化的核心机密，秘密流传，直到北宋五子的邵雍在师从李之才后，才在洛阳的学子中间公开，后经朱熹《周易本义》问世，才成为每个读书人都能看到、接触到的东西。所以邵雍公开此图的功绩是非常重要的，而更重要的一个研究者，就是五代十国至宋初的道士陈抟（tuán）（公元871～989年，著名道教学者、隐士，后人称其为"陈抟老祖""睡仙"），他代表着中国隐士的风范，不出仕而潜心于《方圆图》的研究，把一生都贡献给了中国根基文化的探索上，正是陈抟老祖将《方圆图》传承给邵雍的。

> 伏羲易认识世界的基础不同于现有的任何哲学派别，所以其建立的宇宙观和方法论不同，伏羲易的思维模式是联系自然式的思维方式，不同于任何现有的思维方式，其解决具体问题的手段与方法也迥异于我们所熟知的任何学科。伏羲易的知识一旦被发掘、普及出来，就会产生新的知识爆炸，再与现代科学手段结合在一起就会给人类文明带来巨大的贡献。

《易传》里有一句话，"天地人三才之道"，用我们今天的话来说，天代表时间，地代表空间，时空存在就是宇宙自然，三才之道就是人在时空中的生存之道，就是要找到人在时空中的运行规律。伏羲易认为世界既不是唯物的也不是唯心的，而是以存在为出发点，无论是物质的存在还是意识的存在，都是时间和空间条件下的存在。一个事物在时间未到之时不显现，不在一个特定空间中不显现，即存在是一个既有的存在，当时空条件适宜之时显现为一个存在。

德国哲学家海德格尔在《存在与时间》一书中揭示了现代人对存在的时间条件的认识。伏羲易则将事物本身、时间、空间都转化为《方圆图》中的符号，再运用符号之间的逻辑运算关系揭示了事物运行的本质，也就形成了伏羲易的预测基础，而对于事物发展过程中解决问题的需求，激发了发明创造的原动力，诞生了原始的科学创造。

落实到具体的操作，《易解人生》就是从研究对象的名称入手，依据表述名称的文字，根据伏羲易的相关法则，将计算出文字的汉字笔画所对应的数字，放入伏羲易的模型中，也就是对应到《伏羲先天六十四卦方圆图》中的六十四卦符号上，来揭示研究对象的特征及发展规律。

《易解人生》的作者体会到，运用现代的文字、文化来对易进行解读，每个人都可以通过短暂的学习，学懂易的基本知识和原理，并应用在自己的学习、生活、工作中，以达成个人生活的和谐状态，从而为社会的发展起到良好的作用。

我们感觉到了《易解人生》作者在伏羲易的研究、应用中，已有更多的发掘和感悟。《易解人生》的作者说："正当几千年来人们的视野停留在三千年前的《周易》上的时候，一个小女子将人们的视野又往前推进了三千年，去感受六千年前伏羲的境界和智慧，这是需要有极大的勇气和理论实力的人，才敢于提出的论断。"

按照作者自己的表述是："我没那么大的勇气和本事，知道一点皮毛，也是拿生命中宝贵的东西换来的！我拱手相送给社会的是一本书和一些视频，我并不急于公开我的知识，因为我还处于舍得与不舍得的境遇中，我还处于继续公开还是就此收手这样的矛盾之中。"

无论如何，《易解人生》的作者能够自创并为大众提出一套学习、认识、体验、应用伏羲易的系统，还能使大众在方便地进入这套系统的同时可以在各自的生活中应用、实践这套系统，已是非常不易和对大众非常有益的了。

内证观察笔记

《易解人生》的作者"并不急于继续公开还是就此收手"她对伏羲易的进一步研究成果。但在 2009 年 8 月出版的《内证观察笔记》的作者无名氏先生，公开了他通过内观内证对易学相关内容的实验结果（内观内证的内容，在下一章中会详细解说）。

无名氏先生认为，宋代产生的图书之学，专门研究太极、八卦、五行这些东西，这些是陈抟老祖传承自伏羲氏的东西，因为陈抟讲："于羲皇心地上驰骋,而不于周孔足迹下盘桓。"这说明陈抟老祖窥探到了伏羲画卦的真谛,领略到了伏羲易的美妙,才兴高采烈地在"羲皇心地上驰骋",而对于周易、十翼的内容,并不欣赏。这就给我们提出了启示:伏羲易与周易是有差别的,是有区别的。

据宋代的《宋史·朱震传》记载,在朱震所著的《汉上易解》一书中说:"陈抟以《先天图》传种放,放传穆修,穆修传李之才,之才传邵雍;放以河图、洛书传李溉,溉传许坚,许坚传范谔昌,谔昌传刘牧;穆修以《太极图》传周敦颐,敦颐传程颢、程颐。"这段记载说出了陈抟将三个宝贝一代代传承的路线图如下:

先天八卦图:陈抟——种放——穆修——李之才——邵雍;
河图、洛书:陈抟——种放——李溉——许坚——刘牧;
太极图:陈抟——穆修——周敦颐——程颢、程颐。

由此可见,陈抟对河图、洛书、太极、八卦、五行都做了很好的研究与传承。后来,邵雍传下了《伏羲先天六十四卦方圆图》,刘牧传下了《易数钩隐图》中的五行结构物质图,周敦颐传下了《太极图说》。

无名氏先生通过内证,观察到刘牧《易数钩隐图》中传下的五行结构物质图的真实性,观察到了人体五藏都有大易(八卦)结构、都有河洛结构、都有太极结构、都有阴阳结构。这些结构,并不是一个东西的不同描述,而是并列似地同时存在着。

对于河图、洛书、太极、八卦、五行等内容,无名氏先生认为,伏羲氏时代证明过这些内容,老子和孔子时代证明过,汉朝证明过,唐代证明过,宋代的先圣们证明过,经过千年以后,又被当代人包括无名氏进行了证明。我们祖先所传承的文明,在这六千年中,曾经被无数代、无数人、无数次地证明过。从无名氏所内证的人体中的心肝脾肺肾五藏的大易结构,能看到人体内相对应的五藏中竟有如下图:

离　　震　　坤　　兑　　坎

由此人们不禁要问,伏羲老祖宗时代是不是也已看到过这些才画出了八卦图呢?按照无名氏的实证体验,答案是肯定的。

按照这一结论,本章第二节所说的,"从太极到八卦是创造,八卦以后就是演化,创造和演化是同时存在的"这一被现代的人们普遍接受的观点,与"太极和八卦,是伏羲时代的古人,在对宇宙自然的微观实证中就已经'看到'并如实地记录下来的真相",有着截然不同的结论。前者反映的是人的主观能动性,后者反映的是人对客观世界的记录和对宇宙自然的顺应。

实际上，本书作者的许多朋友，在宁静的场合中，从眼睛也好、从额头的天目也好，都能看到空间中存在的河图、洛书、太极、八卦等图形，这从一个侧面，验证了"太极和八卦，是伏羲时代的古人，在对宇宙自然的微观实证中，就已经'看到'并如实地记录下来的真相"。

所以，无名氏先生说："易的本体是自然的，不是人造的东西，是自然界客观存在的。"

八卦象数疗法

我们再来看一个应用《易经》，有着开创性观点的方法。

1994年，《中国八卦象数疗法》一书出版，15年后的2009年4月，《八卦象数疗法》再次出版，作者在书中提出："八卦象数疗法，是利用《易经》的先天八卦数、后天八卦系统的原理，通过五行生克规律，'补不足，损有余'，来达到人体阴阳平衡的方法"。

所谓八卦象数疗法，就是患者通过默念或出声念一组数字，而达到治病健身的方法，是通过按照八卦象数原理设置的数字，来调动自然与人体中的自调节能量，靠调动出的八卦场效应，影响机体。

前面《说卦传》第九章说："乾为首，坤为腹，震为足，巽为股，坎为耳，离为目，艮为手，兑为口。"古人将八卦与人体的部位作了对应，实际上，作为天地中的人，我们每个人都是一个活生生的卦象，我们来看我们自己：

每个人的两眼、两耳、两鼻孔，自然而然地组成了一坤卦☷，鼻下嘴上的人中穴是人体阴阳的交汇点，也就是任督两脉的交汇点，交汇点的上面是督脉的循行，交汇点的下面是任脉的循行。而交汇点下面人体的嘴巴、人体的前后阴，正好自然成为一乾卦☰，坤上乾下，也就是地上天下，每个人都自然呈现为一地天泰卦䷊。

《八卦象数疗法》的作者，从《易经》中知道了宇宙万事万物都有象，有象就有数，有数就有"度"，象、数是事物内在规律的反映。宇宙八卦与人体八卦均有数，所谓"法于阴阳，合于术数"，是强调人类在生产生活中，需要遵循自然界变化的规律及人体生理发展变化的规律。数字不是宇宙万物的唯一本源，但它是宇宙万物的本质属性之一。

《八卦象数疗法》的作者认为：八卦场有调理阴阳平衡的特点，八卦象数是天道、物道、人道的载体，是有限与无限的统一，人体八卦场与宇宙八卦场同步共振，调动人体正气，才能实现天人合一。

通过《八卦象数疗法》，我们看到了伏羲八卦在日常生活中的实际应用，更看到了先天八卦数和后天八卦方位，已经在实践中得到了实实在在的测试。

《八卦象数疗法》的作者将八卦数字巧妙地应用于人们的身体健康方面，为广大民众方便地使用《易经》做出开创性的尝试。

周易——商周之交史事录

最后，我们再来认识一位对《易经》提出了开创性观点的人物。

1995年底，《周易——商周之交史事录》出版，作者明确提出：

1. 《周易》是周王室编年日记体的筮占记录。

《周易》实际是一部从商朝末期周文王受命七年五月二十八丁未日（公元前1058年6月24日）起，到成王三年四月十三丙午日（公元前1050年5月12日）止，八年共2880天的周王室编年日记体筮占记录，其中包括了商周之交的各个主要历史事件。（书中对此论点做了全面、系统的论证）

2. 《周易》卦爻的产生，比卦爻辞的产生要早得多。

《周易》卦爻与天文历法有直接关系。《周易》所使用的八卦符号，包括阳爻"—"、阴爻"- -"，六十四卦卦号，如"☰、☱、☲、☳、☴、☵、☶、☷"，是上古历数的遗存。

伏羲所画八卦，是上古的历数符号。"—"代表9天，"- -"代表6天。

一个八卦符号，如泰卦☷、随卦☱等，平均为45天（将"—"代表9天和"- -"代表6天，数字相加得出）。八个八卦符号，如，（乾☰、坤☷、震☳、巽☴、离☲、坎☵、艮☶、兑☱），约表示一年360天。《周易》六十四卦共包括2880天中的450条筮辞。《周易》乾坤二卦中的"用九"、"用六"，便是对卦爻所表示天数的说明。

《周易》的六十四卦384爻是一种古代历数形式，"九""六"是历数中的日数。《周易》的形式是每隔九天或六天筮占一次，然后记下筮辞。"初九"表示起初的九天，"九二"是第二个九天，"九三"是第三个九天，"九四"是第四个九天，"九五"是第五个九天，"上九"是最后的九天。"初六"是起初的六天，"六二"是第二个六天，"六三"是第三个六天，"六四"是第四个六天，"六五"是第五个六天，"上六"是最后的六天。

3. 《周易》的形式是按照卜卦日期来记录筮辞。

周易中的筮占记录方式是这样的：每卦的卦辞基本来源于该卦期的第一天的筮占，然后隔九天或六天再筮占并记下爻辞，以后每一爻的筮占则在每爻的最后一天举行并记录下来。一卦结束，再接另一卦，依卦期顺次作筮占记录。这便是《周易》筮占记录的一种规律。特殊情况，会有将某卦中某一爻时间内发生的事和筮占结果记录进卦辞里，如《大过》中本来是"九三"一爻发生的事，也记入开首的卦辞里了。

《周易》的每一条卦爻辞在结构上可分为前辞（或叫序辞）、问辞（也称命辞）和占辞三类。前辞是日期说明，如"初九""九二""六三"之类；问辞是所占问的事情，如"乾""离"等等；占辞是筮占时所下的吉凶判断，如"元亨，利贞"之类。《周易》的问辞，往往直接记录了当时有疑问从而筮问的历史事件。

4. 《周易》的问辞，直接真实记录了当时的历史及事件有40多件，它们是：

周国干旱，周文王伐邘（yú），伐崇侯虎，周国实行五家为一比，按家户征用人丁车马的"比"法，周国饥荒而迁丰邑，周文王崩，武王继位，祭文王墓于岐山，观兵盟津，大阅兵，移师伐纣，斩纣首级，祭庙社，纵牛马于华山、桃林，大封诸侯，武王巡狩东隅，箕子去朝鲜，周公为武王祷病，迁九鼎于洛邑，箕子等来朝，武王崩，成王继位，周公摄政，葬武王，改善井田，成王冠礼，周公被谗，大雷电及大风，武庚等叛乱，成王及周公归丰邑，周公振兵旅准备伐叛商等，周公向叛邦宣布文告，周军伐叛商，封卫康叔及毛叔郑、微子启，封唐叔虞，伐蒲姑，取得平叛决定性胜利，祭庙尝麦庆祝胜利等等。

5. 六十四卦的卦象（卦号）和后面的卦名、卦辞、爻辞需要区别开来。

研究六十四卦，首先要把六十四卦的卦象（卦号）和六十四卦的卦名、卦辞和爻辞区别开来。卦象（卦号）的来历比卦名、卦辞和爻辞要早得多，先有卦象，然后才有根据卦象逐期记录下的筮占文字，包括卦名、卦辞和爻辞。

一个是记年符号，一个是筮占文字，《周易》六十四卦的筮辞，仅仅是借助于伏羲创制的记年符号，两者完全不同。

从以上《周易——商周之交史事录》书中解说的这五点，我们是不是似乎一下子看懂了《周易》，之前的疑惑"伏羲为什么要画八卦？周易到底在说什么？孔子的解释真的是伏羲的所想吗？"等等诸多问题仿佛也都有了答案。

伏羲画八卦的目的

还记得我们前文提到过的二千一百年前的算术书《周髀算经》吧，我们从书里的启发，画出了太极图。我们现在再从这本书里找找新的启示：

> 昔者周公问于商高曰："窃闻乎大夫善数也，请问昔者包牺立周天历度——夫天可不阶而升，地不可得尺寸而度，请问数安从出？"商高曰："数之法出于圆方，圆出于方，方出于矩，矩出于九九八十一……"

这一段，虽说是周公向商高询问数从何来，但我们看到，周公对古代伏羲（包牺）构造周天历度的事情感到不可思议（天不可阶而升，地不可得尺寸而度），说明在二千一百年前，人们听说过六千年前的伏羲氏做过历法的事情，有过"构造周天历度的事迹"。可见，伏羲当年画卦不仅仅是为了给渔人做天气预报之用，也是为了用八卦符号来记载和表示一年的时间，更进一步，做历法的工作。由此可见，八卦符号应是伏羲将它用来记年的符号。

下一章我们在"干支来源自日月星辰"一节会谈到朔望月，一年有十二个朔望月约354天（29.53×12=354.36），闰年十三个朔望月约384天

（29.53×13=383.89=384）。伏羲据此发明的六十四卦历，一天使用一爻符号，六爻为一卦，六十四卦为384天（64×6=384）。

我们了解了伏羲画八卦的目的，虽然从八卦符号开始出现到后来具体应用，到产生《伏羲先天六十四卦方圆图》，经过了漫长的岁月和长时间的历史过程，但最终，由《伏羲先天六十四卦方圆图》产生了中国古老的太阳历，以及兼顾了太阳、月亮与地球关系的阴阳历。后世又由《伏羲先天六十四卦方圆图》，推演出了连山易、归藏易和周易，而这些推演，似乎更多的是在推演卦象的顺序排列，以适应当时的日地月关系，内容应是当时情况下分别的筮占结果。

卦象的排列顺序与卦名的奇特效果

说到推演卦象的排列顺序，对于《周易》书中64卦的排列顺序，我们依然还不知其所以然。这个顺序，也许不是伏羲氏确定的，也许就是周文王时期确定的，因为据文献记载，连山易、归藏易和周易的排列顺序是不同的。从《周易》原文中看到，卦名的产生来自于文中的第一、二个文字，因此，根据卦名的文字，硬要说出卦象排序的道理，总感觉是不靠谱的。这也说明了自《周易》一书产生后，放在周武王的宫中，过了四五百年后被拿了出来，人们大多已看不懂其中记载的内容了。

现在既然已经知道了《周易》书中所说的内容，既然知道了《周易》是借用了卦象符号来记载天数，因此，各卦的排列顺序似乎是根据所用天数的需要而对称的使用而已。比如，除了第一、二的乾、坤两卦为54天、36天以外，其它按顺序排为屯卦42天、蒙卦42天，需48天、讼48天，师39天、比39天，小蓄51天、履51天，这样一直双双交替排下去。64卦所记载的天数，都在36、39、42、45、48、51、54天的七种天数记载中。这当然还不能解释清楚各卦的排列顺序，因此，我们依然认为，对于《周易》书中64卦的排序顺序，我们依然还不知其所以然。

即便如此，并不影响人们使用周易、应用周易。作为卦象的排列，人们已经知道了常用的是京房的八宫卦排法，和伏羲先天六十四卦方圆图的排法。

有趣的是，凡是玩过周易卦辞、玩过六爻卜卦的人，都有这样的经验和体会，卦象与卦名，与所要卜问的问题，常常出奇的一致。就是说，当人们起出来一卦后，看看所起的卦象，看看所起卦象的名称的属义、意思，许多情况竟就是问者所问问题的答案了。这使人们觉得，卦象与卦名似乎已融为了一体，卦名似乎就是为卦象所设，卦名似乎已赋予了此卦实际的意思和意义。真的是如此吗？

下一章中我们将看到，"易"结构，竟然是宇宙自然中和人体内本来就存在的一种物质结构形态。

看懂了《周易》

通过《周易——商周之交史事录》一书，人们知晓了《周易》所记载的用64卦计算天数的方式和筮占的方式、40多件商末周初的历史事件，以及《周易》借用远古记年符号作为筮占记录的日期标记。

这时，如果再次翻开《周易》一书，重新看到那每一段都由三部分组成，放在最前面的八卦图符号——"卦象"；卦象后面带了一段文字的"卦辞"；有"初六、九二、九三"等文字，后面还带了一些文字的"爻辞"，这些"卦象""卦辞""爻辞"，好像已不再是完全陌生的了。

"看懂了周易"，是一件非常不容易的事情。虽然《周易——商周之交史事录》一书中的观点，可能不会完全被一些专家学者所认同，但却是迄今能将《周易》一书的内容自圆其说的观点之一，因为这一观点是用天文、历史事件的记载证明出来的，不是推测、猜测出来的。是否这一观点，能够使无数依然在猜测着《周易》一书内容的学人，节省下生命，无须"白首太玄经"。

人们大多将《周易》一书看作是占筮之书，是哲学之书，是历史之书。虽然这里所说"看懂了周易"，但看懂的只是《周易》的"皮毛"，只是说清了《周易》的来龙去脉、基本内涵，却并未在此能使人们掌握卦理的精髓，也并未就书中的哲学内容展开。人们要占断事物时，靠本章的内容是不够的，真正如意地使用《周易》，需要加深修行的功力，俗心淡化后，方可领会易理的奥妙。总之，没有领悟宇宙大道的内涵，则体会不出易术的神奇。

下一章中的许多内容，都是《周易》原理的实际应用。虽然不能一下子用《周易》去占断事物，却可以用本章内容的原理，作为指导人们自己生活的参考。

如果要对《周易》进行总结的话，我们认为的脉络是这样的：

一、伏羲易使用了八卦符号，在构造周天历度的过程中，八卦符号被用来作为记年的符号，同时产生了《伏羲先天六十四卦方圆图》，最终，由此图或经由六十四卦的符号，产生了中国古老的太阳历，或称阴阳历。方圆图、太阳历是传说中的伏羲氏的伟大贡献。

二、三千年前的周文王及家人、家臣，借用远古伏羲的记年符号，作为筮占记录的日期标记，推演出了《周易》一书，其中记载了40多件商末周初的历史事件。

三、二千五百年前的孔子等先贤，根据《周易》一书中六十四卦符号及其排序，根据书中文字的取舍，提炼出《周易》六十四卦符号的卦名，并写出解释《周易》一书的《易传》，从而产生了《易经》。

四、历代包括当代的贤能，从各个不同的角度，顺应自然，研究、使用《易经》、易理，并在各自不同的领域，为国家，为社会，为大众服务着。

伏羲的故事说完了。

透过伏羲的故事,人们都已较容易地了解了"八卦符号",了解了河图、洛书、太极、五行的神秘内容,了解了《周易》,进而懂得了《周易》,进而可以开始使用《周易》为自己服务。

千百年来,《易经》一直作为中华民族的智慧之源,是中华文化的源头活水,所以,我们谈中国人的文化,谈中国人的文化密码,先讲智慧之源、源头活水的伏羲的故事。

初次见到这些横线、圆圈、符号,会让一些当代人顿感昏睡,文字枯涩是避免不了的,内容上会感觉到各种讲法是众说纷纭,个别地方似乎前后矛盾(比如八卦符号的产生,故意用了一个好似分解的产生过程,结尾却又是另一种说法),个中原因,一是想使从未接触过八卦符号的人们,有个逐渐适应、认识的过程,一是想尽可能多的将各种主要内容摆出来供人们了解。

对于能使人们昏睡的段落,可先跳过去,不必执着。人们如能慢慢地读下来,应该能对如此纷繁、如此庞大、如此神秘的易学体系,有了一个初步的印象与认识,同时会发现,只要愿意,人们竟然都已经能开始读易、说易、玩易了!果真如此,要真诚地感谢伏羲老祖宗赐给了人们无比的智慧。

从源头活水向前流淌,我们将进入黄帝的故事:发明文字,创立干支,摆弄命理,产生国医……咱们中国人文化中的好玩事真是不少呢。

本书作者的纸本书法扇面

中国人的文化密码

The Generic Code of Chinese Culture

本书作者的纸本水墨山水

第二章
黄帝的故事

第一节　文字的发明与文字的演变

第二节　悠扬文字的文化结晶

第三节　文字中的生命内涵

第四节　奇特的发明——干支

第五节　神奇的奇门、风水数理模型

第六节　干支来源自日月星辰

第七节　中国人的宝贝《黄帝内经》

第八节　人体的组成部件——五藏

第九节　人体能量的联接通道——经络

第十节　人体能量通道上的站点——穴位

第十一节　二十八星宿与五运六气

自伏羲氏以后,经历了女娲氏和神农氏,到了公元前27世纪,也就是距今四千七百年前的时候,据史书描写,仅黄河中游跟汾水下游一带,就有一万个以上的大小部落。其中以三个部落最为强大,一个是正在没落中的神农部落,根据地是在陈丘(河南淮阳),酋长是神农氏的后裔姜榆罔。一个是强悍善战的九黎部落,根据地是在涿鹿(山西运城),酋长是蚩尤(chī yóu),附近部落都臣服在他的控制之下。另一个是文化水准较高的新兴起的有熊部落,根据地在有熊(河南新郑),酋长是有很多的智慧和很大的能力,集政治家、科学家和军事家于一身的姬轩辕。

这三个最为强大的部落,从形势上看,有熊部落夹在神农部落跟九黎部落之间,有两面作战的危险。所以姬轩辕决定先发制人,他首先突袭神农部落,在阪泉(河南扶沟)郊野的一次战役中,击溃了神农部落,俘掳了敌人的全部人口和牛羊。接着,姬轩辕乘战胜者的威势,挥军渡过黄河,一直挺进到九黎部落的根据地涿鹿。

会战就在涿鹿郊野进行,这是历史上最早和最有名的大战之一,开始时两军胶着,不分胜负。蚩尤跟姬轩辕一样,也是具有神性的人物。他张开大口,喷出滚滚浓雾,三日三夜不散,使有熊部落的士兵都迷失了方向。

于是,姬轩辕就发明了指南车,使他的部队虽在浓雾之中,仍能辨识道路。蚩尤又向风神雨神求援,立刻刮起倒山拔树的狂风,降下瀑布般大雨,大地上波浪滔天,一片汪洋。姬轩辕也施展法力,召唤女神旱魃助阵。旱魃的相貌狰狞可怕,据说是僵尸变成的,眼睛生在头顶上,秀发全是一条一条的小蛇,身上长满了白毛,她所到之处,连一滴雨都不会有,往往一连大旱三年,赤地千里,所有生物,全部干渴而死。人们听到她的名字都会发抖,请她出面对抗风神雨神最为恰当。她一出现,风神雨神就狼狈逃走,霎时间风停雨住,大水消失,大地泥泞干涸。

姬轩辕乘机反攻,九黎部落大败,蚩尤战死,残余的民众向南逃窜,定居在现在贵州省的万山之中,据说九黎部落就是苗族的祖先。

这一场大战展示了有熊部落所向无敌的战斗力,使姬轩辕名震当时的世界。于是各部落那些心惊胆颤的酋长们一致拥护他当"天子",尊称他为"黄帝"。

天子的意义是老天爷的爱子,当然是至高至上。"帝"的原始意义跟"皇"、"氏"的原始意义一样,同是神祇,不过神性再次减少,可以说属于第四等级。

黄帝者,即是黄颜色的神祇。姬轩辕把首都设在他部落的根据地有熊(河南新郑),开始建立黄帝王朝。他下令各部落间的争执,都不准用武力解决,改为向他投诉,由他以天子的身份为大家判断是非。

黄帝(公元前2717～前2599年),本姓公孙,因长居姬水,故改姓姬,居轩辕之丘（在今河南省新郑西北），故号轩辕氏，出生、创业和建都于有熊（今河南新郑），所以亦称有熊氏，因为有土德之瑞，故号称黄帝。

黄帝的众多发明

姬轩辕黄帝在中国历史上备受尊敬，成为所有中华人的祖先。稍后的一些帝王，甚至包括匈奴人、鲜卑人，也都自称或被称为姬轩辕的后裔。一直到二十一世纪，中华人仍以"黄帝的子孙"而骄傲，主要原因在于，中国古文明被认为完成于他之手，尤其是他统一中华民族，发明了大至社会制度，小至日常使用的零星物件，这些发明有：

一、房屋：姬轩辕教人们建筑房屋，人们遂舍弃树枝树叶，改用泥土或石头，使自己的住所更为坚固实用，而且逐渐聚集成为村庄，再由村庄扩大成为城市。

二、衣裳：人们一向赤身露体，容易受到外界的伤害和感染疾病。姬轩辕教他们把兽皮剥下来做成衣裳。后来绸缎出现，尊贵的人又改穿绸缎。

三、车船：姬轩辕把木头插在圆轮子中央，使它运转，因而造出车辆。又把树木当中剖空，造出可以浮在水面上的小舟，从此人们能够走向较远的地方。

四、兵器：从前作战，只靠用手投掷石块。姬轩辕发明了弓箭，于是弓箭成为了战场上最锐利的一种武器，人们一直使用它，直到十九世纪才逐渐被火药代替。

五、阵法：从前作战，战士们一哄而上，杂乱无章。姬轩辕教给他的军队阵战的方法，用各种不同的队形和兵力，应付各种战场情况。

六、音乐：姬轩辕同时还是一位音乐家，他发明了笛、箫、琴、瑟等乐器。把人类声音分为五个主音阶，每个主音阶各有专名，再分为十二个副音阶，使它们配合发声。

七、器具：姬轩辕又教会他的人民用泥土塑成盆罐之类的用具，放在火上烘烤一定的时间，即成为了陶器，可以用来储藏食物。人们于是突破了农业的范围，向工业方面发展。

八、井田：姬轩辕制定闻名世界的井田制度，把全国土地重新划分，划成"井"字形状。周围八家都是私田，当中一块是政府财产，由八家合作耕种，收割的粮食归政府所有。

历史学者柏杨先生评价说："这些都是姬轩辕的伟大发明和伟大创举，如果他是一个普通的人，我们一定不会相信。但他既然是一个神祇，我们就不得不承认他有如此伟大的能力。黄帝王朝大概是一个发明狂的时代，几乎人人都会随时发明一些什么。"

比如，姬轩辕的妻子螺祖和大臣仓颉（jié）、隶首、容成都有同样伟大的贡献：

一、嫘祖，发明养蚕抽丝。蚕看起来是一种丑陋的昆虫，经过嫘祖细心的观察，发现它们吐出来的东西可以织成绸缎。中国以丝织品独霸世界四千余年，就是她开创的功绩。

二、仓颉，发明文字，即中国特有的方块字，也称汉字，中国周边国家也有使用。因为文字的出现将把人类带进一个更复杂和更难生存的世界，所以当他造字的那一天，天上就像落雨般的落下了粮食。入夜之后，还听到鬼神痛哭。鬼神所以痛哭，大概是预见到人类从此将烦恼激增而悲从中来吧。不知道天上为什么要落下粮食，但这一天，有了谷雨一说。

姬轩辕在位一百年，史籍上说，在这一百年中，中国没有盗贼，没有殴斗，人们谦让和睦。适时的雨和适时的风，使每一年都大丰收。总而言之，中国的历史开端，是一个美好乐园。

黄帝升天

四千六百年前的公元前2599年，姬轩辕一百一十八岁，但他仍仆仆风尘四处巡查。这一年他到了桥山（陕西黄陵），在山下铸了一个大鼎。鼎是一种巨大的锅，可能他想用以宴请各部落酋长，但大鼎铸成的时候，天忽然开了，降下一条黄龙迎接他。姬轩辕跟他的随从人员和宫女，共七十人，一齐跨了上去，然后，黄龙冉冉起飞。一些没有福气的人，赶来的太迟，只能抓住已经飞离地面的黄龙的胡须，胡须脱落，他们也掉下来。姬轩辕白日升天，成仙而去。那些掉下来的人，懊丧而悲痛地把姬轩辕遗留下来的衣服，埋葬在桥山之下，就是现在位于陕西黄陵的黄帝衣冠冢。

黄帝登天的故事，在距今二千一百年前汉朝记载黄帝的历史书中，并没有记录，《史记·五帝本纪》说："黄帝者，少典之子，姓公孙，名曰轩辕。生而神灵，弱而能言，幼而徇齐，长而敦敏，成而聪明。"但在距今二千五百年前产生的著名的《黄帝内经》一书的开始便有黄帝登天的记载："昔在黄帝，生而神灵，弱而能言，幼而徇齐，长而敦敏，成而登天。"

中国人的伟大始祖黄帝，对中华民族有着许多伟大的贡献。这里我们从中国文化的角度，特别是从神秘文化的角度，从有关中国人健康的角度，讲三个有关黄帝时期的故事。通过黄帝的故事，我们将感受到中国文化的伟大和作为黄帝子孙的荣耀与自豪。

第一节　文字的发明与文字的演变

仓颉是黄帝的大臣，史书记载，我们现在使用的文字，就是仓颉创造发明的。人们为此把造字的过程，讲成了一个美丽的传说：

有一天，仓颉参加集体狩猎，走到一个三岔路口时，几个老人为往哪条路走争辩起来。一个老人坚持要往东，说有羚羊；一个老人要往北，说前面不远可以追到鹿群；一个老人偏要往西，说有两只老虎，不及时打死，就会错过了机会。仓颉一问，原来他们都是看到地上野兽的脚印才认定的。仓颉心中猛然一喜：既然一个脚印代表一种野兽，我为什么不能用一种符号来表示我所管的东西呢？他高兴地拔腿奔回家，开始创造各种符号来代表各类事物，于是把事情管理得井井有条。黄帝知道后，大加赞赏，命令仓颉到各个部落去传授这种方法。渐渐地，这些符号的用法全部推广开，就这样形成了文字。

仓颉造出了字，黄帝十分器重他，人人都称赞他，他的名声越来越大，此时，仓颉的头脑就有点发热了，接下来造的字也马虎起来。这话传到黄帝耳朵里，黄帝很恼火，他想怎样才能叫仓颉认识到自己的错误呢？

黄帝召来了身边最年长的老人商量。这老人长长的胡子上打了一百二十多个结，表示他已是一百二十多岁的人了，老人沉吟了一会，独自去找仓颉。仓颉正在教各个部落的人识字，老人默默地坐在最后，和别人一样认真地听着。仓颉讲完，别人都散去了，唯独这老人不走，还坐在老地方。仓颉有点好奇，上前问他为什么不走。老人说："仓颉啊，你造的字已经家喻户晓，可我人老眼花，有几个字至今还糊涂着呢，你肯不肯再教教我？"仓颉看这么大年纪的老人，都这样尊重他，很高兴，催他快说。老人说："你造的'马'字，'驴'字，'骡'字，都有四条腿吧？而牛也有四条腿，你造出来的'牛'字怎么没有四条腿，只剩下一条尾巴呢？"仓颉一听，心里有点慌了：自己原先造"鱼"字时，是写成"牛"样的，造"牛"字时，是写成"鱼"样的。都怪自己粗心大意，竟然教颠倒了。老人接着又说："你造的'重'字，是说有千里之远，应该念出远门的'出'字，而你却教人念成重量的'重'字，反过来，两座山合在一起的'出'字，本该为重量的'重'字，你倒教成了出远门的'出'字，这几个字真叫我难以琢磨，只好来请教你了。"这时仓颉羞得无地自容，深知自己因为骄傲铸成了大错，这些字已经教给了各个部落，传遍了天下，改都改不了，他痛哭流涕地表示忏悔。老人拉着仓颉的手，诚挚地说："仓颉啊，你创造了字，使我们老一代的经验能记录下来，传下去，你做了件大好事，世世代代的人都会记住你的，可是你不能骄傲自大啊！"

仓颉造字的故事在中华大地被广为流传，以上这段故事却是演绎版，因为开始造字时，造出的大都是象形文，许多仅仅是符号或图画，也就是说，看见了太阳，就画个圈，里面再点个点，"⊙"就代表"日"字了。由于根据特征来画出形状、象形，所以叫"文"，经过了漫长的时间，后来将形旁声旁、会意谐声相互结合，才形成了字。"文"是表示事物本来现象的图形；"字"是由文滋生出来而逐渐形成的符号。所以，仓颉造字是真的，可哪个字是仓颉造的，就说不太清楚了。

即使如此，人们挖掘出了据说是仓颉所造的二十八个字（下图）：

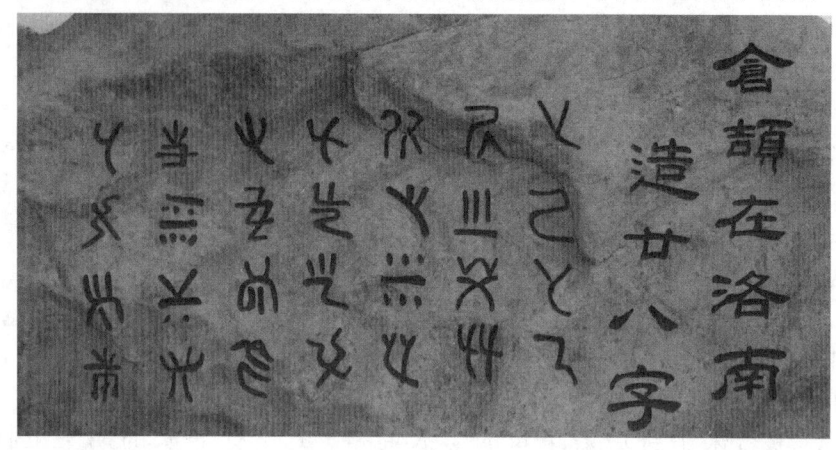

甲骨文

今天我们所能见到的最古老的文字是距今3100～3700年的商代，刻在甲骨上和铸在铜器上的文字——"甲骨文"。（仓颉生活在距今四千七百年前的时代，早于甲骨文时代一千年，他参与了造甲骨文吗？）

甲骨文是中国已发现的古代文字中时代最早、体系较为完整的文字。甲骨文主要指殷墟（商代后期的都城遗址，位于河南省安阳市区西北小屯村一带）的甲骨文，是商代刻在龟甲兽骨上的文字，记载了距今三千七百多年前我们先民的活动。

说起今天所能见到的甲骨文，却是在110多年前才发现的。

在1899年，当时清朝的最高学府国子监祭酒（相当于学校校长）、著名金石学家王懿荣在家中熬中药，在用作中药的"龙骨"上，他发现有契刻符号，看见上面的刻字，觉得很奇怪，接着就翻看药渣，没想到上面居然有一种看似文字的图案。于是他把所有的龙骨都买了下来，发现每片龙骨上都有相似的图案（如左图）。

他在得到甲骨之后，认定上面的文字比籀（zhòu）文（就是大篆zhuàn）更早，是古老的商代的遗物，于是开始重金收购有字的甲骨，到了1900年的春天，共得到1500片左右的甲骨。然而，王懿荣还没来得及

甲骨文

对这种文字进行深入研究，就在同年七月八国联军攻占北京时自杀殉国了。

后来，人们找到了龙骨出土的地方——河南安阳小屯村，那里又出土了一大批龙骨。因为这些龙骨主要是龟甲兽骨，所以将它们命名为"甲骨文"。

目前，人们已发现了大约15万片甲骨，甲骨中不重复的单字约有5000多个，其中已经识别的有1051个字。

从甲骨文已识别的1051个单字来看，它已具备了"象形、会意、形声、指事、转注、假借"的造字方法，展现了中国文字的独特魅力，说明了商代的文字，由最初的零散的、个别的字符逐渐积累，达到一定的数量后，再通过人为规范，已成为一种文字体系，是属于很发达的文字了。

金文

据考古结果，最早的甲骨文随着商代的灭亡而消逝，"金文"起而代之，成为距今2200～3000年间周朝书体的主流，商、周朝代是青铜器的时代，周朝以前把铜也叫金，所以铜器上的铭文就叫作"金文"；所谓青铜，就是铜和锡的合金，青铜器的礼器以鼎为代表，乐器以钟为代表，"钟鼎"成为了青铜器的代名词。因为金文铸刻在钟鼎之上，有时也将金文称为钟鼎文。

金文使用的年代，上自距今三千五百年前的商代，下至距今二千二百年前的秦朝，约一千三百多年。金文的内容多是当时祀典、赐命、诏书、征战、围猎、盟约等活动或事件的记录，反映的是当时的社会生活。金文字体整齐遒丽，古朴厚重，和甲骨文相比，脱去了板滞，变化多样，更加丰富了。金文的书体，一般称为大篆或籀书，也有称为古籀（zhòu）的。籀是周宣王时的史官，籀书即为他所写的字，金文基本上属于籀篆体。

金文可略分为四种，就是殷金文（公元前1300～前1046年）、西周金文（公元前1046～前771年）、东周金文（公元前770～前256年）和秦汉金文（公元前221～220年）。

金文的字数，据《金文编》记载，共计3722个，其中现代人可以识别的字有2420个。金文上承甲骨文，下启秦代小篆，流传的书迹多刻于钟鼎之上，所以大体较甲骨文更能保存书写原迹，具有古朴的风格。金文的形状如右图。

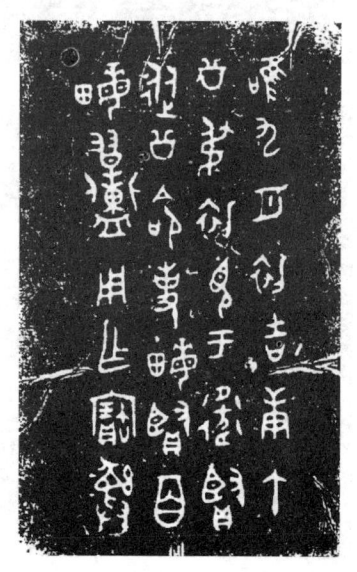

金文

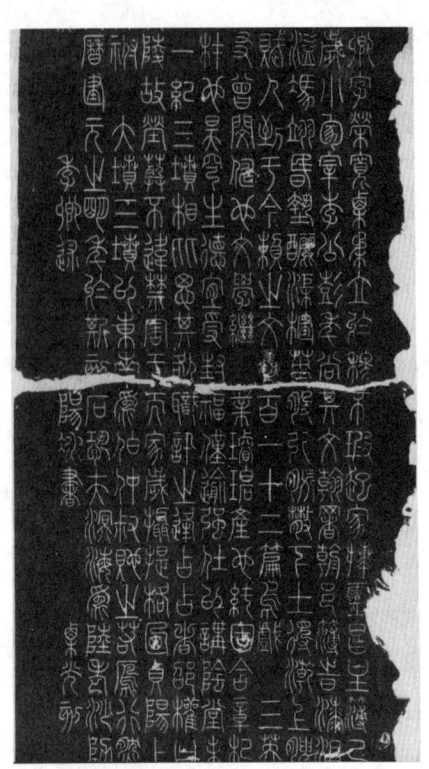

小篆

隶书

小篆

到了春秋战国时期，各国文字差异很大，成为发展经济文化的一大障碍。距今二千二百年的秦朝，秦始皇统一国家后（公元前221年），在丞相李斯主持下统一了全国文字，这在中国文化史上是一伟大功绩。秦朝统一后的文字称为秦篆，又叫小篆（如左图），它是在金文和石鼓文的基础上删繁就简，所创制的统一文字书写形式，并成为向全国颁布的官定文字。

秦始皇规范文字是以秦国文字为基础的，秦朝以后文字的演变，也是在经秦规范过的秦小篆（zhuàn）的日常书写形式——古隶的基础上发展的。

古隶是由小篆走向今隶的过渡字体，也是古文字时代向今文字时代的过渡字体，它把小篆粗细相等的均匀线条变成平直有棱角的横、竖、撇、捺、挑、勾等笔划，书法上称秦隶为"古隶"，汉隶为"今隶"。

在秦实行"书同文"之后，其他六国的文字即被淘汰了，秦文字成了真正的主流。因此，秦文字是上承西周古文、下启汉魏隶书，乃至楷书的一个重要环节，它的变化是文字按照自己的结构和规律演化的一部分。

小篆一直流行到西汉朝末年（约公元8年），才逐渐被隶书所取代。但由于其字体优美，始终被书法家们所青睐。又因为其笔画复杂，形式奇古，而且可以随意添加曲折，印章刻制上，尤其是需要防伪的官方印章，一直采用篆书，直到近代新防伪技术出现。即使有了新技术，在书画作品上的印章，至今依然采用篆书。

东汉（公元25～220年）的许慎

（约公元58～147年）所编《说文解字》一书，流传至今，其中收集了全部小篆，因而小篆就成了研究、理解、传播中国古代文化的重要中介工具。小篆对中国文化的普及和发展，具有巨大的功绩。

人们评价：甲骨贵秀劲，金文贵浑穆，小篆尚柔和，楷行称遒健。

小篆的用笔，"看似平常最奇崛，成如容易却艰辛"（王安石语）。篆书用笔讲求转折、停顿、按、提、起、住各种方法。而转折停顿，重内蕴而不外露，按、起、住的节奏贵在不着痕迹。

隶书

在小篆通行不久，民间又创造出一种比小篆更为简便、更为定型的新书体，这就是"隶书"（如上页图）。隶书开始时是写得比较草率和不够规范的小篆。到秦始皇统一文字时，隶书已经形成一种固定的、规范的字体。隶书改篆书一味圆转的线条为方折的笔划，顺应了社会对书写方便和规范的需要。随着秦王朝的覆灭，小篆也迅速退出历史舞台，隶书成为社会首要的书写方式。

隶书是在篆书基础上，为了适应书写便捷的需要而产生的字体。它将小篆加以简化，又把小篆匀圆的线条变成平直方正的笔画，便于书写。隶书的出现，是古代文字与书法的一大变革，是汉字发展史上一个重要的里程碑，标志着汉字发展进入第二个阶段。小篆和隶书实际上是两个系统，小篆是象形体古文字的结束，隶书是改象形为笔画化的新文字的开始。隶书以前的汉字是用绘画式的线条书写的，而隶书以后的汉字是用横竖撇点折等笔划构成的。自隶书出现后，汉字的结构基本上固定了下来，一直到现在，没有太大的变化。

草书

草书，是为书写便捷而产生的一种书体，它是在隶书基础上演变出来的，特点是结构简省、笔画连绵。"草"是初步、草率的意思。无论哪种字体写得潦草，都算草书。

作为一种专门的字体，草书是汉代才有的，它早于楷书的形成。草书的最初阶段是草隶，到了东汉时期，草隶进一步发展，形成了章草，后由张芝创立了今草，最后发展为狂草。

草书的诞生，在书法艺术的发展史上有着重大意义，它标志着书法开始成为了一种能够高度自由抒发情感、表现书法者个性的艺术。

草书如右图。

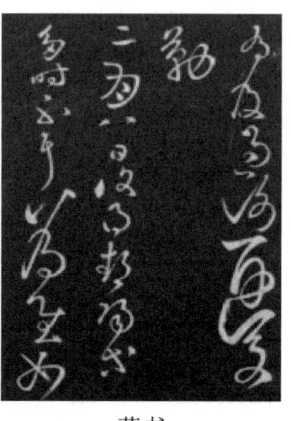

草书

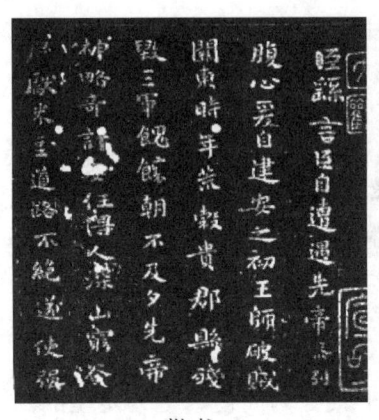 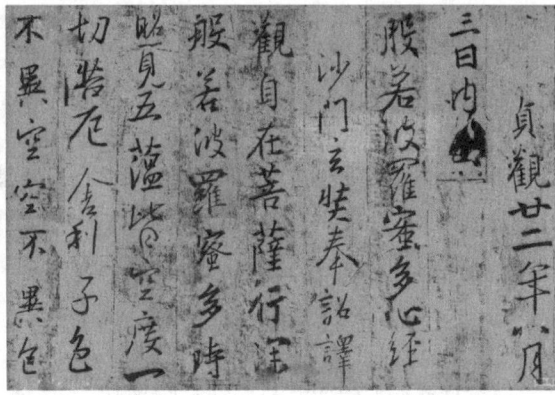

楷书　　　　　　　　　　行书

楷书

　　三国时期（公元220～280年），隶书开始由汉代高峰的地位降落衍变成楷书，楷书成为书法艺术的又一主体（如上图）。楷书又名正书、真书，由钟繇所创。楷书从隶书逐渐演变而来，更趋简化，字形由扁改方，笔划中减省了汉隶的波势，横平竖直。汉朝以后楷书占据了正统主导地位。

行书

　　行书是在楷书的基础上发展起来的，介于楷书、草书之间的一种书体（如上图），是为了弥补楷书的书写速度太慢和草书的难于辨认而产生的。"行"是"行走"的意思，因此它不像草书那样潦草，也不像楷书那样端正。实质上它是楷书的草化或草书的楷化。楷法多于草法的，比较端正平稳，近于楷书，叫"行楷"；草法多于楷法的，比较放纵流动，近于草书，叫"行草"。

　　行书产生于汉朝末期，行书的真正繁荣时期是距今一千六百年前的东晋（公元317～420年），被称为书圣的王羲之的代表作《兰亭序》就是行书。由于行书比较实用，书写比楷书更为便利，又不像草书那样难认，所以直到今天仍是最常用的字体。

　　文字的形状，虽发明于四千七百年前，但基本上在二千年前的秦汉时期就基本固定，并流传至今。

汉字数量的发展

　　根据文字的发展阶段，我们了解了"甲金篆隶草楷行"七种书体，也被称为"汉字七体"。到了距今二千年前的汉朝，文字已由图画、符号发展到了非常高的水准。秦朝的《仓颉》《博学》《爰历》三篇共有3300个字，汉朝扬雄作《训纂篇》，有5340个字，到汉朝的许慎作《说文解字》就有

9353 个字了，晋朝的《字林》，有 12824 个字，后魏的《字统》，有 13734 个字，南朝梁顾野王的《玉篇》有 16917 个字。唐朝的《玉篇》有 22561 个字。到宋朝司马光修《类篇》，文字多至 31319 字，到清代的《康熙字典》就已有 47000 多字了。1915 年的《中华大字典》，有 48000 多字。1959 年日本的《大汉和辞典》，收字 49964 个。1971 年的《中文大辞典》，有 49888 字。1990 年的《汉语大字典》共收单字 56000 多个。2010 年新版的《汉语大字典》收单字 60370 个。

文字是人类用来记录语言的符号系统，文字也是文明社会产生的标志。四千七百年前黄帝时期的仓颉，一定不会想到黄帝的子民会在他的带动下，在几千年后创造出这么多的文字。

六书造字

距今二千年前的汉成帝刘骜（公元前 51～前 7 年）于公元前 33 年 18 岁时当了皇帝，他起用了后来校订和编订《战国策》《楚辞》的经学家、目录学家刘向，刘向和儿子刘歆在校理秘府所藏的文献时，发现了人们所不知的距今三千年前周武王时期的一本书《周礼》。

在《周礼》中写到了"六书"一词。刘歆在《七略》中写道："古者八岁入小学，故周官保氏掌养国子，教六书，谓象形、象事、象意、象声、转注、假借，造字之本也。"从此，汉字的造字方法就定位为六书，即"象形、指事、会意、形声、转注、假借"六种方式。象形、指事、会意、形声，指的是文字形体结构，转注、假借，指的是文字的使用方式。

简单来说，汉字的造字方法是用六书法，即"象形、指事、会意、形声、转注、假借"的方法最终完成的。

中华民族文字的多样性

六书造字说的是汉字，中国是个多民族的国家，从上古至近代的悠久岁月中，各族人民共同创造了祖国的文字文化。

当代中国有 56 个民族，除了汉族以外的各少数民族，都有他们自己的语言，有的还有他们自己的文字。在我国，现在的汉字不但是汉族的文字，也是全国各个少数民族通用的文字，是在国际活动中代表中国的法定文字。通用汉语的几个少数民族，很自然地以汉字作为自己的文字；有自己语言文字的少数民族，大多也同时使用汉字。在中国 55 个少数民族中，除回族、满族已不使用自己民族的文字而直接使用汉字外，有 29 个民族有自己的语言文字。由于有的民族使用一种以上的文字，如傣族使用 4 种文字，景颇族使用 2 种文字等，所以现在共有 29 个民族在使用着 54 种文字。

第二节　悠扬文字的文化结晶

有人做过统计，距今 730 年前南宋时期形成的十三部儒家经典（《易经》《尚书》《左传》《公羊传》《论语》《孟子》等 13 部典籍）的全部字数为 589283 个字，其中不相同的单字数仅为 6544 个字。因此，实际上人们在日常使用的汉字不过是六七千而已。

人类创造文字既是生活中的必需，也是用来表达精神与思想的，虽然常用的不过六七千字，人们的日常生活已经须臾不能离开文字了，并且汉字在一天天不断地谱写出光辉灿烂的中国文化。

读书和思考能使人心智倍增、阅历丰富，悠游在穿越时空的叙述中，生活能变得丰富而超越；不读书则将人禁锢在了一个世俗的低点上，生存于有限的岁月之内，判断力、想象力衰弱而麻木。

人们现在经常阅读、使用的唐诗、宋词、元曲、明小书、清对联，无不都是中华民族悠扬文字的文化结晶。

唐诗

泛指创作于距今 1100～1400 年的唐朝三百年间的诗句。唐朝（公元 618～907 年）被视为中国诗歌最丰富的朝代，唐朝的诗人特别多，李白、杜甫、白居易是世界闻名的伟大诗人。除他们之外，还有其他无数的诗人，如天上群星闪烁。这些诗人，到今天知道姓名的就有二千五百多人，他们的作品保存在了《全唐诗》中。

距今三百年的公元 1700 年，清朝康熙皇帝主持编撰的《全唐诗》，共 900 卷，共收录唐代诗人 2529 人的诗作 42863 首。虽然大部分唐诗都收录在《全唐诗》中，而流传最广的当属《唐诗三百首》一书。

《唐诗三百首》于清朝乾隆二十九年（公元 1765 年）编辑完成，书的题目有人说是脱胎于民谚"熟读唐诗三百首，不会做诗也会咏"。

唐诗的形式是多种多样的，主要有古体诗和近体诗。

唐代的古体诗，主要有五言和七言两种，也就是每一行诗有五个字或七个字。古体诗的风格是前代流传下来的，所以又叫古风。

近体诗，又称今体诗或格律诗，为有别于古体诗而有近体之名。在近体诗篇中句数、字数、平仄、押韵都有严格的限制，近体诗是唐代以后的主要诗体。

近体诗也有两种，一种叫做绝句，一种叫做律诗。"绝句"是从"五言短古，七言短歌"变化而来，唐朝人赋予它以声律，使它定型，就成了绝句。绝句每首四句，通常有五言、七言两种，简称五绝、七绝。

律诗要求诗句字数整齐划一，每首分别为五言、七言句，简称五律、七律。律诗要求全首通押一韵，限平声韵；第二、四、六、八句押韵，首句可押可不押，律诗每句中用字平仄相间。另外，律诗的格律要求也适用于绝句。

所以唐诗的基本形式有这样六种：五言古体诗、七言古体诗、五言绝句、七言绝句、五言律诗、七言律诗。

古体诗对音韵格律的要求比较宽：一首之中，句数可多可少，篇章可长可短，韵脚可以转换。

近体诗对音韵格律的要求比较严：一首诗的句数有限定，即绝句四句，律诗八句，每句诗中用字的平仄声，有一定的规律，韵脚不能转换；律诗还要求中间四句成为对仗。

说了这么些，我们来简单了解一首诗，感受一下诗中文字的韵味、境界：

白日依山尽，黄河入海流。欲穷千里目，更上一层楼。

——王之涣《登鹳雀楼》

我们用《登鹳雀楼》这首诗来说明近体诗最基本的格律要求：这是首五言绝句诗，它必须是四句20字。其次它必须依照用韵要选一个韵部的字作韵脚，这首诗的"流"、"楼"两字就属于韵。再次，它用的字必须合乎规定的平仄（zè）格式，这样读起来才抑扬间错，和谐动听。这首诗的平仄格式是：

平仄平平仄，平平仄仄平。
仄平平仄仄，仄仄仄平平。

平——指的是古代汉语中的平声字；仄——指的是古代汉语中的上声、去声、入声字。按现代汉语说，阴平（第一声）、阳平（第二声）字属平；上声（第三声）、去声（第四声）字属仄。绝句诗上下句之间可以对仗，也可以不对仗。这首绝句全首对仗，后两句"欲穷"对"更上"，"千里"对"一层"，"目"对"楼"。

读者如果不想自己创作诗，只是鉴赏古人作品，那么对于格律的要求知道得粗略些也是无妨的。如果想自己创作诗，想自己创作出有水平的诗，一要大量阅读鉴赏古人作品，找到文字中韵律的感觉；二要放眼大自然，找到时空变化的文字感觉；三要省视自己的内心，在平心静气的状态里，找到心之所想、情之所寄。

宋词

泛指创作于距今730～1050年的宋朝三百多年间的词句。宋词是继唐诗后的又一种文学体裁，它兼有文学与音乐两方面的特点。每首词都有一个调名，叫做"词牌"，依调填词叫"依声"。词的别名叫"长短句"（在宋代以后，可以说长短句是词的别名，但是在北宋时期，长短句却是词的本名；在唐代，长短句还是一种诗体的名称）。

1995年版的《全宋词》共收录流传到现代的两宋词人1330多位的将近两万首宋词,从这一数字可以推想当时创作的盛况。词的起源虽早,但词的发展高峰则是在宋代,因此后人便把词,看作是宋代最有代表性的文学形式,与唐代诗歌并列,而有了所谓"唐诗、宋词"的说法。

　　附上两首宋词,一起来感受一下词句里面文字的韵味、境界:

1. 苏轼的《念奴娇·赤壁怀古》:

　　　大江东去,浪淘尽,千古风流人物。
　　　故垒西边,人道是,三国周郎赤壁。
　　　乱石穿空,惊涛拍岸,卷起千堆雪。
　　　江山如画,一时多少豪杰。
　　　遥想公瑾当年,小乔初嫁了,雄姿英发。
　　　羽扇纶巾,谈笑间,樯橹灰飞烟灭。
　　　故国神游,多情应笑我,早生华发。
　　　人生如梦,一樽还酹江月。

2. 秦观的《鹊桥仙》:

　　　纤云弄巧,飞星传恨,银汉迢迢暗度。
　　　金风玉露一相逢,便胜却人间无数。
　　　柔情似水,佳期如梦,忍顾鹊桥归路。
　　　两情若是久长时,又岂在朝朝暮暮。

　　现代玩味写词的人依然不少,但水平高的词人已不多,人们看到的多是将古人的唐诗宋词用在小说等文学作品中,烘托气氛,渲染意境。比如著名作家金庸先生的小说《神雕侠侣》,就是以宋词开篇:

　　　越女采莲秋水畔,窄袖轻罗,暗露双金钏。
　　　照影摘花花似面,芳心只共丝争乱。
　　　鸡尺溪头风浪晚,雾重烟轻,不见来时伴。
　　　隐隐歌声归棹远,离愁引着江南岸。

　　女童们唱的曲子是北宋大词人欧阳修所作的"蝶恋花"词,写的正是越女采莲的情景,虽只寥寥六十字,但季节、时辰、所在、景物,以及越女的容貌、衣着、首饰、心情,无一不描绘得历历如见,下半阕更是写景中有叙事,叙事中夹抒情,自近而远,余意不尽。欧阳修在江南为官日久,吴山越水,柔情蜜意,尽皆融入长短句中。宋人不论达官贵人,或是里巷小民,无不以唱词为乐,是以柳永新词一出,有井水处皆歌,而江南春岸折柳,秋湖采莲,随伴的往往便是欧词。

　　《神雕侠侣》全书又以李白的《秋风词》上阕作结尾:"秋风清,秋月明,落叶聚还散,寒鸦栖复惊。相思相见知何日,此时此夜难为情。"

　　秋风词的下阕是:"入我相思门,知我相思苦,长相思兮长相忆,短相思兮无穷极,早知如此绊人心,何如当初莫相识。"

元曲

泛指创作于距今 640～800 年前的大蒙古国和元朝时期一百六十年间的杂剧和散曲。元朝（1271～1368 年）的元曲，是中华民族灿烂文化宝库中的一朵奇葩，它在思想内容和艺术成就上，都体现了独有的特色，和唐诗宋词鼎足并举，成为我国文学史上三座重要的里程碑。元代是元曲的鼎盛时期。

一般来说，元杂剧和散曲合称为元曲，两者都采用北曲为演唱形式。散曲是元代的文学主体，不过，元杂剧的成就和影响远远超过散曲，因此也有人以"元曲"单指杂剧，说元曲也即"元代戏曲"。元曲原本来自所谓的"蕃曲"、"胡乐"，它们首先在民间流传，被称为"街市小令"或"村坊小调"。随着元灭了宋入主中原，元曲先后在以大都（今北京）和临安（今杭州）为中心的南北广袤地区流传开来。

附上几段元曲，感受一下曲调内文字的别样韵味、境界：

1. 张养浩的《山坡羊·潼关怀古》：

   峰峦如聚，波涛如怒，山河表里潼关路。

   往西都，意踟蹰。

   伤心秦汉经行处，宫阙万间都做了土。

   兴，百姓苦；亡，百姓苦。

2. 马致远的《夜行船·秋思》：

   百岁光阴如梦蝶，重回首往事堪嗟。今日春来，明朝花谢，急罚盏夜阑灯灭。

   想秦宫汉阙，都做了衰草牛羊野。不恁么渔樵没话说。纵荒坟横断碑，不辨龙蛇。

   投至狐踪与兔穴，多少豪杰。鼎足虽坚半腰折，魏耶？晋耶？

   天教你富，莫太奢。无多时好天良夜。看钱儿更做到你心似铁，争辜负了锦堂风月。

   眼前红日又西斜，疾似下坡车。晓来镜里添白雪，上床与鞋履相别。休笑鸠巢计拙，葫芦提一向装呆。

   名利竭，是非绝。红尘不向门前惹，绿树偏宜屋角遮，青山正补墙头缺，更那堪竹篱茅舍。

   蛩(qióng)吟罢一觉才宁贴，鸡鸣时万事无休歇。争名利，何年是彻？看密匝匝蚁排兵，乱纷纷蜂酿蜜，急攘攘蝇争血。裴公绿野堂，陶令白莲社。爱秋来时那些：和露摘黄花，带霜烹紫蟹，煮酒烧红叶。想人生有限杯，浑几个重阳节？人问我顽童记者：便北海探吾来，道东篱醉了也。

3. 关汉卿的《一半儿·题情》：

   云鬟雾鬓胜堆鸦，浅露金莲簌(sù)绛纱，不比等闲墙外花。骂你个俏冤家，一半儿难当一半儿耍。

碧纱窗外静无人，跪在床前忙要亲，骂了个负心回转身。虽是我话儿嗔，一半儿推辞一半儿肯。

　　银台灯灭篆烟残，独入罗帷掩泪眼，乍孤眠好教人情兴懒。薄设设被儿单，一半儿温和一半儿寒。

　　多情多绪小冤家，拖逗得人来憔悴煞，说来的话先瞒过咱。怎知他，一半儿真实一半儿假。

　　唐诗、宋词、元曲，从鉴赏的角度读出的是文字中反映的生命韵味、文字中体现的思想情怀，是作者心灵的流露和感情的宣泄，以及这种流露和宣泄对读者产生的感染和共鸣。

明小说

　　小说，说的是在语言文学的这一门艺术形式中，和散文、诗歌、戏剧并列的一种文学上的创作体裁。它是通过塑造人物、叙述故事、描写环境来反映生活、表达思想的。

　　人物形象是小说的核心，故事情节是小说的骨架，书中环境是小说的依托。

　　一部小说的故事，一般经历了从开端、发展、高潮，到最后的结尾。"虚构性"，是小说的本质特点，"捕捉人物生活的特殊感觉"，是小说竭力要挖掘的艺术内容，特殊感觉的经验越是新鲜、细微、独特、准确、深刻，就越是小说化了。小说塑造人物，经常以某一真人为模特儿，再综合其他人的一些事迹，正如一位小说家所说："人物的模特儿，没有专用过一个人，往往嘴在浙江，脸在北京，衣服在山西，是一个拼凑起来的角色。"

　　一部优秀的小说，总有使人过目不忘、挥之不去的典型人物。人们可以通过这些艺术模特做镜子，看到、理解更多人的面目和本质。故事情节都是来源于现实生活，再经过提炼，它比现实生活更具有代表性。

　　中国的小说历经了前秦的古代神话小说、汉晋六朝的志人志怪小说、隋唐的传奇小说、宋元的话本小说、明清的章回小说、现当代的白话小说以及近年来兴起的网络小说，超过2000多年的历练洗礼。

　　距今370～640年的明朝（1368～1644年）时期，小说开始走上了文人独立创作之路，这一时期，小说作家主体意识增强，涌现了无数的经典小说流传于世，比如明代四大奇书：《西游记》《水浒传》《三国演义》《金瓶梅》，以及三言二拍：《醒世恒言》《警世通言》《喻世明言》《初刻拍案惊奇》《二刻拍案惊奇》，由于这些小说集中在明朝出现，显然成为了明朝较鲜明的文学特点。

　　实际上，清代的《红楼梦》《儒林外史》《老残游记》《聊斋志异》等小说，也是小说发展史中的佳作，尤其是《红楼梦》的出现，把中国古代小说的发展推向了顶峰，成就达到了前所未有的高度。

现代中国小说，主体是在"五四"文学的革命声中诞生的一种用白话文写作的新体小说。它取法于欧洲的近代小说，植根于中国现实生活的土壤，既不同于中国历来的文言小说，也迥异于传统的白话小说。与中国旧时期许多小说表现帝王将相、才子佳人的内容相对立，现代小说以日常生活中普通的农民、工人、知识分子和市民为重要描写对象，具有现代思想的色彩，不少作品都体现了当代的各种思潮的影响。在当代，凡是写小说的作者，都被尊称为"作家"。

清对联

对联，又称楹联，俗称对子，是写在纸上、布上或刻在竹子、木头、柱子上的对偶语句，言简意深，对仗工整，平仄协调，是一种独特的语言文字艺术形式。

对联源于中国文字语音的对称性，最早出现在三千年前的周朝，后来随着造纸术和书法的发展，对联成为独立的文体。距今 100～360 年的清朝（1644 年～1911 年），从皇帝到文人墨客都喜欢对对子，流传下了众多对对子的故事，对对子成为清朝的文化特色。

一副标准的对联，最本质的特征是"对仗"。当它用口语表达时，是语言对仗；当它写出来时，是文字对仗。

语言对仗的含义是什么呢？通常要求字数相等、词性相对、平仄相拗、句法相同这四项，四项中最关键的是字数相等和平仄相拗，这里的字数相等，其实质上是"音节"相等，就是一个音节对应一个音节。

对联大多数是写成文字，并且很多时候还要书写、悬挂或镌刻在建筑物或器物上。因此，对联对仗的第二层含义是文字相对，文字相对意味着对联不仅是语言艺术，也是装饰艺术。作为装饰艺术的一副对联，要求整齐对称，给人一种和谐之美。汉字是以个体方块形式而存在的，方方正正，整整齐齐，在书写中各自占有相等的空间位置，恰好具备实现整齐对称的条件。对联具有可读性，又具可视性。其方块构形，既有美学的原则，又包含着力学的要求。它无论是横写还是竖排，都能显得疏密有致，整齐美观。每年春节家家户户写对子、贴春联，已成为必不可少的风俗习惯。

一副标准的对联，总是由相互对仗的两部分所组成，前一部分称为"上联"，又叫"出句"、"对头"；后一部分称为"下联"，又叫"对句"、"对尾"，两部分成双成对。如果只有上联或只有下联，只能算是半副对联。

许多对联，特别是书写悬挂的对联，除了上联、下联外，还有横批。横批是对联的一个有机组成部分，它往往是对全联带有总结性、画龙点睛或与对联互相切合的文字。从语言上看，对联的语言既不是韵文语言，又不是散文语言，而是一种追求对仗和富有音乐感的特殊语言。

对联的字数没有限制，从几个字到几十个字都有。

比如，一字联：墨（对）泉

这算是最经典的一字联了。"墨"字上部为"黑"字；而"泉"字上部为"白"字。各属于颜色的一种，且词义相反。两个字的下半部分别为"土"和"水"又同属于五行中的一行。

二字联：
　　春花（对）秋月，汉赋（对）楚辞，色难（对）容易
三字联：
　　水底月（对）镜中花，孙行者（对）祖冲之
四字联：
　　山清水秀（对）地杰人灵，东南西北（对）春夏秋冬
五字联：
　　翱翔一万里（对）来去几千年
六字联：
　　行止无愧天地（对）褒贬自有春秋
七字联：
　　千秋笔墨惊天地（对）万里云山入画图
八字联：
　　门有古松庭无乱石（对）秋宜明月春则和风
多字联：
　　书童磨墨墨抹书童一脉（mò）墨（对）
　　梅香添煤煤爆梅香两眉煤。

游戏性对联在宋朝就很普遍了。苏轼就曾经创作过不少游戏性对联，留下了许多趣闻佳话。从他以后，对对子成为文人之间乃至普通百姓中试才斗智的一种主要方式，成为中国传统文化的一部分。明代的朱元璋、刘基，清代的乾隆、纪晓岚都是热衷于游戏性对联的大师。

比如，传说朱元璋皇帝与刘伯温所做的上下联：
　　藕入泥中，玉管通地里；荷出水面，朱笔点天文。
　　天寒地冻，水无二点难成冰；国乱民愁，王不出头谁作主？
　　天作棋盘星作子，日月争光；雷为战鼓电为旗，风云际会。
传说乾隆做的上联：
　　寸土为寺，寺旁言诗，诗云：明月扬帆离古寺；
纪晓岚对的下联：
　　两木成林，林下示禁，禁曰：斧斤以时入山林。

上联有合字,又有拆字,最后一字还要落到第一句的末字上,并且乾隆的末句用的是《千家诗》中的一句。纪晓岚的下句贴切自然、天衣无缝。用了《孟子》中的现成句子,并且有规劝皇上的意思暗含其中。

纪晓岚做过的戏对很多,比如:

上联:妈妈驾马,马恋马,妈妈鞭马;
下联:妞妞牵牛,牛舐牛,妞妞打牛。
上联:天当棋盘星当子,谁人敢下;
下联:地作琵琶路作弦,何者能弹。
上联:松下围棋,松子每随棋子落;
下联:柳旁垂钓,柳丝常伴钓丝悬。
上联:池中莲苞攥红拳,打谁?
下联:岸上麻叶伸绿掌,要啥?

现代人流传着一个戏对:说是一个学校语文老师出了一个认为是绝对的对子,无人能对出,没想到许多同学举手抢答。上联是:小偷偷偷偷东西,一个同学对道:大款款款款宾客,老师说,末尾两字不大对仗。又一个同学对道:大侃侃侃侃南北。大对小,侃对偷,南北对东西,算是完美无缺。

本节中所谈到的文学艺术:"唐诗宋词元曲,明小说清对联,人们都爱听故事"也算是一个游戏上联吧?

现代人如想学习对对子,可以读李渔的《笠翁对韵》。李渔是明末清初人氏,号笠翁,因此叫《笠翁对韵》,下面就是书中开篇的句子:

天对地,雨对风,大陆对长空。山花对海树,赤日对苍穹。雷隐隐,雾蒙蒙,日下对天中。风高秋月白,雨霁晚霞红。牛女二星河左右,参商两曜斗西东。十月塞边,飒飒寒霜惊戍旅;三冬江上,漫漫朔雪冷渔翁。

《笠翁对韵》全书包罗了天文、地理、花木、鸟兽、人物、器物等的虚实应对。从单字对到双字对,三字对、五字对、七字对到十一字对,读起来,如唱歌般,声韵协调,琅琅上口,颇具韵味,从中能得到语音、词汇、修辞的熏陶。

歌曲

时代发展到了现代,诗词歌赋、小说电影之外,人们在电视、电台、汽车、电脑中,接触最多的是歌曲,中外名曲、民族歌曲、流行歌曲,等等。在这些众多歌曲中,双足鼎立的就是词和曲,而词中的文字,则几乎是古今文学艺术中文字的精华,能够反映、表达人们的所有情感,无论是喜是悲,是怒是愁……

当人们对中国文化做了整体梳理后,再听以前听过多遍的那些熟悉甚或不熟悉的歌曲时,想必都会有一个不同的感觉。

第三节　文字中的生命内涵

当人类创造文字用来表达自己精神与思想的时候，文字作为精神与思想的载体，已经负载了生命的活力与激情、荣耀与悲哀、幸福与快乐，以及痛苦与死亡。

人们生活中的喜怒哀乐，都容纳在了一本"汉语词典"的词汇中。入学通知书、录用通知书、获奖通知书上的文字，燃起人们的希望与梦想；免职通知书、除名通知书、病危通知书上的字符，带给人们以沮丧和哀愁。因而，人们仿佛感觉到了文字的能量和力量，这种文字符号的能量和力量，在许多场合能默默地影响、操纵着人们的情绪、思维、甚至行动。

名字的内容

每个人都有自己的名字，在中国古代，名、字是分开使用的，现代合称"名字"，则指姓名或名字。传说上古时代，婴儿出生三个月后由父亲命"名"，男子到二十岁要举行"结发加冠"之礼，以示成人，这时就要取字。而女孩子在十五岁时要举行"结发加笄（jī）"之礼，以示可以嫁人了，这时也要取字。可见，古时候男女皆有字，比如近代的女革命家秋瑾，字璇卿。

名，在四千二百年前的夏朝之前已经有了，而取字是始于三千七百年前的商朝，比如推翻夏桀的商朝王商汤，原名履，又名天乙，字汤。

有很多古人除了有姓有名有字外，还有号，号是我国姓名文化中一个很有趣味的现象，广义的号有多种，有别号、绰号之分，号是自取的，也有别人赠予的。狭义的"号"是一个人的别字，又为别号，别号在文人中比较流行。字与名一般有一定的联系，而号与名可无任何关系。别号始于唐，盛于宋，而亡于清。

字与号在清末以后，随着中国文化的变迁，越来越少有人沿用，而逐渐被笔名、艺名、绰号等取代。

名字的忌讳

现代人给孩子起名字，一般有以下建议：

建议名中不要用生僻字：比如四个工字组成一字，四个水字组成一字，四个羊字组成一字，四个牛字组成一字，等等。

建议起个双名以便不易重名：根据国家语委对第三次全国人口普查资料进行的抽样调查，单名（即姓是一个字，名是一个字）重名率为67.7%，双名（即姓是一个字，名是两个字）重名率为32.4%。我们若按照文字是信息能量的载体来理解，双名的内容多于单名，天地人、日月星的三角结构会更加稳固。

建议尽量回避常用名：根据国家语委对第三次全国人口普查资料进行的抽样调查，57万人中，叫"建国"的就有630个，叫"建军"的就有610个。

建议名字不要同声调：三字声调全同的名字，读起来会觉得有些平淡。据调查，三字声调全同的名字仅占所抽取样本的5.2%，这表明人们在取名时，有意无意中遵从了声调变化的规律，使名字读起来抑扬顿挫。还建议名字的尾音最好是平声，因为叫起来相对响亮。

建议字型结构有变化：比如有位姓朱的朋友，给孩子起名：朱未来，选用的字结构太单一了。这位朋友开始很高兴，认为几个字字形相近，感觉颇好，然而不久便发现，名字的字虽好，连上姓后写出来并不美观，而且意思也不妥，最后换别的字了。

建议避免谐音意不美：人们相见时，往往首先会问到名字。因此，名字是被用来叫的。所以，起名时谐音的运用非常重要，一般要选择听上去是"吉祥的、善意的、美好的"词汇。起名者有时只注意了所选用字的本身的意义，却忽略了与名字谐音的词或词组可能是贬义的。比如"范婉"（饭碗）、"侯岩"（喉炎）、"胡丽晶"（狐狸精）之类的谐音，起名时应该避免。避免的办法就是，选了一个名字后，多念几遍，多感觉一下，就能体会出名字中的韵味了。

名字中蕴含的信息能量

实际上，人们姓名里的信息非常丰富，因为人首先是有生命的人。人们的姓名中有天地人，有日月星，有春夏秋冬，有高山大川，有风雨雷电，有龙飞凤舞，有花鸟鱼虫，有苍松翠柏，有木火土金水，有东西南北中，人们的生命既与文字相连结，又通过文字与自然相融合。

名字是被用来叫的，而声音是蕴含着能量的，"声音"是宇宙万物中能量的高级表现形式，为什么这么说呢？

举个例子来说：张先生坐在李先生的对面，张用嘴向李吹一口气，李必会察觉到。说明"气"可以直接穿越张李二人之间的空间进行作用。若张李相对而坐，而在两人中间放置一大块透明玻璃，张向李再吹一口气，那么李就不会有任何感觉，说明气这种物质不能穿越玻璃这层障碍，但张、李双方通过玻璃却可以相互看见对方，"看"是通过眼睛来进行的，视觉必须借助"光"来完成，因此，"光"具有比"气"更强大的穿越能力。假如在张李两人中间放置的不是玻璃，而是隔着一堵墙，此时张、李两人均看不见对方，而张向李大喊一声，那么李会听到张的喊声，却看不见张，这说明"光"无法穿越的障碍，"声音"却可以穿越过去。

由此人们看到物质能量的三个层次：音、光、气。这三个层次中，"音"的层次最高，能量也最大，它的穿越能力也最强。其次是"光"，其能量较大，穿越能力也较强。最后是"气"，其能量较平常，穿越能力一般，受到许多障碍物的限制。所以，有这样的结论：音大于光，光大于气，也就是声音的能量大于光线的能量，光线的能量大于气体的能量，从而看出"声音"是宇宙万物中能量的高级表现形式。

当一个人回望自己走过的人生路，不经意间会发现，在自己不同的生命时段里，许多事是按照名字所含的信息内容发生。比如，有时它能预示你所做的工作，有时它预示你的配偶及家人的圈子，等等，从而显示出人们姓名里非常丰富的信息，以及信息中蕴含着的自然能量。

文字的拆合

文字的声音有深意，文字的内容有时也很有趣。比如拆字，又称"测字"、"破字"、"相字"等，是中国古代的一种推测吉凶的方式，主要做法是以汉字通过加减笔画，拆开偏旁，根据字体结构进行推断。

现代人们的拆字逐渐成为了一种有趣的游戏，如拆字联、拆字诗等。拆字联，既有意境，往往也自成对子，比如：

此木为柴山山出；因火成烟夕夕多。

因火生烟，若不撇出终是苦；水酉为酒，入能回头便成人。

舛木为桀，全无人道也称王；人言为信，倘无尚书乃小人。

一大冷天，水无一点不成冰；少女为妙，大来无一不从夫。

来看人们做游戏的拆字诗：

两物相仿茶和酒，吕字分开两个口。不知哪口喝茶，哪口饮酒。

两物相仿霜和雪，朋字分开两个月。不知哪月下霜，哪月下雪。

两物相仿锡和铅，出字分开两座山。不知哪山出锡，哪山出铅。

两物相仿橡和柱，林字分开两个木。不知哪木作橡，哪木作柱。

坊间流传着明朝末年，崇祯皇帝测字的故事：

崇祯眼看大明天下已是日薄西山、朝不保夕，于是忧心如焚，寝食不安。一天他微服出行，在街市上看到一位号称"活神仙"的先生正在拆字算命，崇祯圣心一动，也想来拆个字，预卜一下国运。

崇祯写了一个朋友的"友"字叫他来测。那先生看了一看，皱皱眉头说："客官你可不要见怪。这个'友'字很不好啊，它乃是'反'字的出头。您看，现在李闯王快攻进北京，已杀了当今皇上的叔叔，这不是意味着造反者已经出了头吗？"

崇祯皇帝听了十分不快，但还是强作镇静地说道："原本是我自己搞错了，实际上我想拆的字不是朋友的'友'，而是有没有的'有'。"

那先生想了一想，眉头皱得更紧了，说道："那更为不妙啊！这个'有'字拆开来看，是'ナ'和'月'，大字少了一捺，明字少了日，这不明明是'大明'的天下已经去掉一半了吗？"

崇祯这下子可真被吓着了,原来他想讨个吉利的口彩,不料天不从人愿,反使他的心头更加蒙上了一层阴影。又说道:"先生莫见怪,我想要你测的不是有没有的有字,而是子午卯酉的'酉'字。"

拆字先生听了,神色惊异道:"哎呀!不得了啊!'酉'字是把'尊'字去掉了头去掉了脚啊,那还能'至尊'吗?"崇祯一听,知道世事将离他去也。

不久,崇祯皇帝在故宫后面的景山上吊自尽。那一年是公元1644年。

1909年,当清朝的最后一个皇帝登基并宣布年号为"宣统"后,许多人都感觉到清朝的寿命不长了,理由是清代的年号透露出来的消息:北京城作过元、明、清三个朝代的都城,面南的三个大门恰恰都应了亡国那一年的年号:元代亡于至正二十八年,应了正阳门的"正"字,明代亡于崇祯十七年,应了崇文门的"崇"字,这宣统的年号恰恰又应了宣武门的"宣"字。

外国人学中文

随着中国的改革开放和社会发展,越来越多的外国人来中国或在本国学习中文。在学习中,也发生了许多有趣的事情,比如中文中的量词给人的困惑:

一<首>歌、二<头>骆驼、三<张>桌子、四<门>炮、五<把>扇子、六<辆>汽车、七<架>飞机、八<根>柱子、九<条>黄瓜、十<面>镜子、十一<尾>鱼、十二<道>菜。

外国人指着这些各式各样的量词,一脸无奈地问:"这样分真的是有道理的吗?"

人们说起外国人学中文,都知道有个"方便"的故事:

话说一位学过一点中文的英国人来到中国,中国朋友请他吃饭。

到了饭馆落座后,中国朋友说:"对不起,我去方便一下。"

老外没听明白问:"方便是在哪里?"

中国朋友告诉他说:"方便,是'上厕所'的意思。"

哦,老外很高兴学会了一个新词汇。

席间,中国朋友对老外说:"我下次去英国,希望你能帮忙提供些方便。"

老外纳闷了:他去英国,让我提供些厕所做什么呢?

饭后道别时,另一位在座的中国朋友热情地对老外说:"我想在你方便的时候请你吃个饭。"

见老外一脸惊讶发愣,中国朋友接着说:"如果你最近不方便的话,等你方便时再说。"

老外无语。

中国朋友又说:"或者,咱们找个你我都方便的时候再一起吃饭吧。"

此时此刻,老外彻底被搞晕了。

汉字叔叔

以上的"方便",似乎显得老外们学中文很难,但也有让全体中国人意想不到的,有的老外竟是比大部分中国人还了解中国文字的中文专家。著名的汉字叔叔 Richard Sears(理查德·希尔斯)就是一个。

汉字叔叔的称呼来自他个人创办的汉字字源网站,60 岁的美国人希尔斯,将自己二十年自费研究古汉字字源的资料,免费共享给全世界,他所创办的汉字字源网站,人们只需输入任何一个汉字,都能找到这个字的字形在历史上的演变过程,从小篆、金文,甚至还包括几千年前它被刻在甲骨上的模样。虽然他以前不是专家学者,却做了一件很有意义的事,并成为了汉字专家,这一点令中国人感动,同时也发人深思。

生命的符号和生命的呼唤,离不开文字;文字也牵涉到国家的运程、民族的运程、百姓的运程。喜怒哀乐在文字里,富贵穷通在文字里,文字承载着信息与能量,文字承载着文化与文明,文字承载着过去、现在和未来。

岁月的流淌,仓颉造字的成就,极大地丰富了黄帝子孙万代的生命价值和生活意境,文字开启了中华民族所创造的灿烂文化的光辉历程。

第四节　　奇特的发明——干支

相传,距今四千七百年前的公元前 2697 年,中华始祖黄帝在这一年即帝位后,命大臣仓颉创造了文字,又命另一位大臣大挠(náo)氏,探察天地之气机,探究五行之运转。大挠接受了黄帝指派的任务后,"采五行之情,占斗机所建,始作甲乙以名日,谓之干。作子丑以名月,谓之支。有事于天则用日,有事于地则用月,阴阳之别,故有支干名也。"

大挠发明的天干地支,从文献上来看,当时主要是用在天文观测、历法和年岁的名称上。从殷墟出土的甲骨文来看,天干地支在我国古代,主要用于纪日,此外还曾用来纪月、纪年、纪时,是古人设置历法时,为了方便计数而设立的 60 进位的符号。

后世的人们发现,在距今三千多年前商朝后期的一块甲骨上,刻有完整的六十甲子,被认为是当时的日历,这似乎说明在商朝时,已使用干支纪日。中国使用干支纪日的确切的证据,是距今二千七百年前的春秋时期,鲁隐公三年二月己巳日(公元前 720 年二月初十)曾发生过的一次日食。

非常有趣的是,在距今 3050～3650 年前商朝的六百年间,商朝三十一位皇帝,每个人的名字中都有十天干中的一个字,列举如下:天乙汤、太丁、外丙、仲壬、太甲、沃丁、太庚、小甲、雍己、太戊、仲丁、外壬、河亶甲、祖乙、祖辛、沃甲、祖丁、南庚、阳甲、盘庚、小辛、小乙、武丁、祖庚、祖甲、廪辛、康丁、武乙、文丁、帝乙、纣辛。

现代人，对大挠所做的天干地支，可能以为没有什么特别之处，虽说干支能够用于天文观测、历法和年岁的名称上，但用处好像也不算很广泛。

但是，在逐渐了解了干支后，人们才会感受到，由十天干和十二地支组成的干支系统，是一个巨大的、可以涉及天地人万物的、包罗万象的时空模型系统，天干地支的发明，是与文字的发明一样伟大的事情。只是文字是人们看得见的，干支是人们摸不到的。

在上一章的五行内容中，我们说，五行的结构，使人们得以简练地说明五种不同物质之间的相互关系并加以运用。现在，我们要来看由十种代表天空的符号，加上另外十二种代表地球的符号，组建成一套完美的系统，用以表述宇宙时空的变化。由于这套系统与人们的身体健康、工作状况、事业发展、生活环境、人际交往、社会家庭等各方面都有着密切的关系，所以有必要来了解中华文化中这一伟大的干支系统，到底具有怎样的奇特内容。

干支系统的体系虽然庞大，人们一点点地读下去，不是很难懂。读后人们能发现，干支的系统里面，竟是一个有你、有他、有大家的五彩斑斓、丰富多彩的时空世界。

天干地支

在中国古代的干支历法中，干，指的是"天干"；支，指的是"地支"。天干由十个字组成，因此叫"十天干"，这十个字是：

甲、乙、丙、丁、戊、己、庚、辛、壬、癸。

其中排在单数的甲、丙、戊、庚、壬，被称为阳干；排在双数的乙、丁、己、辛、癸被称为阴干。这样，天干分出了阴阳。

地支由十二个字组成，因此叫"十二地支"，这十二个字是：

子、丑、寅、卯、辰、巳、午、未、申、酉、戌、亥。

其中位于单数的子、寅、辰、午、申、戌，被称为阳支；双数的丑、卯、巳、未、酉、亥，被称为阴支。这样，地支也分出了阴阳。

六十甲子

将"天干"中的一个字摆在前面，后面配上"地支"中的一个字，这样所组成的两个字，叫作一对干支。

由于"天干"以"甲"字开始，"地支"是以"子"字开始，经过干支的顺序组合，就能得到下图：

甲子，乙丑，丙寅，丁卯，戊辰，己巳，庚午，辛未，壬申，癸酉，

甲戌，乙亥，丙子，丁丑，戊寅，己卯，庚辰，辛巳，壬午，癸未，
甲申，乙酉，丙戌，丁亥，戊子，己丑，庚寅，辛卯，壬辰，癸巳，
甲午，乙未，丙申，丁酉，戊戌，己亥，庚子，辛丑，壬寅，癸卯，
甲辰，乙巳，丙午，丁未，戊申，己酉，庚戌，辛亥，壬子，癸丑，
甲寅，乙卯，丙辰，丁巳，戊午，己未，庚申，辛酉，壬戌，癸亥。

在顺序组合中，正好呈现出阳干与阳支配，阴干与阴支配。配完后，呈现的是一种六十周期的规律，用天干的第一个字"甲"，地支的第一个字"子"，合在一起作为称呼，就是人们习惯上讲的"六十甲子"。

在这六十对干支中，天干经过了六个循环，地支经过了五个循环。按照这样的顺序，每年用一对干支作为一年的表示，六十对干支后，又从头算起，六十年循环一次，所以习惯上叫做"六十甲子年"，周而复始，循环不息。

干支纪年

将十天干和十二地支依次相配所组成的干支，用来纪年，叫做干支纪年，这种纪年法叫做"干支纪年法"，几千年来一直沿用到今天。

现在的日历牌上都会标出每年干支纪年的名称。比如2011年是辛卯年，2012年是壬辰年，2013年是癸巳年。1984年是甲子年，60年后，到2044年又是甲子年。2012年是壬辰年，60年后到2072年又是壬辰年。

由于干支在顺序组合中，正好呈现出阳干与阳支配，阴干与阴支配，因此配完后，还能显现出这一年是阳年还是阴年。阳干与阳支配的年份是阳年，阴干与阴支配的年份是阴年。

我们从下页干支纪年表中，横着看，看到天干为1、3、5、7、9的甲、丙、戊、庚、壬所对应的干支年，就是阳年，阳年有30年。再竖着看，1、11、21、31、41、51都是天干甲开头的干支年，所配的地支是六个阳支，顺序子、寅、辰、午、申、戌是倒着配的，即甲配了子，每隔十年然后配戌、申、午、辰、寅、子，如此循环。 丙、戊、庚、壬也是一样。

再斜着看图表，1、13、25、37、49都是地支为子的年份，也就是十二个地支12年轮一回。

我们再从六十甲子表中，横着看，看到天干为2、4、6、8、10的乙、丁、己、辛、癸所对应的干支年，就是阴年，阴年有30年。再竖着看，2、12、22、32、42、52都是天干乙开头的干支年，所配的地支是六个阴支，顺序丑、卯、巳、未、酉、亥也是倒着配的，即乙配了丑，每隔十年然后配亥、酉、未、巳、卯，如此循环。

这是我们从上表中看到的规律。实际上，十天干一对一配十二地支，一个一个按顺序往下排，自然就会出来这么个结果。

下图是实际的六十甲子年循环了四遍240年的排序，从中可见按甲、乙、

1	2	3	4	5	6	7	8	9	10
甲子	乙丑	丙寅	丁卯	戊辰	己巳	庚午	辛未	壬申	癸酉
11	12	13	14	15	16	17	18	19	20
甲戌	乙亥	丙子	丁丑	戊寅	己卯	庚辰	辛巳	壬午	癸未
21	22	23	24	25	26	27	28	29	30
甲申	乙酉	丙戌	丁亥	戊子	己丑	庚寅	辛卯	壬辰	癸巳
31	32	33	34	35	36	37	38	39	40
甲午	乙未	丙申	丁酉	戊戌	己亥	庚子	辛丑	壬寅	癸卯
41	42	43	44	45	46	47	48	49	50
甲辰	乙巳	丙午	丁未	戊申	己酉	庚戌	辛亥	壬子	癸丑
51	52	53	54	55	56	57	58	59	60
甲寅	乙卯	丙辰	丁巳	戊午	己未	庚申	辛酉	壬戌	癸亥

干支纪年表

丙、丁、戊、己、庚、辛、壬、癸的顺序，所配的公元年每年的个位数，按照4、5、6、7、8、9、0、1、2、3的排序，永远不变。就是说甲年的这一年，个位数字今后永远是4，乙年的个位数字永远是5……，这是公元后的排列规律。公元前的排列规律是：甲年的个位数字永远是7，乙年的个位数字永远是6，丙年的是5，丁年的是4……

甲子	乙丑	丙寅	丁卯	戊辰	己巳	庚午	辛未	壬申	癸酉
1804	1805	1806	1807	1808	1809	1810	1811	1812	1813
1864	1865	1866	1867	1868	1869	1870	1871	1872	1873
1924	1925	1926	1927	1928	1929	1930	1931	1932	1933
1984	1985	1986	1987	1988	1989	1990	1991	1992	1993
甲戌	乙亥	丙子	丁丑	戊寅	己卯	庚辰	辛巳	壬午	癸未
1814	1815	1816	1817	1818	1819	1820	1821	1822	1823
1874	1875	1876	1877	1878	1879	1880	1881	1882	1883
1934	1935	1936	1937	1938	1939	1940	1941	1942	1943
1994	1995	1996	1997	1998	1999	2000	2001	2002	2003
甲申	乙酉	丙戌	丁亥	戊子	己丑	庚寅	辛卯	壬辰	癸巳
1824	1825	1826	1827	1828	1829	1830	1831	1832	1833
1884	1885	1886	1887	1888	1889	1890	1891	1892	1893
1944	1945	1946	1947	1948	1949	1950	1951	1952	1953
2004	2005	2006	2007	2008	2009	2010	2011	2012	2013
甲午	乙未	丙申	丁酉	戊戌	己亥	庚子	辛丑	壬寅	癸卯
1834	1835	1836	1837	1838	1839	1840	1841	1842	1843
1894	1895	1896	1897	1898	1899	1900	1901	1902	1903
1954	1955	1956	1957	1958	1959	1960	1961	1962	1963
2014	2015	2016	2017	2018	2019	2020	2021	2022	2023
甲辰	乙巳	丙午	丁未	戊申	己酉	庚戌	辛亥	壬子	癸丑
1844	1845	1846	1847	1848	1849	1850	1851	1852	1853
1904	1905	1906	1907	1908	1909	1910	1911	1912	1913
1964	1965	1966	1967	1968	1969	1970	1971	1972	1973
2024	2025	2026	2027	2028	2029	2030	2031	2032	2033
甲寅	乙卯	丙辰	丁巳	戊午	己未	庚申	辛酉	壬戌	癸亥
1854	1855	1856	1857	1858	1859	1860	1861	1862	1863
1914	1915	1916	1917	1918	1919	1920	1921	1922	1923
1974	1975	1976	1977	1978	1979	1980	1981	1982	1983
2034	2035	2036	2037	2038	2039	2040	2041	2042	2043

大挠发明甲子干支的时候，正好在黄帝即位的公元前 2697 年，这一年作为了甲子年，直到现在已有 4700 多年，六十甲子至今也已转了 78 圈。

干支纪月、纪日、纪时

干支可以纪年，同样也可以纪月、纪日、纪时，月、日、时的干支的排列方式与纪年的排列方式完全一样。

纪月：现在，每一年的正月，都是从寅月开始，不会变动。因此一年中的每个月的地支都固定不变：

正月是寅、二月是卯、三月是辰、四月是巳、五月是午、六月是未、七月是申、八月是酉、九月是戌、十月是亥、十一月是子、十二月是丑。

但每年中每个月的天干是循环变化的，月地支依次与月天干组合，比如 2011 年的正月是庚寅月、2012 年的正月是壬寅月、2013 年的正月是甲寅月，按着甲、丙、戊、庚、壬的阳干顺序，一直往下顺序循环。而双月份都按着乙、丁、己、辛、癸的阴干顺序，一直往下顺序循环。这个具体排列，可以查询万年历，都有记载，无须记忆。

万年历中的每一年，是以正月初一为一年的开始。前文说过一年有二十四节气，即每个月有一节气、简称为"节"，每月有一中气，简称为"气"，每月应有一节、一气，如果出现不含中气的月份，就称为闰月，遇到闰月，这个月仍旧依照这个月的干支来对待。比如，2012 年中，有个闰四月，2012 年的四月是乙巳，闰四月不变，到了五月，才是丙午月。

一年十二个月，用干支纪月，五年六十个月循环一周。

纪日：是使用干支来记录日子，也就是天数的记录是按干支顺序记录的方法，与干支纪年法一样，用干支相匹配的六十甲子来记录天数日序，从甲子开始到癸亥结束，六十天能够循环一周，不断地循环记录，一年循环六周。

纪时：由甲子时开始，到癸亥时结束，六十个时辰为一周，不断循环记录。一个时辰是现代的两个小时，因此，一天为十二个时辰。用干支纪时，五天六十个时辰转完一周。

十二时辰

二十四小时和十二时辰对应的时间是：

子 23：00～1：00，丑 1：00～3：00，寅 3：00～5：00，卯 5：00～7：00，辰 7：00～9：00，巳 9：00～11：00，午 11：00～13：00，未 13：00～15：00，申 15：00～17：00，酉 17：00～19：00，戌 19：00～21：00，亥 21：00～23：00。

时间与时辰

人们会发现，二十四小时和十二时辰对应的时间，是用十二地支来表现的，而不是用天干，因为天干是以十为周期，地支是以十二为周期。

十二生肖

我们的古人，用十二种动物分别与十二地支相配，从而出现了"十二生肖年"的说法。比如凡是含有"子"的干支年，就是"鼠年"，这一年里出生的人都是属"鼠"的；凡是含有"丑"的干支年，就是"牛年"，这一年里出生的人都属"牛"。以此类推：子鼠、丑牛、寅虎、卯兔、辰龙、巳蛇、午马、未羊、申猴、酉鸡、戌狗、亥猪。

为什么古人选择这十二种动物与十二地支相配，已无从考证，但是，聪明的中国人将十二生肖的优点，进行了有序地解释，比如说：老鼠代表智慧，老牛代表勤奋；老虎代表勇猛，兔子代表谨慎；龙代表刚毅，蛇代表柔韧；马代表勇往直前，羊代表和顺；猴子代表灵活，鸡能定时打鸣，代表恒定；狗代表忠诚，猪代表随和。

十二生肖的文化特征，给十二地支赋予了有生命的活泼内涵，使摸不到的地支，具有了可观性。

古人选择的这十二种动物，只有龙是人们日常见不到的。据说，龙是水族的首领，凤凰是扁毛的禽类的首领，麒麟是圆毛的动物的首领，龙、凤凰、麒麟这三类动物不同于俗物，是有各自的职责的，也各有各的地域，由更高的能量体在掌管它们，它们是不允许在人世间随意展现的，因而就成为人们日常见不到的灵物。

日常见不到并非完全没有，上面这张图是2009年9月在山西永乐宫外拍下的天空中显现的神龙云彩的图像，呈现出了马头、蛇尾的特征。

掌上地支

人们将地支还可以虚拟地放在自己的手掌上，如图，这样人们既容易记忆，又方便使用，一目了然。通过手图，人们可以查找年份、属相、时间、方位、四季等与之相关的许多事情。

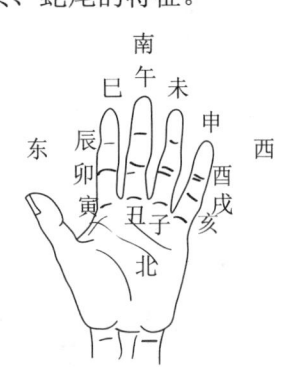

大挠发明了干支，并使用干支来纪年、纪月、纪日、纪时，总之是在用干支来纪时间，那么能不能用干支来纪空间呢？

干支纪空间

来看天干、地支与空间的关系：

上一章第六节在提到京房八卦顺序图时，有"乾为天"的卦象，邵雍也说："十干，天也。"古人把天看作是无形的、一种气态的东西，这个"气"不是空气的气，大体说的是"炁"这样一种物质。它是实实在在流行于天地万物之间的、肉眼看不到的一种隐态能量，犹如现代物理学所说的电能、场能、电磁波一类。由于天干的干是像电磁波一类的"炁"，所以就具有穿越障碍物、自由通达任何处所的性能，也具有强大的主观能动性，故而天干具有调动、引动的性能。

邵雍说："十二支，地也。"坤为地，坤主静，所以地支是静态的。地是有形有质的，因此地支能代表一切有形质的万物。地支本身并不具有活动能力，必须在天干的引导下做出各种活动。

所以，天干可以理解为是一种能量态的东西，它没有固定的形态，无形无质，只有依附在有形质的地支之上时，它的功能才能得以显现。古人所说的天无形、地有质，说的就是这个情况。

我们以人类作比喻，可能更容易理解一些。天干好比是人的精神、灵魂，地支好比是人的肉体，二者是不可分开的。灵魂（天干）必须借助肉体（地支）来表现其功能，肉体（地支）必须依靠灵魂（天干）的主观能动性才能有所作为。

上一章提到了"十二消息卦"图，指的是从六十四卦中选出十二个能够表示一年四季十二个月的阴阳消长变化的卦的组合。由于当时还没有谈到干支，所以没有提到图上的那一圈地支的意思。

从图中人们看到，子午卯酉，处在北、东、南、西的位子，那就是地支的方位，"十二消息卦"能动态地反映自然万物的阴阳消长、生生不息的全过程。同时也看到，干支与八卦有着密不可分的关系。

从图中人们看到，子午卯酉，处在北、东、南、西的位子，那就是地支的方位，"十二消息卦"能动态地反映自然万物的阴阳消长、生生不息的全过程。同时也看到，干支与八卦有着密不可分的关系。

从图中能看到，地支也有方位，同时也能与五行对应，也有阴阳。

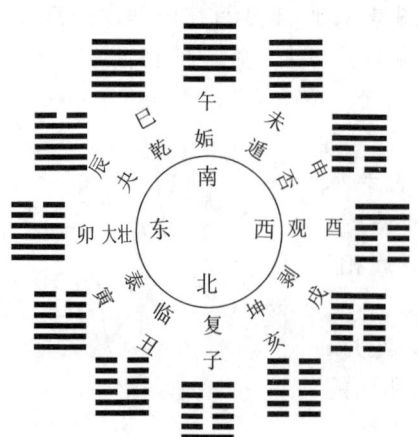

天干的方位

古人把天干划分为五份，代表五方，从而天干有了方位：

甲乙在东方，丙丁在南方，戊己在

中央，庚辛在西方，壬癸在北方。

这样十天干也就有了数，有了方位，有了阴阳，而我们在上一章知道，五行是有数、有方位、有阴阳的。因此，天干与五行在方位上、在阴阳上就有了对应。

在方位上的对应是：

甲乙东方木，丙丁南方火，戊己中央土，庚辛西方金，壬癸北方水。

再看天干与五行在阴阳上的对应为，天干的阳干对应阳五行，天干的阴干对应阴五行，就是：

甲乙同属木，甲为阳木，乙为阴木。

丙丁同属火，丙为阳火，丁为阴火。

戊己同属土，戊为阳土，己为阴土。

庚辛同属金，庚为阳金，辛为阴金。

壬癸同属水，壬为阳水，癸为阴水。

这里人们看到，天干有了方位，古人把天干划分为五份，代表五方，这里不是简单的划分和拼凑，而是隐含着方位有阴阳的意思。

进一步看，甲乙同属木，甲为阳木，甲木代表生长；乙为阴木，乙木代表成形。甲木为栋梁之木，乙木为花果之木。

同理，丙丁同属火，丙为阳火，代表刚火，如日如电；丁为阴火，代表柔火，如月如灯。戊己、庚辛、壬癸都是如此。所以说甲乙东方木，东方方位有阴阳，东方的木也有自己的阴阳。

天干五行的生克

上一章说过五行具有生克关系，表达的是一种事物与其他有关的四种事物之间发生的关系。在这里，天干与五行结合后，也具有了五行的生克关系：天干五行有相生，也有相克。

天干相生的程序是：甲乙木生丙丁火；丙丁火生戊己土；戊己土生庚辛金；庚辛金生壬癸水；壬癸水生甲乙木。

天干相克的程序是：甲乙木克戊己土；戊己土克壬癸水；壬癸水克丙丁火；丙丁火克庚辛金；庚辛金克甲乙木。

五行生克图

每一种五行在通常状态下，都可以去做两件事情，一是去生其它五行，一是接受其它五行之生，这两种情形都称为"顺"。

当周围的环境（组合）不允许某一种五行按正常的"顺"的道路运行时，这种五行的能量无处宣泄，那么这种五行就要对周围五行进行"克"。如果没有克的对象，就喜欢"被克"，这种情形称为"逆"。

如果一种五行周围组合有生我者，又有我生者，还有我克者，并有克

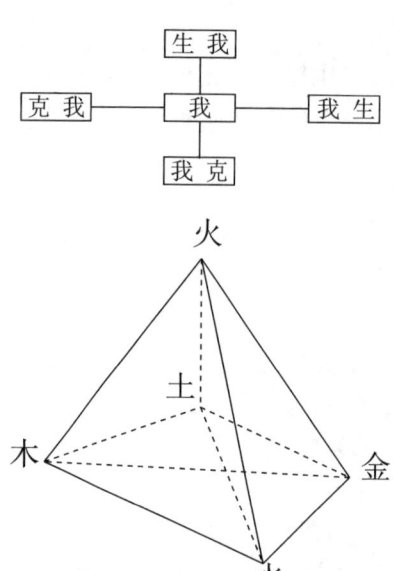

我者的几种情形，那么这种五行的走行路线应当是怎样的呢？

在通常状态下遇到这种情形，最先论生，即我先去生其它五行，这是大自然最本源的道理。我先去生其它五行了，这时我的体力、能量消耗最大，这个时候我最需要补充能量，补充能量的最直接途径是受生。

当五行中有生我、我生这种组合时，生我与我生这两种运动状态是同时进行的。此时的我不会去克其它五行，即使有"我克"的五行这种组合，我也不会去克。这便是贪生（我生、受生）忘克的道理。

天干的合化

天干还有相互合化的概念，说的是天干之间的相互关系。天干之间的关系从常规上来说是：

甲己合化土，乙庚合化金，丙辛合化水，丁壬合化木，戊癸合化火。此为天干的合化。人们可以看到，天干的合化，是排在1、6；2、7；3、8；4、9；5、10之间的合化。这种排列，是不是与河图中数字的排列一样。

天干要成功地合化还必须具备足够的必要条件。天干之所以有如此合化的关系，有着来自天文的规定，后面第十一节中会有说明。

十天干的生旺

天干不仅有阴阳、有方位，有相生相克，十天干还可以根据自己所处时令的旺衰，来说明事物由生长、兴旺到衰亡，再到孕育、生长，这样一个循环不已、生生不息的发展变化过程，这一过程被认为是世间万物发展的必然规律。这一过程被称作"十天干生旺死绝"的规律。

"十天干生旺死绝"是以天干代表五行，以地支代表月份，或者年份，将每个天干当作一种五行，一一和地支的名称对照，意思便是要看这个五行在某个月份，或者某个年份是盛还是衰，是活跃还是停滞，是看从生长以致死亡的十二种状态的活跃程度。这是古人用于描述世间万物发展规律的一种方式，它是对一个人的某一年或某一月所处的时空方位的状态的反应。

"十天干生旺死绝表"采用"长生、沐浴、冠带、临官、帝旺、衰、病、死、墓、绝、胎、养"这样一个十二种状态发展变化的全过程，来反映事物发展变化的规律。

将所述的天干放在前面，十二种状态的地支在后面，一般是用来指年份的。人们能看到，这里年份中地支的顺序，在阳干年都是顺排，在阴干年，都是倒排（逆排）。

具体来说，就是某一天干，在某一年具体处在"长生、沐浴、冠带、临官、帝旺、衰、病、死、墓、绝、胎、养"中的某一位置是怎样，比如：

甲木长生在亥，沐浴在子，冠带在丑，临官在寅，帝旺在卯，衰在辰，病在巳，死在午，墓在未，绝在申，胎在酉，养在戌。

丙火、戊土长生在寅，沐浴在卯，冠带在辰，临官在巳，帝旺在午，衰在未，病在申，死在酉，墓在戌，绝在亥，胎在子，养在丑。

庚金长生在巳，沐浴在午，冠带在未，临官在申，帝旺在酉，衰在戌，病在亥，死在子，墓在丑，绝在寅，胎在卯，养在辰。

壬水长生在申，沐浴在酉，冠带在戌，临官在亥，帝旺在子，衰在丑，病在寅，死在卯，墓在辰，绝在巳，胎在午，养在未。

乙木长生在午，沐浴在巳，冠带在辰，临官在卯，帝旺在寅，衰在丑，病在子，死在亥，墓在戌，绝在酉，胎在申，养在未。

丁火、己土长生在酉，沐浴在申，冠带在未，临官在午，帝旺在巳，衰在辰，病在卯，死在寅，墓在丑，绝在子，胎在亥，养在戌。

辛金长生在子，沐浴在亥，冠带在戌，临官在酉，帝旺在申，衰在未，病在午，死在巳，墓在辰，绝在卯，胎在寅，养在丑。

癸水长生在卯，沐浴在寅，冠带在丑，临官在子，帝旺在亥，衰在戌，病在酉，死在申，墓在未，绝在午，胎在巳，养在辰。

以上十天干生旺死绝所列的12种状态，反映的是某种天干五行的气数状态，而不是衡量五行旺衰的标准。

一般来说，处在胎、养、长生之类的五行，最喜受生，不具备克其它五行的能力。这类五行最主要是吸收能量，犹如胎儿、婴儿般，只管吸收母亲营养，用以成长身体，并不会像成年人那样去竞争、拼搏、战争。

同理，处在冠带、临官、帝旺之类的五行，由于其能量比较强，能量强了首先要宣泄出去，而宣泄最直接的渠道是"生"，于是这类旺相的五行最本能的就是去生其它五行。如果没有相生其它五行的组合，那么这些旺相的五行能量得不到及时宣泄，就会本能地去克其它五行，以消耗自身过旺的能量。

处在死、墓、绝之类的五行，犹如暮年老人，其生扶能力与受生能力都已很弱。就是说，这种五行的吸纳、受生能力很差，生扶其它五行的能力也很差，同时最怕受到另一种五行的克制。并且自己更没有克其它五行的能力。

了解了"十天干生旺死绝表"的内容，自己就可以对照着查找使用了。

如何操作使用，后文会有介绍。

	长生	沐浴	冠带	临官	帝旺	衰	病	死	墓	绝	胎	养
甲	亥	子	丑	寅	卯	辰	巳	午	未	申	酉	戌
丙	寅	卯	辰	巳	午	未	申	酉	戌	亥	子	丑
戊	寅	卯	辰	巳	午	未	申	酉	戌	亥	子	丑
庚	巳	午	未	申	酉	戌	亥	子	丑	寅	卯	辰
壬	申	酉	戌	亥	子	丑	寅	卯	辰	巳	午	未
乙	午	巳	辰	卯	寅	丑	子	亥	戌	酉	申	未
丁	酉	申	未	午	巳	辰	卯	寅	丑	子	亥	戌
己	酉	申	未	午	巳	辰	卯	寅	丑	子	亥	戌
辛	子	亥	戌	酉	申	未	午	巳	辰	卯	寅	丑
癸	卯	寅	丑	子	亥	戌	酉	申	未	午	巳	辰

十天干五行生旺死绝表

地支的方位

地支的方位，是把地支划分为五份，与五行和阴阳相配，它们是：

亥子北方水，寅卯东方木，巳午南方火，申酉西方金，辰戌丑未四季土。

再看，地支与五行在阴阳上的对应为，地支的阳支对应阳五行，地支的阴支对应阴五行，就是：

亥子同属水，亥为阴水，位居西北偏北；子为阳水，位居北方。

寅卯同属木，寅为阳木，位居东北偏东；卯为阴木，位居东方。

巳午同属火，巳为阴火，位居东南偏南；午为阳火，位居南方。

申酉同属金，申为阳金，位居西南偏西；酉为阴金，位居西方。

戌未同属土，戌为阳土，位居西北偏西；未为阴土，位居西南偏南；辰丑同属土，辰为阳土，位居东南偏东；丑为阴土，位居东北偏北。

这样，十二地支中的每一个都有了方位、有了阴阳，即地支配方位，按一圈的顺序看：子居北，丑寅在东北，卯在东，辰巳在东南，午在南，未申在西南，酉在西，戌亥在西北。

地支五行的生克

地支与五行结合后，也具有了五行的生克关系：地支五行有相生，也有相克。

地支五行相生的关系是：

亥子北方水 生 寅卯东方木，
寅卯东方木 生 巳午南方火，
巳午南方火 生 辰戌丑未土，
辰戌丑未土 生 申酉西方金，
申酉西方金 生 亥子北方水。

地支五行相克的关系是：

寅卯东方木 克 辰戌丑未土，
辰戌丑未土 克 亥子北方水，
亥子北方水 克 巳午南方火，
巳午南方火 克 申酉西方金，
申酉西方金 克 寅卯东方木。

地支的合化

地支之间也有相互合化的关系。地支中处在奇数位的子寅辰午申戌六支属阳，为阳支；丑卯巳未酉亥六支属阴，为阴支。一个阴支、一个阳支相配和谐了就叫做合（一阴一阳之谓道）。

地支合化的常规关系有六合：

子丑合化土，寅亥合化木，卯戌合化火，辰酉合化金，巳申合化水，午未合化土。此为地支的六合。

地支合化的常规关系还有三合：

寅午戌合化火，巳酉丑合化金，亥卯未合化木，申子辰合化水。此为地支的三合局。

关于地支三合局，我们看到合化出的五行，即是三合中位于中间的那个地支的五行：午—火，酉—金，卯—木，子—水。

按这个地支三合局，人们从日常生活里能看到相应属性的人，大部分互相之间也是比较合谐的，比如：寅午戌合，即是说属虎、马、狗的人相合；巳酉丑合，即属蛇、鸡、牛的人相合；亥卯未合，即属猪、兔、羊的人相合；申子辰合，即属猴、鼠、龙的人相合。

地支的六合、三合，要能成功地合化，还必须具备必要条件。

顺便提一句，地支除了有三合局外，还有三会局。三会局的常规关系为：

寅卯辰三会东方木局，巳午未三会南方火局，申酉戌三会西方金局，亥子丑三会北方水局。

地支的会局，是指四柱八字中的四个地支里，占有东南西北方位中某一五行的三个地支。在八字中，三会局为三个地支字若同时出现，即为三会局。地支三会的力量非常大，而且三会局的力量大于三合局。比如：日干属木，地支有寅卯辰，或只有其中二个＋流年来组合而形成三会。寅卯辰三会东方木，对身弱者有利，对身强者反而不利，会特别有事情发生。

地支三会局，有全会局、半会局和拱合之分。

地支中除了有合化、三会，还有刑、冲、破、害等内容。

比如"害"的内容。就常规来说，害的意思，是阻隔、争斗的意思。排列的方法是以十二支从辰、戌两支处中分，自戌至卯六支横列于下，自酉至辰六支横加其上，上下相交相连，即为六害：

子未相害，丑午相害，寅巳相害，
卯辰相害，申亥相害，戌酉相害。

从图内手中的各自位置，容易看清两两相害的组合。

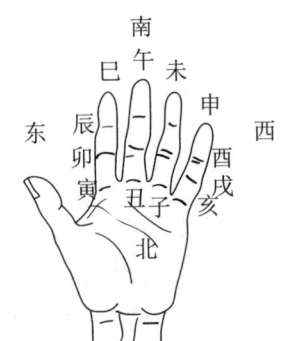

具体来说，比如，子未相害，是未以旺土，害子旺水，此为势家相害。这里，当子人见未则为害，但未人见子不为害。

又比如，丑午相害，是午以旺火凌丑死墓之金，此为官鬼相害。所以，丑人见午则为害，午人见丑则不为害。

干支拟人化

学习地支，学习地支之间的关系，最好与人际关系联系起来思考，会比较生动活泼。比如，一阳一阴两支生合，就如同有一男一女相好了，就会躲到一个角落偷着乐去，暂不会关心其他的事情。

又比如，某支本来要克一支，而一旁有一支与其相生，那么该支也会暂时不去克那支；就如你本来正要与某甲吵架，突然来了一个你的好友，与你一打招呼，你就不好意思再与某甲吵架了……等等。

支与支的五行生克关系，就与人与人的关系一样复杂，也一样简单。因此，学习干支五行，最好把干支五行看作是活生生的人体，而甲乙丙丁、子丑寅卯等字，是用来代表区分这些活体的文字，就象人的姓名一样，人们看到一个熟悉的人名，就会想到一个活生生的生命，而不会认为这仅仅是两个毫不相干的冰冷文字了。

五行的旺衰

了解了干支纪时空的方法后，对于五行的旺衰就可以有进一步的了解：以全年来看，按照五行的木火土金水来说，春夏秋冬，木火金水各有三个月的旺日，同时，古人把四个季度中每个季度的最后18天拿出来，合为72天作为土旺日。90天拿出18天，剩余72天，5个72天，合计还是360天。

这里说的春夏秋冬的旺衰是从一年中的每个月来看的，列表如下：

春季（寅、卯、辰月）木旺、火相、水休、金囚、土死；
夏季（巳、午、未月）火旺、土相、木休、水囚、金死；
秋季（申、酉、戌月）金旺、水相、土休、火囚、木死；
冬季（亥、子、丑月）水旺、木相、金休、土囚、火死。
土旺于四季（辰、未、戌、丑月）的最后18天。

上面的这个列表，是什么意思呢？

一层意思，拿春季说，每年立春后春暖花开，万物生发，是木所代表的这类物质生长兴旺的时候，是"木旺"的时候，五行中木生火，所以火也呈现旺盛的象，所以是"火相"；而此时，冬季水旺的时候刚刚过了，开始休息了，就是"水休"；春天生发的季节，离金秋的季节很远，秋天的象不可能显现，就像没有它似的，在困囚当中，因而是"金囚"；五行中木克土，因此土的象暂时被压制住了，处在"土死"的时期。所以说：春季（寅、卯、辰月）是木旺、火相、水休、金囚、土死；其它季节的道理也是一样。

金木水火居四正的位子，只有土旺于四方。火没有土不能克金，水没有土不能生木，所以土在中央统领四方而旺于四季的土月。

另一层意思，这个列表，与每个人都有关系。比如，一个人如果出生那天的天干是甲，那么，他就是与东方木密切相关，就是在一年中的趋势是冬、春两季最旺：冬季（亥、子、丑月）水旺、木相，春季（寅、卯、辰月）木旺、火相。所以，这个表列出了大自然每年的运行规律以及人们每年身体状态的旺衰区间。

列表中，古人把四个季度中每个季度的最后18天拿出来，合为72天作为土旺日，这是在凑五行的数字，还是有什么根据呢？

我们说，这是2500年前写作《黄帝内经》的古人，通过观察分析太阳系中五大行星、银河系中二十八星宿与人体五藏、十二经络的交互作用，所得出的结论。

五行生克的条件

人们知道了五行有相生相克的能力，但五行相生是有条件的，在旺、相时候的五行，有"生"其它五行的能力；在囚、死时候的五行没有"生"其他五行的能力；在状态处于"休"的时候的五行，是否能够"生"其他五行，要看周围组合的具体情况才能决定。

同理，五行相克也是有条件的，在旺、相时候的五行，有"克"其他五行的能力；在囚、死时候的五行，没有"克"其他五行的能力；在状态处于"休"的时候的五行，是否能"克"其他五行，要看周围组合的具体情况决定。

因为旺、相时候的五行好像人的青壮年时期，生育能力极强，故喜欢"生"，同时因为能量大，所以战斗力、杀伤力亦大，因此也喜欢"克"。囚、死时候的五行就像是人的老年、暮年时期，生育能力几乎没有了，故不能"生"，同时能量太弱，所以战斗力、杀伤力几乎没有了，因此不喜欢"克"，也没有能力去"克"。

五行的旺、相、休、囚、死是以月令为基准，来衡量每种五行的旺衰程度的一种标准。而前面提到的十天干五行的十二生旺死绝的十二状态（长生、沐浴、冠带……）是确认某种五行的气数状态的一种标志。旺、相、休、囚、死是从宏观上来衡量某种五行在某个季节中的旺衰情况，十二状态（长生、沐浴、冠带、临官……）则细致地反映了某种五行（指天干）在某个具体时空点上的气数状态，它不受季节影响，周而复始地循环于四时。总之，旺、相、休、囚、死反映的是根据季节来判断五行的能量级别大小，而十二状态（长生、沐浴、冠带……）则是根据时间空间来反映在一定能量级别下的某种五行的活跃程度。

干支之间的生克

了解了天干地支的内容，天干之间、地支之间的相互关系，那么，天干与地支之间的作用和关系，是否也是相生相克的呢？

我们说到，天干与地支的组合，象征着天地交媾、生化万物，是一对不可分离的阴阳组合，犹如人的灵魂与肉体的组合，天干为灵魂，地支为肉体。

这一组合，就具体事物而言，天干代表的是事物的功能，地支代表的是事物的质地。

有人用一杯热水做了非常恰当的比喻：水可以用地支来表现其形质，表示水的地支有子、亥；而水中的热能可以用天干显示出来，表示热能的天干就是丙、丁。从而一杯热水表现的干支组合正好为丙子或丁亥。人们慢慢琢磨这中间的关系，明白了这个道理，万事万物之理，尽在干支中了。

纳音的概念

前面我们提到，"声音"是宇宙万物中能量的高级表现形式。古人说："夫甲子者，始成于大挠氏，而纳音成之于鬼谷子。"（鬼谷先生，本名王诩，春秋战国时期著名的思想家、谋略家、兵家、教育家，是纵横家的鼻祖。）

所以，古人在分别干支之间的生克能量情况时，引入了纳音的概念，并将五行中的每一行，细分为六种情况，每一细分的五行与两对干支相对应，从而有了六十花甲纳音的干支五行状态。

一般的书中，人们都是按照六十甲子的顺序，按"甲子乙丑海中金"为起始，排列纳音的顺序，这里谈干支，是按照木火土金水五行的顺序排列，使人们能容易地看到六木、六火、六土、六金、六水的干支关系，方便了解：

戊辰己巳大林木，壬午癸未杨柳木，庚寅辛卯松柏木，
戊辰己亥平地木，壬子癸丑桑柘木，庚申辛酉石榴木；
丙寅丁卯炉中火，甲戌乙亥山头火，戊子己丑霹雳火，
丙申丁酉山下火，甲辰乙巳覆灯火，戊午己未天上火；
庚午辛未路旁土，戊寅己卯城头土，丙戌丁亥屋上土，
庚子辛丑壁上土，戊申己酉大驿土，丙辰丁巳沙中土；
甲子乙丑海中金，壬申癸酉剑锋金，庚辰辛巳白蜡金，

甲午乙未沙中金，壬寅癸卯金箔金，庚戌辛亥钗钏金；

丙子丁丑涧下水，甲申乙酉井泉水，壬辰癸巳长流水，

丙午丁未天河水，甲寅乙卯大溪水，壬戌癸亥大海水。

从五行中的每一行细分为六种情况后看到，其作用竟是有着天壤之别，同是作为水，井泉水、大溪水、大海水的格局迥异。联系到一个教室里走出来的小学生、中学生、大学生，一生的轨迹也是百花齐放、千变万化的。

深一步说，一个教室的小学生，同时出生在一个相同的地域环境，受相同的教育长大，可是脾气性格与思想意识截然不同，这是为什么呢？一方面是因为内在的"灵魂"构成不同（灵魂的内容在第五章会详细说到），是构成灵魂的习气、业力等组合成分，和所经历的不同思想世界的过程不同。另一方面，一个教室的小学生，每人出生时所携带的干支五行不同，所摄取的自然宇宙中的能量不同，从而内在的外在的自然界的能量，驱动着小学生们长大后的人生轨迹也就不同。

千差万别的人生轨迹是现象，每个人自身的干支五行是自带的自然能量、是基因，古人的研究结果告诉人们，纳音是干支五行精华能量的最高表现形式。

干支应用

从以上内容，人们看到了干支既能够纪年、纪月、纪日、纪时，也能用来纪录空间。年、月、日、时、四季都是时间，东西南北中是空间。而且，时间分阴阳，空间分阴阳。因此，干支就成为了纪录时空的坐标和存储器。

人们在后面还会了解到，干支的天文含义非常广，以干支的形、数、义，能够来表征月亮、地球、太阳运动六十年周期内三体之间的相对位置和位相关系，就是说，干支纪年的方法具有实际的天文含义。

那么，具体到每个人，除了看到每年日历牌上的干支时间以外，人们可以怎样使用干支呢？对大多数人来说，干支还可以用来玩。当人们玩出了感觉、玩出了体会后，就能用干支看到宇宙自然的变化与趋势。

如何玩呢？可玩的地方很多。

四柱八字

首先，每个人一出生，就都有了一个年、月、日、时的时点，就形成了四对干支，即年干支、月干支、日干支、时干支，这四对关于出生时间干支的八个字，将一直陪伴人们的终生，这四对干支的排列，不仅仅是人们生命的时间表，还是内容丰富甚至极富戏剧性的节目单和生命档案。四柱八字的数理，四柱八字的时间表、节目单，竟然能够定下人的一生福祸

吉凶的旅程。

这四对干支，人们把它们叫作"四柱"，年干支是年柱、月干支是月柱、日干支是日柱、时干支是时柱。每一个人的四柱就是一个组织，一个结构，这个组织结构，是一个人的生命里最基本的、不会改变的表现形式和生存状态。

一个人从出生那一刻起到死亡时的最后一口气，在这个过程中，四柱是不会改变的，它像一个化学分子式一样，不会改变自己的基本结构，除非这种物质消失了，变成另一种物质了。这就好比水一样，无论外界环境的温度怎样变化，它的状态如何变化（液态、气态、固态），但本质永远是 H_2O。

人们还将一个人"四柱"中的年柱，代表父母宫，月柱代表兄弟宫，日柱代表夫妻宫，时柱代表子女宫。这种分配，就将一个人的六亲的具体栖息场所做了安排，接着就产生了涉及六亲的概念。

一个人的"四柱"，还犹如一栋房子。组成四柱的八个字，犹如一座房屋各处不同的支撑点。人们居住的房子的支撑都是均衡的，而这八个字由于旺衰各异，因而力量大小各不相同，它们相互交织在一起，便会产生一个合力的作用。当这个合力平衡稳定下来，便会产生一个合力点。把一个四柱八字确定下来以后，在这八个字中，总会有一个字是起决定性作用的，就相当于是这个合力点，这个合力点被叫做"用神"。

用神的作用

在一座建成的房屋内搞装修，只要不损坏房屋的主梁，房屋是不会塌陷的。如果不小心动了主梁，整个房屋就都要塌下来。在四柱中，用神就好比是一座房屋的主梁。由于用神就相当于一个合力点、平衡点，所以在一个四柱中只能有一个用神。

用神所在的那个八字中的一个字，那个具体的天干或地支，必须是具有通达全局、贯穿全局的能力。用神就好比是一个国家的元首，具有调动、管理、安抚整个国家的能力。用神旺相有力量，不受伤害，则整个人的四柱档次高，命运必佳。用神一旦休囚无力，又受伤害，则整个人的四柱档次低，必将困难重重。

当用神确定了以后，就像四柱八字一样，一生之中，用神不会再改变，不会跟着岁月的变化而变化。但随着岁月的变化，这个八字中的用神会增强或减弱、活跃或寂静。因为四柱八字是相对静止的，岁月的变化是绝对动态的。

四柱八字中所存储的静态信息，不一定都会在人们一生的现实生活中出现。如果这些信息被太岁、流年拨动、引动了，它就会动态地展现在人们的现实生活中。

四柱分段作用于人生

在古法中，有年柱分管少年运，月柱分管青年运，日柱分管中年运，时柱分管晚年运的说法。就是说，年柱的干支管1～16岁运程，月柱的干支管17～32岁运程，日柱管33～48岁运程，时柱管49～64岁运程。这些运限的分段，在实际预测过程中参考价值较大，有的高手拿来四柱一看，不用排大运，就能直接断出某年发生过何事，用的就是分段运限的方法。

按照1～64岁运程四阶段分段，人们可以去观察自己，观察身边的人，观察那众多呈现在常人眼中的、好的或坏的人与事，福兮祸所倚，祸兮福所伏。

周期规律

进一步来说，四个阶段性的十六年中，人们是在8的周期中运动。后面说到的奇门遁甲中的二十四节气，则具有12的周期；再后面说到的堪舆风水，则具有20的周期。上一章所谈的河图（十数图）、洛书（九数图）中所含的数字、方位，即是分别对应于本章所述的甲子六十年（六旬）周期和54位周期。这许多的宇宙自然的周期规律，在本章第六节中，会看到它们都有着天文背景。

总体来说，太阳、月亮、地球三者关系所产生的天文周期有：60年、30年、19年、17年、12年、10年、8.85年、8.57年、5年、4年、1年、3个月、2个月、1天。这就是说，甲子六十年中，最少包含了十几种周期，而这些周期现象又叠加在一起，其复杂程度可想而知。然而，由于人们对这些周期都已有所了解，因此，其叠加后的综合效应也是可以认识的。

在后面章节，会谈到老子的道家文化，道家文化的中心思想是提倡天、地、人合而为一的宇宙整体全息论。所谓的天时，在道家中称为天象的变化，宇宙物质在运动中，由干支五行运化产生的必然轨迹与现象，对于人世间的事物，有着巨大的影响力。能够知道天道的人，才能够顺天意而为，洞知干支五行运化的奥秘，才能够谈得上趋吉避凶。如果与天道的规律相反，就好比在天寒地冻的冬天一定要去种庄稼，再好的粮种，无论怎么样的努力，其结果一定是失败的，因为违背了自然规律。

而所谓的天道，其实就是宇宙中广大、精深的能量物质，在自然运行活动的规律中，对地球磁场中物质生命表现形式所带来的影响力。比如，地球表面的四季温差，风霜雨雪的自然气候，白昼与黑夜的变化，温度的变化等等。这些宇宙间星体的运动能量，存在于万事万物之中，因而地球上的生命受到宇宙和自然的影响力，无时无处不在，不可逃避。

在一个人的生命轨迹中，这种天象的影响力，正是通过这个人出生的时间，也就是这个人的四柱所排成的八字体现了出来。四柱八字是宇宙场能对于地球生物抽象的引导公式，这种力量无法避免，同时，体现形式受到了地球经纬度等所处地域的限制，了解四柱八字，不是为了改变命运，而是为了更加深入地了解人自身。

这就好像如果没有镜子，人们的仪表没有对照，只能通过别人的语言来校正，有了镜子，人们可以明确地认识到自己形象的不足，加以改变修饰。命运也是如此，这种宇宙间对于生命的永恒的引导力量，人们通过一些方法去了解它，研究它，从而掌握这种力量对于人们生命的影响，了解了命运的脉络，主动地掌握一个人一生中大的起伏与框架格局。

四柱八字的出处

人们了解了四柱八字的内容后，根据四柱就可以大致勾勒一个人一生的轨迹。这种方法，是从距今1200年前唐朝的殿中侍御史李虚中（公元761～813年）开始的，那时候，他不是用四柱，而是用三柱（年、月、日推算法），没有时柱。（一说，李虚中已开始使用四柱，而非三柱。）

李虚中病逝后，唐代著名诗人、鬼才李贺，邀请唐代诗人、文学家、哲学家、思想家韩愈为李虚中撰写了墓志铭：《殿中侍御史李君墓志铭》。

到了距今1000年前的宋朝，徐子平（公元907～960年）加入了时柱的内容，开始使用四柱，由于四柱由干支的八个字组成，所以从那时起就开始叫批八字。以八字中的生克制化关系推测人生命运，这套方法对社会影响广泛，以致于八字法也称为"子平法"。

现当代懂这套方法的人已很少，因而也就有人利用此法招摇撞骗，骗取不义之财。当人们通过玩干支、五行、易理，了解了其中的道理后，便可以自己掌握此法，给自己用做参考。

比如，人们通过查万年历，都能知道自己出生那天的干支是什么，也就是日柱是什么。从出生那天的天干，就可以看出五行中的自己"是从哪里来的"，人们都是在十天干中的某一个天干中出生的，一个人如果是甲日出生，就是具有了木的气质，或木"炁"。接着再看看甲日那天的地支，再与"十天干生旺死绝表"对照一下，"甲木长生在亥，沐浴在子，冠带在丑，临官在寅，帝旺在卯，衰在辰，病在巳，死在午，墓在未，绝在申，胎在酉，养在戌。"这样既能知道这一生将一直处在一个什么样的周期循环中，又能知道今年在十二种状态发展变化的过程中的所处状态。这就是根据干支所反映的时空规律了解了自己的日柱，以及自己所处的时空周期位置和时空状态。

这还不能叫玩八字，只是玩了日柱的二字而已。人们通过对干支的了解，会发现本来仅仅是历法中用来纪年月日时的干支，却如此丰富多姿、变幻无穷。

古人论干支

来欣赏一下古人讲干支的优美文笔：

参造化之元机，测五行之妙理。判人命之得失，决一世之荣枯。法则取于日干，兴衰论乎月支。甲乙属木，最喜春生。壬癸属水，偏宜冬旺。丙丁火而夏明，庚辛金而秋锐。戊己两干之土，要旺四季之期。日乃自身，须究强弱。年为本主，宜细推详。年干父兮支母，日干己兮支妻。月干兄兮支弟，时支女兮干儿……

人生有命，得失顿殊；富贵贫贱，那能一体。红光满室，五行都聚于贵乡；佳气充庐，四柱并集于福地。先贫后富，生时值禄马同乡；始吉终凶，日时犯空破之处。平生坎坷基薄，与凶运交杂；一世荣华命高，逢好运叠至。刚金遇火方成器，决定超群；旺火得水为既济，必然出众。木须金而不繁，水赖土而不散。戊己见寅卯，得位于勾陈；壬癸坐巳午，当权于元武。贵神入命，遇奇仪必是公卿；华盖临时，值孤寡定为僧道。玉堂拜相，炎炎火秀在离宫；金阙朝元，洋洋水德宅坎位，重逢水位，断为云水之仙……

干支、命理、迷信

玩干支，可以感觉到大自然在运动过程中的能量转变，许多事情，过去了，人们再看天体运动的轨迹，感觉得到干支这一大自然的符号系统的绝妙，真是：大道无言，运行天地。熟悉了这套符号，人们慢慢的可以达到"趋吉避凶"的愿望吧。

当然，这里所谈内容只是学习干支的开始，如若玩八字，还涉及到空亡、六亲、神煞、大运、十神、流年太岁、合化、冲害，以及四柱具体信息类象等等八字系统内的许多知识，但这些，也都无非是将干支的各个功用都使用、组合起来，成为一套类似易经八卦的独立完整的系统，古人称为命理学，现代人多把这个叫做封建迷信而拒绝接触。只有当人们了解了干支五行的道理后，才能初步知道古人是根据宇宙自然的规律，来设计命理的构架并加以运用了。

无论在哪个时代，经过自己打拼后得到权力和财富的人，开始是不太相信"命运"之说的，没有一定的中国传统文化的修养，没有一定的天地人宇宙自然能量互动的知识体系的积累，人们的思想很难突破世俗观念的限制，去理解更高深思维与时空的存在。这就是为什么在历史上对于所谓的宗教、玄学有所成就的人，绝大部分都是那个时代的大学者，他们所具备的思想、学识以及精神境界的高度，决定了他们对于神秘文化的认知、理解的角度、深度，是常人所不及的。

当代有个高寿到95岁的钱穆先生（1895～1990年），毕生著书七十余种，另有大量学术论文，共写了1800万字的文章。他在中国文化和中国历史的通论方面，多有创获，尤其在先秦学术史、秦汉史、两汉经学、宋明理学、清代与近世思想史等领域，造诣甚深，被誉为国学大师。钱穆先生临终前说："中华文化的精华，一在天人合一的哲学，一在命理学。"看来国学大师钱穆先生没把命理学看作是封建迷信，相反，却把命理学说成是中华文化的精华。

我们理解钱穆先生讲话的意思，一是说中国文化在谈人的时候，不能离开天、离开自然，与自然相结合的、天人合一的东西才是精华的部分；一是说天人合一精华的东西，要为人服务，以理来解命、以理来析命，使人在知命的状态下，进而走入天人合一的境界。

仓颉造字，使中国文化具有了坚实的承载物。

大挠干支，让中国文化产生了丰富的时空眼。

第五节　神秘的奇门、风水数理模型

相传黄帝的大臣仓颉创造了文字，大臣大挠（náo）发明了干支，黄帝做了许多的人事，但是自己也曾遇到过难题。

话说姬轩辕黄帝在九黎部落的根据地涿鹿与蚩尤会战，当时黄帝曾久战不下，战斗十分胶着，史书中记载了如下战况：

昔蚩尤作乱，黄帝频战不克。帝曰："闻伏羲治天下无兵，今蚩尤一庶人，生妖气，伐而无功，战而不克，吾之过也。"

忽然眼前五色云从空中而下，云中有六个玉女侍书，站出二童子说道："我们奉九天玄女的圣命，送来遁甲符经三卷，里面说的是你们怎样能战败蚩尤。我们把它给你。这部书的文字内含八卦之吉凶，能辩风云之变动，能识气候之成败，能观日月之盈亏，能论阴阳之顺逆，能晓星辰之休咎，能知人情之胜负。此术乃是天地间福祸万变万化之法也。"

黄帝于是长跪在地而受，二童子及玉女乘云而去。黄帝逐一打开得到的《阴符经》三卷。上卷是神仙炼丹抱一的方术，说的是长生之法；中卷是安帮定国，抚安王民之法；下卷是论战伐之事。遁甲者，乃玄女之法。黄帝得到后，立即根据书上所说设坛造了印、剑、令，终于在涿鹿之野，战败了蚩尤。

明朝的罗通在他的《烟波钓叟歌》中说：

阴阳顺逆妙难穷，二至还归一九宫。
若能了达阴阳理，天地都来一掌中。
轩辕黄帝战蚩尤，涿鹿经年苦未休。
偶梦天神授符诀，登坛致祭谨虔修。
神龙负图出洛水，彩凤衔书碧云里。
因命风后演成文，遁甲奇门从此始。

一千八十当时制，太公删成七十二。

逮于汉代张子房，一十八局为精艺。

这里说到遁甲的传播与完善共经历了黄帝、周朝的姜太公，再到汉朝张良（张子房）三代完成。

遁甲，说的就是"奇门遁甲"。几乎所有奇门遁甲的著作，都把它的产生时代，上推至轩辕黄帝与蚩尤的征战时期，都认为是由九天玄女传授了奇门，给了黄帝符诀而伐蚩尤于涿鹿之野，遁甲无疑是一种与兵法相结合的数术方法。

历史学家却认为，奇门遁甲产生的具体年代，上限应在《周易》成书之后，下限在汉朝末年。自奇门遁甲产生后，一直在少数人中流传，是距今一千七百年前晋朝（公元265～420年）的葛洪（公元284～364年）将奇门遁甲公布于世的。

上一章，我们了解了河图、洛书是大自然生命规律的数理模型，几千年来，绝大多数的数术模型都是根源于洛书九宫的模式推演而成。奇门遁甲的模型也是根据天干地支、后天八卦、洛书九宫模型构架成的，我们来看古人构架奇门遁甲的内容由哪些部分组成。

奇门遁甲的架构内容

简单说，"奇门遁甲"的含义是由"奇"、"门"、"遁甲"三个概念组成。

首先是用十天干中十个字来说事，先将甲拿出来，然后将乙、丙、丁作为三奇，再将戊、己、庚、辛、壬、癸作为六仪，这样十个天干字都用到了。我们来看：

"遁"，是隐藏的意思。

"甲"，是指我们前文图中看到的六十甲子中的六甲：甲子、甲戌、甲申、甲午、甲辰、甲寅（六甲的这个顺序仍是从子开始将阳支倒着配）。"甲"是在十干中最为尊贵的，要把它隐蔽起来，藏而不现，要隐遁于六仪之下。这"六仪"是戊、己、庚、辛、壬、癸，六个天干字。甲的隐遁原则是按六甲的顺序——甲子、甲戌、甲申、甲午、甲辰、甲寅进行，隐遁于六仪之下，就成了：甲子隐在戊下，甲戌隐在己下，甲申隐在庚下，甲午隐在辛下，甲辰隐在壬下，甲寅隐在癸下，这就是遁甲。

再说奇门。"奇"，指的是乙、丙、丁为三奇。其中乙为日奇，丙为月奇，丁为星奇。日月星为三奇。

"门"，指的是八个门，称作：休门、死门、伤门、杜门、开门、惊门、生门、景门，一共八个门。八个门放入了后天八卦洛书的九宫中，就有了自己的固定位置：

休门——坎一宫，死门——坤二宫，伤门——震三宫，杜门——巽四宫，开门——乾六宫，惊门——兑七宫，生门——艮八宫，景门——离九宫，中宫无门。如果用后天八卦数来记八个门的位置：一数坎兮二数坤，三震四巽数中分，五寄中宫六乾是，七兑八艮九离门，就会比较容易了。

如图：休、死、伤、杜、开、惊、生、景，八门。

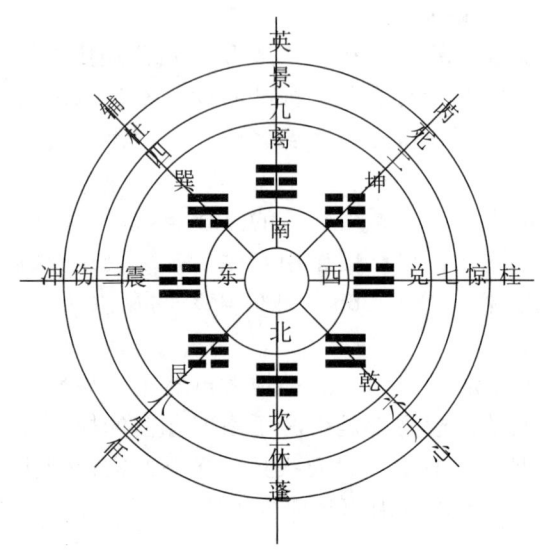

在奇门遁甲中，三奇六仪是按照一个固定不变的顺序排列：戊、己、庚、辛、壬、癸、丁、丙、乙。不论阴遁阳遁，都按此顺序布列六仪三奇。

这样，我们就知道了：奇、门、遁甲四个字的三个概念，每个字有一个意思，共有四个意思。我们还要知道另外四个字的两种意思：

九星：指的是：1. 天蓬星、2. 天芮星、3. 天冲星、4. 天辅星、5. 天禽星、6. 天心星、7. 天柱星、8. 天任星、9. 天英星。

这九颗星在后天八卦洛书的九宫中也有自己的固定位置：天蓬星——坎一宫，天芮星——坤二宫，天冲星——震三宫，天辅星——巽四宫，天禽星——中五宫，天心星——乾六宫，天柱星——兑七宫，天任星——艮八宫，天英星——离九宫。如图。

四宫 巽卦 天辅星	九宫 离卦 天英星	二宫 坤卦 天芮星
三宫 震卦 天冲星	五宫 天禽星	七宫 兑卦 天柱星
八宫 艮卦 天任星	一宫 坎卦 天蓬星	六宫 乾卦 天心星

奇门遁甲自古分成飞盘奇门遁甲和转盘奇门遁甲两种，每次解答问题时，选择一种盘来起局即可。

在飞盘的奇门遁甲中使用"九神"。九神指的是：值符、腾蛇、太阴、六合、勾陈、太常、朱雀、九地、九天。

在转盘的奇门遁甲中使用"八神"。八神是：值符、腾蛇、太阴、六合、白虎、玄武、九地、九天。

虽然九星、九神的名字我们一下子不可能记住，这没有关系，我们知道了奇、门、遁、甲四个字的四种意思，又知道了四个字————九星、九神（或八神）————的两种意思，因此根据这八个字、六种意思，我们就已经知道了奇门遁甲的基本概念，随后，我们还需要了解起局、排局，了解了起局、排局后，通过排出的局面，就可以开始根据奇门遁甲的局面，提出问题、发现问题、解答问题了。

了解了奇门遁甲的基本概念、组成部分、理论根据、模型架构，以及解题思路的原理和特性，就能了解奇门遁甲究竟是怎样的一种数理模型。

起局排局

起局、排局的叙述看似复杂，实际都有规律可循。叙述这些看似复杂的内容，就是想了解古人如何利用二十四节气，或说根据自然界中二十四节气中节与气的变化，如何来确定时空场中不同的能量。由于这种不同的能量作用于社会中的人、事、物能形成各种各样的结果，这也就是古人制作的干支模型所欲预知的内容，就是奇门遁甲的功用。

前文我们知道了在天干地支纪年法中，人们是以立春作为一年的开始，而不是从阴历新年的正月初一开始算起。而奇门遁甲中的起局排局是从二十四节气里的冬至开始，一直到最后一个节气大雪为止，分为阳遁九局和阴遁九局。

奇门遁甲分时家奇门和日家奇门两种。时家奇门中，每天有十二个时辰，五天一共六十个时辰，正好完成一个六十甲子的"时"循环。古人将60个时辰全部用完（五天）的时间叫一局，又称为一元，一个节气十五天，正好可以排出三个五天，即可以排出三个元。因此，将第一个五天所在的这一局称为上元，第二个五天称为中元，第三个五天称为下元。一年中的二十四个节气，一个节气为三元，则24×3=72，所以一年一共能演出七十二局，上下半年里各三十六局。

节气与八卦九宫

创造奇门遁甲的古人，根据八卦、九宫的时空模型，每一宫放入了三个节气，做出如下的对应：

坎一宫北方对应冬至、小寒、大寒三个节气；
艮八宫东北方对应立春、雨水、惊蛰三个节气；
震三宫东方对应春分、清明、谷雨三个节气；
巽四宫东南方对应立夏、小满、芒种三个节气；
离九宫南方对应夏至、小暑、大暑三个节气；
坤二宫西南方对应立秋、处暑、白露三个节气；
兑七宫西方对应秋分、寒露、霜降三个节气；
乾六宫西北方对应立冬、小雪、大雪三个节气。

这样，后天八卦所对应的一个二十四节气的圆周就出来了。

一个圆周有360°，分为八份，每份有45°，即每个卦象占了45°，也就是将二十四节气分为八份，每个卦位占了三个节气。如上图。

二十四节气是时间，八卦、九宫是空间，两者的结合就组成了有机的时空模型。

如何应用这一时空模型呢？应用的开始，古人是将二十四节气的时间细分，落实到每个节气的十五天中。

阳遁阴遁

按照古人的规定，从冬至的那一刻开始，起用阳遁，一直用到夏至为止；从夏至那一刻开始，起用阴遁，一直用到冬至为止。这样，一年中分成了阳遁局半年，阴遁局半年。结果，从坎卦开始，坎、艮、震、巽卦所对应的节气全都用阳遁起局；从离卦开始，离、坤、兑、乾卦所对应的节气都用阴遁起局。这些规律适用于北半球地区的地方，而南半球的节气与北半球正好相反，北半球的冬至，在南半球正好是夏至。所以南半球的人们要使用这个规律，必须将节气与阴阳遁做换算才能无差错。

以下将奇门遁甲中阳遁九局与阴遁九局的排局先列出来，再加以说明。奇门遁甲中阳遁九局起例：

冬至惊蛰一七四，小寒二八五同推。
春分大寒三九六，立春八五二相随。
谷雨小满五二八，雨水九六三为期。
清明立夏四一七，芒种六三九为宜。
十二节气四时定，上中下元是根基。

这首歌诀的意思是：

冬至、惊蛰上元为阳遁一局，中元为阳遁七局，下元为阳遁四局；

小寒的上元为阳遁二局，中元为阳遁八局，下元为阳遁五局；

春分、大寒直到芒种，依次类推，列出阳遁局。

奇门遁甲中阴遁九局起例：

　　　　夏至白露九三六，小暑八二五之间。
　　　　大暑秋分七一四，立秋二五八循环。
　　　　霜降小雪五八二，大雪四七一相关。
　　　　处暑排来一四七，立冬寒露六九三。
　　　　此是阴遁起例法，节气推移细心参。

这首歌诀的意思是：

夏至、白露上元为阴遁九局，中元为阴遁三局，下元为阴遁六局；

小暑的上元为阴遁八局，中元为阴遁二局，下元为阴遁五局；

大暑、秋分……直到立冬、寒露，依次类推列出阴遁局。

上中下元的规律

奇门遁甲中阳遁九局和阴遁九局的气局歌诀，告诉了排局的结果，但如此叙述，使人们感觉非常的不清楚。我们如果结合图中内容，会发现其中有一些固定的规律，比如，阳遁从坎卦开始，坎、艮、震、巽卦所对应的节气，以及阴遁从离卦开始，离、坤、兑、乾卦所对应的节气，都是八卦所在那个宫，这个宫所对应的第一个节气的上元就用这个宫八卦的位数来定它为第几局，阳遁用阳局，阴遁用阴局。比如阳遁中，从坎一宫来看，坎宫是从冬至开始起用的，由于坎宫数目为一，所以坎宫开始的第一个冬至节气的上元用的就是坎宫的数目一，即阳遁一局；再看艮宫，艮宫数目为八，艮宫是从立春开始的，所以艮宫开始的第一个立春节气的上元用的就是艮宫的数目八，即阳遁八局。

其次，在四阳宫位里，即坎、艮、震、巽这些宫位所对应的第二个节气与第三个节气的上元用几局，是按阳遁顺序排列来确定的，即坎宫冬至上元用了阳遁一局，则同一宫中的小寒上元就用阳遁二局，大寒上元自然顺排要用阳遁三局。同理，艮宫、震宫、巽宫也是这样排。

第三，阴遁局的排法与阳遁局相反，即离、坤、兑、乾卦四阴宫位中所对应的第二个节气与第三个节气的上元用几局，按阴遁逆序排列来确定，即离宫夏至上元用阴遁九局，则同一宫中的小暑上元用阴遁八局，逆着走则大暑上元自然用阴遁七局。同理，坤、兑、乾宫也是这样排法。

这些是每个节气上元前五天的用局及排局规律，再说中元、下元如何排。为什么冬至上元用了阳遁一局，中元要用阳遁七局，下元要用阳遁四局呢？古人发现的"冬至一七四"，"小寒二八五"是怎么一回事呢？

我们不能忽视的内容是，由于六十花甲是由六组以甲为首的各旬首所组成，每个旬首均带领着十组干支，就是说：

甲子旬首带领着：乙丑、丙寅、丁卯、戊辰、己巳、庚午、辛未、壬申、癸酉这些干支为一组；

甲戌旬首带领着：乙亥、丙子、丁丑、戊寅、己卯、庚辰、辛巳、壬午、癸未这些干支为一组；

甲申旬首带领着：乙酉、丙戌、丁亥、戊子、己丑、庚寅、辛卯、壬辰、癸巳这些干支为一组；

甲午旬首带领着：乙未、丙申、丁酉、戊戌、己亥、庚子、辛丑、壬寅、癸卯这些干支为一组；

甲辰旬首带领着：乙巳、丙午、丁未、戊申、己酉、庚戌、辛亥、壬子、癸丑这些干支为一组；

甲寅旬首带领着：乙卯、丙辰、丁巳、戊午、己未、庚申、辛酉、壬戌、癸亥这些干支为一组。

所以，六旬一局即五天中的六十个时辰正好能完成遁甲一种格局的规律。我们知道，甲子是隐藏在六仪的戊下，所谓几局是由"甲子戊"落在几宫来确定的，同时六甲旬首分别值班十个时辰便完成一局，即六甲旬首分占六个宫位布完一种格局。比如，旬首甲子戊如果在这一局中落于坎一宫，下一局其就必然落入兑七宫，这是因为二、三、四、五、六宫分别有甲戌己、甲申庚、甲午辛、甲辰壬、甲寅癸这五位占着，于是下一局旬首甲子戊就必须再落到兑七宫去值班了。这样，局和局之间，排完一种布局之后要接着再排下一种，中间必然要隔着五个宫位。基于这个原因，冬至上元用完阳遁一局后，则中元要用阳遁七局，其中间隔着二、三、四、五、六共有五个宫位；中元用完阳遁七局时，往下继续数过五个宫位，即八、九、一、二、三，则下元只能用阳遁四局了。同理，小寒上元用阳遁二局，往后数过五个宫位三、四、五、六、七，于是中元应该用阳遁八局了。中元用完阳遁八局，再往后数过五个宫位九、一、二、三、四，则下元就只能用阳遁五局了。这就是口诀中所言"冬至一七四"、"小寒二八五"、"大寒三九六"等四阳宫位中每个节气的中元、下元用几局的依据与规律所在。

阴遁的四个宫位，因为是逆数倒排，故每个节气的中元和下元所用阴遁几局，则采用倒数过五个宫位的方法，自然便知道用几局了。比如，夏至节气上元用阴遁九局，往后倒数逆排五个宫位八、七、六、五、四，则中元应当用阴遁三局。再往后倒数过五个宫位二、一、九、八、七，则下元该用阴遁六局了。此即是阴遁的"夏至九三六"、"小暑八二五"、"大暑七一四"等阴四宫每个节气中元、下元所用几局的排列依据和规律。把这些规律都搞明白了，那么一年二十四节气中，每个节气的上、中、下三元应当用阳遁、阴遁几局就一目了然了。

每日的起局

具体到每一天应该用阳遁几局或阴遁几局，是如何确定的呢？我们将六十花甲从甲子开始顺序排列六十个干支计日符号，并与上、中、下三元对应进行排列，从中来找寻规律性：

上元：1甲子、2乙丑、3丙寅、4丁卯、5戊辰
中元：1己巳、2庚午、3辛未、4壬申、5癸酉
下元：1甲戌、2乙亥、3丙子、4丁丑、5戊寅
上元：1己卯、2庚辰、3辛巳、4壬午、5癸未
中元：1甲申、2乙酉、3丙戌、4丁亥、5戊子
下元：1己丑、2庚寅、3辛卯、4壬辰、5癸巳
上元：1甲午、2乙未、3丙申、4丁酉、5戊戌
中元：1己亥、2庚子、3辛丑、4壬寅、5癸卯
下元：1甲辰、2乙巳、3丙午、4丁未、5戊申
上元：1己酉、2庚戌、3辛亥、4壬子、5癸丑
中元：1甲寅、2乙卯、3丙辰、4丁巳、5戊午
下元：1己未、2庚申、3辛酉、4壬戌、5癸亥

从以上的干支排列中，可以看出如下规律，这个规律，指的都是上中下元和第一列的内容：

1．每一元有五天，头一天的天干，不是甲就是己，奇门中把这个元头称之为"符头"，即符头只有两个，不是甲就是己。

2．凡是上元第一天的地支总是子午卯酉中的一个，中元第一天的地支总是寅申巳亥中的一个，下元第一天的地支总是辰戌丑未中的一个。古人将子、午、卯、酉称为四仲，即春夏秋冬每个季节的中间的那个月；把寅、申、巳、亥称为四孟，即春夏秋冬每个季节的第一个月；把辰、戌、丑、未称为四季，即春夏秋冬每个季节最末的那个月。

由上述规律可以看出，日天干凡是甲、己者均为符头，即每元的第一天；凡日地支为子午卯酉者，均为上元第一天；凡日地支为寅申巳亥者，均为中元第一天；凡日地支为辰戌丑未者，均为下元第一天。

同样的，上元符头即上元头一天的日干支为甲子、甲午、己卯、己酉；中元符头即中元头一天的日干支为甲寅、甲申、己巳、己亥；下元符头即下元头一天的日干支为甲辰、甲戌、己丑、己未。知道了这个规律，我们就可以根据每一天的干支来确定其属于上、中、下三元中的哪一元，再根据节气，就可知道这一天应该用奇门遁甲的阳遁或阴遁的几局了。

比如，2002年阳历4月18日，阴历为壬午年三月初六，这一天日柱干支为丙辰，应当用奇门中哪一局呢？先查符头，丙辰属于甲寅旬，符头为甲寅，寅申巳亥为中元第一天，故知这一天应当用中元。又根据这一天在清明之后、谷雨之前，所以用震三宫清明中元。清明节十五天上中下三元所用奇门局为四一七，就知道这天应当用阳遁一局。

再比如，2012年阳历8月28日，阴历为壬辰年七月十二日，日干支为辛酉，旬首为甲寅，即辛酉属甲寅旬，而辛酉日的符头是己未，辰戌丑未为下元第一天，故知这一天应该用下元。根据这一天在处暑之后、白露之前，所以应该用坤二宫处暑下元。处暑节十五天上中下三元所用奇门局为一四七，因此就知道这天应当用阴遁七局。

在奇门遁甲的起局、排局中，只有先确定了起局的时间要用阳遁或阴遁几局，才能根据这个确定了的局数，选择在九宫中的哪一宫为起点，来排布九星、八门、九神等元素。

节气的交接

时家奇门每个节气所用的元，既与节气相联系，又与日干支相联系。时家奇门按每个节气十五天分别用上中下三元，一年二十四节气，15×24=360，共计有360天，而一年的实际时间即地球绕太阳运行的周期为365日5小时48分46秒，二十四节气是按照地球绕太阳运行的实际时间、度数来制定的，即每一个节气平均为15.2184日，不是正好为十五天，这样一来，每个节气交节的这一天，并不能都与符头（即上元头一天）的日干支碰到一起，由此便出现以下三种情况：

1. 交节的这一天正好碰上上元符头，即日干支为甲子、甲午、己卯、己酉，古人称之为"正授"。

2. 上元符头在节气的前边，这种情形叫"超神"，出现这种情形的时候较为多见。

3. 节气在前，即交节时间在前，上元符头在后，这叫"接气"。这种情况一般出现在置闰之后。

在实际操作中，大部分情况是上元符头在节气的前边，类似这种差距，有时只有一二天，有时会出现四五天，最多可达九天以上。当上元符头超过节气九天的时候，就要置闰。置闰指的是接着这个节气下元的最后一天，再从上元第一天开始，把这个节气的上中下元重复一遍。这样重复十五天，本来是"超神"，一下子就变为"接气"了，即上元符头跑到下一个节气的后边了，这显然不大合理。

坐落于现今江苏省句容市和金坛市交界处的茅山，是中国道教上清派的发源地，称为茅山道教，茅山道士采用很好的办法解决了节气交接时的矛盾。其方法与拆补法相同的是，从进入该节气的时刻起，一直到出这个节气的时刻止，完全用该节气自己的遁甲局，绝不允许出现本节气用上一个或下一个节气的遁甲局的现象。与拆补法不同的是，茅山道人的起局方法主要是根据节气来制定的，即进入某个节气的交节那一刻起，便直接用这个节气的上元，无需考虑子午卯酉为上元、寅申巳亥为中元、辰戌丑未为下元的规律，上元用满六十个时辰后，直接用这个节气的中元，中元用满六十个时辰后，再直接用这个节气的下元。此时，会出现以下几种情况：1. 该节气的下元已用满六十个时辰，但新的节气还没有到来，此时继续用该节气的下元，一直用到下一个节气到来那一刻为止，然后起用下个节气的上元。2. 该节气的下元还没有用满六十个时辰，而新的节气已经来临，此时舍弃该节气的下元不用，而直接起用新节气的上元。

茅山道士的起局方法将遁甲三元与节气之间的差异在一个节气内解决了，因此不需要置闰。这个方法可以不用打乱上、中、下元的次序，在理论上又较拆补法更为简捷适用，而且具有很高的准确率。

飞盘转盘的起局布局

了解了如何起局排局后，使用后天八卦与二十四节气所对应的一个时间圆周就呈现出来了，当人们什么时间提出问题，就可以把问题放在什么宫的节气时间段里，进行提问解答。

进行提问，就需要开始起局，也就是根据提问的时间，先确定使用阴遁阳遁的几局来排局布局，再还要按照转盘奇门布局法，或是按照飞盘奇门布局法两种方式之一来起局、布局。

预测一般的事情，用转盘、飞盘起局都一样；预测阳宅、阴宅最好用飞盘起局法。

转盘奇门遁甲的排局方法：

1. 按顺时针旋转，将九星按照天蓬星、天任星、天冲星、天辅星、天英星、天芮星（天禽星）、天柱星、天心星的顺序，无论阳遁、阴遁布列九宫内。

2. 八门按休门、生门、伤门、杜门、景门、死门、惊门、开门的顺序，无论阳遁、阴遁，顺时针旋转布列九宫内。

3. 八神按照值符、腾蛇、太阴、六合、白虎、玄武、九地、九天的排列顺序，阳遁时按顺时针旋转布列九宫内。阴遁时按逆时针旋转将八神布列九宫内。

飞盘奇门遁甲的起局方法：

1. 将九星按照天蓬星、天芮星、天冲星、天辅星、天禽星、天心星、天柱星、天任星、天英星的排列顺序，按后天八卦洛书九宫从一到九的数字顺序，布列九宫内。

2. 八门按休门、死门、伤门、杜门、开门、惊门、生门、景门的顺序，按后天八卦洛书九宫从一到九的数字顺序，布列九宫内。

3. 阳遁时九神按值符、腾蛇、太阴、六合、勾陈、太常、朱雀、九地、九天的排列顺序，布列九宫内。

阴遁时九神按值符、腾蛇、太阴、六合、白虎、太常、玄武、九地、九天的排列顺序，布列九宫内。

我们看到上面的方法都是要将九星、八门、九神按照一定顺序布列在九宫内。在奇门遁甲中，时柱旬首所在宫的"星"称为"执符"。时柱旬首所在宫的"门"称为"值使"。当布列九宫完毕后，我们就算起了局、排了局、布了局，就可以看着局面来解释局面反映出的象，解答问题了。

排局步骤与判断方式

综上所述，用奇门遁甲来解答问题的排局步骤是：

当有人提问时，按照提问的时间——年月日时，先查二十四节气和日柱的符头，确定是阳遁或阴遁的几局，按照确定了的阳遁或阴遁的局位，把三奇六仪地盘排入九宫，再查询时柱的旬首，再把三奇六仪天盘再排入九宫，将天——九星，人——八门，地——九神（八神）象征三才的三盘布列九宫内。天盘的九宫有九星，中盘的八宫（中宫寄二宫）布八门，地盘的八宫代表八个方位，静止不动。同时，天盘地盘上，每宫都分配着特定的奇（乙、丙、丁）、仪（戊、己、庚、辛、壬、癸六仪）。这样，以六仪，三奇，九星，八门，九神排了局，运用天干、地支、八卦、九宫、九星、八门、九神、二十四节气等元素对应的理论，利用时间、空间呈现的象，来判断人事、物事胜负关键的趋势。判断的方式，需要根据十天干的信息类象（即各天干代表的万物内容）和十二地支的信息类象（即各地支代表的万物内容），九星、八门、九神的万物类象，以及奇门常见的奇吉格、凶格、应期、总发天机等内容结合排局来判断。

下图就是一个完整的转盘奇门排局和一个飞盘奇门排局。

六合	戊丁 丙芮（禽）惊 巽4	太阴	壬 庚柱开 离9	腾蛇	癸 戊心休 坤2	太常	乙 辛英伤	腾蛇	壬 乙禽生	六合	丁 己柱休
白虎	庚 乙英死 震3		丁禽 中5	值符	己 壬蓬生 兑7	勾陈	丙 庚任死	朱雀	戊 壬蓬	九天	庚 丁冲开
玄武	丙 辛辅景 艮8	九地	乙 己冲杜 坎1	九天	辛 癸任伤 乾6	值符	辛 丙辅惊	太阴	癸 戊心景	九地	己 癸芮杜

通过以上的叙述，虽然只是了解了非常神秘的奇门遁甲的初步知识，但是已经清楚地了解了奇门遁甲的框架结构，了解了奇门遁甲的组成部分，从而也就了解了奇门遁甲干支数理模型设计者的设计、操作的思路。

奇门遁甲的干支数理模型，将干支、八卦、九宫、二十四节气这些能够看得见的模型元素，和九星、八门、九神等看不见的模型元素有机地整合在一起，善于运用、调动自然界中"有与无"的力量，增强自己的能量、气势、人缘，永远将自己处在高屋建瓴的方位，运筹帷幄，来预测人类社会和自然世界，由此形成了中国神秘文化中一个特有的门类——数术类中的一个内容。

预测给出的是人们在天地时空中所处节点的综合信息，目的是给人们做出正确选择提供尽可能正确的参考路径。当预测的抽象概念落到了现实生活中对应的人和事上，威力是巨大的，因为预测是超越时空的，可以知道事物发展的方向及其结果，如果掌握了预测中事物发展的轮廓，了解现实生活中构成这种预测轮廓的因素，很可能改变事情的发展方向及结果，古人所说的"尽人事，听天命"，既要顺从命运的安排，也要尽力去争取人力的最大努力。

预测不是目的，选择才出答案。

从叙述中可以看出，通过奇、门、遁、甲、九星、九神——八个字（空间）与二十四节气（时间）的搭配，形成了一个包罗万象的时空模型，人们通过这个模型能得到过去、现在和未来的信息，以满足人们的决策需求（这听起来是多么的神奇）。它是夺天地造化之学，涉及天体、人文和地球运动规律，而大自然中地球的磁场能量就隐藏在奇门遁甲之中，通过检测这一隐形能量，进而揭示宇宙间事物发展变化的自然规律，最为深奥，最为精确实用，因此最为神奇。

奇门遁甲这一数术门类，总给人以神奇玄妙的感觉。历史上各朝各代都将奇门遁甲一术，秘密传承于宫廷之中，因此掌握奇门遁甲的人，为数不多。各朝代真正精通奇门遁甲的术士，如汉朝的张良、三国时期的诸葛孔明、明朝的刘伯温等，都服务于朝廷的政治统治，所以奇门遁甲有"帝王之学"的美誉。作为一个包罗万象的时空数理模型，现代对奇门遁甲的研究与实践，则大多在民间进行。

数术的门类

与奇门遁甲齐名的数术，还有大六壬和太乙神数，奇门、六壬、太乙在古代称为三式，是属于最高层的预测术，而奇门遁甲是三大秘宝中的第一大秘术。

此外，其它的数术还有：六爻（是从京房发明的火珠林演变而来）、四柱八字、梅花易、拆字看相、外应预测、铁板神数、紫薇斗数、射覆以及勘舆风水等。

比如外应预测，是中国古人独创的一种时空预测术。具体运用时，根据预测者对身外各种物象，如颜色、位置、动作、方向、对象、物类、语气、气味等的归类、类比，从而对所要预测的人事或物事做出吉凶判断。这种预测术也是"天人合一"理论的运用，也是大道至简的高级预测术。

再比如大六壬，它被认为是六爻、四柱八字的鼻祖，欲精通六爻、四柱八字，必须先学六壬，才会终成大器。

至于现在坊间日历牌上多用的"今日什么什么宜，今日什么什么忌"，是摘自二百七十年前乾隆六年（公元1741年）出版的《协纪辨方书》中的内容。《协纪辨方书》共三十六卷，主要内容为择吉、选择用事之用。其中的第二十卷至第三十一卷为月表。以月为单位，分别列出十二个月中每月每日的吉神与凶神以及相应的行事宜忌。

几千年来，数术从被古代圣贤们发明出来以后，就注定了它的局限性，就注定只能预测人类事物发展的现象，却不能探知现象背后的大"道"，也就是无法超越现象，去看到自然中整体不同层次境界的宇宙，以及人类社会的真相。就好像药物可以治疗具体的疾病，却无法阻止人们的生老病死一样，人世间的任何方法、工具，都具有局限性。因此，以上这些数术，我们知道有这些个名称即可，都是古人根据河图、洛书、太极、阴阳、五行、八卦、干支的易学道理，推演而成的时空数理模型，也就是天人合一的哲学思想在人们日常生活中的一种具体应用。通过这种应用，往大处说，以达到人与自然的相互和谐；往小处说，以满足人们趋吉避凶的心理需求。

风水的构架内容

数术中有一门老祖宗传下来的文化，名声非常之大，是现代社会人们在日常生活中能经常听到的一个新奇、陌生而又神秘的词汇：风水。

同奇门遁甲一样，我们来看风水的时空数理模型是怎样搭建、怎样构架、怎样操作的。了解之后，无论旁人再如何评说，人们自己总是知道了其中的原委究竟。

从下面这段内容可以了解风水的基本概念、组成部分、理论根据、模型构架，以及如何将大自然中的山水之力、山水之能量，进行了解、分析、组合，转化成能为人类所利用的有效力量的原理和特性，从而了解风水究竟是怎样的一种数理模型。

风，来无踪，去无影。每个人都承认世界上有风，每个人都感受过吹在身体上的微风、小风、暖风、冷风、大风、狂风，甚至有人遇到过暴风、台风、龙卷风。据科学家的研究，以地球物理极限来说，全球风能的储藏量竟是现在全球能源需求的十倍。因此，无论怎样，风，是一种能量。但是，人们感受了风，却没见过风。风起时，刮得树动，刮得物动，刮得云卷，刮得浪涌，但是人们见到的、听到的是树动、物动、云卷、浪涌，而见不到风。那我们身上感到的风，实际应该是气，是气息。风在八卦中为巽卦：☴

水，人们每天都离不开水，人们生活的地球上70%是水，人体中的70%是水。水处卑下，往低处流。涧下水、井泉水、长流水、天河水、大溪水、大海水，以及江河湖海的水，它们的特质是滋润万物，是柔和的，是包容的。但当发生量变的时候，也会成为可怕的洪水，当遇到外在条件、温度起变化的时候，低于00，会结为固态的冰，高于1000，会成为气态的水蒸气。气态的水蒸气、液态的水与固态的冰，就是水的特质在客观的物质环境中存在形式的不同变化。水在八卦里为坎卦：☵。

堪舆风水

在中国最古老的皇室文集《尚书》中，有三千年前的君王找人来皇宫相宅的记载，就是说，三千年前的中国，就已经在谈风水。在二千一百多年前，汉高祖刘邦的孙子淮南王刘安（公元前179～前122年）招集门客所撰写的《淮南子》一书中，就有关于堪舆的记载："堪，天道也；舆，地道也。"这是说，堪舆学即天地之学。

后来，人们说它是以河图、洛书为基础，结合八卦、九星和阴阳五行的生克制化，把天道运行、地气流转以及人在其中完整地结合在了一起，形成一套堪天舆地的理论体系，从而希图推断或改变人的吉凶祸福，寿夭穷通。

在二千多年前司马迁的《史记》中，出现了"……堪舆家曰不可"的文字。在汉朝第七任皇帝汉武帝时期，堪舆家是方术的一支流派，与其他它方术流派一起，经常参与国家大事的咨询，一度受到国家政权的重视。"堪舆"随后成为相宅、相墓方法的代名词。

由于堪舆所干的事情即是后来风水所干的，就把堪舆等同于了风水。风水一词比堪舆一词晚出现四百年左右。历史上最早出现"风水"一词的文献，出自1700年前晋朝郭璞（pú）（276～324年，东晋著名文学家、训诂学家）所撰的《葬书》，书中写道："《经》云：'气乘风则散，界水则止。'古人聚之使不散，行之使有止，故谓之'风水'。风水之法，得水为上，藏风次之。"

从1700年前郭璞说出风水一词后，风水，就成为了相地之术，也就是现场考察地理的方法，"气乘风则散，界水则止"等所阐述的自然规律，成为人们相地的规则、标准。

风水的核心思想是人与大自然的和谐相处，风水的作用主要关乎宫殿、住宅、村落、墓地的选址、坐向、建设等方法及原则，目的就是选择合适的地方进行建筑。古代的阳宅、阴宅，不管是官衙还是民居，不管是贵族坟山还是平民坟地，大部分都有风水师的一份功劳，所以，事实上风水学对中华民族的繁衍做出了不可磨灭的贡献。

由于人类社会有阳宅、阴宅，就自然地把风水学分为两个部分，阳宅风水和阴宅风水。阳宅风水影响着居住者的身体、心神、财运和社交；阴宅风水像地下河一样，影响着地上植物的生长，阴宅风水的好坏衰旺，会直接影响阳宅风水与居住者的生存状态。老一辈人常说，某某的祖坟冒青烟了，祖上积德了，所以这个人才发达了，讲的就是阴宅风水对人的影响。

堪舆、风水是从古代命理学中的五种数术山、医、卜、数、相其中之一的"相"法中发展、衍生出来的"观山、查地、寻水、运风"之术。

风水二字,若用八卦上风下水来表述，即为涣卦:☵。第一章的《杂卦传》中说：《涣》离也"。离什么呢？

由于风水是从"相"法中发展、衍生出来的,古代的相法有"面相、骨相、手相、心相、背相、形相，以及仰观天象，俯瞰地象"，因而，风水是通过体察、归纳天地日月星辰的运动过程、表现形式，推演出事物运动的必然性，勘测出推动事物运动背后的"力"，寻找出各种事物在运动过程中的内部结构和推动力在时空中的结合点，以及物质能量在运动过程中的各种力量的平衡点，运用八卦九宫的格局加以引导调整，达到生命场能与自然场能最佳的存在状态,达到"天人合一"的境界。风水的中心内容就是"天人合一"，也就是借助自然界的"风水，山川，阳光，五行"等宇宙的能量，米补益身体，引导生命的生物信息场能与自然万物的运行轨迹相融合，借助自然的无穷力量，改变先天命运中"运程"的流动起伏。因此，研究风水的根本目的，就是为了研究"气"，以及由此气产生的"力"。

人们的"命"是无法更改的，佛法中说，人类社会是由无数人的前世因果，共同造就了这个"倒影世界"。改变一个人的现实命运，就等于要改变生命累世的因果，改变推演宇宙、衍生万物的"大道"，改变"大道"对宇宙众生的运程规律，而这是不可能的。

由于命的不可更改、命是因果的再现，人们就在命运中的"运程"方面打上了主意。运程可以利用五行运行的规律，通过风水、姓名等，借助天地自然的力量进行引导。之所以可以借助天地自然的力量进行引导，是因为人的一生是在物质时空不断运动的情况下完成的，整个人类与万物的存在都受到宇宙自然的制约，宇宙自然的能量在平衡着生命的表现。

宇宙是一个庞杂而统一的整体，因而构成肉体的物质成分必然也受到时空中其它的物质因素的影响，进行着互动，正所谓：人法地，地法天，天法道，道法自然。天地人是道的体现，同时也在道的运行规律控制之中。"命是道的意志，运是道的表现"，物质之间的互动，产生了宇宙万物，而物质的运动规律，被称为阴阳五行，利用天地间的能量、物质在运动中阴阳五行的消长、盈亏，来补充个体生命的能量欠缺，就是人们所说的改变了运程。

中国有句古话，一命、二运、三风水、四姓名、五积阴功、六读书。无数的当代人都是通过读书，走出了自己精彩人生的历程。命、运、风水，这三样中，除了命不能更改，运气和风水是相互影响、相互作用的。

郭璞、杨筠松

自一千七百年前晋朝郭璞（pú）所撰的《葬书》流传以后，人们把《葬书》也称为《葬经》，郭璞也成为古代著名的风水大家，是风水学中里程碑式的人物。

但在风水学上至今最有影响的是比郭璞晚五百年的唐朝的杨筠松（834～900年），他是唐朝第十八位皇帝唐僖宗李儇（xuān，862～888年）朝中的国师，官至金紫光禄大夫，掌管灵台地理事，为唐朝著名地理风水学家。因为他用地理风水术行于世，使许多的穷人致了富，所以世人称他为"救贫先生"，后人由此为他起名为"杨救贫"。

杨筠松在地理堪舆学上具有极其崇高的地位，据称可以和孟子在儒学上的地位相当，他所有的风水著作《疑龙经》《撼龙经》《一粒粟》《天玉经》《都天宝照经》《天元乌兔经》等，都是地理风水上的经典著作。这些著作中都讲了些什么呢？来看杨筠松的风水理气学说中最重要的经典《天玉经》中开篇的一段：

> 江东一卦从来吉，八神四个一。
> 江西一卦排龙位，八神四个二。
> 南北八神共一卦，端的应无差。
> 二十四龙管三卦，莫与时师话。
> 忽然知得便通仙，代代鼓骈阗。
> 天卦江东掌上寻，知了寻千金。
> 地画八卦谁能会，山与水相对。
> 父母阴阳仔细寻，前后相兼定。
> 前后相兼两路看，分定两边安。
> 卦内八卦不出位，代代人尊贵。
> 向水流归一路行，到处有声名。
> 龙行出卦无官贵，不用劳心力。
> 只把天医福德装，未解见荣光。
> 倒排父母荫龙位，山向同流水。
> 十二阴阳一路排，总是卦中来。
> 关天关地定雌雄，富贵此中逢。
> 翻天倒地对不同，秘密在玄空。
> 三阳水向尽源流，富贵永无休。

《天玉经》分上中下三部分，上部分有54句，这里录了最前面的三分之一共18句。《天玉经》问世一千多年来，流传甚广，经久不衰，但古往今来，习之者多如牛毛，能通达者少如麟角。正是"天机不泄世难知，漏泄天机写作诗。"《天玉经》写成了诗，但对于后世的人们来说，似乎依然是看不到天机漏泄的端倪。

比如一开头这几句迷一样的诗中，又是卦，又是神，又是四个一，又是四个二，在说什么呢？有人说，这开头的几句话，是编写天玉经的人，使用的对诀语，也就是说，只有在知道了用法的时候，再看这些话就知道它的意思了，但是人们不可能从这些话里面，去领悟出来这个用法的。因为从古至今，术士们都很忌讳将天机泄露，认为随便改变人的因果福报，是会遭天谴的。

风水学的主要理论，是建立在洛书九宫和后天八卦的数理模型上来操作的。我们已了解了洛书、八卦等内容，要了解风水的具体操作，涉及到风水的重要工具罗盘的使用。

罗盘的内容

下图，就是一个三十三层罗盘的图片。罗盘是风水中理气方法的操作工具，主要由位于盘中央的磁针和一系列同心圆圈组成，每一个圆圈都代表着中国古人对宇宙自然这个庞大系统中某一个层次信息的认知。

我们的古人认识到了人的气场要受宇宙的气场影响，人与宇宙自然和谐就是吉，人与宇宙自然不和谐就是凶。于是，他们把宇宙中各个层次的信息，如河图、洛书、八卦、五行、二十四节气、天干地支、天上的二十八星宿等，全部放在罗盘上。风水师则通过磁针的指向，寻找最适合特定人或特定事的方位或时间。

罗盘由三大部分组成：

天池，也叫海底，实际就是指南针。罗盘的天池由顶针、磁针、海底线、圆柱形外盒、玻璃盖组成，固定在罗盘中央。天池代表着无垠无涯的宇宙，也就是太极。圆盒底面中央有一个尖头的顶针，磁针的底面中央有一凹孔，磁针置放在顶针上。指南针有箭头的那端所指方位是南，另一端指向北方。

天池的底面上（海底）绘有一条红线，称为海底线，也叫天地定位的子午线。在北端两侧有两个红点，使用时要使磁针的指北端与海底线重合。

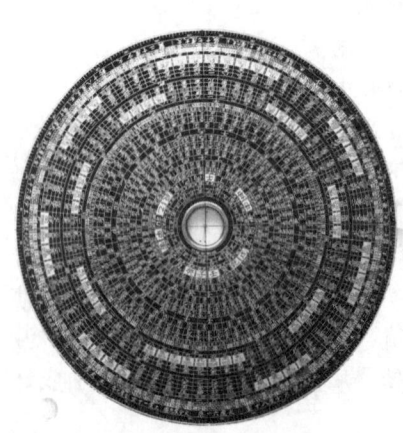 

内盘，就是紧邻指南针外面那个可以转动的大圆盘。指南针外面那个内盘面上印有许多同心的圆圈，一个圈就叫一层。各层划分为不同的等份，有的层格子多，有的层格子少，最少的只分成八格，格子最多的一层有三百八十四格（即表述 384 爻）。每个格子上印有不同的字符。罗盘有很多种类，层数有的多，有的少，20 层左右的罗盘可以查看阳宅。图片中 33 层的罗盘基本上是罗盘的极限了，可以查看阴宅和阳宅。

罗盘的各种内容分别印刻在盘面的不同盘圈（层）上，是罗盘的主要构成部分。各派风水术都将本派的主要内容列入罗盘上，使中国的罗盘成了中国数术的大百科全书。

但应注意的是，罗盘的制作是非常严格的事情，现在有许多罗盘不按规矩制作，角度不准，会伤害到人们。

外盘，为正方形木框，是内盘的托盘，在四边外侧中点各有一小孔，穿入红线成为天心十道，用于读取内盘盘面上的内容。天心十道要求相互垂直。

指南针是测量地球表面的磁方位角的基本工具，广泛用于军事、航海、测绘、林业、勘探、建筑等各个领域。

罗盘实际上就是利用指南针定位原理来测量地平方位的工具，罗盘在风水上用于觅龙、察砂、观水、点穴、立向，以确定建筑物的方位和坐向。

用罗盘测量时，比如一个人拿着罗盘测量门的角度，靠近人的这边叫做"坐"，也叫做"山"，而人对着门的方向，也就是外面（对面）叫"向"。

测量房屋的坐与向时，将罗盘靠在墙上，旋转内盘的盘心，将指南针的磁针与海底线重合，真实的地理南北极和房屋的坐向在罗盘上就显现出来。坐向定位以后，再根据房屋建造的年代，结合当时年代的元运，就可以在纸上排出风水盘来，根据风水盘上坐山向山定位的内容，这时房屋内的吉凶情况，便一目了然地反映了出来。

寻龙点穴

风水学有"地理五诀"：龙、穴、砂、水、向，即"觅龙、点穴、察砂、观水、立向"，这些风水活动要通过罗盘完成。

人们也许听说过风水师为人寻找龙脉的故事，那么在风水中，龙脉指的是什么呢？

当一条连绵不断的山脉向前无穷延伸的时候，如果一直和水有交界，这条山脉就称为龙，也就是龙脉。当一条连绵不断的山脉向前无穷延伸的时候，一直和水没有着接触，这条山脉就称为山。

风水中借龙的名称来代表山脉的走向、起伏、转折、变化。前面我们说到，龙是水族的首领，以龙来指山是因为龙非常善变化，能大能小，能屈能伸，能隐能现，能飞能潜。龙就是山的脉络，土是龙的肉、石是龙的骨、草木是龙的毛发，山势就象龙一样变化多端，山脉有不同的走势，好似龙就有不同的姿势，成语的"来龙去脉"就源自风水学。

龙脉的形与势不同，千尺为势，百尺为形；势是远景，形是近观；势是形之崇，形是势之积；有势然后有形，有形然后知势；势住于外，形住于内；势是起伏的群峰，形是独座的山头；势为来龙，若马之驰，若水之波，欲其大而强；形要厚实、积聚、藏气。

做风水的第一步就是寻觅到龙脉。龙脉有很多种，因此先要看龙脉的来源，察看来龙去脉，就是要察看一座山是从什么地方发脉来的，比如，从北方向南方延伸着一条长长的连绵不断的山脉，北方是高处，南方是低处，在南方逐渐与水平线接近，这条龙就是从北方向南方延伸过来的，风水学中称为坎龙，也就是北方来的龙；如果一条山脉从正西方蜿蜒着向东方而去，就称为兑龙。这是按照八卦的名称，来称呼从不同方向发脉过来的山脉。

由于元运时空点的不同，每一条龙脉来龙去脉的方向不同，龙脉就分成了旺龙、衰龙、病龙、死龙等。人们在寻觅龙的时候，应尽量选择有生气的、旺相的龙脉，在其中进行风水设计、布局，以求获得最好的风水效果。

根据风水中元运的概念，自2004年到2023年是下元八运，八在洛书九宫中在东北方的艮卦中，因此现在处在艮八运的时间段里，艮方就是气运最旺的方向，因此从东北方向发脉来的一条山脉气势最旺，在进行风水设计、布局时，如能按照这个东北方向寻觅到一条龙脉，然后把风水布局安放在这个位置上，就能够汲取天地间最旺的气来为人们所用，这就是通过收旺气获得最好的风水效果。而其它方向的龙脉，由于不是元运时间中旺气的时间段，因此就不可能达到收取旺气以获得最佳风水的效果。

寻龙、觅龙是宏观上的方法，使用此法要注意的是：来龙必须是旺相的，对于不是旺相的龙，无论山势如何雄美，也不能取。

其次，龙脉不得有任何损伤，比如土是龙的肉、石是龙的骨、草木是龙的毛发，这些都不能损伤，被开了隧道、挖了矿的，就是被损伤了的。

第三，应尽量避开一些奇形怪状的龙脉。山石是龙脉的骨骼，那些怪石嶙峋、草木不生、岩石参差不齐地从山尖透露出来，叫"龙骨透出"的山形，就似一个皮包骨的人一样，这样的山脉，就是瘦龙、病龙，是没有旺气的龙。而人们要寻觅的是土质肥沃、生机勃勃、郁郁葱葱、枝繁叶茂的龙。

第四，不能使用有现代工业污染源的龙脉。

寻龙是寻找适宜的大环境，寻到后，人们不可能将整个山脉全部使用，而只是使用其中的一个范围或是一个点，这就涉及到了寻龙后的点穴的步骤。

在搞风水的人群中流传着"三年寻龙,十年点穴"的说法,可见点穴比寻龙更要花几倍的时间。原因是,寻龙是未成之局,选择性较大,点穴为已成之局,一经点定,关系人的兴衰成败,所以就更加不容易,更要谨慎对待。明朝朱元璋皇帝的太师刘伯温在点葬鞭山后感慨地说:"我爱鞭山二十年,鞭山对我默无言,今朝始悟鞭山趣,贵穴从来不易扦。"

在后面《黄帝内经》的内容中,会谈到人体的穴位,人体有穴位,地球也有穴位,地球的穴位就是地下能量的一个主要通道。风水中"穴"的古意是土室,是人类防风避雨的地方,所以点穴的核心就是寻找藏风聚气的地方。

在一条山脉上要找到一个好的穴位,除了有一些风水中的要求外,这个选择的穴位必须是地气比较热的地方。怎么知道地气是不是比较热呢?在北方,下雪天中最早化雪的地方,边上的雪还没有化,会有一块地方的雪先化了,那个地方的地气就是比较热的。一座山脉也是这样,下雪天整个山被白雪全部覆盖后,不过一两日,山上会有许多处冰雪融化,早早地露出了土壤本色的地方,就是地下热量比较高,阳气、热能比较旺盛的地方,这些地方也往往就是穴位所在。

对于这些可以作为穴位的地方,实际选择时,它要比周围地势稍微低一些,采光要比较好,同时不管周围有多大的风,人在这里有避风港的感觉,没有风刮到身上,这就是藏风聚气的地方,是真正的穴位所在,是进行风水设计建造的较好位置。

在没有山脉的广大平原地区,如何进行风水的寻龙点穴呢?

风水学中把平原地区称为平洋地,在平洋地照样有平洋龙和平洋穴。要在平洋地寻龙,看出平洋龙的走向,一般必须借助下雨天的帮助。在夏季雨水比较旺盛的时候,下雨时,人们在平洋地蹲下身子看,能够看到有些地方被雨水覆盖,汪洋一片,但有些地方依然能够露出地平面,露出地平表面的地方,就是平洋龙的龙脉,这时,需要用录影、录像、照相的方法记录下这个地方的雨水流势,再用罗盘度量一下这个地方,察看一下这条平洋龙来龙去脉的方向,以便判断出这条平洋龙的旺相衰囚情况,这是借助雨天来看地势的高矮、走势、状况。

在平洋龙寻找确定之后,再来寻找出平洋穴。寻找平洋穴也是要利用雨水的帮助,在夏季雨量比较大的时候,人们可以看到平洋地上汪洋一片,这时的水一定有个流势,水流速度较快的、朝着一个方向流淌的地方,一般就不是平洋穴的位置。但平洋地上有些水的流势,似流似去,蜿蜒回旋,迟迟不走,一个个漩涡在流水中不时地显现,这就是聚水的地方,这里往往就是平洋穴的所在,确定下来这个地方后,以这个地方为中心点,就可以进行风水的设计和房屋的建造。

借助雨水的帮助,人们能够较容易地寻找到穴位的方向与范围;借助馨香的帮助，人们也能够较容易地寻找到穴位的地点。点燃馨香，将香垂直插在地上，看着燃烧后的香烟袅袅升起，在空地上盘绕，又落下。无风时，烟柱就是这块地的"呼吸"，一般的土地上，没有龙脉、龙穴的磁场所产生的"气"，点燃的烟柱会呈现出散乱的状态，不会成形，而真正的龙穴所在之地，燃起的烟柱，会像盛开的莲花一样，升腾空中，然后缓缓落下，这是风水师用来勘测风水的一个诀窍。

有情山水

真正的寻龙点穴，风水师要熟知山水的结构与灵性，要了解不同地域的山水特点，山水形成的历史过程，要熟知地球经纬度对于不同地域的影响力，要了解每一处水源从何而来，流往何处，要清楚分辨真假龙脉。

有的时候，因为四季变化，水流或者山林的形象会有所改变，会在表现上造成"风水龙脉"的假象，可是当季节一改变，水源干涸的时候，这个地方就会成为"绝死之地"，所以，要勘测出一处好的风水，不是简单用罗盘就能够测量出来的。

真要遇到了大的龙脉，这个龙脉属于国运，主管一个朝代的命脉，不是平常人所能承受了的，如果有谁不幸将自家的阴宅坐落在了这种龙脉的附近，往往竟是"祸从天降"。

我们平常人能够用的风水之地，都是地区性的、小规模的"有情山水"，"有情山水"指的是能够对人们的生活起居、生命生物场起到补益、充实、养育作用的山水格局搭配，好比是在家中摆放了精美的盆景，用以调节室内环境，净化空气一样，是借助自然的能量来补充命运的不足，在"有情山水"这样的"龙脉"附近，对于人们的家族繁衍、气运昌盛才能够起到有益的作用。

而有些格局重大的风水场能，比如说大江大河，雄伟高山，苍茫沙漠，这些规模庞大的风水格局，对于普通人命运的流程，对于生命的活力是起到克制作用的，此为"无情山水"。就好比人们把家安在了核电厂旁边，自然界生发不息的磁能电场，会破坏扰乱渺小人类本身具备的生物场能，从而导致生命现象的偏移，也就好像用洪水来灌溉森林一样，结果一定是水土流失、万物凋零。"有情山水"和"无情山水"告诉人们，风水的类别不同，所起到的作用就不同。

砂与水

了解了何为龙、何为穴后，再来了解砂和水的概念。

在确定了穴位后，穴位周边的比穴位高的物品或地势，就称作"砂"。那么，比穴位高多少算是高呢？风水中的说法是，高一寸为砂，低一寸为水。这个高一寸、低一寸，都是对穴位来说的。因此，穴位的点定好后，以穴位为基点，穴位周边的山脉、高大建筑物等，都看作是砂，凡是比穴位低的空间、地方都称作水。因此砂和水是与穴位进行对比而形成的概念。

具体来说，一个房屋风水的好坏，会受到它周边的砂和水的影响，取决于它周边的砂和水的配合。配合得好，就是风水宝地；配合的不佳，就成了劣质风水。物质与物质之间的作用，不是只有接触了才产生作用，波动的气流所产生的频率共振，也能产生相互作用。

风水学对人类的影响，非常相似于现代生活中手机的隔空连接，并不需要接触，就能产生影响。手机的质量是轻便的，连接的是电频；山脉、高大建筑物的质量密度是巨大的，连接的是磁场。

在现代生活中，又产生了许多新的砂和水，比如高高在上的立交桥，高过了许多房屋，高过房屋的建筑本应称为砂，但桥上又不停地跑着车，又有了很强的水的特性，这时的立交桥，就不是简单的砂，而是运动中的砂，成为了"动砂"。

动砂对风水产生的作用要大于、强于静态的砂。山脉、楼房、树木等是不动的，一般称为静砂，静砂对风水的影响是缓慢的、柔和的、持久的。动砂对风水产生的影响是剧烈的、强大的、迅速的。静则气聚，动则气散。

砂有凶砂、吉砂之分。房屋周边高耸的山脉，给人以雄伟的、舒适的、向上的美感，就是吉砂。反之，房屋周边的一些怪石嶙峋、草木不生、开凿破损的山石，就是凶砂。在吉砂近旁的房屋，就受到吉祥的气流影响；在凶砂近旁的房屋，就受到凶恶气流的影响。这是风水学对砂的理解。

水一般是指江河湖海，但人们不一定能在自己的房屋看到江河湖海。风水中把低于穴位的空间都称作水，因此，人们所居住的房屋周边，每天车流走动的公路也被称作水。房屋周边的公路之所以称为水，是由于它对房屋有着与水一样的吉凶作用。砂有凶砂、吉砂；水也有凶水、吉水。水必须是秀水，不能是恶水。山明水秀、清澈见底的潺潺流水，就是秀水；反之，一个臭水坑，就是恶水。风水中说，砂管人丁水管财，所以砂、水在风水中是一篇大文章。

罗盘中的二十四山

杨筠松作为风水术的祖师，不但创造了完整的风水理论，对风水术的工具罗盘也进行了合理的改造。

杨筠松将八卦中的乾、坤、艮、巽四卦和十二地支两大定位体系合而为一，并将甲、乙、丙、丁、戊、己、庚、辛、壬、癸十天干除去了表示中宫位置的戊、己二干外，4卦+12地支+8天干=24，全部加入地平方位系统，用于表示方位。于是，地平面周天360°均分为二十四个等份，叫二十四山，每山占15°，三山为一卦，每卦占45°，就形成了每个卦掌管

45°的吉凶。

杨筠松把八卦、天干、地支完整有机地安置在平面方位上，是一个划时代的创造。二十四山从唐代创制后，一直保留到现在。

罗盘的种类虽然很多，但无论哪个门派的罗盘，必有一层是二十四山的方位，从位处北方开始依序排列，分别是壬子癸、丑艮寅、甲卯乙、辰巽巳、丙午丁、未坤申、庚酉辛、戌乾亥，一共是二十四个方位。如图。

从图中我们看到，二十四山的排列是非常有规律的：

1. 二十四山平分成八份，成为八卦，按洛书九宫后天八卦的内容，用八卦卦号进行了表示，每一份就是一卦。

2. 先将十二地支平均排在一周360°内。

3. 再将除去戊己中宫的十天干，按照它们的五行方位，甲乙居东方、丙丁居南方、庚辛居西方、壬癸居北方进行排列。

4. 剩下的西北、东北、东南、西南四个空位，将后天八卦在这四个位置的乾、艮、巽、坤四卦补上。由此便形成了二十四山图。

从罗盘上可以查到二十四山每一山的具体度数，每山含15°，它们是：

壬：337.5～352.5°；子：352.5～7.5°；癸：7.5～22.5°；
丑：22.5～37.5°；艮：37.5～52.5°；寅：52.5～67.5°；
甲：67.5～82.5°；卯：82.5～97.5°；乙：97.5～112.5°；
辰：112.5～127.5°；巽：127.5～142.5°；巳：142.5～157.5°；
丙：157.5～172.5°；午：172.5～187.5°；丁：187.5～202.5°；
未：202.5～217.5°；坤：217.5～232.5°；申：232.5～247.5°；
庚：247.5～262.5°；酉：262.5～277.5°；辛：277.5～292.5°；
戌：292.5～307.5°；乾：307.5～322.5°；亥：322.5～337.5°。

我们详细地写出了二十四山每一山的度数，从7.5°到352.5°的山与山之间的这二十四条线，看似平常，却包含着非常重要的内容：

一个内容是建筑物在这360°中所处的坐向，对于不同角度的来气，将受到旺、退、衰（煞）、死四种气的不同影响。这一句简简单单的语言，就告诉了人们，凡是地面上的建筑物，都受着风水中风的气息的旺、退、衰、死的作用和影响。

另一个内容是这二十四条线叫做空亡线（虽有大小之分，却都须避让），所建筑的房屋是不能、不允许压在这二十四条线上的。一旦房屋的坐向正好坐在了这二十四条线上，就是犯了空亡，犯了空亡的房屋必然有灾害，这样的房屋是不可以住的。

这就告诉了人们，房屋的坐向一定会在一周360°的某一个角度，其中有360-24=336个角度虽有旺、退、衰、死气的影响，却是平安的；而上面显示的7.5°、22.5°、37.5°、52.5°、67.5°等24个角度，作为房屋坐向角度，则是具有巨大风险的。

罗盘的测量

在了解了罗盘的基本内容后，我们知道了对阳宅来说，建筑物的坐向涉及到旺、退、衰、死四种来气，在房屋的空间里，八卦就是场的分布，通过罗盘的角度所看到的卦场，就是人们借着卦看到整体房屋能量的不同分布。

因此，罗盘主要就是要测量两个内容，一个是量这个建筑物的坐向：建房前量，是建筑商不要、不能、不应该让建筑物坐到二十四山的线上；建房后量，是购房者买的房子，要确认房屋没有坐到了二十四山的线上。

另一个是量这个建筑物的门的"来气"，量门的"气口"，也就是进门处来气的方向、角度：建房前量，是建筑商要将建筑物坐向的角度尽可能地处在气旺的角度，以便住进来的人们身心健康、平安，避免门向处在退、衰、死的角度上；建房后量，是购房者所买的房子，对房屋大门处的来气方向，装修时要尽可能地处在气旺的角度，或者调整门的角度使其转到气旺的角度，避免处在退、衰、死的角度上。

用罗盘将房屋、门向的方向、角度进行测量，再将所测量的方向、角度转换成卦象，对卦象再进行分析、判断，得出吉凶的结果，是后面将谈到的内容。

三元龙

风水中的三元龙是用来排（坐）山盘和向盘的，分为地元龙、天元龙、人元龙。在二十四山中具体表示是：

北方坎卦中平分为三份的壬子癸，每份各占15°，其中右面的壬山为地元龙，中间的子山为天元龙，左面的癸山为人元龙；

东北方艮卦平分为三份的丑艮寅，每份各占15°，其中右面的丑山为地元龙，中间的艮山为天元龙，左面的寅山为人元龙；

东方震卦中平分为三份的甲卯乙，每份各占15°，其中右面的甲山为地元龙，中间的卯山为天元龙，左面的乙山为人元龙；

其他各方的地元龙、天元龙、人元龙类推即可。

归纳以上的三元龙后，可以看到它们的有序规律，地、天、人每一元龙在二十四山圆图中都是两两相对的：

地元龙 -- 阳 --- 甲庚壬丙，阴 ---- 辰戌丑未。

天元龙 -- 阳 --- 乾坤艮巽，阴 ---- 子午卯酉。

人元龙 -- 阳 --- 寅申巳亥，阴 ---- 癸丁乙辛。

其中阳龙在洛书九宫风水盘的轨迹中顺排，阴龙逆排。阳龙顺排，也叫阳星顺布，顺排、顺布的意思，是按1、2、3、4、5、6、7、8、9排布。阴龙逆排，也叫阴星逆飞，逆排、逆飞的意思，是按9、8、7、6、5、4、3、2、1排布。

三元九运

罗盘上的风水不仅是二十四山这样空间的学问，同时也是时间的学问。风水中把时间分成三元九运。把一个甲子六十年叫做一元，是一个大周期的意思，三元就是三个六十甲子年，共180年，分为上元、中元和下元。每一元又平均分成三份，叫三个小运，也就是每个小运各为20年。这样合起来，三个元就有九个小运，合称三元九运。上元分管一、二、三三个小运，中元分管四、五、六三个小运，下元分管七、八、九三个小运。划分规则如下：

上元三运

　　上元一运：1864～1883年

　　上元二运：1884～1903年

　　上元三运：1904～1923年

中元三运

　　中元四运：1924～1943年

　　中元五运：1944～1963年

　　中元六运：1964～1983年

下元三运

　　下元七运：1984～2003年

　　下元八运：2004～2023年

　　下元九运：2024～2043年

从大挠发明干支以来，黄帝即用甲子干支开始了纪年，最早纪年是4700年前的公元前2697年作为甲子年，到1983年，六十甲子年已转了78圈。从上看到，2012年是处在下元八运的位置中，八运，按照后天八卦图，8是在艮卦的位置上。

令人惊奇的是，公元前2697年黄帝20岁即位，大挠当年发明了干支纪年，即以公元前2697年作为干支纪年的第一年甲子年，而从这一年开始的甲子纪年，非常巧的是，竟与太阳系中五大行星的运转、与日月地的运转、与气候的变化非常契合。

有一种说法是，我们的古人大挠，在制订历法时找到了起算点，这个起算点就叫做历元。比如公（西）历的历元是以基督元年耶稣诞生日为起算的时间，而中国的历元则与天象有关，史书上说："上元混沌甲子之岁，日月合璧，五星联珠，七曜齐元。"中华民族的阴历历元按干支纪年法是始于甲子年、甲子月、甲子日、甲子时，那个时辰，合朔并交冬至，于是，公元前2697年的甲子年甲子月甲子日甲子时成为了阴历的历元。

据太乙数统宗记载："上古甲子年甲子月甲子日甲子时，天心气运正值冬至，日月合璧，五星（指太阳系九大行星中的木火土金水五星）联珠，皆合于子，是为上元。"

在公元前2697年黄帝即位的那一天，即甲子年、甲子月、甲子日、甲子时，正好是天空中五星联珠的时候，五星联珠，既是干支历法的开始，这一年就成为了中华民族干支历法的开端年。

人们从这里可以看出，干支的发明与起源，是就着二十四节气来的，也就是说，是就着日地月的运行发明出来的。二十四节气在先，干支才选在冬至日开始纪年月日时，先到什么时候呢？上一章说到，在这次的文明长河周期内，二十四节气的记载，先到6000年前的伏羲氏，伏羲根据太阳晷影画出八卦，太阳晷影又是按照二十四节气来记载、计算的，2100年前的算术书《周髀算经》已告诉了我们。

八卦九星

三元九运，连着每一个房屋的不同位置的气运。每一个房屋都可以将它的平面图，按照八卦的规则分成八份、形成了八块。也可以像九宫图一样划分成九个部份，形成九个宫位。风水学中多用九宫的形式，以对应九运。

由于一个房屋平面每个宫位中的八卦信息不同，当人们将不同的物品放在屋内不同的位置，也就是放在了九宫中的不同宫位，则会有不同的效果，也就产生了不同的说法和结果。

风水中有九星的概念，其实是八卦的变形，是将后天八卦的内容重新换上了新的名词，在风水中使用。

比如，八卦中北方的坎卦，也就是在北方坎卦的宫位，在风水学中给了它一个名字：一白水星。由于水主智，主管人的智慧，所以同时又给它一个名字：文昌星，意思是这颗星是主管文化昌盛的。

后面是二黑土星：相当于坤卦，坤卦在西南方，坤为纯阴，阴气太盛即生病，所以也叫病符星。

三碧绿星，也称三碧木星，相当于东方震卦的位置，木主仁。

四绿木星，也称文曲星，相当于东南方巽卦的位置。
五黄土星，也称五黄大煞，位居中间，土主信。
六白金星，也称武曲星，相当于西北方的乾卦位置。
七赤金星，也称破军星，相当于正西方的兑卦位，金主义。
八白土星，也称左辅星，相当于东北方艮卦的位置。
九紫火星，也称右弼星，相当于南方的离卦位，火主礼。

四绿木 东南方 巽宫	九紫火 南方 离宫	二黑土 西南方 坤宫
三碧木 东方 震宫	五黄土 中央 中宫	七赤金 西方 兑宫
八白土 东北方 艮宫	一白水 北方 坎宫	六白金 西北方 乾宫

　　如果人们对上一章所说的后天八卦的数还有印象：一数坎兮二数坤，三震四巽数中分，五寄中宫六乾是，七兑八艮九离门。那么，对于一白、二黑、三碧等等，就不会特别陌生了。

　　具体的应用，是将所处的三元九运的时间，放在九星宫的中央，比如，现在八运，就将八白土放在中宫的位置上，其它各位置做相应的放置（见下段文字）。

　　九星风水术，是将上述的九星颜色（就算虚拟吧，颜色中有五行的成分，我们并不能看见这些空中的颜色）、五行、飞位顺序、对应的八卦方位，综合运用推演，形成风水技法。风水中的九星，会运用于宅运的坐山向首、三元九运和流年等地方。

风水的排盘

　　正像奇门遁甲需要排盘来解答人事物的问题一样，风水也是要用排盘作为根据，来解答生存居住环境如房屋中的吉凶问题。

	南	
	4 9 2	
东	3 5 7	西
	8 1 6	
	北	

五运图

	南	
	7 3 5	
东	6 8 1	西
	2 4 9	
	北	

八运图

	南	
	8 4 6	
东	7 9 2	西
	3 5 1	
	北	

九运图

　　排盘先画出一个井字格，如上图。遇到要排几运的风水盘，就把几运的这个数字放在洛书九宫井字格的中央。左面的图是我们多次看到的洛书九宫格图，图中的数字五在中央，因此它是五运的图形，也就是负责

1944～1963年的建筑的图形。

现在是下元艮八运，我们把数字8放在了中央，中间的图就是 八运图。8放在中央，其它的数怎么排呢？这要按照洛书九宫格顺序进行排列。洛书九宫格的排列顺序是：一数坎兮二数坤，三震四巽数中分，五寄中宫六乾是，七兑八艮九离门。在这个顺序中，5在中央，然后是西北的6，然后是西面的7，然后是东北的8……因此，当8放在中央后，8后面的9就在西北，然后是西面的1，然后是东北的2，然后是南面3，然后是北面的4……就是在按照洛书九宫的排列顺序排。

艮八运从2004～2023年；离九运从2024～2043年，如右图，将9放在中央，然后是西北的1，然后是西面的2，然后是东北的3这样排列。过了2043年，就转到坎一运。这象征着每20年，都有一个相对固定的气运、气场影响着人们所居住的环境。

我们会排元运后，要根据房屋的建造年来确定是按照几运来排。比如这个房屋是2008年建的，就是在艮八运中；如果是在2001年建的，1984～2003年是下元兑七运，因此就要排出七运图，如下：

	南	
6	2	4
5	7	9
1	3	8
	北	

东　　西

七运图

	南	
7	3	5
6	8	1
2	4	9
	北	

东　　西

八运图

艮八运子山午

34	88	16
七	三	五
25	43	61
六	八	一
79	97	52
二	四	九

子山午向风水盘

如果在艮八运中的一个房屋，是坐北朝南的方向，也就是子山午向，应如何排盘呢？

子山午向盘

要排子山午向的风水盘，先要找到坐山、向山的宫位。在子山午向中，子在正北，为坐山，它是在坎一宫的范围内。现在艮八运中的坎宫上面有个四字，就是说落了一个运盘的数字4，相当于4这颗星的能量在坎宫的上方照射着坎宫，在坎宫这个位置上起着作用。坎宫是这个房屋的坐山，因而坎宫上的这颗星就能管着这个房屋的吉凶，所以要观察4的运行规律对这个坎宫的影响。

中五宫在中央，就相当于皇宫一样，是权力集中的中央的位置。现在中五宫看到子山午向中，子在正北，坐山中有个4在正北的坎宫，谁在坐山，哪个数、哪个方位在坐山，中五宫就要对谁进行研究，因而正需要研究这个4，于是把正北坎宫的4叫到中五宫的位置来商量事情，因此，就在中五宫的位置靠左面的地方写上被叫来的4的数字。

接下来，要确定、要选择被叫来的数字4是应该顺排、还是逆飞。 办法是这样的：1. 来到中五宫的数字A是从坐山来的，那么要确定这个坐山所在宫位的天元龙是谁。2. 来到中五宫的数字A，它原本是哪个宫位的，原本那个宫位的天元龙是谁。3. 按照数字A原本那个宫位找到的天元龙，如果属阳，顺排；如果是阴，逆飞。

在二十四山中，北方有壬子癸三山，其中壬山为地元龙，子山为天元龙，癸山为人元龙；现在坎宫中的数字是4，4在洛书九宫的本位是在东南方的巽4宫（三震四巽数中分），由于九星的运转，三元九运的流动，数字4从巽4宫东南方运转到了北方的坎1宫。那么，在巽4宫原本状态中是个什么情况呢，坎1宫的子山是天元龙，巽4宫巽山的天元龙是谁呢？巽宫是辰巽巳三山，其中辰山为地元龙，巽山为天元龙，巳山为人元龙。物以类聚，同气相求，这里，子山、巽山都为天元龙。前面说到二十四山的天元龙中，乾坤艮巽都为阳，子午卯酉都为阴。阳星顺排，阴星逆排，阳星顺布，阴星逆飞。因此，现在已确定坎1宫的4所处的子山与巽4宫的巽山都是天元龙，按照巽山为阳星顺排、顺布，所以，数字4在中五宫，顺着走，数字5就在乾六宫，数字6就在兑七宫，数字7就在艮八宫……一直排到数字3在巽四宫，如图中各个宫位左面的数字。这样，艮八运的子山午向中的坐山盘就排完了。接着要排出向山盘。

子山午向中的"午向"，是前面所朝方向的意思。午在正南方，属于离宫的地界，现在离宫上飞着数字3这颗星，像坐山一样，于是把数字3也招到中央皇宫的中五宫来，因此，就在中五宫的位置靠右面的地方写上数字3。由于午山在离九宫，离九宫南方离卦是丙午丁三山，其中丙山为地元龙，午山为天元龙，丁山为人元龙。我们还要找数字3的本位卦中的天元龙与它要相对应，数字3的本位卦是震三卦（三震四巽数中分），东方震卦二十四山中是甲卯乙三山，其中甲山为地元龙，卯山为天元龙，乙山为人元龙。这样，午山与卯山都是天元龙，是相互对应的，这时要看卯山的阴阳，来决定数字3是顺布还是逆排。卯在二十四山中属阴，所以，数字3要逆着数字去排。如果顺着排，中五宫中数字3后面的数字4、5，就要分别落入乾六宫、兑七宫；逆着排，中五宫中数字3后面的数字4就要倒退着落入巽四宫，数字5落在震三宫，数字6落在坤二宫，数字7落在坎一宫……数字2落在乾六宫。如图中各个宫位右边的数字。

到此，一个完整的艮八运子山午向的风水盘就排好了。

这样所排布出的风水盘，就能显示出在艮八运中建造的坐北朝南、子山午向的一个房屋内，每一个角度、位置的吉凶程度。在这个房屋内进行风水布局的时候，就是根据这个图上所组合的数字，来确定屋内的各个方位应该放置什么东西，以达到和谐吉祥、趋吉避凶的目的。

通过风水的排盘，我们就了解了一套非常实用的风水数理模型，是如何设计、排布、架构的了。

风水盘的判断

了解了风水盘如何排，排好了以后，如何解释盘面呢？来看下图：

艮八运子山午

34 七	88 三	16 五
25 六	43 八	61 一
79 二	97 四	52 九

退	死	煞
煞	旺	生
死	煞	生

左面这张图按照洛书九宫的方法排列，中央五宫的旺字，是说无论几运，只要是三元九运中的一颗星落到了中五宫，就成为唯一当运的星，就是处在了当运 20 年中管事的、主宰的位置，就是最旺、最有力量的星，其它的八颗星都要被领导着、围绕着旺星旋转运动。

其次，根据洛书九运中的数字顺序，排在中五宫后面的星，五完了是六，就是乾六宫的星，这个位置就是生旺星。现在中五宫的八运经过了 20 年的旺相后，下一个将要旺相 20 年的就是处在生旺位置乾六宫的九运。

而刚刚旺相 20 年已经退出旺相的星是巽四宫的七运。其它位置的星都是相对无关紧要的、不成气候的星。因而，风水的布局主要就是要追求当运的旺星和生旺的星。

旺星的位置是因为有旺相的气，这要结合元运来确定。比如，现在是八运，因而，凡是在坐山盘、向山盘中出现了 8 这个数字的地方，就是气最旺的星。8 字出现在坐山盘的位置，代表了人丁兴旺；8 字出现在向山盘的位置，代表了财运兴旺。现在是八运，凡是在坐山盘、向山盘中出现了 9 这个数字，由于 9 比 8 的时间要晚，要等到九运时才旺，因此，9 属于将旺之星，属于将来长远的旺相。

在现在八运时，基本上只看 8、9 这两颗旺相、将旺之星。具体做法是，将人、财等重要的符号，布在这些旺气的地方，会有助于人们的健康、事业的发展。

这是风水中宏观的指导原则。

风水盘的判断原则

在风水盘中，坐山和向山这两个宫位，是整个风水全局中的核心部分。

比如，在艮八运子山午向的风水盘中，坐山是在坎宫，向山在离宫，因此坎宫、离宫的组合是这个风水盘的主宰。就是说，在坐山和向山这条动态的线上，当有房屋主人的年命属相参与的时候，其吉凶应验的程度是会很确定的。

在这个基础之上的其他每个宫位，相对来说都是静态的，它们的运动需要靠太岁流年的引动，才能变为动态的。

比如，2012年流年的属相是龙，那么流年太岁所到的、龙所居的宫位是东南方的巽宫，因而在2012年，子山午向风水盘中的巽宫，也变成为动态的。也就是说，太岁流年所临的方向、宫位，都是能量非常大的方向。

风水中最基本、最重要的的判断原则是两句话：1. 山管人丁水管财；2. 山上龙神不下水，水里龙神不上山。

山上龙神指的是山星，也叫做坐山盘。按照风水中的行话：山管人丁水管财。山管的是家族的人丁兴旺，因而人们住进了一套房屋，身体是否健康，家里人丁是否兴旺，主要由房屋中的山星负责，因此，山星必须是旺相的山星。

那么在艮八运的现在时段，凡是在坐山盘中出现了、见到了8或9的星都是旺星和生旺的星。由于它是山星，因而它喜见高，不喜见低。

比如，如果8在飞星盘中飞到了北方的坎一宫，一方面说明这个房屋的北方是管人丁的，一方面就需要在北方、北面见到高大的建筑物，才符合山星的理气要求，就是说，旺相的山星所飞临的方向，以见高大山脉或高大建筑物为吉，此时能人丁兴旺。

山上龙神不下水，旺相的山星没有见到高山、高楼，却见到了水，就是山星下了水，自然也就不好，就不利于人丁兴旺、健康了。

同样的，水里龙神不上山，指的是向方。凡是在向山盘中出现了、见到了8或9的旺相、生旺的数字，在这个方向上，最喜见到有水，有江河、湖泊、水池等，或者是比较平坦、宽广的地势。相反地，如果没有见到水，反而见到高楼大厦、高山耸立，就是不好。因为水里龙神不允许上山，水往低处流，你让它上了山，自然就不好。旺相的水是管财的，见到地势低矮的地方才能存住水，才能存住财。见了高楼、高山，就不利于财了。就是说，旺相的向星上了山，就不利于财星。

在一个完整的排好的风水盘中，最下面的是运盘，比如在艮八运，运盘就是指中五宫中八的数字。而八字上面飞的两个数字，一般来说，左上角的是山星，主管人丁；右上角的是向星，主管财运。

山上龙神不下水，水里龙神不上山，都是指旺相的山星和向星来说的，旺相的星，山上龙神该上山上山，水里龙神该下水下水。

在艮八运，8是旺相，9是生旺，1是远望的数字，2、3、4、5、6，都是属于煞气、死气的星，7是退气。如果遇到了不旺相的山星和向星，也就是遇到了煞气、死气的山星和向星，该如何判断呢？

这时，一般的判断原则是：煞气、死气的山星，最喜下水，切莫上山。这与旺相山星的要求正好相反。煞气、死气的山星所飞临的地方，一定不能见到山脉或高大的建筑物，如果见到、出现了山脉或高大的建筑物，它会增强这些煞气、死气的作用,对居住在此的人产生非常不好的影响。这时,最好让煞气、死气的山星下水,反而坏事能变好事。

同理,遇上煞气、死气的向星所飞临的地方,一定不能见到水,煞气、死气的向星如果下水,反主财运不好。这时,最喜煞气、死气的向星所飞临的地方上山,也就是见到山脉或高大的建筑物,也是能让坏事变好事,有利于财运。

风水盘的判断过程

我们仍旧用前面排好的艮八运子山午向的盘,来说明如何判断风水。

艮八运子山午

34 七	88 三	16 五
25 六	43 八	61 一
79 二	97 四	52 九

现在是艮八运的时候,八这个字进入中五宫后,然后顺序在六宫、七宫等排了九、一、二等数字,这些一到九的数字是属于运盘的数,运盘是静态的盘,这些数字一落地、一经排定,就管二十年不变。

中五宫八字上的4、3;六宫中九字上的5、2;七宫中一字上的6、1;这些4、3;5、2;6、1等都属于天盘。

天主动,地主静,风水看盘,重点看天盘。它们的意思前面已经知道了,左面的数字代表管人丁的坐山盘,右面的数字代表管财运的向山盘。

这些4、3,5、2,6、1等数字的组合,是在排列艮八运子山午向的风水盘时,根据洛书九宫的数字排列产生的,它不是人为安置的,它是八卦卦象的组合,代表了八卦的卦象在不同方位上产生了不同的气流和气场,这种气流是天然的、自然的。如果这个气流是凶煞的,其中的人就容易受到制约和损害;如果这个气流是生旺的,对其中的人就是有益的。

判断风水的状况,本着"山管人丁水管财",和"山上龙神不下水,水里龙神不上山"的两个原则,根据图盘中每个宫所飞临的数字进行判断,或者说是进行设计、布局。

在现在的艮八运,中五宫中8的数字,是最旺的数。8所飞临的方向也是气比较旺的地方。山星的8飞临的地方利于人丁,向星的8飞临的地方利于财运。这时布局风水,要看人们追求的目标来定设计。一般来说,人们的住宅,以休息、健康为主,因此风水布局也以旺人丁为本;如果是商业经营场所,则风水布局以旺财运为主。当然,在可能的情况下,最好的风水是丁、财两旺。

从图盘中,我们看到8飞临的地方,在离九宫有两个8。离九宫在房屋内是正南的地方,如果这个房屋是一个私人住宅,那么,在房屋内正南的离九宫地方,作为睡房、卧室比较好。左面的8是管人丁的,旺相的山星所作之处,它喜见高大物品,不喜见低。因此,就应在房屋内正南的离九宫地方,放些柜子等较高的物品,总之是不能平着,平着属于低矮,属于水，但是山上龙神不下水，所以不能低。

我们看到正南的离九宫地方的两个数字都是8，这就成了一对矛盾体。将正南离九宫的地方放置了较高的物品后，人丁旺了，可是旺相的财星不能上山却上山了，不利于财，财运受到了影响。这时，住户自己需要做出取舍。一般来说，凡是住宅的地方应该以住户的身体健康为主，这将有利于住户家人的学习、生活和休息；如果是商业经营单位、店铺，则应以纳财为主，这时就不能放置较高的物品，而需要放"水"，也就是可以腾出一块较大空间，空间大就有了水的效用，或者可放些较大的较矮的有水的鱼缸等，目的是达到"水里龙神不上山"的效果，同时还能具备催动旺气8的财星的作用。

除了8飞临的地方，其它地方，也都应会管辖一部分事情。风水的目的，就是分析每一个宫位上的吉凶，将吉位、凶位都了解清楚，对凶位进行处理、规避，才是一个较好的风水布局。

我们来看震三宫，这时有两个飞星"2、5"。2在洛书九宫中是坤卦，是主管疾病的病符星；5是五黄大煞，也有的因为它在戊己土的位置，叫它戊己大煞。这样2和5凑到了一起，就成了既要闹病，又要闹灾的状况。因此得出了在这个风水盘中，正东方向会最容易出问题的结论。因此，这个正东的位置就不能用来住人，会容易生病；也不能用来办公，会容易出错。因此，这个正东的位置，需要想出办法来化解它、避开它。

风水的布局是动态的，某一个宫中出现2或5，都是常见的，只是2和5同时出现在一个宫中，就要引起注意和重视。那么，如何来规避这种组合呢？

当发现了这种组合后，在这个宫的方位，应尽量不要放置动态的物品，比如，把它设计成储藏室，或者空闲这个方位，以规避它。如果这个位置设计成卧室、书房，甚至卫生间，都是在拨动这个方位。如果这是在一个房间内的地方，放置一个不需搬动的大衣柜等，也可以起到规避这个不好的位置作用。相反，如果在这个地方放个大挂钟，或者电视机，都是非常危险的。因为在不应动的地方，钟摆、电视、电脑等物品内的动，能使那个地方的空气流动，流动就产生了波动，造成2、5煞气的波动开始弥漫，久之就对住在此处的人会产生明显不好的影响。如果这里住了几个人，那么会对其中与这个东方震宫宫位对应的人影响最大。

这样说，有没有理论根据呢？在上一章"周易十翼"一节，提到过《系辞传》，在《系辞传》的下篇里，有"吉凶悔吝者，生乎动者也"的叙述，就是说，如果不动，什么事都没有，一动，就可能是吉，也可能是凶、是悔吝。"吉凶悔吝生乎动"，这也是风水之所以主要看能够动的天盘，而将静的运盘只作为参考的原因。现在知道这个包含2和5的地方是"凶地"，因此就最好不让它有动静。2、5煞气是所有风水盘中最凶的两个数，因而在风水布局时，要尽量避开2、5这两个数带给人们的负面影响。

风水盘中属相的作用

任何一个住户在对房屋进行风水布局调整时，非常关键的因素就在这个住户人的属相位置上。

比如，一个人住的房屋依然是艮八运子山午向的一个建筑，如果这个人是个属鼠的人，鼠的地支为子，子的方位在正北方的坎1宫。那么，这个人的风水布局就只要重视他的本命宫位坎1宫的情况，因为这个坎1宫，主管着这个属鼠人的吉凶祸福等运气的境况。

从风水盘中看到，正北坎1宫中的数字，运盘为四，天盘为山星9、向星7。山管人丁水管财，山星9管人丁，9在八运中为生旺星，因而住在这个房屋中属鼠的人，在将来九运中会人气旺，身体健康平安。向星7管财，7在八运中为退星，因而住在这个房屋中属鼠的人，在过去曾经财运兴旺过，现在不如过去好了。这样，这个坎1宫内的风水盘就直观地将这个人的状况展现出来了。同时，这个人家里其它属相的人，也可以通过这个风水盘来看出自己的状况。

这就提出了一个问题，由于每个人的命运不同，属相不同，因此，在同一个屋檐下，同一个风水布局，对于不同的人，会产生不同的运气。这也说明，命运与风水的有机结合，才能产生精彩的人生运动轨迹。

属相在风水盘中的位置分布是：
属子鼠的住正北方位，
属丑牛、寅虎的在东北方位，
属卯兔的在正东方位，
属辰龙、巳蛇的在东南方位，
属午马的在正南方位，
属未羊、申猴的在西南方位，
属酉鸡的在正西方位，
属戌狗、亥猪的在西北方位。

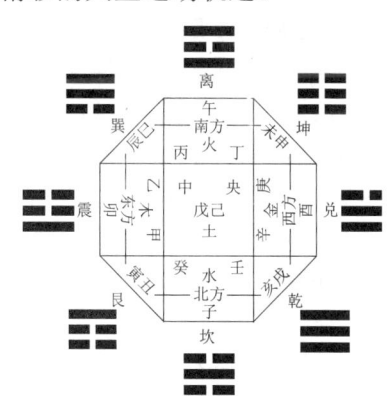

风水的境界

了解了新奇、陌生而神秘的风水后，我们对三千年来古代人们的智慧，有了较明确的认识。

现代社会，人们一般都只针对看得见的物品以及物质的组成部分，进行分析、研究。而当代的科学家已经发现了暗物质存在的直接证据，并估算出宇宙由73%的暗能量，23%的暗物质和4%我们已知的物质组成。所以，用现代科学的理论去批判风水所谓的糟粕、迷信的内涵，恰恰有可能是指向了风水领域中最最精华的部分，那就是对于暗物质能量的认识。

前苏联科学家曾经公布过人手指端放射闪电半寸的影像，这些"能"，都是可传递而且能量不灭的，能量只是转移，集中或分散，在宇宙之中循环不息，生生不已。它们与物质世界的物理场能发生着互动影响，这也就是为什么自然界中的"风水"能够对于人类的生命运程产生影响作用的原因。

人类实际上是被物质环境所左右的，而构成物质环境的微观粒子与人体内部微观粒子场是相通的，在这种微观粒子构成的时空内，有一种强大的力量在制约着物质的循环，这种力量就是五行生克的规律。

一个人四柱八字中的五行比重及排列，这是人的命格，是自然天定的，无法更改。在设计、布局风水时，只有将一个人的四柱基础信息分析、判断准确了，才能针对这个人从风水、姓名上去补充命理上所缺的生物场，引导这个人自身的生命信息往所希望的方向发展。

高级的风水师，能够在自身静坐的功能状态下看清风水的设计、布局及运作，道理依然是阴阳互动、五行相生相克的原理，但由于避开了风水表面繁琐复杂的理论及方式方法，就可以看到整个风水场的时空运动规律，就可以定下与"道"合一的风水框架，进行对风水场的补充或改变，引导风水场的方向。实际上，风水的真谛用一句话可以概括，那就是"夺天地之造化，聚自然之灵气"。

风水师的责任

从以上风水的诸多内容中，我们知晓了中国风水学的基本概念是由阴阳五行、干支生肖、四时五方、河图洛书、八卦九宫、廿四节气、星象分野等知识所构成。实际上，保持家居清洁，尽量少放置杂物，也是风水学最大、最简单的要诀。现在坊间许多谈住宅健康场的书籍，讲述了许多有关房屋内的所宜所忌，在我们了解了风水学的基本原理后，对于其中遵循易理的内容，是可以借鉴的。

至于房屋内的所宜所忌，来说一个实际的例子：一位按照《天玉经》原理，每天被人请去看风水的朋友说，看了太多的居家卧室后发现，凡是卧室顶棚的吊灯直接吊在卧床上的，这个屋子的居者大多肚子里都要长瘤子，而且瘤子的数量与吊灯灯泡的数量、形状都有直接关系。我问他是什么原理有这么大的匪夷所思的能量，他说，可以用爱因斯坦的能量公式 $E = mc^2$ 来解释（能量＝质量×光速的平方，其中 E 代表完全释放出来的能量，m 代表质量，C 代表光速）。由于他在实践中发现上百人都有这一相同的情况，他就让我把卧房的顶棚抹平，用台灯、墙灯、落地灯等任意选一种去代替吊灯来解决屋内的照明所需。

当代最重要的广义相对论和宇宙论大家，被称为在世的最伟大的科学家霍金先生，在他的《时间简史》序言中写道："我朋友建议我在书中不要写公式，那样会吓跑至少一半读者，所以我考虑过不写，不过后来我还是决定写且仅写爱因斯坦的一个公式 $E = mc^2$。"

在了解了风水的架构内容后，人们会认识到，风水，也是根据宇宙自然中的物理规律，所设计出的趋吉避凶的数理模型。人们应当破除现在各类形式的风水"大师"所渲染的对于风水功效的夸张，在故弄玄虚的背后，往往隐藏着贪婪的欲望。风水是中国文化中一门宝贵的学问，却被一些人作为敛财的手段，长此以往，会从根本上断绝这门学问的生存与发展，就好像大夫把救人性命的验方，作为获取暴利的手段，使人们谁还敢，谁还会去相信大夫的药效呢？当一剂灵丹妙药能够救人于生死之间时，确实是无价之宝，可是，为了获取巨资而兜售灵丹妙药，就违背了此药的初衷。久而久之，风水之术，将会被社会视为骗财的虚假手段，使一些人在满足一己私利的同时，破坏着人们对于风水这一自然学科的真理探索。

在本书的最后一章，会讲述张三丰的故事，500多年前的张三丰，曾写过一篇讲述风水的好文《堪舆篇》：

> 惟天覆善恶，惟地载善恶，惟仙师为天地埋藏善恶。天无私覆，地无私载，仙师无私恩。人有私欲，则见理不明。地理者，天理也。既有天理，即无人欲，故此道惟聪明正直圣人贤士乃可言之。今汝世人妄谈风水，冒渎山灵，举亲骸以求福禄，对时师以论殃祥，或代搜求，或自寻觅，赚人货财，要人夸好，如此人心，安知天理？十个堪舆九个穷，何足怪也！仙师赐地，吉人与吉，凶人与凶，吉不受恩，凶不受怨，理自公也，心自明也。吾尝与人讲堪舆，即以堪舆兼报应，亦是如此。夫司地者，仙师也，职既与仙，便不与凡。人向凡夫求地，何不向凡夫求仙？

我们在这里讲黄帝的故事，谈到干支，以及涉及到的数术命理，通过了解后知道，这些，无非都是古人根据宇宙自然的运行规律所设计的数理模型，它是中国文化的一部分，而且是古人流传下来的文化中对当代人来说最神秘的一部分。

天人合一，天的自然运转是有能量的，人们如能自在地接收、使用到这一能量，并用于人类的生产生活，也就见证了钱穆先生说的：中华文化的精华，一在天人合一的哲学，一在命理学。

第六节　干支来源自日月星辰

干支的发明本是用来纪年、纪月、纪日、纪时，是历法的工具，却被聪明的中国人进行了创新，形成了中国文化的一部分，而且是古人流传下来的最神秘、最神奇的一部分。

如果用现代的科学眼光来探究一下它的神秘性，就要把目光先投向天空，还是要仰观天象。

在探究干支的神秘性时，需要先来了解一下月亮。

人们都知道，月球在绕地球公转的同时进行着自转，公转、自转一周的周期是27.32166日，月球从月圆再到月圆的大约时间是30天，精确的天数是29.5306天，称作一个月。

人们都知道地球绕太阳一周的时间大约是365天，精确的天数是365.2422天，称为一年。

"人有悲欢离合，月有阴晴圆缺，此事古难全"。月亮为什么会有阴晴圆缺的变化呢？人们知道，月亮本身不发光，只是把照射在它上面的太阳光的一部分反射出来，这样，对于地球上的观测者来说，随着太阳、月亮、地球相对位置的变化，在不同日期里，月亮会呈现出不同的形状，这就是月相的周期变化。

再进一步看，虽然月亮被太阳照射时，总有半个球面是亮的，但由于月亮在不停地绕着地球公转，时时、分分、秒秒改变着自己的位置，所以它正对着地球的那半个球面与被太阳照亮的另半个球面有时完全重合，有时完全不重合；有时小部分重合，大部分不重合；有时大部分重合，小部分不重合。这样月亮就呈现出了阴晴圆缺的变化。

以太阳的视运动为依据设置的历法，叫"太阳历"，也就是人们常说的"阳历"；以月亮的视运动规律为依据设置的历法，称为"太阴历"，也就是人们常说的"阴历"。

月亮的朔望

当月亮的位置处于太阳和地球之间时，它的黑暗半球对着我们，人们根本无法看到月亮，这时被称为"朔"，"朔"就是月亮全黑的时候，阴历定为每月的初一。每逢朔日的时候，月亮和太阳同时从东方升起，即使有部分太阳光会被地球反射到月亮上，然后再由月亮反射回来，也完全淹没在强烈的太阳光辉中。

而当地球的位置处于月亮与太阳之间时，虽然三个星球也是处于一条线上，但这时，月亮被太阳照亮的半球朝向地球，柔和的月光整夜洒在大地上，这就是满月，也就是"望"，"望"就是月亮全白的时候，是月亮团圆之日，阴历定为每月的十五或十六。

月球到地球的平均距离是38.44万公里，太阳到地球的平均距离是14960万公里。

月亮与地球的距离相对于太阳与地球的距离来说太短了，因而在天球上，月亮东移的速度比太阳快很多，每天月亮由西往东前进13度多一点，而太阳却只前进了1度。因此，朔（全黑）之后，月亮很快地跑到了太阳的东边，一两天后，太阳一落下去，西边的天空就可以望见到一弯新月，两个尖角指向东方。此后，月亮升起的时间越来越迟，月亮也逐渐丰满起来。约在朔后第七天，我们看到的月亮是圆弧朝西的半圆，这就是上弦月，这时候是阴历的上半月。以后月亮继续向东，更加丰满，升起的也更迟了，直到达到了"望"（全白）。从朔到望，月亮离开太阳的距离越来越大。

过了望以后，月亮逐渐向太阳移近，月面逐渐消瘦下去，它又变成了半圆形，但圆弧朝东，这就是下弦月，这时候是阴历的下半月。这时候，当太阳从东方升起时，月亮正高悬在正南的天空上，人们的肉眼是看不见月亮的。下弦以后，月亮要到后半夜才从东方出来，它的半个圆面逐渐消蚀下去，变成狭窄的镰刀形，尖角向西。从望到朔，月亮与太阳靠得越来越近，以至于再次消失在晨曦中。

月相的变化是：月球对着太阳时，为满月，为望；月球背着太阳时，则无光，为朔。

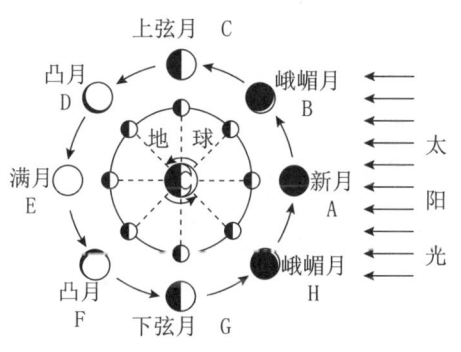
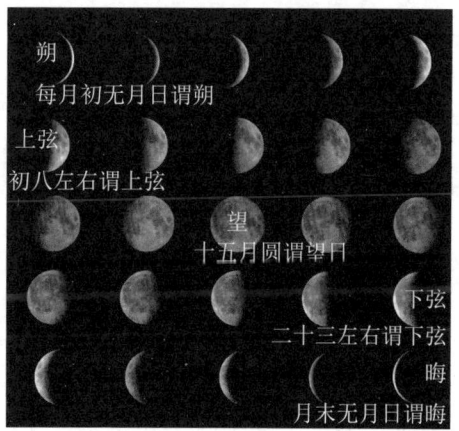

朔望月

图中右边箭头线代表太阳光，大圆为月球的运行轨道，圆中心为地球，最外一圈为我们地球上的人类所看到的月相，即：朔，是月亮全黑，地球观测者所看到的是月球背朝太阳的一面，即没有月亮，阴历定为每月初一；望，是月亮全白，地球观测者所看到的是月球朝着太阳的一面，即为满月，是月亮团圆之日，为阴历的十五或十六；半白半黑的月相，说的是上弦（上半月）或下弦（下半月）。

了解了"朔""望"的意思后，朔望月是指月朔到月朔，或月望到月望，或新月到新月之间周期的长度，它的平均天数为29天12小时44分2.86秒，即29.5306天。这一周期是月亮绕地球旋转，同时地球绕太阳旋转，三者之间相对运动而形成的，它不是月亮绕地球旋转一周的实际时间，实际时间说到过是27.32166日。

十九年七闰法

月亮围绕地球公转，同时也自转，两者周期相同，方向也相同（这种情况称为"同步自转"），因此月亮总以相同的一面对着地球，所以，在人造卫星上天之前的漫长岁月里，人们从来没见过月亮的后脑勺长的是什么样子。

古人观测朔望月，发现两个朔望月约是59天的概念，12个朔望月大体上是354.36天多，比回归年（指从地球上看，太阳绕天球的黄道一周的时间，即太阳中心从春分点到春分点所经历的时间，一个回归年为365.2422天）的长度少10.88天，将近11天，平均到每个月少0.91天，将近1天。这样下去，比如阴历年某年春节为大雪纷飞的冬天，第二年的春节就会在季节上提前11天，第16个农历新年就会出现在赤日炎炎的夏天。但如果按十三个朔望月构成阴历年,长度为29.5306×13=383.8978日，比回归年又多出了18天多，如果按上述规定制定历法，就会出现天时与历法不合、时序错乱颠倒的怪现象。

"十九年七闰法"就协调了回归年与阴历年的这一矛盾。

"十九年七闰法"就是在十九个阴历年中设十二个平年，每一个平年为十二个朔望月；然后再设七个闰年，每一个闰年为十三个朔望月。按照"十九年七闰法"可以把太阳和月亮的运动很好地协调起来，就能制定出精度相当高并与天象符合的阴阳历。我国使用的就是这种阴阳历，古人也因此得到了一年有12个月的概念。

为使一年的平均天数与回归年的天数相符，阴历规定：每一个月里必定要有一个中气（在二十四节气的部分谈过中气），没有中气的月份，便成为前一个月的闰月。19个"回归年"共有228个中气和235个"朔望月"，235减去228，即是有7个月没有中气，这些没有中气的月便只好成为闰月，这就是十九年七闰法。在距今二千五百年前的公元前六世纪，中国就开始采用了"十九年七闰法"来协调太阳和月亮的步调。

一星期七天

一个星期有七天，这是现代人最普通的认知，现在世界各国通用一星期七天的制度。这个制度据称最早起源于古巴比伦。在公元前7至前6世纪，巴比伦人便有了星期制。他们建造七星坛祭祀星神。七星坛从上到下依次为日、月、火、水、木、金、土7个神，巴比伦人每天都以一个神来命名。这是一种普遍的说法，我们通过天文上的规律，再来看看是不是这样呢？

在天文上，月球绕地球公转连续两次经过近地点（或远地点）（远地点是指：航天器绕地球运行的椭圆轨道上距地心最远的一点）的时间间隔叫"近点月"。它是月球运行的一种周期，一年内，各近点月之间的时间长度不一定相等，月行有快有慢，一般来说，1个近点月的时间为27.5546日，月亮在一个近点月中有 4 个特征点（四象），这 4 点是运动状态的转折点。这四个特征点将一个近点月分为了四段，并用这四点的性质来表征月亮的四段时间和空间的运动特征。

这一段好似挺复杂，简单说就是两句话：1 个近点月的时间为 27.5546 日；1 近点月中有 4 个特征点。

同时，在月地日的运动规律中，有 15 个近点月构成月亮一个回归周期的规律，相应的为 14 个朔望月（15 个近点月 =413.32 天，413.32 天 ÷29.5306 天 =14 个朔望月）。因此，月亮每相邻的 4 个特征点构成一组四象，一个回归周期 15 个近点月，四象经过 15 次编码，即为 60 个点，即为六十卦；16 个近点月构成首尾相似的封闭周期，四象经 1 6 次编码，即为 6 4 点，即为六十四卦。由此可见，四象是一种稳定的结构单位，八卦是四象的编码。

1 个近点月是 27.5546 日，27.5546÷4=6.89 天。即月亮运行相邻两个特征状态之间的平均长度为 6.89 天，它与 7 天相差很小。中国古代在纪年纪月纪日时，都是以整数来表示的，以 7 天代替一个月亮单位是正常的，因此，"星期"这个时间单位就是月亮单位的整数化，可见，它来源于近点月，而不是来源自朔望月（朔望月 29.5306 天 ÷4=7.38 天）。

一年有 365÷6.89=53 个星期，而不是 52 个多。这说明，人体的七天节律，是月亮节律在人体中的天文特征，它的平均间隔是 6.89 天，人体内一年有 53 个这样的周期。

1 年 ÷1 近点月 =365.2422÷27.5546=13.25，就是说，太阳每天日行 1 度，每天月亮由西往东前进 13.25 度。所以说，从一年有 53 个月亮单位得出，一年有 13.25 个近点月，即太阳每天日行 1 度，月行 13.25 度。

以地心为参考，有 13.25×4=53。一年月行 53 点，日行 4 点，月亮超前太阳 49 点。若以日心为参考，则一年月亮绕地球右旋 53 点，地球绕太阳右旋 4 点，两者之差为 49 点。

这种比较，是以最简单的二体运动为根据的，地与月，地与日，两两相对；然后地与月、日，是两种运动对一点的比较。因此，4、49、53，这三个数字都是二体运动的结果。

天右旋地左传

中国古代的天文数据都是以地球为观测点得到的，观测的结果就是天体的视运动。

因此，太阳、月亮每天从东方升起、经过南方到西方落下，在周天背景上还有太阳每年从西向南向东、月亮每月从西向南向东的运动。西、南、东是北半球人们观察得到的方位，另有一个观察不到的"北方"。在平面上表示就是（面南而立），上为南、下为北、左为东、右为西。

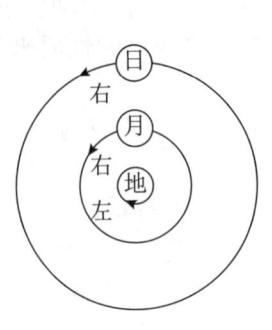 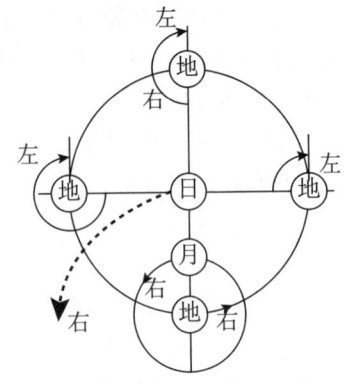

以地心为参考天右旋　　　以日心为参考地左转

所谓天右旋，是从北方（下面）开始，向西向南向东，回到北方，这一逆时针方向，就是日月运行的方向，称为天右旋。

所谓地左转，是指地球由北向东向南向西再回到北方的转动，即顺时针方向。因为是从北方向左的转动，所以称地左转。

六十进制　六十四卦

一个月亮远地点回归周 =15 近点月 =4 特征点 ×15=60 特征点。

就是说，在 1 月亮远地点回归周内，月亮在周天将留下 60 个特征点的位置，这 60 个位置点将周天划分成 60 段，这种划分不是人为的，而是月亮的运行留下来的，这就是六十进制的天文解释。就是说，月亮远地点回归周是一种六旬周期。

前文说，16 个近点月构成首尾相似的封闭周期，四象经 16 次编码，即为 64 点，即为六十四卦。如以日地连线为参考，月右行 60 点，则地左传 4 点。如果以一卦代表一点，则月行 60 卦，地转 4 卦，两者相合也为八八六十四卦。八八六十四卦表征了月地日三体运动关系的数学表达形式。

月地日的相互关系

通过以上的叙述，我们就能总结出在六十甲子年中，天文学家发现的月地日的相互关系：

月地日三体可以形成三组二体关系和一组三体关系，这四组关系是月地关系、日地关系、月日关系、月地日三体关系：

1. 月地关系：月亮绕地球右行一周,过 4 个特征点（每两点之间为 6.89 天≈7 天),53 点对应于 1 个回归年。甲子 60 年中,月亮运行 53×60=3180 点。

2. 日地关系：地球绕太阳右行，1 回归年为 1 周，过 4 个特征点（冬至点、春分点、夏至点、秋分点），出现一年四季。60 年过 4×60=240 特征点，出现 240 季。地球在自己的椭圆轨道上一年过近日点、过度点Ⅰ、远日点、过度点Ⅱ，4 特征点。

3．月日关系：月亮通过地球的带动，每年在黄道面会上下运行53点，构成连续的类余弦曲线。每年年终相位超前900，4年相位复原，构成一个小周期，共53×4=212点，60年共15周3180点（212×15=3180），实际上，等同于53×60=3180点。

4．月地日三体关系：15个近点月60特征点，构成相对于日地连线的月亮远地点回归周期，形成14个朔望月，含28个朔望点（朔望月中都有一个朔点、一个望点）；

月行53周共3180特征点，包含795个近点月（365.2422×60÷27.5546=795），月亮与日地连线相会742次（365.2422×60÷29.5305=742），形成742个朔望月；

其间地球绕太阳公转60周，即甲子60年，过240特征点和240季；地球对日地连线左转53周，过212点，即地左转的212点对应着240特征点。

以上这些就是甲子60年的天文内容。那么，干支纪年的天文内容又是怎样的呢？

干支纪年的天文背景

用十天干纪年的天文位置是：在周天60个特征点位中，月亮特征点相对于日地连线来说，每个甲年退行10位，六个甲年退行60位，即一周天。

下图列出的是甲子六十年每一年开始时的月亮特征点在周天上的位置编码。图中可见，第1年（一甲年）始点位00，第11年（二甲年）始点位50，余者为40、30、20、10。下一个甲子年重复循环一次。乙、丙……癸年均如此，十年退行10位。从图中可见，这种情况，是月亮特征点在周天上运行的自然结果。

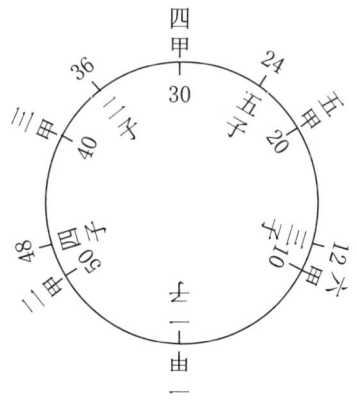

六甲五子年周天位置图

天干 次序	甲 (0)	乙 (3)	丙 (6)	丁 (9)	戊 (2)	己 (5)	庚 (8)	辛 (1)	壬 (4)	癸 (7)
一	00(子)	53	46	39	32	25	18	11	04	57
二	50	43	36(子)	29	22	15	08	01	54	47
三	40	33	26	19	12(子)	05	58	51	44	37
四	30	23	16	09	02	55	48(子)	41	34	27
五	20	13	06	59	52	45	38	31	24(子)	17
六	10	03	56	49	42	35	28	21	14	07

甲子六十年每一年开始时月亮特征点在周天上的位置

月亮特征点与日地连线的关系，每一年都不相同，六十年一周期。这些都可以由三者的位相关系表征。不同的月地日三体关系，在地球上就产生不同的效应，从而造成了一系列六十年周期现象，这样，十天干纪年的天文含义就已经明确了。

十二地支纪年表达的是天地的对应关系。所谓天地对应关系，就是日月位置与地球的对应关系。以日地连线为参照系统表明，日的位置已被相对固定下来，日地关系已由地左转表达出来，所以，天地的对应关系就可以用月地的关系来表示。

一组地支为12个数，它们可分为三小组：子丑寅卯，辰巳午未，申酉戌亥。从下图知，三组首位的子、辰、申年的月地点同号。

年次	干支	初始月亮点	对应地球点	回归周	年次	干支	初始月亮点	对应地球点	回归周
1	甲子	00	00	1	31	甲午	30	00	28
2	乙丑	53	38	2	32	乙未	23	38	29
3	丙寅	46	16	3	33	丙申	16	16	30
4	丁卯	39	54	4	34	丁酉	09	54	31
5	戊辰	32	32	5	35	戊戌	02	32	
6	己巳	25	10	6	36	己亥	55	10	32
7	庚午	18	48	7	37	庚子	48	48	33
8	辛未	11	26	8	38	辛丑	41	26	34
9	壬申	04	04		39	壬寅	34	04	35
10	癸酉	57	42	9	40	癸卯	27	42	36
11	甲戌	50	20	10	41	甲辰	20	20	37
12	乙亥	43	58	11	42	乙巳	13	58	38
13	丙子	36	36	12	43	丙午	06	36	
14	丁丑	29	14	13	44	丁未	59	14	39
15	戊寅	22	52	14	45	戊申	52	52	40
16	己卯	15	30	15	46	己酉	45	30	41
17	庚辰	08	08	16	47	庚戌	38	08	42
18	辛巳	01	46		48	辛亥	31	46	43
19	壬午	54	24	17	49	壬子	24	24	44
20	癸未	47	02	18	50	癸丑	17	02	45
21	甲申	40	40	19	51	甲寅	10	40	46
22	乙酉	33	18	20	52	乙卯	03	18	
23	丙戌	26	56	21	53	丙辰	56	56	47
24	丁亥	19	34	22	54	丁巳	49	34	48
25	戊子	12	12	23	55	戊午	42	12	49
26	己丑	05	50		56	己未	35	50	50
27	庚寅	58	28	24	57	庚申	28	28	51
28	辛卯	51	06	25	58	辛酉	21	06	52
29	壬辰	44	44	26	59	壬戌	14	44	53
30	癸巳	37	22	27	60	癸亥	07	22	

说明：每一甲年之间初始月亮点相差10位，即10年相差10位； 每一子年之间初始月亮点相差24位，即12年相差24位；

从第1年起，每隔4年，月亮点与地球点同号； 月亮点30年反相，地球点30年一周。

甲子六十年中各年开始的月亮点、月下地球对应点和回归周

第一组地支：子0，辰32，申4；

第二组地支：子36，辰8，申40；

第三组地支：子12，辰44，申16；

第四组地支：子48，辰20，申52；

第五组地支：子 24，辰 56，申 28。

我们看到，相邻的两个同名地支年月亮位置改变了 24 位（由于是六十年周期的情况，可用相邻的两个同名地支前者减去后者都是 24。前者数字小于后者时，加上 60 再减后者，即得出 24），也就是说，每隔 12 年，月地位置均改变了 24 位，相当于平均每年改变 2 位。

因此，每一组天干年（10 年），月亮点退行 10 位，日月距（月亮距日地连线）增加 10 位，相当于平均每年 1 位；每一组地支年（12 年），月亮点退行 24 位，日月距增加 24 位，地球点也对应着改变 24 位，相当于平均每年 2 位。在月地日关系中，一主要表征日月天体的关系，二主要表征月地对应的关系。

至此，天干地支的意义就明了了：以干支的形、数、义，来表征月地日运动六十年周期内的相对位置和位相关系，就是干支纪年方法的含义。

中国古代天文家创造的天干地支，令人骄傲、赞叹和崇敬。

干支纪年各种组合的含义

干支之义一明了，各种组合的含义也同时清楚了。

一、天干的组合：

在天干的组合中，有甲乙、丙丁……；有甲己、乙庚……；有六甲、六乙……共三种。

1. 六甲之年，表示在六种不同位相的月地日关系下的相似年份。每相邻两个甲年之间，位置相差 10 位，位相相差 60°（这里的度数指一周是 360°），六甲之后，位相复原，一个新周期开始。从月地二体关系看，二甲年较一甲年，月亮的位相超前 180°，二甲年是一甲年的反相年。

2. 甲己之年，是中医运气学说中的一个组合，是将一个天干周期（10 年）再划分为阴阳两个部分，阴阳年向对偶，以五运五音标注。若视十年为一个整体，两者为相位相反之年。两年之间位置相隔 25 点（或说 35 点），位相相差 150°（或说 210°）。这一划分，完全符合"隔八相生"的韵律，也符合数的相生原理。从月地关系看，五年 265 月亮点，即过五年月亮位相超前 90°。

3. 甲乙之年，是由阴阳互根原理而确定的，单数年为阳年，双数年为阴年，阳生阴，阴生阳。一对阴阳年以五行中的一行标注，以五行分阴阳来说明。以五行纪年，甲乙两年为一行。

二、地支的组合：

以地支纪年，其组合比天干更为丰富多彩。

1. 子丑寅卯、辰巳午未、申酉戌亥

这种四年一组的划分，表示一种四象结构，从月地二体运动看，月亮位相四年一复原；从月地日三体运动看，每隔四年，月地位置同号。

2. 申子辰、丑巳酉、寅午戌、卯未亥

这四小组分别是月地的位相同号之年。各小组的月地位相依次为 0°、90°、180°、270°。

3. 子午卯酉、丑未辰戌、寅申巳亥

在纪年时，若一组地支 12 年为一个整体，则这三组内的四年是一周 360°上的四个关键点，但各小组始点相差为 30°。这也是一种四象结构。

4. 子午、丑未、寅申、卯酉、辰戌、巳亥

这些都是相冲之年的组合。在一组地支周期内，它们都是相位相反之年。

5. 五子、五丑……五亥

五子之年，乃是五行周期（一组地支 12 年为一行）中位相相同之年。在二体系统中，是月地关系相似的年份。在三体系统中，相邻两字年间位置相差 24 点（144°），五子以后位相复原。

至此，人们看到了干支的天文来历和干支变化的天文影响。

大挠作甲子，是古人为了天文历法的需要，以月地日相互运动关系为基础。日、月都是天体中的巨大星体，它们每时每刻在宇宙中运转，所产生的气体能量、磁场能量、引力能量等，都在作用于地球上的人类，这是一种很平常的自然现象，只是人们身在其中感觉不到它的真实存在。

古人把这些人类平常感觉不到的东西，通过干支系统，清楚地表现了出来。

第七节　中国人的宝贝《黄帝内经》

在本章的开始，我们谈到黄帝发明了房屋、衣裳、车船、兵器、阵法、音乐、器具、井田，仓颉发明了文字、大挠发明了干支。黄帝时期的这么多重大发明，使中华民族获益甚多，因此中国人都以黄帝为先祖，都以作为黄帝子孙为荣耀。

距今约二千年前的东汉年间（公元 25～220 年），东汉历史学家班固（公元 32～92 年）在他所著的《汉书》中，收录了一部综合论述中医理论的经典著作《黄帝内经》十八卷，这是有记载的第一次出现《黄帝内经》一书的名称，有了《黄帝内经》一书，中国人就开始有了自己的医学和医学理论，这时距黄帝时期已过了 2600 年。

身为黄帝子孙，我们的古人愿意将一切文物、典籍、制度都归于黄帝名下，"为道者必托之于神农、黄帝而后能入说"。因此，既然叫作了《黄帝内经》，我们说黄帝的故事，又怎能少了《黄帝内经》的内容呢？

《黄帝内经》的起源

《黄帝内经》一书是什么时间写的呢？有的说就是黄帝时期流传下来的，有的说是距今2500年前战国时期（公元前475～前221年），有的说是产生在距今2200年前的秦汉时期。

但可以确定的：一是《黄帝内经》的成书与中医理论的形成，是两个不同时间段，是两回事。二是《黄帝内经》不是一个人写的，而是许多人写完集在一起的，这个时间应该是在距今2000～2500年期间。

但奇怪的事又来了，距今2700年前的春秋时代（公元前770年～前476年）之前，我们没有任何有关中医来历的史料，也就是说，中医没有关于起源的任何证据。但从春秋战国时代出现《黄帝内经》，到班固在《汉书》中收录《黄帝内经》，这200～500年的时间内，我们伟大的中医一下子达到了前所未有的高度，而且一经达到，后人就无法超越。班固收录、公开《黄帝内经》以后，没有任何人有能力对《黄帝内经》再进行增补，这是令人觉得非常神奇的事情。

对于中医起源，最有说服力的证据应该是出自于文字，可是我们没有看到。有一位现代的历史学博士这样设想：

> 最好是这样的：有一天考古队从地下挖出串在一起的许多甲骨，研究后发现，原来这就是古老的《黄帝内经》，而且甲骨上还明确记载着：某年某月在某地，有某人如此这般发明了中医。可惜这是一个梦，在已发现的15万片甲骨当中，好象没有关于中医的确切记载（据今人统计，甲骨文中涉及医药的文字有323片415条卜辞，记载病名20多种。但这也不能证明中医的起源，因为看不到理论及思维的线索，只能说当时有医药的记载）。

尽管目前还没有发现甲骨文中有中医的记载，但谁也不敢说甲骨文确实不曾有过记载，也许有很多，可惜我们不认识。看来在我们研究甲骨文没有突破之前，不太可能从文字方面找到确实的证据。

前文谈到仓颉造字时说，到商代有了甲骨文，商代后期至周朝，有了金文，而且就在商末周初，有了详细记载周文王推演的《周易》传世。这自然会使我们觉得有矛盾的地方。一方面商代有甲骨文的使用，一方面又有现在我们能认识的金文文字系统在使用并流传下来。在一个时期内，几乎同时有两套完全不同的文字系统在使用，而且，甲骨文到了周朝被金文取代，然后消失，然后在距今100年前以"龙骨"的形式突然冒出来，人们不禁要问另一个问题：甲骨文真的就是金文之前使用的文字吗？

按照这样的逻辑，除非人类突破了甲骨文，才有可能发现商代另外发生了什么，说出中医的起源，否则，中医确实像天上突然掉下来的宝贝，送给了中华民族。

商朝是夏朝后中国历史上的第二个朝代，从公元前1600～前1046年，前后相传了17世31个王，延续了600年的时间。

商代各个时期的信息，多来自于商朝的文字——甲骨文，来自于商朝金文的记载，来自于它后面的周朝，以及来自于汉朝司马迁的《史记》。其中，甲骨文和金文的记载，是目前已经发现的中国最早成系统的文字符号的记载。

虽不知道中医的起源，中医流传下来了；虽不知道《黄帝内经》的来历，人们终究有机会看到了《黄帝内经》。那么，《黄帝内经》具体说了些什么呢？

亲自了解一下《黄帝内经》

经过两千年的流传，现在人们看到的《黄帝内经》一书由两部分组成：素问，灵枢。素问多谈医学理论，灵枢多谈针灸操作。每一部分各有81篇文章，共计162篇。

现代的人们越来越重视自己的健康，解说《黄帝内经》的书也越来越多，这里所谈的可能会与人们了解到的不大一样。无论谁来解说，目的都是要使人们容易、方便地把它弄明白，同时让它有效地为人们服务。

《黄帝内经》是咱们中国人的文化中躲不开绕不过的密码本，说的都是每个人自己身上的这些事，一共162篇，我们读一下它的零头——2篇，亲自感受一下它到底在说什么。

这里录下全书开始部分原汁原味的第一、二篇，篇幅不算长，我们慢慢地读下去，一观它的原貌。

《黄帝内经》的文字比起《周易》通俗了许多，因为两书的成书时间相差着500～800年。

中国人夸奖《黄帝内经》"是一部以生命科学为主体的中华民族灿烂文化发展进程中里程碑式的巨典"。1918年出生的南怀瑾老师评价《黄帝内经》说："中国人学文也好，学医也好，学政治也好，如果《黄帝内经》都不摸，都不懂，够不上谈中国文化。不要认为那个是医学用的，里头有许多人生的道理，政治的道理。"

《黄帝内经》原文

《黄帝内经》素问第一篇：上古天真论篇第一

昔在黄帝，生而神灵，弱而能言，幼而徇齐，长而敦敏，成而登天。

乃问于天师曰：余闻上古之人，春秋皆度百岁，而动作不衰；今时之人，年半百而动作皆衰者，时世异耶，人将失之耶。

岐伯对曰：上古之人，其知道者，法于阴阳，和于术数，食饮有节，起居有常，不妄作劳，故能形与神俱，而尽终其天年，度百岁乃去。今时之人不然也，以酒为浆，以妄为常，醉以入房，以欲竭其精，以耗散其真，不知持满，不时御神，务快其心，逆于生乐，起居无节，故半百而衰也。

夫上古圣人之教下也，皆谓之虚邪贼风，避之有时，恬淡虚无，真气从之，精神内守，病安从来。是以志闲而少欲，心安而不惧，形劳而不倦，气从以顺，各从其欲，皆得所愿。故美其食，任其服，乐其俗，高下不相慕，其民故曰朴。是以嗜欲不能劳其目，淫邪不能惑其心，愚智贤不肖不惧于物，故合于道。所以能年皆度百岁，而动作不衰者，以其德全不危也。

帝曰：人年老而无子者，材力尽耶，将天数然也。

岐伯曰：女子七岁，肾气盛，齿更发长；二七而天癸至，任脉通，太冲脉盛，月事以时下，故有子；三七，肾气平均，故真牙生而长极；四七，筋骨坚，发长极，身体盛壮；五七，阳明脉衰，面始焦，发始堕；六七，三阳脉衰于上，面皆焦，发始白；七七，任脉虚，太冲脉衰少，天癸竭，地道不通，故形坏而无子也。丈夫八岁，肾气实，发长齿更；二八，肾气盛，天癸至，精气溢泻，阴阳和，故能有子；三八，肾气平均，筋骨劲强，故真牙生而长极；四八，筋骨隆盛，肌肉满壮；五八，肾气衰，发堕齿槁；六八，阳气衰竭于上，面焦，发鬓颁白；七八，肝气衰，筋不能动，天癸竭，精少，肾藏衰，形体皆极；八八，则齿发去。肾者主水，受五藏六府之精而藏之，故五藏盛，乃能泻。今五藏皆衰，筋骨解堕，天癸尽矣。故发鬓白，身体重，行步不正，而无子耳。

帝曰：有其年已老而有子者何也。

岐伯曰：此其天寿过度，气脉常通，而肾气有余也。此虽有子，男不过尽八八，女不过尽七七，而天地之精气皆竭矣。

帝曰：夫道者年皆百数，能有子乎？

岐伯曰：夫道者能却老而全形，身年虽寿，能生子也。

黄帝曰：余闻上古有真人者，提挈天地，把握阴阳，呼吸精气，独立守神，肌肉若一，故能寿敝天地，无有终时，此其道生。

中古之时，有至人者，淳德全道，和于阴阳，调于四时，去世离俗，积精全神，游行天地之间，视听八达之外，此盖益其寿命而强者也，亦归于真人。

其次有圣人者，处天地之和，从八风之理，适嗜欲于世俗之间。无恚（huì）嗔之心，行不欲离于世，被服章，举不欲观于俗，外不劳形于事，内无思想之患，以恬愉为务，以自得为功，形体不敝，精神不散，亦可以百数。

其次有贤人者，法则天地，象似日月，辨列星辰，逆从阴阳，分别四时，将从上古合同于道，亦可使益寿而有极时。

《黄帝内经》素问第二篇：四气调神大论篇第二

春三月，此谓发陈，天地俱生，万物以荣，夜卧早起，广步于庭，被发缓形，以使志生，生而勿杀，予而勿夺，赏而勿罚，此春气之应，养生之道也。逆之则伤肝，夏为寒变，奉长者少。

夏三月，此谓蕃秀，天地气交，万物华实，夜卧早起，无厌于日，使志无怒，使华英成秀，使气得泄，若所爱在外，此夏气之应，养长之道也。逆之则伤心，秋为痎疟，奉收者少，冬至重病。

　　秋三月，此谓容平，天气以急，地气以明，早卧早起，与鸡俱兴，使志安宁，以缓秋刑，收敛神气，使秋气平，无外其志，使肺气清，此秋气之应，养收之道也。逆之则伤肺，冬为飧泄，奉藏者少。

　　冬三月，此谓闭藏，水冰地坼，无扰乎阳，早卧晚起，必待日光，使志若伏若匿，若有私意，若已有得，去寒就温，无泄皮肤，使气亟夺，此冬气之应，养藏之道也。逆之则伤肾，春为痿厥，奉生者少。

　　天气，清净光明者也，藏德不止，故不下也。天明则日月不明，邪害空窍，阳气者闭塞，地气者冒明，云雾不精，则上应白露不下。交通不表，万物命故不施，不施则名木多死。恶气不发，风雨不节，白露不下，则菀槀不荣。贼风数至，暴雨数起，天地四时不相保，与道相失，则未央绝灭。唯圣人从之，故身无奇病，万物不失，生气不竭。

　　逆春气，则少阳不生，肝气内变。逆夏气，则太阳不长，心气内洞。逆秋气，则太阴不收，肺气焦满。逆冬气，则少阴不藏，肾气独沉。夫四时阴阳者，万物之根本也。所以圣人春夏养阳，秋冬养阴，以从其根，故与万物沉浮于生长之门。逆其根，则伐其本，坏其真矣。

　　故阴阳四时者，万物之终始也，死生之本也，逆之则灾害生，从之则苛疾不起，是谓得道。道者，圣人行之，愚者佩之。从阴阳则生，逆之则死；从之则治，逆之则乱。反顺为逆，是谓内格。

　　是故圣人不治已病，治未病，不治已乱，治未乱，此之谓也。夫病已成而后药之，乱已成而后治之，譬犹渴而穿井，斗而铸锥，不亦晚乎！

　　以上就是原汁原味的《黄帝内经》第一、二篇的内容。

　　感受了原汁原味的《黄帝内经》以后，人们看到《黄帝内经》是一本以黄帝与岐伯（后面还有与伯高、少俞、少师、雷公等）对话、问答的形式，阐述自然与人体的关系、阐述人体生病的原因和结果。在谈到人们的病机病理的同时，主张不治已病而治未病，是主张养生、摄生、益寿、延年的一部宝书。

《黄帝内经》第一篇的五组对话

　　我们看到，第一篇是黄帝与一个叫岐伯的人，一问一答一共有五组对话。

　　第一组对话，黄帝问，听说很古远很古远的时候，人们都能活100多岁，而且身体还不衰老。怎么现在的人，才活了50岁就都衰老了呢？

　　岐伯回答说："上古之人，其知道者，法于阴阳，和于术数，食饮有节，起居有常，不妄作劳，故能形与神俱，而尽终其天年，度百岁乃去。"这说的是古人为什么活得久：有节、有常、不妄、形神俱。

"今时之人不然也，以酒为浆，以妄为常，醉以入房，以欲竭其精，以耗散其真，不知持满，不时御神，务快其心，逆于生乐，起居无节，故半百而衰也。"2500年前的这段文字所说，是不是与现在许多人的生活特别相似？

"夫上古圣人之教下也，皆谓之虚邪贼风，避之有时，恬淡虚无，真气从之，精神内守，病安从来。"这说的是：避风、恬淡、内守，就可以不生病。

"是以志闲而少欲，心安而不惧，形劳而不倦，气从以顺，各从其欲，皆得所愿。故美其食，任其服，乐其俗，高下不相慕，其民故曰朴。是以嗜欲不能劳其目，淫邪不能惑其心，愚智贤不肖不惧于物，故合于道。所以能年皆度百岁，而动作不衰者，以其德全不危也。"这是在教每个人怎样活过100岁。

第二组对话，黄帝问，怎么有的人岁数挺大了，却还没有生儿育女呢？

岐伯回答说："女子七岁。肾气盛，齿更发长；二七而天癸至，任脉通，太冲脉盛，月事以时下，故有子；三七，肾气平均，故真牙生而长极；四七，筋骨坚，发长极，身体盛壮；五七，阳明脉衰，面始焦，发始堕；六七，三阳脉衰于上，面皆焦，发始白；七七，任脉虚，太冲脉衰少，天癸竭，地道不通，故形坏而无子也。"

女子七岁，肾气旺盛，换了牙齿，头发长得快。这一句说到肾气盛，牙齿、头发都是肾气的表现。

"二七而天癸至"。人们前面了解了干支，知道十天干中的癸是指癸水。天癸，大都被说成是自然而来的水，是女子的第一次月经来了。如果是这样，后一句又说"月事以时下"，就重复了。"天癸至"乃是指女性生长发育到了能够排卵的时期的意思。我们知道十天干中壬、癸都是水，为什么不说天壬至，而说天癸至？ 因为能够排卵排的是已经形成了的水，而壬是阳水，是形成水的元素，所以用癸不用壬。

"任脉通，太冲脉盛，月事以时下，故有子"。14岁后，开始有了月经，女子可以生孩子了。这一句说到任脉、太冲脉（后面会细讲）。现在人们对任、督二脉不了解，争论到底有没有，二千五百年前就告诉说有，无须争论。这里说女子长到14岁时，任脉就通了。

三七二十一岁，"肾气平均，故真牙生而长极"。21岁长智齿了。

四七二十八岁，"筋骨坚，发长极，身体盛壮"。28岁是女子身体最好的时期。

五七三十五岁，"阳明脉衰，面始焦，发始堕"。35岁，女子开始转衰，开始面色发黄，开始掉头发了。这一句说到阳明脉。

六七四十二岁，"三阳脉衰于上，面皆焦，发始白"。到了42岁，三个阳脉（太阳、阳明、少阳）衰，面色都焦黄了，头发开始变白。这一句说到三阳脉。

七七四十九岁,"任脉虚,太冲脉衰少,天癸竭,地道不通,故形坏而无子也"。过了49岁,女子停止排卵后,不能再生孩子了。14岁时,任脉通,太冲脉盛;49岁时,任脉虚,太冲脉衰少。

这是女子的生长发育过程,我们看到女子是按7的周期生长发育,历经天癸至、天癸竭,二千五百年前的人是怎么知道这些的呢?

"丈夫八岁,肾气实,发长齿更;二八,肾气盛,天癸至,精气溢泻,阴阳和,故能有子;三八,肾气平均,筋骨劲强,故真牙生而长极;四八,筋骨隆盛,肌肉满壮;五八,肾气衰,发堕齿槁;六八,阳气衰竭于上,面焦,发鬓颁白;七八,肝气衰,筋不能动,天癸竭,精少,肾藏衰,形体皆极;八八,则齿发去。肾者主水,受五藏六府之精而藏之,故五藏盛,乃能泻。今五藏皆衰,筋骨解堕,天癸尽矣。故发鬓白,身体重,行步不正,而无子耳。"

男子八岁,肾气充实,换了牙齿,头发长长。

二八十六岁,肾气旺盛,天癸至,能够"排精",精气能够溢出,阴阳和,进入了能够生养繁殖后代的时期。女子的天癸是能够排卵,男子的天癸是能够"排精"。这里说的"阴阳和"是关键。

三八二十四岁,"肾气平均,筋骨劲强,故真牙生而长极"。24岁牙齿长全了,筋骨强壮了。

四八三十二岁,"筋骨隆盛,肌肉满壮"。32岁是男子身体最强壮的时期。

五八四十岁,"肾气衰,发堕齿槁"。过了40岁,肾气衰了,开始掉头发了,牙齿干枯了。这都是肾气不够的表现。

六八四十八岁,"阳气衰竭于上,面焦,发鬓颁白"。48岁后,面色开始发枯黄,头发两鬓变白。

七八五十六岁,"肝气衰,筋不能动,天癸竭,精少,肾藏衰,形体皆极"。56岁后,肝气衰、筋不能拉动了,这是说肝主筋。天癸竭,肾精变少,肾藏开始衰弱。

八八六十四岁,"齿发去。肾者主水,受五藏六府之精而藏之,故五藏盛,乃能泻。今五藏皆衰,筋骨解堕,天癸尽矣。故发鬓白,身体重,行步不正,而无子耳"。过了64岁,身体开始衰败,牙脱、发脱,天癸尽,不能"排精",不再有生育能力。

这是男子的生长发育过程,我们看到男子是按8的周期进行生长发育,历经天癸至、天癸尽的过程。

看到八八六十四岁,人们自然会问,这与八八六十四卦有关系吗?答案是肯定的。

男子从1岁到32岁,就是从复卦一阳爻☷左上旋转到乾卦六阳爻☰,再从33岁姤卦一阴爻☰右下旋转到64岁坤卦六阴爻☷(如下图),64岁以后呢，是不是再来一个循环到 128 岁呢？

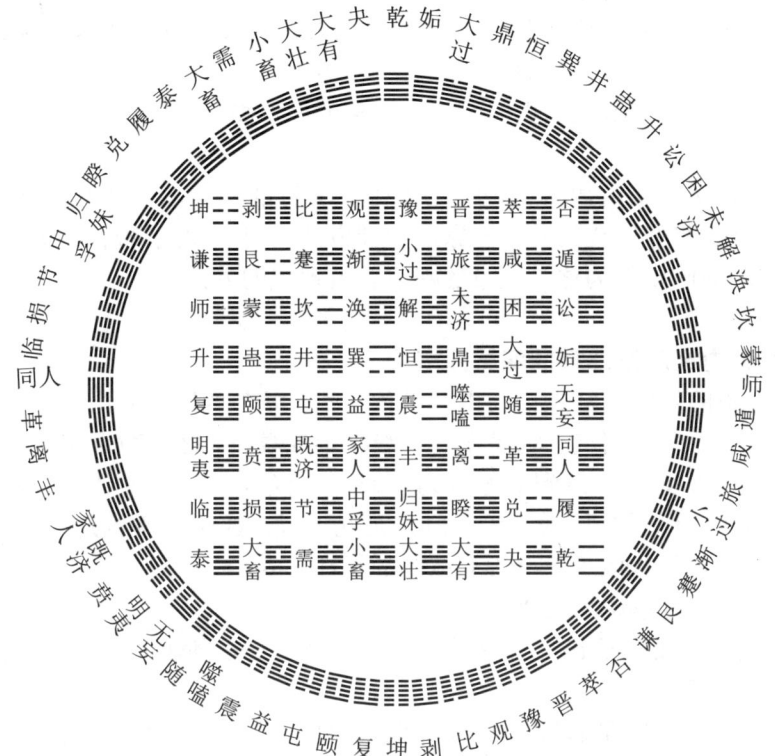

我们知道了男子、女子的生长发育周期和规律，算不算知道了男女的生命秘密？古人在这个周期和规律里，总是在谈肾、谈肾气。谈到肾主水，谈到天癸至、天癸竭、天癸尽，谈到牙齿、面色、发色。说明肾主水、主牙齿、主面色、主发色。说明主导人们面子上兴衰的牙齿、面色、发色是由肾负责；主导人们里子的生育能力有无的是肾精。说明我们每个人的一生中都要注意"节水"，节约身体里的肾水，而且最好能补充身体里的肾水，才会活得长久。"活"字是舌边有水才能活。怎样节约与补充肾水的方法，我们后面会谈到。

第三组对话，黄帝问，有的人年纪已经一大把了，却还能有生育能力是怎么回事呢？

岐伯回答说：这是因为这种人先天的寿数极长，气血经脉常能保持通畅，而且肾气有余的缘故。一般就生育能力来说，男子过不了六十四岁，女子不超过四十九岁，因为这个时候天地所赋予的精气都竭尽了。这里提到肾气要有余，气血经脉要常能保持通畅。

第四组对话，黄帝问，那些得道的人都活到 100 多岁，他们还能有生育能力吗？

岐伯回答说：那些得道的人自己能够延缓衰老，保持肌体良好，年纪虽然超百，还是能有生育能力的。这里提到一般之外的例外。

第五组话，是黄帝说的，谈真人、至人、圣人、贤人和这四种人的几个特点，都是一般之外的各种天人合一的方法。

在这里，黄帝给我们指明了健康人生的四个榜样：真人、至人、贤人、圣人。

以上是第一篇的内容，谈了男女生长发育的规律，以及怎样活得长久的各种方法，好似现代的养生专家的教课方法。而事实是，现代的养生专家，都在按照2500年前的这篇文章的观点教着现代的人们。

《黄帝内经》第二篇的四季四气

第二篇的四气调神大论，讲春夏秋冬四个季节的四气对人体的作用。

我们来看这个四气，它是在说气温呢？气候呢？还是气象呢？

还记得在上一章谈到：五日为一候，三候为一气，气是由候构成的，一气十五天，六气为一季、为一时，是九十天，四个一季就是四时，就构成了一年，也就构成了一个春夏秋冬的循环往复。

所以四气这里说的是"节气"。

春三月，"夜卧早起"，怎么伴着春气养生——以使志生；应春气能养肝，逆春气能伤肝。

夏三月，"夜卧早起"，怎么伴着夏气养长——使志无怒；应夏气能养心，逆夏气能伤心。

秋三月，"早卧早起"，怎么伴着秋气养收——使志安宁；应秋气能养肺，逆秋气能伤肺。

冬三月，"早卧晚起"，怎么伴着冬气养藏——使志若伏若匿，若有私意，若已有得；应冬气能养肾，逆冬气能伤肾。

这里的"志"在一年四季中为什么这么重要，它是志向？志愿？志气？志趣？还是神志，情志、心志？四气调神调的是什么呢？调的是情志。

春生、夏长、秋收、冬藏。春能正常的生，夏才能正常的长，秋才能正常的收，冬才能正常的藏，到下一个春才能再正常的生。中途有一个出了偏差，会影响前后的结果。

如果逆着了春气，则少阳不生，肝气内变；逆了夏气，则太阳不长，心气内洞；逆了秋气，则太阴不收，肺气焦满；逆了冬气，则少阴不藏，肾气独沉。

这里提到了少阳、太阳、太阴、少阴，少是生的意思，太是极的意思，物生是在说化的情况，物极是在说变的状态，我们后面会详细说明并应用。这里还提到春天的肝气，夏天的心气，秋天的肺气，冬天的肾气。说明四时的节气，对应着我们的肝心脾肺肾，对应着身体的藏气。

"夫四时阴阳者，万物之根本也。所以圣人春夏养阳，秋冬养阴，以从其根，故与万物沉浮于生长之门。逆其根，则伐其本，坏其真矣。"这里谈到四时的阴阳是万物的根本，四时的阴阳就是四气，如此重要。

"故阴阳四时者，万物之终始也，死生之本也，逆之则灾害生，从之则苛疾不起，是谓得道。道者，圣人行之，愚者佩之。从阴阳则生，逆之则死，从之则治，逆之则乱。"这里谈到与阴阳四时融为一体，不但不生病，还成为得道之人。

接着引出中医里非常著名、引以自豪的一句话：

"是故圣人不治已病，治未病，不治已乱，治未乱，此之谓也。夫病已成而后药之，乱已成而后治之，譬犹渴而穿井，斗而铸锥，不亦晚乎。"治未病，就是消灭产生疾病的原因，在疾病没有产生前预防它，在它最小、最微时剔除它，这正是中医的强项。

看了《黄帝内经》的头两篇，是不是觉得它与人们的生命和生活太有关系了？每个人都要走过七七四十九、八八六十四岁，都要感受一年四季的四气，都有肝心脾肺肾，都要睡觉起床。"天有四时五行，以生长收藏，以生寒暑燥湿风。人有五藏化五气，以生喜怒悲忧恐。"

《黄帝内经》是中国人的古代医书，是祖宗留传下来的一部非常有用、非常有益、非常有趣的书。它讲"法于阴阳，和于术数"，讲人的生长发育、五藏六腑呼应于一年四季之气、天地阴阳，人们的健康、寿数也由此决定。接下来的问题，是怎样让它能为人们较容易、方便地服务，怎样按照《黄帝内经》的道理收拾好人们自己的身体，怎样从个体角度而不是医学专业的角度，了解自己身体的结构组成、运转程序以及健康密码。总之一个目的：做到健康能由自己说了算。

第八节 人体的组成部件——五藏

谈到人体，如果人们照照镜子，能看到人的全身是由头颈、躯干、四肢三大部位19个部分组成（如下页图）：

头颈：1.头部、2.脸部-前额-眼-耳-鼻-口-舌-齿-颚、3.颈部-喉结、4.肩膀。

躯干：5.胸部-乳房、6.肚脐、7.腹部、8.鼠蹊部（腹股沟）、9.外阴（阴茎）。

背部--- 脊背

四肢：下肢：10.大腿、11.膝盖、12.小腿、13.脚踝、14.足部。

上肢：15.上臂、16.肘、17.前臂、18.腕、19.手-手指。

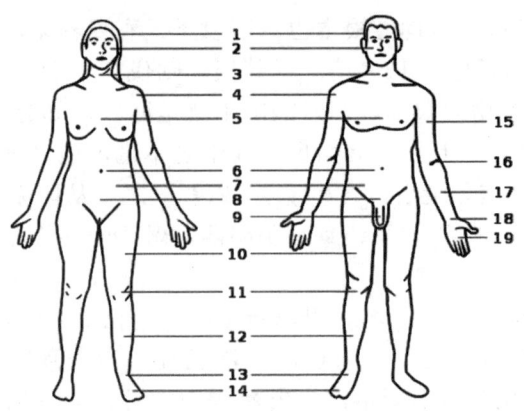

人体的十个系统

现代医学进一步告诉我们,人体按解剖学可以分为以下十个系统,分别是:

1. 皮肤系统:由皮肤、毛发、指甲/趾甲、汗腺及皮脂腺所组成,覆盖体表的器官。

2. 神经系统:由脑、脊髓以及与之相连并遍布全身的周围神经所组成。其可分为中枢神经系统,包括脑和脊髓,以及周围神经系统。其中不受人体主观意志控制的部分称为自主神经系统,或植物神经系统。

3. 运动系统:又分为肌肉系统与骨骼系统,由骨、关节和骨骼肌组成,构成坚硬骨支架,赋予人体基本形态。骨骼支持体重、保护内脏。成人有206块骨,骨经连接形成骨骼。人体骨骼两侧对称,中轴部位为躯干骨(51块),其顶端是颅骨(29块),两侧为上肢骨(64块)和下肢骨(62块)。骨骼肌附着于骨,在神经系统支配下,以关节为支点产生运动。

●骨骼肌:属横纹肌,接受神经支配,随人的意志而收缩,又称随意肌。成人约有600多块骨骼肌。

●点骨:骨主要由骨组织构成,有一定形态及构造,外被骨膜,内容骨髓,含有丰富的血管、淋巴管及神经。成人有206块骨,可分颅骨、躯干骨和四肢骨。

●关节:骨与骨之间连结的地方,称为关节或骨连结。可分为纤维连结(纤维关节)、软骨和骨性连结(软骨关节)以及滑膜关节三大类,滑膜关节常简称关节。

4. 呼吸系统:由鼻、喉、气管及肺组成。主要为人体气体交换之所。

5. 循环系统:分为心血管系统与淋巴系统,负责体内物质运输功能。

a) 心血管系统:由心脏、血管及血液所组成。

b) 淋巴系统:由淋巴器官、各级淋巴管道和散在的淋巴组织构成,其中流动着无色透明之淋巴(液)。其主要协助静脉运送体液回归血循环,转动脂肪和其他大分子,且参与免疫过程,是人体重要的防护屏障。

6. 消化系统：由口腔、咽、食管、胃、小肠、大肠、肛管、肝、胆、胰等组成。其主要为消化食物，吸收营养，排出消化吸收后的食物残渣，其中咽与口腔还参与呼吸和语言活动。

7. 泌尿系统：由肾脏、输尿管、膀胱及尿道所组成，主要负责排除机体内溶于水的代谢产物。

8. 生殖系统：由内生殖器与外生殖器组成。其中男性生殖系统由生殖腺／睾丸、管道（附睾、输精管、射精管）、附属腺体（精囊、前列腺、尿道球腺）、阴囊、阴茎组成，女性生殖系统由生殖腺／卵巢、输送管道（输卵管、子宫、阴道）、女阴（阴阜、大阴唇、小阴唇、阴道前庭、阴蒂、前庭球、前庭大腺）组成。具有繁衍之功能。

9. 内分泌系统：由身体不同部位和不同构造的内分泌腺和内分泌组织构成，其对机体的新陈代谢、生长发育和生殖活动等进行体液调节。

10. 免疫系统：抵抗疾病，构成分子有白血球、抗体、T 细胞等。

建立在人体解剖学基础上的现代医学

现代医学是建立在人体解剖学基础上的医学。100 年来，人体的这十大系统的内容，人们已经比较熟悉，并将其中的知识运用于日常生活中；医院通过各式各样的仪器对人体进行检查，对不符合指标的脏腑组织，通过药物、针剂进行修复，以达到仪器的指标数。如果还做不到，可将那一块部位部分或全部切除，最终达到并符合仪器的指标数。

这一方法，得到了大多数民众的认同，因为指标数是看得见的，体内的各个部位仪器都能进进出出，显示出的图像让人们隔着身体都看得到。看到的东西因为符合人们的日常思维逻辑，接下来再采用针对性手段进行治疗，人们会认为是科学的。

同时，由于 100 年来的现代科学知识的普及教育，人们对现代医学的病名也习以为常，比如"股骨头坏死""癌症""病毒感染""老年痴呆""冠心病""糖尿病""肺炎""肺气肿""肾炎"等等，虽然给人们的心理造成极大的压力和恐慌，而且这种压力会增添新的疾病，人们也是接受的。

近几十年来，中国人与全世界的人们大多在这样一种医学氛围中：现代医学不断发展，医疗仪器不断改进，医生的开刀技术更加熟练，对抗体内不良微生物的药物越来越高效。人们将身体健康与否，托付给了仪器，药物，以及医生的手术刀。

现代医学是现在医疗的主力军，对维护人们的健康做出了巨大贡献，应感激现代医学和医生的种种努力并期望做得更加优秀。但这不妨碍作为中国人了解几千年来，特别是现代医学传入以前，我们祖先对人体健康长寿的基本想法和做法，不妨碍找找有无值得借鉴的、能够更好地为人类健康服务的办法。

古人眼中的人体

刚才人们照了照镜子,看到每个人的全身,都是由三大部位 19 个部分组成,这是现代的镜子照出的结果。

然而,在二千五百年前的古人眼中,完全不认为人体身上仅仅就由这么十个系统组成。奇怪,现代医学已经将人体解剖做到了极至,怎么还会有没看到的?

就人体解剖方面来说,二千五百年前中国古人的人体解剖水平竟然已经非常发达,有的方面甚至超过现在。

相传黄帝手下有一名医,叫俞跗,他能依据五藏腧穴,割裂皮肤,解开肌肉,将人体的经脉调理顺畅,他还能打开头部颅骨,治疗里面的病疾,甚至可以培炼病人的精气。

在《黄帝内经》中的灵枢第十二篇说:"若夫八尺之士,皮肉在此,外可度量切循而得之,其死可解剖而视之,其藏之坚脆,腑之大小,谷之多少,脉之长短,血之清浊,气之多少,十二经之多血少气,与其少血多气,与其皆多血气,与其皆少血气,皆有大数。"现代解剖学根本无法证明的关于人体的"气"的问题,在《黄帝内经》这则记载中,当时的人不但知道"气"是什么,更知道"气"有多少。

经络现在虽已证实,但世人普遍持怀疑态度,可文中却明确记载,经过解剖可以知道经络的长短,就是说 2500 年前的人们,能解剖到人们今天普遍怀疑的东西,而且这些东西还可以被量化——"皆有大数"。

看来《黄帝内经》记载的中国古代有着极为发达的解剖学,如果在此基础上发展起一套医学理论,人们会认为是合情合理的。然而,我们的祖先建立起来的医学体系,与现代人们了解到的解剖学没有必然的联系。

第一、传统医学的人体脏器观与解剖学不相符。

现代人体解剖知识告诉人们,肝在腹部的右方,这是千真万确的。但中医却说,应该是"左肝右肺"。这里体现出了:位置不同。

更有甚者,中医里还有在解剖刀下根本就不存在的器官。比如说,中医认为人有六腑:大肠、小肠、胆、膀胱、胃、三焦。前面五项都可以从现代解剖学上证实,而最后一项三焦腑,不论是用现代医学的CT、X光、彩超,还是剖开肚皮看一看,都找不到三焦,这里又显示出了:无中生有。

第二、传统医学的人体脏器间的联系与解剖学不相符。

中医理论中各脏器是一张相互关联的大网,因此它阐释的脏器功能比解剖学意义范围更广。例如,现代医学认为心与肾各有不同的功能,一个属于循环系统,一个属于泌尿系统,解剖学上没有发现它们有什么直接的联系。而中医说心肾相交,水火相济,人体才能阴阳相制。这一说法,与三千年前《周易》的水火既济卦象,相得益彰。

人们前面看到的人体十个系统中,肺与大肠,一个管呼吸,一个管消化,但中医说"肺与大肠相表里",治疗便秘可用清肺的方法。

第三、古人的人体组织结构在解剖学无法证实。

中医还有解剖学无法证实的人体组织。比如,中医认为经络遍布人的全身,主宰人体的生命状态,但这样一个重要的生命组织,在解剖学上是找不到的,西方科学家曾花费了很大的气力,动用了各种仪器,最终也没有作到实证。

解剖人体虽然找不到经络,1978年,中国生物物理科学家祝总骧等三人,第一次确切证明了人体经脉线的全程,不仅高度敏感,而且具有低阻抗特性,准确地揭示了人体经络线的分布位置,证实了古典经络图谱的科学性和客观存在。该项科研成果首次发表在1978年的《中医药研究参考》上。

第四、传统医学的人体能量形式在现代医学中无法证明。

现代医学证实,人体需要从饮食中获取营养物质,然后转化成能量,而且科学技术能够识别这些物质的化学形式,比如维生素、低浓度脂蛋白等等。

而中医说,人体有阴精与阳气。这里的精与气,并不是生物学意义上的任何东西,比如说气,它绝不是人们每时呼吸的空气,而是一种看不见、摸不着的能量形式,因而生物学也无法确知它的运作方式。

现代人理解不了古人

古人的人体观与现代解剖学的这些种种不一样,是现代人们总结出来的四个方面。因此,"中医不是建立在实体解剖基础上的医学"。

中华民族有丰富的解剖经验,为什么中医恰恰不是建立在实体解剖基础上的呢?这说明现代人已经理解不了古人。

在上节人们已经看到了《黄帝内经》的第一、二篇的内容,第一篇——论上古天真,第二篇——论四气调神。它的第三篇是——论生气通天,第四、五篇是——论真言、论阴阳。为什么谈医疗健康的书籍开篇却要去谈论宇宙、自然、四季、阴阳呢?

有这样一种说法:这本书是岐伯、伯高、少俞、少师、雷公等人在内观的状态下,看到、实证到了宇宙天体、春夏秋冬四季等对人体的影响、作用后,是在内观、内证、实证状态中写出来、说出来的。所以,它才先谈上古的实际案例,再谈人体生存环境中的四气调神,再谈通天生气、五藏阴阳、五运六气,一路下去,讲明白人体的构造、运行方式及影响健康的全部。

内观内证

这里所提出的"内观"、"内证"、"实证",是说的什么意思呢?

距今1000年前,宋朝的张君房(生于建隆三年,即962年)是北宋年间的进士，曾任尚书度支员外郎等职，是宋朝《道藏》一书的总修校者。他在《云笈七签》一书中写道："每坐常闭目内视，存见五藏六腑，久久自得，分明了了。"这句就是在说他静坐时内观的情况。

当代一些中医专家也认为："在传统文化里，存在很细微、很精深的内证实验，是不可否认的事实。正是因为这个内证实验和理性思考的结合，才产生了传统文化，才构建了中医理论。如果讲传统文化回避了这个问题，就会出现两种情况，要么，中医是不具备理论结构的经验医学，要么，中医的理论是仅凭思考得出来的结果。显然，如果没有内证实验的参与、没有非常精微实验的参与，是不可能的。"

明代著名中医药学家李时珍（1518～1593年）曾经说过："经络隧道，若非内视反观者，是绝难明了的。"内视反观就是内证。

东汉末年著名医学家，被称为医圣的张仲景（150～215年）在他所著的《伤寒论》序言中提到过一本书，这本书的名字叫做《胎胪药录》。《胎胪药录》就是在人们进行内证的条件下，对药物在体内运行作用过程的一个记录。

谈到内观、内证，人们需要更深一步了解我们的古人是怎样看待世界上的物质这样一个重大问题。这个问题，可以用两个字来回答："有"和"无"。

物质的有和无

后面我们会谈到老子的故事，老子的《道德经》第一章就说："无，名天下之始；有，名万物之母。"《道德经》的开篇就谈到有和无。

就好像人们如果问世界上有多少人一样，世界上一共就两个人：男人、女人。同样，古人把世界上的物质——自然万物和生命物质，也分成了两大类：有、无。他们观察到的人体，不仅仅有"有"这种物质，更重要的还有一种物质是"无"。

"有"这样一类物质，我们每个人都能用肉眼和现代的科学仪器观察到。"无"这类物质，也就是现代科学在探索的暗物质，需要用"天眼"等进行观察。

我们中国的道家把这种观察"无"物质的眼睛，也叫做"天目"。现在许多人谈到特异功能的人时，也常会说：谁谁谁的天眼开了，谁谁谁会用天目看事情，等等。对"无"这类物质的观察、研究和利用，就是内观、内证。经络、穴位、藏象、真气等这些中医所论及人体的内部构成和运行，几乎都是属于"无"这类物质的。"无"并不是什么都没有，无是一种特殊状态下的有，只是我们用肉眼观察不到而已，但用内观的方法，是可以观察到"无"的。这就是"闭目内视，存见五藏六腑，久久自得，分明了了"。

这种说法很玄妙，也不能让很多人信服，因为用现代科学技术手段还无法证实。但是，在爱因斯坦出现以前，如果有人说到相对论，人们也会觉得匪夷所思，觉得这个人一定是疯了。对于大宇宙和我们人体小宇宙，人类的认识还是非常有限的，面对浩瀚的真理的海洋，人类还不过是海边拾贝的孩子。

现代的科学技术，已经从很多方面证实了古人的观点，例如基因、细菌等，过去人们也是看不到的。所以，有和无这两类物质的概念是相对的，不是绝对的。当然，基因和细菌，并不是古人所讲的"无"这类物质。

我们都知道飞机只允许在天上的航道内飞行，人们也都接受"有航道"的说法，因为我们已习惯了因航道拥堵而"空中管制"的理由。在飞机没有飞的时候，我们能不能感觉得到航道的存在呢？而飞机正在飞的时候，我们即使在飞机上，能感觉得到航道的存在吗？我们无法感觉得到，航道是不是就不存在了呢？如果真的没有航道，人们是怎样进行空中管制的呢？

倘若你用眼睛观察到了，无对你来说就成了有。观察不到，就是无。中医更多谈到的是"无"一类的物质。有和无，是中医和西医的分界，也是中西方文化、中西方文明的分界。如果有一天现代医学把无物质全都观察到了，西医会不会把现在的自己给否定了呢？

当然，现代我们看到的真实情况恰恰相反，是中医在搞现代化，是不断有人要把中医开除地球的球籍。但对我们广大百姓来说，咱们可不可以不管白猫、黑猫，捉得住老鼠便是好猫；不管西医、中医，治的好病就是好医呢？

人们习惯上，可以接受电视机的实时遥控、异时录像放像；接受手机的国际国内长途通话、无线上网，这里面哪个是有，哪个是无呢？无论怎样讲，人们对"有"这种物质都容易认识，对"无"这种物质都不好理解。相反，对另一对稍稍相近的概念"虚"、"实"就都好理解了。中医中多用虚实来解说体内的五藏和五藏之气，甚至军事上、生活的口语中，讲起虚实也都好接受，比如：讲兵力的虚实，讲这个人心虚，讲那个人实在，等等。但虚实终究不是有无。

2500年前，《黄帝内经》的作者岐伯、伯高、少俞、少师、雷公等人，在内观的状态下写出来了人体的藏象、经络、穴位等等内容，并形成了系统的中医理论指导实践，几千年来延续至今；在内观的状态下写出来的人体各个部位，以及内证、实证到的宇宙天体、春夏秋冬四时对人体的影响、作用等，在每一个历史时期，都有中国人一次次地进行了内证、内观的证明。

如果没有100年来现代医学的强劲发展，人们不会对《黄帝内经》的起源、实效等提出如此多的疑问，那时，人们只知有中医。

如果没有100年来现代医学强劲发展后，越来越多地暴露出它的局限性，人们不会对《黄帝内经》重新又倾注越来越多的研究与探索。

了解了《黄帝内经》的创作经过和写作方式，了解了古人把世界上的物质分成了有和无两大类，接下来，我们具体来看，在2500年前的古人眼中，人体究竟是由哪些元素、哪些部分组成的呢？

五藏六腑

人体有心、肝、脾、肺、肾五藏。有小肠、胆、胃、大肠、三焦、膀胱六腑。合起来组成一个藏象系统。

这里为什么不写"五脏"，而用"五藏"呢？

"脏"的繁体字是"臟"，是指实质性脏器，储藏精气，藏而不泻。"腑"是指空腔性器官，传化水谷，泻而不藏。

"藏"字在这里是什么意思呢？"藏"字主要有两个意思，"藏 cáng，匿也。"就是隐密、藏匿的意思。"藏 zàng，储放东西的地方。"五藏，人们习惯于读成五藏 zàng，无论怎么读，只是心里一定要知道这个藏 zàng 不是那个脏 zàng 就好。《黄帝内经》在使用藏这个词的时候，几乎都用的是隐密、藏匿的本意，例如：

《素问》中说："五气入鼻，藏于心肺……五味入口，藏于肠胃。"

《灵枢》中说："五藏者，所以藏精神血气魂魄者也。"

《素问》中说："心藏神，肺藏气，肝藏血，脾藏肉，肾藏志，而此成形。"

五藏不等于五脏

虽然《黄帝内经》的五藏也是指心、肝、脾、肺、肾，对于我们现代人很难理解的是：中医五藏与现代解剖学所说的五脏不是一回事，也可以说《黄帝内经》中的五藏，指的并不完全是血肉五脏。

《黄帝内经》素问第九篇说：

> 帝曰：藏象如何？岐伯曰：心者，生之本，神之变也，其华在面，其充在血脉，为阳中之太阳，通于夏气。肺者，气之本，魄之所处，其华在毛，其充在皮，为阳中之太阴，通于秋气。肾者，主蛰，封藏之本，精之处也，其华在发，其充在骨，为阴中之少阴，通于冬气。肝者，罢极之本，魂之居也，其华在爪，其充在筋，以生血气，其味酸，其色苍，此为阳中之少阳，通于春气。脾、胃、大肠、小肠、三焦、膀胱者，仓廪之本，营之居也，名曰器，能化糟粕，转味而入出者也，其华在唇四白，其充在肌，其味甘，其色黄，此至阴之类，通于土气。凡十一藏取决于胆也。

这一段是《黄帝内经》中关于"藏象"的最完整记载，它涉及到五藏、六腑、血气、阴阳、五行、神、魂、魄等，包含了中医的许多基本内容。

藏象论述的是一个完整的生理系统，包括形态、功能、精神。"藏象"是中医的核心，它是基础理论，中医的所有内容都是围绕这一核心建立起来的。

我们来看看藏象里每个人的心、肝、脾、肺、肾五藏，到底都藏有什么东西？

心藏的内容

"心者，生之本，神之变也，其华在面，其充在血脉，为阳中之太阳，通于夏气。"这是岐伯给我们讲述的"心"。

《黄帝内经》的其他章节还告诉我们：

心为君主之官，神明出焉。

心者，五藏六腑之大主也，精神之所舍也，其藏坚固，邪弗能容也，容之则伤心，心伤则神去，神去则死矣。

五藏所藏：心藏神；五藏化液：心为汗；五藏所恶：心恶热。

五藏所主：心主脉；五味所入：苦入心；五味所禁：苦走骨，骨病无多食苦。五精所并：精气并于心则喜。

心藏脉，脉舍神，忧思伤心。

心气通于舌，心和则舌能知五味矣。

心为牡藏，小肠为之使。""心合小肠，小肠者，受盛之府。

五藏应四时，各有收受：南方赤色，入通于心，开窍于耳，藏精于心，故病在五藏，其味苦，其类火，其畜羊，其谷黍，其应四时，上为荧惑星，是以知病之在脉也，其音徵，其数七，其臭焦。

南方生热，热生火，火生苦，苦生心，心生血，血生脾，心主舌。其在天为热，在地为火，在体为脉，在藏为心，在色为赤，在音为徵，在声为笑，在变动为忧，在窍为舌，在味为苦，在志为喜。喜伤心。

《黄帝内经》告诉了人们关于心藏的内容，这里摘录十个归纳如下：

有官位 ———— 为君主之官；

有内涵 ———— 心藏神，心主脉，为生之本；心恶热；

有通气 ———— 心气通于舌，上应荧惑星 ———— 火星；

有方位 ———— 位南方；

有季节 ———— 通夏气；

有颜色 ———— 为赤色；

有数字 ———— 其数七；

有声音 ———— 声为笑，音为徵（zhǐ）；

有味道 ———— 味为苦；

有情志 ———— 志为喜。

在距今1160年前，中国道家有个叫胡愔（yīn）的女士，据说她丰富的

生活经历远远超过韩国的大长今。公元848年，唐代（618～907年）的胡愔通过内观、内证，写了《黄庭内景五藏六腑图》一书，书中记载了她观察到的心藏的内容，如图。这张图上有五个内容要素：

一是人，左边的仙女代表人类，需注意的是，这里画的是女人，不是男人。后面人们能发现，五藏中的人都是画的女人，因为五藏属阴，六腑属阳。

二是心藏神，心神是心藏中的一种特殊的真气，这种真气，外形像一只朱雀鸟，这种形如朱雀的真气结构，它控制着心藏的运动和人的生命。心神有姓名：名叫"丹元"，字"守灵"。

三是心藏肉体的模样，居肺下、肝上，对鸠尾下一寸，色如缟映绛，形如莲花未开之状。胡愔说："心为帝王，正居中央，亦号曰：'灵台'。凡丈夫至六十心气衰，衰，言多错忘也，重十二两。"

四是在心藏图形两边的两股真气。心藏在五气中与南方火气相接。南方火气，色为红色。心藏在五行中属火。胡愔说："心病，证脐上有动气，按之牢苦痛，心苦烦，心病，手、足掌中热也。治心用呵（hē），呵为泻，吸为补。以鼻微引气，以口呵之，皆调气如上，勿令耳闻之，然后呵之。心有病大呵三十遍，细呵十遍，去心老热，一切烦闷心疾等，以泻病瘥止，过度则却损矣。

五是最上面的离火的卦图： 。卦上是个心字，下写着："离之气，火之精"。

这是距今1160年前的"神仙"胡愔内观、内证观察到的心藏。

从2500年前的《黄帝内经》、1160年前的胡愔的内证观察，人们充分了解了自己的心藏，真是一个活生生的、内容如此丰富多姿的心藏，与人们近现代以来所了解、知道的供血心脏，是不是区别蛮大的呢？

肝藏的内容

"肝者，罢极之本，魂之居也，其华在爪，其充在筋，以生血气，其味酸，其色苍，此为阳中之少阴，通于春气。"这是岐伯告诉我们的"肝"。

《黄帝内经》的其他章节还告诉我们：

肝者，将军之官，谋虑出焉。

藏有要害，不可不察，肝生于左，肺藏于右。

五藏所藏：肝藏魂；五藏化液：肝为泪；五藏所恶：肝恶风。

五藏所主：肝主筋；五味所入：酸入肝；五味所禁：酸走筋，筋病无多食酸。五精所并：精气并于肝则忧。

肝气通于目，肝和则目能辨五色矣。

肝藏血，血舍魂；忿怒伤肝。

五藏应四时，各有收受。东方青色，入通于肝，开窍于目，藏精于肝，其病发惊骇。其味酸，其类草木，其畜鸡，其谷麦，其应四时，上为岁星，是以春气在头也，其音角，其数八，是以知病之在筋也，其臭臊。

东方生风，风生木，木生酸，酸生肝，肝生筋，筋生心，肝主目。其在天为玄，在人为道，在地为化。化生五味，道生智，玄生神，神在天为风，在地为木，在体为筋，在藏为肝，在色为苍，在音为角，在声为呼，在变动为握，在窍为目，在味为酸，在志为怒。怒伤肝，悲胜怒；风伤筋，燥胜风；酸伤筋，辛胜酸。

《黄帝内经》告诉了人们关于肝藏的内容，这里摘录十个归纳如下：

有官位————为将军之官；

有内涵————肝藏魂、肝主筋；为罢极之本；肝恶风；

有通气————肝气通于目、开窍于目；上应岁星————木星；

有方位————位东方；

有季节————通春气；

有颜色————为青色；

有数字————其数八；

有声音————声为呼，音为角（jué）；

有味道————味为酸；

有情志————志为怒。

胡愔观察到的肝藏图有五个内容要素：

一是，右边的青龙，代表绿色肝气。

二是，肝藏图画左边是两个仙女。肝主魂，化为二玉童，一青衣、一黄衣，各长九寸，持玉浆出于肝脏。其神好仁，仁惠盖发于肝脏。

三是，上方所绘的肝藏的肉体。胡愔说："肝藏，木宫也。肝藏居心下少近，左有三叶，色如缟映绀，凡丈夫至六十肝气衰减，叶薄胆目不明也。重四斤四两。"

四是，在肝藏图形两边的两股东方肝气。肝藏在五气中与东方木气相接。东方

木气，色为青色。胡愔说："治肝用嘘（xū），嘘之为泻，吸为补。以鼻微引气，以口嘘之。肝病用大嘘三十遍，细嘘十遍，能去肝家虚热，亦除四肢壮气。眼暗一切热者，数数嘘之，绵绵不绝为妙。"

五是最上面的震木的卦图：☳。卦上是个肝字，下写："震之气，木之精"。

脾藏的内容

"脾、胃、大肠、小肠、三焦、膀胱者，仓廪之本，营之居也，名曰器，能化糟粕，转味而入出者也，其华在唇四白，其充在肌，其味甘，其色黄，此至阴之类，通于土气。凡十一藏取决于胆也。"

这是岐伯告诉我们的"脾"，以及六腑胃、大肠、小肠、三焦、膀胱、胆的内容。

《黄帝内经》的其他章节还告诉我们关于脾的内容：

脾者，仓廪（lǐn）之官，五味出焉。

五藏所藏:脾藏意;五藏化液:脾为涎;五藏所恶:脾恶湿。"五藏所主：脾主肉;五味所入;甘入脾;五味所禁:甘走肉，肉病无多食甘。五精所并：精气并于脾则畏。

脾藏营，营舍意。

脾气通于口，脾和则口能知五谷矣。

五藏应四时，各有收受。中央黄色，入通于脾，开窍于口，藏精于脾，故病在舌本，其味甘，其类土，其畜牛，其谷稷，其应四时，上为镇星，是以知病之在肉也，其音宫，其数五，其臭香。

中央生湿，湿生土，土生甘，甘生脾，脾生肉，肉生肺，脾主口。其在天为湿，在地为土，在体为肉，在藏为脾，在色为黄，在音为宫，在声为歌，在变动为哕，在窍为口，在味为甘，在志为思。思伤脾，怒胜思；湿伤肉，风胜湿；甘伤肉，酸胜甘。

《黄帝内经》告诉了我们关于脾藏的内容，这里归纳如下：

有官位————为仓廪（lǐn）之官；

有内涵————脾藏意、脾主肉；脾恶湿；

有通气————脾气通于口、开窍于口；上应镇星————土星；

有方位————位中央；

有季节————通长夏；

有颜色————为黄色；

有数字————其数五；

有声音————声为歌，音为宫；

有味道————味为甘；

有情志————志为思。

胡愔观察到的脾图有五个内容要素：

一是，左边一只展翅的凤，凤形是脾藏真气神形，代表黄色脾土。它控制着脾藏的运动。

二是，右边的仙女。脾主意，化为一玉女，长七寸，循环于脾藏也。我们看到其它的四个藏器中，仙女都在左边，唯有这里，站到了右边。

三是，上方所绘的脾藏的肉体形象，形似半圆，其象如覆盖。胡愔说："脾，土宫也，掩（yǎn）太仓在脐上三寸，色如缟映黄，凡丈夫至七十脾气虚，而皮肤枯瘦者矣。重二斤三两。"

四是，在脾藏半圆图形上面两边的两股中央脾土之气。脾藏在五气中与中央土气相接。中央土气，色为黄色。脾藏储藏中央黄色土气。胡愔说："治脾用呼，呼为泻，吸为补。以鼻微长引气，以口呼之，脾病，用大呼三十遍，细呼十遍，能去脾家一切冷气，发热霍乱，宿食不消，偏风顽痹，腹内结块者，数数呼呼，相次勿绝，疾退则止，勿过度。"

五是最上面的坤土的卦图：☷。卦上是个脾字，下写："坤之气，土之精"。

肺藏的内容

"肺者，气之本，魄之所处，其华在毛，其充在皮，为阳中之太阴，通于秋气"。这是岐伯告诉我们的"肺"。

《黄帝内经》的其他章节还告诉我们：

　　肺者，相傅之官，治节出焉。

　　藏有要害，不可不察，肝生于左，肺藏于右。

　　五藏所藏：肺藏魄；五藏化液：肺为涕；五藏所恶：肺恶寒。

　　五藏所主：肺主皮；五味所入：辛入肺；五味所禁：辛走气，气病无多食辛。五精所并：精气并于肺则悲。

　　肺藏气，气舍魄；重寒伤肺。

　　肺气通于鼻，肺和则鼻能知臭香矣。

　　肺主身之皮毛。

　　五藏应四时，各有收受：西方白色，入通于肺，开窍于鼻，藏精于肺，故病在背，其味辛，其类金，其畜马，其谷稻，其应四时，上为太白星，是以知病之在皮毛也。其音商，其数九，其臭腥。

　　西方生燥，燥生金，金生辛，辛生肺，肺生皮毛，皮毛生肾，肺主鼻。其在天为燥，在地为金，在体为皮毛，在藏为肺，在色为白，在音为商，在声为哭,在变动为咳,在窍为鼻,在味为辛,在志为忧。忧伤肺,喜胜忧;热伤皮毛,寒胜热;辛伤皮毛,苦胜辛。

《黄帝内经》告诉了人们关于肺藏的内容,这里归纳如下:

有官位 ————为相傅之官;
有内涵 ————肺藏魄,肺藏气,肺主皮毛;为气之本;肺恶寒;
有通气 ————肺气通于鼻、开窍于鼻;上应太白星————金星;
有方位 ————位西方;
有季节 ————通秋气;
有颜色 ————为白色;
有数字 ————其数九;
有声音 ————声为哭,音为商;
有味道 ————味为辛;
有情志 ————志为忧。

胡愔观察到的肺图有五个内容要素:

一是,右边的七个玉童,代表七魄。左边的十四个玉女负责守护,其神多怒。胡愔说:"人之怒者,盖发于肺藏。欲安其魄,而存其形者,当收思敛欲,合仁育义,不怒其怒,不声息其金,而后全其生,则合乎太和也。肺合于大肠,上主鼻,故人肺风,则鼻塞。人之容色枯者,肺干也;人之鼻痒,首鼻有虫也;人之多怖者,肺中魄离于外也;人之体鳌黯者,肺气微也;人之多声者,肺之盛也;人之不耐寒暑,肺劳也;人之好食辛味者,肺气不足也;人之肠鸣者,肺壅也;人之颜色鲜白者,肺无病也。肺邪,其人则好哭。""肺有病,鼻塞不通,不闻香臭,中有息肉或上疮。活肺用呬(xì),呬吸为补。"

二是,中央的白虎,是肺藏的真气神形,这种真气控制着肺藏的运动。

三是,上方所绘的肺藏的肉体,对胸有六叶,色如绮映红,为五藏之华盖。胡愔说:"凡丈夫八十肺气衰,魄离散也,重三斤三两。"

四是,在肺藏华盖图形两边的两股西方金气。肺藏在五气中与西方金气相接。

五是最上面的兑金的卦图:☱。卦上是个肺字,下写:"兑之气,金之精。"

对于肺藏,还有以下的有趣内容。

"肺者,气之本,相傅之官,治节出焉"。这里"治节"说的是什么呢?

现代中医书一般认为"治节",是说肺负责体内的治理、调节。但也有人认为治节说的是节气。肺处胸中,其外包以肋骨,数一数,肋骨左边十二,右边十二,一共是二十四根,正好是二十四节气这个数。

另外，人的四肢大关节一共有多少？一共有十二个，每一个关节由两个关节面组成，合起来还是二十四个面。四肢应四时，每一肢有六个关节面，正好应了"六气为一时"。

关节与节气相关，与天气变化有关，这是平常百姓都知道的。如果问一问上年纪的人，特别是一些关节有毛病的人，他们对天气变化的敏感程度往往超过气象仪器。所以，完全可以把关节看做是人体对天气变化的一个感应器，而这个感应器是由肺藏来掌管的。明白了肺与节气的这层关系，肺的意义就拓展了。天人相应、合一，实际在很大程度上就落实在这个"气之本"、"肺主治节"上面了。

肾藏的内容

"肾者，主蛰，封藏之本，精之处也，其华在发，其充在骨，为阴中之少阴，通于冬气。"这是岐伯告诉我们的"肾"。

《黄帝内经》的其他章节还告诉我们：

肾者，作强之官，伎巧出焉。

五藏所藏：肾藏志；五藏化液：肾为唾；五藏所恶：肾恶燥。

五藏所主：肾主骨；五味所入：咸入肾；五味所禁：咸走血，血病无多食咸。五精所并：精气并于肾则恐。

肾藏精，精舍志。

肾气通于耳，肾和则耳能闻五音矣。

肾主身之骨髓。肾之合骨也。

肾者水也，而生于骨，肾不生则髓不能满，故寒甚至骨也。"肾者水藏，主津液，主卧与喘也。

五藏应四时，各有收受：北方黑色，入通于肾，开窍于二阴，藏精于肾，故病在谿，其味咸，其类水，其畜彘，其谷豆，其应四时，上为辰星，是以知病之在骨也，其音羽，其数六，其臭腐。故善为脉者，谨察五藏六府，一逆一从，阴阳表里雌雄之纪，藏之心意，合心于精，非其人勿教，非其真勿授，是谓得道。

北方生寒，寒生水，水生咸，咸生肾，肾生骨髓，髓生肝，肾主耳。其在天为寒，在地为水，在体为骨，在藏为肾，在色为黑，在音为羽，在声为呻，在变动为栗，在窍为耳，在味为咸，在志为恐。恐伤肾，思胜恐；寒伤血，燥胜寒；咸伤血，甘胜咸。

《黄帝内经》告诉了人们关于肾藏的十多个内容，这里摘录十个归纳如下：

有官位 ————为作强之官；

有内涵 ————肾藏志，肾主耳，肾主骨；为封藏之本；肾恶燥；

有通气 ————肾气通于耳，开窍于二阴；上应辰星————水星；

有方位 ————位北方；

有季节 ----- 通冬气；
有颜色 ----- 为黑色；
有数字 ----- 其数六；
有声音 ----- 声为呻，音为羽；
有味道 ----- 味为咸；
有情志 ----- 志为恐。

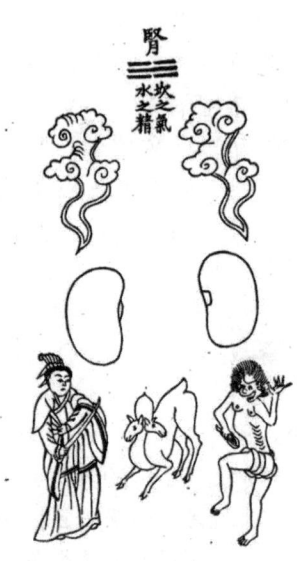

胡愔观察到的肾藏图有五个内容要素：

一是，右边的黑色鬼怪，代表黑色肾水。这个鬼在跳着现代舞，代表肾阳。左边的仙女，是神形如鹿化为玉童，长一尺，象征肾阴，手上拿着的一柄剑有约束肾阳的意思。中医认为，人的两肾，一边属阳，一边属阴。

二是，肾藏图画中央的双头小鹿，是肾藏真气神形的形象，这种真气，外形是一头双头小鹿的样子，双头主智，它控制着肾藏的运动。

三是，上方所绘的两个肾藏的肉体，其象如悬石，像两个豆子的模样。胡愔说："肾藏，水宫也，左肾右肾，前对脐，膊着于春色，如缟映紫。凡丈夫至六十，肾气衰，发堕；齿气衰，焦胫脉空虚，人之有七十，形体皆极九十，如树之有根也。重二斤二两。"

四是，在肾藏豆子图形上面两边的是两股北方肾气。肾藏在五气中与北方水气相接。北方水气，色为黑色。肾藏储藏北方黑色水气。

胡愔说："治肾用吹，吹为泻，吸为补。以鼻，微长引气，以口吹之。肾病，用大吹三十遍，细吹十遍，能去肾家一切冷，腰疼膝沉重，久立不得，阳道衰弱。耳中蝉鸣，及口中有疮，是肾家之疾烦热去，数数吹之，相次勿绝，病瘥止，过度则损。"

五是易结构，就是最上面的坎水的卦图：☵。卦上是个肾字，下写："坎之气，水之精"。

六腑的简单内容

《黄帝内经》在谈脾的同时，说到六腑："脾、胃、大肠、小肠、三焦、膀胱者，仓廪之本，营之居也，名曰器，能化糟粕，转味而入出者也，其华在唇四白，其充在肌，其味甘，其色黄，此至阴之类，通于土气。凡十一藏取决于胆也。"

我们知道，脾，仓廪之本；同时胃、大肠、小肠、三焦、膀胱者，也是仓廪之本。《黄帝内经》素问第十一篇谈到：

"胆者，地气之所生也，藏于阴而象于地，故藏而不泻，名曰奇恒之府。夫胃、大肠、小肠、三焦、膀胱此五者，天气之所生也，其气象天，故泻而不藏，此受五藏浊气，名曰传化之府，此不能久留输泻者也。所谓五藏者，藏精气而不泻也，故满而不能实。六府者，传化物而不藏，故实而不能满也。所以然者，水谷入口，则胃实而肠虚；食下，则肠实而胃虚。故曰实而不满，满而不实也。"

从这一段，我们知道了六腑中的胆，来自于地气，而其它胃、大肠、小肠、三焦、膀胱五腑得自天气。我们知道五藏得自天气，十一藏中十个得自天气，唯一一个得自地气的，成了总指挥、总调度，为什么把胆提到如此高的位置？《黄帝内经》说"胆者，中正之官，决断出焉"，同时胆居少阳半表半里之经，能通达全身阴阳，内藏精汁，藏而不泻，又类乎藏。所以说："凡十一藏取决于胆也。"

这里六腑谈得非常少，在后面谈经络的部分，会一个一个地谈到六腑的内容。

五藏神的姓名

在距今1720年前的晋武帝太康九年（公元288年），就是比唐朝的胡愔早560年的时期，有一个女道士叫魏华存（公元251～334年），是西晋司徒（司徒是当时正一品官位）文康公魏舒的女儿，在中国的二十四史《晋书》卷中专有《魏舒传》。而这个魏华存，在李白《送女道士褚三清往南岳诗》中有"倦寻向南岳，应见魏夫人"句，写的就是魏华存；杜甫《望岳》中亦有"恭闻魏夫人，群仙夹翱翔"句，也写到了魏华存。后来，宋朝的第四个皇帝宋仁宗（公元1023～1063年在位），赐过魏华存"紫虚元君"的称号，又被宋朝的第七个皇帝宋哲宗（公元1085～1100年在位）封为"高元宸照紫虚元道真君"。

魏华存在世时，得到了一本距她300多年前，早在汉朝已经流传，只是不为人所知的叫作《黄庭》的书，经过她的注述，魏华存写成一本叫《黄庭内景经》的书。这部《黄庭内景经》，简称《黄庭经》，（后来小她52岁的晋朝大书法家王羲之抄录了《黄庭外景经》，而使《黄庭经》在书法界闻名）。

后世人认为《黄庭内景经》是魏晋年间道士们的养生之书，它继承了汉代"五藏神"之说，以身体藏腑各有所主的理论为基础，结合道教人身百脉关窍各有司神之说，以七言韵文的形式，阐述以"存思"为主的修炼要诀。因它是早期上清派崇奉的经典，故又称《上清黄庭内景玉经》。《内景经》包含着一些医学理论，分别论述了人体各主要器官的大致情状以及主要生理功能，其中有十四章的内容着重阐述了人体五藏及胆腑的生理作用。

经中的"心神章第八"写道：

"心神丹元字守灵，肺神皓华字虚成。肝神龙烟字含明，翳郁导烟主浊清。肾神玄冥字育婴，脾神常在字魂停。胆神龙曜　字威明。六腑五藏神体精，皆在心内运天经，昼夜存之目长生。"

在这里，古人明确地提出了五藏都有一个神居住在里面，并且五藏神都有自己的名字。这里的"神"，不应该认为是所谓的神仙、天神的神，而应理解为存在于所有人体内的，自己五藏本身所具有的一种能量形式或称作能量场，所以才有"五藏神"的称谓存在，《黄庭内景经》告诉人们，五藏神的名字分别是：

　　　　心神：丹元，字守灵；
　　　　肝神：龙烟，字含明；
　　　　脾神：常在，字魂停；
　　　　肺神：皓华，字虚成；
　　　　肾神：玄冥，字育婴。

同样，这种自己具有一定能量形式或称作能量场的五藏的姓名，也可以看作是五藏的一个个符号代码而已。后面我们会谈到，古人还有办法通过五藏神与五藏进行交流。

五藏的收藏品

通过以上的叙述，我们对五藏有了比较详细的了解。现代医学把心肝脾肺肾称作五脏，《黄帝内经》把它们叫做五藏，我们看到了藏与脏的区别。

藏，意思有隐藏、包藏、收藏的意思。《黄帝内经》里说的人体五藏，真的是收藏了五个生命的宝藏。心藏神，肝藏魂，脾藏意，肺藏魄，肾藏精。五藏收藏的这五宝，都属于空无类的物质。在五藏的叙述中，人们还看到五藏的其它收藏品：有真气、有方位、有时间、有数字、有声音、有颜色、有味道、有情志等。

这些五藏收藏的诸多宝贝中，《黄帝内经》认为最重要的东西就是五藏中藏有的五种真气：东方之气，青色，以春时入肝藏；南方之气，红色，以夏时入心藏；西方之气，白色，以秋时入肺藏；北方之气，黑色，以冬时入肾藏；中央土气，黄色，以长夏入脾藏。

这五种真气，全是空空无色这样一类的物质，都有着自己的真色，只是肉眼观察不到。这五种气，严格按照节气和时间在循环运动。

这样的描述，总让人觉得太离谱，因为这与日常的"有"所描述的世界不一样。但《黄帝内经》是在宇宙自然的整体范围内谈论五藏的。五藏里除了这五种真气，还有另外五种特殊的真气所呈现出的五灵形象，古代的《修真图》中，把它们叫做五神。心神形如朱雀，肝神形如青龙，肺神形如白虎，脾神形如凤凰，肾神形如有两个头的玄鹿。青龙、白虎、朱雀、玄武，这些词是人们都听说过的，人们无需以迷信、神秘的眼光看这五神，就像人们谈论每个人都有鼻子、嘴巴、耳朵一样，它们是人身体中都有的真气，在按一定的规律气化运动后而形成的形象而已。

这样一来，在我们谈论的五藏这五个宝库中，出现了两类以"象"为最主要特征的物质，一类是魂魄，即三魂七魄；一类是以五灵为主的五神形象。这些都属于"无"物质的内容。还有一种五藏中属于"无"物质的内容，是太极器官，放在后面与太极有关的部分中说。

《黄帝内经》素问第九篇说："帝曰：藏象如何？"这里的象是指什么呢？

象一般是指形象、样子、相貌、形状。无论三魂七魄，还是五藏之神气，有两个重要的共同点，一是属于不同的真气，依托于真气而存在；二是没有和肉体一样的形体，只有象，有样子，有形象，因为它们全是空无一类的物质形态，也就是说，他们全属于"无"一类的物质，不属于"有"一类的物质。但"象"这类物质，对生命来说又是非常重要的，象是有质的。

为什么人体中需要以气和象为主的东西？最重要的原因，是因为在以空无一类物质为主的人体生命结构之中，需要三魂七魄、五神这样的以光、气、象为主要特征的生命物质对复杂的生命运动过程进行分门别类的组织、管理、调解和控制。这些生命物质，是具有高度智能化的东西，这些无形体的物质，能够到达有形体的物质所到达不了的地方，空无一类物质发挥的作用，是实有一类物质无法做到的。这也好比现代的信息社会，离开了手机、电脑等信息工具，我们的社会已近乎不能运转。而手机、电脑所传递的图文音像，也就是象。

《黄帝内经》中所看待的人，所谈论的人的藏象系统，完全是一个与宇宙自然相联系的开放系统，人完全成为宇宙自然中的一部分，人本如此。而强调客观性的，以实验为基础的现代医学、现代科学，更倾向于从人体内部有形质的部分来寻找人的生命活动的内容和本质，其手段相对于复杂精密的动态人体系统常常力所不及，分科也越来越细，忽略了对人整体的宏观认识，结果就造成了研究的视野、范围反而比不上二千五百年前撰写《黄帝内经》的古人，在现在的临床实践中也常常出现按下葫芦起来瓢的状况。

人们透过春秋战国时代的《黄帝内经》，较完整地了解了自己五藏的情况。这种了解，在许许多多人的知识中，可能是第一次。第一次感觉到五藏很特别，感觉五藏很丰富，甚至感觉五藏很奇怪。

其实，有疑问是正常的，只是不要着急去否定；否定很容易做到，但并不能为人们自己带来健康。为了自己身体的健康，可以试着慢慢了解一下自己的五藏：

　　有官位 ————— 整个人体像一个国家，各个藏器官员各司其职；
　　有所藏 ————— 藏魂神意魄精；
　　有所主 ————— 主筋脉肉皮骨；
　　有通气 ————— 通目舌口鼻耳；

有应星————星木火土金水；
有方位————位东南中西北；
有五行————行木火土金水；
有卦象————卦震离坤兑坎；
有季节————通春夏长夏秋冬气；
有颜色————呈青赤黄白黑；
有数字————数五六七八九；
有声音————声角徵宫商羽；
有味道————味酸苦甘辛咸；
有所恶————恶风热湿燥寒；
有情志————志怒喜思忧恐；
有治疗————音嘘呵呬吹呼；
有姓名————龙烟、丹元、常在、皓华、玄冥。

通过对五藏的这些描述，想想人类中那千种万种丰富多彩、敏感细微的情感、思想和行为，人们似乎才真切地感受到了，为什么中国人总是要说：自然是大宇宙，人体是小宇宙。这样丰富的、与自然能够无时无刻不在沟通交流的五藏，似乎才像、才能、才是有血有肉有思有想的五藏。

人们的五藏，有太阳、月亮、木火土金水五星、二十八星宿（后面会谈到）的关心照料，有三魂七魄的管理协调，恰如胡愔说的"日月精光，来附我身。四时六气，来合我体。入变化之道，通神明之理。把握阴阳，呼吸精神，造物者翻为我所制"。

也正是有了日月星、天地人的共同合作，才有了天地间生龙活虎、有血有肉、感天动地的人类和人类共同的家园。

《黄帝内经》素问第五篇说："余闻上古圣人，论理人形，列别藏府，端络经脉，会通六合，各从其经。"这一节，人们仅仅了解了《黄帝内经》中所看到的人体主要器官，下一节要进一步了解《黄帝内经》中看到的人体各器官的联系通道、人体各器官怎样端络经脉、各从其经，以及四季天气怎样各从其经地影响着每个人的身体健康，最终目的还是要自己的健康自己做主，做到真正意义上的健康长寿。

第九节　人体能量的连接通道————经络

上一节了解了人体的五藏、六腑。这一节，来看人体另外的组成元素————人体联络藏腑，沟通内外，贯穿上下的通道，也就是经络。下一节，会了解这些联接通道上的进出口————穴位。

了解经络、穴位的目的，是希望身体还处在"未病"的时段，自己就能进行预防性地保健，这样做既是自己身体健康的根本保证，还将是社会整体资源的节约和优化。而一旦身体出现了问题，人们也可以根据经络走向第一时间做出判断，是身体的哪一部分有了毛病，而不仅仅是将自己简单地交给医生、交给仪器去处理。

现代医学告诉人们，人体按解剖学分为十个系统，从《黄帝内经》中知道，在两千五百年前的古人眼中，人体是一个由藏腑经络组成的、紧密联系、相互生克、制约平衡的大系统。

那么，这个经络系统是个怎样的架构呢？

经络

经络系统是一个属于"无"物质的架构，这个"无"物质，由经脉、络脉组成。经络，就是经和络的合称。

经，也叫经脉，是路径的意思。经脉贯穿上下，沟通内外，是经络系统中纵行的主干。经脉大多循行于人体的深部，并且有一定的循行部位。就是说，经脉在人体内有自己固定的专用通道。

络，也叫络脉，是网络的意思。络脉是经脉别出的分支，较经脉细小。络脉纵横交错，网络全身，无处不至。所以说："经脉为里，支而横者为络。"

经络相贯，遍布全身，形成一个纵横交错的联络网，它通过有规律的循行和复杂的联络交会，组成了经络系统，把人体五藏六腑、肢体官窍及皮肉筋骨等组织紧密地联结成统一的有机整体，从而保证了人体生命活动的正常进行。

所以，经络是运行气血，联络藏腑肢节，沟通内外上下，调节人体功能的一种肉眼看不见又实际存在的特殊的通路系统。

三阴三阳

阴阳的问题在第一章中谈过，这里进一步了解，《黄帝内经》素问第六篇明确提出三阴三阳的概念："黄帝曰：愿闻三阴三阳之离合也。岐伯曰：是故三阳之离合也，太阳为开，阳明为阖（hé），少阳为枢。是故三阴之离合也，太阴为开，厥阴为阖，少阴为枢。"

古人根据人体中阴阳物质数量的多少，光的强弱、浓度和归经归藏、运动旺相时间等标准，将阴物质分为太阴、少阴、厥（jué）阴三种，将阳物质分为太阳、阳明、少阳三种。通常叫它们三阴三阳。

故此，三阳，就是将阳气按照能量大小分成了三档，太阳是最强、最高能量的阳气；阳明排在阳气的第二；少阳，因为阳气最稀少，排在第三。三种虽有明显的差异，但是本质一样，都属阳。三阴，自然是与三阳意思相反的内容，就是将阴气按照能量大小分成了三档：太阴、少阴、厥阴。

三阴三阳这六种物质，不是固定的东西，而是像气、像光、像河流不停地运动、循环、互相转化着。

十二经脉的分布

人体经脉分别隶属于十二个藏腑，所以人体有十二条经脉，也称十二正经。

十二条经脉总的分布是：上肢有六条，就是手臂上的三条阴经、三条阳经；下肢有六条：即腿足上的三条阴经、三条阳经，合起来十二条经脉。

同时，所有十二条经脉在人体中都是左右对称各有两条经脉的，就是说，上肢有六条，是指两条手臂上各有六条；下肢有六条，是指两个腿足上各有六条。这样加起来，实际上是二十四条经脉，由于一半是重复的，所以，人们习惯上还是说人体十二经脉。

十二条经脉根据所属的五藏六腑的名称，结合于手足、内外、前后的不同部位的循行，并依据阴阳属性，有了十二个不同的名称。

十二经脉的具体位置与命名

经络系统的十二条经脉的十二个名称，初次接触经络的人通常弄不明白。十二条经脉的名称一下子记不住是很正常的，但都长在自己的身上，一生相随，想记了，记一条，不想记，就不记。哪里不舒服时，查一下是哪条经脉循行路线上的问题，那条经脉就很容易记住了。

经脉是为人服务的，人们需要它时，会使用它、帮助它、治理它；人们忽略它时，它照样24小时按照它的作息时间上下班，从未停止过为人们服务。

经脉是为人服务的，人们需要它时，会使用它、帮助它、修理它；人们没想到它时，它照样24小时按照它的作息时间上下班，从未停止过为人们服务，直到永远。

十二条经脉名称的命名方式是：

1. 身体内侧为阴，身体外侧为阳。由于阴阳理论贯穿于整个中医理论，经络系统亦因此以阴、阳来命名。

分布于肢体**内侧面**的经脉为**阴经**；

分布于肢体**外侧面**的经脉为**阳经**。

2. 一阴一阳衍化为三阴三阳，相互之间具有相对应的表里关系。

2.1 **手臂内侧面**的外、中、内，**腿部内侧面**的前、中、后，分别称为太阴、厥（jué）阴、少阴，就是三阴、一阴、二阴。

比如：将手掌朝上，就看到手臂上的三条阴经：手太阴 -- 肺经，是处在手臂内侧面、外边缘的部位；手厥阴 -- 心包经，是处在手臂内侧面、中间的部位；手少阴 -- 心经，是处在手臂内侧面、内边缘的部位。

这是手臂内侧面外、中、内的三条阴经脉。

腿足上的三条阴经：足太阴 -- 脾经，是腿部内侧面、前面部位；足厥阴 -- 肝经，是腿部内侧面、中间部位；足少阴 -- 肾经，是腿部内侧面、后面部位。

这是**腿部内侧面**前、中、后的三条阴经脉。

2.2 **手臂外侧面**的内、中、外，**腿部外侧面**的前、中、后，分别称为阳明、少阳、太阳，就是二阳、一阳、三阳。

比如：将手掌朝下，就看到手臂上的三条阳经：手阳明 -- 大肠经，是处在手臂外侧面、内边缘的部位；手少阳 -- 三焦经，是处在手臂外侧面、中间部位；手太阳 -- 小肠经，是处在手臂外侧面、外边缘的部位。

这是**手臂外侧面**内、中、外的三条阳经脉。

腿足上的三条阳经：足阳明 -- 胃经，是腿部外侧面、前面部位；足少阳 -- 胆经，是腿部外侧面、中间部位；足太阳 -- 膀胱经，是腿部外侧面、后面部位。

这就是**腿部外侧面**前、中、后的三条阳经脉。

这些经脉的具体走向，在后面每一条经脉图中能看的更直观。

3. 藏为阴，腑为阳：就是五藏为阴，六腑为阳。各经脉都以藏腑命名。每一阴经分别隶属于一藏，比如：

手三阴经的三条，分别隶属于：肺藏、心包、心藏。

足三阴经的三条，分别隶属于：脾藏、肝藏、肾藏。

每一阳经分别隶属于一腑，比如：

手三阳经的三条，分别隶属于：大肠、三焦、小肠三腑。

足三阳经的三条，分别隶属于：胃、胆、膀胱三腑。

这里我们看到，所有藏的经脉都在手臂和腿部的内侧，以及身体的前侧。所有腑的经脉则在手臂和腿部的外侧，以及身体的背面。

4. 上为手，下为足：

分布于上肢的经脉，在经脉名称之前冠以"手"字；分布于下肢的经脉，在经脉名称之前冠以"足"字。

因此，经络系统主要由十二条经脉组成，分为上肢：手上的三阴三阳，下肢：足上的三阴三阳。

具体全部的十二条经脉名称为：

手三阴经三条（手太阴 -- 肺经、手厥阴 -- 心包经、手少阴 -- 心经）

手三阳经三条（手阳明 -- 大肠经、手少阳 -- 三焦经、手太阳 -- 小肠经）

足三阴经三条（足太阴 -- 脾经、足厥阴 -- 肝经、足少阴 -- 肾经）

足三阳经三条（足阳明 -- 胃经、足少阳 -- 胆经、足太阳 -- 膀胱经）

从以上十二条经脉命名的四点原则，就清楚了十二条经脉的具体位置。

人们不容易记住这十二个名称的原因，主要是在藏腑名称前面加上了"手足的三阴三阳"几个字。其实，只要按照五藏六腑的名称，记住十二经脉在手臂内侧、外侧，足的内侧、外侧的走向位置，就可以方便人们的初步使用了。至于名称前面的手足三阴三阳，需要准确了解时，回过来查找即可。

面对十二条经脉的名称，肯定是枯燥的，希望通过本书，人们能尝试着开始认识自己体内的经脉以及处在经脉上的穴位，目的是治未病，保健康。

十二条经脉两两相表里的旺相时间

所谓表里，外部为表，内部为里，两两相表里，就是两两互相有内外表里的关系。这里十二经脉中的相表里，还有相互成为阴阳升降，以完成一个圆运动的意思。

由于十二正经的每条经络每天都会运动旺相两个小时，而十二条经脉两两相表里的组合、配对，恰好将体内循行上下班的时间连在一起，组成一个 24 点钟的时钟环。

经络互为表里和旺相的时间排列如下：
肺经—大肠经互为表里，旺相时间 3：00 ～ 5：00 ～ 7：00，
胃经—脾经互为表里，旺相时间 7：00 ～ 9：00 ～ 11：00，
心经—小肠经互为表里，旺相时间 11：00 ～ 13：00 ～ 15：00，
膀胱经—肾经互为表里，旺相时间 15：00 ～ 17：00 ～ 19：00，
心包经—三焦经互为表里，旺相时间 19：00 ～ 21：00 ～ 23：00，
胆经—肝经互为表里，旺相时间 23：00 ～ 1：00 ～ 3：00。

以上是十二经脉相表里的配对和旺相时间。所有人的体内都是一样，都是手手配对、足足配对，交叉地循行。为什么是这样子呢？

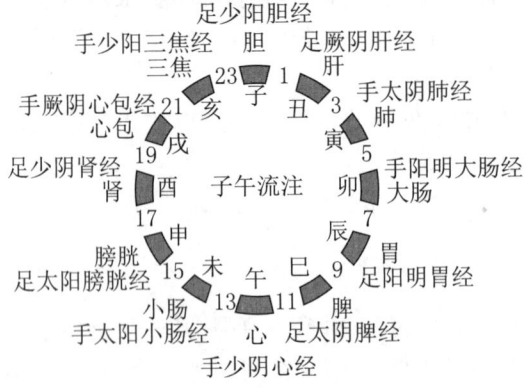

从上图看到，十二经脉相表里的六对，首先是按旺相时间顺序有序排列的。其次，后文中，人们还能了解到相表里的六对，内里双双有着连接通道，决定了它们互为表里的关系。

从以上这十二条经脉中，人们会发现，五藏六腑的数字是十一，加上了心包经才组成十二条经脉。心包，亦称"膻中"，是包在心脏外面的包膜，

为心脏的外围组织，它的上面附有脉络，是通行气血的经络，具有保护心脏的作用。在经络学说中，由于手厥阴心包经与手少阳三焦经互为表里，所以就把心包看作、等同于藏器一样。

十二经脉是人体最基本的生命之钟。人们可能因为感觉不到十二条经脉的旺相时间，而不关心十二经脉在体内循行上下班的时间。要知道，一个病重的生命垂危的人，他的经络运行时间比正常人相差将近一个小时，所以每天要注意运动，保养好自己的经络钟，莫要使经络钟慢了。

子午流注

上图中有子午流注四个字，子午，我们已经知道是地支里的两个字，在这里是指时间、指时辰，流是流动，注是灌注，十二经脉的这种按时间顺序排列有序的流动、运行，就称为子午流注。

子午流注在中医里作为一种理论，把一天24小时分为12个时辰，对应十二地支，与人体十二藏腑的气血运行及五腧穴的开合的旺相时间进行结合，在一日十二时辰之中人体气血首尾相衔地循环流注，显示出人体气血的盛衰、开合的有节奏、有时相特性的规律。

子午流注是人体经络钟的作息时间表，按照十二经脉运行的旺相时间、空间，人们对自己的身体进行经络按揉，或者是服用与某条经络相关的药物进行治疗，就是遵循了子午流注的节奏、规律，就能收到相对较好的效果。

上面子午流注图是按照十二经脉的旺相时间进行排列的。如果按照三阴三阳的分类排列十二经脉，则是：

太阳经两条：未时手太阳小肠经——申时足太阳膀胱经
阳明经两条：卯时手阳明大肠经——辰时足阳明胃经
少阳经两条：亥时手少阳三焦经——子时足少阳胆经
太阴经两条：寅时手太阴肺经——巳时足太阴脾经
少阴经两条：午时手少阴心经——酉时足少阴肾经
厥阴经两条：戌时手厥阴心包经——丑时足厥阴肝经

在三阳经中，太阳、阳明、少阳手足两条经的时间是连着的，在三阴经中则不连，而是中间隔着两条阳经。

十二经脉的走向

中医说，十二经脉是通过手足阴阳表里的联接而逐经相传，构成了一个周而复始、如环无端的传注系统。气血通过经脉就可以内至藏腑，外达肌表，营运全身。

中医书上是这样描述十二经脉的流注次序的：从手太阴肺经开始，依次传至手阳明大肠经，足阳明胃经，足太阴脾经，手少阴心经，手太阳小肠经，足太阳膀胱经，足少阴肾经，手厥阴心包经，手少阳三焦经，足少阳胆经，足厥阴肝经，再回到手太阴肺经（如图）。

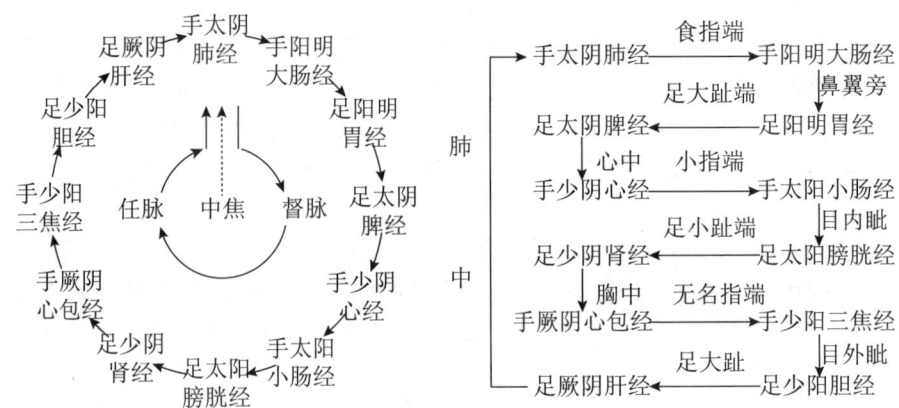

十二经脉流注示意图

简单说就是：肺、大肠、胃、脾、心、小肠、膀胱、肾、心包、三焦、胆、肝、肺，一圈一圈的流淌。这个顺序与上面十二经脉的旺相时间顺序一样，即与子午流注图上的顺序一样。为什么会是这样的流注次序呢？

十二经脉的交接规律

十二经脉的走向和交接规律，在所有中医书上的讲述，都是根据《黄帝内经》一书来的，都是这样写的：

手之三阴经从胸走手，在手指末端交手三阳经；

手之三阳经从手走头，在头面部交足三阳经；

足之三阳经从头走足，在足趾末端交足三阴经；

足之三阴经从足走腹，在胸腹腔交手三阴经。（如图）

以上十二经脉的走向和交接规律即是说，十二经脉内部的经气走向和交接是：

双手臂内侧的手三阴经从胸走到手，在手指末端交接给双手臂外侧的手三阳经；

双手臂外侧的手三阳经从手走到头，在头面部交接给双足外侧的足三阳经（双足外侧的足三阳经，是从头面部贯通到脚底的上下经脉）；

双足外侧的足三阳经从头走向足，在足趾末端交接给双足内侧的足三阴经；

双足内侧的足三阴经从足走向腹，在胸腹腔交接给双手臂内侧的手三阴经。然后进行下一次循环。人体左右对称的两条经脉，按照这个顺序同时进行循环往复。

通过以上描述，人们知道十二经脉经气在人体内一息不停地、有序地进行着大循环，现在的中医书中都是这样解说十二经脉的走向和交接的。

十二经脉真实走向揭密

然而，也有人对十二经脉的走向和交接规律提出了异议。

即左侧的手三阴经由胸向指端运行时，左侧外侧手三阳经则从指端向肩部方向运行。同时，左侧外侧足三阳经由头向足趾方向运行，与此同时左侧内侧足三阴经由足趾向腹部方向运行。

而身体另一侧的手足三阴经与三阳经的运行，分别与之相反：即左侧内侧的手三阴经由胸向指端运行时，右侧的手三阴经从指端向腋窝方向运行，同时，右侧手三阳经则从肩部向指端方向运行。同时，当左侧足三阳经由头向足趾方向运行时，右侧足三阳经由足趾向头部方向运行，而此时右侧足三阴经向足趾方向运行。

就是说，1. 左侧与右侧的手足三阴三阳经脉的运行是不同的；2. 左侧与右侧的手足三阴三阳经脉的运行是方向相反地往返运动。

由于这种左右侧相对立的、往返无休止的三阴三阳同速运动，说明了"十二经脉"的运行是呈现双向、阴阳、正负的运行规律。

而且，内观中发现更特别的是：

1. 发现左、右侧的手三阴经与手三阳经的双向伸缩运动不过肘；
2. 发现左、右侧的足三阴经与足三阳经的双向伸缩运动不过膝；
3. 发现头部的手三阳经与足三阳经的双向伸缩运动不下过颈；
4. 发现藏、腑之内亦有伸缩运动。

正常人每行一个呼吸之时，其左侧经脉约正运行二次、负运行二次，右侧经脉亦正运行二次、负运行二次。所以十二经脉的内在机能始终都是阴、阳、正、负无休止的升、降、进、退运行。

由于十二经脉路线及穴位是基本固定不变的，从而得出：十二经脉内在的阴阳经气是有规律地进行着阴阳双向、左右对立的伸、缩、出、入、往返运动。正如《黄帝内经》灵枢第七十三篇所说："明于五腧，徐疾所在，屈伸出入，皆有条理。"

十二经脉阴阳正负的"灵机运动场"是枢转不息的，所以当时著《黄帝内经》的人将书定名为《灵枢》，就是明确告诉人们人体内有这个视之不得见，听之不能闻的"灵机"（或称元神）在枢转，这个阴、阳、正、负无止息的运动灵机，一直到人死亡时才告终结。

医书中所说的十二经脉在人体中的走向规律，是大范围的双经脉同步走向，会有长时间的空缺；而现在这种上中下分段的、左右交替进行的经脉走向，不会有经气循行中时间的空缺，更加合理、完美。

这一在胎息状态下内观、内证的观察结果，说清楚了十二经脉在人体内的实际运行路线与规律。当代的道医家祝华英先生发现并公布的这一结果，是自《黄帝内经》一书问世2500年以来的首次，难能可贵。

问题的原因

虽说难能可贵，但是问题来了。刚刚说过，根据《黄帝内经》，中医书描述的十二经脉的走向和交接规律是："手之三阴经从胸走手，在手指末端交手三阳经；手之三阳经从手走头，在头面部交足三阳经；足之三阳经从头走足，在足趾末端交足三阴经；足之三阴经从足走腹，在胸腹腔交手三阴经。"

现在又说它们不是这样，而是十二经脉的内在机能始终都在正、负无休止的升、降、进、退运行。而且，左侧与右侧之手足三阴三阳经脉的运行是不同的，是相对立地往返运动。人体"十二经脉"是阴阳双向、左右对立的机能运动。

《黄帝内经》的精髓是"十二经脉"，经络学中最本原最重要的亦是"十二经脉"，所以"十二经脉"既是中医学说的基础知识，又是学习和研究中医的最高深的核心理论。

问题出在哪里了呢？

查看《黄帝内经》灵枢第三十八篇原文中是这样写的：

"脉行之逆顺奈何？""手之三阴，从藏走手；手之三阳，从手走头；足之三阳，从头走足；足之三阴，从足走腹"。

从《黄帝内经》原文看到，古人说的是经脉行走逆顺的方向，而后世人认为，既然写的是走手，就是走到手了；走头，就是走到头部了。而没有、也不会理解为是"走向手的方向，走向头的方向"。

《黄帝内经》灵枢第三十八篇中的这一句问答，当然是正确的，但它只是简述了"十二经脉"一个方面的"正运机理"，只是说出了四分之一的内容，对另一方面的"负运机理"则隐而未言，才致使后世的学者们、医者们大多不明究竟，只好想象出了十二经脉的走向和交接规律，从而形成了现代版的"经络学说"。

出现这一结果，似乎也是传承而来的，不能由当代的中医学来承担责任。人们可以看到，距今650年前元代末期的大医学家滑寿（约公元1304～1386年）著的《十四经发挥》一书中，也是如此描述的。实际上，若非在胎息境界中发现并内观、体证到了人体十二经脉玄妙的运行规律，人们是无法完整、准确地理解《黄帝内经》中的描述的，只因《黄帝内经》也是出自内观的结果。

走向的揭密解开了"矛盾"

走向既然搞错了，交接规律也就不可能正确了。

既然"手之三阴，从藏走手；手之三阳，从手走头"；人们就自然而然地加上了：手之三阴经从胸走到手的部位，然后在手指末端交手三阳经；手之三阳经从手走到了头部，然后在头面部交接给足三阳经。谁成想，手足三阴三阳的运行里程竟然会是不过肘和膝。

怪不得《黄帝内经》灵枢第二篇论"十二经脉"的开端，就提出并详细说明了没有过肘和膝的手、足三阴经的井、荥、俞、经、合五穴，和手、足三阳经的井、荥、俞、原、经、合六穴的位置，但对周身其他的穴位位置不讲，说明不过肘和膝的五藏的"五俞穴"，与六腑的"六俞穴"，是调治阴、阳经脉非常重要的穴位，也是调治一切疾病的重要穴位。

由于这个十二经脉的走向和交接规律问题的最终解决，使《黄帝内经》中的"井荥俞经合五腧穴的出入矛盾"，"根结的位置矛盾"，"根、溜、注、入的走向路线矛盾"，这三个叙述矛盾的问题，也都一并迎刃而解了。

结论是：《黄帝内经》说的都对，只是世人之前无法读懂而已。

从以上可以得出：十二经脉走向的交接规律，与十二经脉的旺相顺序，是两个没有必然联系的内容，也即是，十二经脉走向的交接规律，并不是按照十二经脉的旺相顺序进行的。

十二经脉交接规律真相

既然手足三阴三阳的交接不是按照十二经脉的旺相顺序进行的，那么它们是怎样交接的呢？我们说，它们是通过**络脉**完成交接的。

这就好似在北京城的二环、三环、四环、五环路上行车，不通过各环路上的连接道，是无法从一个环路到其它环路上的。

接下来，我们来看能完成经脉交接工作的络脉：

前面提到络脉是从经脉中分出来的。经脉有十二条，犹如高速路，但只有宽广的大道来运送货物是不够的，还需要一些分支出来的小道与大道相连接，以弥补不足，才能使运输畅通无阻。

络脉是经脉的分支，人体有十五条络脉，再分出浮络和无数孙络遍布周身，共同组成一个整体的网络系统，通过十二经脉推动，才使人体的气、血有节奏有规律地循环、传注，周流灌溉全身。

人身的络脉比较浮浅，在体表就可以见到。《黄帝内经》灵枢第十篇说："经脉者常不可见也……脉之见者皆络脉也。"又说："诸脉之浮而常见者皆络脉也。"所以凡从体表能见到的那是络脉。

十二经脉和人体任、督二脉各自别出一络，加上脾经的大络，共计15条，称为十五络脉，也叫十五别络，分别以十五络所发出的腧穴来命名。

《黄帝内经》灵枢第十篇中谈到的"十五别络"是：手太阴之别"列缺"，

手少阴之别"通里",手心主(心主指手厥阴)之别"内关",手太阳之别"支正",手阳明之别"偏历",手少阳之别"外关",足太阳之别"飞扬",足阳明之别"丰隆",足少阳之别"光明",足太阴之别"公孙",足少阴之别"大钟",足厥阴之别"蠡沟",任脉之别"尾翳",督脉之别"长强"。另有脾之大络"大包"。共合为十五道"别络脉"。

所谓"别络"者,即有旁出之意,是正经脉的一道分支,是维系十二经脉阴阳经气交换相互平衡的重要途径。这里的"列缺"、"通里"、"内关"、"支正"、"偏历"等,都是穴位的名字,后面会谈到。

络脉的组成、走向

络脉是经脉的一道分支,所以从上面这段看到,十五条络脉明确地讲,有十四条是通过十二条经脉加上任督二脉中的各自的一个穴位,与这条经脉或任督二脉相连接,成为一条络脉的。而且,十二条经脉上的通络脉的穴位都在该经脉的肘下或膝下的部位。第十五条是通过脾经上身的终点"大包"穴连通了络脉。

十二经的别络均从本经四肢肘、膝关节以下的络穴分出,走向其相表里的经脉,即阴经别走于阳经,阳经别走于阴经,加强了十二经中表里两经的联系,沟通了表里两经的经气。

由于络脉是"血液周流"的通道,所以对络脉的虚、实现象,可以从外观上诊断出来。《黄帝内经》灵枢第十篇说:"凡此十五络脉者,实者必见,虚者必下。"

说明在络脉的实证状态,是血壅血瘀而使血液循环受阻,所以在体表可以见到——特别是在四肢部位易于见到络脉的结滞郁血现象。同时,说明在络脉的虚证状态,就是络脉内的气血不足,络脉空虚时,络脉必然显得"虚软下萎",所以在皮肤的表面就不容易见到了。

经络全图

经络的全系统图如下页图,我们从图中看到:

人体有经脉,同时人体还有十二经别、十二经筋、十二皮部和奇经八脉。

人体有络脉,同时也有浮络、孙络。

人体的十二经别

人体的十二经别是十二经脉离、入、出、合的别行部分,是十二经脉别行深入到体腔的支脉。简单说,就是十二经脉的较大分支。

手足四肢上的"十二经别穴"的地方,有开放与关闭的机能。它们的开放关闭的机能,是在四肢的内三阴经脉与外三阳经脉的正、负运动中,通过"十二经别穴"进行阴、阳经气交换的。四肢"十二经别穴",与体内

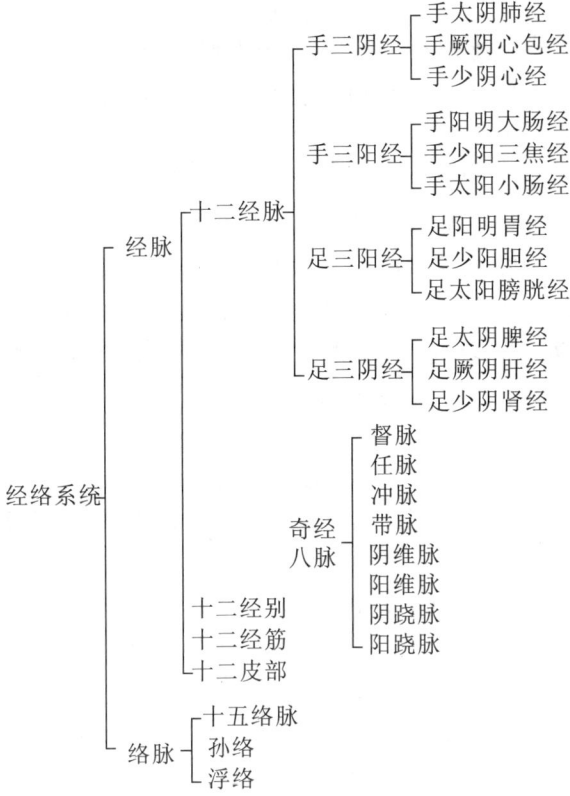

五藏六腑的"别络",是藏、腑的阴阳经气相互交换的分支通道,所以阴、阳的经气相交,全依靠这个开阖机能所起作用。

我们举足太阴脾经与足阳明胃经及手太阴肺经与手阳明大肠经为例:因为手经和足经的正、负开阖性质不同,所以要联系手、足的阴阳机理,才能说明完整的手、足阴阳开阖的道理。

当足太阴脾经正运行之时,正值"属脾络胃"之脉开放,同时,在足部脾经的"公孙别穴"关闭;脾经反运行时,轮值足部的"公孙别穴"开放,同时"属脾络胃"之脉关闭。

当足阳明胃经正运行时,轮值下肢胃经的"丰隆别穴"开放,同时膈下"属胃络脾"之脉关闭;胃经反运行时,轮值膈下"属胃络脾"之脉开放,同时,下肢的"丰隆别穴"关闭。

当手太阴肺经正运行时,轮值肺经脉口的"列缺别穴"开放,同时,在中焦"下络大肠"之脉关闭;肺经反运行时,中焦"下络大肠"之脉开放,同时,脉口的"列缺别穴"关闭。

当手阳明大肠经正运行时,缺盆内的"络肺"之脉开放,同时,上肢大肠经的"偏历别穴"关闭;大肠经反运行时,上肢的"偏历别穴"开放,同时,缺盆内的"络肺"之脉关闭。

因此,人体阴阳的"十二经脉",不但联系着外在手足四肢之"阴阳别穴"的开放与关闭机能,而且联系着内在"五藏六腑"之别络的开放与关闭机能。

在人体正常生理的情况下,全是通过有规律的开放与关闭而进行阴、阳经气交换。

正常人的"十二经脉"的阴、阳、正、负运动,能促使人的一切有形质的组织相互协调自如,五藏、六腑、皮、肉、筋、骨、气、血皆有规律地工作、运行。

人体的十二经筋

人体的十二经筋是附属十二经脉的"筋肉",是由有形质的类似条索状的组织所组成。十二经筋的分布路线,大致与十二经脉路线相同,遍及人体的前、后、左、右和头、面、四肢。

十二经筋组合起来即成为一个完整的人体筋肉组织,所不同的是十二经筋组织不进入"藏腑",只显示在人的体表,犹如房屋的外围墙壁的组成部分,而未涉及墙壁之内的藏腑组织。但十二经筋也与体内的藏腑有同气相感的联系,能供十二经脉的正负运动以贯通阴阳。因为十二经筋依靠十二经脉的往来经气濡(rú)养,所以凡属足太阳经筋和分支经筋的分布路线,全由足太阳经的往返经气并与一部分足少阴经气流注于其中。其他的经筋所受经气濡养亦是一样。

对于十二经筋与十二经脉的关系,可以用有形的沟渠来比喻:

1. 经脉中往来运行的经气好似渠中的"流水"(流水应想象成无形的,因经脉的经气是无形的)。
2. 经脉的路线似渠道里水层下面的"沟槽"。
3. 十二经筋则好似有形的渠道旁的"边岸"。

因为有形的边岸是固定不移动的,所以"十二经筋"在人体上也是固定不移动的。人体的十二经筋生病,大多是遭受"寒湿侵袭",所以《黄帝内经》灵枢第十三篇,将人体"十二经筋"分配在一年四季的十二月之中。如在某月内遭受了"风寒湿邪"的侵袭,会引起某道经筋路线"固定的段落"拘急疼痛,此时多为寒邪阻滞,造成"不通则痛"。

人体的十二皮部

人体的十二皮部是十二经脉功能活动反映于体表的部位,也是络脉之气散布的所在。

十二皮部的分布区域,是以十二经脉在体表的循行分布范围为依据的。所以各经的皮部就是该经在皮肤表面的反应区和该经濡养的皮肤区域。正如《黄帝内经》素问第五十六篇所说:"欲知皮部以经脉为纪者,诸经皆然。……凡十二经络脉者,皮之部也。是故百病之始生也,必先于皮毛,邪中之则腠(còu)理开,开则入客于络脉,留而不去,传入于经,留而不去,传入于府,廪(lǐn)于肠胃。邪之始入于皮也,泝然起毫毛,开腠理;其入于络也,则络脉盛,色变;其入客于经也,则感虚乃陷下。"

人体的奇经八脉

我们从经络全图中看到,人体有奇经八脉:即任脉、督脉、冲脉、带脉、阴跷脉、阳跷脉、阴维脉、阳维脉。

经凡十二：手之三阴三阳，足之三阴三阳是也。络凡十五：乃十二经各有一别络，而脾又有一大络，并任督二络，总为十五。共二十七气，相随上下，如泉之流，如日月之行，不得休息。故阴脉营于五藏，阳脉营于六腑。阴阳相贯，如环无端，莫知其纪，终而复始。其流溢之气，入于奇经，转相灌溉，内温藏腑，外濡腠理。奇经凡八脉，不拘制于十二正经，无表里配合，故谓之奇。盖正经犹夫沟渠，奇经犹夫湖泽。正经之脉降盛，则溢于奇经。故秦越人比之天雨降下，沟渠溢满，霶霈（pāng pèi）妄行，流于湖泽；此发《灵》、《素》未发之秘者也。

奇经八脉者，阴维也，阳维也，阴跷也，阳跷也，冲也，任也，督也，带也。阳维起于诸阳之会，由外踝而上行于卫分；阴维起于诸阴之交，由内踝而上行于营分；所以为一身之纲维也。阳跷起于跟中，循外踝上行于身之左右；阴跷起于跟中，循内踝上行于身之左右；所以使机关之跷捷也。督脉起于会阴，循背而行于身之后，为阳脉之总督，故曰阳脉之海。任脉起于会阴，循腹而行于身之前，为阴脉之承任，故曰阴脉之海。冲脉起于会阴，夹脐而行，直冲于上，为诸脉之冲要，故曰十二经脉之海。带脉则横围于腰，状如束带，所以总约诸脉者也。故阳维主一身之表，阴维主一身之里，以乾坤言也。阳跷主一身左右之阳，阴跷主一身左右之阴，以东西言也。督主身后之阳，任、冲主身前之阴，以南北言也。带脉横束诸脉，以六合言也。是故医而知乎八脉，则十二经、十五络之大旨得矣；仙而知乎八脉，则虎龙升降，玄牝幽微之窍妙得矣！

这是距今 400 多年前，中国明代伟大的医学家、药物学家李时珍先生（公元 1518～1593 年）对奇经八脉的观点。

位于人体的胸腹中线的是任脉，任脉属阴；位于人体的背部中线的是督脉，督脉属阳。很多人都知道任督这两条脉，其他六条可能了解很少。

位于人体的背部中线的督脉，也是脊椎，亦称脊柱、脊梁骨。脊椎由形态特殊的椎骨和椎间盘连结而成，位于背部正中，上连颅骨，中部与肋骨相连，下端和髋骨组成骨盆。自上而下有颈椎 7 块、胸椎 12 块、腰椎 5 块，共 24 块。这 24 块脊椎骨，又合了 24 节气数。敏感的人，经脉通畅的人，逢 24 节气的日子，相对应的脊椎骨，会有跳动或其他感觉。这说明什么呢？说明人体确能与大自然的节气相呼应，说明人体在随大自然的春夏秋冬季节的变化而变化，这并不神秘玄虚。

二十四节气与脊椎上的颈椎、胸椎、腰椎对应图如下页图。

任督二脉的秘密

当人进入"胎息"的状态时，能感到自身前、后中线的任、督两脉都在运动，并感觉到任脉与督脉，各呈现两条经脉线合并成一起运行，而总

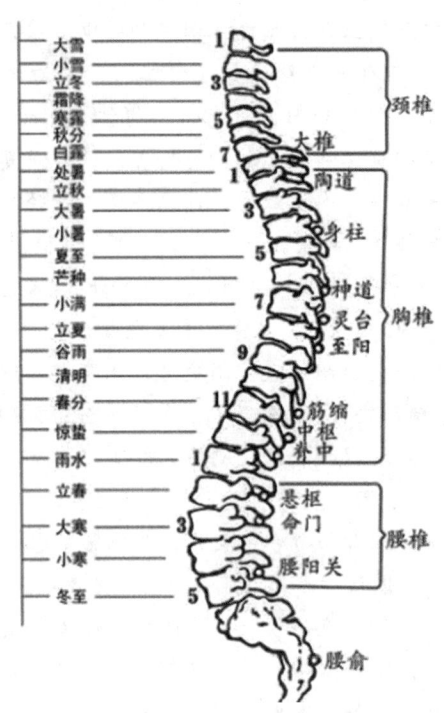

的感觉依然是背后上升胸前下降。

　　以前,人们大多认为任脉与督脉均只是"单独一条经脉",实际却是"各有两条,两条经脉相合并"的。前人传承下来的"奇经八脉图"对于冲脉、带脉、阴跷、阳跷、阴维、阳维等六脉,在人体都有两条经脉而分别位于人体左右两侧,但对于"任、督二脉",认为在人体中是独一无二的经脉,其实仍是由"两条经脉相合并"的,它就像现代的由一条橡胶线中包裹着两根导电丝的电线的情况一样。内观考察到任脉"起于中极之下",督脉"起于少腹以下骨中央",任、督两脉循行之后皆终止于"两目之下","任、督二脉"确实是各有两条经脉相并为一的,亦同十二经脉、奇经八脉中的六脉一样,呈现出左、右各自不同的升、降运动。

任督二脉的走向

　　任脉属阴,却与足三阴经的运动相反;督脉属阳,却与足三阳经的运动相反。

　　正当左侧足三阳经的经气反运上升的同时,其左侧的"督脉"则运行下降;当左侧足三阳经的经气正运下降的同时,其左侧的"督脉"则运行上升。其右侧之足三阳经和右侧"督脉"的升降运动亦如这般运行。

　　正当右侧足三阴经的经气正运上升的同时,其右侧的"任脉"则运动下降;当右侧足三阴经的经气反运下降的同时,则右侧的"任脉"则运行上升。其左侧之足三阴经和左侧"任脉"的升降运动亦如这般。

由于任、督二脉与足三阴经和足三阳经的阴、阳运动不同，所以，它们都发挥着"排斥性反作用"的运动机能。

借鉴"任、督二脉"的这种运行机理，可以认为全体"奇经"冲脉、带脉、阳跷脉、阴跷脉、阳维脉、阴维脉等六脉，都是在配合"十二经脉"的运动中，起着"排斥性"和"牵引性"的反作用功能。

比如《黄帝内经》素问第四十四篇中说到"足痿病证"，原是由足阳明经气虚弱导致运动机能失调，并间接涉及冲脉、督脉和带脉的"牵引"机能失去作用，才形成足痿不用。

因此，通过内证发现："奇经八脉"分布于人体的前、后、左、右、内、外周身，相较十二经脉，都是起着"牵引排斥性"的反作用功能。

浮络、孙络

络脉中的**浮络**，是指分布在人体浅表部位的络脉。

孙络，则是指络脉中最细小的部分。"经脉为里，支而横者为络，络之别者为孙。"

我们上一节谈藏腑时了解到，人体是由"有"和"无"两大类物质构成的。三阴三阳的十二条经脉，奇经八脉等，正是由无物质所构成。我们可以用人们现在日常离不开的计算机来做一比喻，人体就好比是一个由经络、藏腑、真气、血液等软件、硬件集成在一起的类似计算机的复杂系统：有自己的处理器————五藏六腑，有自己的软件————气血，有自己的网络————经络，有自己的技术支撑————宇宙星宿。

既然人体是一个系统完备的、有着精密结构的完美构成，人体内在的五藏六腑、经络系统都是身体内重要的、不可或缺的组成部分。那么，人体的这些组成是如何为人们工作的？一旦运转不正常时，人们应该如何进行修理、保养呢？

第十节　人体能量通道上的站点————穴位

我们从整体上对人体经络作了了解，经络学说是《黄帝内经》中的古代先圣总结的有关人体解剖学、生理学、病理学、诊疗学的理论核心，是指导中医临床诊疗的基础知识，是我国医学的精华。

我们要再进一步，看看每条经脉隧道里都有什么内容。通过对每条经脉隧道的了解，人们会完成对自己身体的了解，同时，对一些人们认为的特别重大疾病的原因和对策，会有一个初步的认识和把握。

一、手太阴——肺经

1. 循行部位（如图）：

手太阴肺经起于中焦（腹部）的中脘部，下行至脐（水分穴）附近，络于大肠，复返向上沿着胃的上口，穿过横膈膜，入属肺藏，上至气管、喉咙，沿锁骨横行至腋下（中府、云门二穴），沿着上肢前外侧缘下行，至肘中，沿前臂桡骨边缘进入寸口，经手掌大鱼际部，至拇指桡侧尖端（少商穴）。

2. 分支：从腕后（列缺穴）分出，沿掌背侧前行至食指桡侧尖端（商阳穴），与手阳明大肠经相接。

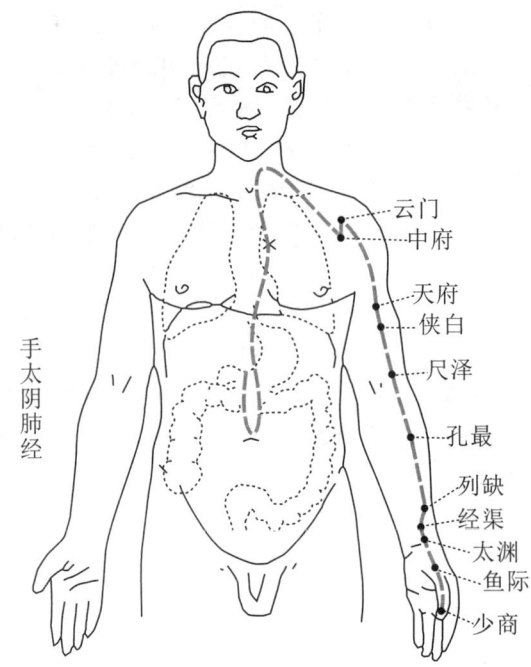

以上这两段，以及后面所有十二经脉中的循行部位及分支的描述和图示，即所有人体内这十二条经脉的具体部位、循行走向，都来源于《黄帝内经》灵枢第十篇的描述，是2500年前的先贤对人体内观、内证的讲述。

3. 联系藏腑：属于肺藏，络大肠，通过横膈，并与胃和肾等有联系。即肺与大肠互为表里。肺经循行中路过胃口，胃土生肺金，肺金生肾水（人体内也是按五行的运行规律行事）。肺经五行属金，旺相时间在3:00～5:00。

4. 肺经发生病变时，主要表现为胸部满闷、咳嗽，气喘，锁骨上窝痛，心胸烦满，小便频数，肩背、上肢前边外侧发冷，麻木酸痛等症。

以上四点，是对肺经的描述，如果看肺经的走向图，会更加直观明了。

《黄帝内经》告诉人们，在肺经上有十一个腧（shù）穴：

中府、云门、天府、侠白、尺泽、孔最、列缺、经渠、太渊、鱼际、少商。

这十一个穴位为什么这么称呼，都有什么作用呢？

在现代的中医书中，对这些穴位的"穴义、名解、气血特征、运行规律、功能作用、藏象、治法、定位、配伍、主治、刺灸法等等"，都有解释，但这些，又都来源于《黄帝内经》中各篇章的讲述，以及后人对讲述的理解和翻译。

中医书中从这么多方面对穴位进行了解释，但如果仅仅去看中医书中解释的穴义、名解部分，很容易认为解释者是在运用当今的逻辑思维进行着推测。细细想来，古人如不通过内观，不可能说明白为什么这个小小的穴位要叫这样的名字，"云里的门"——云门，"一尺的泽"——尺泽，说的是什么。所以，这些穴名，很可能是古人在内观时看到的人体经脉里的"景色"。但既然是肺经上的穴，就都有着肺经"金性"的特点。

需要知道的是，肺经上实际有 11×2=22 个腧（shù）穴，因为所有十二条经脉在人体上都是对称有两条的。

穴位虽然是人体经脉内"景色"的真实记录，但初次接触，可以把它们暂且看作是身体内的符号，是人们为了说明它的位置而起的名。

但有现代人真把穴位名完全变为了数字，自然也就完全没有了穴位的真实意义，就好像把所有人取消姓名而编成数码来叫，肯定是不应该的。

人们读穴位的同时，应知晓它关系到身体的健康，甚至关系到人们的各种心境。了解后，对它们的关心、爱护，就会有助于调整好人们身体的感觉和心境。

腧穴、穴位

说到腧穴或穴位，《黄帝内经》灵枢第一篇告诉我们说：

"五藏五腧，五五二十五腧；六府六腧，六六三十六腧。经脉十二，络脉十五，凡二十七气以上下，所出为井，所溜为荥（yíng），所注为俞（shù），所行为经，所入为合，二十七气所行，皆在五腧也。节之交，三百六十五会，知其要者，一言而终，不知其要，流散无穷。所言节者，神气之所游行出入也，非皮肉筋骨也。"

这一段讲穴位的具体内容，按照现代语汇来说就是：

"五藏各有其自己的经脉，每条经脉各有井、荥、俞、经、合五个穴位，简称五腧穴，五藏的五条经脉各五个穴，共有二十五个腧穴。六腑也各有其自己的经脉，每条经脉各有井、荥、俞、原、经、合六个腧穴，六腑的六条经脉各有六个穴，共有三十六个腧穴。人体有十二条经脉、十五条络脉，合起来共有二十七条经络，从经络的脉气来讲，则总计共有二十七气。这二十七脉之气在全身上下循行出入周转。

脉气所发出的地方，如同泉水的源头，像井底有细细的泉水慢慢向上聚集，称作井；脉气所流过的地方，像刚涌出泉眼的微小水流，真气的数量和运动已经形成，如水聚集，称作荥；脉气所灌注的地方，像水流渐渐汇聚输注于深处一样，叫做俞（shù）；脉气所行走到的地方，像大的水流迅速流过一样，叫做经；脉气所进入的地方，如同百川的会合入海，将藏腑的真气、所属经络的真气，汇合、整合、调谐，叫做合。十二经脉和十五络脉的二十七气所出入流注运行的地方，就是在这井、荥、俞（shù）、经、合的五腧穴之中。

周身关节空隙的交通之处，共有三百六十五个腧穴。如果掌握了它的特点，懂得了其中的要领，那么一句话就可以说明白；如果不懂得其中的要领，就会感到散漫而没有体系，而对这么多腧穴也就无法完全了解。

必须说明的是，这里所说的关节空隙之处，指的是神气运行活动、出入内外的处所，着重于内部功能的反映，而并非指皮、肉、筋、骨的局部形态。"

以上了解了五藏的五条经脉中都有井、荥、俞（shù）、经、合五个腧穴，共有二十五个腧穴，人体左右相加共有五十个穴。在六腑的六条经脉中都有井、荥、俞、原、经、合六个腧穴，共有三十六个腧穴，人体左右相加共有七十二个穴。全身有三百六十五个穴，气穴三百六十五以应一岁。

五藏所主的经络叫"阴经"，六腑所主的经络叫"阳经"。不管是阴经还是阳经，都有其各自的腧穴，各自的属性也完全不同。

阴经的"井"属木，"荥"属火，"俞"属土，"经"属金，"合"属水。而阳经的"井"属金，"荥"属水，"俞"属木，"经"属火，"合"属土。

"五腧穴"在一条经络中的功能，就像是一个机构里不同的部门在发挥作用，中医有一部经典书叫《难经》，它说"五腧穴"是："井主心下满，荥主身热，俞主体重节痛，经主喘咳寒热，合主逆气而泄。"

十二经脉在腕、踝关节附近，都各有一个重要的穴位，叫原穴，是藏腑原气经过和留止的地方，比如大肠经的原穴是手背上的合谷穴。从原穴，也能够较突出地观察、诊断、治疗藏腑的疾病。人们如每天坚持转动手腕、脚腕，就活动了这些原穴穴位，是非常好的强身健体的办法。

五藏的五腧穴，六腑的六腧穴，都处于肘、膝以下

那么，关于五藏的井、荥、俞、经、合五腧穴，六腑的井、荥、俞、原、经、合六腧穴，具体在什么位置，都有什么作用呢？

人们发现，在十二经脉中，五藏的井、荥、俞、经、合五腧穴，六腑的井、荥、俞、原、经、合六腧穴，都处于肘、膝以下，是阴、阳经气交换的重要场所。从十二经脉的图中，人们能看到"井"穴多位于手足的端点，"井"就是水的源头；"荥"穴多位于掌指或跖（zhí，脚掌）趾的关节上，"荥"的意思是迂回的小水，像山溪的细流；"俞"（shù）多位于掌腕或跖关节部，"俞"是灌注的意思，像山间的瀑布，倾泻而下；"经"穴多位于腕踝关节以上，"经"是主道，像宽广的大江，畅通无阻；"合"穴多位于肘膝关节附近，"合"是比喻江河之水汇入了大海。

根据内证体验，手足三阴三阳经脉最明显的出、入运动机能，是手的三阴三阳经脉行不过肘，足的三阴三阳经脉行不过膝，头部的手三阳经与足三阳经的伸、缩运动不过颈。因此，阴阳经气的交换重点是在于手足四肢。虽然藏腑之内亦存在阴阳经气的相互交换，但是次于手足四肢的作用。

所以，手足四肢的肘、膝以下的腧穴，能够调治五藏、六腑各经脉的有余或不足，是处治百病的常用穴位，非常重要。

根据这一原则，调整人体十二经脉的阴阳气机，主要应在十二经脉的四肢肘膝以下的 50+72=122 个（61 对）穴位上下功夫。

根据这一重要原则，来看肺经上的 11 个腧穴：中府、云门、天府、侠白、尺泽、孔最、列缺、经渠、太渊、鱼际、少商，这当中的井、荥、俞、经、合五腧穴都是谁呢？这个问题，《黄帝内经》灵枢第二篇清楚地告诉了人们：

少商为井，鱼际为荥，太渊为俞，经渠为经，尺泽为合。

因而，肺经上的问题，人们可以从这五个穴位上寻找解决方法，或者说，人们自己经常揉按手臂上的这五个穴位，能对肺藏、肺经的健康有所帮助。

我们看到肺经上的五腧穴中的"俞穴"是太渊穴，人们都知道中医看病时，要在手腕的动脉上号脉，来诊治全身，手上号脉的地方，就是在肺经上的太渊穴穴道上，太渊穴就是脉的大聚会处。

这个地方，在《黄帝内经》中被称作"脉口"，也叫"寸口"。在肺脉穴道诊治全身各内藏的脉，就如现代医学说的呼吸器官先起了作用，然后各器官再随肺藏的呼吸而起作用，所以中医有"肺朝百脉"的说法。

腧穴体系

《黄帝内经》解释腧穴是"脉气所发"，是"神气之所游行出入也，非皮肉筋骨也"。这说明了腧穴并不是孤立于体表的点，而是与深部组织器官有着密切联系、互相输通的特殊部位。

腧穴是人体藏腑经络中的经气输注于体表的部位，腧穴的功能是沟通体表与体内藏腑的联系。腧与"俞、输"相通，有转输、输注的含义；"穴"就是孔隙。"输通"是双向的。从内通向外，反应的是病痛；从外通向内，接受的是刺激。从这个意义上说，腧穴又是疾病的反应点和治疗的刺激点。

穴位，是经络管道上的机关枢纽，穴位沟通着经络与藏腑、经络与经络、人体与星宿、人体与五运六气等内外关系，是人体经络的信息管理中心。那么，腧穴长的是什么样子呢？

根据内观、内证归纳起来说，穴位本身，是个由无物质构成的圆球体，形态灵活，一般形态为圆球态，并有着极复杂的变化。穴位中流注旋转的是精气等"无"物质，衍生、传输是穴位的最主要功能。

腧穴的本义就是指人体藏腑经络之气转输或输注于体表的特定的孔隙，分为经穴、经外奇穴、阿是穴和耳穴四类。腧穴虽有分类，但它们之间又是相互联系的，构成了完整的腧穴体系：

经穴，又称为十四经穴，是指分布于十二经脉和任、督二脉上的腧穴，是全身腧穴的主要部分。

奇穴，又称为经外奇穴。凡有一定的穴名，又有明确的部位及治疗作用，但尚未归入十四经脉系统的腧穴，称为奇穴。

阿是穴，又称压痛点。它既无具体的名称，又无固定的位置，凡是按压疼痛的点就作为腧穴的位置，用以治疗。

耳穴，就是分布于耳廓上的腧穴，也叫反应点、刺激点。耳与藏腑经络有着密切的关系，各藏腑组织在耳廓均有相应的反应区（耳穴）。当人体内藏或躯体有病时，往往会在耳廓的一定部位出现局部反应，如压痛、结节、变色、导电等。利用这一现象可以作为诊断疾病的参考，刺激这些反应点（耳穴）对相应的藏腑有一定的调治作用。

我们谈了肺经，谈了穴位，知道了肺经上有11对22个穴位。那么，肺经到底有什么用呢？

经脉、腧穴、经气，车道、车站、火车

有人这样回答这个问题：人体手足三阴三阳的某一条经脉路线，就好比火车道，上面的腧穴犹如火车站，上面走动的经气犹如"火车"。如果没有"火车"的运行往来，火车道和火车站是发挥不了作用的。这就是为什么人死了，而经络、腧穴虽在，却由于没有阴阳神气的往来，用针刺亦不会有感觉，经脉也没有作用了。

因此，《黄帝内经》说："所言节者，神气之所游行出入也，非皮肉筋骨也。"就是明确表达了，人们注重的应该是体内这个出入游行的"灵动之神气"，而不是"皮肉筋骨"。因而经气失调所造成的疾病，就如"火车"不能按路线、按时运行到站。要是遇到"折关败枢、开阖而走、阴阳大失"的危急重症，就如"火车"将要"越轨"而发生危险。办法只能是及时按照"十二经脉"的阴阳、正负机理而施法救治。

二、肺经后面接下来说手阳明——大肠经

《黄帝内经》告诉人们，手阳明大肠经所属穴位有：

商阳（井）、二间（荥）、三间（俞）、合谷（原）、阳溪（经）、偏历（络）、温溜、下廉、上廉、手三里、曲池（合）、肘髎、手五里、臂臑、肩髃、巨骨、天鼎、扶突、禾髎、迎香，共20穴。左右经脉合计共40个穴。

根据前面我们对三阴经五腧穴、三阳经六腧穴作用的描述，六腑大肠经上的问题，人们可多从商阳（井）、二间（荥）、三间（俞）、合谷（原）、阳溪（经）、曲池（合）

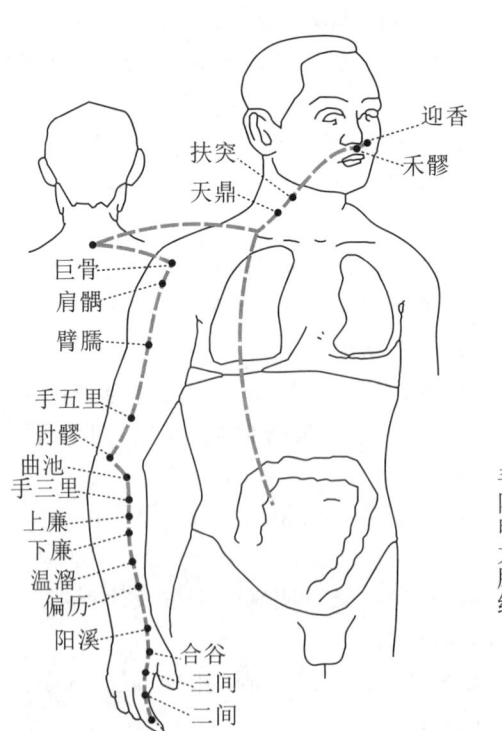

手阳明大肠经

六个穴位上寻找解决方法，或者说，经常揉按手臂上的这六个穴位，能对大肠腑、大肠经有所帮助。大肠经五行属金，旺相时间是5：00～7：00。

在这里又要问一个问题：为什么说手太阴肺经与手阳明大肠经互为表里呢？或者说，为什么十二条经脉中有六对是互为表里的呢？

为什么手太阴肺经与手阳明大肠经互为表里？

如果查询教科书，回答是：

肺与大肠相表里，是因为藏属阴（里）腑属阳（表），手太阴肺经属藏络腑，手阳明大肠经属腑络藏。一藏配一腑，一阴配一阳，形成了藏腑的阴阳表里属络关系，即手太阴肺经与手阳明大肠经相表里。互为表里的藏腑经脉在生理上密切联系，在病理上相互影响，在治疗时相互为用。

我们知道，每一条经脉不是藏络腑就是腑络藏，关键是为什么肺选中了大肠？我们还是在《黄帝内经》中找找线索。《黄帝内经》灵枢第二篇的描述是：

"肺合大肠，大肠者，传道之腑。心合小肠，小肠者，受盛之腑。肝合胆，胆者，中精之腑。脾合胃，胃者，五谷之腑。肾合膀胱，膀胱者，津液之腑也。少阴属肾，肾上连肺，故将两藏。三焦者，中渎之腑也，水道出焉，属膀胱，是孤之腑也，是六腑之所与合者。"

《黄帝内经》灵枢第十篇的描述是：

"肺手太阴之脉，起于中焦，下络大肠；

大肠手阳明之脉……下入缺盆络肺；

胃足阳明之脉……下膈属胃络脾；

脾足太阴之脉……入腹属脾络胃；

心手少阴之脉，起于心中，下膈络小肠；

小肠手太阳之脉……入缺盆络心。……"

就是说，肺经在行走过程中连到了大肠，大肠经在行走过程中连到了肺。"肺合大肠，心合小肠，肝合胆，脾合胃，肾合膀胱，三焦合心包"，藏络腑，腑络藏，具体都是怎么相络的呢？

这就要查看十二经脉的具体走向了，来看手阳明大肠经：

当手阳明大肠经正运而经气往上行走时，在手部的手阳明经气即由"商阳穴（井）"处向上溜到"合谷穴（原）"，继续往上注于"阳溪穴（经）"；同时在颈部的手阳明经气即由"扶突穴"处上升运行至"迎香穴"而终，在此同时，还分支出一条经气别行而进入了"扶突穴"内。这条进入了"扶突穴"的别行经气又进入到了何处呢？是经过"扶突穴"进入喉咙，再走到了胃经的缺盆穴，然后与手太阴肺经的"循喉咙之脉相吻合"，从而形成了"如环无端"的阴阳交合机能。

当手阳明大肠经反运而经气往下行走时，在头部的手阳明经气由"迎香穴"下降至"扶突穴"处,同时在手部的手阳明经气,即从"阳溪穴(经)"又下行,行进至"商阳穴(井)"后而停止;在此同时,还分支出一条经气由"偏历别穴(络)"进入手太阴肺经与之"相吻合",从而形成"如环无端"的阴阳交合机能。

上面我们提到"手足三阴三阳的交接是通过络脉完成的"。这里的偏历别穴,就是手阳明络别穴的进出口,它帮助肺经与大肠经完成了每次的交接转换。

以上的具体走向,交接转换,正如《黄帝内经》的灵枢第五篇所说的:"手阳明根于商阳,溜于合谷,注于阳溪,入于扶突、偏历也。"所谓入于扶突、偏历也,是说手阳明大肠经根、溜、注、入正经上行时,该经气由"扶突别穴"而转入于手太阴肺经;手阳明大肠经反运下行时该经气从"偏历别穴"而转入于手太阴肺经。

手阳明大肠经与手太阴肺经的这种运行中的互相转换机制,证明了二者互为表里的关系。

手足三阴三阳十二经脉运行中的互相转换机制,这种阴消阳长、阳消阴长的循环不息,正是六对经脉互为表里的证明。

这种一阴一阳互为表里的两经交接、转换,有什么用呢?

一位历史学博士对此这样风趣地描述道:

现代解剖学在证实器官位置的同时,也在证实器官间的关联,比如心脏与肝脏就有密切的关系,胃与大、小肠也有密切的关联。器官的位置与器官间的联系,构成了现代医学的基础。中医里的器官联系比西医多得多,绝大部分超出了现代科学研究的范围,举个例子:

一个人出现便秘,痛苦不堪,于是他来到医院求治,碰上一个中医、一个西医。接下来的对话就很有意思了:

西医说:便秘不就是大便太干燥嘛,可以搞进去些润滑的东西,就如同汽车上润滑油一样。

中医说:你这是肺火太大,清清肺火就好了!

西医对中医说:弱智!解剖学告诉我们,肺与大肠分属于两个不同的系统,肺是呼吸系统,而大肠则属于消化系统,它们根本没有关系,你清肺怎么能治疗便秘呢?

中医对西医说:《黄帝内经》上明明写着:"肺与大肠相表里",怎么能说没有关系呢?我清肺治便秘,那是治根。你润肠那是治表。

这个例子说明了一个问题,中医学从另一个角度,发现了人体器官间更多的关系。

类似的例子在中医里比比皆是,比如眼病治肝,鼻咽病治肺,口腔病治心治脾,等等,其中最典型的是耳病治肾。

三、足阳明——胃经

《黄帝内经》告诉人们，足阳明胃经所属穴位有：

承泣、四白、巨髎、地仓、大迎、颊车、下关、头维、人迎、水突、气舍、缺盆、气户、库房、屋翳、膺窗、乳中、乳根、不容、承满、梁门、关门、太乙、滑肉门、天枢、外陵、大巨、水道、归来、气冲、髀关、伏兔、阴市、梁丘、犊鼻、足三里（合）、上巨虚、条口、下巨虚、丰隆（络）、解溪（经）、冲阳（原）、陷谷（俞）、内庭（荥）、厉兑（井），共45穴，左右合计90个穴。

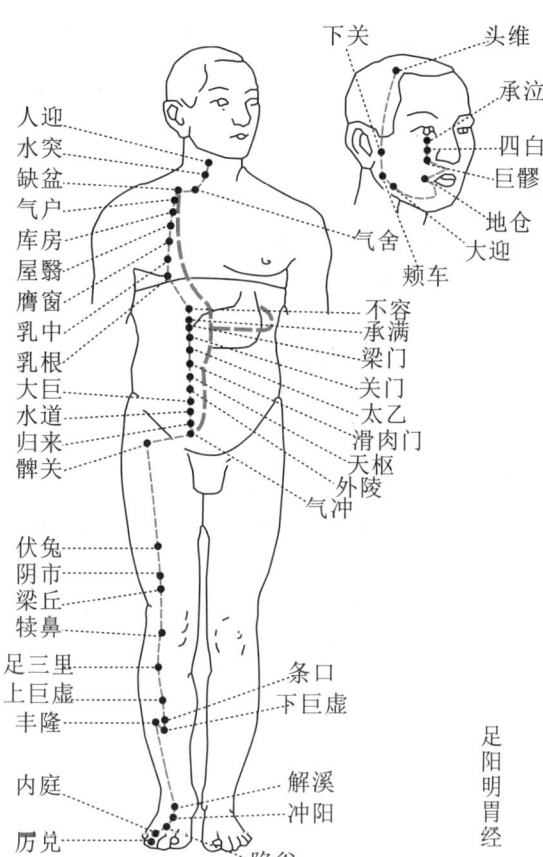

足阳明胃经

胃经上的问题，我们可以多从厉兑（井）、内庭（荥）、陷谷（俞）、冲阳（原）、解溪（经）、足三里（合）六个穴位上找解决方法，或者说，经常揉按足腿上的这六个穴位，对胃腑、胃经能有所帮助。胃经五行属土，胃经的旺相时间是 7:00～9:00。

这里又要问一个问题：古人是怎么给病人号脉的呢？

谈肺经时说，现代中医看病时，要在手腕的动脉上号脉，来诊治全身，手上号脉的地方，就是肺经上的太渊穴，太渊穴就是脉的大聚会处。这个地方，在《黄帝内经》中被称作"脉口"，也叫"寸口"。

古人号脉，既号太渊穴上"脉口"，同时又号"人迎"穴处

根据《黄帝内经》，古人号脉还有一个地方，是在胃经上的"人迎"穴，这个穴的位置在脖子上。古人认为从人迎号脉，号的是人体的阳脉，从脉口太渊号脉，号的是人体的阴脉。

比如，在《黄帝内经》灵枢第十篇里谈到手太阴肺经时说："盛者寸口大三倍于人迎，虚者则寸口反小于人迎也。"

说到手阳明大肠经时："盛者人迎大三倍于寸口，虚者人迎反小于寸口也。"

这说明古圣们诊脉，全是用阴阳两方的脉象相互对照，按大、小、盛、虚，来确定阴阳经气的虚实。当现代人遵照古人圣法诊察了"脉口、人迎"

两个穴位的阴阳动脉后，也深深感觉到比只是诊察"脉口"在诊断效果上有了大大的提高，继承先圣的诊法，可减少误诊。

如诊得"人迎"的阳脉大而"脉口"的阴脉小，便可确诊此人为"阳经的能量盛、阴经的能量衰"；若诊得"脉口"的阴脉大而"人迎"的阳脉小，便可确诊此人为"阴经的能量盛、阳经的能量衰"。如果诊得"脉口、人迎"两方皆呈现盛大的脉象，则可诊断为此人"阴阳的经气皆盛"。因此如缺失了"大脉、盛脉"、"小脉、衰脉"的相互比较，亦就失去了"对照"的依据，"脉口的阴脉"有了"人迎的阳脉"来作比较，也就有了"对照"，因而就有了完整统一的辩证、诊治方法。

丢失的号脉密码

现代的脉学诊治，都只是论诊、察看两只手上的"寸口动脉"，并且有的人还说："左手动脉为人迎；右手动脉为脉口。"由于这种说法的误导，而失掉了真正的"人迎脉诊"，因为左右两手的"寸口动脉"部位，全属于手太阴肺经的路线，只能代表五藏阴经的左、右、正、负往来的脉象，它不能代表人体颈部两侧六腑阳经的"人迎动脉"。

后世对颈部两侧的"人迎动脉"已很少有人会诊治，从《黄帝内经》成书后，只有汉代的大医圣张仲景（约公元150～219年）在书中提到过"人迎"动脉，在各"脉学"书中都已见不到对"人迎脉"的诊察方法，只有民间还存在着这种诊治的传承，对于这样一个宝贵传统的继承和发扬，尚需医药管理部门有心去收集、整理与推广。

号脉号什么？

那么，号脉是怎么一回事呢？

《黄帝内经》灵枢第十篇说："经脉者常不可见也，其虚实也以气口知之。"所以古人找到了脉口和人迎作为号脉的阴阳两个气口。号脉，就是号人体内的阴阳信息，就是号出疾病的部位是在三阳还是三阴。《黄帝内经》说，"脉以候阴阳"，"察色按脉，先别阴阳"。为什么？

十二经脉的正负运动机能本来无形无象，为什么医者诊察阴阳脉象的往来虚实，就可以确诊"十二经脉"的阴阳盛衰，甚至在两足部的"太溪穴动脉"还能见到它的"动脉搏动"？因为无形无象的"十二经脉"的阴阳对立运动的能量，鼓动了人体的有形有象的"气血"，从而就形成了人体阴阳动脉的"脉搏显象"，所以医者才可以摸得着而见得到。这犹如大地上刮风一样，风是"无形"的能量，看不到，但人们可以从大地上的有形物体如"树枝的摆动"、"水面的波浪"等见到风的来去。

因此，诊察"脉口与人迎"动脉，就是在诊察人体十二经脉三阴三阳的正负运动所促成的"气血脉波"，所以，阴阳动脉的盛衰与十二经脉的盛衰，是同源相感的。

《黄帝内经》灵枢第九篇里说："持其脉口人迎，以知阴阳有余不足，平与不平，天道毕矣。"诊候两手的"脉口"动脉属阴，犹如地道；诊候颈部两侧的"人迎"动脉属阳，犹如天道，所以，阴阳动脉双诊，才可得天地之全道。

中医根据这一理论，发展出内容十分丰富的中医脉学，后世人有讲 28 脉的，有讲 36 脉的，但是，《黄帝内经》讲脉并不繁杂，它只讲四时脉，而没讲 36 脉。然而四时脉一旦搞清楚了，脉学的基本问题也就解决了。

四时脉是指春夏秋冬的脉，它的特征是：春脉—春弦，夏脉—夏洪，秋脉—秋毛，冬脉—冬石。

阳明经——肠胃的闭合

谈了胃经上的"人迎"阳脉，还需要再进一步，因为胃经与大肠经，都属于阳明经。一个手阳明，一个足阳明。

《黄帝内经》素问第七十四篇里说："阳明何谓也？岐伯曰：两阳合明也。"

两阳相合为阳明。这个"合"是什么意思呢？它是指把阳气从一种生发的、释放的状态收拢聚合起来，使它转入蓄积收藏的状态，是闭合的意思，所以叫"两阳合明"。

阳明之腑主要包括胃肠，其中，胃与脾有关联——相表里，大肠与肺有关联——相表里。

《黄帝内经》素问第五篇说："天气通于肺，地气通于嗌，风气通于肝，雷气通于心，谷气通于脾，雨气通于肾。六经为川，肠胃为海。"六经（还是指的三阴三阳的太阳、阳明、少阳、太阴、厥阴、少阴六经，是十二经的另外一个称呼）与肠胃，百川与大海的这个关系，非常重要。

中医有一种治疗方法叫"下法"，中医称下法能治百病，就是将六经的病变，其他藏府的病变，都聚于肠胃，然后通过攻下排出来解决问题，理论上就是依据这个由川到海的特征，就是依据阳明的这个"合降"的特征。

阳明病欲解时——申酉戌

那么，什么时候用下法比较好呢？或者说，阳明出了问题也就是肠胃的问题，什么时间治最好呢？

大医圣汉代的张仲景告诉我们说："阳明病欲解时，从申至戌上。"

申至戌就是用地支中的申酉戌来表示的三个时段（如下页图）。

申酉戌至少包括三个层次的时段：

第一层次是日的层次，即每天十二个时辰中，申酉戌是下午 15：00～21：00 的时段；

第二层次是月的层次，即下弦月前后日期；

第三层次是年的层次，即阴历的七、八、九三个月。我们从图中能看到，申酉戌的方位是正西方。

疾病的欲解时，就是疾病有可能解除、痊愈、减轻的时间区域。阳明病多腑实证，所以多用凉、降、收的药物。而申酉戌从季节看属秋，以日

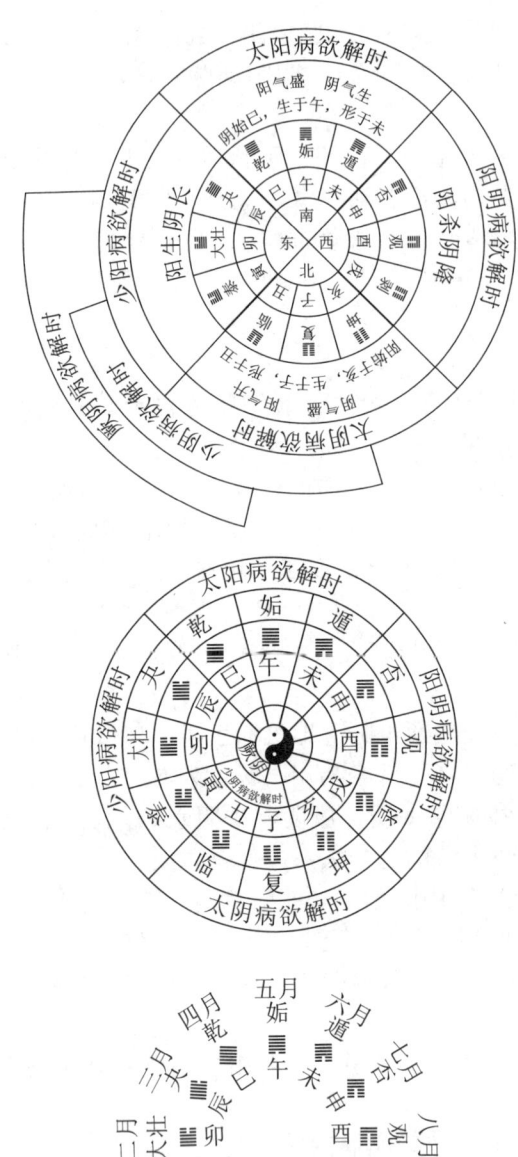

而言则是日偏西的时候。这个时段正是阳气渐消、阴气渐长，气以凉、收、降为主。中医正是根据这一原理，用有收、降功能的药物，在申酉戌这个收降的时间段来治疗阳明疾病，自然就会有效了。而有些阳明病无需治疗，等到了秋天，就可能会自然痊愈或减轻。

申酉戌从年周期上属于秋三月，秋三月若用一个字来概括其特点，就是"收"。秋三月阳气在收，万物在收。阳气的这个"收"会以一种凉、燥的形式出现。人们在秋季收庄稼，收的是什么呢？收的是果实和种子。种子从本质上讲，就是生命的精华浓缩，是对生命的记忆和传承。

欲解时的时间与空间

除了从时间的角度考虑疾病的欲解时，还需要从空间的角度去考虑。从时间的角度考虑疾病的欲解时，我们用到了干支的纪年、纪月、纪日的概念；从空间的角度考虑疾病的欲解时，要用到干支和第一章中六十四卦卦象的概念。

《性命圭旨》一书中的"时照图"中说："人之元气逐日发生，子时复气到尾闾，丑时临气到背堂，寅时泰气到玄枢，卯时大壮气到夹脊，辰时夬气到陶道，巳时乾气到玉枕，午时姤气到泥丸，未时遁气到明堂，申时否气到膻中，酉时观气到中脘，戌时剥气到神阙，亥时坤气归于气海矣。"

我们第一章谈过这个十二消息卦的卦图，因此，对这段描述就不会不知所云了。这也从一个侧面,说明了中国文化的多层次、多角度的联系与一脉相承。

沿着任脉,由胸中的膻(shān)中穴,至腹中的中脘穴,再到肚脐的神阙穴,也就是申酉戌的时段,正好是阳明的地界。这个地界包括了胸腹,肺与胃,都在其中。这个地段的"治安"如何,可以说主要由阳明来决定。

一个人阳明的功用如果没问题,元气通过这个地界就没有障碍,否则元气就很难顺利通过这块领地。元气在这个地段受阻,势必会影响元气到达其它地界的时间,这样环环相扣,人身这个小天地里的周天运行就很难再与大天地里的运行相应,经络钟慢了,便导致了人体的不健康。

沿着这个思路,元气在周天运行过程中分别受到六经的不同作用和影响,比如在申酉戌这样一个特殊时段及特殊地段中,它主要受阳明的作用,具体说是受阳明通降功能的作用。这样一来,十二经脉的整体与局部,就以时空的方式巧妙地联系起来了。

膻中是气汇集的大穴

应该引起注意的是,按照现代医学来说,膻中这块区域正好是胸腺所在地,胸腺是人体一个重要的免疫器官,它主要产生 T 淋巴细胞,起到免疫监视作用。

因此,胸腺的免疫功能与肿瘤的发生有着非常直接的关系。为什么恶性肿瘤多发生于 40 岁以后呢?就是因为 40 岁以后(女性略有提前)胸腺便自然萎缩,T 淋巴细胞的产生逐渐减少,失去免疫监视作用,变异细胞便得以肆虐。

膻中处在申位,是阳明的领地,有人认为这个地方是治疗所有癌症的起点和重点,格外重要。申时是下午 15:00～17:00,因此,在这个时间段里,每天用二三分钟,天天坚持轻轻按揉膻中这个部位,便能够强化阳明,激活胸腺,达到治未病的作用。

《黄帝内经》说,膻中,喜乐出焉。膻中穴是心包经的募穴,对人体的心血管有很好的调节作用。膻中在两乳头连线的正中,如果不好找,就找两乳连线正中有痛点的地方,这个地方古人称为中丹田,是气汇集的大穴。

所以说:为了不患癌,记住按膻中。

四、足太阴——脾经

《黄帝内经》告诉人们,足太阴脾经所属穴位有:

隐白(井)、大都(荥)、太白(俞)、公孙、商丘(经)、三阴交、漏谷、地机、阴陵泉(合)、血海、箕门、冲门、府舍、腹结、大横、腹哀、食窦、天溪、胸乡、周荣、大包,共 21 穴,左右合计 42 个穴。

因而,脾经上的问题,我们可以多从隐白(井)、大都(荥)、太白(俞)、商丘(经)、阴陵泉(合)五个穴位上找解决方法,或者说,经常揉按足腿上的这五个穴位，对脾藏、脾经的健康会有帮助。脾经五行属土，脾经的旺相时间是 9：00～11：00。

脾经和肺经都是太阴经，一个手太阴肺经，一个足太阴脾经。

太阴脾肺——忌寒凉

脾经起于足，上行的终点：连系舌根，散于舌下。所以，脾开窍于口，主管味道。

太阴经的许多病变都与藏寒有极大的关系，那么，藏为什么会寒？当然是藏中的阳气太少了。阳是主导温煦的，阳少了自然就不能温，这就是藏寒。因此，引起藏寒的因素，需要围绕着阳气来谈。

首先是先天的因素。

人如果在父母媾精的时候阳气禀赋不足，出生以后阳气自然就少。阳气少，藏就会寒，这一种藏寒比较难办。因为先天的因素人们无法改变，人们就只好通过后天来调理。后天就落在太阴，也就是落在了脾胃，所谓肾主先天，脾主后天。

其次是更多见的——嗜食寒凉。

脾胃之所以能海纳百川，收受食物，运化食物，靠什么呢？靠阳气。如果饮食失调，过食生冷，或寒凉药物太过，都会伤害脾阳。

热有虚热、实热，有外寒内热、外热内寒，所以中医讲究辨证施治。如果见热象就一味清热，会伤及人体宝贵阳气。现在确实有很多人稍吃一点煎炒就咽喉痛，就鼻出血，这是不是真的有实热呢？这个需要看舌脉，看是否真的有火热的证据。

第三是烦劳太过。

《黄帝内经》讲："阳气者，烦劳则张。"这个张就是弛张，就是发泄释放。在三阴三阳中，太阴管开，少阴管枢，厥阴管合。太阴一开，阳气就入内，阳气入内以后，不但温养藏腑，而且能够得到休养生息。倘若烦劳过度，则阳气必外张而不能入内，不能入内则阳不蓄养，久而久之就亏虚而藏寒。所以说烦劳太过，阳气就容易亏损。这方面也与太阴的开机出现障碍相关。

最后是作息非时。

阳气的耗损可由多方面原因造成，比如《黄帝内经》讲到"冬三月，此谓闭藏"，在这样一个闭藏的时期，人们的作息时间也要与它相应。就是

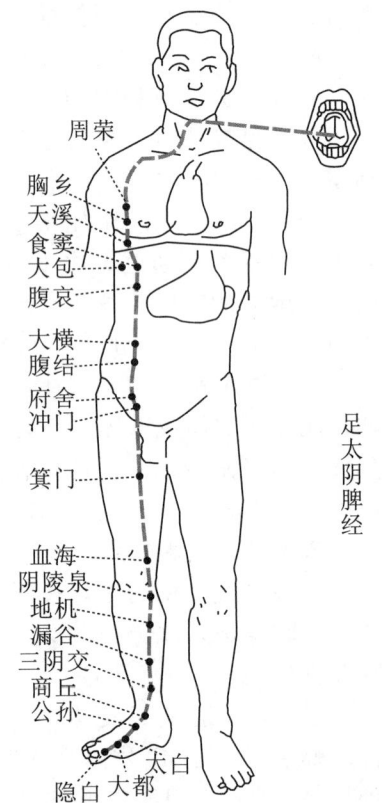

冬三月要"早卧晚起，必待日光"，如果冬三月，天地在闭藏，人们不闭藏，还是很晚睡觉，那这个阳气就得不到应有的蓄养，就会亏损。阳气亏损了自然会藏寒，导致脾胃"腹满而吐，食不下，时腹自痛"的发生。

脾胃脾胃，倒进胃的东西，都交给脾来运化，脾需要热量、能量来运化水谷，升运清阳，温煦四肢百骸。

现代人如果能管住自己，"食饮有节，起居有常，不妄作劳"，脾就有救了。

太阴病欲解时——亥子丑

大医圣张仲景告诉人们："太阴病，欲解时，从亥至丑上。"（请参考本书214页中的图示）

亥子丑这三个时辰在一天的周期里，是晚上21：00～次日3：00的这段时间。

在月周期里，亥子丑就位于晦日前后的7天半里。在"干支来源自日月星辰"一节里我们了解过月亮，谈到朔望的概念，望日为阴历的十五或十六，朔日为阴历每月的第一天，即初一。

那儿没有提到晦（huì）日，晦日是指阴历每月的最后一天，即大月是三十日、小月是二十九日，正月的晦日作为一年的第一个晦日被称作"初晦"，受到古人的重视。晦日前后的这段时间，是每个月周期里月相最缺或者是最隐匿的时候。月相缺或隐反映了阳的收藏，这与太阴的性用相符合。

在年周期里，亥子丑即亥月、子月、丑月，亦即阴历的十月、十一月、十二月。上述三个月分别与十二消息卦里的坤、复、临三卦相配。坤卦六爻皆阴，很多人看到这个卦都以为阴盛阳衰了，阳气没有了、消灭了。从表面看是这样，但如果换一种思路，其实坤卦的六爻皆阴不是阳气没有了，而是阳气收藏起来了。正是冬季这个藏才使阳气得到蓄养，得到恢复，才有后面的一阳生，二阳生。亥子丑除了上述的时间特性外，还有空间方位的特性，亥子丑的方位是北方。

冬吃萝卜夏吃姜

"太阴病欲解时，从亥至丑上"。与亥子丑相对的就是巳午未三个月，即四五六月。五月有什么特征呢？张仲景说五月是"阳气在表，胃中虚冷"。这个时候为什么阳气在表呢？因为整个春夏，阳气都在蒸蒸日上，都在不断地向上、向外，由于阳气是向表、向外的趋势，所以，在里面的阳反而虚少，所以才说"阳气在表，胃中虚冷"。

而到了冬天，到了亥子丑的时候，情况正好相相反。这个时候，阳气向里、向内，处于收藏的趋势。外面的阳渐虚少，在里面的阳渐多，阳多则热，所以变成"阳气在里，胃中烦热"。

民间流传这样一句话："冬吃萝卜夏吃姜，不找医生开药方。"为什么呢？萝卜是凉性的，姜是温性的。夏日天气炎热，为何反要吃姜？因为这个时候阳气在表，胃中虚冷，所以，要吃姜来温中暖胃。冬日寒冷，为何反要吃萝卜？因为冬日阳气在里，胃中烦热，所以，就用萝卜的凉性来平衡，以免积热的产生。

冬月阳气在内，所以，内里反热，如果得了太阴病，那么，正好可以借这个亥子丑的阳气入里，使藏寒得到温暖，使太阴病的内里虚寒证得到转机。所以，太阴病能欲解于亥子丑时段。透过亥子丑，太阴病的内在涵义、治疗规律也就自然在把握之中。

欲解时的反面，就是欲剧时或者叫欲作时，它是与欲解时相对的。既然太阴病在亥子丑这样一个时候容易缓解，那就必然会有另一个容易加剧的时候。太阴病的欲剧时就是亥子丑的对立面——巳午未。巳午未阳气在表，内里易虚冷，所以容易生藏寒，容易生太阴病。夏天天气热，阳气蒸腾向外，而这个时候，人们又爱吃生饮冷，什么东西都来冰的。本来就胃中虚冷，偏偏还要大进生冷，这就成了雪上加霜，所以，人们以为天寒地冻才容易得太阴病，其实恰恰相反，炎炎夏日才是最容易得太阴病的时候。人们光知道夏有暑热，却不知夏亦有寒凉。夏日是天热而地寒，外热而内寒。

太阴有手、足太阴，其中，手太阴肺经是在言天，足太阴脾经则是言地。夏日这个天热地寒的格局，其实也就是肺热脾寒的格局。如果人们只知道热，是知道了肺经的这一面，是天的这一面，同时，还不能忘了有地的这一面，也就是脾经的这一面，如果这一面照顾不好，那就很容易影响太阴，太阴的门一开，三阴的门也就随之打开了。

人们为什么肥胖

谈到脾，顺便要谈人为什么会肥胖的问题。虽然肥胖的原因很多，有遗传因素、习惯因素、体质因素，还有饮食结构、身心疾患等等，但本质上讲，都有一个共同的原因，那就是脾对食物的消化吸收能力"太差"。

是的，不是太强，而是"太差"。

人们一直认定肥胖是由于身体的吸收能力太强，在身体里造成了能量过剩，其实这是个虚假的"事实"。

有人说，我胃口好极了，什么都能吃掉，吃多少都不饱，这能说我是脾胃虚弱吗？中医对此有个名词叫做"胃强脾弱"，其含义显而易见，就是能吃而不能化。

胃是受纳器官，脾是运化器官。运化包含"运"和"化"两层涵义，"化"是将胃肠中的饮食，化成营养精微物质，"运"是把这些营养精微运输到全身各处，成为人体的气血，有时我们虽然吃了很多东西，但脾"化"的能力太弱，无力将食物转化成营养精微。

因此，肥胖人群身上的那些赘肉，并不是营养过剩，它们是一堆运不出去的体内废品。

当人们的身体需要能量时，它们不会转化成气血来供人们使用，反之却阻碍生成新的气血。赘肉占据了正常肌肉的位置，痰浊瘀血占据了新鲜气血的空间，使人体的气血能量无法生成运输，所以减肥的过程，需要的是"去粗取精，去伪存真"，是瘀血痰浊去而新的精气血化生的过程。

五、手少阴——心经

《黄帝内经》告诉人们，手少阴心经所属穴位有：

极泉、青灵、少海（合）、灵道（经）、通里（络）、阴郄、神门（俞）、少府（荥）、少冲（井），共9个穴。左右经脉合计共18个穴。

因而，心经上的问题，人们可以从少冲（井）、少府（荥）、神门（俞）、灵道（经）、少海（合），五个穴位上找解决方法，或者说，经常揉按手臂上的这五个穴位，对心藏、心经的健康会有所帮助。心经五行属火，旺相时间是11：00～13：00。

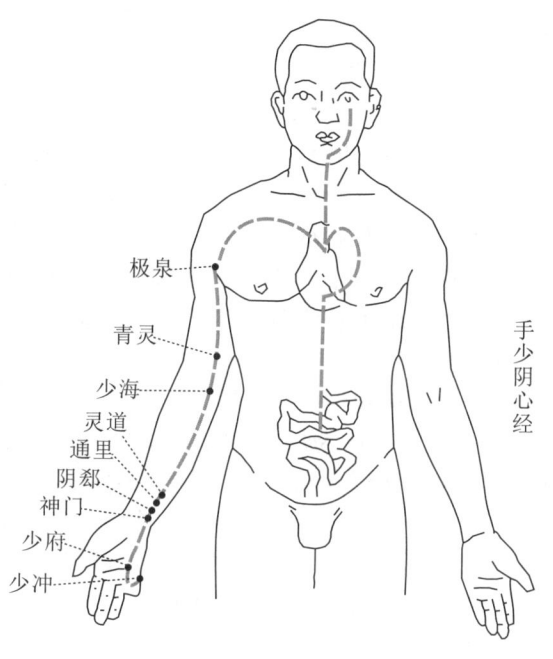

疼痛——来自体内寒气

人们知道心藏主血脉，人体气血运行能通达藏腑内外上下周身，无所不至，所以气血瘀滞所带来的诸证，多和心藏有关。

《黄帝内经》素问第七十四篇说到心："诸痛痒疮，皆属于心。"就是说，心属火，又主血脉，心火盛而血脉营运失调壅滞导致发疮，表现痛痒，常见于身强体壮之人。

《黄帝内经》素问第三十九篇专门讨论疼痛，叫"举痛论"。这一篇里举了十多个疼痛的例子，所以叫"举痛"。而这十多个例子中，除一例外，都是讲的寒气致痛。"痛者，寒气多也，有寒故痛也。"《内经》强调疼痛的主要病因是寒凝气滞，导致血脉瘀阻，所以冬季也是冠心病的高发季节。

前文谈心藏时说，"心为君主之官，神明出焉"。《黄帝内经》素问第八篇说，"主明则下安，以此养生则寿，殁世不殆，以为天下则大昌。主不明则十二官危，使道闭塞而不通，形乃大伤，以此养生则殃，以为天下者，其宗大危，戒之戒之"！心是统帅其他脏器的主宰，是全身之主。同时心管理着人的心理状态和心情变化。所以养生首先要养心，陶冶性情，心理健康才能身体健康。

血气足，阳气足，才能不得病

手少阴心经很大程度上是在说这个"主"的问题，主不明，而致十二官皆危。那么，君主为什么能明，又为什么"不明"呢？

人们知道，火的自然性用就是明。能照明万物的，无非阳火。因此，君主要明，关键就是要阳火充足。为什么心属火而又主神明？就是要强调火与明的关系。所以，只有阳火充足，君主才能神明。现在为什么主不明呢？那就是阳火虚衰了，或紊乱了。

从少阴篇中的危证和死证，可以知道它无一不是由心阳虚衰引起的。由此也可知道，不管是什么疾病，最后导致险情出现，甚至死亡的，主要原因是阳火不及。很多癌症患者最终也不是死于癌症本身，而是死于心力衰竭。而现代医学的放疗、化疗之所以很难达到治疗效果，就是因为它客观上在不断地消耗人体的阳气精血，而不是补充阳火、补充心血、补充人体的精气神。

距今800多年前，宋朝的窦材（1076～1146年）写了一本医书叫《扁鹊心书》，窦材认为，人身的疾病，阳证比较容易解决，因为阳证易于发觉。阳火太过就像纸包火一样，是包不住的。所以阳证它潜伏不了，能够得到及时的治疗。而阴证则不然，阴证是易伏藏，不易发觉的。而到最后酿成大患的，造成危证、险证的，往往就是这个阴证。为什么阴证易伏藏而不易发觉呢？根本的原因就是阳火虚衰，特别是心阳虚衰，导致识别系统麻木，整个机体的反应衰退。一句话，就是主不明了。

少阴病欲解时——子丑寅

大医圣张仲景告诉人们："少阴病欲解时，从子至寅上。"（请参考本书214页中的图示）

子至寅在一日之中，为晚上 11：00～次日凌晨 5：00。一月之中，为初一到上弦月的这7天半。一年之中，则为阴历十一月至次年一月的三个月时间。

手足三阴的欲解时与三阳的欲解时有一个很大的差别，在三阴中，每经欲解时的三个时辰有两个是互为相重的。比如，太阴的亥子丑中，子丑与少阴相重；少阴的子丑寅中，丑寅与厥阴相重。故而在三阴欲解时的讨论中，开首的这一时就显得很重要。如太阴之于亥，少阴之于子，厥阴之于丑，都具有特别的意义。

所谓特别的意义，关键是要看出这一时段的特点。子丑寅时段，在一日之中，为晚上11点至次日凌晨5点。说明到晚上11点后，人们就需要入睡了，把时间交给心经去修复、处理身体内的问题。如果这个时候还在夜宵、还在酒吧，对心藏、心经的伤害就很大。

在第一章谈过消息卦，子在十二消息卦正好与复卦相应，"复"指的是阳气来复，阳气恢复的意思，这个阳气的恢复需要七日的时间。

古人讲体和用的关系，子居正北，为水所处的位置，是体之所在。阳用要归根，就是要归到这个体里面。阳归于体，才能够休养生息。所以将子交给复以后，阳就能来复，阳气即进入慢慢增长的阶段。

少阴病为什么要欲解于子丑寅呢？因为少阴病是阳气虚衰造成的，阳气不归根，因此，当病者遇到子丑寅，则正值阳气归根来复、阳气逐渐增长的过程，怎会不愈？此为天道地道以助人道，从另一角度证明了"人禀天地之气而生"。

因此，心经的问题，就是呵护心阳的问题，从这个角度下工夫，君主才能神明。

六、手太阳——小肠经

《黄帝内经》告诉人们，手太阳小肠经所属穴位有：

少泽（井）、前谷（荥）、后溪（俞）、腕骨（原）、阳谷（经）、养老、支正（络）、小海（合）、肩贞、臑俞、天宗、秉风、曲垣、肩外俞、肩中俞、天窗、天容、颧髎、听宫，共19穴，左右合计38个穴。

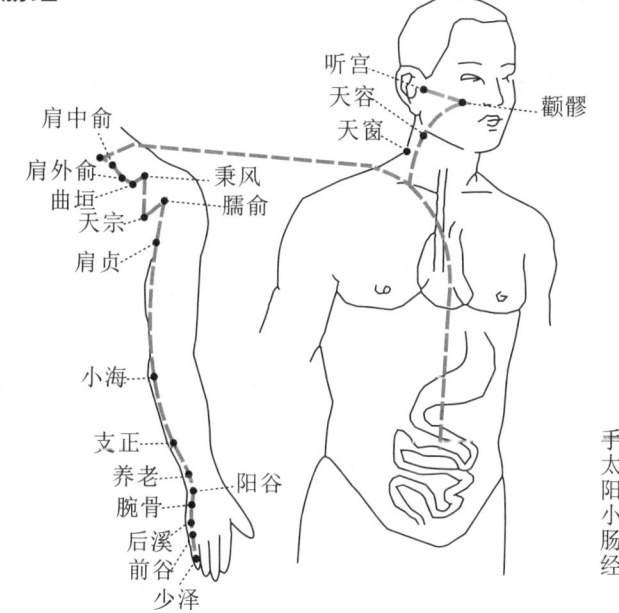

小肠经上的问题，我们可以从少泽（井）、前谷（荥）、后溪（俞）、腕骨（原）、阳谷（经）、小海（合）六个穴位上找解决方法，或者说，经常揉按手臂上的这六个穴位，对小肠腑、小肠经的健康会有所帮助。小肠经五行属火，旺相是13：00～15：00。

小肠经是手太阳经。《黄帝内经》素问第八篇说："小肠者，受盛之官，化物出焉。"这说明小肠是吸收营养的主要场所，小肠一方面接纳经过胃熟化了、细化了的水谷，另一方面，小肠将承纳的水谷之精微来营养五藏的需要。

三阴三阳的开、合、枢

前文说过《黄帝内经》素问第六篇谈到三阴三阳，"是故三阳之离合也，太阳为开，阳明为阖（hé），少阳为枢。是故三阴之离合也，太阴为开，厥阴为阖，少阴为枢"。

一个开，一个合，一个枢，这显然是针对门户而言。门户的作用开则能够出入，合则出入停止。而门要能够开合，则要靠枢的正常作用。没有开合，门户就不成其为门户，而要实现开合自如，没有枢不行。

《黄帝内经》素问第二篇说："夫四时阴阳者，万物之根本也，所以圣人春夏养阳，秋冬养阴，以从其根，故与万物沉浮于生长之门。"这里的沉浮就是讲出入，也就是讲升降。沉者入也，浮者出也。一方面是浮于生长之门，这个过程是讲阳气的出、阳气的升，实际上就是阳的释放过程；另一方面是沉于生长之门，这个过程是讲阳气的入、阳气的降，实际上就是阳的收藏蓄积过程。这里讲的"与万物沉浮"，实际上就是阴阳的沉浮。万物的沉浮是表象，而实质，根本是阴阳在起变化。

门户的概念有了，就需要有一个与它相应的工作机制，这就是上述的开合枢。具体地说，三阳有一个三阳的开合枢，三阴有一个三阴的开合枢。这也就意味着要有两个门，一个是三阳主宰的阳门，一个是三阴主宰的阴门。三阳主宰的阳门实际就是生长之门，三阴主宰的阴门，实际就是收藏之门。阳门打开了，生长之门打开了，阳气便不断升发、释放，随之自然界表现的便是春夏的变化，万物在这个过程逐渐地升浮起来。而随着阴门的打开，收藏之门的打开，阳气转入降，转到蓄藏，这个时候秋冬开始了，万物则在这个过程中逐渐地消沉下去。

十二经脉讲三阴三阳，实际上就是讲上面这两个门。两个门要协调好，必须三阴三阳的开合枢协调好，开合枢协调好了，阴阳的升降出入就不会有异常，生命也就不会发生异常。

先来看三阳这个门。在阳门里，太阳的作用是负责开，"太阳为开"指的就是这层意思。随着太阳主开功能的启动，阳门打开了，阳气得以逐渐地升发释放出来。这个在自然界就表现为春夏，万物逐渐地"发陈"（生长萌发，去陈出新）、"蕃秀"（草木茂盛），而在人体呢？阳气方方面面的作用，就得到充分地发挥。但是，太阳老是这样开，阳气老是处于这个升发释放的状态，就像人们老是工作不睡觉成不成呢？所以，开到一定的时候，就有一个关闭的机制，将阳门逐渐关闭，使上述这个蒸蒸日上，升发释放的过程减弱下来，这个就是阳明的合，"阳明为合"指的就是这层功用。一个开，一个合，靠什么来转动呢？靠枢机来转动。所以，太阳的开，阳明的合，就要靠少阳枢机的作用，"少阳为枢"指的就是这个意思。

太阳开机的病变

太阳主开，负责阳门的开启，太阳的开机为什么会发生异常呢？这个原因可能来自内部，也可能来自外部，或兼而有之。

外部的因素往往比较典型，如常见的伤寒、中风，就是因为外邪侵袭，障碍、束缚了这个开机，使阳气的开发受限，于是太阳病就发生了。除了外因，内在有哪些因素呢？有阳气虚，本身的力量不足，太阳这个开的作用会成问题，或者由于水饮、湿等因素妨碍了阳气的外出，太阳的开机也会出现问题。

总而言之，太阳开机的功能是帮助阳气外出，帮助阳气发挥作用。如果太阳开机出现障碍，阳气的作用就会受到影响，太阳病的发生就与这些影响直接相关。因此，从太阳开机不利的角度去理解太阳病，就抓住了它的纲领。显然，手太阳小肠经的问题，也应从太阳开机的角度去发现问题，解决问题。

小肠经可以通告心藏疾病

既然心与小肠相表里，通过经络的这种通道联系，如果心脏有问题，在最初的时候，小肠经就会先有征兆。有些人肩背痛，手臂酸痛，其实是心藏供血不足。

那么怎样知道心藏是否供血不足呢？有一个很简单的方法，在胳膊肘的下方有一根"麻筋儿"，在小的时候，打闹玩耍经常会碰到它，总会过电般一麻到手。这条"麻筋儿"就是小肠经的线路，现在用拳头打一下这"麻筋"，看看能不能麻到小手指去。如果一麻到底，证明心脏供血的能力还是不错的。如果只痛不麻，那么心脏已经存在供血不足的情况了。另外还有一个更简单的测试法，只要行个军礼，上臂靠近腋下的肌肉会不会很松弛，松弛就是此处气血供应不足了，这里正是小肠经的地盘。

当我们触及上臂小肠经的部位时，如果那里的肉松弛若棉，里面有许多网状的粘连的东西，用手碰触，还没用多大力，那里已经刺痛难当，就是心血不足，离真正的心脏生病也不远了。

小肠经就好比一面反应心脏能力的镜子，通过了解心脏和小肠经的表里关系，人们不但能预测心脏的功能状况，还能够用调节小肠经、按摩小肠经来治疗心脏方面的疾患。

七、足太阳——膀胱经

《黄帝内经》告诉人们，足太阳膀胱经所属穴位有：

睛明、攒竹、眉冲、曲差、五处、承光、通天、络却、玉枕、天柱、大杼、风门、肺俞、厥阴俞、心俞、督俞、膈俞、肝俞、胆俞、脾俞、胃俞、三焦俞、肾俞、气海俞、大肠俞、关元俞、小肠俞、膀胱俞、中膂俞、白环俞、上髎、次髎、中髎、下髎、会阳、承扶、殷门、浮郄、委阳、委中（合）、附分、魄户、膏肓俞、神堂、譩譆、膈关、魂门、阳纲、意舍、胃仓、肓门、志室、胞肓、秩边、合阳、承筋、承山、飞扬、跗阳、昆仑（经）、仆参、申脉、金门、京骨（原）、束骨（俞）、足通谷（荥）、至阴（井），共67穴，左右合134穴。

对于膀胱经上的问题，人们可以多从至阴（井）、足通谷（荥）、束骨（俞）、京骨（原）、昆仑（经）、委中（合），六个穴位上找到解决方法，或者说，经常揉按足腿上的这六个穴位，对膀胱腑、膀胱经的健康有帮助。膀胱经五行属水，旺相时间是15：00～17：00。

膀胱经上的穴位特别多，主要分布在人体的后背和腿的后侧。膀胱经既是人体在后背的防护墙，又是人体最大的排毒通道。膀胱经通过人体最大的排毒通道——输尿管，把人体废物从尿液中排出。

足太阳膀胱经

人体后背膀胱经上有一大排俞穴，就是一个通道，直接连接着体内的藏腑，所以一揉这些俞穴，就可以很好地调节藏腑。因而，对各种年龄的人群，后背捏脊都是一个很好的健体方法。

治太阳病就是治水

《黄帝内经》说："膀胱者，州都之官，津液藏焉，气化则能出矣。"州都即洲渚，本意是指水中陆地，这里是指水液汇集之处。膀胱是津液之腑，是水府。那么，这样一个水府为什么要跟太阳相连呢？这个连接正好昭示了水与气化的密切关系。

足太阳膀胱经起于睛明，上额交巅，然后下项夹脊，行于背后，沿着人的身后、腿后，最后到达脚趾至阴。比较一下十二经脉，足太阳膀胱经是最长的一条。

对于经络循行的这样一些具体部位，人们需要很留心。比如腿痛，就要留心到底是前面痛还是后面痛？是外侧痛还是内侧痛？如果是后面痛，腘窝的地方痛，那肯定与太阳膀胱经有关，就要从太阳去考虑治疗，所以，弄清楚经络的位置、走向是很重要的。

膀胱为洲渚水府之官,气化则能出矣。这里的气化,意思是在肺气、脾气、肾阳三焦阳气的作用下，人体的水液清者上行布散，浊者下行储存、排泄于膀胱。由于膀胱主行津液化水气，病症表现多在于小便异常。

太阳篇，实际上就是讲水的循环过程。地气上为云，天气下为雨，大自然中水是循环运动不息的，人体内的水也一样，只有循环运动起来，才能有意义，才能为生命所用，否则就是死水痰浊，而这个过程必须赖于人体的阳气。

太阳病欲解时，从巳至未上

中国文化中的"时"与西方文化不同，除了数学意义之外，还有更多的内涵。一讲春就知道气温；一讲夏就知道气热；一讲秋就知道气凉；一讲冬就知道气寒。这就是我们中国人的"时"。

所以，中医一谈时，太阳的运动位置就在这里了，日地月关系就在这里了，阴阳的关系就在这里了，气就在这里了。为什么说"时立气布"呢？为什么要"谨候其时,气可与期"呢？道理就在这里。所以,时立则阴阳立，阴阳立则气立。

张仲景告诉人们，太阳病的欲解时是"巳至未上"，也就是巳午未三个时段，至少有三个层面的内容。（请参考本书214页中的图示）

第一个层面是一天之中的巳午未三时，也就是上午9时至下午3时这一时间区域。第二个层面是一月之中的巳午未三时，即月望及其前后的这段区域。第三个层面是一年中的巳午未三时，亦即阴历四月、五月、六月这个区域。这意味着太阳病的欲解时也是多层面的。

太阳病是个大病，它包括了许多外感内伤的疾病。在这个大病目下，还有许许多多的子病目，因此，不能把太阳病看得过于简单，好像它只是一个伤风感冒，受寒发烧。它不仅仅是一个急性的病,也可能是一个慢性病。

急性病，病程总共就只是几天，所以应该从一天的这个层面去考虑它的欲解。如果疾病在一天的巳午未这个区间得到缓解，那就要考虑可能是太阳病。

如果疾病是个慢性过程，超过一月、二月，甚至一年、二年，而且疾病在日周期内的变化不显著，或者没有规律，那么，就应该看看它在月周期甚至年周期等层面的情况。

太阳病的三要素

太阳病的要素有如下三点：

其一，病位在表。也就是说太阳病的定位主要在表，因为太阳经是人体的藩篱。《黄帝内经》素问第七十四篇说："夫百病之生也，皆生于风寒暑湿燥火，以之化之变也。"百病的发生都与风寒暑湿燥火相关，受这些因素影响才有内外伤的变化。而太阳病就是从表开始的,这可以反映在"脉浮"上。

其二，病性多寒。病位在表的病可以牵涉到风寒暑湿燥火，但重点是寒。张仲景说："其伤于四时之气，皆能为病。以伤寒为毒者，以其最成杀厉之气也。"因秋冬伤之，则阳气无以收藏；春夏伤之，则阳气无以释放。无以收藏则体损，无以释放则用害。所以一个寒字，体用皆能损害，故最成杀厉之气。所以，太阳病的定性中以寒最为突出。

其三，开机受病。太阳病的病位、病性的关键就是太阳的开机受病。整个太阳系统或者说整个表系统的作用就是维系在这样一个"开机"上面，一旦开机障碍就会影响整个太阳系统，进而产生太阳的病变。

针对太阳病的这三个要素我们如何应对呢？

从太阳病的欲解时是"巳至未上"看，首先，只有到了巳时以后，阳气才真正外出于表。所以，巳午未三时所对应的乾、姤、遁三卦，正显现了阳气出表的这样一个变化过程；其二，巳午未三时以日而言正处日中，以年而言则正处夏季，是阳气最隆盛的时候，亦为天气最炎热的时候；其三，巳午未所对应的日中、夏季及月望前后，无论从离合还是从功用上讲，都是太阳开机最旺盛的时候。

因此，巳午未这三个时间要素，一个正值阳出于表，一个正是火热朝天，一个是开机旺盛。第一要素正好对治表病，第二要素正好对治寒病，第三要素正好对治开机障碍。这样来看，问题就解决了，这就是为什么太阳病要欲解于巳午未三时。

关于欲解时，《思考中医》的作者有一段精彩的讲述：

> 按照中医的治病原则，热者宜寒之，我们用这个寒性的药来治疗这样一个火热性质的疾病，不就是用的冬气吗？不就是利用药物的特殊气味模拟了一个冬日的时相吗？同理，寒者热之，我们用热性的药物来祛除寒性的病变，则是模拟的这个夏气。时间或者时相可以通过开药来模拟，它必须有一个前提，就是这个药物要具有时间或者时相的特性。
>
> 药物它有各式各样的属性，而其中一个最重要的或者说纲领性的属性就是气味，将药物的气味一放到"方"上来，时间的属性就很快出来了。所以，气寒的药就属冬，气凉的药就属秋，气热的药就属夏，气温的药就属春。再加上味的配合以及其他属性的配合，药物的这个时间特性就会更加精细。
>
> 中医治病为什么叫开方？为什么说中医治病开方就是开时间？张仲景的《伤寒论》有三张很奇怪的方，一是青龙汤、一是白虎汤、一是真武汤，青龙汤不就是开的东方？白虎汤不就是开的西方？真武汤不就是开的北方吗？开东方实际就是开的春三月，开的寅卯辰；开西方实际就是开的秋三月，开的申酉戌；开北方呢？那当然就是冬三月，亥子丑了。所以，开方开药当然是开的时间！

八、足少阴——肾经

《黄帝内经》告诉人们，足少阴肾经所属穴位有：

涌泉（井）、然谷（荥）、太溪（俞）、大钟、水泉、照海、复溜（经）、交信、筑宾、阴谷（合）、横骨、大赫、气穴、四满、中注、肓俞、商曲、石关、阴都、通谷、幽门、步廊、神封、灵墟、神藏、彧中、俞府，共27穴，左右合54个穴。

因而，肾经上的问题，人们可以从涌泉（井）、然谷（荥）、太溪（俞）、复溜（经）、阴谷（合）五个穴位上寻找解决方法，或者说，经常揉按足腿上的这五个穴位，对肾藏、肾经的健康会有帮助。肾经五行属水，肾经的旺相时间是 17：00～19：00。

激素之用——慎重再慎重

激素的作用确实不可思议，它对很多疾病都有效果，像肾炎的病人一用激素，肿就消了，蛋白尿也消了；哮喘发作的病人一用激素，哮喘立即就能止住；高热病人用什么都不能退烧的时候，一上激素，烧就退下来。激素的各种临床效用的发现作为一项巨大的医学成就，获得了1950年的诺贝尔医学奖。

激素为什么会有这些神奇作用呢？

因为，激素的作用点是在肾上，激素与肾有着特殊关系，激素主要是将肾所封藏的阳气释放了出来。肾中所封藏的阳气是什么呢？就是精。把精释放出来可是了不得的东西，它就相当于身体里的原子弹，所以，它可以干很多的事，可以对很多的疾病有"奇效"。但是，肾所封藏的这个阳，这个精，是用来温养生气的，是用以养命的。现在轻易把它动员出来了，派作了别的用场，一时的疗效虽然神奇，可是用了之后，封藏的阳气少了，精少了，随之而来的是，生气的来源少了，

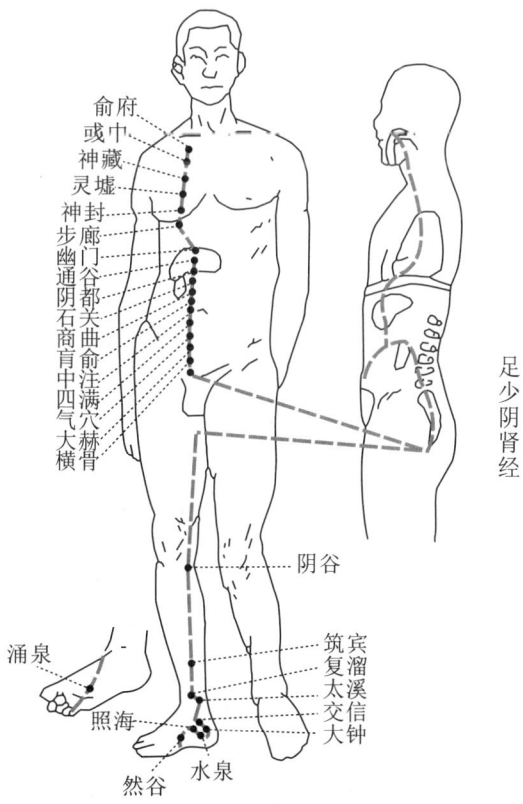

足少阴肾经

养命的东西少了。所以,激素用多了,所带来的结果是可想而知的。

现在西方国家对滥用激素的危害已经十分清楚,对激素的使用也是慎之又慎,非到万不得已是绝不上激素的。

疼痛的心肾

谈到肾,《黄帝内经》说:"诸寒收引,皆属于肾。"前面说过,疼痛的主要原因是寒,这里又讲诸寒皆属于肾,此为其一。其二,前面谈到疼痛更直接的因素是"不通"。为什么会"不通"呢?因为收引了。经脉收引了,血脉收引了,变小了,就容易造成不通。而这里讲收引也是属肾。

所以,疼痛除了与心有关系,与肾也有很密切的关系!可以说它是因在肾,果在心。从少阴经脉的讨论,人们能把疼痛的因果看透。疼痛究竟是应该治因还是治果呢?要想彻底治愈它,当然要因果两治。但是,有的情况因一时难以祛除,或者难以一时确定,那么,就只好在果上下工夫。因此,镇痛,特别是强力镇痛就把重点放在心上了。

号脉号的是太阳、少阴的脉

中医说,诊脉其实就是号阴阳,察水火,实际上就是察心肾。心肾水火阴阳,心经、肾经都属于少阴,所以,脉与少阴的关系就很特别。而少阴与太阳又是标本、表里的关系,因此,大医圣张仲景在谈整个六经时,就只有在太阳、在少阴谈到脉。

太阳、少阴为表里,手少阴心经与手太阳小肠经,互为表里;足太阳膀胱经与足少阴肾经,互为表里。

太阳是在外一层谈阴阳,谈水火。太阳为什么与寒水相连?就是要强调这个阴阳水火。火升则水升,火降则水降,这才有水的循环。

而少阴则是在内一层讲阴阳、讲水火。在外的太阳谈阴阳水火之用,在内的少阴言阴阳水火之体。因此,太阳与少阴实际上就是体与用的关系。病到了少阴,显然体用都衰微了。用不行了,脉势就显得很微弱;体不足了,脉当然就细起来。因此,这时的太阳、少阴的脉是"脉微细",实际上讲的是体用都不行了。

少阴病欲解时,是从子至寅上。在谈心经时讨论了。

怎样预防老年性痴呆

现代医学认为,老年性痴呆病是一种不可逆性的脑功能逐渐衰退性疾病。迄今为止,尚无任何有效的能够治疗和阻断这一疾病的方法。所以,一旦患上这个疾病,那就无疑只有等待其逐渐衰竭,直至死亡。

但是,中医从三阴三阳的层面去思考它,它就是一个少阴病。

少阴病固然危重,但在中医里也还是有回转之机,救逆之法的。老年性痴呆病的早期是由记忆障碍开始的,并逐渐发展到神志障碍。记忆的问题前文谈到过,实际就是心肾的问题。记为贮藏过程,这个过程与肾的主蛰、封藏相应,所以记的过程是由肾所主。忆则是提取的过程,这个过程与夏日的释放相应，所以忆的过程实际上是由心所主。因此，记忆的障碍实际就是心肾的障碍，就是少阴的障碍。而神志的障碍则更与少阴心肾相关，因为心藏神，肾藏志。

九、手厥阴——心包经

《黄帝内经》告诉人们，手厥阴心包经所属穴位有：

天池、天泉、曲泽、郄门、间使、内关、大陵、劳宫、中冲，共9穴，左右合计18个穴。

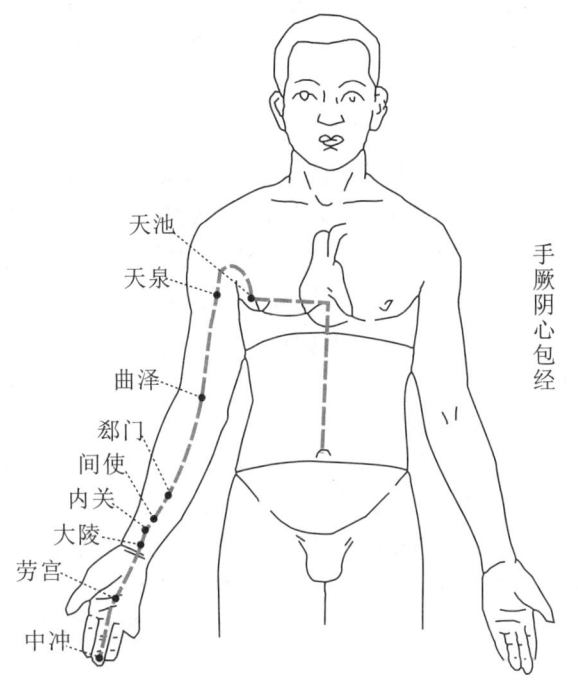

心包经上的问题，人们可以从中冲（井）、劳宫（荥）、大陵（俞）、间使（经）、曲泽（合）五个穴位上寻找解决方法，或者说，经常揉按手臂上的这五个穴位，对心包经的健康会有帮助。心包经五行属火，心包经的旺相时间是19：00～21：00。

手厥阴为心包经。心包，也就是包心，是包围着心君的一个结构，古人称为"心主之宫城"。古人认为，心为君主之官，心不能受邪，非要心受邪不可，也要用心包代心受邪。所以，心包所担负的，主要就是护卫心的责任。

《黄帝内经》素问第七十四篇说："黄帝曰：厥阴何也？岐伯曰：两阴交尽也。"这里两阴指的是太阴和少阴。"两阴交尽"是厥阴。此为其一。

其二，《黄帝内经》素问第七十四篇说："两阴交尽故曰幽。"前面说两阴交尽为厥阴，这里又说两阴交尽故为幽，指明厥阴的意思为幽。幽是什么意思？幽，囚也，就是囚禁。厥阴是幽，是囚禁。囚禁什么呢？前面我们讲阴阳离合的时候曾经谈过，厥阴为合。合什么呢？就是合阴气。把阴气合起来，关闭起来，以便让阳气能够很好地升发。所以，幽，实为囚禁阴气的意思。这与阴阳之离合机制甚为相符。

重视心包经，排除心包积液

从现代医学的解剖学来看，心包是心脏外部的一层薄膜，和心脏之间有部份体液，做为心脏和这层膜之间互动时的润滑剂。在某些情形下，这些体液会增加，使得心脏的活动受到影响，心脏泵血的能力减弱，供给到皮下的血液也相对地减少，这也是肥胖形成的主要原因之一，因此按摩这条经络也是减肥的重要工作。

心包积液的形成，主要是身体中出现了疾病，脾藏将主要能力用来和疾病对抗，就将运水的工作暂时搁置下来，心包中的废水就积了下来。由于人体多数的维修工作都在夜间睡眠时进行，因此，多数的积液情形会出现在早上，通常到下午就会退去。

但是当疾病严重时，人体会不停地和疾病对抗，这时积液就会长时间不退，使得心脏的机能减低，脾脏对抗疾病的能力也跟着下降，进一步恶化心包积液的情形，形成了恶性循环，人体会和疾病形成对峙的局面，就出现发烧的症状。这时按摩心包经可以快速将心脏中的积液排除，提升心脏的能力，帮助脾脏打赢这场战争，烧就退了。

因此，按摩心包经可以提升人体的免疫力，感冒发烧时，配合其他穴位的按摩，是最好的退烧方法，特别是小孩发烧，又不想服用抗生素时，这是较好的选择。

消除了心脏外部心包的积液，就解除了心脏所受的不必要的压迫，使心脏的正常功能得到发挥，有能力将血液输到皮下组织将堆积的废物带走。

当心包经处在通畅的状态，能使心脏发挥正常功能时，间接就提升了脾脏的能力。脾脏是现代医学中人体免疫系统最重要的器官，因此按摩心包经也可以提升人体的免疫能力。多数疾病，按摩这条经络都能对身体有很大的帮助。

现代医学说："冠心病"是冠状动脉性心脏病的简称。动脉腔狭窄，使血流受阻，导致心脏缺血，产生心绞痛。如果动脉壁上的斑块形成溃疡或破裂，就会形成血栓，使整个血管血流完全中断，发生急性心肌梗死，甚至猝死。听起来这么严重的病，实际都是心包经上出的问题，提早按揉解决了它，也就不严重了。

十、手少阳——三焦经

《黄帝内经》告诉人们，三焦经一侧23穴（左右两侧共46穴），其中13穴分布于手臂背面的正中线上，10穴在颈、侧头部。首穴关冲，末穴丝竹空。

手少阳三焦经所属穴位有：

关冲（井）、液门（荥）、中渚（俞）、阳池（原）、外关、支沟（经）、会宗、三阳络、四渎、天井（合）、清冷渊、消泺、臑会、肩髎、天髎、天牖、翳风、瘈脉、颅息、角孙、耳门、耳和髎、丝竹空。

因而，三焦经上的问题，我们要从关冲（井）、液门（荥）、中渚（俞）、阳池（原）、支沟（经）、天井（合）六个穴位上寻找解决方法，或者说，经常揉按手臂上的这六个穴位，对三焦腑、三焦经的健康有帮助。三焦经

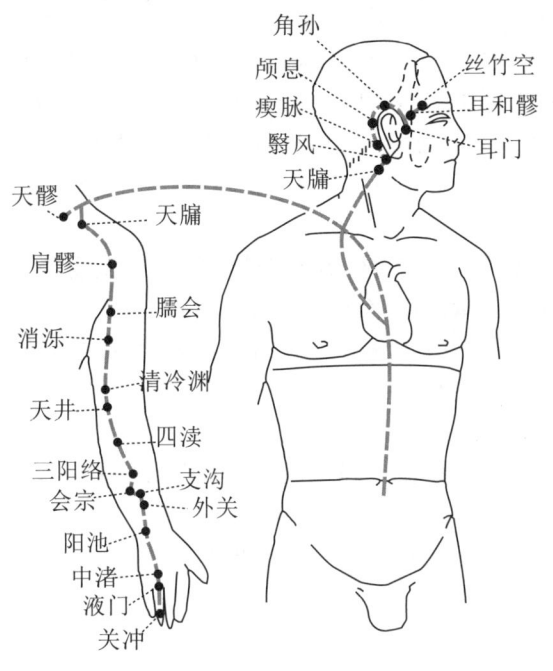

五行属火，旺相时间是 21：00～23：00。

人体六腑之中的"三焦腑"生理特殊，人体的胃、胆、大肠、小肠、膀胱等五腑，都是有形有质的腑器，唯独手少阳三焦腑，在上肢上有经脉路线，但在胸腹之内却没有"腑器"的形质，类似无形的十二经脉结构一样，属于无物质，在人体之内有它的实际功能但没有实体。所以，三焦经的存在与否，一直争论不休，争论的焦点就是：有没有；在哪里；什么样；做什么。

三焦的划分

大三焦：三焦旺相时，整个人体在少阳之气主导下运动，头胸部为上焦，胸部至肚脐为中焦，肚脐以下至脚部为下焦。如图。

小三焦：上焦心肺，从脖至胸；中焦脾胃、肝胆，从胸至肚脐；中焦的运动，以胃和胰腺为主。肝胆从位置上说，在中焦。下焦肾、膀胱、大小肠。从肚脐至手腕连线。如图。

一般人们谈三焦，多指小三焦的位置。

胰腺是三焦经最重要的组成部分。

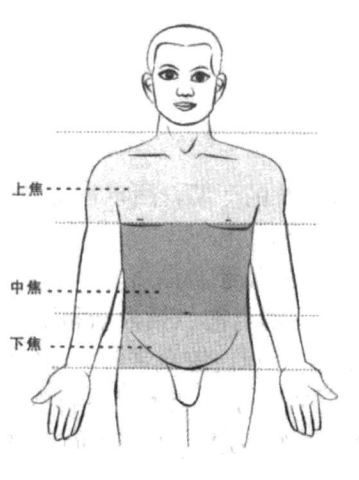

小三焦

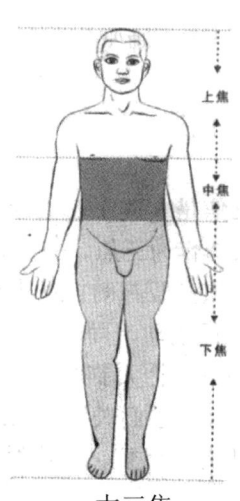

大三焦

三焦经的功能

一般说它的功能是：蒸化元气、通调水道、运化水谷等，即调气的大通道。

三焦经的旺相时间是晚上 9 点至 11 点，在一天的最后、新一天开始的这段时间，三焦经对人体所有十二经络、五藏六腑，进行全面的调理和清洁，使人体遍布少阳真气，让人体恢复到最佳状态。所以，整体的、全面的调整，是三焦经最突出的功能。

除三焦经以外的十一条经络基本上是在藏腑间旋转运气，或做度经传气的简单运动，是以个体行为进行运动的，而三焦经的运动是统一的、整体的、结构性的，它把人体分成三层，进行上下运动、左右运动、分块运动、中间运动，其目的是要把人体全部搞通畅。

少阳病欲解时，从寅至辰上

大医圣张仲景告诉说："少阳病欲解时，从寅至辰上。"（请参考本书 214 页中的图示）

寅至辰从日这个周期层次而言，它包括寅卯辰三个时辰，即凌晨 3 点至上午 9 点的这段区域。

从月上来讲，它应该是与阳明欲解时申酉戌相对的那个区间，也就是上弦月前后的这个区间。

讲到月周期，一个很重要的问题，是与女性月经有很大的关系。月经一个最显著的特点就是《黄帝内径》素问第一篇说的"月事以时下"。这个"时"包括了两层涵义，第一层就是每一次经潮的时间，以及经潮与经潮之间的时间间隔都是相对固定的；第二层就是这个间隔的时间一般是一个月。为什么女性的这个生理现象要叫月经或者月事呢？其实就是根据这第二层涵义而来的。月事每月一潮，月亮每月圆满一次，潮汐又是月满而潮。月相的变化与女性的经事，与潮汐的涨落，这个是大的相应，粗的相应，进一步还应该注意它细小方面的相应，也就是月事来潮的具体时间。是在圆满潮还是月晦潮，是上弦潮还是下弦潮。

有一份资料专门探讨月经来潮的时间与不孕症的关系。结果发现，凡是在月满或接近月满这段时间来月经的，不孕症的发生率就很低。而不在月满的时候来潮，离月满的时间越远，甚至在月晦来潮的妇女，不孕症的发生率就会很高，而且其他妇科病的发生率也远远高于月满而潮者。为什么会出现这个差别？这就是人体与自然的相应与不相应的问题。

寅卯辰在月的层次上，就是寅卯辰三个月，即阴历的正月、二月、三月。在年的层次上再往上走，就是寅年、卯年、辰年，凡遇这些年，人们都应该考虑它与少阳时相的特殊关联。

寅卯辰不只是时间的问题，它还有许多相关性，比如寅卯辰代表东方。一个病，或者是眩晕，或者是肠胃不好，或者是其他什么，在中国西部的时候，人很不舒服，周身不自在，可是一到了上海，一到了浙江，这人就舒服了、自在了，头也不晕，肠胃也好啦。这个就算少阳病了，因为它的欲解时在寅卯辰的方位上。

十一、足少阳——胆经

《黄帝内经》告诉人们，胆经一侧有44穴（左右两侧共88穴）。其中15穴分布于下肢的外侧面，29穴在臀、侧胸、侧头等部。首穴瞳子髎，末穴足窍阴。足少阳胆经所属穴位有：

瞳子髎、听会、上关、颔厌、悬颅、悬厘、曲鬓、率谷、天冲、浮白、头窍阴、完骨、本神、阳白、头临泣、目窗、正营、承灵、脑空、风池、肩井、渊腋、辄筋、日月、京门、带脉、五枢、维道、居髎、环跳、风市、中渎、膝阳关、阳陵泉（合）、阳交、外丘、光明、阳辅

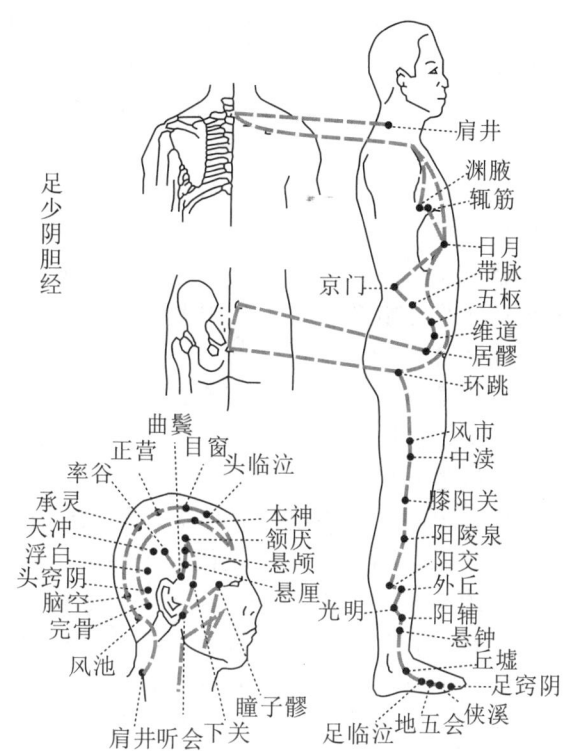

（经）、悬钟、丘墟（原）、足临泣（俞）、地五会、侠溪（荥）、足窍阴（井）。

因而，胆经上的问题，可以从足窍阴（井）、侠溪（荥）、足临泣（俞）、丘墟（原）、阳辅（经）、阳陵泉（合）六个穴位上找解决方法，人们经常揉按足腿部的这六个穴位，对胆腑、胆经的健康会有帮助。胆经五行属木，胆经的旺相时间是 23：00 ～ 1：00。

《黄帝内经》素问第九篇谈到"凡十一藏取决于胆也"。讲的是什么意思呢？用一句话说就是：在五藏六腑中，有一个总调度、总经理，就是胆。可见胆的重要性。

胆经除了在子时 11 点自己的旺相时间启动旺相以外，十二经脉的其它十一条经脉，每一经每一天的旺相时间在开始时，全是受胆经启动而开始它们自己的运动。在快结束时，还是胆经出来以自己的运动结束它们的运动过程，开始下一个新的经脉的运动。

当人体气血运动不是很好的时候，胆经的启动就显得特别重要。胆经虽是总调度、总经理，从另一方面看，胆经是其它十一经脉的服务员，别人发动了，自己才能休息，胆经实在是太辛苦了。当人在生活中出现劳累、过量饮酒、情绪不正常时，都会使胆的经脉发青、淤积、结节。这时，手

按胆经经脉上的痛处，以及相关穴位，可以缓解、治疗胆经的问题。

敲胆经

2006年出版的《人体使用手册》一书，介绍"敲胆经"可以使人健康的道理，使众多的中国人对如何使用自己，获益不浅。

从穴位图中可以看到，人体大腿外侧有胆经通过，"敲胆经"就是用拳头从上往下敲打环跳穴到膝阳关穴这一段的胆经，每天在大腿外侧左右的胆经线路上，从上往下用力敲打上百下。由于大腿肌肉和脂肪都很厚，因此必需用力，而且以每秒大约两下的节奏敲，才能有效刺激穴位。

敲胆经简单的方法是，平坐，将一条腿搁在另一条腿上面，用自己的拳头从屁股开始敲，沿大腿外侧一直敲到膝盖，另一条腿也是如此。

敲打目的与缘由

胆汁是从肝脏中分泌出来的，胆囊则是储存及控制胆汁分泌的器官。这个运动，主要在刺激胆经，增强胆汁的分泌，提升人体的吸收能力，从而使气血更充足。

如果胆汁分泌不足，人体对食物的消化吸收功能就会减弱。造成胆汁分泌不足的原因，主要是现代人对感冒疾病的处理方法不当。现代人由于长期使用西药，在感冒的处理上，主要是针对疾病的症状打喷嚏、流鼻水，而不是针对真正的风寒。因此，经常是利用特效药将症状压下去，症状是消除了，但是引起感冒的风寒却留在了体内。

人们已了解了五行的相生相克理论，肺属金，胆属木，金克木。肺里的实症会克制胆功能的运行，压制了胆汁的分泌。缺少胆汁的分解，吃进去的食物无法被充分消化吸收。现代人几乎每个人都得过感冒，也都曾经用西药处理过，因此，几乎所有的人都有这个相同的问题，只是程度上的不同。因此，最好将这个敲胆经运动养成为终生的习惯，每天只要十分钟就可以完成。

由于敲胆经可以使胆经的活动加速，将大腿外侧堆积在胆经上的垃圾排出，因此，这个运动直接就会使臀部和大腿外侧的脂肪减少，大约一至二个月就会感觉裤管变大了。患有脂肪肝和胆结石的人，这是最简单而且最有效的改善健康的方法。

另外，在胆经的这条通道上所堆积的脂肪（实际上是人体排不掉的垃圾），也能显现胆功能的好坏。胆经不通的人，在胆经路过的大腿外侧会堆积脂肪。如果这个人爱好运动，这些垃圾就会往下流动，而堆积在小腿肚上。因此大腿外侧较胖或小腿肚上形成萝卜腿的人，胆功能必定不好。

所以，为了自己的健康，敲胆经也应像中学生的课间操一样，每日定时，养成习惯。

敲胆经的最佳时间——上午9点前

手少阳三焦经和足少阳胆经的少阳病欲解时是：寅卯辰。

从日这个周期层次来说，它包括了凌晨 3 点至上午 9 点的这段时间区域，这个时间区域属少阳病的欲解时。因此，早上起床后，到上午 9 点以前这段时间，是敲胆经的最佳时间。

十二、最后是足厥阴——肝经

《黄帝内经》告诉人们，足厥阴肝经所属穴位有：

大敦（井）、行间（荥）、太冲（俞）、中封（经）、蠡沟、中都、膝关、曲泉（合）、阴包、足五里、阴廉、急脉、章门、期门，左右各 14 穴，合计 28 个穴。

因而，肝经上的问题，人们可以多从大敦（井）、行间（荥）、太冲（俞）、中封（经）、曲泉（合）五个穴位上找解决方法，或者说，经常揉按腿足上的这五个穴位，对肝藏、肝经的健康会有帮助。肝经五行属木，肝经的旺相时间是凌晨 1：00～3：00。

肝经上的太冲穴，在大脚趾缝往脚背上 4 厘米处，被称为人体第一大要穴，名头最大了。

很多人觉得足三里穴更重要，实际上，足三里只是一个保健大穴。人体只有排出了体内浊气、脏东西以后，才能补进好的东西来，而排出体内浊物的最大穴就是太冲穴。

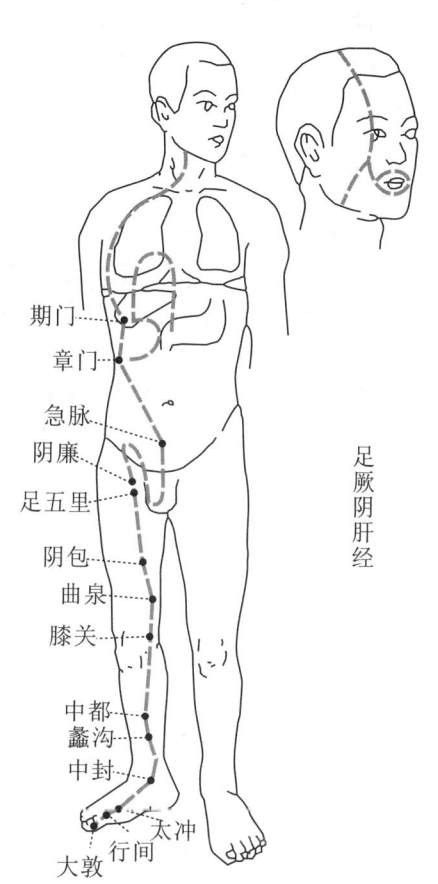

足厥阴肝经

在中医里面，肝被比作是刚直不阿的将军。"肝为刚藏，不受拂郁"，就是说这个藏器阳气很足，火气很大，是不能够被压抑的。"肝主筋，易生内风"，中风后遗症的患者，通常都是手脚拘挛，就是筋抽在一起了。这就证明肝已受伤了。"肝开窍于目"，是说眼睛的问题主要是由肝来决定的。肝血不足，眼睛就酸涩，视物不清。肝火太旺，眼睛就胀痛发红。

"肝藏魂"，有一个成语叫"魂不守舍"，就是魂不能踏踏实实地在肝藏呆着。有的人整天精神涣散，思想难以集中，就像丢了魂一样，这是肝气虚弱造成的。还有人夜里总做恶梦，二三点钟便会醒来再难入睡，这是肝藏郁结的浊气在作怪。如此众多的问题太冲穴都可以解决，所以一定要善加利用才好。

太冲穴可以在人体发烧的时候帮助发汗，可以在身体紧张的时候帮助舒缓，可以在身体昏厥的时候将人体唤醒，可以在身体抽搐的时候帮助解痉。

太冲穴最适合那些爱生闷气，有泪往肚子里咽的人，还有那些郁闷、焦虑、忧愁难解的人。但如果是那种随时可以发火，不加压抑，发完马上又可谈笑风生的人，用太冲穴就意义不大了。

揉太冲穴，从太冲揉到行间穴，将痛点从太冲转到行间穴，心火基本就散掉了。要注意的是揉的方向是往行间穴方向揉，不能反向。

太冲穴是最好的"消气穴"，百病从气生，百病也从气消，因此说，太冲穴是人体第一大要穴。

中风偏废（半身不遂）

中风偏废（半身不遂）是以猝然昏倒，不省人事，伴发口角歪斜、语言不利而出现半身不遂为主要症状的一类疾病。现代中医书多把它列在肝藏出了问题，因为肝经主风。

观察中风偏废的症状，实际上并非属于肝经的一经受病，却是人体一侧的手足三阴三阳机能失调，是一时共虚所引起的突然发病。由于人体是左、右、阴、阳组成的一个整体，人体的气血可以左右周流无处不到地灌溉全身，可是，人体左右"十二经脉"的机能运动，是左侧手足的三阴三阳与左侧的阴阳经脉相交，右侧手足的三阴三阳与右侧的阴阳经脉相交，故而中风发生时，只偏废人体的一侧。

前面谈到十二经脉的走向和交接规律时，论述过头、手、足三部之三阴三阳经脉的"机能伸缩活动"，其头部的升降屈伸机能以颈为界限，形成在人体上部的"天部"。

手部的三阴三阳经脉的出入屈伸机能，以上半身的肘部为界限，而形成在人体中部的"人部"。

足部的三阴三阳经脉的出入屈伸机能，以下半身的膝部为界限，而形成在人体下部的"地部"。

例如现代医学定名为"颜面神经麻痹"的口眼歪斜病症，为邪风侵入了人体一侧的"天部"，故症状以颈为界。

发生中风偏废，是邪风侵入了人体一侧的天、地、人三部，所以症状表现是半身不遂。

《黄帝内经》灵枢第七十七篇说："其有三虚而偏中于邪风，则为击仆偏枯矣。"说明是人体一侧之上、中、下三部的经气共虚，才导致中风偏废疾病。

在"奇经八脉"的部分说过，由于人体的任督二脉都是各有左右两条经脉相合并的，所以中风偏废的症状，即以任督二脉的中线分界，患侧废而健侧好。

厥阴病与糖尿病

足厥阴肝经的问题，是厥阴病的问题。厥阴病中的一个重要特征是消渴，也就是口渴。有的人口渴并不想喝水，这样的渴是渴而不消。消渴是既渴又能喝水，才喝完水，又想喝水，饮后即消。

口渴虽是极普通和极常见的一个证候，但是，人们发现，在大医圣张仲景的书中，只有厥阴部分说到渴的问题，这便提示人们消渴是厥阴病最容易出现的一个证，也是厥阴病最重要的一个证。

谈到消渴，从文献记载来看，早在隋朝（公元581～618年）末期的时候，就已经把消渴病当作糖尿病了。

人们都知道，糖尿病很直观的一个情况就是血糖升高，当血糖升高，超过了肾的糖阈值，就会连带出现尿糖。所以，古人对糖尿病的诊断主要通过对尿糖的观察。尿糖怎么观察呢？那个时候虽没有尿糖试纸，古人就靠蚂蚁帮忙。蚂蚁嗅觉很灵，尤其对于糖更是灵敏，一般的尿在地上是不招蚂蚁的，可是糖尿病人的尿很快就会招来许多蚂蚁。古人就通过这个方法来诊断糖尿病。

糖在身体的作用主要是为身体的组织器官提供能量，那么，现在血糖为什么会升高呢？现代的主要说法是胰岛素的不足，所以，过去治疗糖尿病的惟一方法，便是设法补充胰岛素，或是设法刺激胰岛细胞的分泌。

但是，研究表明，胰岛素的不足仅仅是一个方面，而更主要的原因是机体组织细胞对糖的利用发生障碍。所以，看起来好像是血糖很高，好像是糖多了，而真实的情况却是机体组织细胞内处于缺糖的状态。正是因为机体组织内处于糖缺乏的状态，所以，一旦不足就得补充。怎么补充呢？当然就需要机体启动各式各样的方法，其中一个人们能够直接感受到的就是易饥，多食。糖尿病人的易饥多食其实就是由此而来。而在人体生理上的一个集中表现，便是血糖升高。

因此，对于糖尿病应该有这样一个宏观的认识：它不是糖太多了，而是糖不足。因而，糖尿病的关键问题是要设法解决糖的利用问题。扫除糖利用过程中的障碍，糖尿病的诸多问题就会迎刃而解。

糖尿病属于糖的代谢利用障碍，糖是甘味的东西，甘味在五行中属土，所以，糖应该归到土这一类。因此，糖的代谢、利用障碍，从中医的角度来说，就应该是土系统的障碍。

土系统怎么障碍呢？从上述直观的角度我们知道，糖尿病就是血中的糖太多了。这就好比自然界的江河，水中的土太多了。土本来应该在岸上，不应该到河流里，可现在跑到河流里来了，就是土的流失。由于树木砍伐，植被减少，土就很难安在本位上，由此可见，水中的土太多，使河流变得浑浊，其根本的原因还是木少了，是植被少了。看上去好像是土的问题，可是追溯它的根子，却是在木上面。

将上述糖尿病的过程放到自然里，就知道糖尿病虽然是土系统的毛病，可是它的病根却在木系统上，在厥阴肝经上。

厥阴病欲解时——丑寅卯

大医圣张仲景告诉人们："厥阴病欲解时，从丑至卯上。"（请参考本书

214页中的图示）

丑至卯在一日之中，为凌晨1时至上午7时；一月之中，为初三以后的7天半；一年之中，为农历12月至2月。

厥阴病欲解时从丑开始，因此，丑对于厥阴来说具有非常特别的意义。丑于一岁而言，恰为冬之末。一年四时中，春夏为阳，秋冬为阴，合之则为二阳二阴。而丑置二阴（即秋冬）之末，正合厥阴"两阴交尽"之义。所以厥阴的欲解时起于丑，与《素问》对厥阴的定义是非常符合的。

丑为阴将尽、阳将生之时，亦为阴阳交替，新旧交替之时。厥阴一个很重要的作用就落实在这个上面。手足为人体阴阳之气相顺接的场所，这一点特别的重要。如果这个交替没有很好地实现，就会产生一个很严重的证，这个证就叫厥。

既然辰戌丑未都是阴阳之气的顺接点，在上述顺接点上出现问题都可以发生厥，那为什么在辰戌未的时候没有提出这个问题，而要在最后讨论丑的时候提出这个问题呢？说明丑这个顺接点与其他三个顺接点还是有区别的。其他三个点只是四时之间的顺接点，负责四时之间的交替，而丑这一点却是年与年之间的顺接点，负责年与年之间的交替。因此，相比之下，丑这一点是最大的阴阳之气顺接点。

再来看一遍整个六经的欲解时，辰为少阳欲解时，未为太阳欲解时，戌为阳明欲解时，而丑却为三阴共同的欲解时，这在十二地支中是绝无仅有的。

由此可见，从六经的时相角度看，丑与其余各支相比较，分量是极大的。这样人们就会对"为什么在丑时，在厥阴的时候专门提出厥？为什么厥阴病厥证最多"这样一些问题，有了更清楚的认识。

丑这一关过去以后，就进入了春天的状态，这时阳气日益升发。如果这一关过不去，挡住了，那阴阳之气便不相顺接，阳气便得不到恢复增长。所以，厥证讲阴阳之气不相顺接，核心问题就是阳气无法恢复增长，就是阳气不能由阴出阳。

健康的态度

通过学习《黄帝内经》，人们知道了春夏秋冬四季之气，昼夜阴阳之气，人如果没有顺应自然之气就会得病。得病是自己的疏忽，去病也是自己身体战胜邪气的功劳，医生起的只是帮助的作用（需要医生帮助时当然应该去找医生），想通了此事，还是要自己动手保健康。这就是《黄帝内经》带给人们的中医文化吧。

人们通过《黄帝内经》对人体经络、穴位的描述，完成了对自己身体的比较全面的认识，结识了一批身体不同部位、不同经脉的穴位朋友。

《黄帝内经》灵枢第一篇说："节之交，三百六十五会。"人们认为，这是在说人体有365个穴位。人们看到，十二经脉中共有309个腧穴（是身体一侧的数字），若加上任脉的24个腧穴，督脉的28个腧穴，总数为361

个腧穴。

与365的数字差了点,而《黄帝内经》素问第五十八篇细数了365穴的位置。实际上人体的穴位,无需拘泥于是不是365,关键是人们使用了哪些穴位为人们进行了服务。如果人们以玩的轻松心态,每天玩味一个穴位,一年下来,何愁不是自己身体的专家与主宰呢?

虽然《黄帝内经》中还有一些涉及经络的其他概念,比如经络中的营气、卫气等概念,本书没有谈,但是,人们已基本了解了二千五百年前古人看待人体的思路和具体内容。人们已了解了十二经脉,了解了经脉上的穴位,了解了经脉的三阴三阳,也知晓了十二经脉的欲解时和欲剧时的时空划分,从而能够立体地审视人们身体所处的时空,审视身体所受到的天地之间时空影响和对策办法,对那些重要的穴位,以及各个穴位的作用,都可以根据身体所处的时空来灵活地加以应用,为人们的身体进行服务。

说到自我服务,人们是继续等待生病后将自己交给医生和医院的仪器呢,还是可以考虑按照欲解时的时空规律,开始进行自我服务?

比如:每天上午起床后到9点前这段时间,花5-10分钟时间敲胆经;

下午3点到5点这段时间花5分钟时间轻揉膻中穴;

在日常生活中,无论嘴上还是身体上少嗜寒凉。

如果按照欲解时的规律,按照子午流注的规律,按照人们不断发现的自己身体的规律,每天花上不到半小时,就会尽可能地远离那些重大疾病,关键是这不花钱的做法,又有几人能瞧得起,又有几人真能去坚持做呢?

人们已习惯了说"哪有时间?"那么,在上下班坐在车里时,在火车上、机舱中时,将自己胳膊、腿上的疼点揉揉开,总会有时间的。

越是了解《黄帝内经》的内容,人们就越能感到人体的健康需要使用《黄帝内经》。《黄帝内经》说的是怎样不生病的道理,是不治已病治未病。与其生了病去医院看医生,吃药、打针,不如先从养生开始,在不吃药的情况下尽享天年。

第十一节 二十八星宿与五运六气

上几节我们了解了人体的五藏六腑,以及十二经脉和穴位的情况,这都是人身体内的东西。

《黄帝内经》还有些内容说的是人体之外的东西,但它们对人体的生理病理都有影响,它们有时在帮助我们,有时在消耗我们,有时又在消灭我们。人们了解了这个东西,目的就是趋利避害,尽量用它来帮助我们,避免被它消耗、消灭的结局。

1978年的夏天，湖北省随县擂鼓墩出土了一个战国时期的古墓，称为随县擂鼓墩一号墓，有人称为曾侯乙墓。

墓内随葬品有乐器、青铜礼器、金器、玉器、木器、竹器和竹简等，共七千多件。在这众多的随葬品中，有一木箱，箱子呈长方形，通长82.8厘米，宽47厘米，通高44.8厘米，内髹红漆，外以黑漆为底色，加施红彩。彩绘的内容是：盖面正中朱书一篆文的大"斗"字，环绕"斗"字按顺时针方向排列二十八宿（xiù）名称，与《史记天官书》的二十八宿名称基本相同。盖顶两端分别绘出青龙、白虎。在亢宿之下有"甲寅三日"四个字。

曾侯乙墓二十八宿漆箱的命名就是来源于它的盖面有二十八宿，这件衣箱是我国迄今发现的记有二十八宿全部名称并以之与北斗和四象相配的最早的天文实物资料。

曾侯乙墓下葬的时间一般认为在公元前433年或稍后,距今2400多年,说明我国至少在战国早期就已形成了二十八宿体系。

二十八星宿

关于二十八宿现存最早的文献记载，是成书于距今3000多年前的《周礼》一书（《周礼》是儒家经典，作者是西周时期的著名政治家、思想家、文学家、军事家周公旦，就是那位推演《周易》的周文王的四儿子）,《周礼》中有"二十有八星之位"和"二十有八星之号"等说法，但一般认为这只是二十八宿的总称，没有二十八宿的具体宿名，并且它只称"星"，还未见称"宿"。

记载二十八宿具体宿名的，是距今2240多年前秦国丞相吕不韦主编的一部古代类百科全书似的传世巨著《吕氏春秋》。《吕氏春秋》中的"有始篇"说："天有九野。何谓九野？中央曰钧天，其星角、亢、氐；东方曰苍天，其星房、心、尾……"

《吕氏春秋》成书后60年，也就是距今2180年前的西汉初年，由淮南王刘安（公元前179～前121年，汉高祖刘邦之孙，厉王刘长之子，汉武帝刘彻的叔父）及门客等，也将"有始篇"九野的这段关于二十八星宿的文字，编进了著名的《淮南子·天文训》一书。

唐代杰出的天文学家、数学家，距今1400多年前唐初的李淳风（公元602～670年），在《隋书·天文志》中说："爰在庖牺，仰观俯察，谓以天之七曜、二十八星，周于穹圆之度，以丽十二位也……昔者荥河献箓，温洛呈图，六爻摘范，三光宛备，则星官之书，自黄帝始。"他认为是伏羲创立了二十八宿，用以确定十二月，是黄帝开始编制星官之书。

现代人认为，二十八宿最初是古人用作观测日、月、五星运行坐标的二十八组恒星（或称星座）。古人觉得恒星相互间的位置恒久不变，可以利用它们做标志来说明日、月、五星运行所到的位置。日间观天，以太阳为对象，晚间以天宫为对象。月球每天经过一区（称为"宿"或"舍"），二十八天环绕地球一周，经过长期观测，古人先后选择了黄道赤道附近的二十八个星宿作为坐标。由于它们环列在日、月、五星的四方，很像日、月、五星栖宿的场所，所以称作二十八宿。宿，是天上的房屋、宫阙的意思。

如果用现代科学语言描述二十八星宿的天文意义则是：

月亮围绕地球自转一周约为二十八天，在这个过程中，从月亮为朔（全黑时）算起，过十五宿出现望（全白时），再过十五宿又出现朔。这样，在一个月亮远地点回归周的时间内，包含了14朔望月，朔点将依次出现在1、3、5、7、……25、27宿，望点则依次出现在第16、18、……26、28宿和2、4、6、……12、14宿；14朔望月有28个朔望点，这28点将周天划分为28份，这28点的位置是相对稳定的，月亮跳跃着出现在28宿。这就是所谓的"二十八宿为日月舍"的天文含义。

二十八宿的每宿，是由数个星星团组成，有的是很大的星团，比如昴宿，由1000多个星星构成。

二十八宿不仅是观察日、月、五星位置的坐标，其中有些星宿还是古人测定岁时、季节的观测对象。如初春时参宿在正南就是春季正月，心宿在正南就是夏季五月，等等。

二十八宿环绕在天体大气象里面，周而复始地运行不停，分别主掌东、西、南、北四方天象，以及昼夜、寒暑的交替和阴阳气数的变化。二十八宿分为四组，每组七宿，与东南西北四个方位和青龙、白虎、朱雀、玄武四种动物形象相配，青龙、白虎、朱雀、玄武称为四象。

综合以上内容，现代介绍二十八星宿的文字是这样写的：

我国古代天文学家把天空中黄道和天赤道附近的天区划分为二十八个区域，叫做二十八宿，东南西北四方各七宿。二十八宿是中国传统天文学的重要组成部分，它们是（每个星宿后边的阿拉伯数字是该星宿由几颗星星组成）：

东方苍龙七宿是角2、亢4、氐（dī）4、房4、心3、尾9、箕4；
北方玄武七宿是斗6、牛6、女4、虚2、危3、室2、壁2；
西方白虎七宿是奎16、娄3、胃3、昴（mǎo）7、毕8、觜（zī）3、参（shēn）7；
南方朱雀七宿是井8、鬼4、柳8、星7、张6、翼22、轸（zhěn）4。

印度、波斯、阿拉伯等古代也有类似我国二十八宿的说法，中外学者对二十八宿的起源问题已经争论了近二百年。关于二十八宿的起源地，有中国、印度和巴比伦三种观点，而以中国起源说最为有力。

二十八星宿的长相

二十八星宿长得什么样呢？

左面是位置图，右面可算作是方位简图。

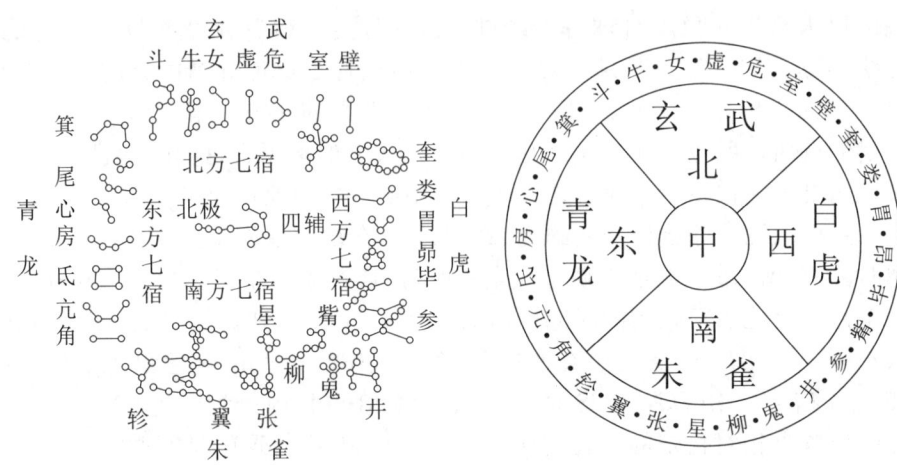

无论是书上记载的，还是出土文物上彩绘的，在人们的心里都会认为，二十八星宿有也罢，无也罢，与我们有什么关系呢？太阳、月亮，就已经离我们很远了，而二十八星宿，其中的一些星星离我们有 6000 多万光年呢。

然而，《黄帝内经》素问第六十七篇却说："臣览《太始天元册》文，丹天之气，经于牛女戊分；黅天之气，经于心尾己分；苍天之气，经于危室柳鬼；素天之气，经于亢氐昂毕；玄天之气，经于张翼娄胃。所谓戊己分者，奎壁角轸，则天地之门户也。夫候之所始，道之所生，不可不通也。"

这句话中包含的五气：丹天之气，黅天之气，苍天之气，素天之气，玄天之气，是天之气，即宇宙精气。而经于牛女戊分，经于心尾己分，经于危室柳鬼，经于亢氐昂毕，经于张翼娄胃，谈的是这些精气扫过地球时的路线（如下图）。

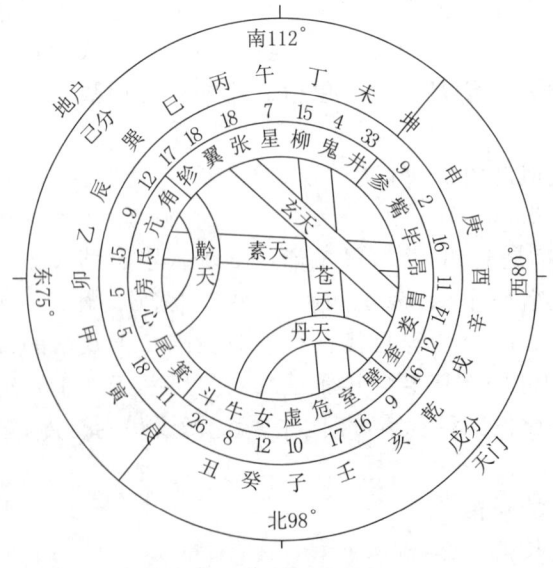

五气经天化五运图

二十八星宿竟"认识"人类

人们从二十八宿图上看到，二十八星宿，分为了四组，每组有七宿。这每组七个星宿，各主管着地球上春夏秋冬一个季节的真气旺相，只要节气的时间一到，与此时间相对应的一方七宿就开始工作，并对人体中相对应的心肝脾肺肾五藏中的一藏传送真气、阴阳、精等信息物质，就好似认识人类一样，使人体中的这一藏，出现大旺相。

比如，立春一到，东方七宿旺相开始工作，这时南方七宿、西方七宿、北方七宿基本上停止工作，不旺相。与此相对应，人体的肝藏大旺相，肝神龙烟旺相，正如《黄庭内景经》中肝部章第十一所描述的：和制魂魄津液平，外应眼目日月清。百痾不锺存无英，同用七日自充盈。垂绝念神死复生，摄魂还魄永无倾。

立夏一到，南方七宿对应心神丹元，立秋到，西方七宿对应肺神皓华，立冬到，北方七宿对应肾神玄冥，也是如此。

同时东南西北四方七宿，各有一灵：东方七宿为苍龙，南方七宿为朱雀，西方七宿为白虎，北方七宿为玄武，这叫四灵。当二十八星宿一方真气旺相时，这一方星宿的真气，会凝结成四灵中所对应的那一灵的样子。比如，春天是东方七宿的真气旺相，东方七宿的真气形成一条巨型青龙的样子，与人体进行气交，如图1。

夏天是南方七宿的真气，有如一只展翅的朱雀，如图2。

图1

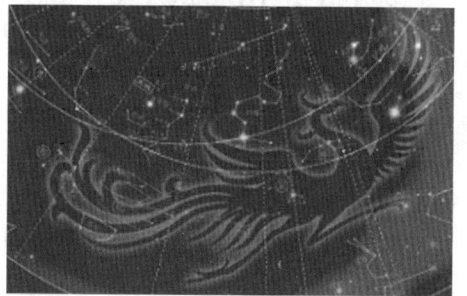

图2

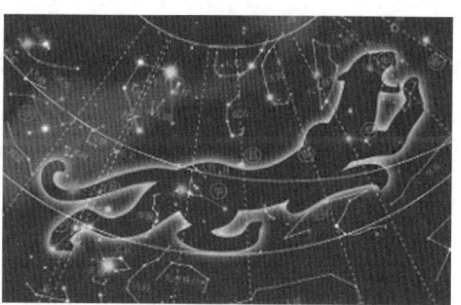

图3

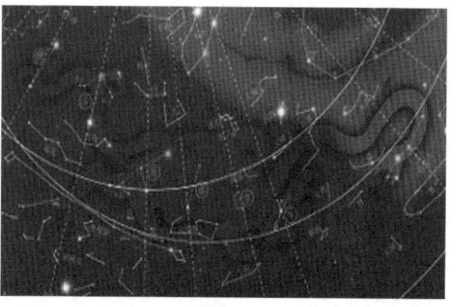

图4

第二章 黄帝的故事

秋天是西方七宿的真气旺相，西方七宿的真气有如巨型的老虎，与人体进行气交，如图3。

冬天北方七宿的真气有如龟蛇互缠，如图4。

我们祖先观察到的二十八星宿，是一个完整的整体性结构，一是体现在二十八星宿按照时间顺序做逆时针运动，即冬天是北方七宿旺相运动，春天是东方七宿旺相运动，夏天是南方七宿旺相运动，秋天是西方七宿旺相运动。二是体现在它有一体化的联系性结构。三是能够衍生新的气运，《黄帝内经》中所说的五运六气，就是在这种环境中产生的。

大小旺相引出五运六气

天上的二十八星宿分春夏秋冬季节轮流旺相，而且直接与人体五藏的旺相相联系，包括脾藏旺相于四季末各十八天，并于阴历六月旺相。

人体的心肝脾肺肾五藏与二十八星宿中的四方星宿同步旺相。更进一步的是，这种旺相，又与人体十二经脉的每日旺相不是一回事。十二经脉的旺相，相比之下，只能算作小旺相。

就是说，在地球自转一周的二十四小时内，人体十二经脉按着子午流注固定的顺序，每两个小时有一条经脉旺相，每一天十二经脉完整旺相一遍。这种两个小时一次的旺相，叫小旺相。小旺相一周或一圈的时间为一天。二十八星宿和日、月、木火土金水五星也参与了小旺相。和大旺相相比，小旺相强度较弱，时间较短。

当二十八星宿一方旺相时，人体的心肝脾肺肾相对应的一藏也较强烈的旺相运动，这时，日、月、木火土金水五星，也参与了整个的旺相，旺相一次的时间是一季，旺相一个周期的时间是一年。由于旺相时间长，强度大，所以可算作大旺相。

人体五藏和二十八星宿同步旺相，是客观存在的事实。正是二十八星宿和日、月、木火土金水五星所参与的大、小旺相，引出了中医的五运六气学说。

岁差和章动现象

人们所生活的地球，每时每刻都在围绕地轴旋转着，每一秒钟大约运行465米；地球自转的同时，还围绕太阳进行公转，公转速度是每秒30公里。太阳也在不停地自转，而且还率领着整个太阳系，以每秒钟250公里的速度，绕着银河系的中心公转，每年行程78亿公里。而银河系也在以每秒600公里的速度奔向长蛇座。在这样大的时空跨度上，人类会感到极度的渺小，仿佛宇宙里的一粒尘土。

假设人类能挣脱地球的引力，甚至超越太阳的引力，穿越到太阳系上面，俯视一下我们生活的星系，俯视一下地球环绕太阳的一周又一周的运行，人们会发现，地球在自转、公转时，是上下摇摆的。地球轨道并不是稳定的弧线，它在不停地波动。这种现象就是天文学中的岁差和章动现象。

地球每时每刻在做着两种运动，一是围绕太阳旋转，二是围绕自己的地轴旋转。当它围绕太阳旋转时形成一个地球公转轨道面，人们称作黄道面；当它围绕自己轴心旋转时形成了一个赤道面。地球公转时的轨道平面——黄道面与地球自转的赤道面有一个交角，交角度数为23°26'（如下图）。

由于月球和其它行星等天体的引力影响地球的公转运动，黄道面在空间的位置总是在不规则地连续变化。但在变动中的任一时间，这个平面总是通过太阳中心。黄道面和地球相交的大圆称为黄道。在地球围绕自己的地轴运动时，它与黄道面的交角不变，但赤道平面与黄道平面的交线要在黄道上缓缓移动，造成春分点不断西移，大约26000年移动一圈，这就使得以节气为准的回归年短于真正的地球公转周期的恒星年，大约每年短20分钟。这一现象就被称为"岁差"现象。

我们知道，太阳系一共有九大行星，其中五颗星与地球的关系最为密切，它们是木星（岁星）、火星（荧惑星）、土星（镇星）、金星（太白星）、水星（辰星）（括号中五星的名称，是《黄帝内经》中给出的名称）。

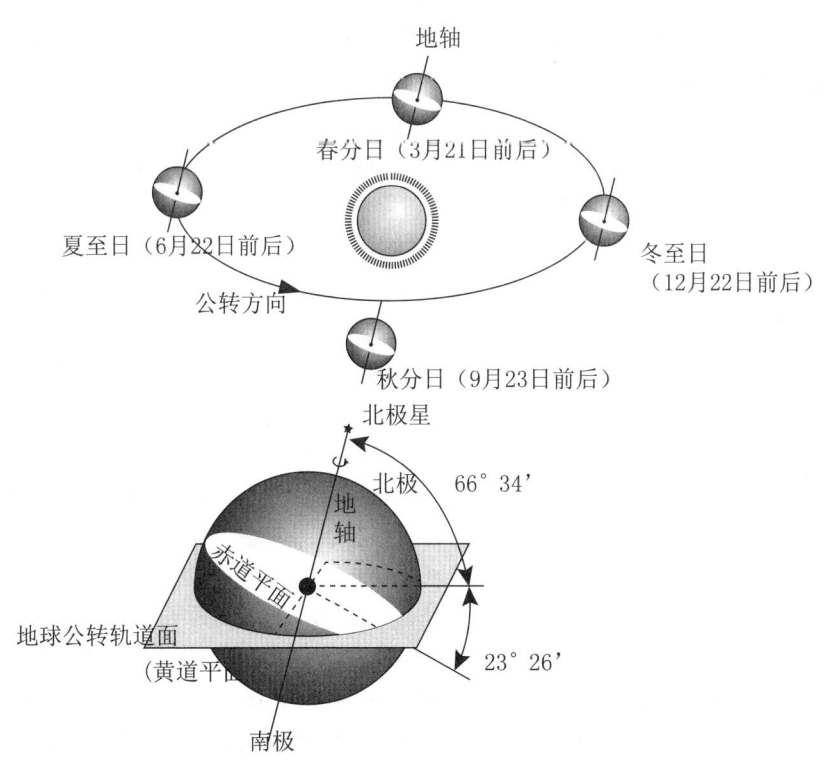

引力是宇宙空间中普遍存在的一种力量，所以地球在公转时，无时不受旁边几大行星引力的影响，使得地球轨道存在一定的波幅，天文学将此称为章动。

将地球轨道岁差、章动现象进行概括，可以得到三个基本结论：

1. 地球轨道是存在变化的，但它依然年复一年围绕着太阳运行，这点又是不变的。

2. 岁差和章动导致天极和春分点在天球上的移动。

3. 地球轨道受周围行星的引力影响，轨道存在着波动幅度。

当人类身不由己地随着地球、太阳、银河系在宇宙的旅途中行进时，无论人们是移动是固定，四周的环境、时空的交替、地势的高下、寒热的变化等，都影响着人们的健康。这种影响虽然广泛存在，却不是无规律的，这一规律，就存在于《黄帝内经》的五运六气学说之中。

五运六气的体系及研究的内容

在人们了解了二十八星宿，了解了地球的岁差、章动现象后，才能来谈"五运六气"。

在《黄帝内经》素问的八十一篇中，有七篇专门讨论了一个对人体健康影响甚大，却又极其难以说明白的影响要素，这就是运气学说——即"五运六气"。

五运六气，是由"五运"和"六气"两部分组成的，合起来称为运气，这也是现代人们常挂在嘴边，却总也说不明白的问题。

现在通行的高等中医院校的教材认为：五运就是金、木、水、火、土五行、五方之气的运动，它既用以说明形成气候变化的地面因素，同时也是古代用以解释宇宙运动变化规律的一个哲学概念。六气就是存在于空间的风、寒、暑、湿、燥、火六种气候变化要素，属气候变化的空间因素。五运六气学说，就是运用五运六气的运动节律及其相互化合，来解释天体运行对气候变化的影响，进而对生物及人类的影响。

至于为什么五运六气就一定指气候变化，各种中医书中谁都没有说。

不可否认，在《黄帝内经》中的五运六气的记载中，涉及到大量与气候、气象有关的名词，比如说四季、节气、年岁、时间、黄道等等，遗憾的是，《黄帝内经》中并没有看到有文字记载告诉人们说：五运六气就是推算气候的方法。所以"运气学说是推算气候"的结论，缺少最为直接的证据。

在20世纪80年代，曾有学者利用气象资料，依据五运六气推算方法，进行了回朔验证，认为这一理论适合中国广大的地区，总符合率在50%以上，河南地区的符合率高达98.3%。还有人利用古史的自然灾害资料，推算公元前193～公元4年间的气象变化，并与五运六气理论进行对照，结果发现符合率 86%。

但也有完全相反的结论。有学者对河南省三千年气象资料总结分析后认为，运气学说推断的符合率最高仅有 21.4%，因而提出运气学是不能用来推断河南气候异常变化的；这位学者还对中国五百年旱涝气象资料进行分析，其符合率最高的昆明达 50.6%，其它地方的符合率自然不高。因而他得出运气学不能进行长期天气预报的结论。

因此，《黄帝内经》虽然谈到了二十八星宿，以及春夏秋冬四季之气，五运六气学说尽管很精细地研究时间与空间的因素，但《黄帝内经》中的五运六气，似乎并不是为了推算地球气候的变化。

那么五运六气是用来研究什么的呢？

还记得前文讨论过干支与四柱、奇门遁甲的关系。四柱、奇门遁甲等，是人们根据干支、二十四节气等自然规律，所设计的一套希图解释人类社会运行规律的模型系统，它来自于人们的创造。

而五运六气则是宇宙自然的大气运动系统的实际反应，是人们将五运六气的对应关系，即二十四节气、三阴三阳、九大行星、二十八星宿等五运、五行与六气之间的对应关系，进行总结，用于对人们健康进行指导的模型系统，它来自于对自然的总结。

因此我们认为，五运六气研究的是人体五藏、十二经脉系统与宇宙中的真气之间的相互影响和相互作用，是研究宇宙中运动的真气怎样影响人类、有什么规律，是为了使人们针对宇宙自然中的真气影响做到主动的、提前的推测和预报，目的是使人们处理好自身的阴阳平衡，以适应自然的变化。

正是由于二十八星宿、日、月、五星，使得在人类的生存环境中，时时刻刻存在着看不见的真气、磁力、辐射的影响，《黄帝内经》中的"五运六气"，正是讨论这个问题。

对于这个巨大的题目，即使放在当代，各国的科学院系统和医疗系统也没有能力解决。对于人们看不见、摸不着的大气，能做好天气预报已属不易，因此，人们看不到在预报天气的温度、雨水情况的同时，有哪个国家同时能预报出这个时期的大气对人体健康将有哪些影响，需要采取哪些措施。

但是中国古人竟然能够提出并解决了 2500 年后的人们无从下手的问题，而且他们的方法当代人不理解、不会用，被随意地搁置在了一旁。

《黄帝内经》怎样搭建了五运六气系统

要研究宇宙中运动的真气是怎样影响人类、具有什么规律，这样一个体系的建立涉及到一个核心的问题，就是如何确定天地间大气的运动规律。

五运六气学说出自《黄帝内经》，那么《黄帝内经》是怎样将这个庞大而严密的运气体系建立起来的呢？古人将这个复杂而核心的技术问题与历法的干支纪年结合，从而使问题得到了圆满的解决。

　　我们来了解古人的推导过程，其中涉及了一些人们以前未曾接触的新的概念，不易一下理解。既然不易理解，为什么非要了解呢？

　　《黄帝内经》素问第七十四篇里有一句话说到这个六气："夫百病之生也，皆生于风寒暑湿燥火。"

　　就是说，人体的所有疾病，都来自这个"风寒暑湿燥火"的六气，仅六气中的一个"风"，《黄帝内经》素问第四篇就告诉我们："东风生于春，病在肝，俞在颈项；南风生于夏，病在心，俞在胸胁；西风生于秋，病在肺，俞在肩背；北风生于冬，病在肾，俞在腰股；中央为土，病在脾，俞在脊。故春气者病在头，夏气者病在藏，秋气者病在肩背，冬气者病在四肢。"所以，由于它的重要性，即使不大容易理解，我们也有必要了解清楚五运六气的规律。

干支表述五运六气

　　在本章的第四节谈论过干支，"干"是指十天干：甲乙丙丁戊己庚辛壬癸。"支"是指十二地支：子丑寅卯辰巳午未申酉戌亥。

　　五运，是木运、火运、土运、金运、水运的合称。

　　六气，指风、寒、暑、湿、燥、火六种大气。

　　《黄帝内经》认为：人类感受到的气候，是由近地面的木、火、土、金、水五种大气运动相互作用而产生于天空的风、寒、暑、湿、燥、火六种大气迭加形成的。在天的六气有阴阳之分，且阴阳之气有多和少的差别；在地的五运不仅有五行属性，也有阴阳之别，这样，天地阴阳互相感召，"动静相召，上下相临，阴阳相错，而变由生也。"

　　天之气所以有六种因素，地之运所以有五种变化，是因为《黄帝内经》认为："天以六为节，地以五为制"，五六相合，才有五年、六年、十年、十二年以至三十年、六十年的周期变化。

　　天之气、地之运的这种关于大气运动规律的运气学说，是用干支纪年体系来标记、表示的。五行与十天干相合成五运，大气与十二地支相合化六气，从而形成了五运六气的格局，并由此搭建起五运六气的推测和预报系统。

五行五运结构数的合理性问题

　　《黄帝内经》认为"在天为气，在地成形，形气相感而化生万物"。所以，五行是指"在地成形"，指地象的相互关系；五运是指"天垂象"，指天象的相互关系。五行左旋，五运右旋，正显示了天右旋、地左转；左旋与右旋对称，正是天地对应。《黄帝内经》中对五行、五运概念的严格划分，

(1) $0 \xrightarrow[-9]{+1} 1 \xrightarrow[-9]{+1} 2 \xrightarrow[-9]{+1} 3 \xrightarrow[-9]{+1} 4 \xrightarrow[-9]{+1} 5 \longrightarrow \cdots\cdots$
　　　土　　水　　火　　木　　金

(2) $0 \xrightarrow[-8]{+2} 2 \xrightarrow[-8]{+2} 4 \longrightarrow \cdots\cdots$

　　　　　$1 \xrightarrow[-8]{+2} 3 \xrightarrow[-8]{+2} 5 \longrightarrow \cdots\cdots$
　　　土　　水　　火　　木　　金

(3) $0 \xrightarrow[-7]{+3} 3 \xrightarrow[-7]{+3} 6 \xrightarrow[-7]{+3} 9 \xrightarrow[-7]{+3} 2 \xrightarrow[-7]{+3} 5 \xrightarrow[-7]{+3} 8 \xrightarrow[-7]{+3}$
　　　土　　木　　水　　金　　火　　土　　金

　　　$1 \xrightarrow[-7]{+3} 4 \xrightarrow[-7]{+3} 7 \xrightarrow[-7]{+3} 0$
　　　水　　木　　火

(4) $0 \xrightarrow[-6]{+4} 4 \xrightarrow[-6]{+4} 8 \xrightarrow[-6]{+4} 2 \xrightarrow[-6]{+4} 6 \xrightarrow[-6]{+4} 0$
　　　土　　金　　木　　火　　水

　　　$1 \xrightarrow[-6]{+4} 5 \xrightarrow[-6]{+4} 9 \xrightarrow[-6]{+4} 3 \xrightarrow[-6]{+4} 7 \xrightarrow[-6]{+4} 7$
　　　水　　土　　金　　木　　火

有着充分说明。

上一章中，我们知道了在易学体系的河图中，规定0、5为土，1、6为水，2、7为火，3、8为木，4、9为金，这些0—9的数与五行中的某一行对应。这是一种左旋次序，从五行相生相克和数字的相生关系来看，这一经典的五行结构数是不大合理的。比如，我们列出从0开始，加1、加2、加3、加4，也就是(+1)、(+2)、(+3)、(+4)四种相生关系图式(如上图)。

从这四列的数字相生关系里，没有一列可以直接与五行相生关系完全对应。

但是，在五运的时空体系中，土、水、火的数字不变，而3、8为金，4、9为木，是一种右旋次序，这种右旋体系是根据天象确定的。

将金的对应数改为3、8，将木的对应数改为4、9，这种位置的对调，表示空间四面体结构性的改变，这一改变意义巨大，改变后：第(3)列数字的相生关系随即成为了五行的相生关系，第(1)列随即成为五行的相克关系，这就是右旋"五运"。

重列(3)、(1)这两组关系图如下：

相生：$0 \xrightarrow[-7]{+3} 3 \xrightarrow[-7]{+3} 6 \xrightarrow[-7]{+3} 9 \xrightarrow[-7]{+3} 2 \xrightarrow[-7]{+3} 5 \xrightarrow[-7]{+3}$
　　　　土　　金　　水　　木　　火　　土

$8 \xrightarrow[-7]{+3} 1 \xrightarrow[-7]{+3} 4 \xrightarrow[-7]{+3} 7 \xrightarrow[-7]{+3} 0$
金　　水　　木　　火

相克：$0 \xrightarrow[-9]{+1} 1 \xrightarrow[-9]{+1} 2 \xrightarrow[-9]{+1} 3 \xrightarrow[-9]{+1} 4 \xrightarrow[-9]{+1} 5 \xrightarrow[-9]{+1}$
　　　　土　　水　　火　　金　　木　　土

$6 \xrightarrow[-9]{+1} 7 \xrightarrow[-9]{+1} 8 \xrightarrow[-9]{+1} 9 \xrightarrow[-9]{+1} 0$
水　　火　　金　　木

在重列的（3）图中，表达出周而复始的相生关系：土生金生水生木生火生土生金生水生木生火生土生……；在重列的（1）图中，表达出周而复始的相克关系：土克水克火克金克木克土克……。

五运六气的天文来源

在经典的干支五行对应关系中，只有方位标志的对应，就是：甲乙东方木，丙丁南方火，戊己中央土，庚辛西方金，壬癸北方水，这里的五行与干支似乎没有内在联系。

但在右旋体系中，将金木对应数对调后，干支与五行即表现出了严密的数学关系的统一性。为了区别于经典和习惯上的五行概念，《黄帝内经》将名称定为"五运"，其相生关系在书中是由另一套体系——五音太少的相生转化而来，而不是直接改变五行的相生关系。

在月地日系统中，甲子六十年历年月亮点位的变化就是一个（-7）系列。五运六气的推演过程，就是将月地日的相互关系和运动的时空变化特征，放进了三维四面体和三维六面体结构这两种模拟计算机中进行运算的过程。

我们从历年年初月亮点的位置编码图中看到，六甲六己年为0、5，六乙六庚年为3、8，六丙六辛年为6、1，六丁六壬年为9、4，六戊六癸年为2、7。按照五运5、10为土，1、6为水，2、7为火，3、8为金，4、9为木的规定，于是自然地出现：甲己化土，乙庚化金，丙辛化水，丁壬化木，戊癸化火。如图：

天干 次序	甲 (0)	乙 (3)	丙 (6)	丁 (9)	戊 (2)	己 (5)	庚 (8)	辛 (1)	壬 (4)	癸 (7)
一	00（子）	53	46	39	32	25	18	11	04	57
二	50	43	36（子）	29	22	15	08	01	54	47
三	40	33	26	19	12（子）	05	58	51	44	37
四	30	23	16	09	02	55	48（子）	41	34	27
五	20	13	06	59	52	45	38	31	24（子）	17
六	10	03	56	49	42	35	28	21	14	07

甲子六十年每一年开始时月亮特征点在周天上的位置

这就是本章第四节中提到天干合化的由来。
我们列出干、数、运的对应关系如下：
甲—乙—丙—丁—戊—己—庚—辛—壬—癸—甲
0　3　6　9　2　5　8　1　4　7　0
土　金　水　木　火　土　金　水　木　火　土
由此我们看到，五运与五行呈镜像对称，如图：

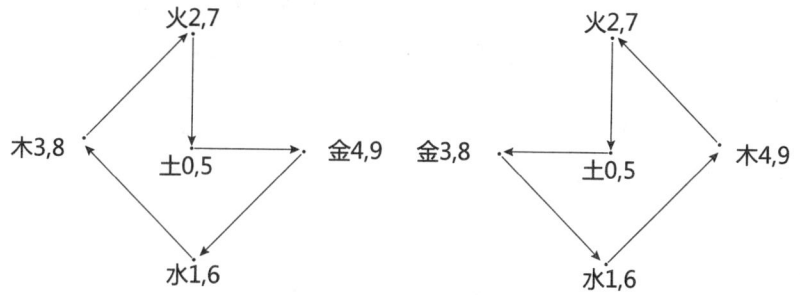

所以《黄帝内经》素问第六十六篇、六十七篇分别说："甲己之岁，土运统之；乙庚之岁，金运统之；丙辛之岁，水运统之；丁壬之岁，木运统之；戊癸之岁，火运统之。""土主甲己，金主乙庚，水主丙辛，木主丁壬，火主戊癸。"

为了便于记忆，人们把统运、所主写成了打油诗：

　　　　甲己化土乙庚金，丁壬化木尽成林，
　　　　丙辛具是三江水，戊癸南方火炎侵。

五运的内容

我们谈了五运的表述方法和来源，五运的概念也就清晰了：

五运，是木运、火运、土运、金运、水运的合称，具体指木、火、土、金、水五种大气在天地间的运行变化。

由于五种大气运行之间的相互作用，相互衍生，产生了六种气运特点，就是风寒暑湿燥火六气。

五运六气，就是作为气的六种状态的五种运动形式，以及它们与人的生长壮老已的关系。五运六气，不完全是在谈疾病，只是疾病也是其中一种不正常的运动状态而已。

《黄帝内经》素问第六十六篇说："夫五运阴阳者，天地之道也，万物之纲纪，变化之父母，生杀之本始，神明之府也，可不通乎！故物生谓之化，物极谓之变，阴阳不测谓之神，神用无方谓之圣。夫变化之为用也，在天为玄，在人为道，在地为化，化生五味，道生智，玄生神。神在天为风，在地为木，在天为热，在地为火，在天为湿，在地为土，在天为燥，在地为金，在天为寒，在地为水。故在天为气，在地成形，形气相感而化生万物矣。"

从这段文字，人们看到了五运的能量中有：风木、热火、湿土、燥金、寒水，在天为气、在地成形的表述。

五运的木火土金水火，作为地上的阴阳，对应着生长化收藏。注意，这里多了一个火，原因是《黄帝内经》有时将火分成表示热气的君火，和表示暑气的相火。

《黄帝内经》素问第六十六篇说："阴阳之气各有多少，故曰三阴三阳也。形有盛衰，谓五行之治，各有太过不及也。""寒暑燥湿风火，天之阴阳也，三阴三阳上奉之。木火土金水火，地之阴阳也，生长化收藏下应之。天以阳生阴长，地以阳杀阴藏。天有阴阳，地亦有阴阳。木火土金水火，地之阴阳也，生长化收藏。"

在这里出现了一个新的概念：五行之治，太过、不及。

太过、不及

太过：就是用十天干中的阳干，即甲丙戊庚壬，表示太过；

不及：是用十天干中的阴干，即乙丁己辛癸，表示不及。

太过，即运气盛而有余；不及，即运气衰而不足。甲、丙、戊、庚、壬为五阳干，凡阳干之年，均属运气有余，为太过；乙、丁、己、辛、癸为五阴干，凡阴干之年，均属运气不足，为不及。

比如，甲己同为土运，甲是阳干、己是阴干，凡逢六甲之年，即甲子、甲戌、甲申、甲午、甲辰、甲寅之年，均为土运太过；凡逢六己之年，即己巳、己卯、己丑、己亥、己酉、己未之年，均为土运不及，其他四运亦依此类推。

将代表年干的太过、不及归纳如下：

　　　　甲：土太过、己：土不及；
　　　　乙：金不及、庚：金太过；
　　　　丙：水太过、辛：水不及；
　　　　丁：木不及、壬：木太过；
　　　　戊：火太过、癸：火不及。

太过为本运的气胜，则本气流行；不及为本运的气衰，则克气大行。故《黄帝内经》素问第六十九篇说：

"岁木太过，风气流行，脾土受邪"，"岁木不及，燥乃大行"；
"岁火太过，炎暑流行，金肺受邪"，"岁火不及，寒乃大行"；
"岁土太过，雨湿流行，肾水受邪"，"岁土不及，风乃大行"；
"岁金太过，燥气流行，肝木受邪"，"岁金不及，炎火乃行"；
"岁水太过，寒气流行，邪害心火"，"岁水不及，湿乃大行"。

通过以上五运的内容，五运也可以简单理解为地球轨道上的五个方位，或者五个点，甚至也可以理解为一个周期、一定年份的五个阶段。《黄帝内经》中所说的"移光定位"，就是告诉人们地球轨道在不同时间所接受太阳光的多少会有所不同，而这种不同，就形成了每年的太过、不及。

五年的五运太过与不及

因此，太过为这一年的运气旺盛而有余，不及为这一年的运气衰少而不足。

2011年是辛卯年，天干为辛，辛属阴干，阴干表示不及，而丙辛化水，故2011年的年运是水运不及。

2012年是壬辰年，天干为壬，壬属阳干，阳干表示太过，而丁壬化木，故2012年的年运是木运太过。

2013年是癸巳年，天干为癸，癸属阴干，阴干表示不及，而戊癸化火，故2013年的年运是火运不及。

2014年是甲午年，天干为甲，甲属阳干，阳干表示太过，而甲己化土，故2014年的年运是土运太过。

2015年是乙未年，天干为乙，乙属阴干，阴干表示不及，而乙庚化金，故2015年的年运是金运不及。

阳年（太过）为本气流行，阴年（不及）为克己之气流行。如甲年为土运太过，此年一般是湿气偏胜；癸年为火运不及，火不及则水气盛，故此年反而偏寒。余可类推。

主运

作为木运、火运、土运、金运、水运的五运，在实际推算操作中又分岁运（大运）、主运、客运三种。主运、岁运、客运的三种状态，一个是常态，其它二个是变态。

主运就是指五运之气分主于一年五个季节（春、夏、长夏、秋、冬）的岁气。因为各运季的时间每年固定不变，在地球运行轨道中属常态，基本上年年相同，所以称为主运。

主运推算法：主运全年分五步运行，分主一年当中的五个运季——春、夏、长夏、秋、冬。每步所主的时间，即每个运季的时间为七十三日零五刻（73.05天）。换句话说，七十三日零五刻便为一运（运季）。每运的交接日，是以节气来计的，比如每年初运起于大寒日，二运（火运）起于春分后十三日……水运起于立冬后四日。按五行相生的次序推移，即：木为初运，火为二运，土为三运，金为四运，水为终运。年年如此，固定不变。始于木而终于水，始于春而终于冬。

主运各年的交接时间都不同，从交司时刻的规定看，主运的时间是地球的公转周期（365.25日）。举例如下：

子、辰、申年份的各运如下：

　　初运（木）：大寒日寅初初刻起。

二运（火）：春分后十三日寅一刻起。
三运（土）：芒种后十日卯初二刻起。
四运（金）：处暑后七日卯三刻起。
终运（水）：立冬后四日辰初四刻起。

丑巳酉、寅午戌、卯未亥年份的各运略。

既然主运是死的、不变的，为什么还要设立呢？这是因为作为对比的常态，主运是研究岁运、客运的基础，从对比中我们才能发现变化。

岁运

岁运，又称"大运"、"中运"，是主管全年的运，以年干推算出来，主一年的变化。大运、中运、岁运既可以用来说明全年的大气变化，同时它又是推算客运的基础。

岁运是地球运行轨道的一个变动状态，岁运的设立，与黄赤夹角及地球轨道波幅的综合因素有关。地球黄赤夹角存在五年一个周期的变动，所以，岁运以五年一个周期循环，它以十天干来划分，称为十干统运，就是前面提到过的"甲己之岁，土运统之；乙庚之岁，金运统之；丙辛之岁，水运统之；丁壬之岁，木运统之；戊癸之岁，火运统之"。

根据年干看岁运，逢阳年干则为太过，逢阴年干则为不及。十干统运，以六十甲子计算，每五年循环一次，甲子开始，土运当值，然后是乙丑金运、丙寅水运、丁卯木运、戊辰火运，五年一换，到第六年是己巳年，又轮到土运当值，再一轮开始。30年为一纪，转六次，每运当值六年；六十年为一周，每运当值十二年。

客运

客运，是指每年五个运季中的特殊岁气变化。因为每年有变更，各季有不同，如客之来去，所以称为客运（客运之所以是客运，是来自太阳系外的客气运的周期运转）。

客运的推算是在每年所值年中运的基础上进行的，即每年所值年岁运、中运就是当年客运的初运。客运的初运按照当年岁运确定后，便循着五行相生的次序，分作五步，每步约为七十三日零五刻（73.05天），行于主气之上，成为客运。这样，因第二年的岁月、中运要退行一步，所以第二年的客运也全部较第一年退行一步。

有关客运的规定表明，每年的客运是受60年的岁运控制的，即每年年初的月地日三者的位置和位相关系确定了初运，并控制着这一年全年的客运。

比较一下甲、乙、丙年的客运能够发现，乙年的初运较甲年的第五步退行了一步，丙年又较乙年退行一步……十年一重复。这样，在甲年第五运和乙年初运之间，出现了间断；乙年第五运和丙年初运之间，也出现了间断……。所谓"相生",是指连续过程中前后阶段间的逻辑关系而言的。甲乙两年之间应是连续的,性质的连续和间断,说明着不同的周期性质。主运是连续的相生关系,在年内、年间都如此,说明它是一种五位周期。客运在年间不连续,说明周期未运行完才出现了间断。设想若在甲年五运之后能够再生出一运,即可与乙年连续。这说明,客运是一种六位周期,只是它的第六位在年度之间被掩盖了。

所以,主运是一种五位周期,客运是一种六位周期。

主运是常态,是一个比较的基准;客运则是变态,用太过不及主年岁的盛衰。当将客运与主运相互对比后,根据五行生克的规律,就可以得出地球轨道在一年中的盛衰情况。具体原则是:

1. 当客运生、克主运时,以客运为主;当主运生、克客运时,以主运为主。

2. 当客运太过临主运不及时,以客运为主;当客运不及临主运太过时,以主运为主。

太过不及的作用

知道了五运有主运、岁运、客运的推算方法,那么,为什么要推算五运呢?就是说,为什么要推算五运的太过与不及呢?

在甲子六十年的三维六面体结构中,一组天干只构成六个面中的一个,呈二维结构。用五运表示后,一组分成两组,一组五运就是一个三维四面体结构。

于是,一组天干年不再是二维结构,而是阴阳两层三维结构。甲子六十年是由六对阴阳四面体结构构成的,三阴三阳又被分成阴阳两组,成为十二地支。

所以说,五运六气的推演过程,就是将月地日的相互关系和运动的时空变化特征,放进了三维四面体和三维六面体结构这两种模型中进行运算的过程。

如用形象的语言来表述推算五运的太过与不及的作用,人们从地球的角度看,五运是在预测地球迎接宇宙真气的多少。

地球在围绕太阳旋转的过程中,一直面对着如暴雨带似的掠天而过的宇宙精气、真气。宇宙真气风暴,会在固定的时间,从固定的方位扫过地球经行的轨道。因此地球轨道的波幅可以影响地球经过这些气带的时间,比往年到达气带的时间稍早,就是太过,相反,比往年到达气带的时间稍晚,则是不及,"运有余其至先,运不及其至后,此天之道,气之常也";地球在轨道上的姿态也影响地球表面特定地区承接宇宙真气的多少,多者可称为太过,少者可称为不及。

《黄帝内经》素问第六十九篇在论及五运特征时说"子之言岁候,不及其太过，而上应五星"，就指出了五大行星可以影响地球的轨道，从而使地球产生不及与太过之分。

在五运的十年特征中，太阳系行星对地球轨道的影响各不相同，有些年份是两、三颗星主要影响地球轨道，而有的年份则是五颗星同时影响地球轨道，导致地球存在太过与不及的现象。

人们如果再从太空的角度看，无论五运是不是特别着重地球在轨道上的姿态，受宇宙行星引力的影响，地球的轨道波幅和运行姿态的变动，都已经影响到了地球通过这些真气带的时间与方位，从而地球迎接宇宙真气的状态定会有不同变化。这也就是"五运更始，上应天期"的道理。"天期"指的就是宇宙真气扫过地球轨道的时间与方位。

这样的描述，给了人们一种地球轨道与宇宙行星之间，整体的一次次被"扫描"的感觉。其实这种整体扫描，都是在人类不经意间一直发生着的。

从人类个体来看，当人们处于一年四季的不同阶段时，人们的五藏、十二经脉等就会如"大小旺相"中所叙述的那样，被二十八星宿、九大行星等"启动"、"扫描"、气交。这种启动、扫描，既有着时空规律，也是在人们不经意间完成。《黄帝内经》所言，正是将这些启动、扫描、气交的规律加以说明、利用，来为人们服务。

现代医学似乎从来没有将人体自己的五藏六腑与宇宙时空、宇宙真气、宇宙星体相联系，但我们的祖先却将自己身体的每一部分都与遥远的星际空间相联系，这种智慧无比的构架和构想（实为内观的结果）让今天的子孙们目瞪口呆。所以严格地说，人们的身体及其能量似乎并不完全属于人们，而是在不同的时间分别属于宇宙中的遥远星系。

五运盛衰

《黄帝内经》组建起这个巨大的系统，最终还是为了研究人，还是为了帮助人们的身体。

当人们站立在地球的表面，地球载着人们飞奔在银河系中，此时的人类就与地球同呼吸共命运，凡是能够影响地球的宇宙事件，同样可以影响人们的健康。因此，中医的五运就与人体五藏完全合拍了，二者变成了一个问题的两个方面。

《黄帝内经》素问第二十二篇说："肝主春……其日甲乙……心主夏……其日丙丁……脾主长夏……其日戊己……肺主秋……其日庚辛……肾主冬……其日壬癸。"

这样一来，五运的盛衰其实就是人体五藏的盛衰，五运的特点其实就成为人体五藏的特点。人体五藏系统（而不是解剖五脏）与宇宙真气有着极为密切的关系。人们一方面通过脾胃从食物里提取留存在动物、植物、矿物中的宇宙真气，另一方面，人体的经络系统也可以直接从太空中吸取宇宙真气。

因此，人体五藏的盛衰决定了经络吸取宇宙真气的能力大小，也决定了五藏系统疾病的发生与发展。人体与旋转的地球一起，时刻承接着掠天而过的宇宙真气。

人们可以接受多少宇宙真气，取决于以下三个方面：

1. 宇宙真气传来的多少、方位、迟早；
2. 地球轨道的变动，它经过气带的方位、迟早、迎接的角度等；
3. 人体五藏的盛衰。

当人们明白了一年中地球轨道的特点，以及一年中宇宙真气的特点，就可以对比自己五藏的盛衰，从而预测自己身体的健康与疾病的周期规律。

六气的内容

由五运的相互作用、相互衍生，所产生的六种气候特点——风寒暑湿燥火，就是六气。

五运六气，就是讨论作为气的五种运动形式所表现的六种状态，以及它们与人的生长壮老已的关系。由于暑和火性质相同，《黄帝内经》将火分成表示热气的君火，和表示暑气的相火，"君火以明，相火以位"。所以运气学说中的六气也指：风、君火、相火、湿、燥、寒。

《黄帝内经》素问第六十七篇说到六气的作用是："大气举之也。燥以干之，暑以蒸之，风以动之，湿以润之，寒以坚之，火以温之。故风寒在下，燥热在上，湿气在中，火游行其间，寒暑六入，故令虚而化生也。故燥胜则地干，暑胜则地热，风胜则地动，湿胜则地泥，寒胜则地裂，火胜则地固矣。"

风寒暑湿燥火形成了六气，这个六气是可以推求的。推求的方法是以十二地支配合五行和三阴三阳来进行。

五行与六气搭配的结果是：

    五行火，与六气的热搭配：君火；
    五行土，与六气的湿搭配：湿土；
    五行火，与六气的暑搭配：相火；
    五行金，与六气的燥搭配：燥金；
    五行水，与六气的寒搭配：寒水；
    五行木，与六气的风搭配：风木。

五行与六气搭配后，再与三阴三阳搭配，搭配后的结果是：少阴君火、太阴湿土、少阳相火、阳明燥金、太阳寒水、厥阴风木。

在这个搭配的结果上，再加入十二地支"子丑寅卯辰巳午未申酉戌亥"，就能具体来表示六气了。

加入十二地支表示六气，是隔6相配，即用地支的1配地支的7、2配

8、3配9、4配10、5陪11、6配12，结果就是：

子午少阴君火、丑未太阴湿土、寅申少阳相火、卯酉阳明燥金、辰戌太阳寒水、巳亥厥阴风木。

人们为了方便记忆，在每句中加一个字，变成了一首打油诗：

子午少阴君火心，丑未太阴湿土临，
寅申少阳相火位，卯酉阳明属燥金，
辰戌太阳寒水是，巳亥厥阴风木寻。

司天、在泉

六气说的是风寒暑湿燥火六种大气的变化，《黄帝内经》为了说清楚六气，在这里出现了新的概念：司天、在泉。

来看《黄帝内经》素问第七十四篇一段黄帝与岐伯的对话：

黄帝问曰：六气分治，司天地者，其至何如？

岐伯对曰：天地之大纪，人神之通应也。厥阴司天，其化以风；少阴司天，其化以热；太阴司天，其化以湿；少阳司天，其化以火；阳明司天，其化以燥；太阳司天，其化以寒。以所临藏位，命其病者也。

帝曰：地化奈何？

岐伯曰：司天同候，间气皆然。

帝曰：间气何谓？

岐伯曰：司左右者，是谓间气也。

帝曰：何以异之？

岐伯曰：主岁者纪岁，间气者纪步也。

帝曰：善。岁主奈何？

岐伯曰：厥阴司天为风化，在泉为酸化，司气为苍化，间气为动化。少阴司天为热化，在泉为苦化，不司气化，居气为灼化。太阴司天为湿化，在泉为甘化，司气为　化，间气为柔化。少阳司天为火化，在泉苦化，司气为丹化，间气为明化。阳明司天为燥化，在泉为辛化，司气为素化，间气为清化。太阳司天为寒化，在泉为咸化，司气为玄化，间气为藏化。故治病者，必明六化分治，五味五色所生，五藏所宜，乃可以言盈虚病生之绪也。

司天与在泉是六气的两个特有概念，如简单地理解，司天就是在说天，在泉就是在说地。

为了弄清这两个概念，在上面将五行与六气的搭配后，再将结果与三阴三阳搭配，又将结果与地支搭配，结果搭配出了上面六气打油诗的内容。

司天象征在上，主上半年的气运情况；在泉象征在下，主下半年的气运情况。

风寒暑湿燥火六气，表示的是呈三阴三阳结构的六体周期和十二位周期，这里的司天及其左右间气，在泉及其左右间气，就是视一年为三阴三阳的具体实例。

三阴三阳即构成了一年的六气。六十年也是这样，一组天干年即为一气，六组天干即构成五组地支。若将三阴三阳分为阴阳两部分，就成为一组地支结构，一周期十二位。对六十年来说，十二地支的一支为5年，5年又是一组四面体结构。两组四面体又构成一天干年。

十二地支表示六气，主要是表示六气司天、在泉的因素，在司天与在泉这两个六气的特有概念中，当司天确定了，在泉也就确定了。司天与在泉是阴阳对立的关系，三阳司天，必定三阴在泉；三阴司天，必定三阳在泉。

再提三阴三阳

三阴三阳在上两节谈到了，是指一阴为厥阴，二阴为少阴，三阴为太阴；一阳为少阳，二阳为阳明，三阳为太阳。

古人用三阴三阳表述了人体经络的十二经脉，将十二经脉分作三阴三阳六经：

一阴为厥阴心包经、肝经，

二阴为少阴心经、肾经，

三阴为太阴肺经、脾经，

一阳为少阳三焦经、胆经，

二阳为阳明大肠经、胃经，

三阳为太阳小肠经、膀胱经。

六经说的是人体之经。

这里，古人又用三阴三阳来表述宇宙，说的是宇宙之经，目的还是为了谈宇宙的经脉怎么与人体的经脉沟通、相合。

《黄帝内经》明确了序号

在少阳、阳明、太阳这三阳中，《黄帝内经》作了明确的序号规定，其中少阳为一阳，阳明为二阳，太阳为三阳；在厥阴、少阴、太阴这三阴中，厥阴为一阴、少阴为二阴，太阴为三阴。

而司天与在泉的关系，就是一对一、二对二、三对三。一阴（厥阴）司天，必定一阳（少阳）在泉，一阳（少阳）司天，必定一阴（厥阴）在泉，以此类推。

二阴（少阴）司天，必定二阳（阳明）在泉，二阳（阳明）司天，必定二阴（少阴）在泉。

三阴（太阴）司天，必定三阳（太阳）在泉，三阳（太阳）司天，必定三阴（太阴）在泉。

六气的司天、在泉，是根据年支与三阴三阳相配的规律推算。即逢子午之年就是少阴君火司天，逢丑未之年就是太阴湿土司天，逢寅申之年就是少阳相火司天，逢卯酉之年就是阳明燥金司天，逢辰戌之年就是太阳寒水司天，逢巳亥之年就是厥阴风木司天，即：

子午少阴君火司天，卯酉阳明燥金在泉；
丑未太阴湿土司天，辰戌太阳寒水在泉；
寅申少阳相火司天，巳亥厥阴风木在泉；
卯酉阳明燥金司天，子午少阴君火在泉；
辰戌太阳寒水司天，丑未太阴湿土在泉；
巳亥厥阴风木司天，寅申少阳相火在泉。

六气的司天与在泉两个概念，也是两个相对的概念。古人发现，太阳通过周期的运动产生了四季，又发现五大行星、二十八星宿的运动，产生了一些反常的气候。为了刻画整个天体运动所产生的不同的大气变化，所以提出了用司天、在泉的概念，来表述天地间不停的大气运动，如何表述，依然是用了三阴三阳的办法，因此就有了上面六种不同的司天和六种不同的在泉。按照这个规律，就推出了每年的司天、在泉的具体内容。

具体年份的司天在泉

因此，2011年是辛卯年，因为卯酉阳明燥金，而阳明燥金司天，必有少阴君火在泉。2011年是阳明燥金司天，少阴君火在泉。

2012年是壬辰年，因为辰戌太阳寒水，而太阳寒水司天，必有太阴湿土在泉。2012年是太阳寒水司天，太阴湿土在泉。

2013年是癸巳年，因为巳亥厥阴风木，而厥阴风木司天，必有少阳相火在泉。2013年是厥阴风木司天，少阳相火在泉。

2014年是甲午年，因为子午少阴君火，而少阴君火在天，必有阳明燥金在泉。2014年是少阴君火司天，阳明燥金在泉。

2015年是乙未年，因为丑未太阴湿土，而太阴湿土司天，必有太阳寒水在泉。2015年是太阴湿土司天，太阳寒水在泉。

五运六气的时空框架

前面提到，五运的岁运、中运，是指十天干所统之运的通称。因天气在上，地气在下，运居于天地之中，统司一岁之气，所以叫中运，也叫岁气。

我们前面说过：甲己化土，乙庚化金，丙辛化水，丁壬化木，戊癸化火。因此，可以从天干来确定中运，了解中运的变化。比如，戊癸化火，戊年属火运；戊又是阳干，表示太过，所以戊年的中运也就是岁气是火运太过。

在五运六气的这个运气框架里，我们描述了三个因素，一个是中运，一个是司天，一个是在泉。但是，这三个因素只能表述年这个单位时间内的运气变化情况，就是只能说明年与年之间的运气差异。

而要表述每一年内不同日、月区间的六气阴阳变化，上述的中运、司天、在泉三个因素显然是不够的，所以，《黄帝内经》又提出了间气的概念，将一年划分成了六个区间，共计有六步间气，每一间气管两个月，六步间气刚好管了一年。

间气里面又有主客之分，分出主气、客气。也就是出现了主气、客气、客主加临三种，主气测常，客气测变，客主加临则是指每年轮值的客气六步，分别加在年年不变的主气六步之上，成为一种常变结合的综合分析方法。

这样一来，中运、司天、在泉、主气、客气这五个要素，便构成了一个比较完整的五运六气的时空框架。

这个运气时空框架用一个简单的顺序来表示：

中间层次表中运，最上层表司天，最下层表在泉，在泉之上是主气，司天之下是客气，从上往下排序是：司天、客气、中运、主气、在泉。

五运六气这个系统，是在讨论人与宇宙的各种关系。宇宙的运动对人体所产生的影响是多方面的，但是，较常见的，也是运气七篇中介绍的，主要就是这"司天、客气、中运、主气、在泉"五个方面或者五个层次的内容。

主气及排列

主气是每年不变的。不管是哪一年，六气的分布次序都一样，其中每一气所主的时间区域与六步间气相同，即从每年二十四节气中的大寒节开始，至次年的小寒节终，每气主管四个节气，两个月的时间，周而复始，如环无端。

第一个气，也称初之气，为厥阴风木，主元月21日到3月21日（大寒节常在每年的元月21日左右）；

二之气，少阴君火，主3月21日至5月21日；

三之气，少阳相火，主5月21日至7月22日；

四之气，太阴湿土，主7月21日至9月22日；

五之气，阳明燥金，主9月22日至11月22日；

六之气，太阳寒水，主11月22日至1月21日。

这就是说，主气中的六气，按照地球的公转周期，这种划分是固定不变的，为岁之常气，故称主气，也叫地气。

为什么主气的变化年年如此，是因为地球的大气变化是有周期性的，是按照春夏秋冬有规律地运行，这是地球绕太阳的有规律的运转决定的。每年大气的变化都是从风温，慢慢热暑，然后雨湿、干燥，最后寒冷，寒冷过后，又开始温暖，春夏秋冬年复一年，而主宰这个周期变化的东西就叫做主气。

主气六步的这种固定的周期变化，正如宇宙大气的六经。面对这个年年如此的主气，人们应考虑到自己体内的六经。

人们体内的六经，与大气的六经，也是对应的，上面的这些区间，是宇宙之经与人体的藏腑、经络相联系的一个标志。就是说，主气的"初之气，为厥阴风木，主元月21日到3月21日"，与体内一阴的厥阴心包经、肝经，是相对应的。

同理，二阴的少阴心经、肾经，对应二之气少阴君火，为3月21日至5月21日；

一阳的少阳三焦经、胆经，对应三之气少阳相火，为5月21日至7月22日；

三阴的太阴肺经、脾经，对应四之气太阴湿土，为7月21日至9月22日；

二阳的阳明大肠经、胃经，对应五之气阳明燥金，为9月22日至11月22日；

三阳的太阳小肠经、膀胱经，对应六之气太阳寒水，为11月22日至1月21日。

这样，人体之六经和宇宙之六经，就联系在了一起。或者说，它们本身就是联在一起的，我们只是不知道、不会用而已。

虽然地球公转导致了主气的恒定性，但由于其他五大行星运动周期的不同，五大行星在天体上相对位置的经常变动，就造成了风寒暑湿燥火等六种大气的变动。古人根据各行星的位置变动所引起的大气变化，就定出一个中运，因此，中运也是用于刻画反常的大气因素和大气运动状态的。

客气及规律

主气分六步，排成三阴三阳而周期一年，但每步气所主的区间都是恒定的，年年如此，因而它是常住之气。

客气，是一个相对于主气的概念。

每个区间都有一个常住之气，就一定还会有一个变动的气、一个不常住的气，这个能够变动的、不常住的气就是客气。

春夏秋冬四季是常住的，而春夏秋冬四季中的风雨雷电之气是不常住的，因此，客气是客住之气，是指在一年的六步主气之上叠加的另一周期作用，因为逐年变化，犹如主气的来客一般，故称为"客气"。

客住之气虽然也分六步，但是，每步气所主的区间可能是年年变换的。那么到底是怎么个变法呢？客气这个变化过程也还是有规律的，客气的这个变中之常便是由司天、在泉决定的。

我们看到2011年、12年、13年、14年、15年五年中的司天、在泉都不一样，每年的这个变化规律，就存在于干支纪年的地支之中。

由于天地的运动存在着天右旋地左转的规律，"上者右行，下者左行，左右周天，余而复会"。司天之气不断地右转，自上而右，以降于地；在泉之气不断地左转，自下而左，以升于天，从而构成每年大气的不断变化。

与客运一样，客气是一种七位周期。该周期每一周都因为有一位不能在一年六位主气周期上表现，而要叠加到下一年去，要退居二线。由于它每一周均有一位移到下一年去，因而表现为6年和12年显周期，实际却是一种7年和14年的隐周期。

所以，主气是一种六位周期，客气是一种七位周期。

因此，司天、在泉就经常退居二线、三线、四线、五线、六线，然后，重回到一线上来。在这个变动过程中，就会显现一些有规律的波动性的气候变化，而这个变动性的气，就是客气。也就是说，客气是由司天、在泉的转换运动造成的。

客气的推算

既然如此，客气的推算就要以司天、在泉为依据。客气分主六气中的司天之气、在泉之气及左右四间气，构成客气六步运动的方式，每步各主六十日又八十七刻半，但对气候的整体影响仍以司天在泉二步为主，司天通主上半年，在泉通主下半年。

由于司天之气的对面就是在泉之气，就是有太阳寒水司天就有太阴湿土在泉。而司天和在泉的左右方，便是司天的左间右间之气和在泉的左间右间之气。因而客气的具体推算有两条原则：

第一，客气的排列是按照三阴三阳的次序排列，首尾相接，如环无端。按照三阴三阳的次序排列，就是一阴二阴三阴，一阳二阳三阳的顺序。一阴为厥阴，二阴为少阴，三阴为太阴，一阳为少阳，二阳为阳明，三阳为太阳。阴后接阳，阳后接阴，因此说如环无端。

主气的排列与客气有一个明显的不同是：主气的排列顺序是一阴、二阴之后排一阳，一阳之后接三阴，三阴之后再接二阳、三阳，即一阴、二阴、一阳、三阴、二阳、三阳。

第二，在掌握了客气的"阴后接阳，阳后接阴"排列次序后，每年的第三个客气，即第三步客气，总是与司天相同。就是说，司天之气始终在六步中的第三步气，也就是固定在了主气的三之气上。司天之气确定了，在泉之气以及左右间气也就知道了。

因此，客气的推算步骤是：

首先根据年支确定司天与在泉，司天与在泉确定了，便等于同时确定了客气的第三气与第六气，然后，再依据客气六步的排列次序，或顺、或逆，就可得出其它四步客气。

下图是地支12年各年客气运行列表：

年份	初气	二气	三气（司天）	四气	五气	终气（在泉）
子午年	水	木	君火	土	相火	金

丑未年	木	君火	土	相火	金	水
寅申年	君火	土	相火	金	水	木
卯酉年	土	相火	金	水	木	君火
辰戌年	相火	金	水	木	君火	土
巳亥年	金	水	木	君火	土	相火

比如，2011年是辛卯年，因为卯酉阳明燥金司天，少阴君火在泉。因此，第三个客气是阳明（二阳），第六个客气是少阴（二阴），从三之客气逆推，第二个客气便是二阳之前的一阳，第一个客气便是一阳之前的三阴。从三之客气顺推，第四气为二阳后面的三阳，第五气为一阴。所以，2011年的客气六步应该是：

初之气，太阴湿土（三阴），主元月21日到3月21日；
二之气，少阳相火（一阳），主3月21日至5月21日；
三之气，阳明燥金（二阳），主5月21日至7月22日；
四之气，太阳寒水（三阳），主7月21日至9月22日；
五之气，厥阴风木（一阴），主9月22日至11月22日；
六之气，少阴君火（二阴），主11月22日至1月21日。

这就是2011年的客气变化，而客气每一步所管的区间，还是四个节气，从大寒节开始，到次年的小寒节终，这一点与主气一样。

2012年是壬辰年，因为辰戌太阳寒水司天，太阴湿土在泉。因此，第三个客气是太阳（三阳），第六个客气是太阴（三阴），从三之客气逆推，第二个客气便是三阳之前的二阳，第一个客气便是二阳之前的一阳。从三之客气顺推，第四气为三阳后面的一阴，第五气为二阴。所以，2012年的客气六步应该是：

初之气，少阳相火（一阳），
二之气，阳明燥金（二阳），
三之气，太阳寒水（三阳），
四之气，厥阴风木（一阴），
五之气，少阴君火（二阴），
六之气，太阴湿土（三阴）。

这就是2012年的客气变化，而客气每一步所管的区间，还是四个节气，从大寒节开始，到次年的小寒节终，这一点与主气一样。

通过2011年、12年的客气排列，看到如此每年一次的转换，六年中就有六个不同的司天在泉之气了，到了第七年，又开始重复。

至于司天象征在上，主上半年的气运情况，在泉象征在下，主下半年的气运情况，出自《黄帝内经》"岁半之前，天气主之，岁半之后，地气主之"这句话。

客气中处在三之气的司天，是一年中客气上升趋势的顶点，地气上升为天，故上升之气又称为天气，三之气正是客气上升的最高指标，故将三之气称为司天之气。

处在终之气的在泉，是一年中客气下降趋势的谷点，天气下降为地，故下降之气又称为地气，终之气标志着地气下降的最低指标，故将终之气称为在泉之气。

司天和在泉，一个为最高位，是整个上升运动中的最终目标，决定着客气在上半年的上升运动过程中的性质取向；一个为最低位，是整个下降运动的最终目标，决定着客气在下半年的下降运动过程中的性质取向，因此，司天和在泉才会拥有超越自己时段的影响力，完成"岁半之前，天气主之，岁半之后，地气主之"的任务。

客气、客运的相同与不同

客气与客运的不同点在于：客运的次序与主运次序一致，均为木－火－土－金－水－木；客气与主气的次序不完全相同，主气基本上与五运相近，只是五运火在六气中分成了两位——君火和相火，客气的相火与土较主气又对调了位置。

相同点在于：客运每年后退一位，客气也是如此，每年后退一位。这两种退位的原因是一样的，即客气是一种七位周期，而不是六位周期。

主气、客气与人气的揭秘

所谓地气（主运、主气），均指日地二体运动周期的表现；所谓天气（客运、客气），则指月地日三体运动的表现。

通过主气、客气的排列，我们感受到：

1. 主气客气的排列不会在一年中完全相同，但会在有些时间段，完全相同。

2. 人体的六经与主气的六个时间段相合的同时，根据每年的太过、不及、司天、在泉，人体的六经会受到外界大气不同变化的影响，也就是要受到风、寒、暑、湿、燥、火六气的影响。

3. 对于人体六经所受的六气变化的影响，能通过主气客气的时间排列，进行推测和预报。

通过对主气、客气及排列时间的了解，人们会发现我们在前面说到的人体十二经脉的小旺相规律，一年四季春夏秋冬的大旺相规律，疾病欲解时的日、月、年的时间规律，与这里的主气、客气每气两个月对应人体六经的规律，几种规律在时间上叠加在了一起。

由于这种叠加，使人们看到干支纪时空不仅仅是纪时的符号，更有揭示日月星辰运动产生的大气、真气能量与人体作用的规律的时相框架功能，从而使人们能按照几种叠加的相生相克的时空规律，通过按揉、作息、运动等外在方式和对应时间服药的内在方式来调整人们自身的经络钟，达到天人合一的健康状态。"天人合一"在这里已不是一种比喻，而是有了具体的时空对应。

五运六气的常数

人们了解了五运六气中的主运、客运、中运、主气、客气、司天、在泉等概念，这些个概念要怎样为人们所用呢？

在五运六气的这个运气框架里，有一个很重要的内容，就是常数。常数，就是不变的数。在《黄帝内经》素问第七十一篇中，黄帝问道："五运气行主岁之纪，其有常数乎？"岐伯回答说：

甲子甲午岁

上少阴火，中太宫土运，下阳明金，热化二，雨化五，燥化四，所谓正化日也。其化上咸寒，中苦热，下酸热，所谓药食宜也。

乙丑乙未岁

上太阴土，中少商金运，下太阳水，热化寒化胜复同，所谓邪气化日也。灾七宫。湿化五，清化四，寒化六，所谓正化日也。其化上苦热，中酸和，下甘热，所谓药食宜也。

丙寅丙申岁

上少阳相火，中太羽水运，下厥阴木。火化二，寒化六，风化三，所谓正化日也。其化上咸寒，中咸温，下辛温，所谓药食宜也。

这个五运六气常数，在《黄帝内经》的书里一共讲了六十年，正好是一个甲子周期。由于六十甲子周期的循环纪年，只要掌握了一个甲子周期内的情况，也就把握了千年、万年的周期情况。因为，凡是甲子、甲午这两年，如1924年、1984年、2044年的甲子年，1894年、1954年、2014年的甲午年，都是"上少阴火，中太宫土运，下阳明金，热化二，雨化五，燥化四"。在这些甲子、甲午年里，都是土运太过，都是少阴君火司天，阳明燥金在泉。

"热化二，雨化五，燥化四"是什么意思呢？虽然只有寥寥9个字，涉及的内容却比较多，首先我们要想到河图洛书中的数位："地二生火，天七成之；地四生金，天九成之；天五生土，地十成之。"热化二中，二生火，热属火之气，二位西南，为坤位；雨化五中，五生土，雨润属土之气，五为中宫；燥化四中，四生金，燥属金之气，四位东南，为巽位。

其次，需要考虑到时间，就是说，在二的时间段内产生热化，二所包括的区间为阴历的六七月间，因此，对于热化有关的疾病，可以考虑采用清热的方法治疗。雨化五，五属中宫，土气主事，是脾胃所主管的地方，雨化五，就是说，在甲子、甲午的这些年里，雨湿将困扰中宫，即出现湿困脾土的疾病，提示人们应采取化湿的方法治疗脾胃中土的疾病。燥化四，四在洛书中处左肩，处东南，巽卦主事，是在阴历三四月间的范围。燥属金，燥胜风，四所主的地方正是风木用事，因而，燥化四，就表明会出现金克木的病变。

"热化二，雨化五，燥化四"寥寥9个字，涉及了心藏、脾胃、肺藏、肝藏，涉及到阴历的二、三、四、五、六、七这六个月半年的时间段。

既然有这个常数存在，比如甲子、甲午这两年的运气情况，都是"上少阴火，中太宫土运，下阳明金，热化二，雨化五，燥化四"，因此，反过来看，如果一个人是在甲子、甲午这两年出生的，更具体说，如果是在这一年的阴历四月左右出生，那么在他一生所生的病中，主要以燥化为主；如果他是在这一年的阴历六月出生，那么在他一生所生的病中，主要以热化为主。这一点，在中医的临床实践中是被证明过了的。也就是说，出生年月日能够构成一个人体质禀赋的要素，人的禀赋是与出生时间相关联的。从《黄帝内经》的角度谈禀赋，有身体强弱的因素，有寒热等因素。比如一个人吃得了热的东西吗，吃得了寒的东西吗？因此，寒热燥湿就成了禀赋的一个构造元素。

常数的重要作用

通过五运六气的常数，人们得到的启示是：

一是到了哪一年哪一月，五运六气会在人体启动哪一种疾病；

二是从人们的出生年月日，可以推测出常数中提示的相关疾病；

三是当人们患了某一疾病后，再到了常数所提示的疾病年份，需注意该疾病的复发。

所以，五运六气的常数，告诉了人们身体疾病的启动期和爆发期，是提醒人们未雨绸缪、防微杜渐的非常有用的警示牌，是人体六经所受的六气变化影响的具体推测和预报方法。

我们设想，随着国家有关医疗部门的重视，在未来，人们可以较容易地得到五运六气常数的信息，并通过五运六气常数获知近一时期某些身体疾病的启动期和爆发期的推测预报信息，未来的那个时代，人类定是更加健康、长寿。

神机气立

《黄帝内经》在谈论五运六气的时候，提出了"气立"与"神机"两个概念。《黄帝内经》素问第六十八篇说："根于中者，命曰神机，神去则机息。根于外者，命曰气立，气止则化绝。故各有制，各有胜，各有生，各有成。故曰：不知年之所加，气之同异，不足以言生化，此之谓也。"

由于形气相感而万物化生，万物通过什么和外界发生联系，万物又通过什么来完成它的生长化收藏的过程？古人看到，既然有节令，很多东西的生长与节令息息相关，可见这些生物体里面应该存在一套密码，这套密码专门与气候的变化发生联系，这套密码可以叫做"气立"。

到了一个节气的时候，如果节气能够跟它的密码相合、相应，这时密码所对应的程序就可以打开，然后按照这个程序去完成自己的生长变化过程。比如荔枝，荔枝开花结果不可能在一月，它要到三月才开花，只有到了这个三月节气，才能启动荔枝内开花这套密码，所以在三、四、五月，荔枝才能完成开花结果的这个过程。当荔枝的果熟之后，它就逐渐进入到一种潜藏的过程，荔枝生长的节气就过去了，而没有了这个气，就不可能生长荔枝，气止则化绝。物生谓之化，没有这个气，它就不能化了。到了第二年，气又来了，又重新启动了荔枝的这个气立，于是它又重新开始了开花结果的程序，等到气止了，开花结果的变化就又停止了。

那么，能不能让荔枝开两次花、结两次果呢？如果能模仿到让荔枝开花结果时的气候特点，使它这套关闭的气立密码重新打开，荔枝或许能够在一年里两次开花结果。

与外界联系的是"气立"这套密码，而完成生长发育过程的这套东西就是"神机"。

在人体体内的"气立"这套密码所开启的过程，虽然不像植物那样有一个明显的开花结果的过程，但是，它仍然会启动一套程序，通过气血阴阳的升降来保持与外界节令气候的协调关系。而人体的另外一个过程，人们能长高、长胖、衰老、消亡，是什么东西调动人们体内的因素，调动人们的心肝脾肺肾跟气立建立联系呢？这就是"神机"的作用。

所以，每个人都有两套密码，只要是生命体，都有两套密码，一套是气立，一套是神机。气立负责与外界的气候、与外界的能量发生联系。而神机呢，它是借助后天的营养，在气立的协同下，完成生长壮老已的过程。

比如前面了解人体的五藏时，谈到秋气通于肺，春气通于肝等，这个与秋气、春气相联系的就是秋天的肺的那套气立、春天的肝的那套气立。以此类推，夏气通于心，冬气通于肾，长夏之气通于脾，就是说，在每一个时间段内，都有一个相应的气立在起作用。而主管调节气立的则主要是肺，因为最外层是皮肤，肺主皮毛，肺主气。

气立由肺来负责调节，气立又与神机发生联系，神机就是经络、藏腑，就是使人产生生长壮老已过程的东西。神机一去，生命体就完结了。所以说："根于中者，命曰神机，神去则机息。根于外者，命曰气立，气止则化绝。"

那么，人们的神机、气立是在什么时候开始工作的呢？

人们的神机、气立是在出生的那一刻开始与天地感应，并打开了体内的气立密码，而那一刻首先使用的气立是由那个时刻的五运六气决定的。

比如，2013年即癸巳年8月出生的一个人，癸巳年，天干为癸，癸属阴干，阴干表示不及，而戊癸化火，故2013年的年运是火运不及。

2013年是癸巳年，因为巳亥厥阴风木，而厥阴风木司天，必有少阳相火在泉。所以2013年是厥阴风木司天，少阳相火在泉。

阳历7月21日至9月22日之间，是主气的四之气，为太阴湿土，相对应人体的太阴经是人体的手太阴肺经、足太阴脾经。

所以，癸巳年四之气人，中运是火不及，司天是厥阴风木，在泉是少阳相火，主气是太阴湿土，客气是少阴君火。

癸巳癸亥岁的常数是：

"上厥阴木，中少徵火运，下少阳相火，寒化雨化胜复同，邪气化度也。灾九宫。风化八，火化二，正化度也。其化上辛凉，中咸和，下咸寒，药食宜也。"

所有在癸巳年四之气生出来的孩子，他的气立马上启动，以使机体与宇宙的共振规律相协调，四之气这个时相框架内的气立最先启动，首先是当年的火运的气立打开，以便与中运发生联系；然后，厥阴风木的气立打开，跟司天发生联系；少阳相火的气立打开，跟在泉发生联系；太阴的气立打开，与主气发生联系；少阴的气立打开，与客气发生联系。这个孩子的初始状态，作为宇宙自然中的一分子，他首先进行的这种运动方式，就在一定程度上影响着他的生命进程，影响着他的生长壮老已，影响着他的健康、疾病、个性、寿命。

神机、气立，是《黄帝内经》的作者为了更深入地描述五运六气的三阴三阳如何跟人的三阴三阳发生联系，而表述出的一对概念。五运六气很重视一个问题，就是病有中外，把病划分成中与外，中指的是神机的病，外指的是气立的病。

《黄帝内经》素问第七十四篇写道："病之中外何如？岐伯曰：调气之方，必别阴阳，定其中外，各守其乡。内者内治，外者外治。"从这里看到，外用药，外治，也是值得重视的。外治法包括针与灸，包括内服药外洗，包括按摩敲打。总之，是要调动体内的这套神机、气立的密码。

《黄帝内经》创造出的、表述出的这一对神机、气立的概念，是为了更好地为人们的健康服务。人体本身就是一个神机体，人体的灵魂、元神就是人体内活动的能量，它之所以会产生机的病变，是由于气立不调引起的，该冷的时候不冷，该热的时候又不热，或者忽冷忽热等等因素都会导致机的病变。因此，在治疗疾病的过程中，要依照五运六气，顺着天时来。不丢掉气立，神机就不会息。

运气的时空

每年不同的岁运，每年不同的司天、在泉，比如今年的元旦就与去年的、明年的不一样，而是跟60年前和60年后的元旦一样。

五运六气学说对元旦的理解,也就是对时空的理解,与现在通常对时空的理解不一样。对于今年的元旦与去年的元旦来说,虽然是两年中的同一天,它们在地球公转轨道上的位置是接近的,但其自转位相已经相差了900。这两个元旦在朔望月、近点月、交点月中的位置和位相也是不同的,而在朔望月和回归月之间,位相又是一致的。又因为这两个元旦之间相差了365天,所以在二十八星宿体系中尚未行完一周,只是行走了53/60。

由此可知,比较两天或两个特征点是否性质相同,一定要将两者按照一定条件置于特定的周期中才行。甲子、乙丑、丙寅……各年的天文背景不同,由此产生的宇宙真气也会有太过、不及,由此对人们身体产生的影响每年、每月、每日也会是不同的。

五运六气从时空角度阐明物质世界的统一性,是运气学说体系构架的一大特色,这也是中国文化的一大特色,中间没有神秘之处。

五运六气内容是《黄帝内经》中最为复杂难懂的部分,也是最为重要的部分之一。五运六气进一步揭示了人与自然相应、合一的规律。

谈五运六气的故事,一是想说清《黄帝内经》搭建的五运六气体系的构架是什么。

一是想说清这一体系构架的天文背景是什么,因而展示这一体系构架的科学基础。

一是想说清当人们了解学习这一体系构架后,是可以普遍使用并服务于自身健康的。

向内,人们了解了人体内的五藏六腑、经络穴位,向外,人们了解了影响五藏六腑、经络穴位的自然规律和如何使用这些自然规律的架构模型。怎样适应这些自然规律,怎样使用这些架构模型,目的都是提高人类自身的健康。

望闻问切与砭针灸药

二千年前出现了《黄帝内经》一书后,正式开启并创建了中华民族自己的医学,现代人们称之为"中医"。

现代人有病去看中医,大多是医生询问、号脉、开方、抓药、熬药、吃药的治病过程。

人们知道,古代中医看病,一般有四种方法:望、闻、问、切,合称四诊。

这种望、闻、问、切的看病方式,依然来自远在二千三百多年前战国时期一个叫扁鹊(公元前407~前310年)的伟大医生所作的《黄帝八十一难经》中的方法。(那时《黄帝内经》一书还没有出现在世。)

《黄帝八十一难经》中第六十一难说:

"经言,望而知之谓之神,闻而知之谓之圣,问而知之谓之工,切脉而知之谓之巧。何谓也?

望：望而知之者，望见其五色，以知其病。闻：闻而知之者，闻其五音，以别其病。问：问而知之者，问其所欲五味，以知其病所起所在也。切：切脉而知之者，诊其寸口，视其虚实，以知其病，病在何藏腑也。经言，以外知之曰圣，以内知之曰神，此之谓也。"

中医诊病有望、闻、问、切，四种方法。中医的治病也是四种方法：砭、针、灸、药。

"砭"，是指锐利的石块，常被用来切割痈肿，排脓放血，刺激经络穴位，从而达到治病的目的。砭是最早的医疗工具，因此列于四种方法之首。但是由于"砭"的治疗方法，医生最耗体力，也最耗时间，并有一定的局限性，因此现代人选择此方法的很少。

"针"，是指针刺法，分为刺血，针刺穴位两种（即现在所说的针灸）。

《黄帝内经》中的灵枢部分，主要就是谈针刺的方法。它是一种"内病外治"的医术，通过经络、腧穴的传导作用，以通经脉，调气血，使阴阳归于相对平衡，使藏腑功能趋于调和，从而达到防治疾病的目的。

《黄帝内经》灵枢第一篇说："夫气之在脉也，邪气在上，浊气在中，清气在下。故针陷脉则邪气出，针中脉则浊气出，针太深则邪气反沉，病益。故曰：皮肉筋脉各有所处，病各有所宜，各不同形，各以任其所宜。刺之而气不至，无问其数；刺之而气至，乃去之，勿复针。刺之要，气至而有效，效之信，若风之吹云，明乎若见苍天，刺之道毕矣。"原来，针刺是要刺出去体内的邪气、浊气，这就是针刺治病的理论根据，而且针刺时，都是按照"刺之要，气至而有效"，来寻找得气的感觉。

人们自豪地说，针灸学起源中国，具有悠久的历史。有多悠久呢？距今1700年前东汉医学家皇甫谧（公元215—282年）记载于《帝王世纪》中的文字说：针灸起源于三皇五帝时期，相传伏羲发明了针灸，他"尝百药而制九针"。这位皇甫谧先生，编纂出了中国现存最早的一部针灸学专著《针灸甲乙经》。

"灸"，就是将艾绒或艾条放置在体表的穴位上烧灼、温熨，借灸火的温和热力以及药物的作用，通过经络的传导，温经散寒，温煦气血，扶正祛邪，从而达到治疗疾病和预防保健目的的一种外治方法。

"药"，中药为人们所熟悉。中医讲的是辩证求因，审因论治。中医治病的顺序就是，从果上求因，从因上论治；有了因、有了论，再找出解决的方法。而医治的功夫、水平，就在于能透过果去看到因。看到了，因的治疗很简单，寒就用热药，热就用寒药，虚就用补药，实就用泻药，仅此而已。经过多年演变，"以药为主"的治疗方法已成为中医主流。

这里我们谈论中医的医疗手段是砭、针、灸、药，这四种方法要治的不是外来之物，而是人们体内的内生之物。这个内生之物在所有人都是一样的，就是"三浊"：浊气、浊水、宿便。

砭针灸药，无一不是通过疏通经络穴位、启动藏腑本有的功能，来达到目的。

100年来，人们的看病方式逐渐被固定在西方医学的圭臬中，现代的科学能力和仪器，还无法达到解释中医的水平，但无论世界怎样发展，人们应能理智地使用西医、中医的方法，来为自己和家人服务，而不是简单地、草率地否定其中之一。

无论什么方法，使人们长久健康的就是好方法，花钱少、靠自己就能解决问题的尤其是好方法。道理人们都知道，但怎样判断哪个是好方法呢？这一点，《黄帝内经》一书，已经教给了人们判断的法门。

通过对《黄帝内经》的介绍，人们对自己的身体结构、身体特点、身体运行规律也就有了大概的了解。虽说只是皮毛，但终究对中国文化中神秘的《黄帝内经》有了整体的接触和探秘。

在接下来的三章，我们将谈到儒、道、释的内容，通过对孔子、老子、释迦牟尼的学问、思想以及证悟的了解，人们能从不同的方面，能从另外的角度，了解、印证《黄帝内经》的作者所内证到的"无，为天地之始，有，为万物之母"的自然规律。

反反复复地谈论主动地、有针对性地自己收拾自己身体的问题，是因为只有靠自己尽早地、日常化地解决自己身体健康的问题，才是治本的、治根的、治未病的较好方法。

人们如能开始行动起来，主动解决自己的健康问题而如意地行走在高质量生活的道路上，对己、对人，对小家、对大家，对社会、对国家，都是有益的贡献。

勿以善小而不为。

～～～～～～～～～～～～～～～～～～

黄帝的故事讲完了。

对于文字、干支、黄帝内经，对于唐诗宋词元曲，对于甲乙丙丁、子丑寅卯，对于四柱八字、奇门遁甲、堪舆风水，对于五藏、经络、穴位，对于二十八星宿、五运六气，对于"有"和"无"，对于这么多与黄帝有关的故事，对于中国的这些神秘而璀璨的文化和文化中的无数密码，对于这些涉及到每个人日常生活和健康的丰富内容，人们了解到了什么，感受到了什么呢？

天知、地知、你知、我也想知。

我们将继续文化密码的解密行程……

第三章
孔子的故事

第一节 孔子生前的纷乱年代

第二节 孔子从政从教的岁月

第三节 感受孔子所说的学问

第四节 孔子身后的巨大影响

150 年前的 1861～1865 年，在大洋彼岸的美国，爆发了美国历史上一场大规模的内战——南北战争，参战双方为美利坚合众国（简称联邦）和美利坚联盟国（简称邦联）。

在南北战争时，有一位家住纽约叫卡本迪的将军退休了。这位将军脾气不好，一生独居，一不开心，对家中的佣人仆人，张口就骂伸手就打，家中的工人来一个跑一个。

一天，有一个来自中国山东的人，名叫丁龙，来到将军家后，这位将军照样打骂，丁龙也跑了。

没隔多久，将军家里起火，房子被毁，这时丁龙又来了。这位将军诧异地说："你怎么又回来了？"丁龙说："听说你家失火了，没人帮忙，所以我就回来了。"将军问："前几天我对你又打又骂，把你气跑了。今天我正在无奈中，你怎么还肯来帮我？"丁龙答："我们中国有位孔子，讲忠恕之道。你以前虽待我不好，我和你总有点缘分。你此刻需要人帮助，我若不来，似乎就不合我们孔子所讲的忠恕之道了。"

这位将军惊异地说："孔子是中国两千年前的大圣人，我不知你还能读中国的古书，懂中国的圣人之道，我对你失礼了。"丁龙却说："我不是读书人，也不识字，孔子讲的道理是我小时候父亲说给我听的。"这位将军以为丁龙出身于书香门第，再表尊敬，就说："你虽不读书，你父亲却是一学者"。丁龙说："不是的，我父亲也不识字，是我祖父讲给他听的，甚至连我祖父也不识字，不会读书，是我曾祖父讲给他听的。再上一代，我也不清楚了，总之，我家都是没读过书的种田汉出身。"

这位将军甚感惊异，丁家世代耕田，都是农民，读的是无字之书，遵循的为人处世道理是祖祖辈辈口传心授而来。他大为感动，请丁龙留下，长久为伴，从此主仆变成了朋友。

丁龙晚年患病时，他对这位将军说："我在你家里，吃你的，住你的，还给我薪水。你给我的薪水我都积攒着没舍得花，我也没家，没有亲戚朋友，现在我病得很重了，我把这些钱送还给你，这本来也是你的钱。"

这位将军更惊异了，心想"怎么中国会出这样的人？"待丁龙死后，将军就把丁龙留下的这一笔薪金，又再加上自己一大笔钱，一起捐赠给了美国哥伦比亚大学，在那里特别设立一个讲座，就叫"丁龙讲座"，专门研究中国文化。他说，"中国有如此之人，其文化传统必有可观之处"。

丁龙讲座，成为全美国各大学中第一个用特别基金设立的专门研究中国文化的汉学讲座，自 1901 年开办，100 多年了至今不辍。

有一位叫爱默生（1803～1882 年）的美国人，是美国思想史和文学史上最具影响的人物之一，是确立美国文化精神的代表人物。美国总统林肯称誉他为"美国的孔子""美国文明之父"。爱氏撰写的《美国学者》和《神学院演讲》，被其同时代的著名作家、哈佛大学教授称誉为美国的"思想独立宣言"。美国当代文学理论家哈罗德·布卢姆则干脆宣称："爱默生就是上帝！"由此可见，爱默生在美国历史上的地位与影响无人可比。

爱默生在细心研读了儒家《四书》译本后，对孔子和中国文化十分仰慕，他认为"孔子是哲学上的华盛顿""孔子是全世界各民族的光荣"。美国学者顾立雅在其《孔子与中国之道》一书中提及，西方的"平等"、"民主"与"理性"均与中国的儒学有关。

在美国第四大城市休斯敦，栩栩如生的孔子铜像坐落在城市中心的赫尔曼公园。铜像下面，镌刻着中英文对照的孔子语录："温故而知新，可以为师也；君子和而不同，小人同而不和；三人行必有我师焉，择其善者而从之，其不善者而改之。"

在2009年10月28日，美国国会众议院以361票赞成，47票反对，通过一项决议案，纪念孔子诞辰2560周年，并且赞扬儒家思想对全球各个领域做出的重要贡献。

人们说，李小龙向世界推行了中国武文化的"功夫"；丁龙则向美国和世界推行了中国儒文化的"仁义"。若论对世界的文化贡献，也可以说，丁龙为当代中国在世界各地建立的"孔子学院"奠定了基础。

新加坡前总理李光耀曾感恩地说过："从治理新加坡的经验，特别是1959年到1969年那段艰辛的日子，使我深深地相信，要不是新加坡大部分的人民都受过儒家价值观的熏陶，我们是无法克服那些困难和挫折的。"他又说："新加坡华人，多数是移民的后代。这些移民大都贫穷，没有受过什么教育。他们不像那些学者或知识分子，因为受到'五四'运动的影响，而抗拒儒家思想。因此，虽然多数都没有受过正统的儒家思想教育，也就是说，没有所谓的高文化。可是，大家在日常生活里，却实行儒家的道德教义……总而言之，他们都希望子女长大成人之后，能够光宗耀祖。因此，我们有了一批最富才智、办事能力强的精英分子，加入文官服务和参政治国的行列。这和儒家'修身、齐家、治国、平天下'的思想是一致的。"

那么，这位被世界所广为赞誉的孔子是怎样一个人呢？

第一节　孔子生前的纷乱年代

我们在第一章中了解到，推演"周易"的是周文王姬昌，他的儿子周武王姬发，在距今3060多年前的公元前1046年，灭掉商王朝，在今天陕西西安西边的镐京，建立了中国历史上的第三个朝代——周王朝。

姬发建立周王朝后，抛弃了"帝"的称谓，改称为"王"。

周朝初期，承袭了商王朝大多数的意识形态，尤其是祖先崇拜。周对商遗民采取分化瓦解并加以分割的政策，把最顽固的殷顽民迁到洛邑附近，将其他遗民分封给有功诸侯。

周朝的社会结构，分为四个阶层：国王；贵族（诸侯、卿、大夫、士）；平民（庶人）；奴隶。

国王高高在上，当然最为尊贵。

其次是贵族，包括诸侯（封国君主）、卿（政府最高级官员）、大夫（政府次高级官员）、士（武官）。

再其次是平民，即自由民，被称为"庶人"。

最低一级是奴隶，即商朝遗民及其他被征服的部落遗民或俘虏。

阶层间的界限，既是绝对的，也是严酷的，丝毫不允许逾越。这是周王朝从商王朝继承下来的制度之一。周朝政府除了用法律控制这种形态外，还特别制作礼教，用教育的方法来分别贵贱，使贵族永远是贵族，平民永远是平民，奴隶永远是奴隶。使奴隶们以及平民们了解，如果不安分守己，企图逾越已定的界限，不但违犯了法律，要受严厉的制裁；同时也违反了礼教，要被人所不齿。

正是在这样的社会基础上，周王朝创立了它的政治制度。

周王朝的政治制度

周王朝政治制度的形态是，被分封的贵族到各地去建立"封国"，由封国来统治平民和管制奴隶。

周王朝的国王先以首都镐京（陕西西安西）为中心，沿着渭水下游和黄河中游划出一块广大的土地，称为"王畿"，由国王直接统治。而把王畿以外的所有土地，全部分封。

封国的面积很小，二十个或三十个封国联合在一起，也没有王畿大，所以中央政府对封国可以完全控制。各个封国像群星捧月一样，环绕拱卫着王畿。封国君主对封国内的平民奴隶，具有绝对的权力，对国王则每年到首都觐见，用进贡代替赋税。当中央政府征兵从事战争时，封国君主有率领部队、听候周朝国王调遣的义务。

作为封国君主的诸侯，绝大多数是国王的亲属。第一任国王姬发大肆地分封姓姬的亲族，几乎每人都分到了一块土地和一群奴隶，如姬昌的儿子姬奭（shì），封到燕国。

对少数建立功勋的官员，如周朝的姜子牙，封到齐国。

第三类是由于政治上的原因，对不能征服或不能消灭的部落，就封他们的首领一个爵位作为安抚，如夏的后裔封为杞国，商的后裔封为宋国。

部落变封国

从此，由伏羲、黄帝时期延续下来的部落一词逐渐消失，都变成了封国。以至于周朝所属封国的数量，历史上有记载的至少有170多个。但周王朝初期的封国跟部落没有太多的区别，一个简陋的土屋土墙的小院子，就是封国君主的皇宫了。

封国之间的地位是平等的，直属于中央。但封国的面积大小并不一样，国君的爵位也有高有低。爵位，是周朝的新生事物之一，共分为五级："公"、"侯"、"伯"、"子"、"男"。当时总称所有的封国君主为诸侯，这么叫，大概是因为封侯爵的人特别多的缘故。五级之下，又有第六级叫"附庸"，附庸的土地更小，不属于中央政府，而属于附近较大的封国。

封建制度最重要的问题是权力的继承，自夏朝代建立之时，就确定了子承父位的制度，进一步，中国社会大概最晚从周朝起，就实行了诸子均分制度。父亲遗留下的财产，每一个儿子都有一份。但父亲遗留下来的如果是一个不能均分的宝座，或是一个不能均分的世袭爵位，只能由一个儿子继承时，问题就发生了。必须以适当的方法解决，才可以保持国家和家族的完整。否则的话，每一个国王或每一个有爵位的贵族死亡，都可能爆发一次骨肉残杀，从而导致国家和家族的崩溃。

宗法制度解决继承权问题

对于无法均分的王位，周朝的解决方法是宗法制度。这是一个非常复杂的制度，但用一句简单的话来表达这一游戏规则，就是"嫡子继承制度"，也可以称为"亲属等差递减制度"。那就是以母亲的身份和儿子们出生的先后，把所有的儿子划分为"嫡""庶"两种。妻，也就是正配所生的儿子，是嫡子；妾，也就是侧室所生的儿子，是庶子。

宗法制度规定：只有嫡长子才是唯一有权继承国王或爵位的人。庶子即使比嫡长子年龄大，比嫡长子有才能，都没有继承的权利。

这个继承法案，可归纳为两句话："传嫡不传庶，传长不传贤。"假使嫡长子死亡，则由嫡长子的嫡长子（即嫡长孙）继承。不仅所有庶子不能问津，即令同母的胞弟，也就是嫡次子也不能问津王位，除非嫡长子没有后代。

嫡长子继承王位之后，庶子并不是全被逐出家门，他们可以得到爵位。在术语上，嫡子是"大宗"，庶子是"小宗"。

宗法制度最大的从距今2850多年的公元前841年开始，中国历史就正式有了文字记载，历史文献开始得到存留，一直到现在，没有间断过，这是中华民族对人类文明最伟大的贡献之一。因为同时代的其他所有的文明古国，或者根本没有记载，或者虽有记载却已湮没，全靠考古学家辛苦的发掘，才能得到支离破碎的历史资料。

周室东迁

周朝立国284年后，在公元前770年，周朝国王姬宫涅（shēng）得了新宠，下令给申国的国君，要他杀掉姬宫涅前妻所生的儿子、申国国君的外孙姬宜臼，申国国君不奉命，并写了一个奏章，提出严厉的抗议。姬宫涅的反应十分迅速而强烈，他颁下圣旨，撤销申国国君的封国，并集结军队，准备出兵讨伐。申国国君知道单独抵抗不能获胜，就跟位于镐京（陕西西安西）附近的蛮族犬戎部落联盟，要求犬戎采取行动。犬戎部落早就对镐京的财富和美女垂涎三尺，乘着周王朝内哄，申国派人在镐京埋伏内应的机会，立即进攻。镐京陷落，周朝宰相姬友战死，国王姬宫涅被杀，国王姬宫涅的夫人褒姒被蛮族掳去，不知道下落。

申国国君得到姬宫涅死亡的消息后，就联合若干重要封国，拥立他的外孙姬宜臼登位。但镐京经犬戎部落一场焚烧和劫掠，人民流离失所，一片断瓦残垣，已无法居住。姬宜臼只好将首都迁到镐京东方320公里外的洛邑（今河南洛阳）。

因洛邑在镐京之东，史学家遂称之为"东周"，并追称定都在镐京的时代为"西周"。

这是周王朝一个重大的转折点，东周的工畿只剩下洛邑周围不过二万平方公里的弹丸之地。而在此弹丸之地中，还要安置在西边不能立足，而随着东迁的一些残破封国。各封国当然一如往昔的直属于国王，但王畿缩小之后，国王的财源兵源都大大地减少，而且一天一天地趋于枯竭，已没有力量支撑原有的威风和尊严，各封国遂产生了自行扩张领土的野心。

郑国吞并胡国

第一个发难的是位于黄帝姬轩辕故都（河南新郑）的郑国国君姬掘突，公元前763年，姬掘突发动奇袭，灭掉胡国。

周朝中央政府对这种封国兼并封国的惊天大事，却毫无反应。郑国吞并胡国遂成为周朝土崩瓦解的信号，从此封国与封国间，诈欺火拼，层出不穷，形成一种险恶的国际环境。

各封国都了解了一个现实：要么去吞并别人，要么被别人吞并，要么自己能保护自己不被吞并。周朝国王的光荣和权力已经成为了过去、永不复返，再也不能保护自己，封国唯有凭借本身的力量，唯有凭借本身的壮大，才能生存。

春秋时代

距今2780多年前的公元前770年，开始了东周的时代。西周时期，周天子保持着天下共主的威权。周王东迁以后，周室开始衰微，只保有天下共主的名义，而无实际的控制能力。同时，一些被称为蛮夷戎狄的民族在中原文化的影响或民族融合的基础上很快赶了上来。大国间争夺霸主的局面出现了，各国的兼并与争霸促成了各个地区的统一。因此，东周时期的社会大动荡，使中国进入兼并与争霸的春秋战国时代。

历史学家们认为公元前770～前221年的549年，为春秋战国时期，关于春秋战国的断代，历来说法不一，一般以公元前476年作为分界线。即春秋时期为公元前770～前476年，共294年（这是按照郭沫若认为春秋时代应自公元前770年，周平王迁雒邑之年，至公元前476年，齐国田氏已实际掌握了齐国的权力为止，共计294年历史）。战国时期为公元前476～前221年，共255年。所以，周王朝的年代共有284+294+255=833年。

鲁国的历史记录书叫《春秋》

周王朝所属的每一个封国，原本都有自己完整的本国史，但至今，只有鲁国史留传了下来。鲁国史称为《春秋》，记载了从鲁隐公元年（前722年）到鲁哀公十四年（前481年）共242年的历史，这是中国现存最早的一部编年体史书。

史书《春秋》中的文字非常简练，事件的记载很简略，但242年间诸侯攻伐、盟会、篡弑及祭祀、灾异礼俗等，都有记载。它所记录的鲁国十二代的世次年代，基本可信。然而在长期的流传过程中，它在文字上难免有增删脱讹之类的问题，也就是历史、书籍等在流传过程中，存在被误传、曲解和修改的情况。

卫国政变

距今2730年前的公元前719年，卫国（河南淇县）政变，这是有文字记载的、第一次封国内部发生的政变。

政变的过程是：卫国国君卫完，要到周朝国都所在地洛邑去觐见周天子，卫完的弟弟卫州吁和智囊石厚，在为卫完举办的饯行宴会上，把卫完给杀了，卫州吁继位。

石厚的父亲石碏（què），也是卫完的大臣之一，决心消灭叛逆。他利用儿子的关系，向卫州吁转弯抹角的建议他亲自去洛邑朝拜一次，并等卫州吁一出国，便将卫州吁连同石厚一起逮捕并处死。

周王朝政府权威衰落

卫国政变虽然失败，但政变却像瘟疫一样传染开来，在各个封国接二连三发生，不可遏止。

七年之后，公元前712年，以礼教传统自傲的鲁国（山东曲阜）政变。两年后的公元前710年，宋国（河南商丘）政变。

周桓王姬林为了郑国不入朝进贡，于公元前707年亲自率领直属部队，又征调蔡国（河南上蔡）、卫国、陈国三国的军队，讨伐郑国。郑国不但不投降认罪，反而出兵应战。一经接触，中央联军（王师）大败，姬林在逃命中还被郑国大将一箭射中了左肩。姬林损兵折将，身负箭伤，只好发布赦书，狼狈而回。

郑国这一箭，摧毁了三百多年周天子的最高权力和威望。

高不可攀的国王权威，经过这一次挫败，以后不断贬值。此后，每一个封国都成为一个最高权力单位，再没有能干涉到他们的人了。

封国大批并吞封国

强大的封国开始大举并吞无力自卫的小封国。齐国并吞谭国（山东章丘）、郕国（山东宁阳）、鄣国（山东东平东障城乡）、阳国（山东沂南）、纪国（山东寿光南纪台村）、遂国（山东肥城西南）、宿国（山东东平东）。

晋国并吞霍国（山西霍州）、魏国（山西芮城）、耿国（山西河津）、虢国（河南三门峡）、樊国（河南济源）、虞国（山西平陆）。

吞并的结果，只有下列十一个封国和一个王国，在春秋时代继续扮演着重要的角色，它们是：

晋国、首府鄂邑（山西乡宁），稍后迁至绛城（山西翼城）。齐国、首府临淄（山东淄博）。秦国、首府平阳（陕西宝鸡东），稍后迁至雍邑（陕西凤翔）。郑国、首府新郑（河南新郑）。宋国、首府商丘（河南商丘）。鲁国、首府曲阜（山东曲阜）。卫国、首府帝丘（河南濮阳）。陈国、首府宛丘（河南淮阳）。蔡国、首府上蔡（河南上蔡）。曹国、首府陶丘（山东定陶）。许国、首府许丘（河南许昌）。楚王国、首都枝江（湖北秭归），稍后迁至郢都（湖北江陵）。

从前的封国，只不过仅有一个城市或一个村落。吞并开始后，疆域扩大，所拥有的城市和村落逐渐增多，各封国才有都城的建立，逐步向独立王国转化。

封国间的互相并吞，和封国国内因此引起的紧张情势，从公元前698年到公元前605年的90多年中，各国就发生了四十多件逐君杀君的事件。

因此，人们可以看到封国统治者的恐慌之情，他们不但面临随时被邻国并吞的威胁，也面临随时被国内反抗力量赶走和杀掉的威胁。国王和中央政府既无力维持旧有的秩序，周王朝的那些礼教也不能产生任何约束的作用。

封国统治者都渴望有一位主持正义的英雄人物出现。他们所谓的正义，当然是指保护现存的封国不再被并吞和保护他们自己不再被逐、被杀。于是一些雄心勃勃的国君开始朝这个目标奋斗，而且逐渐脱颖而出。此时，他们并不希望建立自己的王朝，也不希望统一中国，只是希望建立霸权，成为一个地区的霸主，只要诸封国唯他的马首是瞻，就心满意足了。

在这种霸权政治形态之下，霸主代替了周天子和中央政府的地位。封国本应朝见天子的，现在改为朝见霸主。本应向天子进贡的，现在改为向霸主进贡。纠纷争执本应请天子调解的，现在改请霸主调解。受侵略时本应向天子控诉求救的，现在改向霸主控诉求救。霸主唯一的依靠是武力而不是法理，因为此职位不能世袭，当武力衰弱时，霸权就会转移，霸主资格随即消失。

春秋五霸

春秋时代，先后兴起了五个霸权国，史学家称为"春秋五霸"，它们是齐国、晋国、秦国、楚国、吴国。

每一个霸权国都曾经显赫一时，但没有一个霸权国的实力能伸展到全中国。他们只能在自己的周围建立势力，齐国霸权局限于东方，晋国霸权限于北方，秦国霸权限于西方，楚国和吴国霸权限于南方。当齐国称霸时，秦国不受影响。楚王国称霸时，齐国也不受影响。齐秦两国是短期霸权，一朝霸主身死，霸权即归消失，吴国霸业也不过父子两世，倏兴倏灭。只有晋楚二国是长期霸权，断续绵延了一百多年，斗争十分激烈。

霸权决定于武力，武力显示于战争。一场大战下来，晋国胜则晋国霸。又一场大战下来，楚国胜则楚国霸，所以春秋时代就是国际争霸的时代。

鲁国文献的久远影响

春秋时代，对中国历史发生最大和最悠久影响的封国，不是五霸，而是位于山东半岛泰山脚下的鲁国。鲁国跟齐国是邻居，为了争夺交界处汶水一带的农田，不断跟齐国发生冲突。冲突的结果，总是鲁国吃亏，因为它既小且弱，而且有些迂腐颟顸（mān hān），不求进步。但为什么它又是影响久远的封国呢？

鲁国是手创周王朝一切文化制度的姬旦的儿子姬伯禽的封国，所以鲁国收藏的图书和文献最多，贵族们的文化水准也最高。周王朝的首都镐京（陕西西安西面）于公元前770年被犬戎部落攻陷后，图书文献全部散失，只有鲁国的图书文献仍在。它的首府曲阜（山东曲阜）于是成为了当时唯一的文化荟萃之地。再加上鲁国从没有遭受过劫掠焚烧的厄运，对周王初期的文物及制度记载，保持得也最完整。在这些丰富的文化遗产中，最重要的是保存了一些周朝初期所实行或拟定的各种法令规章，以及各种典礼时使用的仪式程序——被人总称之为"仪礼"。各国知识分子都必须到鲁国亲自查考，才能了解。因为这些复杂繁琐的老古董一样的规矩，已无人能记忆。

周朝代仪礼的内容很多，仅只仪式程序这一部分，就有祭礼、葬礼、婚礼、冠礼（男子20岁成年时戴帽子）、笄（jī）礼（女子15岁成年时戴簪子）等，以及阶级性专用的国王之礼、国君之礼、贵族之礼，当然，没有平民之礼。因为礼只是为贵族设的，不是为平民设的，贵族才用得着礼，平民根本不被人看在眼里，奴隶就更不用说了。因而，仪礼这种专门知识的施行，必须有类似专家学者的水平才能胜任。

儒家持礼

从事这种以主持典礼为职业的专家，当时被称为"儒家"。

他们按照古老的规定，办理各种重要仪式，小到埋葬死人，大至国君访问。国君出访时或国君相见时，通常都聘请儒家担任"傧相"，服侍在国君左右，随时提醒国君应该做什么或应该说什么。在普通的贵族场合，儒家则被雇担任司仪和总管之类的职位。人们因此可以了解到，儒家的原始意义就是典礼仪式的顾问人员，他们最主要的事情是在外交场合作为国君傧相。

人们不能小视"傧相"的这个位置，中国的"宰相"制度就起源于此。虽在商周时代就使用了宰相一词，但事实上直到战国时期以后，傧相才由纯礼仪事务性的顾问，蜕变为政治性的宰相；才从临时性的雇员，蜕变为国君专任的高级助理。

不过，在中国正式的官称上并没有"宰相"一词，宰相只是民间的口语，历代王朝对它的名称总是不断地改变，花样百出。比如，宰相的正式官名随着朝代的更替，先后出现过：相国、丞相、大司徒、侍中、中书令、尚书令、同平章事、内阁大学士、军机大臣等多达几十种官名。这里在文中自始至终都借用宰相一词，以保持对此一职位清晰的印象。

儒家因职业上的需要，对产生"礼教"的那个古代，有一种强烈的崇拜情节，对于非古代的事物，则习惯于大加排斥。问题是复古不易，在小场合的典礼上，人们还可以勉强遵守，但在大场合的典礼上，便显得有些格格不入，因而产生出许多不必要的笑柄和纠纷。

比如，距今2480年前的公元前478年，齐国国君姜骜跟鲁国国君姬蒋在蒙邑（山东蒙阴）举行高层会议，二人见面时，姜骜向姬蒋叩头（中国人席地而坐——正确的说，是坐在自己的小腿上。所以所谓叩头，只是深深的把头俯下，跟后世必须屈辱的先行双膝跪地的叩头不同），这是所有礼节中最尊敬的一种。可是，鲁国国君姬蒋却双手一拱，只作了一个揖。这情形颇似现代社交场合中，你伸出手，对方却不伸手，只微微点一下头一样。姜骜及其随从大臣，都怒不可遏，鲁国傧相引经据典的说："按'礼教'的规定，国君见国君，不过作揖，国君只有见国王时才叩头，你们怎么连这都不懂！"

齐国确实不懂，不过不久就轮到鲁国不懂了。四年后的公元前474年，两国国君又在顾邑（山东鄄城东北）会盟，齐国早就预先准备妥当，届时一声令下，跳出几个壮士，抓住姬蒋，强迫他向姜骜叩头。这时"礼教"派不上用场，姬蒋只好叩头。

孔子诞生

在周朝建立五百年后，距今2560年前，在今天的中国山东省曲阜市南辛镇（当时的鲁国），中国古代思想家之一，儒家学派的创始人孔子诞生了（公元前551年9月28日～前479年4月11日）。

孔子，名丘，字仲尼，鲁国陬邑人，祖上为宋国（今河南商丘）贵族。中国春秋时代末期的思想家、教育家、政治家、文学家，儒家学派创始人。

孔子集华夏上古文化之大成，在世时已被誉为"天纵之圣""天之木铎"，是当时社会上最博学的学者之一，并且被后世统治者尊为孔圣人、至圣先师、万世师表，位居联合国教科文组织在全球评出的"世界十大文化名人"之首。

第二节 孔子从政从教的岁月

孔子是宋国贵族的后裔，宋国宰相孔父嘉，是孔了的六世祖父。前面提到，在公元前710年，宋国（河南商丘）发生政变。宋国政变，宋国宰相孔父嘉被杀，孔父嘉的儿子逃到了鲁国住下来，遂成为平民。孔子的父亲孔纥曾在鲁国军队中当一名军官，但他逝世的太早。孔子是一个遗腹子，在母亲颜征在的辛苦养育下长大。孔子年幼时，刻苦地学习儒书，成年后即成为一个十分渊博的"礼教"专家，而且声名鹊起，后来得到了三桓之一的仲孙觉的关注。

仲孙觉临死时，嘱咐他的两个儿子仲孙无忌和仲孙敬叔，向孔子学习礼教的知识。这对孔子是一个契机，使孔子能有机会跟鲁国的"三桓政治"结合。

鲁国的第十五任国君叫姬允，他有四个儿子，长子姬同是嫡子，继承了国君的宝座，就是鲁庄公。次子、三子、四子，都是庶子，只能担任政府的高级官员。国君姬允被尊称为桓公，即威武的国君的意思，所以他的三位庶子，被称为"三桓"。三桓的后裔，分别改了姓（在封国内，全体贵族和全体官员，都是国君的后裔，跟国君同姓。所以庶子的后裔必须改姓，否则熙熙攘攘，挤来挤去，全国只有一个姓，分辨起来就很困难）。

次子姬庆父的后裔改姓了"仲孙"（有时候也称孟孙或孟），三子姬牙的后裔改姓了"叔孙"，四子姬友的后裔改姓了"季孙"。

三桓政治

公元前575年，鲁国的仲孙蔑（是仲孙觉的父亲）在当宰相时，制定了由仲孙、叔孙、季孙三大家族轮流掌握政权，世代相传的制度，于是开始了鲁国著名的三桓政治。

三桓从国君手中夺取到政权和广大土地的所有权，并在自己的封地上建筑都城。鲁国国君于是又跟周王国的国王一样，被冷落在了一旁。这样过了近60年，在公元前517年，鲁国第二十四任国君鲁昭公姬裯作为国君时，不愿意总被冷落在一旁，就发动了一次军事攻击，讨伐季孙氏，结果被三大家族赶出鲁国，国君的讨伐变成了鲁国的内乱，国君姬裯逃到了齐国。

孔子在这一年已是35岁了，刚好也到了齐国。孔子到了齐国后，在公元前516年，齐国君主齐景公问政于孔子，面对封国之间无秩序的不断相互吞并，孔子觉得国与国之间也是要有规矩的，孔子回答了"君君、臣臣、父父、子子"的社会秩序观。孔子的观点得到齐景公的赏识，景公本来想以尼溪之田分封给孔子，却被齐景公的国卿晏子阻止了。

鲁国的三桓虽然联合起来夺取了鲁国国君的权力，然而，三桓也各有他们自己的助手和干部，当时称为"家臣"，这些家臣的力量日益膨胀，其中最杰出的一位是季孙斯的家臣阳虎，季氏家臣阳虎擅权日重，他不但把季孙压了下去，也把其他二桓也压了下去。

阳虎稍后出任鲁国的宰相，负责实际政治达三年之久。他谦卑地延揽专家，阳虎想拜见孔子，孔子却不想见阳虎，后来二人在路上相遇，阳虎劝孔子出仕作官，并邀请孔子任职，孔子没有接受。

孔子出仕

公元前502年，季孙斯向他的"家臣"阳虎反攻，取得了胜利，阳虎逃走。三桓对孔子拒绝跟阳虎合作这一点有深刻的印象，于是任命孔子担任中都（山东汶上县）的中都宰（就是现在的县长），公元前501年，孔子开始了自己的政治生涯，这一年，孔子50岁。孔子作为中都宰，治理中都（今汶上县）一年，卓有政绩，在当地及周边的影响很好。

公元前500年，鲁国国君鲁定公姬宋，跟齐国国君姜杵臼，在夹谷（山东新泰）会面，孔子以礼仪专家身份，被任命为国君姬宋的傧相。

孔子事先对齐国邀请鲁国国君会于夹谷有所警惕和准备，在会见之后举行的娱乐节目中，齐国演出了莱部落（山东平度）的土风舞，孔子根据儒书，指责齐国不该用野蛮人表演，而应使用传统的宫廷舞。齐国立刻更换，演出传统的宫廷舞，不过上演的却是宫廷中平时演出的轻松喜剧。孔子再根据儒书，认为此举犯了"平民轻视国君"的大罪，立即指挥鲁国的卫士把那些无辜的男女演员驱到台阶之下，孔子这次凌厉行动，不但没有引起国际冲突，反而使齐国国君发现自己做错了事，大为恐惧，于是，就把从前侵占鲁国汶水以北一带的土地（汶水以北、龟山以北之田）还给了鲁国。

这一来，鲁定公姬宋对孔子更加信任，孔子由中都宰升为小司空，公元前499年（鲁定公十一年），孔子又升为鲁国大司寇。他当了大司寇（公共安全专家部长），负责国内治安。孔子终于获得机会，开始推行他的政治主张，讲求孝道，稳定家庭，安定社会。这一举措，使鲁国社会和谐，经济蒸蒸日上，显示出国富民强的景象。

公元前498年，孔子建议三桓拆除他们的都城，以求鲁国国君重振久已失去的权威，这就是著名的"堕三都运动"。三桓对于家臣们不断占据都城跟他们对抗，早已深为苦恼，孔子的建议似乎是釜底抽薪，是限制家臣擅权的有效方案，所以一致赞成。可是，当叔孙家的郈城（山东东平）和季孙家的费城（山东费县）都拆除了城堡，要更进一步拆除仲孙家的郕城（山东宁阳）时，仲孙家的态度忽然改变。不但仲孙家的态度改变，连都城已拆除了的二桓，也忽然警觉到不对劲。拆除都城固然可以阻止被家臣利用，但削弱了自己的力量。

孔子不肯中止，他请国君姬宋亲自率领军队前去讨伐，结果大败而归，只好眼睁睁看着二桓把已拆掉的两个都城重建起来。这是孔子企图恢复传统秩序所受的重大挫折。

堕三都的第二年（公元前496年），孔子被赏识他的国君姬宋任命为代理宰相（摄相事）。三桓对此大为光火，恰巧遇到君主主持对天的大祭典，在分祭肉的时候，三桓故意不分给孔子。这是周礼社会中最严重的一种处分，表示已对某人强烈不满。

孔子在鲁国的政治生涯从此画上了句号。

周游列国

孔子在不得已的情况下，带领颜回、子路、子贡、冉有等十余位弟子离开鲁国，到国外去寻找出路，开始了周游列国的旅程，第一站去了卫国，这一年，孔子55岁。

后来，孔子还访问过齐国、陈国、蔡国，希图寻求一个能实行他古老的政治理想——重建周礼的国度，但他最终无法找到。

到了公元前484年，齐国出兵来打鲁国，孔子的弟子冉有率领鲁国的部队与齐国交战，鲁国获得了胜利。鲁国的权臣季康子问冉有"从何而来的指挥才能？"冉有回答说，是从老师孔子那里学来的，季康子便派人迎接孔子回到鲁国。孔子周游列国14年，至此结束，68岁时重又回到鲁国定居，但鲁哀公、季康子对孔子仍是敬而不用。

编撰五经

孔子回到鲁国后，把精力集中到办教育与整理古代文献典籍上。对当时已经存在的古老经籍，用他的观点，加以了编纂删订。

《易经》《春秋》《诗经》《书经》《礼经》这五部书，被合称为"五经"，到了汉代时，儒家学派在政府中当权后，这五部书被称为五经，从此支配中国人的学术思想近两千年之久。

我们看到，这五经里有一部《礼经》，《礼经》的内容全部是公元前十一世纪周朝初期的礼节仪式。儒家的中心思想和具体实施方案，全在这部经典之中。

后来这部《礼经》又分成下列三本书：《礼记》《仪礼》《周官》，内容更加详尽，范围更为广泛，但主旨不变。再后来，四书中的那篇"大学"，就是从《礼记》中专门抽出来的。

中国文化的根源

在涉及到中国文化的全部根源时，要涉及到《礼记》这本书，它是中国文化的一个宝库。我们现代人的"大同""天下为公"的思想，就是《礼记》中《礼运》篇里的一节。所以，要了解"大同"思想的哲学基础，需要了解《礼运》这一篇。

古老的《礼记》既是我们文化的宝库，也是过去几千年来宪法精神的所在，里面包括了与现代联系的各类学问：政治、经济、哲学、教育、社会、科学，乃至医药、卫生，以及中国古代的科学观念，都包括在内。所以，可以从读《礼记》来了解中国文化的根本，来寻求中国文化的根源。

除了《礼记》，要全面了解中国的文化，了解孔孟思想，了解尧、舜、禹、汤、文、武、周公、孔子一直下来的文化历史传承，还可以从了解孔子所修订的"五经"中找到答案。

谈到"五经"，《礼记》中有一篇《经解》，对"五经"作了总评。就是说由距今2100年前的汉代人，对距今2500年前的"五经"进行了扼要简单的介绍，对《诗》《书》《易》《礼》《乐》《春秋》用一两句话进行了点评。

汉朝人点评五经

《经解》篇说："孔子曰：入其国，其教可知也。"

意思是，到一个地方，看社会风气，就能知道它的文教思想。人们现在都有一个经验，初次到了一个城市，乘一下它的公交车、地铁，在车上听当地人聊天，基本能感觉到这个城市的人文特征。这也算"入其国，其教可知也"。

《经解》篇接着说："其为人也，温柔敦厚，**诗教**也。"

意思是，所谓诗的教育，就是养成人的温柔敦厚。后面谈到温、良、恭、俭、让，这个"温"字，就如孔子所说的诗教的精神。

"疏通知远，**书教**也。"

《书经》又叫《尚书》，是中国第一部历史书，是中国历史文献的第一部资料。民众通达事理，有见识，是《书》教的结果。

"广博易良，**乐教**也。"

"乐"，包括了音乐、艺术、文艺、运动等。在传统文化中，这些都包括在"乐"里，《乐》能使人心胸宽广，平易善良。

"洁静精微，**易教**也。"

我们在第一章中，已了解了《易经》的内容。心地纯洁，见识精微，是《易》教的结果。

"恭俭庄敬，**礼教**也。"

恭敬、俭朴、庄重，是《礼》教的结果。

"属辞比事，《**春秋**》教也。"

善言，又言简意赅，是《春秋》教化的结果。

在《经解》中，只用几个字，就将五经每一部书的精华思想作了提炼与说明。

五经如果用得不对，将产生哪些的过失，《经解》也有精准的点评：

"故《诗》之失，愚。《书》之失，诬。《乐》之失，奢。《易》之失，贼。《礼》之失，烦。《春秋》之失，乱。"

《经解》对五经的点评，正面反面都讲了。一直到二十世纪初，2000多年来，中国几乎所有的知识分子，都会研读这五部古书。

有人考察说，所谓中华人的思想学术著作，在二十世纪之前，百分之九十都是对这五部古书的研究和再研究，所谓学者、专家、思想家，差不多都是为这五部古书做注解，或为其中某一句话某一个字做考证的人。

孔子离世

公元前481年，孔子在删订《春秋》时，有人报告他说，鲁国国君姬蒋打猎时捉到一只麒麟。

麒麟是中国古老传说中一种最仁慈的野兽，连蚂蚁都不忍心践踏。孔子叹息说："古人有言，世界和平，上有圣明的君王，麒麟才会出现。现在世界大乱，它却出现了，真是怪事，我的智慧已经干枯。"就此停笔。

孔子对自己一生的各个阶段，写了一段非常著名的总结的话：

"吾十有五而志于学，三十而立，四十而不惑，五十而知天命，六十而耳顺，七十而从心所欲，不逾矩。"

五十而知天命，当一个人走完自己一生的大半时，回头看看，一生中能够为自己意愿所左右的事情少之又少，包括许多当时认为是自己做出来的重大决定，回头想想都好像是被注定好了似的，而绝大部分命运的转折，大的改变都是突发性的，是不受自己意愿左右的，是客观存在而不是主观要求的。

经历了一生，满腔的热血激情逐步地被岁月沧桑带走，时光的流逝更带走了年轻的冲动与幻想，面对现实的自己，也只能够接受现实的环境，再也没有青春的资本去拼搏，心静之时，才能客观地看待自己走过的这一生，看待这个世界。

基本上，所有到了这个年龄的人，都能感受到在冥冥之中有一种自己不可抗拒的力量在左右着人生，这种感受或多或少而已，之所以老年人信仰宗教的比例较大，不仅仅是因为他们逐渐失去了社会身份，失去创造价值的能力，心灵空荡，更多的是，当青春的激情消退时，当过了"有人星夜去赶考"的年代，到了"有人辞官归故里"的年龄时，人们才能够更加理性地总结一生的经验与教训，从而知天命、耳顺、从心所欲了。

公元前 479 年，孔子 73 岁时因患病不愈而逝世。

孔子死后，被葬于山东曲阜城北的泗水岸边，弟子们以对父亲之礼仪对待孔子，为他服丧 3 年。学生子贡在孔子的坟前盖了一间小屋，为孔子守坟 6 年。孔子，这位中国历史上创办私学的先行者，第一位职业教师，得到了弟子们的衷心尊敬和爱戴。

从文献记载来看，孔子没有写过任何单独的著作，在他逝世之后，他的门徒把他平日的言论，摘要地记录了下来，成为《论语》一书。《论语》一书，跟"五经"一样，后世被列为了儒学经典。一个以崇古尊君，强调社会秩序为中心思想的儒家学派，正式建立起来，众门徒分散到四方，各自为这个理想而奋斗。

孔子身后的岁月

公元前 497～前 402 年，被并吞的封国数目，与逐君杀君的数目，比从前有了减少。实际是由于大多数封国已经灭亡，没有了记录可寻。

被并吞的不仅仅是小封国，强大的五霸之一吴国，以及十二重要封国中的陈国、蔡国、曹国，也都不能幸免。这显示出一种现象，即便是强国，也不再以拥有霸权为满足，不再以拥有附庸国为满足，它要直接控制土地。不再以国君臣服为满足，而要把国君排除，直接统治人民。

中国的社会结构，在公元前 400 年之前，至少有一千年以上的时间，是一种奴隶和贵族并存的社会。因为土地权来自分封，也就是只有国君跟贵族才有土地，而奴隶是主要的生产工具。奴隶不但没有土地所有权，而且连自由权也没有，他们来自战争时的俘虏，获罪于贵族的平民和奴隶的后裔——奴隶的后裔永远是奴隶。奴隶之所以在社会结构上占有重要地位，是因为耕田是使用木犁，木犁必须使用很多人力才能拉动。

公元前 400 年后，铁器开始普遍使用，铁器除了用于战争外，也用于生产。人们发现如果使用牛马拉动铁犁，会比使用奴隶耕种的速度更快，收获也更多。这就跟十九世纪内燃机出现，终于代替了牛马一样。因而，不仅农产品大量增加，也引起社会巨变，促使奴隶制度没落。

这时，都市的商业阶级和土地重新分配后的地主阶级，向旧日的木耕、人耕时代的奴隶主，也就是世袭的贵族阶级发起挑战，世袭的贵族们不断地挣扎反攻，也曾获得胜利，但到了公元前200年，世袭贵族阶级的失败已成定局。

在这种社会结构巨变之下，思想学术界呈现出百花齐放的奇观。这些怒放的百花，好像生长在火山灰上一样，火山爆发时的震撼固然惊天动地，甚至造成大量伤害，但它喷出的火山灰却是世界上最肥沃的土壤。

随着世袭贵族的衰败，他们失去了对图书和知识的垄断。平民阶级——包括奴隶，过去绝对不允许，也绝对不可能获得图书和知识，而且即使获得了也没有用，社会和政府全是封闭的，平民永不能脱离他们的阶级。公元前400年后，平民却可以用获得的知识技能，爬到贵族地位，担任政府官员并积累财富。

新的社会形态是，一个人的权力，决定于他的思想和能力，不再完全决定于他的身份，这是从前连做梦都梦不到的事。贵族阶级固有的知识分子认为名分大乱，但中国所有的古代哲学思想和文化创造，却因此在这个时代中萌芽成长。

最主要的有四大学派，即儒家、道家、墨家、法家，以及其他各种社会科学和自然科学，纷纷登场，光芒四射，思想学术水平进入空前的辉煌时代。战国时期的大国兼并战争，到公元前221年秦始皇统一中国而结束。

第三节　感受孔子所说的学问

人们现代能够看到的孔子的学说，是出自生活的、非常生动的记载。我们来看讲述孔子教育方式、方法的两个小故事：

评赎买奴隶：

在春秋时代，鲁国有个规定，凡是到国外旅行时，若看到有鲁国人在外国被卖为奴隶的，可以花钱把他赎买出来，回到鲁国后，到国库去报账，国库照付。孔子有一个学生，真的在国外看到有鲁国人被卖为奴隶了，他就把他赎买了出来。赎出来以后，他并没有到国库去报账，别人都说这个人品格高尚。孔子知道后，大骂这个学生，说这个学生做错了。别人奇怪了，他又赎了人，又不去报账，这不是做好事了吗？不是品格高尚吗？孔子说看问题不能这样看，他这个做法，实际上妨碍了更多作奴隶的鲁国人被赎出来。这个人回来后没有去报账，将来别人看见作奴隶的鲁国人，本想赎他出来，又想，我赎了以后，如果去报账，别人就要议论：以前某某人不报账，你去报账，你的品格不如他。这样，这个人就可能装作没看见，不去赎人了。所以，这个做法就妨碍了更多的鲁国奴隶被人家赎买出来，是有害的。

评落水救人：

有一个人掉到水里去了，孔子的一个学生跳下水去，把人救起来了，家属感谢他，给他了一头牛，他就收了。别人就议论了：下水救人还要钱？孔子知道了，表扬这个学生，说这个学生做得对，这会使更多的落水人被救。因为救了人之后，人家给钱，人们知道这是可以收的，于是再有人落水，就有人愿意去救，评论是非要看客观的效果。

从以上两个小故事中，人们看到，二千五百年前的时候，价值观念与处事方法与当代人没有什么不同，这就说明其他各方面都会随着岁月的流逝而变化，而人心、人性的公理不会变。如果仅仅举两则小故事，就说明孔子的伟大智慧，好像欠缺了许多，因此，我们有必要整体了解一下孔子的学说和孔子的思想。

儒家思想是"粮食店"

人们比喻孔子的儒家思想是粮食店，作为粮食，是天天要吃的。1919年"五四运动"的时候，提出过打倒孔家店的口号，那为什么要去打孔家店呢？

人们知道，中国上下五千多年的文化、思想、历史，不管它是什么政体，大致都是以司法为中心，司法与行政是不分的。古代政府的官员都兼着判案的司法工作。中国自秦统一中国以来，汉、隋、唐、宋、元、明、清，都有一个自己的法律系统。这个中国法律系统的哲学背景，就是以四书五经的道德观念作基础而来的。所以这部四书五经，在过去无宪法观念的时代，实际说来就是一种宪法思想，也就是政治哲学思想的中心，也是法律思想的中心，其他各种哲学思想也都归之于它，这是从好的一方面讲。

如果从不好的一方面讲，孔家店为什么会被人打倒？有人比喻说，这个儒家粮食店里，就好像本来是孔孟两个老板开的股份有限公司，下面还加上一些伙计，有曾子、子思、荀子等等，老板卖的东西货真价实，可是几千年下来，被后人加了水、兑了假来卖，变质了。还有些是后人的解释错了，尤其是宋朝儒家的理学家们，解释错了。这就使整个光辉的孔孟思想被蒙上一层非常厚重的阴影，因此后人就提出了要推倒孔孟思想。

我们现在来看看为什么孔子的儒家思想是粮食店，店里的真实货品具体都是什么内容。

《论语》一书二十篇

《论语》是孔子的弟子及再传弟子整理的对孔子及其弟子言行的记录。

它以语录体和对话文体为主，记录了孔子及其弟子言行，集中体现了孔子的内在修养、为政理念、伦理思想、道德观念及教育原则等。通行本《论语》共二十篇。

我们在第一章读过一些原汁原味的"周易"，在第二章读过原汁原味的"黄帝内经"，我们现在来看原汁原味的《论语》是什么样的：

《论语》：学而第一

子曰："学而时习之，不亦说乎？有朋自远方来，不亦乐乎？人不知而不愠，不亦君子乎？"

有子曰："其为人也孝弟而好犯上者，鲜矣。不好犯上，而好作乱者，未之有也。君子务本，本立而道生。孝弟也者，其为仁之本与？"

子曰："巧言令色，鲜矣仁。"

曾子曰：吾日三省乎吾身。为人谋而不忠乎？与朋友交而不信乎？传不习乎？

子曰：道千乘之国，敬事而信，节用而爱人，使民以时。

子曰：弟子入则孝，出则悌，谨而信，泛爱众而亲仁，行有余力，则以学文。

子夏曰：贤贤易色，事父母，能竭其力。事君，能致其身。与朋友交，言而有信。虽曰未学，吾必谓之学矣。

子曰：君子不重则不威，学则不固。主忠信，无友不如己者，过则勿惮改。

曾子曰：慎终追远，民德归厚矣。

子禽问于子贡曰："夫子至于是邦也，必闻其政。求之与？抑与之与？"子贡曰："夫子温良恭俭让以得之。夫子求之也，其诸异乎人之求之与！"

子曰：父在，观其志。父没，观其行。三年无改于父之道，可谓孝矣。

有子曰：礼之用，和为贵。先王之道斯为美。小大由之，有所不行。知和而和，不以礼节之，亦不可行也。

有子曰：信近于义，言可复也。恭近于礼，远耻辱也。因不失其亲，亦可宗也。

子曰：君子食无求饱，居无求安。敏于事而慎于言，就有道而正焉。可谓好学也已。

子贡曰："贫而无谄，富而无骄。何如？"子曰："可也。未若贫而乐，富而好礼者也。"子贡曰："《诗》云如切如磋，如琢如磨，其斯之谓与？"子曰："赐也，始可与言诗已矣，告诸往而知来者。"

子曰：不患人之不己知，患不知人也。

以上就是《论语》全部二十篇里完整的第一篇十六段的全部内容。

一瞥中的三点

我们从《论语》第一篇中直观看到的有三点：

第一点，它的第一篇的名称："学而第一"，好似"周易"卦象名称的取名法，周易是用爻辞的开始字，作为卦名。同样，《论语》二十篇中的每一篇的名称，都是以这篇开始的文字中选取两、三个字作为篇名。比如，学而第一，为政第二，八佾（yì）第三，里仁第四，公冶长第五，雍也第六等，一直到尧曰第二十。

第二点，《论语》第一篇是由十六段话组成的。

第三点，《论语》第一篇的十六段话中，我们是不是除了第一段话是在中学学过以外，或者听到过人们说起过以外，其它十五段话，我们几乎没有接触过。

人们对《论语》的这种文言讲述，比较陌生。对于论语的意思，也不一定非要有"标准答案"。

据报导，哲学教育家冯友兰先生（1895～1990年）生前每年都要读两遍《论语》，而每读一遍领会的意思又都不同，可见读经典，既是常读常新，又是答案常新。

消费孔子

两千多年来，透过《论语》的解释，透过孔子的故事，赞扬孔子、批评孔子的人都很多，这中间，既有学者，也有政府。

人们有时把孔子的伟业捧上天，有时又将他作为大批判的对象，历史与现实中，人们总是不断地消费着这位中华民族伟大的文化老前辈。

当人们读了原汁原味的《周易》《黄帝内经》《论语》后，无论任何人再怎样来解说这些经典，人们首先都会有一个基本的感受：我真实地接触过这些经典了，我真实地了解过中华文化中这些经典的原貌了。

虽然对中国的经典文化，人们会有着各自不同的感受和解读，虽然本书也不是经典文化的简单翻译，但由于人们在此真实地接触过、了解过这些经典的原貌，是否就可以知道有进入中国文化的门径。

同时我们在这里大声呼吁，要永远对孔子这位中华民族伟大的文化巨擘给予最最基本的尊重与敬重，因为，这也是对中国文化的尊重与敬重，也是对中华民族的尊重与敬重。

论语说什么

谈中国人的文化，不能不谈到孔子。谈孔子，不能不谈《论语》。谈《论语》，不能不了解清楚原汁原味的《论语》里到底是在说什么道理。

在论语的第一段话中，孔子说：学而时习之，不亦说乎？有朋自远方来，不亦乐乎？人不知而不愠（yùn），不亦君子乎？

孔子说的这三句话连起来看，照字面讲，人们一般都知道所说的意思。但人们以前在学校所学的讲解、古人的注解，又都是不完全对的。

学校的老师都是照以往古人的注解教，古人的注解是：学问是要大家随时练习的，随时、经常、反复地练习它，就能体会到其中的乐趣，就"不亦说乎"了，"说"的意思就是高兴的那个"悦"字，是很高兴的意思。

但想想老师、家长逼人们读书、反复背书时，学生随时、经常、反复地练习，仅仅是满足了老师、家长的"不亦说乎"，绝大部分学生都是"学而时习之，不亦'痛苦'乎"。怎么会"悦"呢。

至于"有朋自远方来，不亦乐乎"，为什么远方来个朋友就一定会高兴，是什么道理呢？比如一个靠薪水吃饭的人，总会是"富不过三天，穷不过一月"，遇上了穷的那几天，朋友要来家里吃饭，是难堪之极、痛苦万分的事。所以这时"有朋自远方来，不亦'惨'乎。"而绝不是"不亦乐乎"啊。

第三句话，"人不知而不愠，不亦君子乎"。所谓"愠"，就文字解释，是放在心中的怨恨，没有发出来，在内心中有烦厌、厌恶、讨厌、怨恨之感。别人不了解我，而我并不在心中怨恨，这样才算是君子。那有多少人能当君子呢？你对我不起，我不怪罪你，但心里烦厌、难过一下总可以吧！如果这样也不可以，才能是君子，怎么做得到呢。

根据书上的字面意思，就是这样讲的。所以几百年甚至两千多年以来，不但是年轻人对四书反感，过去的读书人也对四书反感。因为四书没看懂，却变成了宗教的教条，硬性的法律，非遵守不可。

事实上不是这么一回事，等到真正理解了孔子的意思以后，就知道孔子真是圣人，说得也没错。

学问中的快乐

如果对孔子的全部思想都了解了，就知道什么叫作"学问"。学问在儒家的思想中，不是文学。文章好是这个人的文笔好；知识渊博，是这个人有知识水平高；至于学问，即使不认识一个字的人，也可能有学问——只要做人好，做事对，就是有学问。比如，在后面第五章里会说到"六祖慧能"的故事，慧能不识字，学问却是最顶尖的，是人们公认最棒的。

学问不是文学，也不是知识，这个学问不只是在书本上，学问是从人生经验来的，是从随时随地的生活中来的，要从做人做事中去体会、把握。所以孔子在后面说"观过而知仁"，看见人家犯了错误，自己便反省，我不要再犯这个错误，这就是"学问"的道理。

学而时习之

"学而时习之"，这句话重点是在时机的"时"，见习的"习"。所以孔子的研究方法是，学到的思想、方法，有机会就要去用、去实践，要有体验，要能够反省，才成为学问。开始进行体验、反省时可能不容易，但慢慢有了进步，就会"不亦说乎"了，就能得到会心的微笑。"说"，不是哈哈大笑。悦，是会心的微笑，是心有所得。

比如，人们以前没接触过《周易》，现在知道六十四卦的内容、排法，开始去时习它，时间长了，在春夏秋冬四季的交替里，在人体的冷热舒适的变换里，体会到卦象的味道了，就会"不亦说乎"了。

因此，第一句所讲学问的宗旨，意思就是"所学的东西有机会付诸于实践，这难道不是一件值得高兴的事情吗？"这句话的主旨是"学以致用"！能在实践中获得检验、应用与完善所学，在实践中体现所学的价值，这才是令人开心的事！

有朋自远方来

第二句，是说做学问的人，就要准备着一生寂寞。我们看看孔子就知道，孔子的一生是很寂寞的，当年他没有积极去求富贵，虽然他明知当时有获取权位的可能，乃至他的弟子们也要他去获取权位。他有三千弟子，而且个个都是国家的精英，那是一股强大的力量，但是孔子不动心。为什么呢？他看到，即使一个安定的社会，文化教育如果没有做好时，是不能解决其他问题的。他选择解决问题的方法是通过教育，使人们思想纯正，人品、"德性"升华。因此他宁可一生穷苦，从没有放弃教育事业。

虽然做学问可能一辈子都没有人了解，但是孔子说，只要真有学问，自然会有知己，因此，他说"有朋自远方来，不亦乐乎"。一个人从为国家、为千秋后代的教育为着眼点的时候，也正是他寂寞凄凉的时候，有一个知己来了，那是非常高兴的事情。

"有朋自远方来"的"远"字，不一定是远方外国来的，《论语》的这个"远"字是形容知己之难得。有句老话："人生得一知己，死而无憾。"一个人一辈子不见得能得一知己，尤其做学问的人更是如此，所以"有朋自远方来，不亦乐乎"，这个"朋"显然是指志同道合的人，与这样的人聚在一起，会谈论什么呢？当然是共同的理想与抱负！对于一个思考着常人所难于理解的东西的思想者而言，这种朋友显得异常珍贵。

其次，这位来自远方的朋友，风尘仆仆地赶来拜访孔子，意味着两层含义：其一，孔子的思想与理念，已经传播到遥远的地方；其次，孔子的思想理念已经被对方认同，至少是获得对方的重视，才使得远方的友人不辞千里之遥前来拜访他！这是一种被认同、受尊重的价值感与成就感的体验，这才是让人振奋、让人快乐的真正原因。

试想，在孔子的现实生活中，这样的人即使有，也一定不会多！孔子的学问，是五百年以后，到汉武帝的时候才被统治者树立为国家意识形态，董仲舒弘扬孔学，司马迁撰《史记》，孔子的思想才抬头。这五百年来是非常寂寞的，这就是"有志同道合的朋友从远方来，这难道不是一件值得高兴的事情吗？"

人不知而不愠

第三句，"人不知而不愠，不亦君子乎"，就是说做学问的人，乃至一辈子没有人了解，也"不愠。"

"不愠"这个词我们很少用，"怨天尤人"这四个字我们都知道，人们碰到艰难困苦，遭遇了打击，总容易抱怨别人对不起自己，不帮自己的忙，这是一般人的心理。严重的连对天都怨，而"愠"就包括了"怨天尤人"。

人能够真正做到为学问而学问，就不怨天、不尤人，就反问自己，为什么我没有达到所计划的目标？是自己的学问、修养、做法种种的问题吗。自己痛切反省，自己内心里并不蕴藏怨天尤人的念头，这种态度、心理才是健康的心理，这样才是君子，才是讲究人生哲学的开始。

"人不知而不愠，不亦君子乎"，就是"别人不理解你的思想也不生气，不也是君子应该具备的气度吗？"隐含的含义是如果我们领悟或掌握到的真理不被别人所理解或认同，那是因为这些真理可能过于艰深或太过超前，曲高而和寡，这时候，我们也不应该迁怒于人。

论语第一段中孔子说的三句话，自成一个完整的有机体，开宗明义告诫人们，追求真理的不同层次与不同境遇。现代的人们已经能够理解，孔子论述的是掌握真理、应用真理和传播真理的三个层次，并用最古朴的语言阐述了人们实现自身价值的不同情感体验。连贯这三句话的意思来说明怎样读书做学问，自始至终，无非要先能自得其乐，然后才能"后天下之乐而乐"。说到"乐"，明朝的陈眉公（本名陈继儒，公元1558～1639年，明代文学家、书画家）说：

"如何是独乐乐？曰：无事此静坐，一日是两日。

如何是与人乐乐？曰：与君一席话，胜读十年书。

如何是众乐乐？曰：此中空洞原无物，何止容卿数百人。"

有此胸襟，有此气度，就自然可以做到"人不知而不愠"了。

这样，《论语》的开篇第一段，合起来看就是：学以致用，一乐也；呼朋唤友集聚一起，二乐也；不以别人不了解自己而烦恼，三乐也。有了这"三乐"，孔子和他的弟子们的讲学之处，基本上就是如沐春风，其乐融融。所以，论语开篇谈做学问虽然寂寞，也是快乐的。

这种愉悦的研修氛围，在论语中的《公冶长》第五篇的第二十六段、《先进》第十一篇的第二十五段中，也都有具体的描写。

谈仁孝

论语第一篇第二段接下来是有子的话：

"有子曰：其为人也孝弟，而好犯上者鲜矣；不好犯上而好作乱者，未之有也。君子务本，本立而道生；孝弟也者，其为仁之本与？"

仁孝是孔子学问的基本，因此首先就讲到孝悌，谈做人的根本。

论语讲到孝悌，这是中国文化的精神，中国人谈孝字，"父慈子孝"是相对的，父亲对儿子付出了慈爱，儿子回过头来爱父亲就是孝。"兄友弟恭"，哥哥对弟弟好，弟弟自然爱哥哥。在中国文化中谈孝，"孝"在西方文化里叫"爱"，也就是回过头来还报的爱。就是说父母照顾了你二十年，如今他们老了，动不得了，你回过来照顾他，这就是孝。孝道的精神就在这里，假使一个人连这点感情都没有是不行的。

什么叫作"悌"呢？"悌"就是兄弟姊妹的友爱。中国的五伦有君臣、父子、夫妇、兄弟、朋友。这五伦中四伦都好理解，为什么加朋友这一伦？这就是中国文化的特点。朋友在五伦的思想上也占一席，为什么呢？有时候人们有许多话，心里的许多心情和苦痛，上不可以对父母，下不可以对妻儿，只有找朋友讲，所以朋友为五伦之一。朋友是一种感情的结合，这是中国文化的特殊处，这个"悌"就包括了对兄弟、姊妹，一直到朋友，伸展到社会的友情。

这句话开始说到的"有子"是谁呢？有子，名有若，字有子，是孔子的学生，年龄小孔子三十三岁，孔子死后，学生们怀念孔子，因为有子的学问好，就请他上讲堂讲课。所以孔门弟子编这一篇书时，立即提出有若的话，当时他相当于一个助教，先由他讲。

他说一个人有没有学问，就看这个人能否对父母尽孝，对兄弟、姊妹、朋友是否友爱。"而好犯上者鲜矣"，犯上就是冲撞上司，"孝悌"的人有深厚的感情，这种人是不好犯上的。

所以有子说，一个人有孝心，就不会犯上，也就不会出去作乱、造反，因为有孝心的人是有分寸、有限度的。

"君子务本"，是说要知道学问的根本是什么。文学好，知识渊博，那是枝节的东西，学问之道在自己做人的根本上，在人生观的建立，内心的修养。

所以"本立而道生"，学问的根本有了，道自然就会产生，治国做人的原则就能产生。这里的"道"字，来自下一章会说到的老子。"孝悌也者"，孝敬父母、长辈，"其为仁之本与"，这个是做人的根本、仁爱的根本。

巧言令色

论语第三段接下来，子曰："巧言令色，鲜矣仁。"

"巧言"，就是会吹、会编瞎话。孔子说有些人很会吹，讲仁讲义比任何人讲得头头是道，但是却不脚踏实地。

"令色"是态度上好像很仁义，花言巧语，但是假的，这些与学问不相干。"鲜矣仁",很少真能做到"仁"这个学问的境界,因为那是假的。所以,要想不是"鲜矣仁",就不能"巧言令色"。

吾日三省乎吾身

论语第四段:"曾子曰:吾日三省乎吾身。为人谋而不忠乎?与朋友交而不信乎?传不习乎?"

曾子是孔子的学生,名参,字子舆,年龄比孔子小四十六岁。曾子比较老实,不太说话,后来承传了孔门道统。曾子写了《大学》,成为《礼记》一书里的一篇文章,后来到了唐、宋时期,才把它摘出来,变成了四书之一。孔子的孙子子思,是曾子的学生,子思写了《中庸》。孟子又是子思的学生,是孔子三传的弟子,这时已经到了战国时代。孟子的思想又与孔子的思想有些出入,孔子温文儒雅、修养极高;孟老夫子,有时有点侠气,这和孟子所处的时代有关,也代表了时代和文化思想的演变。

曾子说,我这个人做学问很简单,每天只用三件事情考察自己:

"为人谋而不忠乎",就是替人家做事,是不是忠实?古代与后世解释的"忠"稍有不同,古代所谓的"忠"是指对事对人无不尽心尽力的态度,这叫做"忠"。"为人谋而不忠乎"是我答应的事如果忘了,就是不忠,对人也不好,误了人家的事。

"与朋友交而不信乎?"与朋友交是不是言而有信?讲了话都能兑现?都做得到?

"传不习乎",是老师教我如何去做人做事,我真正去实践了没有?曾子说,我只有这三点。人们设想一下,世界上任何一个民族,如果拿了这三点来做事,都是一个很厉害的民族。

曾子说的这几句话,严格地说,这些学问,要在做人做事中体会出来,才知道它难,才知道这就是学问。

敬事、节用、使民

上面是讲的学问的内涵,下面就讲学问的外用了。

论语第五段,引用孔子的话"子曰:道千乘之国,敬事而信,节用而爱人,使民以时"。

这里的"道"是治理、领导,就是孔子也教给人们领导之德、领导的修养,以领导千乘之国。

春秋时期,诸侯国众多,所以,秦汉以前,到汉代初期的"国"字,不是现在的国家观念,那个时期的封国、封邦,都是地方政治单位的名称。比如,"诸侯就国",就是中央政府下一个命令,要这些地方官(诸侯)各自回自己的岗位(封地)去。那时地方单位有千乘之国,百乘之国。"乘",古代以战车、壮丁、田赋等合在一起计算的。

领导、治理一个机构，一个单位，乃至领导、治理一方的政治，诸侯要"敬事而信"，这是很难的。"敬事"，认真做一件事是"敬事"，"而信"，是使下面的人绝对信服。但要争取下面的"信"，得到下面的"信"，就要敬其事，说了的话，答应的话，一定要兑现，所以要"敬事而信"。

"节用而爱人"，节用指的是对经济、资源，要能够节省，是抓经济工作的原则。节用是指什么呢？不是为自己，而是为"爱人"。

"使民以时"，用人时应该把握时机。"使民以时"是役使百姓要在农闲时间，在合适的时间调动不同的人干不同的事。

师道精神

论语第六段，子曰：弟子入则孝，出则悌，谨而信，泛爱众而亲仁。行有余力，则以学文。

古代称学生为"弟子"，中国古代老师对于学生，看成像自己的儿子一样。中国的文化，师生之间有如父子，过去有"一日从师，终身若父"的情形，而老师对于学生，也负了一辈子的责任。这里，可以看到过去中国文化中的一种精神，那就是"师道精神"。

谈到过去的道，在古代人文世界的道中，有三道：一个是"君道"，讲究如何当领导，如何当家长，如何当国家的领袖，乃至如何当一个班长，这都是"君道"。其次是"臣道"，就是说我们怎样做一个忠实的部下，怎样帮助人完成一件事。再其次"师道"。师道的精神形成了中国人尊师重道的观念，所以老师称学生为弟子。

到了现代，经过文化大革命的破坏，现在的尊师重道越来越是一句口号而已。真正尊师重道的人是小学生，孩子如果在小学念书，回来对家长就开口老师怎么说的，闭口老师怎么说的。到了中学就淡了；到了高中以上根本没有这个观念了；到了大学，学生看老师似乎是不相干的陌路人了。老师对学生也是如此，挟了一个讲义来上课，讲解一番，彼此都是商业行为，教完了以后，懂不懂是你的事。学生与老师在路上见面，一般都彼此不认识，学识愈高，愈没有了尊师重道的精神。这是现代社会对孔子、对中国文化一个极大的讽刺。

这里，孔子说，这个学生"入则孝"，在家里是个孝子。"出则悌"，就是在外面，对朋友、对社会、对一般人能够友爱，推广开来，爱国家、爱天下都是这个"悌"字的意义。

"谨而信"，做人要非常谨慎，谨慎的同时，还不能变成小器。一个人能谨慎处世而信——在人与人之间，人与社会之间，一切都言而有信。同时又"泛爱众"，有伟大的胸襟，能够对其他人友爱。爱天下人就如爱自己一样，理论上说说容易，要修养到如此境界是很难的。

孔子说，假使一个人对这些都做到了，"而亲仁"，再能够与有学问道德的人做朋友，做到以后，还有剩余的精力，"则以学文"，学习各种文化内容。

竭其力、致其身、言而有信

论语第七段，"子夏曰：贤贤易色，事父母能竭其力，事君能致其身，与朋友交言而有信，虽曰未学，吾必谓之学矣"。

子夏，姓卜，名商，字子夏，年龄比孔子小四十四岁。孔子死后，在战国时代的初期，他到魏国西河一带教学，开创的"西河学派"，培育出大批经国治世的良材，当时有影响的大学者，都蒙受子夏的影响，并成为前期法家成长的摇篮。这也说明，领导历史、领导国家社会的，还是学问、是思想的力量。

文中引用子夏的话，"贤贤易色"，两个贤字，第一个贤字作动词用，是尊重的意思，第二个贤字是名词，指贤人，指学问修养好的人。"易色"，色指容貌、指态度、指形色。"贤贤易色"具体指什么？"贤贤易色"的意思是：看到一个学问好、修养好，本事很大的人，看到他就肃然起敬，态度也自然随之而转。

"事父母能竭其力"是讲孝道，这里说的是，孝道也要量力而为，要竭其力即可，不要过分了。还有一种认为，说孝道要竭尽其全力而为，哪怕是出了格。

来看，"竭其力"是不要用过分的力呢，还是要竭尽全力的力呢，还是指的心力而不是行动力呢。

中国古人有一副对联说："百善孝为先，原心不原迹，原迹贫家无孝子；万恶淫为首，论迹不论心，论心世上少完人。"

这里的"原心不原迹"就是只看这个人，他的心孝不孝。比如一个人很穷，想买一些好吃的给父母吃，但实在没有钱，买不起，只有希望慢慢积蓄点钱再去买。只要有这个心，只要他这份情感是真的，我们就不能说他不孝。

"原迹贫家无孝子"，如果一定要在事实上有表现，那穷人家里就没孝子了。用这个道理来解释，就说明"事父母能竭其力"，是尽自己的心力就是孝。

"事君能致其身"这个"君"字，成为过去打倒孔家店的口实。认为这是专制思想，是为帝王效忠献身的古老教条。事实上，"君"的意思，有时是皇帝的专用，有时"君"也不是皇帝的专用词，比如古人和现代人写封信给平辈，称呼"某某君"，如果说君就是代表皇帝，就成了"某某皇帝"了。日本人学我们中国文化，写信通常也都是以君为尊称词。

这句"事君能致其身"的意思是：不论同事或上司，他了解你、认识你，认为非你帮忙不可，而你答应了，那他就是君，你既已答应帮忙完成一件事，就规规矩矩一定尽心，答应了就言而有信，哪怕要豁出生命。不可以表面上愿意帮忙,做出部下很恭敬的样子,背地里却一切相反,这就是做人的"臣道"不够，简单说，就是不诚恳。

"与朋友交言而有信"，从感觉上说，每个人都认为做到了对朋友言而有信,事实上却很难真正做到,"与朋友交言而有信"这句话,实在很不容易。

所以子夏说，能够做到这样，"虽曰未学，吾必谓之学矣。"尽管这个人没有读过一天书，却能做到孝、忠、信的做人之道，我一定说这人真有学问。这正是从另一侧面，说明"学而时习之"的道理。

尊重自己，尊重别人

论语第八段，接着引用了孔子的话："子曰：君子不重则不威，学则不固，主忠信，无友不如己者，过则勿惮改"。

"君子不重则不威"的"重"是自重，也就是说每个人要自重。君子如果自己不能自重，那么也不会获得别人的尊重。

"学则不固"，由于这个"固"字，人们就有了两种解释：1. 固为坚固义，人不厚重，则所学不能固守不失。2. 固为固陋义，人能向学，才不固陋，才不见识浅薄。

"主忠信"，做人做事尽力守信，要不忘忠、信这一根本。

"无友不如己者"，是说不要看不起任何人，不要认为别人不如自己，不要认为朋友都不如自己，看到自己的优点，也要能看到别人的优点。

"过则勿惮改"，如果做错了事情就不要怕改正。

据现代心理学的研究，人们对于自己的过错，很容易发现。每个人自己做错了事，说错了话时，自己绝对知道，但是人类有个毛病，就是明明知道自己错了，偏偏就能找出很多理由来支持自己，将错误看成完全是对的，越想，越觉得自己没有错，尤其是事业稍有成就的人。

所以有了过错，一经发现后，就要勇于改过，才是真学问、真道德。

这一段先说了尊重自己，再谈了尊重别人，是教导人们做一个有自信、自谦并且自知的人，是为学、做人的处事原则。

《论语》的内容

以上我们了解了《论语》二十篇中"学而第一"篇中八段文字的意思，从中人们看到了如许多的哲理名言，比如：

"学而时习之""人不知而不愠""君子务本，本立而道生。孝悌也者，其为仁之本与""巧言令色，鲜矣仁""吾日三省乎吾身""敬事而信""入则孝，出则悌，谨而信，泛爱众，而亲仁""竭其力，致其身""言而有信""君子不重则不威，无友不如己者，过则勿惮改"。

全观《论语》的内容，第一篇《学而》讲了个人做学问做人的内在修养。

《为政》第二，讲为政以德，讲学问的外用道理。

《八佾（yì）》第三，讲明礼守礼的文化精神。

《里仁》第四，讲孔子学问的中心"仁"，怎么择仁处仁。

《公冶长》第五，用孔子学生的故事，讲解教育的方法。

《雍也》第六，讨论印证孔子的学问系统。

《述而》第七，相当于是《学而》的注解。

《泰伯》第八，等于是对《为政》中个人学问修养的引伸注解。

《子罕》第九，是《公冶长》、《雍也》两篇内容的引伸。讲孔子的思想，学问教育的观点。

《乡党》第十，讲孔子的生活形态。

《先进》第十一，以实际例证注解、叙述孔子师生之间的讨论。

《颜渊》第十二，是对个人内养、外用的一些事实的注解。

《子路》第十三，讲个人内养、外用、作官的学养及做人做事的道理。

《宪问》第十四，是对里仁篇的发挥与引伸。

《卫灵公》第十五，讲做人处世，讲国家的根本在礼乐。

《季氏》第十六，讲到中国文化、政治哲学的内容。

《阳货》第十七，是讲为人处世的重点，供后世用来效法、借鉴。

《微子》第十八，记载与孔子当时学术思想有关的事情。

《子张》第十九，讲到孔子的学生、门人，受孔子教育后，对于孔门之学的发挥。

《尧曰》第二十，讲中国历史文化的精神。

以上就是记录了孔子及其弟子言行的《论语》的内容简略。

后来，人们将《论语》与《大学》《中庸》《孟子》一共四篇文章放在一起，成为了四书，又与《易经》《诗经》《尚书》《礼记》《春秋》五经一起，并称为中国文化中著名的"四书五经"。

在古代中国，孔子一直是被人们视为虚君式的"素王"、至圣先师。简单地说就是两个字：圣人。

孔门的后世弟子荀子说，舜、禹是"圣人之得势者"，孔子是"圣人之不得势者也"（见《荀子·非十二子》）。而记载孔子言行思想的《论语》，也在历史长河中成为"四书"之首，成为千百年来中国读书人的必读经典。

人们虽然了解了《论语》第一篇《学而》的一半内容，了解了《论语》二十篇的篇目，并不能说明人们就全面地认识、了解了《论语》，不能说人们就已了解了孔子的思想体系。现代已没有孔子时期的文化背景、文化环境、文化氛围，人们有的，只是对他只言片语的体会，而他的只言片语都是在一定的思想背景下形成的。因而，要掌握、理解孔子的思想，理解《论语》，就不能割裂孔子，避免以点带面，以偏概全。

半部《论语》治天下

既然千百年来《论语》是中国读书人的必读经典,那么有关《论语》的故事就多如牛毛,而最大的一个传说,就是所谓的"半部《论语》治天下"。

传说宋朝开国宰相赵普(公元 922～992 年)曾对宋太宗赵匡义(宋朝第二个皇帝)说,"臣平生所知,诚不出此(指《论语》)。昔以其半辅太祖(即宋朝第一个皇帝赵匡胤)定天下,今欲以其半辅陛下致太平。"就是这样一句话,后世留下了"半部《论语》治天下"的美名。

而赵普"半部《论语》治天下"的实质,无非是"各安其位,各尽其责,各得其所"。

孔子与赵普相距 1400 年,为什么孔子时代,孔子的思想、观点、主张,不被当权者们重视,500 年后,汉朝开始重视,1400 年后,宋朝依然非常重视他呢?

儒家学说有秘密吗?

人们已经知道了,孔子生活在封国不断相互吞并、五霸争雄的年代,同时,社会上存在着浓厚的崇古氛围。那个时代,没有了周王朝的权威,没有了王权社会的秩序,没有了礼法,因此,孔子希望通过恢复周王朝的权威、礼法,达到王权社会的秩序,而不希望通过武力进行吞并、争霸。

相反,当时的统治者需要的是怎样维护自己的即有利益,并不关心周朝的礼法。当孔子的主张不能达到当时治理国家的目的时,它就转化为读书人完成自我修养的理论向导和学问指南。

后来的汉代也好、唐代也好、宋代也好,后世朝代一旦皇权的权威、集权形式已经确定后,统治者需要的是社会有序运行体系,这时"君君、臣臣、父父、子子"的社会秩序观,对统治者来说是非常需要的,用四书五经来"格式化"读书人的思想,"格式化"百姓们的教化,也就有助于社会秩序的有序运行。因此,孔子的学说、主张,以孔子为代表的儒家学说,就自然成为了千百年来社会的主流思想。

然而,儒家的这一社会主流思想遇到外来力量的冲击时,比如朝代的更替,比如外来民族的武力侵略,中华文化会怎样来抵御呢?

提出这个问题的目的,是要客观地说明,几千年来的中华文明,并不是完全由儒家思想占统治地位的,而是与下两章谈到的道家、佛家,交替影响着历代的皇权政治和百姓生活的。

如果说儒家学说有密码,可以说,一点是它的社会秩序观,一点是教育了中华民族无数民众,使人们首先知道如何做人的道理。

比如,人们熟知的 1700 多年前东汉末期的诸葛亮(公元 181～234 年),在 54 岁临终前写给 8 岁儿子诸葛瞻的一封家书《诫子书》,就是中国儒家教育目标的浓缩：

> 夫君子之行，静以修身，俭以养德。非澹泊无以明志，非宁静无以致远。夫学须静也，才须学也。非学无以广才，非志无以成学。淫慢则不能励精，险躁则不能冶性。年与时驰，意与日去，遂成枯落，多不接世，悲守穷庐，将复何及！

"夫君子之行，静以修身，俭以养德，非澹泊无以明志，非宁静无以致远"，这也就是我们国家、民族教育的宗旨，教育的方向，教育的目标。

诸葛亮的儿子受的是这种教育，当晋武帝司马炎（公元265～290年）的部队打过来，蜀亡时，他的儿子诸葛瞻绝不投降，直至战死为止，他的孙子也是跟着父亲自杀的，三代忠孝。诸葛亮的教育是要求文武双全，孩子们的文武双全忠义之举，就是这种教育造就的。

第四节 孔子身后的巨大影响

《论语》所记载孔子的言论是片段的，因此，有的历史学人说，儒家学派只是崇古尊君，缺少一个完整的哲学体系，以及能概括统摄而前后一贯的逻辑。

但孔子是一个经验丰富和洞察人生的智慧老人，他所说的那些格言隽语，已能允分表达他思想的要领。

老年的孔子在回到鲁国的时候，已经有了很大的改变，他和蔼可亲，严肃诚恳，对学生孜孜不倦地教诲。严格地说，与其说孔子是一位思想家，毋宁说他是一位教育家。他只是叙述、讲解他的思想、观点，并不著述，"述而不作"。

对社会中人际关系的深刻了解，使他对人性的弱点抱着极大的同情态度。所以他提出了做人的基本道理："忠"和"恕"，尤其重视"恕"——"己所不欲，勿施于人"。就是说，自己不愿意接受的，绝不勉强别人接受。

恕道，就是推己及人，就是替自己想，也替人家想。自己想要的，别人也想要。分一点出来给别人，就是"恕"；觉得人家没有做对，原谅他，就是"恕"。"恕"是人生永远不变的高贵情操。这样的恕道，以致影响到并不识字的丁龙一家，以及无数华人。

在崇古的大前提下，孔子开始刻意地美化尧和舜，使人们看到，他为人们提出了一个美丽的回顾——而不是美丽的前瞻。从此，儒家学派即以效法尧舜，作为君主或人民的奋斗为目标。

如何达到这个目标，孔子肯定了"仁"是唯一的动力，"仁"的内容是"爱人"，即一种真挚的纯洁感情，"忠"和"恕"就是完成"仁"的手段，这一手段，优先地表现在孝顺父母的行为上。所以"孝"又是一切行为的最低起步。

孔子教育精神的可贵和成功，使他成为一位伟大的教师，被儒家学派尊崇为"万世师表"，他那些精辟的处理人际伦理关系的言论，留传下来，成为中国文化中最珍贵的部分。

孔子的思想

谈孔子的思想，是历代学者们的一件麻烦事。因为孔子思想的实质与核心，孔子自己没直说，结果2500年间，对孔子思想的实质与核心，也就形不成统一的认识和观点。人们说孔子思想的实质与核心是礼学、是仁学、是圣学、是中庸、是忠恕，也有人说是社会实践，是"行"，认为行是孔子思想的最终目的和归宿。

实际上，了解了"仁义礼智信"五个字，就是了解了孔子儒家思想的基本内容。孔子提出"仁、义、礼、信"，孟子延伸出一个"智"，后来"仁义礼智信"成为儒家的"五常"，这"五常"贯穿于中华伦理的发展中，成为中国价值体系中的核心因素。

孔子思想对于生活本身的重视，使得儒家思想能够流传两千多年，同时又在中国人的生活经验的更新中不断得到修正。显然，孔子思想的生活气质，使中国人容易将其吸收并自然地贯彻在生活中。现代，也许大多数人不再阅读四书五经，但在生活中，却潜移默化地保留了儒家的思想原则。

为政思想

孔子所说的为政思想，是教化，而不是政治。孔子为政思想的核心是"德"、是"礼"、是"仁"。在治国的方略上，他主张"为政以德"，用道德和礼教来治理国家，这是高尚的治国之道。这种治国方略也叫"德治"或"礼治"。这种方略把德、礼施之于民，实际上已打破了传统的礼不下庶人的信条，打破了贵族和庶民间原有的一条重要界限。

孔子的"仁"说，体现了人道精神；孔子的"礼"说，则体现了礼治精神，即现代意义上的秩序和制度。人道主义是人类永恒的话题，对于任何时代、任何社会的任何一个政府都是适用的；而秩序和制度则是建立人类文明社会的基本要求。孔子的这种人道主义和秩序精神是中国古代社会为政思想的精华。

经济思想

孔子的经济思想最主要的是重义轻利、"见利思义"的义利观与"富民"思想。这也是儒家经济思想的主要内容，对后世有较大的影响。

孔子的所谓"义"，是一种社会道德规范，"利"指人们对物质利益的谋求。在"义"、"利"两者的关系上，孔子把"义"摆在首要地位。他说："见利思义"。

在《论语·尧曰》中记载，孔子主张"因民之利而利之"，即对民众有利的事情才去做。

另一方面，他又主张赋税要轻一些，徭役的摊派不要耽误农时。《论语·述而》中记载，孔子对当时的为政者进行说教，要求为政者不要过于奢侈，要注意节俭。他说："奢则不逊，俭则固，与其不逊也，宁固"，同时还主张"节用而爱人"。

美学思想

孔子的美学思想核心为"美"和"善"的统一，也即形式与内容的统一。孔子提倡"诗教"，即把文学艺术和为政道德结合起来，把文学艺术当作改变社会和政治的手段，当作陶冶情操的重要方式。孔子的美学思想，对后世的文艺理论影响较大。

教育思想

作为大教育家的孔子，在教育方面对后世的影响是巨大的。

有教无类、因材施教、德以育人、启发诱导、诲人不倦、言行一致。这些，都是孔子的经典教学方法。

学思结合、学行结合、温故知新、虚心好学、实事求是、以学为乐、树立终身学习的观念。这些，都是孔子的经典学习方法。

孔子在中国历史上最早提出，人的天赋素质是相近的，个性差异主要是因为后天教育与社会环境的影响（"性相近也，习相远也"）。因而人人都可能受教育，人人都应该受教育。

他提倡"有教无类"，创办私学，广招学生，打破了奴隶主贵族对学校教育的垄断，把受教育的范围扩大到平民，顺应了当时社会发展的趋势。

孔子道德教育的主要内容是"礼"和"仁"。其中"礼"为道德规范，"仁"为最高道德准则。

"礼"是"仁"的形式，"仁"是"礼"的内容，有了"仁"的精神，"礼"才真正充实。

孔子创立了以仁为核心的道德学说，自己也是一个很善良的人，富有同情心，乐于助人，待人真诚、宽厚。"己所不欲，勿施于人""君子成人之美，不成人之恶""躬自厚而薄责于人"等，都是他的做人准则。

"学而知之"是孔子教学思想的主导思想。在主张不耻下问、虚心好学的同时，他强调学习与思考相结合（"学而不思则罔，思而不学则殆"），同时还必须"学以致用"，将学到的知识运用于社会实践。

他最早提出启发式教学，他说："不愤不启，不悱（fěi）不发。"认为教师应该在学生认真思考，并已达到一定程度时，恰到好处地进行启发和开导。

他是最早采用因材施教方法的教育家。通过谈话和个别观察等方法，了解和熟悉学生的个性特征，在此基础上，根据各个学生的具体情况，采取不同的教育方法，培养出了德行、言语、政事、文学等多方面的人才。

孔子，这一中国古代教师的光辉典范，他创造了卓有成效的教育、教学、学习的方法，总结并倡导了一整套正确的学习原则，形成了比较完整的教学体系，提出了一系列有深远影响的教育思想，树立了良好的师德典范。

纵观孔子的一生，他对学生的影响，一部分是通过言传，通过学习古代文献、传授各种技艺，而更多的、更为深刻的，则是身教，是以自己的模范行为感化学生。严格要求自己，以身作则，既是孔子的高尚师德，也是孔子提出的一条教育原则。

孔子爱教育、爱学生，诲人不倦，他能平等对待学生，做到教学相长，他的勤奋好学，他对真理、对理想、对完美人格的追求，他的正直、善良、谦虚、有礼，他对国家的忠诚与对老百姓的关心，既深深地感染着他的学生，又深刻地影响了后人。

反对者的声音

以上都是从正面的、正向地评说孔子的思想。

人们认为，儒家思想的核心就是秩序二字，守秩序方能稳定，而稳定是压倒一切的。君臣名分不能乱，父子纲常不能坏，在以土地为中心的封建农业经济中，这一切必须以强化血缘宗法才能奏效。

儒家之所以重农抑商，是因为商业的流动性可能破坏秩序，但强调平衡就必然抑制发展。所以，人们说儒家，是宁要人民最低生存条件下的稳定，也不要发展和繁荣所带来的可能秩序的破坏。

有人直言，孔子的思想，从未为中国人的内心提供一个可以对抗世俗权力的价值体系，提供的只是一切围绕权力转的思维模式。认为儒学如果是宗教的话，便是伪宗教；如果是信仰的话，便是伪信仰；如果是哲学的话，则是官场化社会的哲学。从这个意义上说，儒学对中国人是有罪的。

儒家思想源于农业土地经济，现代的社会已发展到以基于货币经济为基础的市场经济，中国已不可能以儒家思想再度构建统治哲学。货币经济时代，需要的是一种新的社会道德体系，并在这一体系之上建立起一种全新的政治文明！

时代的变迁，2500多年的变化，尤其是近100年的发展，人们已逐渐接受了公平、正义、民主、法治、秩序的社会形态，认识到国家只有在公平、民主、法治的基础上，以市场经济的商业思想、以货币经济制度进行管理，国家才能繁荣昌盛，人民才能有尊严、有人格、有幸福。

因此，要全面了解儒家学说，既不能抛开 2500 年前的历史环境，也不能完全以今日的社会尺度去量历史的衣衫。虽然这衣衫穿在今人的身上，已不适合今人的身材，但既然是衣衫，就能遮风避雨，不可缺少，只是何时穿、如何穿、给谁穿、为谁穿的问题了。

儒教

中国历史上把孔子创立的儒家学派视同宗教——儒教，即指儒家学派，又称孔教，与道教、佛教并称为中国的三教。

距今 2200 年前，汉朝建立（公元前 206～220 年），汉朝由于国家统治的需要，自汉高祖以来，前六任帝皇一直比较推崇的是老子道家的无为而治、休养生息。下一章说老子的故事时，人们能够知道，在老子离世五百多年后的汉朝末年，张陵（约公元 34～156 年）才创立了道教。因此，此时汉朝推崇老子道家无为的思想的时候，还并没有道教一说。

公元前 134 年，汉武帝（公元前 156～前 87 年）下诏征求治国方略。儒生董仲舒在著名的《举贤良对策》中系统地提出了"天人感应"、"大一统"学说和"罢黜百家，表彰六经"的主张。

董仲舒认为，"道之大原出于天"，自然、人事都受制于天命，因此反映天命的政治秩序和政治思想都应该是统一的。董仲舒依据孔子的思想，适应新的历史条件，对儒家思想作了新的阐释。经由董仲舒重新解释和发挥的儒教教义，重视礼仪制度的建设，特别是其中祭天、祭祖的礼仪制度建设。完备而复杂的礼仪制度有助于人们养成遵守秩序、安分守己的习惯，这正是儒教重视礼仪的重要目的之一。

汉武帝采纳了董仲舒的建议，从此儒学开始成为王官之学。由此，独尊儒术，是国家意识形态彻底儒化的开端，也是儒教的真正开端。

董仲舒的儒家思想大大维护了汉武帝的集权统治，为当时社会稳定做出了贡献。在董仲舒新的解说的基础上，后来的儒生不断努力，逐渐使传统宗教彻底建立在由周公、孔子奠定的儒家学说的基础之上。

从汉武帝开始，为加强中央集权统治，实行了"独尊儒术"的政策，把儒家学说作为封建正统思想，持法家、道家等各家学说的读书人，均受到了排斥，汉武帝还大力推行儒学教育，在长安兴办太学。太学是中国古代最高学府，以儒家五经为主要教材，不学习其他各家学说。

虽然汉朝之后的一些朝代，也在一些时期以其他思想体系作为治国的正统思想，但总体上，"罢黜百家，表彰六经"在中华传统文化舞台上独领风骚两千余年，受到历代统治者所推崇。

到了当代，越来越多的现代人认为，在中国文化中最基本的儒、道、释文化里，儒家主要说的是人类社会中的知识内容，而道家、释家，说的是人类社会中的智慧内容。儒家主要在人类的伦理、道德、秩序层面上进行说理，而道家、释家，主要在宇宙自然层面上，说出宇宙自然与人类之间关系的真相。儒家的说理方法，可以看作是一种发明；道家、释家的真相方法，被视为是对宇宙自然的发现。

孔子学院

时隔2500年，当人类社会跨入21世纪后，孔子又迎来了人们对他以及他的学说的热情和兴趣。

广播、电视、书报，报道孔子、报道《论语》的信息层出不穷。孔子，也成了汉文化的代名词，被国家用于在国外建立汉语教学学校的名称"孔子学院"。

孔子学院是中国国家对外汉语教学领导小组办公室在世界各地与当地机构合作，设立的推广汉语和传播中国文化与国学的教育和文化交流机构。最重要的一项工作就是给世界各地的汉语学习者提供规范、权威的现代汉语教材；提供正规的汉语教学渠道。

全球首家孔子学院于2004年11月21日在韩国的首都首尔成立，截至2012年12月，孔子学院已分布在104个国家（地区），各国已建立400所孔子学院和近500个孔子课堂，成为推广汉语教学、传播中国文化及汉学的全球文化平台。

孔子的学说最初传到西方，始于四百多年前意大利传教士把记录孔子言行的《论语》一书译成拉丁文带到欧洲。而今，孔子学说已走向了五大洲，各国孔子学院的建立，正是孔子"四海之内皆兄弟""君子和而不同"，以及"君子以文会友，以友辅仁"思想的现实实践。

孔子的故事讲完了。

然而，丁龙的故事在继续，孔子学院的故事在继续。

现实生活中，孔子的故事、"仁义礼智信"的故事，会在中国、在世界一直讲下去，正像2007年由"嫦娥一号"火箭搭载飞向太空里的一曲《我是中国人》的歌中唱道：沉默不是懦弱，忍耐不是麻木，儒家的传统思想，带领我们的脚步……

第四章
老子的故事

第一节　老子其人的神采

第二节　老子《道德经》之道

第三节　道家眼中的人体

第四节　如何亲近《道德经》

老子是谁？

老子是比孔子年长 20 岁，距今 2500 多年前的另一位伟大的老前辈。

2500 年前的这位老前辈，留给我们的除了他的点滴的事迹外，主要是一本影响巨大的著作《道德经》。

早在 1400 年前的唐朝，玄奘，汉传佛教史上最伟大的译经师之一，也就是被称作唐僧的法师（公元 602～664 年）将《道德经》译成梵文，传到印度等国。从那时起，老子的著作、思想，开始成为世界历史文化遗产的宝贵财富。

从 400 年前的 16 世纪开始，《道德经》被翻译成拉丁文、法文、德文、英文、日文等在世界传播，到 20 世纪的四五十年代，欧洲共有 60 多种《道德经》译本。据统计，到目前为止，可查到的各种外文版的《道德经》典籍已有 1 千多种。如今几乎每年都有一到两种新的译本问世。

德国、法国、英国、美国、日本等发达国家相继兴起了"老子热"，《老子》一书在这些国家一版再版。2007 年，在已有多种英文译本的情况下，一种新的《道德经》译本的出版权，在美国被 8 个出版商所争夺，最后一家美国出版商以 13 万美元的价格买下出版权。

据联合国教科文组织统计，被译成外国文字发行量最多的文化名著，除了《圣经》以外就是《道德经》。

俄罗斯的一代文豪托尔斯泰对老子十分推崇，有人问他，世界上哪些作家和思想家对他影响最深，他回答说，孔子、孟子对他影响很大，而老子对他影响巨大。他对老子的《道德经》很有研究，还亲自编选出版了《中国贤人老子语录》，并在书中发表了他的《论老子学说的真髓》一文。

德国哲学家黑格尔、尼采等世界著名学者对《道德经》都有深入的研究，并都有专著或专论问世。黑格尔说："中国哲学中另有一个特异的宗派……是以思辨作为它的特性。这派的主要概念是'道'，这就是理性。这派哲学及与哲学密切联系的生活方式的发挥者是老子。"

苏联汉学家李谢维奇说，"老子是国际的"。

英国科学家李约瑟一生研究中国，对中国文化情有独钟，著有多卷本《中国科技史》专著。他说，中国文化就像一棵参天大树，而这棵参天大树的根在道家。李约瑟越深入研究中国，越认识老子、道家在中国文化中的重要地位，就越发相信老子学说的正确，他晚年干脆自称是"名誉道家""十宿道人"。李约瑟对中国古代文化的研究很有成就，是 20 世纪国际上知名的汉学家，而他的最大贡献，是发现了道家思想的现代意义，从而为 20 世纪后半叶世界"老子热"的形成做出了历史性的贡献。

第一节 老子其人的神采

距今2580年前的公元前571年阴历二月十五日,老子诞生在楚国苦县厉乡曲仁里,就是现在的河南省鹿邑县城东5公里。

据《史记》的记载:老子,姓李,名耳,又称老聃。据说,古时"老"和"李"同音;"聃"和"耳"同义。

这就是说,2000年前的司马迁在《史记》中记载了比他早五百年的老子(约公元前571~前471年)的事情。

我们通过几个有关老子传说的故事,了解一下中国人心目中的老子其人。

少年求知思不停

老聃自幼聪慧,好思善学,小时候经常缠着家人讲故事。老子的母亲望子成龙,请了一位叫商容的老先生教授。这位商容先生知晓天文地理,博闻古今礼仪,深受老聃一家的敬重。

一天,商容对老聃教授道:"天地之间人为贵,众人之中王为本。"老聃问:"天为何物?"先生道:"天者,在上之清清者也。"老聃又问:"清清者又是何物?"先生道:"清清者,太空是也。""太空之上,又是何物?"先生道:"太空之上,清之清者也。""之上又是何物?""清之清者之上,更为清清之清者也。"老聃又问。"清者穷尽处为何物?"先生道:"先贤未传,古籍未载,愚师不敢妄言。"

夜晚,老聃将他的疑惑问母亲,母亲答不出来;问家将,家将也不能回答出。于是只好自己仰头观日月星辰,低头思天上之天为何物,久久不能寐。

一天,商老先生教授道:"六合之中,天地人物存焉。天有天道,地有地理,人有人伦,物有物性。有天道,故日月星辰可行也;有地理,故山川江海可成也;有人伦,故尊卑长幼可分也。有物性,故长短坚脆可别也。"老聃问道:"日月星辰,何人推而行之?山川江海,何人造而成之?尊卑长幼,何人定而分之?长短坚脆,何人划而别之?"先生道:"皆神所为也。"老聃问道。"神何以可为也?"先生道:"神有变化之能。造物之功,故可为也。"老聃问:"神之能何由而来?神之功何时而备?"先生道:"先师未传,古籍未载,愚师不敢妄言。"

夜晚,老聃将他的疑惑问母亲,母亲答不出来;问家将,家将也不能回答出。于是只好自己视物而思,触物而类,三日不知饭味。

一天,商老先生教授道:"天下之事,和为贵。失和则交兵,交兵则相残,相残则两伤,两伤则有害而无益。故与人利则利己,与人祸则祸己。"老聃问道:"天下失和,百姓之大害也,君何以不治?"先生道:"民争,乃失小和也；失小和则得小祸，然后君可以治也。国争，乃失大和也；失大和则得大祸，大祸者，君之过也，何以自治？"老聃问："君不可自治，神何以不治？"先生道："先哲未传，古籍未载，愚师不敢妄言。"

夜晚，老聃将他的疑惑问母亲，母亲答不出来；问家将，家将也不能回答出。于是只好自己遍访相邑之士，遍读相邑之书，遇暑不知暑，遇寒不知寒。

入周学习诗书易

商老先生教授了三年，来向老夫人辞行道："老夫识浅，聃儿思敏，今来辞行，非老夫教授无终也，非聃儿学之不勤也，实乃老夫之学有尽，聃儿之求无穷，以有尽供无穷，不亦困乎？以实相告，老夫师兄为周太学博士，学识渊博，心胸旷达，爱才敬贤，以树人为生，以助贤为乐，以荐贤为任。博士闻老夫言，知聃儿好学善思，聪慧超常，久愿一见。近日有家仆数人路经此地，特致书老夫，意欲带聃儿去周。此乃千载难逢之良机，务望珍惜！"

老聃于是入周，拜见博士，入太学，天文、地理、人伦无所不学，文物、典章、史书无所不习，三年而大有长进。博士又荐其入守藏室为吏。守藏室是周朝典籍收藏之所，集天下之文，收天下之书，汗牛充栋，无所不有。老聃处其中，如饥似渴，博览泛观，渐臻佳境，通礼乐之源，明道德之旨，三年后又迁任守藏室史，名闻遐迩，声播海内。

孔子问道相聚欢

老聃居周日久，学问日深，声名日响。春秋时，称学识渊博的人为"子"，以示尊敬，因此人们皆称老聃为"老子"。

一天，孔子对弟子南宫敬叔说："周之守藏室史老聃，博古通今，知礼乐之源，明道德之要。今吾欲去周求教，汝愿同去否？"南宫敬叔欣然同意，陪孔子前往。老子见孔丘千里迢迢而来，非常高兴，又引孔丘访大夫苌弘。苌弘善乐，授孔丘乐律、乐理；引孔丘观祭神之典，考宣教之地，察庙会礼仪，使孔丘感叹不已，获益不浅。逗留数日。孔丘向老子辞行。

老聃送至馆舍之外，赠言道："吾闻之，富贵者送人以财，仁义者送人以言。吾不富不贵，无财以送汝；愿以数言相送。当今之世，聪明而深察者，其所以遇难而几至于死，在于好讥人之非也；善辩而通达者，其所以招祸而屡至于身，在于好扬人之恶也。为人之子，勿以己为高；为人之臣，勿以己为上，望汝切记。"孔丘顿首道："谨记在心！"

两人行至黄河之滨，见河水滔滔，浊浪翻滚，其势如万马奔腾，其声如虎吼雷鸣。孔丘伫立岸边，不觉叹曰："逝者如斯夫，不舍昼夜！黄河之水奔腾不息，人的年华似水流逝，河水不知何处去，人生不知何处归？"

闻孔丘此语，老子道："人生天地之间，乃与天地一体也。天地，自然之物也；人生，亦自然之物；人有幼、少、壮、老之变化，犹如天地有春、夏、秋、冬之交替，有何悲乎？生于自然，死于自然，任其自然，则本性不乱；不任自然，奔忙于仁义之间，则本性羁绊。功名存于心，则焦虑之情生；利欲留于心，则烦恼之情增。"

孔丘解释道："吾乃忧大道不行，仁义不施，战乱不止，国乱不治也，故有人生短暂，不能有功于世、不能有为于民之感叹矣。"

老子道："天地无人推而自行，日月无人燃而自明，星辰无人列而自序，禽兽无人造而自生，此乃自然为之也，何劳人为乎？人之所以生、所以无、所以荣、所以辱，皆有自然之理、自然之道也。顺自然之理而趋，遵自然之道而行，国则自治，人则自正，何须津津于礼乐而倡仁义哉？津津于礼乐而倡仁义，则违人之本性远矣！犹如人击鼓寻求逃跑之人，击之愈响，则人逃跑得愈远矣！"

老子手指滔滔黄河，对孔丘说："汝何不学水之大德欤？"孔丘曰："水有何德？"

老子说："上善若水：水善利万物而不争，处众人之所恶，此乃谦下之德也；故江海所以能为百谷王者，以其善下之，则能为百谷王。天下莫柔弱于水，而攻坚强者莫之能胜，此乃柔德也；故柔之胜刚，弱之胜强。因其无有，故能入于无间，由此可知不言之教、无为之益也。"

孔丘闻言，恍然大悟道："先生此言，使我顿开茅塞也：众人处上，水独处下；众人处易，水独处险；众人处洁，水独处秽。所处尽人之所恶，夫谁与之争乎？此所以为上善也。"

老子点头说："汝可切记：与世无争，则天下无人能与之争，此乃效法水德也。水几于道，道无所不在，水无所不利，避高趋下，未尝有所逆，善处地也；空处湛静，深不可测，善为渊也；损而不竭，施不求报，善为仁也；圆必旋，方必折，塞必止，决必流，善守信也；洗涤群秽，平准高下，善治物也；以载则浮，以鉴则清，以攻则坚强莫能敌，善用能也；不舍昼夜，盈科后进，善待时也。故圣者随时而行，贤者应事而变，智者无为而治，达者顺天而生。汝此去后，应去骄气于言表，除志欲于容貌。否则，人未至而声已闻，体未至而风已动，张张扬扬，如虎行于大街，谁敢用你？"

孔丘道："先生之言，出自肺腑而入弟子之心脾，弟子受益匪浅，终生难忘。弟子将遵奉不怠，以谢先生之恩。"说完，告别老子，与南宫敬叔上车，依依不舍地向鲁国驶去。

回到鲁国后，众弟子问："先生拜访老子，可得见乎？"孔子说："见之！"弟子问。"老子何样？"孔子说："鸟，我知它能飞；鱼，吾知它能游；兽，我知它能走。走者可用网缚之，游者可用钩钓之，飞者可用箭取之，至于龙，吾不知其何以？龙乘风云而上九天也！吾所见老子也，其犹龙乎？学识渊深而莫测，志趣高邈而难知；如蛇之随时屈伸，如龙之应时变化。老聃，真吾师也！"

一骑著书出关去

周敬王二年（公元前518年），老聃守丧期满返周。两年后，周王室发生内乱，王子朝率兵攻下刘公之邑。周敬王受迫。当时晋国强盛，出兵救援周敬王。王子朝势孤，与旧僚携周王室典籍逃亡楚国。为此，老聃蒙受失职之责，受牵连而辞职。于是离宫归隐，骑一青牛，欲出函谷关，西游秦国。

话说函谷关守关官员是一个姓宓名喜的人，人称关令尹喜（现代人考证，令尹是当时的官职名），令尹喜少时即好观天文、爱读古籍，精于望气、天文、相法，修养深厚。一天夜晚，独立在楼观之上凝视星空，忽见东方紫云聚集，其长三万里，形如飞龙，由东向西滚滚而来，令尹喜自语道："紫气东来三万里，圣人西行经此地。青牛缓缓载老翁，藏形匿迹混元气"。令尹喜早闻老聃大名，心想莫非是老子将来？于是派人清扫道路40里，夹道焚香，以迎圣人。

一天午后，夕阳西斜，光华东射。令尹喜正欲下关查看，忽见关下行人中有一老者，倒骑青牛而来。老者白发如雪，其眉垂鬓，其耳垂肩，其须垂膝，红颜素袍，简朴洁净。令尹喜仰天而叹道："我生有幸，得见圣人！"三步并作两步，奔上前去，跪于青牛前拜道："令尹喜叩见圣人。"

老子见叩拜之人威严而不冷酷，柔慈而无媚态，早知非一般常人，故意试探道："令尹大人叩拜贫贱老翁，非常之礼也！老夫不敢承当，不知有何见教？"令尹喜道："老丈，圣人也！务求留宿关舍以指修行之途。"老子道："老夫有何神圣之处，受你如此厚爱？惭愧惭愧，羞杀老夫矣？"令尹喜道："令尹喜不才，好观天文略知变化。见紫气东来，知有圣人西行，见紫气浩荡，滚滚如龙，其长三万里。知来者至圣至尊，非通常之圣也；见紫气之首白云缭绕，知圣人白发，是老翁之状；见紫气之前有青牛星相牵，知圣人乘青牛而来也。"

老子听罢，哈哈大笑："过奖、过奖！老夫亦早闻你大名，特来拜会。"令尹喜闻言大喜，叩头不迭，引老子至官舍，请老子上坐，焚香而行弟子之礼，恳求道："先生乃当今大圣人也！圣人者，不以一己之智窃为己有，必以天下人智为己任也。今汝将隐居，求教者必难寻矣！何不将汝之圣智著为书？令尹喜虽浅陋，愿代先生传于后世，流芳千古，造福万代。"

老聃允诺，著上、下两篇，共五千言。上篇起首为"道可道，非常道；名可名，非常名"，故人称《道经》。下篇起首为"上德不德，是以有德；下德不失德，是以无德"，故人称为《德经》，合称《道德经》。《道经》言宇宙本根，含天地变化之机，蕴阴阳变幻之妙；下篇《德经》，言处世之方，含人事进退之术，蕴长生久视之道。

令尹喜得之，如获至宝，终日默诵。他对老子说："读了您的著作啊，我再也不想当这个官了，我要跟您一起走。"老子莞尔一笑，同意了。于是，令尹喜成为了老子的传人。

后来，令尹喜将所学传给了麻衣子李和；麻衣将所学传给了希夷，即睡仙陈抟；希夷将所学传给了火龙真人；火龙真人将所学传给了张三丰。这一支，在道家称为隐仙派，如何隐法呢？令尹喜隐关令、隐太白山；麻衣隐石堂、隐黄山；希夷隐华山；火龙隐终南山；三丰隐武当山。

人们看到，这些人间的"神仙"都隐在了山里，这个山旁立一人形成的仙字，是不是就由他们这些人而来呢？

老子出关一直被人们津津乐道地传说着，演绎着。鲁迅先生也对此发生过兴趣，还专门创作了故事新编《老子出关》。有趣的是老子骑坐的"青牛"，后来也成了道教文化中的一个著名的意象，青牛也成为了神仙道士的坐骑。

以上是人们根据有关老子的记载，描述的老子生平事迹中的一部分。2500多年来，老子对中华民族的巨大影响，都是通过他留给后人的五千言《道德经》而不断地展开……

第二节　老子《道德经》之道

人们现在所见到的《道德经》，在2200多年前的战国末期，韩非子（约公元前281～前233年，法家思想的代表人物）称之为《周书》。当时的秦国丞相吕不韦（约公元前292～前235年）主编的《吕氏春秋》中称之为《上至经》。在汉朝时则直呼《老子》，《史记》开始称"老子著书上下篇，言道德之意。"汉朝扬雄的《汉志·蜀王本纪》说"老子为关尹喜著《道德经》"。

可见，《周书》《上至经》《老子》，说的都是《道德经》。《道德经》《易经》和《论语》，被认为是对中国人的思想、文化影响最深远的三部巨著。

自韩非子的《解老》、《喻老》至今，仅国内的《道德经》译注本就不下千余种，世界各国的注本也有很多，人们都想试图说明老子在书中究竟说了些什么。

人们普遍认为老子的思想是反对仁义智慧、反对革命，主张消极被动、无所作为、甘守懦弱、逆来顺受、保守倒退的。

有时连教师在课堂上讲授也会说："有为不如无为，有用不如无用，活着不如死了。"因而，在"大有作为"的现代社会里，很少有人去读《道德经》。

但是，凡是接触、阅读了《道德经》的人们，又都会产生出各种不同的感受,许多人都喜爱上了《道德经》,从《道德经》中获得了很多收获。这又是为什么呢?《道德经》究竟有什么神秘性呢?

是的,《道德经》有很多的神秘处,不然,为什么会说五千字的《道德经》,句句是灵文呢。

也许,人们读了这里的介绍,既看到了人们一般所了解到的《道德经》,还看到了人们从未了解的、从未听说的《道德经》。

有人比喻说,儒家是粮食店,道家是药店;儒家是从伦理上解决人们的需求,道家是从生理上解决人们的愿望。因此,人类社会不能没有粮食店,也不能没有药店。我们来看看老子提出的道家思想是不是药店,所说的药店里的药品都是些什么内容。

《道德经》原文

人们说,从老子的《道德经》中,似乎能看到老子试图建立一个囊括宇宙万物的理论,老子认为一切事物都遵循这样一种规律,一种道的规律,那么人们来亲自看看《道德经》的原文是怎么说的:

第一章

　　道可道,非常道。名可名,非常名。无,名天地之始,有,名万物之母。故常无欲以观其妙;常有欲以观其徼(jiào)。 此两者同出而异名,同谓之玄,玄之又玄,众妙之门。

第二章

　　天下皆知美之为美,斯恶已。皆知善之为善,斯不善已。故有无相生,难易相成,长短相较,高下相倾,音声相和,前后相随。是以圣人处无为之事,行不言之教;万物作焉而不离,生而不有,为而不恃,功成而弗居。夫唯弗居,是以不去。

《道德经》全文共有九九八十一章,这里是开篇的两章,就是部分原汁原味的《道德经》。从直观上,人们是不是感觉到好像比《论语》的文字容易读懂些呢?然而,是不是又会感觉到,文字好似浅显易懂,内容却似乎更深奥了许多呢?

《道德经》第一章说什么

现在人们从书本上、从网络中读到的《道德经》版本会有所不同,比如,在第一章中,有的写成"道可道,非恒道也。名可名,非恒名也。"又比如,中间一句有的写成"故常无,欲以观其妙;常有,欲以观其徼。"标点的不同,味道、意思是不是也相差很大?

当人们理解了《道德经》后会发现,《道德经》的内涵与深度,远远超过下一章我们将会说到的佛教的《心经》。

《心经》是修行禅定的一个境界,是菩萨界的真相与智慧,而《道德经》

是觉悟者、得道者眼中所看到的宇宙自然的真相，宇宙中高深境界的存在永远都是简单的，那是由空无至极的宁静所形成的永恒的奥妙。

我们来看第一章原文的意思：

"道可道，非常道。名可名，非常名。无，名天地之始，有，名万物之母。故常无欲以观其妙；常有欲以观其徼。 此两者同出而异名，同谓之玄，玄之又玄，众妙之门。"

"道"如果可以用言语来表述的道，就不是真正意义上的道；"名"可以用文辞去命名，可以来明确定义的名，就不是真正意义上的名。

天地在开始形成的时候并无名称，用"无"来表述天地浑沌未开之际的状况；有名万物之母，名只是为了万物的归属才命名。

因此，要常用"无"的意识去观察发现"道"的奥妙；要常用"有"的意识去归属"道"的范围。

无与有这两种思维模式，同出自一个地方，但概念却不相同，这就是玄之又玄的玄关窍，它是打开一切奥妙的不二法门。

"道可道，非常道。名可名，非常名。"这四句话，说的是在老子觉悟智慧境界中的宇宙自然的根本律法（下一章中，会解释律法的概念，简单说，律法就是宇宙中存在的物质粒子），就好似老子说："我可以说出它的存在是道，但这是不是你们认识的道呢？道只是一个文字符号，是对于无形宇宙生命的形容，以'道'这个名字去代表它，其实它是无法被任何人间的概念所涵盖、所代表的"。

"无，名天地之始；有，名万物之母"。这一句和佛经中的"真空生妙有"异曲同工。

"故常无欲以观其妙；常有欲以观其徼。"所以，处在"空性"的寂静中，就可以见到"因果聚合"的奥妙；处在"实有"的因果聚合之中，就可以观察物质生命表现形式中的"空性"不动。

"此两者同出而异名，同谓之玄，玄之又玄，众妙之门"。"空性"与"因果聚合"都是无形"律法"的体现,空性是律法的本质，聚合是律法的体现，此两者相互变化无穷，生命与形式，宇宙万物循环往复，都在其中生生不息。

正是因为宇宙中"律法"的亘古真实、圆满、无漏、永恒，所以一切觉悟者都只是在描述它，证悟它，体验它，同化它，但描述的角度不同，传递智慧的语言思维不同，所以人类听到的"觉者法理，道之奥妙"各有不同，其实他们语言背后的内涵都是共通的，都是在描述同一样东西，就如佛陀说,生命的真相，是"离一切相即为佛相"，老子的"无,名天地之始；有，名万物之母"，说的是宇宙万物的起始状态。

《道德经》第一章的这样一段，落到了文字的翻译，每个人读后，都会因自己的人生经历的不同而有不同的感悟，都好像似乎感觉到了一些东西，又会觉得好像什么都没有感觉到。何为道，何为名？到底是有还是无？真是玄妙。

比如，中国现代著名学者、文学家、语言学家林语堂先生（1895～1976年）说："我觉得任何一个翻阅《道德经》的人最初一定会大笑；然后笑他自己竟然会这样笑；最后会觉得现在很需要这种学说。至少，这会是大多数人初读老子的反应，我自己就是如此。"

《道德经》第四十一章说："上士闻道，勤而行之；中士闻道，若存若亡；下士闻道，大笑之。不笑，不足以为道。"林语堂这样的大学者都大笑，我们普通人笑与不笑，都是很平常的。

《道德经》后来成为道家思想的重要思想资源，也是修道者的根本纲领，修道是实证的过程，是修道者从常人到得道的过程，是身、心、灵统一提高升华的过程，是不同层次的修道者对于宇宙、生命、真理的认识，其中心灵觉悟的感受，不是文字语言能够完全表达的，每个人的修持境界，决定了对"道"的认识，决定了对"道"的理解程度。

道的内容

老子说，"道可道，非常道。""道"无法被任何世间的概念所涵盖、所代表，可是我们依然用文字在谈论它……

大多数人们认为，老子所谈的道，属古代哲学。

"道"，是老子首创的含有深刻哲理意义的概念。我们知道，道的本意是道路的意思，引申为事物运动变化所遵循的秩序、方法、规则和规律。除此以外，老子"道"的哲学内涵是宇宙本原。

宇宙本原含有两方面内容：一是道用（有），即道之为物，是化生宇宙万物的最基本的物质。二是道体（无），是宇宙万物赖以生成的最一般规律。道体、道用不可分离，二者相互对立统一，构成了宇宙的本原。

哲学家们在解释"道"这一范畴时并不完全一致，有的认为它是一种物质性的东西，是构成宇宙万物的元素；有的认为它是一种精神性的东西，同时也是产生宇宙万物的源泉。

不过在对"道"的解释中，学者们也有大致相同的认识，即认为它是运动变化的，而非僵化静止的；而且宇宙万物包括自然界、人类社会和人的思维等一切运动，都在遵循"道"的规律而发展变化。

由于哲学家们是纸上谈道，坐而论道，没有去实际修道，所以距离道的真相差距较远，几乎多是在"有"的状态中、在"有"的境界中谈"道"。

只有证悟了"道"的人，才能谈出、论出"道"的真实"味道"。

"大道无形，生育天地；大道无情，运行日月；大道无名，长养万物；吾不知其名，强名曰道"。因而，所有的大觉悟者，都只是在讲出自己证悟的宇宙真理的真相，老子说，"道"体现出来的是宇宙万物与生命，道是一切物质与生命的源头，它好像万物的根源，它浩瀚无边，无边无际，祂所生成的万物永远取之不尽，一切物质中都有它，一切生命都是它的体现、它的存在，高深莫测，无处不在。

还记得我们在谈论人体五藏时，谈过中国人对于物质的认识吧？我们说，中国古人看待世界上的物质这样一个重大问题时，把世界上的物质——自然万物和生命物质，分成了两大类：有和无。这一看法，《黄帝内经》的作者是这样看的，也是这样做的，但他们不说"有和无"，他们只说人们容易理解的阴阳二字。老子既说"有和无"，还说"道"，认为阴阳是二，有、无是二，而"道"是一。

因而，当我们在"有和无"组成的宇宙自然物质世界中来理解"道"，我们就能逐渐了解和把握"道"的意思和本质。有，来自无；有，是暂时的，无中生有；无，是永久的。无，不是什么都没有，无，是一种特殊的有，是一种空性的体现，是可以用内证、内观的方法观察到的东西，所以，对于人类来说，无是能分出若干层次的有，除非到了宇宙绝尽处的那个地方，无，才是真正的什么都没有。

而"道"是从无生有的宇宙能量、宇宙力量、宇宙规律，是"有和无"组成的宇宙自然物质世界中的运行能量、力量和规律。它在宇宙自然中有时的表现形式之一是气。这个气，有时是氣，有时是炁，有时是氣。

"道"，这个带着东方神秘主义的字，在《老子》一书中出现，它有时似乎在显示宇宙天地间一种无比巨大的原动力；有时又在为我们描绘天地混沌的那种蛮荒的状态；有时又展示出天地初分，万物始生的一派蓬勃生机。

老子所讲、所谈的，不是佛家所说的灵魂的解脱，他认为人们本性的清静无为，原本就是与宇宙合一的亘古存在，他看重的是万物生命形式内源自于"道"的永恒动力。就像是人们在医院解剖肉体，探索人体内部血管与肌肉的关系，想要通过物质的外在表现，找到内在循环的规律，了解了物质客观存在的联系，人们就知道了通过什么样的方式方法去保护生命。

伟大的、智慧的老子，通过物质的表现，来探测"道"的规则，人们的心符合了"道"，人们的行为符合了"道"，身心与宇宙合一，就是恒久长存。这也是道教修炼最基本的，也是最高深的理论，道家一切的方式方法都源自于这个对于"道"的内涵与表现的认识。

前面章节说到的阴阳理论，是在物质世界描述"道"的空性与"道"的体现；前面章节说到的五行理论，是在阐述"道"的产生、运行的自然过程中，生命万物的内在联系和运动规律。中医的基础理论源自于此，风水的基础理论源自于此，养生的理论、道教修炼功夫的理论都源自于此。

正如老子在《道德经》第六章所描述的具体修炼的方法中所说："谷神不死，是谓玄牝。玄牝之门，是谓天地根。帛系若存，用之不勤。"当人体阴阳五行内部的循环与先天宇宙大道的物质能量进行了沟通，人体心神达

第四章 老子的故事

到清净无为的状态，会使生命内部的本性得以复苏，复苏的原始本性就能与先天大道成为一体一性的存在。

所以，道的能量在人的身体内部，也在浩渺宇宙之间，循环往复，天人合一，永无终结。生命的本质与道的无形无相、清净空无合而为一，人的肉体的阴阳就会与宇宙中的道的原动力结合，就能够健康长寿。

当人们掌握了采集大道能量的方法，就好比掌握了复制生命的方法，就可以长寿。大道的能量是用之不竭的，绵绵不断的生命形式就是这样存在的，这也是所有道家修炼功法的基础理论与原理。

道是无形的，却是一切生命的源头，一切生命与物质都在体现着道。了解了道的本性，掌握了道的体现规律，就可以符合道，就可以与大道合一，就可以永恒。

从老子对"道"的种种描述中，人们可以体会到、认识到他对"道"的尊崇，完全源于对自然规律的认识。老子讲的道理，不同于常人的思维逻辑，是老子在层层宇宙实相境界中的实证后，描述宇宙的实相存在。

人们因此认识到老子并非如人们所说的，是想试图去建立一个囊括宇宙万物的理论，老子实在是"体悟了"宇宙万物中"道"的作用，是"了解了"宇宙万物中"道"的规律，然后他将这个囊括宇宙万物的理论告诉给人们。

成道人谈《道德经》

了解了老子"道"的内容后，我们进一步来了解一下，古人中通过《道德经》而得道的人是如何说老子《道德经》的内容：

距今1200年前，唐朝吕洞宾（生于796年），在中国几乎妇孺皆知，无人不晓，是著名的道教八仙之一，被后世人们称为吕祖，他这样谈老子《道德经》第一章的内容：

> 道由也，道言也，道本人所共由。然非常说所能尽也。名称也，道以名显，故可指名，然非常说所可泥也，无名即无极，有名即太极。物所自来曰始，物所含育曰母。
>
> "无欲"主静之时，"有欲"动察之机。"观"内观也。"妙"以虚灵之用，而言"同出"于先天，因事而"异名"，"玄"幽微之意，"玄之又玄"，《中庸》所谓隐也，"众妙之门"，《易》所谓乾坤，其易之门也。

距今150年前，清朝道士黄元吉，修养工夫达到"金液还丹"的高深境界，他以精深的学养，透彻阐发道的全体大用，将内圣外王之学和千古口口相传的返本还原之法融为一炉，集中于《道德经讲义》之中，按照每章"首揭常道，次述丹道，首言世法，次言丹法"的方式，有理论，有操作。下面是他对《道德经》第一章精辟的解释：

> 其实生天生地生人生物之理，故谓之道。天地未判以前，此道悬于

太空；天地既辟以后，此道寄诸天壤。是道也，何道也？先天地而长存，后天地而不敝。生于天地之先，混于虚无之内，无可见、亦无可闻。

故太上曰：以言乎道，费而隐，实无可道；所可道者，皆道之发见耳，非真常之道也。以言乎名，虚而无物，实无可名；所可言者，皆道之糟粕耳，非真常之名也。人不知道，盍（hé）观之《诗》乎！曰："上天之载，无声无臭"——道不可有言矣！又曰："维天之命，于穆不已"——道不可无称矣。须知至无之内，有至有者存；至虚之中，有至实者在。道真不可以方所言也。

太上慈悲渡世，广为说法，曰：鸿蒙未兆之先，原是浑浑沦沦，绝无半点形象——虽曰无名，而天地人物咸育个中。此所以为天地之始也。及其静之既久，气机一动，则有可名，而氤氤氲氲，一段太和元气，流行宇宙，养育群生。此所以为万物之母也。始者，天地未开之前，一团元气在抱也；母者，天地既辟之后，化生万物是也。

学人下手之初，别无他术，惟有一心端坐，万念悉捐，垂帘观照。心之下，肾之上，仿佛有个虚无窟子。神神相照，息息常归，任其一往一来，但以神气两者凝注中宫为主。不倾刻间，神气打成一片矣。于是听其混混沌沌，不起一明觉心。久之恍恍惚惚，入于无何有之乡焉。斯时也，不知神之入气，气之归神，浑然一无人无我、何地何天景象，而又非昏聩也——若使昏聩，适成枯木死灰。修士至此，当灭动心，不灭照心。惟是智而若愚，慧而不用。于无知无觉之际，忽然一觉而动，即太极开基。须知此一觉中，自自然然，不由感附，才是我本来真觉。

道家为之玄关妙窍，只在一呼一吸之间。其吸而入也，则为阴、为静、为无；其呼而出也，则为阳、为动、为有。即此一息之微，亦有妙窍。人欲修成正觉，惟此一觉而动之时，有个实实在在、的的确确、无念虑、无渣滓一个本来人在。故曰天地有此一觉而生万万物，人有此一觉而结金丹。但此一觉如电光石火，当前则是，转眼即非，所争只毫厘间耳。学者务于平时审得清，临机方把得住。古来大觉如来，亦无非此一觉积累而成也。

修士兴工，不从无欲有欲、观妙观窍下手，又从何处以为本乎？虽然，无与有、妙与窍，无非阴静阳动，一气判为二气，二气仍归一气而已矣。以其静久而动，无中生有，名为一阳生、活子时；以其动极复静，有又还无，名曰复命归根。要皆一太极所判之阴阳也。两者虽异名，而实同出一源——太上为之一玄。玄者，深远之谓也。学者欲得玄道，必静之又静，定而又定，其中浑然无事，是为无欲观妙。此一玄也。及气机一动，虽有知，却又不生一知之见；虽有动，却又不存一动之想。有一心，无二念，是为有欲观窍。此又一玄也。至于玄之又玄，实为归根之所，非众妙之门而何？所惜者，凡人有此妙窍，不知直养，是以旋开旋闭，不至耗尽而不已。至人于玄关窍开时，一眼觑（qū）定，一手拿定，操存涵养，不使须臾或离，所以直造无上根源，而成大觉金仙。

下手工夫，在玄关一窍。太上首章即将无名有名、观妙观窍指出，足见修道之要，除此一个玄关窍，余无可进步也。故开头四句，说大道根源，实属无形无状，不可思议穷究。惟天地未开之初，混混沌沌，无可端倪，即如人直养于静时也。天地忽辟之际，静极而动，一觉而醒，即人侦气于动，为炼丹之始基。第此转眼之间，非有智珠慧剑，不能得也。要之，念头起处为玄牝，实为开天辟地之端。自古神仙，无不由此一觉而动之机造成。又曰无欲观妙，有欲观窍，两者一动一静，互为其根，故同出而异名。凡有形象者，可得而思量度卜，若此妙窍，无而有，有而无，实不可以方所名状。纵舌如悬河，亦不能道其一字，所以谓之玄玄。学者亦不有视为杳冥，毫不穷究一个实际下落。果于此寻出的的确确处，在人视为恍惚，在我实有把凭。久之著手生春，头头是道矣。

《道德经》第二章内容

我们接着来看《道德经》中第二章的内容：

天下皆知美之为美，斯恶已。皆知善之为善，斯不善已。故有无相生，难易相成，长短相较，高下相倾，音声相和，前后相随。是以圣人处无为之事，行不言之教；万物作焉而不离，生而不有，为而不恃，功成而弗居。夫唯弗居，是以不去。

对此吕洞宾言："美恶，质之成于天者，言不善之事成于人者。'已'，止也，知美善之所以为美善，则自不为恶与不善也，'有无'以生化言，'难易'以事功言，'长短'以器弓言，'高下'以地势言，六者自然之理势也。

作与起也，'不离'，不离道也。生，生成；有，有迹；为，振作；恃，矜夸也；弗居，功成身退如尧舜是也；不去，长保其美善也。

盖惟圣人知美善之所以为美善，是以恭己无为，不言而信，万物风动，咸协于中，被生成而无其迹，勤化道而化其矜，迨夫功成身泰，可以弃天下如敝屣，而天德之在我者，固无加损也。"

对于现代人来说，读文言文实在也是累人。而且，只从哲理上去了解，又远不如古人一边讲理，一边教人如何下手的道家功夫来得实在。这就是"首揭常道，次述丹道，首言世法，次言丹法"的实战方式吧。黄元吉言：

古云：劝君穷取生身处，返本还原是药王。又曰：穷取生身受命初，莫怪天机都泄尽。由是观之，足见受命之初，浑然天理，无有瑕疵，彼说美说恶，说善说丑，皆为道之害也。

夫大道究何状哉？在儒家曰"隐微"，其中有不睹不闻之要；释家曰："那个"，其中有无善无恶之真；道家曰"玄关"，其中有无思无虑之密。大道根源，端本于此。一经想像，便落窠臼；一经拟议，便堕筌蹄。虽古来神仙，赞叹道妙，曰美曰善，要皆恍惚其象，非实有端倪。

盖以为善也，就有恶对；以为美也，就有丑对。又况美在是，恶亦在是；善在是，丑亦在是。此殆后天阴阳有对待，有胜负参差，而非先天一元之气也。故太上曰："天下皆知美之为美，斯恶已；皆知善之为善，斯不善已。"是知人不求虚无一气，而第言美之为美，善之为善，是亦舍本而逐末也。

太上特示下手之工，为大众告曰：凡人打坐之始，务将万缘放下，了无一事介于胸中，惟是垂帘塞兑，观照虚无丹田，即凝神又调息，即调息又凝神，如此久之，神气并成一团，顷刻间入于杳冥之地，此无为也；及无之至极，忽然一觉而动，此有为焉。我于此一念从规中起，混混续续、兀兀腾腾，神依气立，气依神行，无知有知，无觉有觉，即玄牝之门立矣。由是恪守规中，凝神象外。一呼一吸，一往一来，务令气归玄窍。息息任天然，即天地人物之根，圣贤仙佛之本，此最为吾道家秘密天机，不容轻泄者也。

修士行持，与其求之无极不可捉摸，何如求之阴阳更有实据：曰有无相生，不过动而静，静而动，出玄入牝，燮理阴阳也。难易相成，不过刚而柔，柔而刚，鼎炉琴剑，一烹一温也。长短相形，即出入呼吸，任督往来，前行短、后行长之谓也。高下相倾，即火在上而使之降，水在下而使之升，上下颠倒坎离之妙用也。音声相和，即神融气畅，百脉流通，不啻鸣鹤呼群，同声相应，不召自来也。前后相随，即子驰于后，午降于前，乾坤交媾，和合一团，依依不舍也。此数者皆由后天之阴阳，而返先天之无极也。

圣人知道之本源冲漠无朕，浩荡无痕——其处事也，以无为为尚，而共仰恭已垂裳之风；其行教也，则以不言为宗，而自喻过化存神之妙。圣人作而万物睹，又何难之有哉？自此耕田凿井，被生成而竟忘其行；开源节流，勤导化而并化其迹。即使功满乾坤，名闻天下，而圣人若耻，为虚名未尝有实绩也。

夫岂若《书》云：汝惟不矜不伐，天下莫与争能、争功者，尚有驰人争竞之想哉？此殆归于神化之域，淡定之天，一惟自适其乐，而不忘自得之真。古言视富贵如浮云，弃功名如敝履者，其斯之谓欤？虽然，道成德自立，实至名自归。圣人纵不居功，而天下后世，咸称道不衰。是不言功而功同日月，不言名而名重古今。夫惟弗居，是以不去也。

学者须从虚极静笃中，养出无美无善之真出来，才算修炼有本。其道惟何？玄关窍也！舍此则无生矣。修道者舍此玄关一窍，别无所谓道矣。

如以美善为道，亦属后天尘垢。太上以此言警之，望人因流而溯源也。不然，美善之称，亦三代以下之君子，又乌可厚非哉。

《易》曰:"一阴一阳之谓道。"是阳非道,阴亦非道,道其在阴阳之间乎!又况道者理也,阴阳者气也。理无气不立,气无理不行。单言道实无端倪可状,惟即阴阳发见者观之,庶确有实据。

此章言无善无美之真,直抉大道根源,望人端本立极,以为修身治世之基。有无易难数句,是教人由有对待之阴阳,返乎真一之气。其中又教人从有无相入处,寻出玄关一窍,为炼丹之本根。

至于守中养丹,阳生活子,运转河车,亦无不层层抉破。惟圣人直指其源,故恭己无为,不言而信,虽有生有为,而在己毫无德色。迨至功成告退,视富贵为不足重轻,非圣人孰能与于斯学?

学者玩索而有得,非但下手有基,即通天亦有路矣。注云:天下皆知美善之所以为美善,则自不为恶与不善矣。此讲亦是。但太上之经,多在源头上说,不落二乘。

以上这段文言文,是兼具哲理和下手的道理了。

"天下皆知美之为美,斯恶已。皆知善之为善,斯不善已。"对于生活在"因果聚合"世界中的人类来说,"美丑"和"善恶"的观念,早已人为地树立了"区分的意识",这一段说的,恰似佛经中记载的"八识",即眼耳鼻舌身意,分别心,执著心,寓意相同。

"有无相生,难易相成,长短相较,高下相倾,音声相和,前后相随。是以圣人处无为之事,行不言之教;万物作焉而不离,生而不有,为而不恃,功成而弗居。夫唯弗居,是以不去。"

这一段,是讲述在"因果聚合"的流动世界中,没有任何一种因素是独立存在的,没有任何一个现象是永恒不变的,这是站在"有"的角度,去分析,探索"无"的存在,有无、难易、长短、高下、音声、前后,都是相对的观念,而相对现象的背后,是恒定不变的"空性",所以,得到真理的圣人,不被世间现象所迷惑,心不随境转,处于清净无为的静止空灵状态,不去以语言、观念,教导众生分别世界,让生命与万物处于"空性与聚合"自然流动的状态,展现生命原始的面目,无为,才能看清世界的真相。

以上道家千百年古人所说《道德经》的两章,是既从哲理的角度,又从人体修炼、丹道修行的侧面,来说《道德经》。

吕祖、黄元吉的讲说,在道家的流派中,应是众所周知,但现代人们大多不从修炼、生命本质升华的角度,而多是从人类社会学术与哲学体系的层面,去进行论述探讨、去认识《道德经》。

《道德经》的秘密

鲁迅先生曾说:不读《老子》一书,不知中国文化,不知人生真谛。现代文化名人胡适先生也说到:老子是中国哲学的鼻祖,是中国哲学史上第一位真正的哲学家。

鲁迅、胡适先生的评价，都是从文化的、哲学的方面对老子进行的总结。古今绝大部分研究老子学问的学者，也都是从文化的、社会的、哲学体系的角度展开的，这大都是从历史的发展角度来解释《道德经》。

而我们看到唐朝的吕洞宾、清朝的黄元吉对老子《道德经》的解释，不仅从哲学方面入手，更从人本性的、性命提升的角度展开，为人们打开了另一个《道德经》所讲述的世界。可以说，这都是从宇宙的角度，解释《道德经》的真谛。

从根本上说，《道德经》直接描述、形容、讲述了宇宙运行的规律，以及宇宙运行规律存在于、体现于觉悟者和得道者眼中所看到的真相。

中国古代道家的丹道经籍，是愈古愈玄，吕洞宾谈到"内观"，黄元吉谈到"人身内，神气打成一片"。

"上古丹经，十隐八九；中古丹经，十隐其半；迄乎近代，十隐二三。"黄元吉解《道德经》于清朝道光、咸丰年间，"故能阐述玄机，大露宗风，举往圣之所不泄者泄之，尽往圣之所不传者传之。就丹法言丹法，即此一经，已括尽千经万典之要蕴而巨细无遗矣！"

看了《道德经》开篇二章的这种解释，一些人会不知所云，昏昏欲睡，说明自身的能量还不足以接受高能量的经典文字信息，但昏昏欲睡中，已为生命提升所需的能量在做准备。

另有一些人会眼前一亮，似乎终于发现了宝物的隐藏之处。

无论古今，有些人将老子所言与社会发展、治国理政、人事纠纷、意识形态紧密挂钩，认为老子这是为社会开了药方，可用其来治世。也正是基于此，有人得出结论，认为老子个不是思想家，而是谋略家，认为老子的思想只是谋略的技巧，并没有对人类文明进程做出重大贡献。

另一些人，认为老子并不是在谈论人世间的这些勾心斗角、鸡毛蒜皮的所谓谋略之事，而是从观自然大道，观到了宇宙的运行模式，从而观出了人类的生命大道。发现老子的道是远离人心的，是在生命自然属性上说"道"，不是在人的社会属性上说"道"，老子这种在本元、本心上的说是圣念；人们用后天意识把德看成是人的社会属性的道德品质，是俗念；不应该仅用人与人之间争斗的那套后天意识来解说老子，认识老子，甚至认为《道德经》中所谓国家、圣人、君子、忠臣、民心、六亲、美丑等等，都是代名词而已，说的却都是人体内的先天性命、后天身心，是元神、元气、元精、眼耳鼻舌身意、魂魄等，老子讲的是修身大法，是生命的升华，是人体无为状态下体内的各种变化。而一般人们可以看懂的《道德经》里面的内容，无论哲理、政治、军事、经济等的解释，都是老子原意的第二位、第三位的后天意识的产物。老子的原意，自始至终紧紧围绕宇宙自然的大道、大德、围绕"炁"在说，所以称为《道德经》。

第四章 老子的故事

至此，人们不禁会产生一点小小的疑问：为什么我们的老祖宗的《易经》《黄帝内经》《道德经》都留下了这么多的不确定性，而不直接讲清楚、讲明白、讲透彻呢？还是说，他们本已讲得很明白，是后世人已经退化到理解不了了呢？

我们还是回到中国古人如何看待世界上的物质这样一个重大问题。我们伟大的先哲们看到了世界上自然万物和生命物质中的有和无，显和隐，而绝大多数的人类大众只能看到"有"，看到"显"，而见不到"无"，见不到"隐"，所以绝大多数的人们只在"有"里面打转转，而进入不到"无"的层面，因而更进入不到"道"的"空性"层面。

"有"和"无"都是宇宙自然中的能量，人们只在"有"里面打转转，感受到的是"有"的能量，感受不到"无"的能量。至于究竟是什么组成了"有"与"无"，"有"与"无"能量的源头究竟是来自哪里？这些内容还会在下一章中进一步谈到。

《易经》的功绩，是告诉了人们，怎样表述"有与无"所组成的宇宙自然时空物质的运转轨迹和能量变化。

《黄帝内经》的功绩，是告诉了人们，怎样适应"有与无"组成的宇宙自然产生的能量变化，从而达到强身健体的目的。

《道德经》的功绩，是告诉了人们，怎样通过"清静无为"的状态，自然获得"有与无"组成的宇宙自然产生的能量，与宇宙自然清静合一，以提升人们的生命质量和生命本性。

所以，《道德经》不仅是对中国人影响最深远的思想巨著，而且是对中国人的思想、精神、文化以至生命产生最深远影响的巨著，更是教会人们如何提升生命质量和本性的具有深远影响的巨著。

道教的产生

在汉朝末年，张陵（约34～156年）创建了五斗米道，奉老子为教祖、道祖，尊称老子为太上老君，以《道德经》五千文为教典，改名为《道德真经》，作为道教的主要经典，教诲道徒，创立了道教。

由于信道者必须出五斗米，张陵创立的道教也叫"米道"。东汉时，成都人王阜撰《老子圣母碑》，把老子和道合而为一，视老子为化生天地的神灵，成为道教创世说的雏形。

而汉桓帝（公元147～167年，是东汉第十位皇帝）更是亲自祭祀老子，把老子作为仙道之祖。唐代皇帝曾尊封老子为太上玄元皇帝，宋代加封号称太上老君混元上德皇帝。其道教尊称名称为"太上老君"，亦被尊称为"混元皇帝"，也是道教三清道祖中的道德天尊。所以说道教吸纳了道家思想，道家思想完善了道教。

后世人们对道教的最基本教义做了如下叙述：

尊道贵德——道教最高信仰
仙道贵生——道教鲜明特色
清静寡欲——道教行为标准
自然无为——道教生活态度
柔弱不争——道教自我修养
返朴归真——道教理想状态
天人合一——道教文化主体
天道承负——道教善恶报应
性命双修——道教修炼要诀

通过以上这些表述，这些基本的教义思想，人们初步地认识和了解了道教。

正像孔子的学问，产生出了儒家、儒学、儒教一样，老子的学问，也产生出了道家、道学、道教。人们从理论上研究《道德经》等著作，就是学术的范畴；人们既学习《道德经》等著作，又身体力行，进行修身修炼，就是按照道家的理论进行着实践。人们到各地的道观中去学习《道德经》等经典著作，进行修身修炼，就是信奉了道教思想而做道士修行。

老子的"道"，与所有的大觉悟者一样，具有一种对宇宙人生清晰而明了的悟解和深刻的体察，这种对自然规律的深刻认识和实证，构成了老子思想的基石，其核心就是无为、清静。

第三节 道家眼中的人体

看了这样的标题，人们会想到，第二章中我们了解了《黄帝内经》作者眼中的人体，难道道家的眼中又有所不同吗？

《气道针经》一书的作者，是一位道家的行医高手，他以文言文形式叙述"神针"时说到：

窃观今之医界，道称中、西，于诸脏腑，视见不埒（liè，相同的意思）。合诸气医，盖鼎足而三矣。

西医主云脏器，以有形之实质言，为阴见之所观也；中医主云脏象，以有象之功能言，为介乎阴阳之所观也；气医主云脏神，以有灵之神用言，为阳见之所观也。如是，则西医尚形，中医尚气，气医尚神也。

人生有界，好尚形质，以形质易见易知也。是故形、气、神三者，言形质者，明而易；言气化者，会以难；言神用者，悟而虚也。此所以西医每责中医迷信，中医复笑气医为"巫"骗也。其世人亦弗之信，亦盖以形见而观神用，不入其境，断难首肯者。

稽中、西医之所重，形与气，尚形气之诊治；而气医之所重，气与神，乃神气之诊治，是以气治神针每以脏神、病气为诊，而不尚其形也。

夫脏之神气者，脏腑之英，脏腑之灵也。形可以形知，神惟以神会，故脏神病气之察，惟可神会气觉，不可以形知形求也。

阴阳之道，阳者易变而阴者难移，神气易动而形质难更，是故凡所羁疾，脏神先觉，脏气次之，殆及脏器，病已成矣。

"神针"一段中所说的气医所见，就是道家眼中所识的人体。气医也叫做"道医"。可见，道家眼中的人体，主要是从人体中的神、气能量来观察人体、认识人体、以至于解决人体中的问题。

气医虽在世，却是可遇而不可求的事。人们很难遇到懂得神针的气医，即使遇到，也不能解决众多人的需求，因此，只能退而求其次，指望中医、西医为广大人群服务，指望人们自身都能够了解一下自身的五藏六腑、经络穴位，通过揉按、敲打身体相关的部位来达到自我调气，在日常生活中将疾病化解于无形。

气医无法成为指望的对象，那么，在"道家眼中的人体"中，人们自己是否可以成为自己的"气医"，从而可以成为自己指望的对象呢？

元精、元炁、元神、性、命

在道家的眼中，一个人的生命，主要由三部分构成：

我们每个人那个最本来的面目，在人体中指元神。

宇宙自然给我们人体的一部分物质，如阴阳、五行、智能、信息，等等。

父母生育我们的肉身的这一部分。现代生命科学认为这一部分，是由基因等构成的。

在道家的眼中，按照人类生命的结构特征，一个人生命构成的这三部分，又是由两部分基本构成：性、命。上面的第一部分，是性的部分，第二、三部分，是命的部分。

性，首先是人的天性、人的自然之性、人的本性、真性。性是生命里最重要的组成部分，主宰和代表性的就叫元神。

命的部分，主宰和代表的是心神，也叫作识神，也就是人们每天每时每刻的思维想法。人体的五脏六腑、骨肉、血脉、经络、穴位、基因，全部属于命的范畴。这里的神，这里说的元神、心神的神，实质是人体中一种神奇的真气，也即是一种人体能量，是生命物质的控制系统，用现代语言讲，有点类似现代电脑的操作控制系统。

我们汉字中的人字，可以看作，左一瞥代表人的命，代表人的肉体、代表元精与元炁。右一捺，代表人的性，代表人的元神。

中国人喜欢讲精气神，喜欢归喜欢，能讲清楚、说明白可不容易，因为一般人对精气神都是讲的一种感觉。

精气神到底是什么？精，是构成人体的一种精微物质，精气神是这精微物质的三种不同的形态，凝聚态是精，运动态是气，运动中所起的微妙作用就叫神，微妙作用在机体生化过程中所形成的规律被称作道。性命的返本还元，就是精气神的返本还元，就是精成为元精，气成为元炁，这样命的返本还元就完成了。再下来用道将神返回先天元神的性，从而实现性命的返本还元。

元精、元炁、元神，实为人体中的一个东西，为了使人们容易理解，分为了能量体——德部分的元精、元炁，和精神体——道部分的元神、性光两部分。

元精

道家说，元精分先天、后天。元精的先天之气，其质清而虚，后天之精浊而实。说到底，元精是一种性能量，是后天之本，在人体处于十五六岁之前，因不知男女两性之事，氤氲内结，无形无象，散于全身四肢百骸之间，待到情缘一起，嗜欲萌生，则团聚于两肾，一点真精变化为后天之液，念起精起，念伏精伏，因心而化，借元炁以盈虚，合元神为药物，修真之物质就由此元精而成。

老子《道德经》为人们打开了人体的先天功能，先天的元神才能操控元精，人体的先天能量被释放出来，本心才见，元神才现，元精才产，元炁才生。

老子《道德经》第五十五章说："含德之厚，比于赤子。毒虫不螫（shì），猛兽不据，攫（jué）鸟不搏。骨弱筋柔而握固。未知牝牡之合而脧（zuī）作，精之至也。终日号而不嗄（shà），和之至也。知和曰常，知常曰明，益生曰祥，心使气曰强。物壮则老，谓之不道，不道早已。"

这里的"未知牝牡之合而脧（zuī）作，精之至也。"意思是"小孩子虽然不知道男女的交合之事，但他的小生殖器却勃然举起，这是因为纯阳精气的缘故"，说的就是先天元精出现的状态。

当先天转化成后天，男子的精跑出来后，就成了浊精，就走入了"物壮则老，谓之不道，不道早已。"从自然的气上说，温和的性感是和气，是生机的起始源泉；强烈的性感就不是和气，快到顶点却结束了，元精被随便扔掉不好，多扔一定早亡。

坊间有采气的说法，以为是自己的气被别人采了，或者采了别人的气，实际上，别人只是激发了你的元精元气，激发起来后，你自己的元神采了你自己的气，因为元神和元精是体内的一对"夫妻"。

道家讲究要将元精凝聚起来化成元气，当元精聚集多了后，元精化元气从中脉直冲到百会，身体健康者，自身能量足的，冲一次、两次就解决了开天门的问题。当然，这种开法的层次不高，到不了邵雍说的"荡荡天门万古开，几人归去几人来"的境界。

元精是先天真气，是肾的真气能量，实际就是一种性能量，有了这个气，人的头骨就呈现了先天的状态，就出现了孩子般的头骨。肾主骨，肾气和骨头的关系，能够密切到难以置信的程度。

相反，人的贪心导致元精大量消耗，实际生活中，人们总是轻视元精的消耗，其实就是轻视死亡，可表面上人们又急于寻求健康。人们的行为和后天意识是带能量的，能量的来源是人体后天的精气，意识心一动，能量就外流，使身体细胞的能量常常处于饥饿状态。

当人们做事时是纯自然的状态，用的就是天心。纯自然的状态是什么呢？比如饿了再吃，冷了再穿，吃不过量、穿不少量，恰到好处，不多不少，虽然是人心后天意识做的，也是天心做的，就不会损耗元精的先天能量。道、德，在人体来说，就是先天的性、命，就是元神和元精。

德—能量

人们一般认为，一个人做好事就是德性好，这是对的。

但道家谈到"德"的时候，提高到了能量的层次。德是道德的体现，是生命初始最关键的能量，道所释放的德能量长养万物和生命，德性能量的物质显现就是炁，所以说德就是炁，炁就是德，炁本身具有不同的德性。因而生命质量的高低，都可以通过对德性的分析而进行判断与鉴别。

反过来，德性的修养又左右着炁的质量高低和强弱。当体内的德性与自然的德性同频共振时，人体都能非常自然地从宇宙中大量摄入这种生命的能量，使人的生命保持健康和拥有活力。

德是至善，德是直心，德是包容，德是给予。先天的德—能量，是一种宇宙能量，虽然看不见，摸不着，但积善则成德，修善就修德，慈善即有德。

老子《道德经》第三十八章说："上德不德，是以有德；下德不失德，是以无德。上德无为而无以为，下德无为而有以为。"

不言不动,不闻不见,合天道之至真,叫上德。无心于万物,无心于自身,叫不德。外忘其身，内忘其心，听从万物自然的生化，即是上德不德，做到这种地步，就是"是以有德"，这时，天地中的元炁就能不断地流入体内。比如，人体自动发生的腹部拉风箱，人体会阴处的自然跳动，人体鼻子山根祖窍的自动开阖，等等，都是人体本来有的先天功态，这种在无为中自然发生的，就是上德，就是有德。如果用了心思，用了后天意识心，就是下德了。

道德本是一体的，是"一"的阴阳两面。阴阳本来就是混一的，先天一气是阴阳混一的，得了先天一气就可以入道，就可以返本，就可以回归到令万物生长的德一能量。

老子《道德经》第三十九章说:"昔之得一者,天得一以清,地得一以宁,神得一以灵,谷得一以盈,万物得一以生,侯王得一以为天下正,其致之一也。"

这是说,守一、德一,万事毕。得了先天一炁,再往后面,人体就可以进入自动化的返还工程。要到这一炁,先练就一心。道无形,德有形,道生之,德蓄之,德就是一炁。有了德,体内的元炁就会负阴抱阳。

德一能量有三种:宇宙能量、本性能量、转世能量。因此,积善则成德、修善就修德、慈善即有德的目的,是产生德一能量。而在产生德一能量的过程中,通过积善也好,修善也好,慈善也好,都是在本因上化解了不好的、不对的、不良的因果种子。这也就是所有宗教倡善的原因。

很奇特的是,宇宙的各种能量中,只有慈、善的德能量,只有利人、利他的慈心、善心,具有能够化解、和解、转化不好的、不对的、不良的因果种子的能量和力量。

这里并不是简单地讨论某恶甲在社会中的能量、力量,为什么有时或总是强过某善乙、某善丙、某善丁,而是谈在"有和无"组成的宇宙自然中,存在着慈、善的能量,由于这个慈善的能量,才可以将这位恶甲化解、转化成善甲。

元炁

道家全真教的祖师,宋朝的王重阳(1112～1170年)说:"命者是元炁"。

元气,古代称为元炁。古人认为元炁是由人体的肾产生的元阳,元阳再产生真气。

一个人出生后,每32个月生64铢元炁,因而,小孩出生到2岁8个月,正好是32个月里,生出一阳,为地雷复卦☷☳,生出六阳需32×6=192个月,192÷12=16岁,所以,到16岁生出6阳,为乾卦☰,长成天地正炁共384铢,384÷24=16两,为一斤的数(古代16两为1斤,1铢为1两的1/24)。古人认为,每个男子的元精量都是公平的相同的一斤,即16两。

我们在第二章谈到,《黄帝内经》素问第一篇中说:"丈夫八岁,肾气实,发长齿更;二八,肾气盛,天癸至,精气溢泻,阴阳和,故能有子。"

因此,"二八,肾气盛,天癸至,精气溢泻,阴阳和,故能有子",就是16岁生6阳,为乾卦☰。成长的过程中,每个月长2铢元炁;从16岁以后,每3个月,耗2铢元炁,所以,每8年96个月耗64铢元炁,耗掉一阳,到24岁为姤卦☰☴,然后为32岁遁卦☰☶、40岁否卦☰☷、48岁观卦☴☷、56岁剥卦☶☷、64岁坤卦☷。

十二消息卦图

在这个过程中，乾卦☰表示人体进入元炁饱满生命状态的开始。德一能量之炁从乾卦开始，表示人体的元炁、元神达到饱满，常人的状态是每8年下降一层元炁、元神的高度，当64年后元炁消耗光了，就只有阴性的信息起着支撑。从胎婴时期，阴阳是浑化的状态，幼年时阴阳小偏，少年中偏，青年大偏，壮年分，老年离，死亡时阴阳散。从常人这一生的轨迹来看，元炁在一个人一生中的路线，就是从混一到小偏、中偏、大偏、到分、到离、到散的过程，这里元炁是人生中的主角。

那么，是什么使元炁走了一条从阴阳混一到偏、分、离、散的路程呢？是人体的识神，识神主宰者人体的眼耳鼻舌身意六根，六根一动则消耗内能，人体的喜怒哀乐欲，被称作"贼"，盗取人们自身的元炁。喜则气缓，怒则气上，哀则气消，乐则气乱，欲则气丧。人体的五藏六腑是个大自然的天道系统，人为的没有节制的情志，就能破坏人体的天道。六根是向外的窗户，是丧失内能的贼户。

道生德而为炁。实际上，每个人的先天一炁都是柔和的，人处弱，谦逊，隐退，都是先天一炁的特点决定的，而不是后天的阴柔、计谋、手段决定的。元炁的这种德性与儒家的仁义礼智信五德是相通的，与木火土金水五行是相通的，所以木炁、火炁、土炁、金炁、水炁，五炁的先天物理特性，仁德炁、义德炁、礼德炁、智德炁、信德炁，五炁的五德之性，构成了生命的根本，构成了生命的真谛。

这五德之炁，分别主宰着人体心、肝、脾、肺、肾五脏和它们所属的子系统。人体某种德性的缺失，必然导致其中炁的缺失而产生疾病和功能障碍。人类的健康从根本而言，都与本身五种德性的强弱直接相关。

老子《道德经》一书从头到尾，从始至终，都在说元炁如何得，得后如何守，结局无非一个虚无。得元炁是因为可以做到后天意识关闭的虚静、虚无，守元炁依然是虚静、虚无。

人体的喜怒哀乐欲能盗取人们的元炁，但是，人体不可能没有喜怒哀乐，那么，有没有什么办法可以补充元炁呢？

提出这个问题，就意味着有什么办法可以使人生的路线，从混一到偏、分、离、散的过程发生逆转，逆则成仙，这正是道家研究的问题。

道家回答说，人人都可以做到逆转，而且很简单，无非"一心"而已。（这里说"一心"，而不是"心"。）

知白守黑 补充元炁

老子《道德经》第二十八章中讲的："知其白，守其黑，为天下式。为天下式，常德不忒，复归于无极"。

白是精，黑是肾水。先天的真精生，叫知白守黑。当充足的真气在体内周天运行时，符合自然的上午阳升，下午阳降的规律，就是为天下式。常德不忒，真常之德无差忒（tè），德一之炁就自然而然一刻不停地在体内做功，上升下降后，送回下丹田，化有象还无象，就是"复归于无极"。复归于无极，二心变一心，处于常德不忒的状态，也就能接到天场的能量。让天地的元气流入体内，让决定生死寿夭的先天一炁主动地回归。从内能消耗的中年、老年，重新恢复到泰卦☷的先天炁旺盛，后天气秘固的青少年状态。

站桩补炁

现代有许许多多的人选择了静坐修炼方法，包括高寿到95岁的国学大家钱穆先生，生前也非常喜爱静坐健身。

道家认为人体的特点规律是：动修经络站修脉。意思是动功有助于通经络，站桩有助于通中脉，所以，道家非常重视站桩，认为通过人体修炼补充元炁，是修炼精气神的方法。而且，通过站桩通畅了经脉后，再去静坐，可以体会到更加容易入静、入定，远比一开始就静坐要有效，这是道家的经验之谈。

道家认为，站桩时的姿势好坏，有两个标准，一个是从性情上说人们站桩时的感觉，要从内心自发地形成"似笑非笑"的状态；另一个是要调节好人体胯下的裆部，达到"似尿非尿"的状态，就是感觉刚上了洗手间，怎么又有想去的感觉。有了这两点，就是站姿调节的很好了。

道家认为，站桩时，一般都会有一个意守的部位。道家无论各门派，一般有五个意守的部位，也叫做五个窍：海底轮的会阴窍、下丹田、中丹田、上丹田、鼻子下的虚无窟子。

丹田，是道家内丹术丹成时呈现的地方，是炼丹时的意守之处。上丹田为督脉印堂之内，又称"泥丸宫"；中丹田为胸中膻中穴之内，为宗气之所聚；下丹田一般为任脉脐下三寸之内，为藏精之所。这五个窍的位置，可以不必细说，原因是起始站桩的人，最好是从守海底轮的会阴窍打基础开始。

一个人的基础打得好不好，是有明确的感觉标准可以验证的，基础打得好的人，一是小腹是热的，二是头部是清凉的。这是心火下降了，肾水上升了；这是水上火下形成了水火既济☷了，达到了这个标准，说明站的非常好了。一旦这样站到元精发动，或者站到了山根祖窍打开，就是鼻子根部可以服天气了，算是站出了初步的效果。

到底是不是像自己感觉的一样，有个办法可以检验，只要用舌舔上颚，如果舌尖没有麻酥的感觉，说明经脉通的并不好。

对于有高血压、脑血管疾病的人，站桩从守脚底的涌泉穴反而最好，既降压，又无副作用。相反，有高血压、脑血管疾病的人，站桩时去守上丹田，去守嘴部以上的部位，都是不妥的。

元神

说元炁时，说道家全真教祖师王重阳说："命者是元炁"。那么，说到元神，王重阳说："性者是元神"。"性命者，神气之根源也"。

道家认为，元神是人体中最高层的生命物质，是人体中空无类的生命物质。但元神是有形象的，元神的象是一种特殊的光，无光则难觅真性元神。元神是人体先天获得的一点灵光即元性的升华体，元神是元精、元炁、元性的聚合体，是体内魂魄精化的产物。元神不是固定的，是不断成长的，是多维度存在的。

人体先天的元神是至清至纯、朴实无华的。那么，元神在哪里？我们怎样能感应到呢？

这样问法，好像元神并不在人们的体内似的。元神是每个人都有的、须臾不曾离开人们的生命物质。实际上，元神是虚无的，人们的意识心一停，元神就显现了。简单说，人的第一念就是元神。脑海里突然蹦出来的一个念头就是元神的判断。人们直觉看到的东西，就是先天元神在工作，到第二念后的后天思维的东西，就与元神无关了。后天思维背离了第一念的先天元神的判断，出错就是难免的了。

元神是独立的，往往和未来的事情有关。当人心处在上德的无心、自然状态，就会感而遂通，就会相应。这不是人为的努力，是无念的本心状态，这个无心，好似吸铁，将还没有形成物质的能量粒子吸引过来，先是无形的信息，跟着才是将出现的事情。如果仔细观察人们的念头，自然冒出来的就是元神发出的，它们一闪而过，人们的后天意识心常常还未反应过来，竟又消失了。

当内心的声音和思想意识搅在一起时，这是元神和你说话，你能不能分辨，你能不能听从内心的指引？每个人的元神对你自己是绝对的好，它是纯客观公正的，不因它属于你自己而有私心、偏心，宇宙和自然要想给你什么，它就反映什么。当你把自我放松的时候，就会听到它的声音。心灵有觉，即是元神。

通了道的人，直接用元神，没通道的人，使用八卦的8个数字，也可以接通元神能量，产生出人们的后天意识觉得不可思议的奇迹。在第一章结尾中提到八卦象数的应用，就是八卦象数调动了人体的元神。

道家的所谓修道，就是寻找自己身上内心的这个无形的金刚不坏的伟大的生命体元神，人们所具备的完整的自然系统，就是元神在做着无言的指挥。元神当家，人们就能发现自己的大我，因为，元神是一个非静态的能不断学习的旅行者，在人生的剧本中，边走边创造。通过意识、情感的放射，人们会看到、会发现自己在这个物质世界中的人格，竟远远不能体现人们自己的"全我"元神所拥有的、早已具备的表达内容。

这么解释人们自己拥有的东西——元神，却可能并不能让人们理解究竟是在说什么。

举个例子吧。当一个年轻貌美的姑娘遇见一个心爱的小伙，小伙子也喜欢她，这时姑娘所产生的欢喜，是从内心发出的，也是由男女双方元神互相吸引所发出的信息而产生的心境。

而当她的家人指出小伙子的工作收入、家庭境况、住房条件等条件达不到要求后，就加入了后天意识的平衡、评价和判断，姑娘无法与遇见到的心爱小伙在一起，这时她所产生的悲哀，也是由她的元神所发出的信息而产生的心境。

后来，虽然姑娘与一个工作收入、家庭境况、住房条件等条件都很合适的小伙子组成了家庭，但她一直都高兴不起来，可能一生中她的心都处在抑郁中，这就是她没有听从自己元神呼唤的缘故。

这个看似简单的违背元神当家的过程，不光只影响到她自己，却可能使四个当事人的元神，她、她的前男友、她的前男友的另一半、她的另一半，就是两男、两女的终身都受到影响。当然，个体的差异很大，这么说元神，只是为了大概理解元神的意思。实际上，这个例子再往下分析，就不仅是元神在起作用，又有每个人生命中的因果因素夹杂其中了。

中国古代都是父母决定子女的终身大事，因此，古人采取通过排男女双方的八字，来窥探"无"物质状态内的元神信息。现代社会男女虽然可以自由恋爱，但是依然受工作收入、家庭境况、住房条件等等物质条件的制约。因而人们经常还是把自己控制不了的局面,简单归结为"命"。顺心了，说命好。不顺心了，说红颜薄命。而"命"的后面，实际存在一个"性"，一个元神，一个因果，它在左右着人们想象中的好与不好。

元神的修炼

元精、元炁能够修炼，元神也自然可以修炼。修炼元精、元炁，是修炼命功，修炼元神，则是修炼性功。实际上，性、命，元精、元炁、元神，在体内既是在不同的部位，又都是一体的。

几乎大多数的书籍，都是在后天意识的识神当家的状态下完成的，而老子《道德经》却说要识神退位，元神当家。所以，训练元神，是增加元神的能量，元神通了，才可入道。

那么，怎样训练，怎样修炼元神呢？道家的方法有许多种，简单的共有的方法是：静心；读经典；胎息。

静心，人们都知道，人们的无意识发呆、愣神，就是"无心"，就是静心，就是要元神当家。"人能常清静，天地悉皆归。夫人神好清，而心扰之；人心好静，而欲牵之。常能遣其欲，而心自静，澄其心而神自清。"

读经典，读《论语》，读《大学》，读《道德经》，都是读经典。

比如，读吕洞宾吕祖的百字碑，也是读经典，可以训练元神。

养气忘言守，降心为不为，动静知宗祖，无事更寻谁，
真常须应物，应物要不迷，不迷性自住，性住气自回，
气回丹自结，壶中配坎离，阴阳生反复，普化一声雷，
白云朝顶上，甘露淋须弥，自饮长生酒，逍遥谁得知，
坐听无弦曲，明通造化机，都来二十句，端的上天梯。

读经典的好处，是用古圣人的语言，感化、磁化人体的元神，是一个给元神补充能量的过程。但是并不需要去读特别多的经典，一部《道德经》读好就很好了，而且无需死抠每一句的意思，通过多次的研读，人们可以逐步了解文章中的深意，而且随年龄和境遇的不同，会有不同的感受。

道家有一句话，叫"早知必败"，意思是人们过早去研究道家前辈们经典中的意思，虽然是在后天意识中得到了，但在实证中反而会受到干扰。

相反，许多修炼有成就人的办法是：先实证，实证中有了体会、感受后，再来看一些前辈们的讲解，结合自己的实修，才能感受到哪些正确，哪些错误。

除了老子的《道德经》外，一般道家的经典书籍叫做丹经。人们都听过道家有炼丹的说法。丹有内丹外丹，外丹，现代已基本看不到了，内丹，是以天人合一思想为指导，以人体为鼎炉，精气神为药物，而在体内凝练结丹的修行方式。大多数门派的修炼步骤是"炼己筑基、炼精化炁、炼炁化神、炼神还虚、炼虚合道"。内丹不是道教出现后的产物，他的产生可以从轩辕黄帝求道于广成子算起，这个说法虽然缺乏足够的文献佐证，但可以推测内丹有更为久远的历史。

胎息，是说以下丹田为中心的高深层次的内呼吸，也就是腹式呼吸。胎息自成系统，不受肺呼吸的这种外呼吸的影响。进入胎息状态时，外呼

吸依旧自然进行，但却若有若无、若存若亡。最高层次者，最终可以达到口鼻呼吸停止。

之所以要练胎息，首先是为了接上存于腹部下丹田的原始祖炁。人体一降生，呼吸由胎里的腹式呼吸，转成从口到肺的口鼻呼吸，与存于腹部下丹田的原始祖炁就断开了。从胎息入手，先天元息行，久久温养，玄牝出入，外接天根，内接地轴，绵绵密密，人体从上到下好像内部都在动，就是开了玄关，就接通了宇宙的大元炁。

其次是为了人体的阴阳合一、性命合一。脐腹一窍开时，周身毛孔无处不开。脐轮之气与外来天气相接，不内不外，氤氲混合成一片，就是返回受气之初，与母气相连之时，这就是胎息，就是阴阳混一，就是神炁合一，就是天心。

玄牝之门，玄就是离门，是离卦☲之门，牝就是坎户，是坎卦☵之户。离中真阴下降坎宫，坎中真阳上升，真阴真阳汇合。纯无念的虚静一觉叫元神，一动叫真意。玄关开，胎息成，先天一炁生。元精、元炁、元神本是一个东西，元神现、元精产、元炁生，三位一体。在调息的时候还有一个关键点，调息不用后天意识，肾水自然澄清，浊精化元精。不然，在运动阴跷穴时引动性欲，元精容易变浊精，损失先天元炁。

胎息炼成后，还要勤加温养，在生活中的茶时、饭时、应酬时，微微用一点意识凝神于虚无穴中，自然又和天地之炁合为一体，神炁化而混一，久而久之先天一炁旺盛，补阳元神。采补百日，得元炁 64 铢，坤卦☷变复卦☷☷，一阳生，再百日变临卦☷☷，二阳生，再百日变泰卦☷☷，三阳生。还可以四阳生变大壮卦☷☷，五阳生变夬卦☷☷，六阳生变纯乾卦☰，最后身体成童子的纯阳态。

这是真的吗？能做到吗？据记载，吕洞宾吕祖从 64 岁开始修炼，最终成就后被称为纯阳子。

人们通过道家方式对心性、对精气神的修炼，通过达到"得一"，使人身的肉体得到了转化，这个过程，一般需要经过十个步骤。

五藏转阳，识神退位，请出真我，先天一炁，练精化炁，自产元炁，练炁化神，元神成就，日月合璧，纯阳神成就。虽说是十个步骤，但都离不开简单而复杂的四个字来完成这些步骤。这四个字是：凝神聚炁。

三界宇宙

"三十三天天重天，白云里面有神仙，神仙本是凡人做，只怕凡人心不坚。"这是人们熟悉的一首谈论神仙的诗。

为什么说"三十三重天"呢？

在 1600 年前的东晋（316～420 年）时期，中国道教经藏中的至宝《灵宝度人经》，第一次描绘了神仙天界、凡人世界和幽冥鬼界。

距今1000年前的公元1019年，汇集道教经典的《云笈七签》一书完成，公元1029年，此书进献给了宋仁宗。这本书中的卷二十一"天地部"称，地上之天共有三十六层。

最初六天合称为欲界。从第七层到二十四层天，合称为色界。二十五至二十八层合称为无色界。欲界、色界和无色界合称为三界，共计二十八层天。三界之上又有四梵天，就到了三十二天了。再往上第三十三到三十五天，是太清境大赤天，上清境禹余天，玉清境清微天，太清、上清、玉清合称三清天。三十六为最高一层，称为大罗天，与三清境合称为圣境四天。三界、四梵天、圣境四天共计三十六天。所以"三十三天天重天"，说的是道家的修炼层次。

以上内容，是道家对宇宙能量场不同能量空间层次的分类、排序。

现在谈到道家宇宙观的三界理论时，人们一般认为，上三界：宇宙、时间、空间；中三界：天、地、人；下三界：人、事、物；宇宙中有多维空间存在，人们所在的是三维空间。

在日常生活中，人们通过努力、奋斗、通过在"有"的环境里，去争取权力、金钱的不断累积、提升，以为这样就获得了生存与发展的能量和能力。在道家的时空中，人们通过修心、修德、修道，通过在"无"的空间里，去获得"一"，性命能量自然地聚积、提升，从而获得生命能量出三界奔三清的能量和能力。

北宋的《云笈七签》一书中讲到三界，下一章谈佛教，也会谈到三界，因此会给人感觉到三界是道教、佛教中的宗教概念。

如果更深入了解，会发现三界本来与宗教无关。中国最早使用三界这一物质分析方法的鼻祖，还是伏羲氏。因为他所画的先天八卦，只有用三界分析法才能观察到、分析到和记录到。在那个时代，现在所知的各种宗教都还没有诞生，因此，宗教所用的三界概念，也是从宗教产生以前的人类发明、发现中借用来的。

根据无名氏内观的探索结论，三界统一于物质，只是物质性质复杂，依然可分为"有和无"两大类。

第一个世界，是下三界，是以"有"这样的物质为主。第二个世界，是中三界，主要是"无"物质。第三个世界是上三界，主要也是"无"物质。佛教、道教，都把三界细分为三十六界。

从内观观察到的内容来看，是道德产生了内证之法，产生了质分析法，也就是对宇宙物质和生命物质最本质的分析法。

质分析法观察到了三界宇宙，这三界宇宙，只不过是对人们生存的宇宙空间，根据观察到的不同情况，进行分层分类而已。这和人们把一堆苹果按照大中小分成三类几乎是一个道理。

可以初步肯定，内证方法对三界宇宙的观察结果，具有客观性，观察到的宇宙物质和生命物质，是客观存在的东西，不是人们的想象和意识的产物。在中国古代的科学条件下，这种观察，应当看作是极其科学的东西，用"三界"这个词，来描述三种有区别的"有物质"和"无物质"的宇宙。

三界的第一界，就是人们肉眼能够看到，五官能够感觉到的三维空间组成的世界，包括了用现代仪器所能观察到的宇宙及物质。现代人类的科学技术及创造发明，主要集中在宇宙及生命物质的这一层次。这是中国古代所称的下三界。

往上第二界，中国古代称作的中三界。宇宙物质的这个层次，中国古代也叫阴阳界，可叫做阴阳物质界。这一界，是《黄帝内经》和中医所研究的重要宇宙物质和生命物质基础。中医用药、治病，最低也要深入到这个层次，这一界的特点就是具体的阴阳。在这个层次，不采用"有无"、"三界"这样的物质分析法，是无法了解中医极其物质基础的。

中国古代的观点认为，三界宇宙，中三界比下三界物质纯净，道德、能量和综合水平更高，影响力更大。中三界对下三界具有独特的控制作用。中三界对人体生命里下三界的那一部分，具有管理和主宰作用。

再往上，人的元神和灵性这一部分，主要存在于生命物质的上三界。在上三界谈医，进行治疗，是最高水平的中医，也是道家所讲的神医们治病所用的方法，即是上工治神。

总之，三界是绝对物质的，不论哪一界，都是这样，只是物质性质有所不同。三界是统一的一个整体，又相对分界区别，有人把它比喻为是一个大箱子，而不是三个并排的箱子，三界是统一的物质宇宙。

道家眼中的人体

这一节，从道家的眼中所看到人体的精气神，与现代医学眼中的人体有所不同，却有独特之处。

现代医学通过对人体十大系统的解剖研究，得出使人体恢复健康的方法是：

1. 认为人体生病，就是病菌侵入了人的肌体；
2. 寻找出病菌或病毒，然后设法杀死它们；
3. 或者确定病变器官，将病变器官摘除。

这一切，是在 400 多年前的公元 1590 年，荷兰人发明了光学显微镜的基础上做到的。到了 130 年前的公元 1882 年，人们利用苯安染料将微生物组织进行染色，由此发现了霍乱及结核杆菌。往后 20 年间，其他的细菌学家，则是藉由显微镜下检视染色药品而证实许多疾病的病因，现在的光学显微镜已可把物体放大 1600 倍。

道家则不同，道家关注的重点不是研究死亡和病菌的关系，他们将目光放在生命的本原上。

他们认为，世上有千千万万的、无数种类的病菌和病毒，要想发明杀灭每一种病毒的方法实在是难以办到，唯一明智的方法就是保持身体健康，使人体有能力抵抗一切病菌和一切病毒的侵犯。

这个思路和角度，改变了每一个人作为潜在的病毒感染者的地位和处境。这个思路和角度，不是在人们被病魔击倒以后，才病急投医，在染上某些所谓"不治之症"的危险时，才眼巴巴地盼着有什么灵丹妙药来拯救自己。

中国历史上有许多中医大家，都是地地道道的道家。他们关注的核心并不仅仅是如何治病，而第一位的重点是预防疾病。

千百年来，他们代代相传，研究、传播和积累了一套完备而系统的防病方法。这些方法虽古而常新，即使从今天的标准来看，也是非常有价值的。

这套方法就是防止体能遗漏，保持能量平衡。能量流失是身体虚弱和易受病源感染的根本原因。就像电池一样，它需要有充足的能量才能发挥效用。如果想使它充分发挥效用，就需把它的能量填充到最大限度。

每天的每时每刻，体能都在被消耗。早上醒来一睁开眼睛，人们就开始消耗自己的体能，尤其是当集中注意力在看东西，特别是注视运动物体时消耗的体能更多。人们日常的一切活动都在一定程度上消耗了身体这个电池的电能，例如看电视、谈话、跑步、步行、忧虑等。许多不健康的行为是浪费生命能量的重要原因，生气和其他消极情绪也会消耗大量的体能。正如前面提到的，人们从16岁以后，每8年96个月会耗掉64铢能量，耗掉一个阳爻。

任何一种能量流失，如生病，都会导致衰老。如果缺少能量，细胞和组织就会停止再生，变得枯萎，甚至死亡。为了阻止能量流失，"人体电池"必须经常充电。

在通常情况下，"人体电池"通过消化食物和睡眠来"充电"，来补充能量。如果正常的话，"人体电池"在每晚的睡眠中就自动充电了。在白天的活动之后，思考、集中注意力等，已经消耗掉了人体的大部分能量，人会感到瞌睡。睡眠可以使人体的子午线出入口放松，宇宙能量才可以通过经络、穴位注入体内，流遍全身经络，连通每一个细胞，并给他们充电。第二天早上醒来，人会感到精神焕发，因为人体电池又充满了能量，体能水准已回升到一个高的水平。就像汽车的蓄电池和发电机一样，如果一切功能发挥正常，"人体电池"会自动充电。

有时候，从食物和睡眠中得到的能量，不足以补充因某些生活方式带来的压力、紧张和焦虑所造成的能量损耗；有时候人体电池中的某些故障会妨碍它重新充电。这些情况下，要给不可更换的"人体电池"重新充电，就需要通过一个非同寻常的方法来达到目的。

我们在介绍《易经》《黄帝内经》，介绍元精、元炁、元神时提到的许多方法,以及后面第五章、第七章中谈到的许多方法,都可以用来做一参考。

第四节　如何亲近《道德经》

　　人们在谈老子的《道德经》时,一般谈到的是尊道贵德、清静寡欲、自然无为、柔弱不争、返朴归真、天人合一等。
　　在本章中,从道家眼中的人体角度,从元精、元炁、元神,从性命的角度,说明了人们与老子,与老子《道德经》的密切联系,因为老子讲的元精、元炁、元神,讲的性、命,都是每个人的体内不可或缺的部分。看了这些叙述,人们是否能对老子产生了亲近感、尊崇感、与钦佩感呢?
　　我们初步了解了《道德经》,也接触了元精、元炁、元神,性、命,德一能量等这些概念和知识,但我们不能仅仅将其作为离奇的知识,更不应该"装神弄鬼"、胡乱编造和宣传不了解的东西。大道至简不繁,那些故弄玄虚的把戏是要摒弃的。
　　对于喜欢了解老子的人们,最简单的方法,是多读多看《道德经》的原文,既然说老子《道德经》五千文,句句是灵文,那么,它与每个人的心灵就可以有一定的联系。

诵读《道德经》
　　作者的一位朋友,谈到他诵读《道德经》的切身体会:
　　老子的《道德经》,我是从三个月前才第一次看到的。这三个月来每日诵读《道德经》,时间是每日上、下午,一次各四十五分钟的全文诵读,再有时间,就一心不乱地抄写《道德经》的经文。时间长了,有很多感悟:
　　一、诵读的目的
　　人们做事常常怀有非常明显的功利心,做一件事情一定是为了达到什么目的,不达目的不罢休。这恰恰是诵读《道德经》的大忌,诵读《道德经》,我们当感悟老子"无为而无不为"的思想,而不是为了"得"。因为大家太想通过诵读得到什么了,这种想法的出发点本身就是错误的,如果这样想,"成仙"无望,"入魔"有份。
　　二、诵读的方法
　　诵读不是背诵,没有人检查你什么时间背过。为了背而读是对《道德经》的亵渎,这如同狼吞虎咽了一道美味佳肴,你将品不出真正的味道。如果你能做到沐浴更衣,点香一支;盘膝而坐,心念皆空;双手捧经,静心朗读。你会更容易感悟道之所在,道之所存,道之所现,真是应了"天之道……不召而自来"这句话。

三、诵读的效果

诵读的时间长了，经文的内容在人的头脑中自然会生根发芽，真是"感觉空空无，用时妙妙有"。

比如：我在站桩时，忽然间《道德经》中的"外其身而身存"从脑海中迸发出来，从而感悟到了站桩的真谛。当我在静坐时，忽然有人在对我讲"吾所以有大患身，为吾有身，及吾无身，吾有何患？"，顿时明白了何为空、何为放下？迅速能够轻松地入定，达到无我无他无时间无空间的境界。

四、诵读《道德经》，感觉《道德经》全篇皆灵语。

五千言的《道德经》字字充满灵气，每个字都像春天的麦苗一样充满了生机与活力。很多人想通过诵读《道德经》来获得与宇宙相通的能力，那我们就先静心诵读《道德经》第一章中的前六个字："道可道，非常道。"

诵读要求：

1. 反复吟诵，声音大小以自己刚好听到为好。

2. 手印：在静心诵读的时候，双盘坐、单盘坐或自然盘坐皆可。将左、右手的大拇指的指尖腹部压在中指的指甲跟部（具体位置是偏向中指与食指之间的部位），以起到心肾相交的作用，其他手指自然弯曲。

3. 每次至少10分钟。

4. 不用意守。

5. 修习一个星期再说，修习最忌一曝十寒，坚持就是胜利。

6. 对于灵异的事情千万莫要当真，莫要执着，更不可到处宣扬。如果有了，也要让"灵异"随风淡淡地来，悄悄地走。

以上是一种亲近《道德经》的方法。亲近《道德经》的方法，成千上万，并无定法，其亲近的目的，是亲近人类自身的元神，是在自然中，调整自身的元精、元炁，是亲近人类本身。

老子的故事讲完了。

在老子的故事里，人们在整体把握老子关于道、关于德、关于人、关于宇宙自然规律的同时，看到了存在于宇宙和人们自身中的许多的秘密，知道这些秘密的作用，不是为了炫耀，也不是出于学术的目的，而是为了使人们了解、领悟、实证老子说的关于宇宙自然的规律。比如下面这段话：

《道德经》第二十五章说："人法地，地法天，天法道，道法自然"。这是《道德经》中一句非常著名的话。

人们的解释大都是："人效法大地，地效法上天，天效法宇宙大道，道效法着整个大自然的规律"，也就是说，整个大自然都是在"道"的管理下，按照一定的法则在运行着，万物的规律（道）由自然来决定，即是"道法自然"。因此，人们应学会在顺境逆境中从容自然的处置方式。"自然"一词，既用作名词指具有无穷多样性的一切存在物，同时也用作形容词指天然的、非人为的，非勉强的，不做作、不拘束、不呆板的。

几乎所有的人们都是这样理解着"人法地，地法天，天法道，道法自然"这句话的。

但是，如果再往前问一句，"自然"究竟是在说什么呢？

玩味老子的故事，亲近老子，修炼心性，人们将会在无意中发现自己、发现人类更多的秘密，发现人们自身蕴藏的巨大能量。

"自然"，就是：呼吸。

答案好像非常神奇，实则非常朴实，用处自然巨大。

当人们读了下一章的内容后，又会从另一个侧面来认识"自然"，那又是"道之外，'自然'是不可说的，是真性'性空'的体现"。

说这些，并不是神神道道的玄幻神秘，人们一旦体会到了，就是大道不离大德，就是真正的大道并不与日常生活的常道相违背，"神奇卓异非至人，至人只是常"。

老子的《道德经》并不言仙道，不言神秘，讲的是大德、是大道、是宇宙的本然。

又比如，《道德经》第四十二章中有一句非常广为人知的话："道生一、一生二、二生三，三生万物"。在下一章中，人们能从另一个角度，看到这个"一、二、三"究竟是什么。

说老子的故事，人们可能会觉得比读孔子的故事要费劲，因为老子的故事，不似孔子的故事直接。老子非要让人们钻到人体内去找看不见的精气神，这会使许多人不知所措。

实际上，最简单的办法，是实在地、实际地去亲近老子，"道可道，非常道"，人们就会一天比一天"有法了"。

下一章，说释迦牟尼的故事，说佛法无边，这会不会使人们感到法又太多了呢？当人们读完了里面无数的故事后，一方面，人们能整体了解并掌握佛家的内容，而不是仅仅曾经听说过佛家的故事，却说不出所以然。一方面，无边的佛法又有涯，如果人们想要做，也就是八个字；想要说，也只有十六个字；想要记，也就是十个字。8+16+10=34个字，所以，掌握了34个字，就能整体掌握佛家的内容了，人们能相信吗？

即使读完后只剩34个字，但读故事的过程，可能比读唐僧的故事要辛苦，可能比唐僧的历程要轻松，因为读得辛苦的地方，人们尽可跳过去，挑故事看，一样有趣。

一路有趣下去，结果会发现，世界原来是这样的，怪不得唐僧那么辛苦竟都毫不在乎……

第四章 老子的故事

本书作者的纸本水墨山水

第五章
释迦牟尼的故事

第一节 成佛的艰辛过程

第二节 佛法无边边有涯

第三节 佛教与中国之缘

第四节 人们的修行之路

第五节 生命成就的真相

二千年前，佛教从印度传入我国，在漫长的历史长河中，佛教早已融入了中国的文化，成为中国文化的重要组成部分。

说了孔子、老子的故事后，再来说说佛教创始人释迦牟尼的故事，他的故事中充满了神奇、深邃、智慧……

二千五百七十年前的一天，有一位叫"白幢天子"的一生补处菩萨正在人们所处的欲界天中的第四天——"兜率天"中说法。

天上诸佛用天乐等各种的庄严方式，劝请这位"白幢天子"说："正如过去燃灯佛所授记，在贤劫中将有一千人成佛，其中的第四尊佛是释迦牟尼佛，也就是您'白幢天子'，您降生世间、说法度众、示现成佛的时机已到，请您按燃灯佛的授记，答应诸佛殷切的劝请。"

听到这话，"白幢天子"生起了降生世间、说法度众的心念。

"兜率天"的天众听到白幢天子将要降生世间的消息，都感到恋恋不舍，忧虑从今后不能再听闻"白幢天子"的讲经说法，白幢天子知道天众们的心念，告诉天众说："我虽然决定降生世间，但我会将'一生补处菩萨'的位置，授与弥勒菩萨，以宝冠为记，弥勒菩萨会继续在'兜率天'为诸位讲经说法，这件殊胜的事情，无可比拟。"这样，将在未来成佛的弥勒菩萨，现在即在"兜率天"讲经说法，将来也会从"兜率天"降世，修炼成佛。

一生补处菩萨这个说法，是指在这一生中能补到佛位的意思，亦可以说是"即身成佛"的前奏。

佛家三界观

佛经中记载，人类的世界，只是宇宙中三千大千世界其中的一个世界。

什么叫做世界呢？世是指时间，界指的是空间，佛教中也把世界称为"道"，佛教的三界，也分为欲界、色界、无色界，也有三大类二十八层，所以，三界这个词，是就空间来说的。世界一词，说的是时空范围。

现今的人们，都了解另一个更大的描述时空的词汇，就是宇宙。

"宇"代表上下四方，就是所有的空间，包括上、下、前、后、左、右等一切方向，无边无际；"宙"代表古往今来，就是包括过去、现在、未来的所有时间延续，无始无终。所以，"宇宙"这个词，就是指"所有的时间和空间"的总合。

将"宇宙"二字连用，最早出自二千三百年前《庄子·齐物论》一书的"旁日月，挟宇宙，为其吻合。"现如今，宇宙被说成是由空间、时间、物质和能量所构成的统一体，是一切空间和时间的综合体。

一般人所理解的宇宙，指的是人类所存在的一个时空连续系统，包括其间的所有物质、能量和事件。这种理解，人们自然能感觉到，虽然说的都是时空，但宇宙包含了佛家所说的所有世界。

上一章说过道家的三界观，当读者看完本章后，从年代的顺序，会得出道家三界观似乎来源于佛家的结论。可实际上，在中国的古代，三界观更多的是和当时的科学研究联系在一起的，而最早开始运用三界这一物质分析方法的鼻祖，是年代远远早于道家、佛家的伏羲氏。

那么，三界到底说了些什么呢？

佛教认为三界系统是"生命"六道轮回的场所，就是说三界中的众生，存在着六道轮回的生命循环系统。这里说到的欲界天、兜率天，就是佛教所说的宇宙里三界中的内容。

佛教将众生在世间的生灭流转变化，按照众生的欲念和色欲存在的程度，分为了欲界、色界、无色界三种，统称为三界。

居住在欲界的众生，从下往上，分为地狱道、饿鬼道、畜生道、人道、阿修罗道、天道六种，合称为"六道"。地狱道、饿鬼道、畜生道被称为是"下三道"；人道、阿修罗道、天道被称为是"上三道"。人们在《西游记》的故事中，接触过上天入地的各类说法。

佛教中的欲界，是指具有情欲、色欲、食欲、淫欲等各种欲念强烈的有情众生所生存栖居的地方。有情众生的欲念、欲望强盛，所以称为欲界。

三界中的第一界，是欲界天。 欲界天依照所居住的地方分为两类，一类是两层的地居天：即四天王天、忉利天，分别居于须弥山的山腰和山顶。

二类是四层的空居天：即夜摩天、兜率天、化乐天、他化自在天。欲界天这样就被分为了六层，这是空间的划分。

欲界天的天人们离不开六种欲望：即"色声香味触法"，所以也叫六欲天。六欲还有一种解释，是指色欲、形貌欲、威仪姿态欲、言语音声欲、细滑欲、想欲。总之是身心两方面的各种欲望。

欲界天里的"夜摩天"，也叫做焰摩天、时分天。有书中记载，地球上的时间是依太阳系统来的，焰摩天超过了这个太阳系统，时间上有很大差别，是相对的。那里以莲花开合为一昼夜，一昼夜等于我们地球时间的二百年，所以他们看人类，像人类看浮游生物一样，比浮游生物还不如，早晨生的，不到中午就死了。那里没有日月光，天人自己发光。

夜摩天上去是"兜率天"，据称，弥勒菩萨现正在兜率天内院说法，那里还是有六欲。兜率天那里的一天，等于地球时间的四百年。

为什么会有一天等于地球的二百年、四百年等现象呢？这就涉及到了时间是什么？

智慧的中国人这样描述说：

时间的存在本质是能量场的存在，当时间流过密度大的星体时，会因为星球质量密度的吸引而对时间场产生漩涡现象，时间就会运行缓慢；空间的存在，是宇宙粒子微观层面立体的构成，人类生活在分子空间，而从宇宙中的空性到分子构成的人类存在肉体的宇宙境界，庞杂无量无限微观不同层次的粒子，构成了无数的世界。

分子构成的世界中，庞大无边无尽的宇宙，时间场的存在就好像一个个橄榄球，时间的场能是有边界的，不同物质星球的集团，整体存在一个时间，比如银河系，整体存在一个时间的限制与推进，脱离时间场能还能独立存在的物质是不存在的，时间就是分子基础物质存在的律法特性制约，就是成住坏灭空，物质败坏需要时间的推动。

由此，佛教经典在诠释数量、时空量时，认为"一个不算少，万亿不算多"；"微尘不算小，虚空不算大"；"刹那不算短，劫波不算长"；"一即一切，一切即一"，宇宙万象皆是众生心化而已。

所以说，人间的几百年，忉利天才一昼夜；忉利天几百年，夜摩天才一昼夜。这样算来，人间的一日，在夜摩天尚不及一秒，如此说明，时量是实无标准可言的。时间是要标识相对比较而产生的，如果没有参照物，是不知道时间的。

兜率天再往上去，是"化乐天"，也叫乐变化天。有书中记载，那里一天等于地球时间的八百年。并说那里的孩子是在男性的膝盖附近化生的。各种玩的吃的东西，自己都可以变化出来。那里有那里的定境，不过不是真的禅定，是欲界定。据说，在到了欲界的这个第五层天————化乐天后的天人们，可以随手招到麒麟、仙鹤、凤凰。

化乐天再上去，叫"他化自在天"，是天魔所在。他化自在天天主叫魔王波旬，是整个欲界之王。释迦牟尼佛成道之前，就是他来进行干扰、测验释迦牟尼成佛决心的。

三界中的第二界，是色界天。色指的是仍有色身，在欲界之上，无色界之下。那里有精美的物质，而不再有男女的情爱欲望。

色界天依禅定的程度分为四类十八层：初禅天，二禅天：少光天、无量光天、极光净天（光音天），三禅天，四禅天。

根据佛家的说法，地球上的人类都是来自色界天里二禅天中的"光音天"，而不是来自猴子的进化。

事情的经过是这样描述的：在"光音天"里，有些天福已尽、禅定力退失的男女天人，被地乳所诱，而来到地上，吃了地乳之后，身体变重，失去飞升能力，遂成为最初的人类。他们失去了天衣的遮蔽，露出了身体，男女互相见到彼此的身体，于是产生情欲，从而组织家庭、繁衍后代。

到了色界天，众生是离欲的，是一心一意寻求佛法的，没有清规戒律，但是整个场合非常神圣，每个天人的表情都非常肃穆，他们最大的幸福就是可以坐在一起聆听天上的菩萨宣讲佛法，渴望更高层次的美好，在一起更多的是讨论精神享受，互相交流神通，谈谈玄学，展现各自境界的智慧。

色界的最高层都是神的形象，包括人们传说中的玉皇大帝、天官天兵、八仙等。如此说来，《西游记》中的孙悟空，一个筋斗可以从欲界进入色界。

三界中的第三界，是无色界天。色界天仍有色身，无色界天已没有色身，它是以意识身的形式存在的，唯有受、想、行、识四心，是有厌离物质的色想，而已没有了物质的有情所居住的世界。

无色界的地方，无一物质之物，也没有身体、宫殿、国土，那里的存在形式就是光，唯以心识住于深妙的禅定，所以称无色界。

无色界在色界之上，共有四层天（空无边处天、识无边处天、无所有处天、非想非非想处天），也称作四无色、四空处。

无色界是一个界限，那里的境界所存在的程度，只有高出他们更微观的生命才能看到。据说，无色界的生命基本都是透明的，只是有意识存在，那里的花草树木都是神，其境界程度智慧能量比色界的仙、王都大。生命所存在的境界更普遍的是一种净修状态，但是在那个空间的生命意识体，可以感受到同等存在的意识体，那个地方基本就在某个境界中的思维交流里，他们交流的是如何提高地上的生命，使世界变得更加美好，他们的本性已经离我，都是为了他人，他们会以无形的自然力量的形式出现和表现，以帮助众生。

欲界、色界、无色界，三界的果报虽有优劣、苦乐等差别，但都属于迷界，是众生生死轮回的地方，因而为圣者所厌弃。

之所以这样，是因为三界中的"情"作用于三界中的所有众生的缘故。在三界最微观、最高深的地方，有一个界定，就是"情"，"我"即是情的体现，这也是区分人神的标准。

三界众生统称为有情众生，在欲界、色界、无色界这三个大层次划分的天体范围中，众生与世界也是很庞杂的，不同的神仙有自己的范围和生命体系，离人越近的神，情越重。所以，佛家认为，世界是有情幻觉中的幻相，因为在有情界里，各有各的不同空量，空量的距离，近不在眼前，远不在天边，唯心所显。故而，空量与时量一样，都是实无标准可言的。

在佛家说的三界内，要离开欲界才能进入色界，离开色界才能进入无色界。能离开三界，又能进入三界，才是超越于三界的解脱者。如果用现代科学术语来解释，就好像是不同能量场的人，以电磁波、光波、磁场的形式，居于不同层次的"有"和"无"的空间。

人们一定会有疑问，佛家为什么要构造这个三界系统呢？

实际上，就如上一章中说到"老子并非如人们所说的试图去建立一个囊括宇宙万物的理论，老子实在是'看见了'宇宙万物中'道'的模样"，同样，佛家是"看到了"宇宙自然中三界的运行机制，而并不是人为编造这种系统结构来说给世人。何以证明呢？

我们来看在宇宙自然中，三界是如何产生的。

有人用学理的方式，透彻、明了地描述了人类所处三界的来历：

"意识"是法界众多法性的表现，众多法性"意识"能量的累积就会形成"感受"这种能量存在，就好像是众多的"光线"聚焦在一起，会形成"热能"是一个道理。

此时的"感受"并没有"情"的参与，"情"是在"感受"的基础之上，由众生的习气、业力累劫形成的三界生命特质，是能够派生出执着、欲望、观念、轮回、因果的载体。

因为构成众多生命基础法性特质的微观能量的形式不同，又有庞杂的不同特质形态的"智慧能量"粒子的参与，会形成三界空间之内不同空性纯度境界、不同层次能量粒子，他们共同构成的不同"密度能量"空间就是三界不同层次的"三十三层天"，这也就是"欲界、色界、无色界"的由来。

说了这么多关于三界的内容，那么三界以外有什么内容呢？

三界之外

在前面的这句"'意识'是法界众多法性的表现"的话中，所说的"法界"，即是三界以外的内容。

三界之外的法界，佛陀说是真实的宇宙，那里是无量佛国的天下，一般来说，人类永远无法得知那里的真相。

无色界的众生离法界较近，可以最大程度地领会到法界的真相。

法界外的众生是没有自我意识的，其存在就是宇宙律法的存在，律法是造就一切物质、一切宇宙、一切众生的根源。佛国世界的天人众生是法界中的百姓，那里的境界比三界中的无色界的生命高出很多。

真正的菩萨和佛都在三界之外，在三界之内的菩萨和佛，都是为了度化三界众生所展现出来的化身和形象，不是佛菩萨的真实形象。

初步地说明白了三界的概念和内容，再接着往下说故事。

佛陀降生

话说"白幢天子"从"兜率天"中观察了人世间的种姓、氏族、时、地、母亲等五相后，决定降生于中土印度迦毗罗卫国的净饭王的家中，于是他化乘六牙白象，象口含白色莲花，入住到迦毗罗卫国王后摩耶夫人的母胎。

这夜，摩耶夫人梦见六牙白象进入腹中，随即有了身孕。

历经十月怀胎后，依印度当时的习俗，摩耶夫人要返回娘家天臂城待产。她在许多的侍卫护送下启程，途中行到蓝毗尼园时，见到树木苍郁、百花盛开，一切景物极为清净而美好，摩耶夫人走到一棵葱茏茂盛的无忧树下，伸手去抚摸无忧树的枝叶，这一下惊动了胎气，于是佛陀诞生了。

佛陀诞生之时，出现了各种殊胜的妙相与瑞兆：大地有六种吉祥的震动，三十三天之主、后来成为佛的护法神的帝释，色界初禅天之一的大梵天，都以各种化身示现,守护四周;天女在空中散花,天乐缭绕,天众以殊胜美妙的甘露沐浴佛身。甘露沐浴佛身后来成为了"浴佛法会"的由来。

佛陀诞生后,随即在东、西、南、北四方各走七步,每走一步,地上都涌现出宝莲承接佛足。世尊一手指天,一手指地,说道:"天上天下,唯我独尊;三界皆苦,吾当安之。"这一举动,被认为是佛陀在世间示现成佛的缘起。

佛陀诞生后,起名乔达摩·悉达多,是古印度释迦族人,出生地是印度迦毗罗卫国,位于现在的尼泊尔南部,悉达多被后世认为是佛教的创始人。

悉达多成佛后被称为释迦牟尼,尊称为佛陀,意思就是觉悟者,也就是彻底领悟宇宙和生命真相的人。

信仰佛教的人常称呼释迦牟尼为佛祖,佛教中记载,每年阴历的四月初八是佛祖释迦牟尼的诞辰日,佛教将这一天定为"佛诞节",也称"浴佛节"。在"佛诞节"的当天,佛教庙宇都举行一连串盛大的浴佛仪式等庆祝活动,祈求佛祖庇佑众生,消弭灾难。

佛陀的降生是发生在什么时候的事情呢?

根据记载,佛陀出生这年,是公元前的 565 年。

这一年,中国的老子已经六岁,在佛陀 14 岁时,中国的孔子出生。佛陀于公元前 486 年 81 岁时逝世,七年后的公元前 479 年,中国的孔子逝世。所以,佛陀与老子、孔子是同时代人。

第一节 成佛的艰辛过程

印度迦毗罗卫国国王净饭王听到摩耶王后在兰毗尼花园生下了太子,高兴万分,立即赶到兰毗尼花园,将王后和太子接回了皇宫。

摩耶王后生下乔达摩·悉达多太子仅 7 天之后,就因病去世了。

幼年时代的悉达多太子由他母亲的妹妹、姨母摩诃波阇波提王妃抚养,波阇波提王妃是在姐姐摩耶王后去世后续嫁给净饭王的。波阇波提王妃容貌端庄秀丽,性格温柔、娴静,她十分钟爱,并精心抚育悉达多。

幼年的悉达多太子已有沉思的习惯,世间许多现象被他看到之后,都容易引起他的感触和深思。

在传统的"王耕节",国王要在这一天亲自耕种土地。悉达多太子随净饭王来到田野,看见农夫赤背裸身在烈日下吃力地劳作,耕田的牛被绳索鞭打得皮破血流;犁铧翻出来的小虫蚯蚓,被鸟雀竞相啄食,鸟雀又被蛇吞食,蛇又被鹰吞食。这一幅幅生存斗争、弱肉强食的情景使王子感到很痛苦，他无心游玩，而是走到一棵阎浮树下静坐沉思。

随着年龄的增长，乔达摩·悉达多太子的相貌越长越奇伟，天资也十分聪慧。他的父亲净饭王对他期望很高，希望他继承王位后，建功立业，成为一个转轮王。太子从7岁开始学习当时王族应具备的一切学问和技艺，到12岁，就已经达到当时印度最高的学术水平，悉达多太子又向武士们学习武术，成了骑马、射箭、击剑的能手。

然而，净饭王发觉自己的儿子对人世间的苦难情景思虑太重，深怕太子产生厌世出家念头，于是，就为他建造了三座豪华的冬天防寒、夏天避暑、雨季防潮的宫殿（称三时殿），又选来上百名美丽的少女随时为太子歌舞。

在悉达多太子16岁的时候，父亲便为他娶了他的表妹耶输陀罗公主为妻。企图以享乐转化太子，让他放纵情欲，沉迷娱乐，摒除厌世出家的念头。但是这一切并未引起悉达多太子的兴趣，反而使他感到喧嚣、厌烦，更引起他深远的思考，"人世间有数不尽的苦痛和忧虑都未能解决，一味的追求享乐就能解脱吗？人的生命是短暂的，享乐又能到几时呢？"

悉达多太子美丽的王妃耶输陀罗，为悉达多生下了一个儿子。净饭国王十分高兴，下令全国举行庆贺。但悉达多太子的内心却感到沉重。他给自己的儿子所取的名字叫罗睺罗，这个名字的意思是"覆障"，就是潜伏的一种障碍。这时的悉达多太子已经有了出家修行的念头，他怕因为有了儿子而增加他留恋家庭的感情。

"罗睺罗"这个名字的意思也解释为"圈子"，就是说有了儿子要受到束缚，就像被圈子套住了一样。

出家修行

终于，悉达多太子19岁时的一天，他郑重地恳求父亲净饭国王允许他出家修行。在二月初八的午夜，悉达多太子起身先来到妻儿的卧室，他凝视着熟睡中的耶输陀罗公主和儿子罗睺罗，默默地向他们告别后，离开了父亲为他修建的豪华宫殿，毅然决然地舍弃王位出家修行，去寻找在精神和肉体上获得终极的解脱之道。

悉达多太子出家后，先到了跋伽仙人的苦行林，那里的修行者有的披着草衣，有的身着树皮，或躺在泥土里，或卧在荆棘上，他们以种种苦行折磨肉体，以求得精神的解脱。悉达多不满意这种做法,滞留一宿便离去了。

悉达多的父亲净饭王听到儿子出家的消息，十分悲伤，派人劝说无效，便在亲族中选派了阿若骄侨陈如、阿说示、跋提、十力迦叶、摩诃男拘利等5人伴随着他。

悉达多带着5个随从渡过恒河，到了摩揭陀国的首都王舍城，国王频婆娑罗会见了他，并请他应允，如果得道，请先来度我频婆娑罗。尔后，悉达多寻访隐栖在王舍城附近山林的数论派信奉者阿罗逻·迦罗摩和郁罗迦·罗摩子，向他们学习禅定。

悉达多首先学习"无想定"，即没有妄想的禅定。学习无想定三年，达到了无想定的境界后，悉达多发现所学还不是真正的人生解脱之道，便丢掉了无想定，如佛经上记载"知非即舍"。

悉达多带领五个随从又来到尼连禅河边的加阁山苦行林中，和那里的苦行人一起修行"非想非非想定"。（前面说到，三界里无色界天的最高一层，是非想非非想处天）。

"非想"，指的不是人们普通惯性的思想境界；"非非想"，是指"不是思想"，"非想非非想定"与"无想定"的那个"定"，又完全不同。无想定是把思想完全灭除掉，而这个非想是"绝对没有思想"，可是又不像无想定般什么都不知道。三界的最高层，就是非想非非想的境界，它什么都没有，没有"想"的波动，没有想的"意"，不是想，也不是未想的"空"，那个地方，还剩下"存在"。

那个地方不是"断灭空"，不是"真空"，那个地方还是有"妄想"的"存在"，是"虚妄"的存在，但是那个"存在"却没有对"存在"认识的意识，仅仅是"确定"万有宇宙是"真实"存在的，这是当时所标榜的最高修炼方法。这两种修持的功夫和实验，已经涵盖了世界上很多修持的方法。

悉达多又用三年的时间，达到了"非想非非想定"的这个境界，证得以后却发现，它还不是真正的人生解脱之道，于是"知非即舍"，又丢掉不要了。

当时悉达多再也找不到明师，就自己到雪山去修苦行了。悉达多静坐静思，身不着衣，不避风雨，每日仅食一麦或一麻，坚持不懈，长达六年之久，身体已极度消瘦，但仍没有找到真正解脱的方法。这时他感悟到：当时印度修苦行的方式中，没有真正能使人达到大彻大悟的道理和方法，只是一味修苦行是徒劳无益的，于是他决定结束苦行，就下山去了。

悉达多结束苦行后，先到尼连禅河中洗去了他身上的积垢，随后接受了河边牧羊女的牛奶，恢复了体力。他的5个随从见他这样做，都以为他放弃了信心和努力，便离开了他，前往波罗奈城的鹿野苑去继续他们的苦行。

悉达多太子独自一人走到一棵枝叶繁茂的毕钵罗树下，拾了一些草叶铺了一个座位，他面向东方，盘腿静坐，当时发下誓愿："我若不能证到无上大觉，宁让此身粉碎，终不起此座！"

悉达多太子的这一誓愿，是向宇宙中诸天神佛发愿，宁碎此身，定要成就正果，如不觉悟，终生不起，就算是死也不离开禅定境界。这体现了修行、信仰，绝对不只是口上说一说的，而是需要用生命的全部去供奉的。

佛经上说，魔王波旬害怕悉达多太子会真正觉悟，就派了三名魔女（这三个魔女是：爱欲、乐欲和贪欲）来殷勤献媚，诱惑太子。但太子对魔女的挑逗视而不见，毫不动心。

第五章 释迦牟尼的故事

魔王见魔女引诱没有成功，就带领众魔亲自来到悉达多太子座前。魔王威胁太子说：如果太子不立即回到皇宫去享受荣华富贵的生活，就让太子粉身碎骨死在树下。悉达多太子专心修行，对魔王的威胁就如同一无所知。

　　这时，魔王便命众魔刀箭齐发，杀向太子。但魔鬼的刀箭却不能接近太子的身体，突然天空一声巨响，护法天神来帮助太子，将魔鬼全部驱散了。

悟道成佛

　　根据释迦如来应化史集的记载，悉达多太子静静地坐在毕钵罗树下，在六天之内，先证得四禅八定，再证得意生身（依"意"所化生之身），而后陆续一夜之间证得六神通。第七天的凌晨，天朦朦胧胧的，月亮下去了，晨星出来了。

　　悉达多太子抬头一看天上的一颗明星，一下大彻大悟,睹明星而终悟道。

　　悉达多太子睹明星而悟道，成就了自身永恒不灭的如如本性，洞彻了宇宙十方世界的过去与未来，悉数了无量天国与六道众生的真相，看到了自己与众生在六道轮回中无数次的生死幻灭过程，了解了众生的一切因果与未来，解脱了因果轮回中一切组成幻灭的因素，证悟了佛性与佛法的光明。

　　悉达多太子睹明星而悟道的这段"成就了、洞彻了、悉数了、看到了、了解了、解脱了、证悟了"的对于悟道过程的描述，其实是非常非常不简单的，因为它是整个佛教思想的核心，因为它隐喻而没有讲出来的，是人类所看到的、感受到的、探知到的、记忆中的一切有关于世界、宇宙、生命、人类社会的一切现象，以及知识、思想、观念、情感，都是虚假的、虚妄的，都是人类的心灵中、思维中的执着、欲望所产生的幻想。

　　这么说，是多么严重的问题啊，同时，又是多么让人无法理解和接受的啊。

　　它隐喻着人们所看到、所感知到的一切，并不是真实的宇宙真相，而人们的生命本性所存在的那个宇宙，才是真实永恒的。佛教中把这个生命本性所存在的宇宙称之为"第一义宇宙"，而把人们生存的这个宇宙，包括六道众生，称作是"形而下的第二义宇宙"，是"第一义"宇宙的倒影，是虚幻的，本质是空无的，是众生的业障与幻想所成的。

　　这是为什么呢？为什么会得出这样的结论呢？

　　当修炼者在整个修炼过程中，当一个人在自身内找到了自性的"实有"后，就能够解脱人们这个"现实"的"虚幻"，达到生命本性永恒的圆满，才能回归先天就存在的、无生无灭的佛性。

　　那么，什么是人们生命本性永恒的圆满呢？一般人们所认为的圆满，是满足了人类的欲望和各种需求、幻想、妄念，最终满足了妄想的欲望就视为圆满。

而在佛家认为的圆满恰恰相反，它是通过修行来清净心灵，去除众生所有的幻想，解脱众生累世形成的业力习气，从轮回生灭的因果业障中，解脱众生沉迷生死的真性如如，绽放出众生原始先天本性的清静，不染一尘，不生一妄，没有任何幻想的波动，称为"圆满"。

悉达多太子正是做到了这一点，因此，悉达多悟道后，随即就说了一句话："奇哉！一切众生，皆具如来智慧德相。"

这是什么意思呢？就是：好奇怪啊，每个人都是具有佛性的，不但都有佛的智慧，还有佛的功德，一切都具备、都没有欠缺，每个人都有可能成佛。可见，佛陀的眼中所看到的都是佛陀。接着他又说"但因妄想执着，不能证得，若离妄想，一切智、自然智，即得现前。"既然一切人个个都能成佛，普通人为什么没成佛呢？原来，是有个东西把每个人都挡住了，所有的思想、感情，被这个"妄想"的东西挡住了。只因人们的妄想执着，人们把自己的主观抓得很牢，所以不能成佛。

悉达多太子讲完了这个话以后，就准备要涅槃了，大梵天的天主赶快下来跪在面前说："你老人家不能走啊！你多生累世发愿，悟道以后要度一切众生，你现在悟道了，怎么可以就走呢？我们还没有得度啊！"天神劝请佛陀慈悲为怀，救济众生脱离苦海。由此原因，佛陀未走，留在人间，开始说法。

悉达多太子获得了彻底的觉悟，成了大智慧的佛陀。这一年，佛陀三十一岁。因为他属于释迦族，人们就尊称他为释迦牟尼，意思是释迦族的圣人。

由于悉达多是坐在毕钵罗树下成佛的，毕钵罗树从此就都叫做菩提树。菩提就是"觉悟"的意思。那么"佛陀"的意思是什么呢？

"佛陀"的意思

佛陀的意思是"觉者"或"智者"，人们平时简称为佛。后来，佛教对佛的解释有三种含义：

1．正觉。对宇宙间一切事物无增无减地、如实地了解了，觉察了。
2．等觉或遍觉。不仅自己觉悟了，而且能使别人也觉悟。
3．圆觉或无上觉。自己觉悟和使别人觉悟的智慧、行动和功德都达到了最高和最圆满的境地。

正觉、等觉、遍觉、圆觉或无上觉，这些词汇，对于现代的人们来说，都是比较陌生的，但从它们的意思解说来看，还是容易理解的，因此简单地说，佛陀就是自己觉悟了，并能使别人与自己一样成为觉悟的人。

释迦牟尼佛经历了十二年的苦修勤练，终于达到大彻大悟，睹明星而悟道，对此，能不能仅用一句话来说出佛陀究竟是觉悟到了什么呢？

关于这一点，2500年来，研究佛学的人们的认识基本是一致的，佛陀觉悟到的就是："缘起性空"。

进一步说，释迦牟尼佛彻底觉悟到的是缘起性空的真理，它包括了四个部分：1. 四谛；2. 八正道；3. 缘起论；4. 三法印。

弘扬佛法

释迦牟尼佛经历了十二年的苦修，觉悟后，开始将自己的修炼成果如实地告诉给了世人。

释迦牟尼当初出家的目的，是为了寻求解脱生老病死等痛苦之道。他悟道、成道后，49年间，他以大慈大悲之心，以博大精深的智慧，以不畏艰苦的精神不断地弘扬佛法、教化众生。在鹿野苑第一次说法时，他以浅显的语言，生动的比喻，讲述了如何修道才能解脱烦恼、永离苦海的真理。

佛陀给大众说"佛法"，给人们的感觉好像是一群人，围绕着佛陀，佛陀就开始给大家说法了。但实际上，佛陀说"佛法"，必须要有人先请法，就是必须有人先提出问题，佛陀才能说法；如果没有人请法，法就不容易说。这又是为什么呢？

因为一个真实觉悟者的思维是空无的，觉悟者没有思维，觉悟者是以寂灭的空性智慧，参透宇宙间有形无形的一切现象与生命，空性的寂灭涵盖了苍穹宇宙，使无尽苍穹、无量世界、无尽众生的真相刹那可以尽收眼底，觉悟者能够洞彻三千大千世界的极尽奥秘，因而如果没有一个"缘起"，没有人问问题，就很难讲解，犹如"老虎吃天"，无处下口。

觉悟者的一切都是圆融不破的，圆满无漏的，如空性的"圆镜"一样，照尽苍穹的奥妙，如有任何自性的动念，真如的空性就破了，如何又能讲法呢？由此，人们在佛经中总能看到，在佛讲经前，都有"合掌恭敬，而白佛言"的记载，这儿的"白佛言"就是在"请法"。

佛陀说"佛法"后，所讲的主要内容就是前面提到的"缘起性空"的真理，就是：四谛、八正道、缘起论、三法印。这些内容后来成为佛教的根本教义，实际就是释迦牟尼佛证悟以后所讲述的宇宙实相。

四谛，也称四圣谛。"谛"是实在和真理的意思。四谛指的是苦、集、灭、道，"苦集灭道"是佛教对于宇宙三界中的概括性认识。

四谛是佛教大小乘各个宗派共修、必修之法。佛说四谛是要众生知道四谛的真理，断掉烦恼证涅槃。如果是专修四谛以求达到涅槃的人，一般称他们为小乘声闻人。

苦谛，是生老病死，是世间存在的种种苦的现象，人生是苦，真实不虚，就称为"苦谛"，即所谓"一切皆苦"。

集谛，是一切可以招引苦果的种种恶因，是讲造成痛苦的各种原因或根据。例如无明，爱见等烦恼叫做"集谛"。

灭谛，是灭惑业而离生死之苦，是讲苦的断灭，一切苦恼永远的消灭了就叫"灭谛"，即断灭一切产生苦的原因，达到无苦的境界。

道谛，是一切能灭除苦恼的圣道（即道路与方法），是完全解脱实现涅槃境界的正道，是实现正道所应遵循的途径和方法，叫做"道谛"。

要实现"道谛"，又必须遵循"八正道"。

八正道，也称八圣道、八支正道。主要是在解释要实现"道谛"，所必须遵循的八种途径：

1. 正见（正确的见解）；
2. 正思维（正确的思维）；
3. 正语（正确的语言）；
4. 正业（正确的行为）；
5. 正命（符合佛教戒律规定的正当合法的生活）；
6. 正精进（正确的努力修练消灭一切烦恼，达到无忧寂静）；
7. 正念（正确的思想，铭记四谛等佛教真理）；
8. 正定（正确的修习禅定）。

佛法认为，人们按此来观察、思考、说话、行动和生活，就可以达到涅槃的境地。涅槃的意思是圆寂,圆是智慧福德圆满,寂是灭除了一切惑业，永恒寂静，达到解脱的境界。因此，这是既对人们讲明了道理，又告诉了人们具体的方法。

那么，人们在现实生活中,对这八个"正"字如何去把握呢？非常的简单，也非常的不易，答案也是八个字：利他无我，奉献牺牲。

为什么是这八个字呢？后面会详细道来。

佛教的经籍非常繁多，但内容都不超出四圣谛，而四圣谛所依据的根本原理则是缘起论，就是"自性本空，性空缘起"，佛教的所有教义，都是从缘起论这个源泉中流淌出来的。

了解了四谛、八正道、缘起论，那么，三法印是说的什么内容？ 三法印，是指"诸行无常印、诸法无我印、涅槃寂静印"，人们一般简称为"诸行无常、诸法无我、涅槃寂静"十二个字。凡符合这三个原则的，便是佛陀的正法，就有如世间的印信，用以证明真伪，所以叫做法印，三法印是修行者的根本指导。

三法印的故事

说到三法印，人们看到、听到这十二个字，大多都不会有多少感觉。有这样一个真实的故事：

有一次，佛陀在雪山修行。一天，听到一个人说："诸行无常，是生灭法"，说到这里，便停止不说。佛陀在那一世是个老修行，抬头一看，原来是一个罗刹鬼说的，就问罗刹鬼："这首偈颂，还有下两句，你为什么不说呢？"

罗刹鬼说："我三天没有吃东西，饿的没有力气，说不出话来了。"老修行说："你再勉强说出下面两句，我便心甘情愿将我的身体供养你。"

罗刹鬼说："一言为定，你不许后悔，说了不算数。"老修行说："修行人不打妄语，但我有个条件，你说出这两句偈之后，让我刻在树上，将法流传给后人，然后再把身体供养你。"罗刹鬼说："可以！就满足你的心愿。"于是罗刹鬼说出下两句偈颂："生灭灭已，寂灭为乐。"老修行很快将偈颂刻在大树干上。又一想，刻在石头上，时间能更长久些，令后人可以依法修行，就向罗刹鬼要求，请他等待片刻。罗刹鬼见老修行如此诚心，便同意说："你要刻快一点，我实在饿得受不了了。"老修行在石上刻了"诸行无常，是生灭法；生灭灭已，寂灭为乐"十六个大字。刻完之后，对罗刹鬼说："我已完成心愿，请你来吃我吧！"于是，闭目静坐，心无恐怖，一心供养。所谓"为善最乐"，老修行心中快乐无比，视死如归。等了多时，不见罗刹鬼的行动，睁眼一看，罗刹鬼已腾空而起，在虚空现出天人身——原来是天人来试验他求法的诚心！

这个故事告诉人们，对真理的虔诚，不在于是谁说的真理，不在袈裟、名号和神通，不在是不是有众多信徒的拥护，就算是从一个孩童嘴里说的真理，也应虔诚对待。

当一个人，不为任何名利，不为世人的膜拜与称颂；不是为了身体健康，祛病健身；不是为了成佛做祖，圆满得道；不是为了布施，不是为了印经书积累功德；不是为了被升拔到天上，享受天人福报；也不是为了一己的解脱，不为世间一切的所谓好处和获得，只为了得到彰显真理的四句话，只是为了听一声真理的实质，就能够坦然地、欣然地去以身供养，不嗔不怨，这就是虔诚。

虔诚不是虔诚地对待哪一个人，哪一个上师，哪一个法；不是喊口号，不是表忠心，是灵魂对真理的虔诚，是生命对于真理的供奉。因为真理不在一切"相"之中，众生一切的"境界"都是蒙蔽真理之妄想。

释迦牟尼佛所讲的"诸行无常，诸法无我，寂静涅槃"，就是说的宇宙真相，就是说的宇宙真理。而宇宙真相、宇宙真理，是不能够用人们现有的生理功能被限制的肉体，以及因果、业障组成的思维情感的虚幻境界，所能够描述出来的，它是超越了三界众生业障构成的"娑婆世界"之外的真理，是众生本性觉悟以后的真理展现。进一步说，在三界内，没有生命能够圆满地说出佛法的本质，能够说的，都是每个人在本性认识佛法的不同境界中，谈论着对于佛法实体的认知。

所以，才要靠佛陀来弘扬佛法，而佛法是宇宙的起源、存在、永恒及其广大的不可思议，包括老子的《道德经》，以及一切佛经，都是在描述整体宇宙、浩瀚佛法的局部，而不是佛法的终结。佛陀从未讲过他说的法就是全部的佛法，反而说，他说的佛法，就好像森林中的一片落叶。

弘扬佛法的目的

佛陀弘扬佛法，讲缘起性空的真理，讲四谛、八正道、缘起论、三法印，目的到底是为了帮助众生，解决什么问题呢？

佛陀是为了使众生能正确地理解生命、理解真理，理解为什么要修行，从而解脱生命的烦恼，普度众生。

"解脱"是佛教的宗旨，是一切正法的根本要义。

具体说来，解脱，是一个人本性的慈悲解脱人性，是法性的光明解脱黑暗，是利益众生的宏愿解脱私欲，是佛法智慧无漏解脱情感迷障波动，是无私的纯洁解脱索取的煎熬。

佛陀认为，人们的种种痛苦（比如烦恼、争斗等），都来源于自身的贪欲心、嗔怒心和愚痴心，就是贪嗔痴，即所谓的"三毒"，这是人们的身体、语言、思想，身、口、意一切恶行的根源。

贪，贪欲是对名声、财物等自己所爱好的东西没有满足的一种精神作用。明代的一首《山坡羊·十不足》词曲，形象地刻画了人类的贪欲：

"终日奔忙只为饥，才得有食又思衣。置下绫罗身上穿，抬头又嫌房屋低。盖了高楼并大厦，床前缺少美貌妻。娇妻美妾都娶下，忽虑出门无马骑。将钱买下高头马，马前马后少跟随。家人招下数十个，有钱没势被人欺。一铨铨到知县位，又说官小势位卑。一攀攀到阁老位，每日思量要登基。一日南面坐天下，又想神仙来下棋……"

嗔，嗔怒是对不合自己意思的憎恨，从而使自己身心不得安宁的一种精神作用。看到旁人比自己强、比自己名气大、地位高、收入多，甚至长相不如人、身材不如人，等等，就是人们常说的"人比人"，从而就产生了嗔，产生了嗔恨。

痴，愚痴是指愚昧无知、不明事理的一种精神作用。

贪嗔痴这些精神作用的扩张，使得人类相互间争夺不已、仇恨不已，以至永远不知道解脱苦难的真正道路在哪里。

针对贪嗔痴，佛陀开出的药方是：戒、定、慧，告诉人们"勤修戒定慧，息灭贪嗔痴"，戒定慧包括了持戒、禅定、智慧三者，就是由戒生定，由定发慧，由慧起修，分别对治人的贪、嗔、痴三毒，最终可以达到解脱烦恼、究竟涅槃。

戒，是道德的有规范的无害他人的生活标准，用来对症过分的贪心。

定，是对于内心的专注和耐心的培养，可以对症过分的暴躁和没有耐心引起的嗔恨。

慧，是对于生命以及宇宙实相的如实了知，从而对症愚痴。

总之，人们通过戒、定、慧的自我修炼，可以去除贪欲心、嗔怒心和愚痴心，净化自己的心灵。而在具体操作上，则是可以通过人们的布施去转化贪欲心，通过人们的慈悲去转化嗔怒心，通过人们的智慧去转化愚痴心。

然而，虽然有了戒定慧，却又不能执着于戒定慧。佛陀认为，"心生则种种法生，心灭则种种法灭"。

从这点说，烦恼即是菩提，贪嗔痴也是佛法。奇怪，贪嗔痴怎么又是佛法了呢？

因为，烦恼当下的觉悟，就是解脱，解脱的是什么，是要解脱生命的轮回；烦恼当下的觉悟，正是解脱轮回的机缘。原来，说贪嗔痴也是佛法，是从解脱轮回的机缘这个角度来说的。

人们都在人世间生活，如果人们都出家，都去寺院里面修行，那就放弃了在人世间成就解脱的最好环境。因为那样，人们的心仅仅是断了烦恼相，而人们心灵生起各种境界的妄想的根源还依旧存在，妄想的根源，那个贪念、嗔恨，那个执着的痴心，那个无始劫轮回所形成的业力习气，依旧根深蒂固地蒙蔽着人们的真心，无法认证空性，自性依旧迷蒙而无法解脱。

贪嗔痴中，不被贪嗔痴和烦恼带动的人们本有的真性，即是如如不动的佛性，心中有了贪嗔痴，认识到了贪嗔痴，则戒定慧种种法生；当心灭破了贪嗔痴，"心灭则种种法灭"，则戒定慧种种法灭；最终达到离一切相，即是佛相。

佛教中，对于宇宙有明确的认识，就是"缘起性空"，认为宇宙间一切现象与生命都是不长久的，都是"因缘聚合"的暂时体现，生命的种种形式，都是"因果"的轮报，解脱不了"因果"，就解脱不了"轮回"，所以才提出了"苦集灭道"这个对于生命状态的总结。一切众生皆是生存在苦难中，皆因众生的妄想与执着，欲望与困惑，造就了种种现实与心灵的痛苦，所以，弘扬佛法就是要解脱生命的烦恼，普度众生。

三界唯心，心不住相，法我皆空，即是佛陀弘扬佛法的目的。

佛陀弟子与经藏

释迦牟尼佛在世时所收的弟子，分为在家与出家两类。在家弟子太多，无法统计。分散在各地的出家弟子也没有计算。常跟随释迦牟尼佛身边并证得阿罗汉果的比丘，就有1250人。

这其中有10人是被公认学有成就、各有专长的十大比丘：舍利弗（智慧第一）、目犍连（神通第一）、富楼那（说法第一）、须菩提（解空第一）、迦海延（论议第一）、大迦叶（头陀第一）、阿那律（天眼第一）、优婆离（持戒第一）、阿难陀（多闻第一）、罗睺罗（密行第一）。

以上这十大比丘，其中有几个人的塑像，在寺庙中多有供奉。

释迦牟尼佛生前教示，在他逝世之后，僧团要以佛法为师，因此对佛陀的教法进行整理以流传后世是十分必要的。

于是，在佛陀涅槃后的第90天，跟随过佛陀的五百比丘，公推大迦叶为上座（会议主持），在王舍城外的七叶石窟中集会。在会上由阿难陀诵出佛所说的经，由优婆离诵出佛所制的僧团戒律，由大迦叶诵出对教理解释和研究的论著，将佛一言一语都记录下来，形成经、律、论的佛教三藏，比丘们互相传视，并得到与会者的认可，定为确是佛陀所说。这就是第一次结集。

佛教经、律、论三藏中的"藏"，是容纳收藏的意思。结集两个字含有编辑的意义。古代翻译家用结集二字是含有"会诵"的意思。

所以，佛法是释迦牟尼佛生前说的，佛经不是释迦牟尼佛亲自写的，而是佛陀逝世后，他的弟子记诵出来的，他们将佛一生所说的言教结集起来以传后世。

后来产生的佛教典籍的大型丛书《大藏经》，又名《一切经》，即是汇集佛教一切经典丛书的总称。内容包括经、律、论三藏。

《大藏经》的编纂，始于释迦牟尼佛涅槃不久。通过几次会议方式的"结集"，形成一致公认的经、律、论内容，其后又不断增加了有关经、律、论的注释等"藏外典籍"，成为卷帙浩繁的四大部类佛经。

说《大藏经》卷帙浩繁，是怎样一个浩繁呢？当代有人实践过，每日24小时中，除了必需的休息外，不停地阅读，要花三年时间才能将《大藏经》通读一遍。

现存的《大藏经》，有汉文、藏文、蒙文、满文、西夏文、日文和巴利文等译文。第一部木版雕印的汉文《大藏经》的问世，是在一千多年前的北宋开宝（公元968～975年）年间。以后的元、明、清各朝代至今，出版过木刻和排印本《大藏经》。

佛陀的思想

对于中国人来说，近年越来越多的人开始接触到佛经。接触过佛经的人，一般都知道佛经里有《心经》《金刚经》《阿弥陀经》《药师经》等。通过对佛经的学习，人们了解了佛陀的言论和思想，感受到了佛陀的教化以及佛陀的精神：

1. 佛陀是人而不是神

释迦牟尼佛说法四十九年，谈经谈法三百多会（次），无非是为人们指出一条"成佛之道"。佛陀不是万能的神，佛陀不能赐给人们以解脱，他只是教导人们解脱的方法，成佛没有捷径，人们需要向佛陀一样实证，要凭自己的努力才能得以解脱。

2. 佛陀是真正众生平等者

释迦牟尼时代的印度，社会分成婆罗门、贵族、平民、奴隶等四大阶级，而贵为太子的释迦牟尼眼见社会阶级的不合理，主张废除阶级对立，倡言众生平等。我们看到历史上所有的革命，都是卑贱低下的阶级要求"提高"

和显贵高上阶级的差距，没有像释迦牟尼这样，自己愿意"降低"太子身份与平民、奴隶平等的。同时佛教又主张"无缘大慈"与"同体大悲"，又把平等的意义推上更进一步的境地。

可惜，现在一些走偏了的寺庙，已经被人性的欲望、贪婪、人世间的利益所污染，已经变成了一个人性欲望的集中地了。如果花钱可以买果位（指修佛所达到的境界）、可以买来生、可以买幸福、可以买到灵魂的救赎，那么众生平等是无从谈起的。真如此，佛国、天堂全部属于有钱人的俱乐部了，好似只要有钱有权就是人生圆满的资本，这个显然是败坏，不是平等，更不是真理。

3. 佛陀不是生而知之者，不是独一无二的，人人皆可成佛

从佛陀修行的经过，人们看到佛陀不是天生的，释迦牟尼能够藉修行而悟道，所有千千万万的人们也都可以群起仿效，依照他所垂示的教法修行而证果。"佛"只是对一个觉悟者的通称而已，就像称能够"传道、授业、解惑"的人成为"教师"一样，教师不只一位，人人可以做教师，处处可以有教师。同样，佛不是单指释迦牟尼一个人，人人可以成佛，处处可以有佛。

4. 佛陀不认为有顽劣不可教化的人

佛陀从究竟意义上讲，认为人性是善良的，只要放下屠刀，立地就可以成佛。佛陀更认为真正的"犯人"不是罪恶，而是无知，一切罪恶都是由于无知、"无明"所引生出来的。

5. 佛陀不认为有创造万物的神

因缘合则生，因缘散则灭，没有创造万物的"神"，没有被创造的"万物"。

佛陀成佛后，一次他问魔王：宇宙是如何产生的？魔王说：是我造就的；魔王又反问佛陀：你说宇宙是如何产生的？佛说：是众生的妄想业力聚合而成，人们与宇宙本质都是空无，真性无自性的生灭，圆满清凉。如果宇宙另有一个不变的造物者，请问这个造物主又是谁造就的？人们迷茫生死是妄念所成，恐惧无助的心根本上是因为贪婪妄想，从而去膜拜自诩救世主的邪魔。

6. 佛法是因材施教因地制宜的

佛对众生说法，都是针对不同的根基，随着时空的不同而设教。因教化的对象不同，就有不同的教法。佛法传世二千五百多年，能适应不同的时代，不同的众生，就是它能够因材施教，因地制宜。

7. 佛法是入世的

佛经上所讲的："佛法在世间，不离世间觉，离世求菩提，恰如觅兔角。"就是说明修行要在人间，觉悟也要在人间，因为一个人要想成佛，他不仅要具备信心、信念、虔诚之外，还要在世间进行实际的修行。

8. 佛教没有排他性

任何一种能够存在世上千年以上的宗教，一定对世道人心有着或多或少的裨益，否则这个宗教早就被人类的"智慧"所唾弃。在佛法传世的2500多年中，佛教一直与其他的宗教和平共处，历史上为了传教而与其他宗教发生流血冲突的事，佛教从来没有过。

9. 佛教是民主和自由的

在各种宗教经典中，时常记载神因人不听话而震怒的故事，处罚的方式包括用惨绝人寰的洪水来淹没人类、用瘟疫来杀害人类。在佛教经典里，绝对找不到佛曾发怒的记载，更不会使用这种残酷、无情的处罚方式。佛教对人们是"请来了解"，而不是"请来加入"。

听话、崇拜，是"有我"的具体表现；佛陀是无我、无相、舍弃、利他的榜样。

在佛陀四十九年的教化中，弟子们所看到的他们的导师，总是和颜悦色，慈悲安祥，他对好人如此，对坏人也是如此。佛对自己所说的道理，绝不强迫弟子们接受，他鼓励他们怀疑发问。佛说："大疑才有大悟，小疑只有小悟，不疑就永远不悟。"佛也在最后的遗教时说："我不过是你们当中的一个，常常和你们大家在一起……我从不压迫别人，也不会要人来服从我。"

这是多么慈祥、多么感人的教导。真理是不应该强迫别人接受的，勉强人们去接受所不了解的，或所不喜爱的，那是政治而不是真理。在全世界的宗教中，只有佛教的教主与经典是允许被怀疑、讨论和追究的。但怀疑、讨论和追究，并不能影响佛教对真理的追求。

了解了佛陀修炼的艰苦历程，了解了佛陀的思想、精神，人们知道了释迦牟尼佛思想的根本就是提倡：慈悲、智慧、无我利他。在这个基础上，佛陀讲述了宇宙真理，描述了般若思想体系的智慧大船，这艘大船要把芸芸众生从此岸渡到彼岸去。

以上从九个方面来说佛陀的思想、精神，似乎学术味挺浓，但是这与人们以前想象的拜佛就是迷信，是不是完全不同？实际上，如果不明佛理，希望通过求佛使人升官、发财，那确实是迷信。

佛教与迷信

"迷信"这个词最早就来源于佛教，佛陀把那些心向外求，搞自然崇拜、搞多神崇拜，不了解人生和宇宙实相的人，叫迷信。迷就是盲目，盲目地去产生信仰，盲目的崇拜叫迷信。佛陀谈迷信的目的是为了引导芸芸众生归向于正道，产生正信。因此，迷信和正信这两个概念是相对的。

常常有人在还不了解佛教的基本理论时，误解佛教，把信佛的人看成是迷信的一群，因此，人们对佛教产生了很多的误解和偏见，最终把迷信的这个帽子戴到佛教徒头上。

佛经上记载了礼佛有三叩九拜的种种形式，实际上，这应该理解为人们不是在崇拜佛陀这个个人，而是通过崇拜佛陀所见证的真理，获得解脱的善缘，这将会是生命得救的"缘起"。

比如，释迦牟尼在燃灯古佛在世时期，是一个敬奉佛法的孩子，因为虔诚地敬仰佛法，看见燃灯古佛走过的道路上有泥水，就将衣服脱下，头发散开，铺在泥水路面，不想让佛足沾染泥水，燃灯古佛从衣服、头发上走过去，回头告诉当时的童子，"你因为供养佛陀的这一功德，未来世界注定成佛，道号释迦牟尼佛"。这个故事所讲的内涵，是告诫人们对于真理拥有者的恭敬态度。

前面说过佛经上记载，佛陀在菩提树下大彻大悟证道成佛后，就马上要涅槃，就要走了，后因大梵天主恳求，佛陀才出来说法。所以，当时佛陀本没有想创一个什么宗教。

佛教是佛陀离世后的人们建立的，佛教传承了二千五百年。

据称，佛教为世界三大宗教之一。讲佛教是宗教只是一种通俗的权宜方便而已，实则佛教是以般若的智慧，通过自己修行来打破无明烦恼，成就菩提（觉悟）之道，佛教是觉悟者的教化。

佛教文化

佛教在历史上对世界文化的传播也做出了不可磨灭的贡献，至今依然深深地影响着世界上的很多人。

在文化方面的影响，人们总结了以下几点：

一、佛教译经的诸位大师，用朴实平易的白话文体来翻译佛经，但求易晓，不加修饰，形成一种白话的文体，佛寺禅门成为白话文与白话诗的重要发源地。

二、佛教文学最富想象力，对于缺乏想象力的中国文学，具有很大的解放作用。中国浪漫主义的作品，像《西游记》等小说是印度文学影响下的产物。

三、中国佛教，包含了佛教藏经、佛教文学、佛教音乐、佛教绘画、佛教建筑、佛教雕塑等诸多灿烂的文化内容。

儒道释

前文说到过，有人比喻说，儒家是粮食店，道家是药店，加一句就是，佛家是百货商店（暗示佛法内容之丰富）。儒家从伦理上解决人们的需求，道家从生理上解决人们的愿望，加一句就是，佛家从心理上解决人们的问题。这些比喻虽然不准确，却从人类文化思维的角度在解说着儒道释的基本作用。

中国的文化里，有从伦理、生理、心理为我们解决问题的这些办法，对于中国人，理应感到非常荣幸。

儒道释在中国的历史，都有二千多年之久；儒道释的名头，中国人大多知晓，只是对儒道释的认知程度千差万别；践行儒道释的实证，大多是对中国文化的喜爱者所关心的内容（这儿未指出家的专业人士）。论及儒道释的社会作用，都是二千多年里历代王朝政权在把握着角度和尺度，有时弘扬、有时诋毁、有时消灭、有时暧昧；论及儒道释的个体作用，基本是由个体修行者自己解决修身、修气、修性、修心的问题。

有趣的是，无论儒家、道家、佛家，都是在自己产生了五百年左右的时间以后，儒家开始被皇家所重视并在全国推广，道家也被皇家重视，同时在民间创立了道教，佛家因皇家的重视而从印度引入中国。三家都对中华民族的文化产生了巨大影响。

这中间，佛家的慈悲是空性真理无漏的光明，是佛陀的生存状态；道家的无为接近纯净，但也需要破开执着以后，才能体现真理的内涵。

一位觉悟者说："佛道同体，没有分别，空性无生就是大道无为，是人性的贪婪愚昧、分别心，造就了佛与道的修行形式，都是业障因果的聚合假象。"

佛道是人类不同的生命升华体系，当人们修到了"空性"开始解脱"法性"的时候，"佛法"和"道法"的内核就合到了一起，就是说释迦牟尼讲的"空性"和老子的道家讲的"无为"是同一个东西，都是"真如"在"空性存在"当中的"寂灭"特质，同时又在空性寂灭特质里面，彰显出来"蕴化万有"的这么一种生命力，是大道无形蕴化万有的含意，也正是"真空生妙有"的含意。

道家对于生命宇宙的理解，是自外而内的，通过现象来描述本质，道家说的道更讲究规律，可以通过方式方法去了解去掌握，这就是五行与阴阳的由来；而佛家也分析宇宙，但走的路不同，佛家针对的是精神层面，是对于生命的认识，认为慈悲不是追求来的，是生命先天的本性特质。

道家的无为，佛家的空性，都说的是由于人们对于世界、对于人生有了太多的要求，当达不到这些要求就会产生痛苦，人类有八识，有眼耳鼻身意，有分别心与执着心，分别心的动机是欲望，执着心的源头是观念，好坏、善恶、幸福与痛苦都在此产生。什么时候，人们能不去以自己的标准要求别人，而是能够考虑别人的痛苦，就能体会到原始生命的境界与慈悲。

实际上，从伦理、生理、心理上解决人们的问题，这些无疑是人们日常生活中的大问题，但对于人们的生死来说，这些相比之下又都是小问题。人们既然知道了佛陀在菩提树下悟到的就是"缘起性空"，既然知道了佛陀说"一切众生皆具如来智慧德相"，那么，对于人类这些"皆具如来智慧德相"的众生来说，怎样去除妄想执着，能够证得"缘起性空"才是大学问、大问题，说到底，是人们怎样才能觉悟，怎样才能成佛的问题，而这些，又绝不是常人的"百货商店"的层次能够解决得了的。

第五章 释迦牟尼的故事

对此，佛陀在弘法过程中，告诉人们许多的方法，也就是佛法，如果人们按照佛法真正做到了，也就成就了。

佛法不是思想，不是推理，不是做学问可以做得到的，而是要用实际的科学求证的方法去实践，去实证，去实修。

佛陀说，我毕生讲经四十九年，不曾说过一个字。佛陀为什么说了的话，自己又说没说呢？

佛陀这么说，是因为他讲经是用的比喻，是名相。所以告诫弟子，勿重义名，要重实修。

佛陀说，人们修炼到最后的时期，连佛法本身的执着都是要去除的，佛法文字本身只是真理的载体，是渡人过河的竹筏，过了河，竹筏就没有用处了。

什么叫"过了河"呢？就是通过修炼，找到、证到了自身的佛性。

佛性是宇宙的本性，是空无合一，无漏无碍。万事万物即是佛性佛法的体现，这种广大的智慧，又绝对不是人间的文字可以表达的，"文字是指向月亮的手，文字本身不是月亮"。比如，禅宗的"顿悟"，都只是描述过程、现象、感受，没有任何一个高僧能够讲出来"禅"的真实存在,因为,那是"本性"的再现，与现实的这个"自我"是相对的，本性是真实的，而现实是虚幻的。

所以佛陀说法，是传法的手段，所说的法，如过河之舟，人已过河，就要弃舟前行。儒道释的道理，莫不如此。

第二节　佛法无边边有涯

"佛"，是从印度梵文音译过来的，它是"智慧、觉悟"的意思。当年翻译成中文时,为什么不用"智、觉"这两个字，而采用"佛陀"这个音译呢？因为佛陀的含意，有无限深广的含义，中文字里的智、觉二字还不能全部包括佛陀的含意，因而就采用了音译，然后再加以注解。

按照中国文化中的体用来说，"佛"字有体、有用。从本体上说它是"智慧"，从它的作用上来讲是"觉悟"。

因此说，佛法，就是智慧的法、觉悟的法，佛法是佛讲出的宇宙、世界的真相。所以，听到佛法两字，应意识到是说的智慧、觉悟，而不是在说宗教。

前两章我们提到过儒学、儒教、儒法，道学、道教、道法。同样，也有佛学、佛教、佛法。

佛教是宗教，它有自己宗教的形式、行为、习惯。比如，信仰佛教的人出家（实际上，出离生死，是名出家），男人作比丘，也就是和尚；女人作比丘尼，也就是尼姑，以及盖佛庙、化缘、做法事等，都属佛教的范围。

还有许多人研究佛经，无论东南亚国家的，还是日本、韩国，乃至中国的，许多研究哲学的大学问家，也都喜欢研究佛和佛经，这些都是属于佛学的范畴，是讲理论的，是讲学术的。

佛学家很有学问，讲起来头头是道，但具体怎么做佛陀当年修行做的事，却大部分都不会，原因是大部分人自己并没有进行实证、实修。

而佛法与佛教、佛学不同。佛法是佛讲出的世界的、宇宙的真相。那么佛陀为什么要讲这些呢？

佛为一大事因缘出现于世

佛经上说，"佛为一大事因缘出现于世"，就是说，释迦牟尼是为了一件大事，来到了、出现在了这个世界上。他为什么大事而来呢？

人们知道，世界上所有的学问，最大的学问就是研究生与死这个有关生命的学问，研究生命是怎么来的，怎么没的。

几千年来东西方的文化中，宗教家、哲学家、科学家都在追寻、探索，究竟人从哪里来的？人为什么能生来又会死掉，为什么会老、会病，又为什么会有那么多痛苦、烦恼？

在一个人的一生中，会有很多不同情绪的感受，人们会有发自内心的高兴与快乐，会有处于心灵宽容的慈悲与善良，会有情感所遇的仇恨与痛苦，会有思念的惆怅，会有对各种欲望满足的渴望，这些感受，都是情欲、观念的聚合，在佛教中，称"业障"。一个人在临死的时候，他的恐惧，就是对于"死亡"这种观念的恐惧。可是，死亡这种现实，是不受观念的左右与影响，生命衰竭后，恐惧的情感随着肉体系统的逐步停止而慢慢淡化。当肉体大脑皮层的电波消失，心脏停止跳动，而精神领域的那个"本性"，就逐步地清醒起来了，人真正的死亡之后，就不会有"死亡"的概念了。

当人们的灵魂脱离了表面肉体，进入微观下的宇宙空间，其实，就是进入了自己生前所造下来的"业障"之中，这是生命的秘密！一个人所感受到的一切，全部都是因为人们有这个"感受"的心和现实的善业、恶业这种客观的物质，造就了灵魂所存在的不同世界。

对于觉悟者，死亡就像是捏在手之间上的一粒灰尘，而对于沉沦在生死轮回中的生命，生与死，就是无边无尽的苦海。

生死，是人类存在于世界上唯一的主题。佛正是为这一大事因缘出现于世，释迦牟尼通过十二年的悟道，最终解决了这个问题，然后告诉人们他是如何解决了这个问题，这个就是佛法。

佛法是教导众生的教法，是出世的法；相对的，世间的国王、皇帝统治人民所定的国法，则称为"王法"。

佛法与王法

佛教史中，有关佛法与王法的关系，因时因地而异，有以王法皇权护法者，如阿育王、迦腻色迦王、梁武帝（公元464～549年）等。

也有以王法而抗衡佛法，乃至摧毁佛法者，如我国佛教历史上所称"三武一宗之祸"。"三武一宗"，是指北魏太武帝（公元408～452年）灭佛，北周武帝（公元543～578年）灭佛，唐朝的武宗（公元814～846年）灭佛和后周的世宗（五代时期后周皇帝柴荣，公元921～959年）灭佛这四次事件的合称。这些在位者的谥号或庙号都带有个武字。

在中国历史上，这几位皇帝曾经发动过毁灭佛法的事件，使佛教在中国的发展受到很大打击，因此在佛教史上被称为"法难"。

人身难得，佛法难闻

佛陀在佛经里面一再说："人身难得，佛法难闻。"就是说人们得到现在自己这个人身是非常不容易的，得了人身还能有机会听到佛法，那就更不容易了！得人身、闻佛法，之所以重要，是因为得人身、闻佛法，就有了脱离生死痛苦、超越轮回的机会；人们如是不闻佛法，这个解脱生死的机会就得不到了。

对于这个说法，人们一定会有疑问，中国人那么多，怎么会"人身难得"呢？这就涉及到我们本章开始时三界中的内容了，佛家不认为一个人死了就是一切结束了（对于这一点，佛陀曾经证明给他的弟弟阿难看过），他要在六道中不断地轮回，做人时做了善事，可以还作人，甚至可以作天人；做人时做了恶事，无论这个人在人间有没有被法律所惩罚，他都要去地狱受罪以接受惩罚，因而再做人都是非常的不易。六道中最难得的是，只有人在听闻佛法后能够觉悟，脱离六道轮回，脱离三界的束缚。

佛教里有这样一个典故：一个人要得到人身，并且能听闻到佛法，就犹如在茫茫大海当中飘浮的木头上有一个孔，海中有一只双目失明的乌龟，它在大海中昼夜不停地漂泊，偶尔有一日正好碰上这块木头，并恰巧钻到木头孔当中。这个比方就是说人们在六道轮回中，在生命的此起彼伏、此生彼灭中，能够得到人身已经非常难得了，要保证人身不失更是难上加难。得了人身以后又要能听闻到佛法，使人们能觉悟真理，确实犹如大海中的盲龟钻到木孔里，是难于上青天了，所以才说，听闻佛法的因缘非常难得。

然而，有了人身和听闻佛法的机缘，人们如何才能听懂佛法呢？

由于人类的思维有迷障，人类的疑问多执着；但正是因为人类心中的思维、疑问是不彻底的，因而佛法圆满的智慧，才可以将宇宙真相，从任意一个片段、层面、基点，阐述出来，将真如圆满的"如来法界"真相传递给人类。

正是因为佛陀讲法是宇宙真理的再现，所以众生的如如本性，都会感受到先天存在的激动、欣喜、愉悦，以及宁静和殊胜。

这么说，好似前文谈到的与所有人都有关系的《黄帝内经》一样，佛陀所讲的内容，也是与所有的人都有密切关系的，只是《黄帝内经》是在谈人们的病，而佛陀是在谈人们的命。

佛教认为宇宙万物，遍及一切的物质本性都是空无的，生命只有证得了"空无"的本性，才会回归永恒不灭的"如如本性"，才会证得自性觉悟的"如来面目"，即"诸法无我，诸行无常，寂静涅槃"。

宇宙中的一切既然都是"空"的，那么佛教中所说的"如来"、"菩萨"、"罗汉"，阿弥陀佛的"极乐世界"，到底存在不存在呢？既然一切都是空的，那么这些修炼圆满的大觉悟者，这些天国世界不也是空无不存在的吗？为什么人类还要去苦苦追寻，精进修持呢？佛陀在《金刚经》中说过："若以身见我，以声音寻我，如人入邪道，不可见如来。"那么如来到底在哪里呢？佛教经典《极乐世界游记》和《九品莲花》中不是真实地记载了佛国世界的存在吗？西方极乐世界不是真实不虚的存在吗？人们所看到的、听到的，所修持的佛经难道不是真实的吗？

佛陀所说的"如来"，是生命先天原有的，是生命原始初期的"法性"存在，而绝对不在人类这个生命系统中。

人类对于"佛"的认识和理解，全部都是拟人化的，都是人性俱全的"像"，是人类的观念与执着所集，是人类虚妄执著心造就的"虚幻妄念"。

佛陀所讲的真实的"佛"，指的是众生的先天佛性，只有彻底放弃了后天产生的一切执着、妄念与情感想象，解脱了人类的生命体系，先天的佛性才能觉醒，觉悟的本性即是佛法。其实，这些说法都是由于生命境界的不同所导致的对于宇宙现象认识的不同，也就是"法无定法"。

举一个不完全恰当的例子：人们所认识的空和无，都是站在人们的色、受、想、行、识的五蕴和眼、耳、鼻、舌、身、意的六根上面来讲、来认识的。当人们的生命证得了"空无"的本性后，并不是什么都没有了，而是人们那时的所想所识会认为一切都太简单了，因为人们那时已经发现并身处在了更大更广阔的世界。就好像一个婴儿，嘴上的一个奶嘴就是他的整个世界，如果奶嘴被拿走了，这个婴儿的世界也就崩溃了，他会大哭大闹的。但是，当这个婴儿长大成人后，当他的世界被手机、电脑、豪宅、汽车，以及美酒佳宴所充斥的时候，这时他再看那个奶嘴，就会觉得毫无意义而言。然而，当人们的认识还停留在奶嘴的境界时，当人们对为他所描述的手机、电脑、美酒佳宴还一无所知时，如果要让人们把奶嘴看成空无，那样不就是什么都没有了吗，那样生命活着还有什么意义呢？这就是"由于生命境界的不同，所导致的对于宇宙现象认识的不同"。

佛陀在觉悟后谈出了许许多多宇宙众生的真理，其中最重要的一条，是对人类生命的缘起和人类生存目的的论述。有一个故事，说的是佛陀在世的时候，有一天讲完道后众弟子休息时，几个弟子在闲谈中争论了起来，争论的是在人世间什么东西最珍贵？有一个弟子说，"健康最珍贵，没有健康就没有一切"；另一个弟子说，"诚信最珍贵，没有诚信就没有在人群中生存的基础"；还有一个弟子说，"是真情最可贵，没有真情人们活而无乐"。他们的谈话让佛陀听到了，佛陀聚集起众弟子，让大家讨论，弟子们说什么的都有，最后，佛站起身来，从地上捏了一小撮尘土放在手心，说道："人世间唯有人体最可贵，宇宙众生中，得人体都尤如我手中尘土，失人身者尤如大地尘埃，唯有人体可以听闻佛法，唯有人体可以修炼成佛。"

佛陀为什么这么说呢？佛陀悟道前，在燃灯古佛在世的远古时期，由于佛陀敬奉燃灯古佛的功果，促使了他在生命未来的轮回中有机缘听闻佛法，修道成佛。可是在六道轮回的迷乱中，佛陀曾有一世在世间转生过一个印度的大奠司，为了敬奉上天的礼仪，杀害了二百多只羊，在他生命死后，一世一世地转生为羊，被人宰割，直至最后一世以羊身被抬上奠坛时，羊放声大笑，并口吐人言："由于过去世的罪业，在六道苦海中轮回了二百多世，这一世罪业偿完，我就终于有机会得到人体去修炼了。"

对于这些佛经故事中记载的真实故事，现实社会中的人们几乎已无法接受。

佛法，不是一种哲学，也不是一种理想，佛法就是现实，就是宇宙的过去与未来一切的存在内涵，就是人们的物质世界和精神领域存在的一切根本的源头，佛法不是用来给人们洗涤心灵的，更不是为了向往净土、逃避人世间的苦难，佛法是宇宙和生命的根本真相。

佛法的范围

佛陀在四十九年里所说的佛法、教法，包括了各种教义以及教义所表达的佛教真理。佛陀所觉悟之法，就是缘起的道理及法界的真理等；佛陀所知的法，即一切法，以及佛所具足的种种功德（十八不共法），均称为佛法。

所以从广义而言，"佛法"一词，范围极广，举凡诸法本性、一切世间的微妙善语，皆属佛法，从这个意义上说，佛法无边。"佛法无边如虚空，有情及慧亦无尽"。

就狭义而言，一般所说的佛法多指佛陀所说的经论教法。

一位觉悟者如是说：

佛法，是人类目前还无法真实认知的真理，一切物质的存在都是佛法的表现，宇宙无量世界和最本源的物质都源自于佛法的产生，表现的是佛性的存在。

但这并不是说宇宙间存在的只有佛陀世界，宇宙间还有无尽的其他纯光构成的世界存在，宇宙律法制约着法性；在宇宙无尽量的层次境界中，在无量空间世界中，任何一层宇宙间的物质，都是由比他这一层次宇宙粒子更加微观的宇宙微粒所构成，层层深入，直到本源，直到空性的原始，而空性这种宇宙基础的特质，在圆满成就物质的过程中，就会带有空性本身的制约力，任何物质都在表现它，而物质表现空性的形式，能够圆满展现法性圆满的形式。

佛教中对于生命的起源、轮回，有着极其细致、系统而严密的逻辑分析，是目前世界上所有解释生命本质的最为完整的理论体系。大科学家爱因斯坦思维敏捷深邃，思路广泛无所不及，他曾研究过《大藏经》和《易经》，从而了解到了科学的局限性。

佛教经典浩如烟海，其中的分支派别多如牛毛，但是最根本的精髓就是几句话"缘起性空""三法印""四圣谛""八正道""十二因果"。

这些佛教的基本理论，也阐述了灵魂的存在本质，以及存在形式的差异原因。从空间上看，宇宙是没有边际的。从时间上看，宇宙是无始无终的。佛陀将"一个日月所照"，称为一个"小世界"，相当于现代的人们所说、所指的一个行星系，我们大家的所在为太阳系。一千个小世界组成一个"小千世界"，相当于现代人们所指的一个恒星系，我们大家的所在为银河系。一千个小千世界组成一个"中千世界"，一千个中千世界组成一个"大千世界"，人们常将"大千世界"称作"三千大千世界"。宇宙由无数个大千世界组成，所有的大千世界都在成、住、坏、空的过程当中迁流变幻、循环不息，没有片刻的静止。

每个大千世界过去、现在、未来时时有佛出世，教化着那里的众生。我们所在的大千世界，也叫做三界，称做"娑婆世界"。"娑婆"一词，意思是说"娑婆世界"的众生罪孽深重，必须忍受种种烦恼苦难，所以"娑婆世界"又被意译为"忍土"，被称为"五浊世间"，是"极乐世界"里"净土"的对立面，这里容易产生各种罪孽，因此说"大千世界，无奇不有"；娑婆世界又称为"有情世界"。

佛教理论认为，每一个生命所曾经努力的一切，都会在下一个生命轮回中以某种形式再现，任何努力都不会消失；而大千世界中的人，不论是穷是富，是美是丑，都源于先前他自己的"塑造"。人的灵魂是不死的，而且永远不能被消灭。就好像当人们吹灭烛火时，并没有毁灭蜡烛！烛火就是人们看到的生命，而蜡烛就是灵性躯体存在的依托。

灵魂的内容

人类一直在使用灵魂这个词，人类也一直在争论灵魂的有无。

灵魂，被认为是生命；被认为是人格、良心；被认为是精神、思想、感情；被认为是比喻事物中起主导和决定作用的因素。

一些宗教认为灵魂是附在人的躯体上作为主宰的一种东西，灵魂离开躯体后人即死亡。

有科学家将灵魂定义为以某一种形式存在的能量场。

中国的道家认为，人的灵魂是一种拥有意识的特殊物质，并称之为"元神"。这种元神有阴阳之分，而经过修炼，可以使人变为纯阳，就可以控制灵魂进出肉体，道家称之为"元神出窍"，这是道家与佛家不同的法门对于灵魂的称呼。

我们来看佛家眼中的人体，来看在人体结构中，人们所认为的这个你，是由哪几个你所构成的呢？

第一个你，是你的身体。但是，人们所认为的你的这个身体，却并不是你，那只是你的载体。

所有的人都这么认为：我的身体就是我自己，我身体喜欢了，就是我喜欢了，我身体渴了，就是我渴了，我身体疼痛了就是我疼痛了，可这个竟是一个错误的概念。你身体疼痛那是你的神经疼痛传导到你的大脑当中去的，它是有个过程的。大脑反映了以后，你才会知道你身体疼痛了。当把那个神经给你切断了的话，如果此时再把你的手砍掉，这时你是不会疼痛的。能说身体是你自己吗？所以，身体是你的载体。

第二个你，是你的心。人们在谈到你自己的时候，你肯定会说：我的心是我自己，因为我的心感受到这个世间的一切万物。

我的一切痛苦都来源于我的心，我的一切想象都来源于我的心，我的喜怒哀乐都是由这个心发出来的，心就是我自己。

那么，在没有这个心之前，你并不就是死亡的啊，你的这个心是什么时候产生的呢？你的心，不是你刚出生时就具备的。你的心，是你记事了之后，慢慢地通过外界的反应，通过感受，慢慢积累起来的。通过你的知识和观念的累积，才形成了心灵的反射，才会有心的渐进的感受。这说明，心是会变化的，如果这个心就是原本的你自己的话，它就不应该有变化。心会随着环境的变化而改变，这个心的本质，它就是建立在虚妄之上的感受，心灵的本质，是感，是受。人这一生，就被感和受牢牢控制在生和死当中。

第三个你是谁呢？你会说：是你的思想。

你的思想是怎么产生的？它也不是你一生下来就有的，你的思想的根本，是你的记忆。

记忆能够不断地把信息和概念记到脑海里面去，不断将概念重叠，不断将概念叠加，概念本身，它会和你的心、感受联系在一起，就会形成你的思维。你在想到这个事情的时候，就会同时有一种感受出现，你在看到这个事情的时候，那种感受就会同时带动你去思考，这个就是所谓的思维构成。这个思维本身它并不是你自己，它也是后天形成的，思维也是在不断充实、不断变化、不断地起波澜，不断地进行改变的。一个能够改变的东西，一个有生有灭的东西，怎么可能是永恒不变的真理呢？可是有一点，你如果不去主动记忆，你就不会有思维。

然而，在你大脑的背后，在你思想的背后，有一个主动去记忆的那个动机，那个意识，那个就是你真正的灵魂！

我要主动去记忆它，我想，想是一种行为，我是一种概念，在我的背后的那个动机，那个就是灵魂。它不是本性，本性是佛性，本性是无我的，本性没有我的存在。而"有我"的，是你的灵魂的存在。你思维背后的有意识的那种积累、那个动机、那个愿望，那个是你真正的自我，是你的灵魂。

人们为什么不能主动地将自己的思维、欲望、观念、心灵的起伏停止下来呢？你认为思维就是我自己，我思故我在，可是你这个思维是如何产生的？又能够维持多久？所以，你所谓的自我，从本质上来说根本就不是你自己！

你自己是先天的你，无我、无存、无漏。没有人类的情感，所以你大自在；没有人类的欲望，所以你纯洁；没有人类的观念，所以你智慧；没有人类的自我，所以你无私；没有人类的心灵，所以你用生命本质的真理光明对待一切，那就是慈悲。

再往下，当你在面对死亡的时候，你身体的四大（地水火风）开始分解的时候，肉体的器官开始衰减的时候，你的记忆也会同时衰减，因为记忆是要建立在脑细胞的电波上才能完成的，那时候你的记忆消散了，你的身体各个器官衰竭了，你心底里面的那种愿望，那种情感的波澜不再波澜了，情感背后的业力就会发生作用。

那些业力，一般对一个人来说的话，就是这个人一生当中形成的观念和带来的感受，是很细微地压缩在灵魂的动机、愿望之上的那种觉受。你的那个动机，就会跟着感受走，恐惧、害怕、孤单、寒冷，甚至有人看到光明，看到"神"，那个全部都是你的愿望在起作用，那个愿望就是你灵魂真正的实质。

业力、意念，是"非物质"的"能量"的一种；这种能，可以从有限的物质脱离出来，转化后与其他的非物质能量结合，也可以在适当的情况之下，与物质结合，于是佛教有"投胎"之说。"投胎"并非物质的投生，而是意念附着于物质的生命。

物质世界中的原子、核子有记忆力，"非物质"的能也有记忆力与适应力，于是有的人能忆起前生，有修为的人，能集中较强的意念，可忆起得更多；而无修为的人，其意念的能量已涣散，就无法忆起所知。

如果用较学理性的文字来界定灵魂的话，那么，可以认为由于宇宙中法性空灵纯净的内核的衰减，导致了律法制约空性造就的生命的分别，有了分别，就会被分别带入三界。因果在三界的高层，不是行为，而是念头，也就是生命的愿望，它会造就因果的缘起，这就是灵魂的本质。

当灵魂在因果轮回中沾染的业障、习气，以及情感的蒙蔽越来越深重，灵魂的存在等级就会越来越低下。

人们活着的时候，实际上就在不停地为自己的灵魂修建着未来的房子：人们的修行为灵魂盖的是解脱，人们的罪恶为灵魂盖的是地狱，人们的情感为灵魂盖的是因果轮回。

当人们了解了佛教对灵魂的描述后，会帮助人们认识自己，也会对金钱、权力、自己的前途有了比较超脱的看法。

因果的真相

佛陀悟道后，对宇宙众生有了明白的认识，这个就是"缘起性空"。佛陀发现宇宙间一切现象与生命都是不长久的，是"因缘聚合"的暂时体现；生命的种种形式，都是"因果"的轮报，如果解脱不了"因果"，就解脱不了"轮回"，因此提出了"苦集灭道"的四谛，这是佛陀对人们生命状态的总结。一切众生都是生存在苦难中，众生的妄想与执着、欲望与不明，造就了种种现实与心灵的痛苦，所以，佛法传世的目的就是要解脱生命的烦恼，普度众生。

依照佛教的说法，所谓的互存关系，都是因果关系。从异时的互存关系来说，比如，种子是因，芽是果，这是异时因果。从同时的互存关系来说，比如以老师为主，则老师是因，学生是果；比如以学生为主，则学生是因，老师是果，这是同时因果。

这种解释当然是非常简单地举例，实际生活中的因果关系是极其错综复杂的。从某一个角度看，这样的因产生这样的果；从另一个角度看，同是这个因会产生另外的果。

人们都知道，佛家非常重视因果，有句话叫：菩萨畏因，凡夫畏果。意思是，凡夫只害怕恶果，不知恶果起缘于恶因，平常任意胡为，图一时快乐，不知乐是苦的因；菩萨则不然，平常一举一动，谨身护持，戒慎于初，既无恶因，何来恶果？纵有恶果，都是久远前因，既属前因种下，则后果难逃，故感果之时，安然顺受，毫无畏缩，这就叫做明因识果。

人们在这一世中所经历的人和事，都是自己历史轮回过程中所牵扯到的因果。不管任何的"因"，都有它相对的"果"。

按照佛教的看法，对于人们的灵魂而言，因果也是一样的，只是有更为深广的意义。灵魂由于想创造财富，建立家庭，谋得身份地位及其他许多的"欲望"，为自己带来了束缚与义务。如果灵魂在世上种下恶因，就要回来尝其恶果，然后透过种种苦难偿还债务；如果灵魂在世上种下的是善因，就要回来得其善果；而如果灵魂同时洒下了善因与恶因，就像大部份的人们一样，那么人们就要回来同时承受善果与恶果，在这种情况下，就会有所谓一生中的好运与厄运。

所以，现实的一切生活，就是人们自己曾经的愿望、选择所造就出来的，人们在与他人共同承担生命的过程中，收获着曾经种下的因果，播种着未来将有的收获。这些，都是情感躯体在生命的过去所造成的业力和因果，在这一世的生命轮回中，承受着情感生命曾经的记忆，而情感生命的基础构成，就是爱的光芒，或者是恐惧的黑暗。

从佛教的角度看，人们如果不了解生命情感的因果所造就的过程与原因，就永远无法解释今生遇到的伤害与温暖来自何方。看似偶然发生的事情，其实都有必然的原因，灵魂不会死亡，人类社会所有的现象，都是生命因缘的果报，即所谓的"一饮一啄皆有定数"，即所谓的"种瓜得瓜，种豆得豆，因果轮回，自作自受"。

无明产生了执着，执着指导着行为，行为造就着结果，结果注定了下一个缘起的原因，物质性的客观存在，与人们的感受合在一起，就是人类社会以及三界众生感受的真实世界。

佛或者道，是生命升华最终的一个结果，却不是唯一的结果。佛、道、众生、世界、人类，都是在不同宇宙层次境界所体现出来的存在形态，佛法中没有自我，没有固守的善恶，也没有对与错的标准观念，可是却由无为无漏中，化生出来了无穷尽的针对宇宙不同境界层次的法理，以及生命所存在的标准，达到了这个标准，才有这样的状态，可是这种针对众生的标准，不是佛法的愿望所强制的，而是众生自己意愿的选择，所以，这种意愿可以看作是众生的因果夙愿，也可以看作是众生对于生命存在形式与状态的选择，这就是佛教中"因果论"的由来，也是"因果论"的根本真相。

因果是空性律法体现在三界之内制约众生的一个不变的恒定标准，空性是恒定宇宙当中对与错的唯一的标准，是唯一让众生解脱的道路。所以说，三界中万法有生灭，因果永不灭。

种瓜得瓜，种豆得豆，因果轮报，构成了我们这个世界与我们经历的人生。一切生命的现象，包括"佛"，包括人类，都是"宇宙大道"作用的体现；"缘起性空"里的"性空"，就是存在于道中那一层生命对于"道"的认识。

缘起性空

前面说到，佛陀觉悟到的就是"缘起性空"。佛法的基本宗旨也就是"缘起性空"这四个字，意思是说，一切事物现象都是有条件（缘）存在的，没有任何一个事物可以独立存在，也可以说，任何一个事物，都是由区别于自身的其他东西构成的，没有任何事物是它本身，这也就是说：它是无质的，是空的。佛教的所有教义，都是从缘起论这个源泉流淌出来的。

这么说，人们大多都理解不了，这究竟说的是什么啊？

"缘起"即"诸法由因缘而起"，就是一切事物或一切现象的生起，都是相互存在的条件，离开互存关系和条件，就不能生起任何一个事物或现象。因、缘，一般地解释，就是关系和条件。

佛陀曾给"缘起"下了这样的定义：

若此有则彼有，若此生则彼生；若此无则彼无，若此灭则彼灭。

这四句就是表示"缘起"同时的或者异时的互存关系。

什么是同时的互存关系？比如前面说到，师生关系，有老师则有学生，有学生则有老师，这是同时的互相依存的关系。

什么是异时的互存关系？比如，芽和种子的关系，因为以前先有了种子，所以现在才能有芽生；也因为现在有芽生，以前的种子才名叫种子，这是异时的互相依存的关系。从另一方面看，种子灭的时候也正是芽生的时候，芽生的时候也正是种子灭的时候，在这里芽和种子的生与灭现象又是同时的互存关系。

总之，无论它是同时或异时，一切现象必然是在某种互相依存的关系中存在的，没有任何一个现象可以说是绝对的存在。

因此，"缘起"就是说世间没有独存性的东西，也没有常住不变的东西，一切都是因缘和合所生起。

所谓"性空"，是指一切存在的基本特性。就是说，世界上一切事物都是因缘和合而成，因缘和合所生起的万物现象都是虚幻的假有的，是虚而不实的，事物的本性是空的；如果自性不空，则不能有，但事物的自性虽空，而产生这些事物的因缘关系却是存在的。

反过来说，世间所有的一切事物，并非绝对不存在，并非完全虚无，只因它们的本质是空的，是变幻不实的，所以又叫这个为"幻有"，这就是"真空生妙有"的涵义。

因缘和合、虚幻假有、本性是空、变幻不实、真空妙有，这些词都是人们不常讲述甚至从未接触过的，因此比较生疏是非常正常的。

就这几个词，举个例子来说明。

比如，人们手中都有手机，现在我们把这个手机拆开，分解成了零件，各个零配件的本身，都不能够称之为"手机"，手机这个"缘起现象"，正是因为手机本身不是"实体"，本性是空的，才能够由各个零部件的"缘起"组合而成，能够组合手机的前提是"性空"；手机是零件的因果"缘起"后的表现，是"零部件"曾经的"因"，导致了"缘起"的"果"成为了手机，手机随着因果的"业力轮报"而在六道世界中体现着不同的形式，所以由这个虚幻假有的因缘和合，才有了真空生妙有的手机。因果结束后，手机本身的"业障"消散了，"缘起"的现象就消散了，重归"空性"的本质，就呈现出手机的变幻不实，本性是空的结局。

缘起性空的"空"是宇宙万物的本质，当生命达到"空性"，才能达到解脱生死的"涅槃"，从而获得"般若智慧"。

佛教认为，"缘起性空"是佛陀发现的世界的本质，缘起性空是宇宙自然人生的真理，是众生的来源，世间中的万事万象、山河大地、花草树木、一人一物，乃至微尘沙砾等，都是因缘和合而生，也都将随着因缘分散而灭。因此，人们眼睛所看到的一切现象"有"，都是缘起而有；因为缘起而有，因此它的本性是"空"。

现代物理学上所定义的"真空"是有其衡量标准及能达到的具体方式与手段的；而现代哲学上的空，是建立在否定之否定，量变与质变，对立与统一的思维构架上的，二者对"空"的概念完全不同。

在佛法修炼中，"空"的最终概念，甚至对于不同程度的修道者都是不一样的感受。对于建立在人类生命境界之中的"空无"，只是渺小的"死空"，是人类哲学思辩的空想意识，不论文字语言多么的深奥，思辩中理论如何之严谨，都不是修道者生命觉悟的智慧。

人们一听到空无，一听到空性，所反映出的是人们心灵中，情感需求的"波动"，所形成的"境界"对于"空相"的认识。人们一般所说的"空"，是针对空间中某一种事物存在的"现象"，是迁移流转"过程"现象的"体现"。

人们的情感之中充斥着观念与业障，人们听到"空"，"无"的名词，就会在思维中本能地反应空的概念、空的性质、空的形象，心灵同时反映空的觉受、空的意境和空的感受；人们的情感体验在思维、心灵的带动下，本能地会认同"空"这个词汇所包含的一切内涵境界，从而固定了"空性"的内涵。

比如，人们都生活在"空间"之中，空间中有空气、水分、灰尘、光线、氢原子、氧原子、声波、红外线、紫外线，有各种宇宙放射性元素、电磁波……可是水分能够代表空间吗？声波能够代表空间吗？还是光线能够代表空间呢？一切物质都存在于空间之中，却不能代表空间，一切物质都在空间之中表现其存在形态，却无法涵盖空间的本质，这样说，还是在用"物质化"的概念形容"空性"，而真实的"空性"不在物质、精神、生命的范畴之内。

空性表现出"生命"的方方面面，却不被生命形式所代表，即使没有众生、没有法界、三界，空性依旧亘古恒定，法界只是空性体现在原始生命的"法性无漏"的存在，不代表空性本体，空性是存在，却没有本体。

宇宙苍穹，万物世界都是"空性的物质表现"存在，万物的因果轮回，聚灭成住都是体现它的规则，缘起在于个体生命的"念"，而制约众生完整过程的一切基础物质，时空世界，无尽宇宙的生命因素，都是"空性"存在于物质中的无形无量的制约力在规范着。

修行中凡是还没有觉悟的人，对于"空性"的理解，不论文字上有多么的精妙高深，其实都是有漏的，都是在狭隘的观念中体验着虚幻；只有生命本性的觉悟，才不被人类的体验与观念所蒙蔽、所阻碍，才可以借助人间的一切执着、假象，通过情感、思维、体会、觉受，种种因果缘起的机缘，打开真理的道路，因为它是空性直接本性的存在，所以它存在于一切物质生命现象之中，却来去自由，没有挂碍，圆满智慧。

佛法修行的目的就是要证悟这个缘起性空，只有认识到缘起性空，才能看破生死，超越轮回。"缘起性空"的空无，只有人们有了内心割舍一切的决心，有了无私利他的善心，才能达到。

内修心性，断欲明心，是修炼的唯一途径。这条最直接、最根本的成佛之路，如果都被语言文字、思辩逻辑所断绝，生命就失去了希望，就无法真正认识到缘起性空，也就无法彻底证悟它。

缘起性空的道理不容易懂，但是在宇宙、自然、人生的各种关系的存在中，却都包含着缘起性空的道理。

正法时期、像法时期、末法时期

佛法是佛讲出的宇宙、世界的真相，因此，佛教徒认为佛法是长久存在的。既然世间任何事物都受"无常"的法则规律支配，那么世间的佛教本身也不能例外，也是受"无常"法则支配的。根据佛陀的说法，释迦牟尼佛所说的佛法在人世间的"法运"，分为了三个时期：一是正法时期，即佛陀在世、兴起的时期；二是像法时期，即演变时期，这时期开始有佛像，所以称像法；三是末法时期，即衰坏时期，佛陀说过将来法灭时的情况。"诸行无常"，佛教也不例外。

佛教讲正法、像法和末法三个时期。在正法的时候，人们对于佛法有学、有修。到了像法的时候，人们对于佛法是有学无修。到了末法的时候，人们对于佛法是既无学、又无修。

这样说，并不是指末法时期就没有上乘根性的人。人的根性诚然有利、有钝、有迟、有疾，但是末法时期，依然会有佛菩萨应世。

按时间来说，释迦牟尼佛入灭后的五百年为正法时期；此后的一千年为像法时期；再后来的一万年就是末法时期。按照这样的说法，我们现在的人类社会，处于佛陀说的末法时期。

佛教世俗化及衡量正邪的标准

末法时期，对佛法实际修行、实际求证的人已经非常稀有，佛教沦为"求平安""求无灾无病"，乃至"求升官发财"的法门。

有人写过一副对联："经忏可赎罪，难道阎王怕和尚？捐财能超生，岂非菩萨是贪官！"而且，"无庙不设功德箱，无寺不受香火钱"，那些著名佛寺的高额门票使无钱的信徒常常临其门而难以拜佛礼敬，佛寺门内，即使拜佛礼敬也往往变成了求官、求财的"交易"。这都是"佛教世俗化"在世间的现状。

"佛教世俗化"还表现为：以佛教作为"心灵港湾""心理按摩"等寄托；倡导"人间佛法"，曲解"佛法在世间，不离世间觉"的真义，重视色身之利养，轻视佛法"出世间"的意旨。这些都是佛教本来意义的沦落，远离了解脱道与菩提道。

"佛教世俗化"还表现为：以"佛学研究"代替实际修行，深入经藏不是寻求如何出离生死苦海，如何走上成佛的道路，而是为了举证某一学术论点。

那么，对于希望接触宇宙真相的人们，如何判断什么是"世俗化"的佛教呢？一位觉悟者说出了判断的方法：

是不是"世俗化"，有一层法理可以作为依据，可以衡量确定他的正确与否。衡定他是否是真理，就是看他是否是指向一条解脱人们生死的道路，而不是看他有没有什么神通等。

比如，像释迦摩尼佛求道的时候，当他听到三法印的"诸行无常、诸法无我、寂静涅槃"时，他欢喜得可以用他的生命去交换这三法印的内涵，去开示他的智慧。

如果是一个真正的大觉悟者，他一定是因为觉悟了真理的实相，才成为觉悟者。如果偏离了这条道路，任何人，哪怕他今天是个活佛，哪怕他今天是任何人，他告诉人们他有多大的神通，人们一样可以视他为魔。真正解救人们生命的只有真理，而不是神通和现象。

同理，如何去衡定修行当中的某一个上师？如何去衡定他说的是否正确？他说的是不是被幻化出来的假象呢？

第一个，看这位上师他所证悟到的境界的高低。

什么叫境界的高低呢？佛陀在《金刚经》里说"一切圣贤皆以无为法而有区别"，说的就是空性，因而就看他对空性的理解和成就。仅仅理解到了，没有成就也不行。

什么叫成就？就是人们能够解脱多少现有的思维，多少人性自我的执着。解脱越多，人们的空性就能够恢复越多。恢复空性的人才会有真理的正觉，恢复空性的人才会获得智慧，恢复空性的人才能够接近真理，恢复空性的人人们才能够称他为大德上师。

第二个，如何去检验他说的是不是幻想，是不是有局限性，就是要去质疑。

人们都知道，所有的上师，无论是密宗的还是显宗的，都会要求你去崇拜他，要去虔诚他，要去信仰他。说实话，他的动机是好的，他希望人们因为对他的虔诚而树立起来解脱和修炼的信心，可是，不允许质疑的上师一定是有漏的，如果说人们的提问他回答不了，或者人们的提问能让他愤怒，能让他纠结，能让他心里面放不下，就证明这位上师离空性还差得非常远。

真理永远都是在质疑当中诞生的，一切不容许质疑的宗教，内部一定充斥不可告人的黑暗与虚弱，真理法性遍布宇宙，充满苍穹，就在当下，信仰的目的就是为了见证真如本性原始面目的存在，任何形式都不能代表真如，任何情感都不能掩盖空性，只有虚弱的伪装才会害怕思想的质疑，而真理的存在，一定需要质疑才能够绽放圆满灿烂直指人心的纯正光芒。

第三个，看这位上师给人们讲什么。

如果上师给人们讲的全部是神通、景象、感受、做梦的时候梦到的这种世界，或者讲一些佛教故事，那么这种上师的层次是很有限的。

只有觉悟真理的人，才会具备无限无尽的智慧。什么叫智慧？智慧是空性的表现，智慧的根本是空性，空性的尽绝处有多微观，人的智慧就有多广大。

因此，正和邪，只有用空性标准去划分它。什么是正的？什么是邪的？符合空性标准的、无我的、利他的、空性的，就是说什么都能够解脱，什么都可以没有，什么都可以利益众生的，什么都是可以最大程度地承受和可以付出一切的，这个称为正；相反，为私的、索取的、为了自己的，无论它的表现形式有多么好，它是称为邪。

宗教是人类信仰的形式，是为了维护人类的基本道德与善念的，然而，繁杂的仪式教条，会使信众难以真正认识修炼的根本。抛开一切教理框架，看不同宗教对修炼者的要求，却都是统一的，无非是正信、宽忍、以及克己利人的大真、大善、大愿心，以解脱人类自私、低下的自我情欲业障，纯净无漏、返本归真、回归"缘起"前的"空"，从而达到彻底解脱。

真实的、无妄的正信，在于个体生命的本性觉悟，不在教义，不在形式，佛陀看中的是生命的本来原始的自性，绝对不会看重人类的形式，在形式、文字、语言上寻求佛法的内涵，南辕北辙。

释迦牟尼佛在世时，讲经说法四十九年，魔王波旬看到释迦牟尼佛度了很多人，心里很不舒服，请佛赶快涅槃，说："你度了那么多人了，可以涅槃了。"佛陀觉察到自己与娑婆众生的缘分已到，就答应了波旬的请求。

魔王又说："你涅槃后，我一定要破坏你的佛法。"

佛陀说："佛法是正法，没有任何力量能破坏。"

魔王说："到你的末法时期，我叫我的徒子徒孙混入你的寺庙内，穿你的袈裟，去破坏你的佛法。他们曲解你的经典，破坏你的戒律，以达到我今天武力不能达到的目的……"

佛陀听了魔王的话，久久无语。佛陀说：譬如狮子身中虫，自咬狮子身中肉。狮子虽然勇猛，但对于自己身中的虫，却也无可奈何。

末法时期的状况

佛陀在《楞严经》中说，"邪师说法如恒河沙"。各种邪教打着佛教的旗号，大行贪欲的邪法，"佛教世俗化"毁坏佛法，佛法的甚深微妙变得越来越罕见，表面的兴旺掩盖了佛法的没落。

比如，据佛教经典记载：到"佛教末法时期"时，"教法垂世，人虽有禀教，而不能修行证果，称为末法"。（证果是指证悟果位的意思。）

佛经中关于佛教末法时期"度人"困难的问题有具体的论述：

释迦牟尼佛在《占察善恶业报经》中说："如佛先说，若我去世，正法灭后，像法向尽，及入末世。如是之时，众生福薄，多诸衰恼。国土数乱，灾害频起。种种厄难，怖惧逼扰。我诸弟子，失其善念。唯长贪瞋嫉妒我慢。设有像似行善法者，但求世间利养、名称以之为主，不能专心修出要法。尔时众生，睹世灾乱，心常怯弱，忧畏己身及诸亲属，不得衣食，充养躯命，以如此等众多障碍因缘故，于佛法中钝根少信，得道者极少。"

释迦牟尼佛在《大方等大集经》中说到："了知清净士。若我住世。诸声闻众。戒具足。舍具足。闻具足。定具足。慧具足。解脱具足。解脱知见具足。我之正法炽然在世。乃至一切诸天人等。亦能显现平等正法。于我灭后五百年中。诸比丘等。犹于我法。解脱坚固。次五百年。我之正法禅定三昧。得住坚固。次五百年。读诵多闻。得住坚固。次五百年，于我法中，多造塔寺，得住坚固。次五百年，于我法中，斗诤言颂。白法隐没。损减坚固……"

有关佛教"末法时期"的说法，还见于佛经的《佛说法灭尽经》、《贤劫经》、《摩诃摩耶经》、《大佛顶首楞严经》等处。

佛说心经

让我们依旧像前几章对《周易》《黄帝内经》《论语》《道德经》一样，要亲自见识一下释迦牟尼佛生前所说的佛经是什么样的。

我们来看一篇在中国非常著名的佛经《般若波罗蜜多心经》，就是谈说"心"的佛法，也就是人们常说的《心经》的原文。

《般若波罗蜜多心经》：

观自在菩萨，行深般若波罗蜜多时，照见五蕴皆空，度一切苦厄。

舍利子，色不异空，空不异色，色即是空，空即是色，受想行识，亦复如是。

舍利子，是诸法空相，不生不灭，不垢不净，不增不减。

是故空中无色，无受想行识，无眼耳鼻舌身意，无色声香味触法，无眼界，乃至无意识界；无无明，亦无无明尽，乃至无老死，亦无老死尽；无苦集灭道，无智亦无得；以无所得故，菩提萨埵，依般若波罗蜜多故，心无挂碍；无挂碍故，无有恐怖，远离颠倒梦想，究竟涅槃。

三世诸佛，依般若波罗蜜多故，得阿耨多罗三藐三菩提。

故知般若波罗蜜多，是大神咒，是大明咒，是无上咒，是无等等咒，能除一切苦，真实不虚。

故说般若波罗蜜多咒，即说咒曰：

第五章 释迦牟尼的故事

> 揭谛揭谛，波罗揭谛，波罗僧揭谛，菩提萨婆诃。

以上就是原汁原味的释迦牟尼佛说的"佛经"。

《心经》很短，算上标题只有 268 个字，但来到中国后，人们感到心经含义最深、传奇最多、影响最大，是内容博大精深的佛法。

一位觉悟者说："《心经》是观世音菩萨在修行过程当中的一种觉悟的状态，把它通过文字和语言描述下来流传给了人类。这部经典就 260 个字，它描述了一个实相，一个非相。"

心经标题的意思

来看《般若波罗蜜多心经》的标题中包含的意思：

"般若"是梵语，梵语是古代的印度话。翻译成中文时，用了"般若"两个字，是音译过来的，如果翻成中国话就是"智慧"的意思。"般若"是人类的智慧，这个智慧与人们常常讲的聪明是两个概念。耳聪目明为聪明，智慧是从体、从本上讲的，智慧是空性的表现，每一个人本就都有一个清清净净的大智慧，它是区别妄心的真实所在。

佛法把一切心向外寻的都称为外道，有些人希望得到神灵的庇护和保佑，给自己以力量，希望某日某夜得到神通等，这和佛法是格格不入的。人们听闻《心经》，就是要使自性自悟，就是要使每一个人启发自己的般若智慧，而不是依靠他人。因此，般若是佛教的核心思想。

般若概括地讲有三种，文字般若、观照般若、实相般若。文字、观照、实相，这三种般若，涵盖了世间、出世间的一切智慧。

人们可能认为"般若"很神秘，其实，般若、智慧，体现在修行者的境界和状态当中，就是无心、无法、无分别。

就是与万法合为一体，以万有万法彰显，却不为万法聚合流转所触及、带动，没有空和有、善与恶、色与空、对与错的种种二见分别，分别的这个"识性"去掉了，把分别的识性背后的这个"我执"去掉了，我执背后的心灵"觉受"去掉了，把最基本"感受"的"意"破除了，"意"的妄想转化为"无自性"真性的一瞬间，这个现实的自我就不存在了，没有了。

没有了之后，可是原始真性却真真实实、确确实实地通过一切存在彰显出来，可是却又不被一切存在所带动、所蒙蔽，无形无量却展现纯正、智慧的无量光明，是无量无尽万法的存在，那个地方就是真如法性的存在，那个地方称为"觉"。

"波罗蜜多"四个字也是梵语的音译，中文的意思是"到彼岸"。

当人们在日常生活中碰到烦心事、碰到烦恼的时候，就是在此岸。由于听闻了佛法，没有了烦恼，变得非常的吉祥如意，就是在彼岸。此岸和彼岸是相对而言的，所以，真的有此岸和彼岸吗？答案是否定的，因为真的并没有此岸和彼岸。

从根本意义上讲，因为人们有烦恼，佛才来讲解除烦恼的法门，如果人们没有烦恼迷惑，解脱了，那么佛也就没有法可说了。

所以，般若波罗蜜多，就是告诉人们用大智慧到彼岸去的意思。"般若波罗蜜多"，也是修炼者在觉悟原始先天智慧本性时的反映，指的也是修炼境界，是生命禅定深入过程中本性觉悟的状态；是脱离了一切与人类、与三界众生，有形无形的宇宙物质制约后，空无绝尽的原始本性；是无"我"的存在，也就没有了系在"我"这个"执障"上的"因果"。

《心经》这部经在佛教三藏中的地位非常殊胜，被称作"诸经之王"。释迦牟尼佛一生谈经说法四十九年，其中用了二十二年讲般若、讲智慧的内容，这些内容都在六百多卷的《大般若经》内，心经是将内容庞大的般若经浓缩，成为表现"般若皆空"精神的简洁经典。

人们现在一般看到的《心经》，是最流行的一个版本，它是由唐朝的玄奘法师于公元649年翻译的，这一年，是他从印度取经回到长安的第四年。玄奘法师翻译成汉文的经典，共有七十五部一千三百四十六卷。《心经》就是《般若经》中的一部分。

过去的祖师为了适应中国人好简不好繁的思想，就把《般若经》中的《心经》单独翻译出来，成为单行本，命名为：《般若波罗蜜多心经》，《心经》用260个字就概括了《般若经》的要义。

罗汉与菩萨

六百多卷《大般若经》的核心被认为就是《心经》。

一个人，如果把《心经》悟透了，透到了灵魂，就拿到了打开佛法宝藏的钥匙，就可以把所有佛经像看连环画一样轻松地领悟，原因是所有的佛经都是相通的，因为《心经》是人们通过修炼达到菩萨界后，所体现出来的对于宇宙、生命真相的论述。

必须了解的是，人们现在读《心经》，大都是在以人类的知识体系和思维观念来解释《心经》的表面文字，却很少有人能够体会得到"观世音"这位修炼境界达到大菩萨果位，证得了圆融无漏律法智慧时，对于宇宙律法的圆融表达。

当人类的生命超出了三界范围，达到法界众神存在的第一层境界——"罗汉"界，第二层境界——"菩萨界"，超出了菩萨界，就进入了"佛陀"的境界，也就是觉悟宇宙生命最终真相的永恒境界。

法界众神的存在层次，是以生命纯净的标准来区分的，每一层境界所存在的宇宙天体范围，都是浩渺如烟海的无量苍穹，超出于法界的生命，都是金身，在宇宙苍穹中永恒不灭。

"罗汉"为"自觉觉者"，是修炼者脱离一切世间欲望、苦恼、执着后，生命体现出来的"清净自我"，无我无他，无分别，无内外，无生老死苦，无世间幻想，是空性无碍的恒定真我，遵循律法对于个体生命存在于法界内无漏执著心的体现，达到了人心"空无遗漏"的标准，是解脱了三界因果制约与世间凡人的"六根，五蕴，执着幻想"的迷境束缚，达到了生命解脱的目的，了脱了三界生死轮回，生命的形体得以保存，进入了"无我，无心，无烦恼"的法界境地。

可是，罗汉的修炼目的，决定了他圆满后达到的果位，是"自觉觉者"，最终的修炼目的就是为了解脱束缚生命本性的一切烦恼、欲望、心灵的执着与思维中的幻想，达到自性的清净解脱，他就算是证得了果位。所以，罗汉没有普度众生的愿望，也没有普度众生的能力。

罗汉的境界，离人类的生命存在境界很接近，所以，人类对于罗汉法的理解，往往把它作为人世间的"哲学"来研究，探索"空"与"有"的关系，其实，罗汉所说的"空"，不是人类思维理解到的哲学体系的"思辨"，而是修炼者生命通过实际的修持，达到的对于人类七情六欲、执着心和业障的解脱，是灵魂的本质，摆脱了三界因果轮回的制约，同化了律法存在于法界最初层次境界的标准，是灵魂解脱世间欲望执着后，体现在宇宙高层里的第一层的存在形态。

罗汉是离欲的生命，他们在法界的存在是清净美好的，他们所渴望的，是听闻宇宙间更高律法的真谛，因为他们的生命原始本性并没有真正被开启，达不到佛陀彻底觉悟宇宙真理的不灭境界，所以，宇宙更高层的法界真相对于他们，也是无法触及的迷惑。

而菩萨界的生命，身体所存在的宇宙空间领域就无比的广大，无比的美好，真的是霞光万道。菩萨的形象，不论过去这个修炼者性别是男是女，生命境界一旦达到菩萨界，据称都是以女性形象展现，对于宇宙众生来说，没有性别的划分，它是律法展现在那一层次境界的生命体现，是智慧觉悟本性境界达到宇宙真理一定层次的果位体现。

在人类这个境界的众生，有欲望，有观念，有阴阳，所以有性别的区分概念，而法界的生命，没有性别的这种区别，只是生命的表现形式不同，法界的菩萨形态万千，无法细述，一切都是那么的美好庄严，肃穆神圣。

菩萨的智慧接近于佛，因为他的修炼核心，是"自觉觉他"，不仅仅是自己的修炼圆满，而且要以自我的觉悟智慧帮助苦难中的众生得救，修炼发心的动机，决定了菩萨果位的生命，慈悲的心、利他的动机、历经世间苦难所成就的智慧，圆满了伟大的生命。

由于菩萨"自觉觉他"、普度众生、大慈大悲的发心，因为有心，就会有因果缘起，这就是为什么菩萨本性已经证得了佛果，却还要在六道三界内轮回的原因，有心就有业，有业就有缘起，为了度化三界六道的众生，菩萨借助了业力因果，缘起缘灭，来拯救众生的佛性。

所以有人说，我们这些三界内的众生，最应该感激的是菩萨而不是佛陀，因为没有菩萨，众生听不懂佛法，就是因为有了菩萨，才彰显了真理的不同次第，故此，菩萨对于三界众生才是非常的了不起。

之所以这样说，是因为佛陀遍照一切，遍知一切，他是真理的方向，他就像太阳一样是人世间的光明，他普照万物却不会有任何分别，人们听懂听不懂就这样了，他把真理告诉你，随缘众生，看众生因果而宣讲佛法；而大菩萨因为内心对众生有慈悲，她会借助众生的需求，彰显种种的迹象，用慈悲救赎众生的苦痛，以智慧剖开众生的无明，使众生能够知道佛法的真意。

由于佛陀讲的是究竟法，究竟法就必须有一个次第传承，这是个什么传承呢？是智慧对于"真理"的传承。佛陀讲的法实际是讲给大菩萨的，一个是佛，一个是众生，没有大菩萨，佛陀讲的法跟众生是没法相应的，所以三界当中应该膜拜大菩萨，菩萨的功德是无量的，原因是因为她们对众生有慈悲，才会彰显她们的智慧。真正的大菩萨，她的过去都是如来，她为了度化众生，在三界内彰显了智慧。

菩萨和佛陀的区别又在什么地方呢，佛是"无"智慧的，佛是无形无相，无体无自性无我的；菩萨是以智慧彰显"寂灭"的,会有一个"觉性"的限制，菩萨是被她的觉性束缚住了。

心经的生命内涵

所以，《心经》就是这样一位修炼者达到菩萨界所展现出来的对于宇宙、生命真相的论述，简而言之，《心经》所讲述的是一种生命存在的境界，是一位佛法修炼者圆满菩萨果位后，如意智慧的开启，向普罗大众展现出来的佛法奥义。

在历史长河中，达到菩萨果位的修炼者有很多，他们所留下来的文字般若，内涵都相通，不论是观世音菩萨的《心经》,还是普贤菩萨的佛法经文，或者龙树菩萨对于西藏生死书的记录，其内涵、核心都是统一的，都是指向本性觉悟后佛法体现出来的空尽无漏。人们应从修炼者圆满智慧的角度，重新读一遍《心经》，从律法浩瀚无漏的智慧角度，体会觉悟在律法不同境界生命的内涵。

悟道的障碍

既然《心经》这么好，又这么短，人们都来读《心经》悟道好了，为什么人们却又很难悟透呢？

人们发现，读经时首先要能认识清楚"人"这个由肉体、思维、情感、欲望、记忆、执着，集中了幻灭而组成的"承受基础"，人们现在所认为的非常客观真实的、现实存在的具体的人，这个自我，在理性的分析之下，也许就不那么"真实、具体"了。

有一个故事，说的是大海里有两条鱼，小鱼问大鱼：什么是大海啊？大鱼想了想，无法清楚地描述大海，因为它们本身就在大海里啊。如果大鱼有人类的思维，会思想、会分析，这条大鱼可能会说："噢，海洋啊，是由水构成的，这个水是液态的，它的分子成分是 H_2O，水中有各种矿物质，有盐分和各种微生物，这些就构成了海洋，我们鱼类就生活在其中，所以你看不到大海。"

小鱼于是记住了，知道了海洋的概念，从此以后，"液态，H_2O，盐分，矿物质与微生物"，就构成了小鱼对于海洋的全部认知与理解，它所看到的，理解到的，感受到的，就是它所以为的"海洋"，但却并不是海洋的本来面目，因为身在其中的感受与理解，蒙蔽了海洋的本来面目。

这个故事，恰似人们在人类的这一生命境界中，对于佛经的认知与理解。

人们发现，佛经如果能够用人类一般的语言直接说清楚，用人类的一般思维能够分析明确，用人类的心灵完全感受真相，就不是佛经了，因为佛经的终极意义是"解脱之法"，是通过有形有像的文字、境界、内涵，而达到生命彻底空无之后的涅槃真相。

如果执着于感受、思维中对于佛法的认识理解，恰恰是本性无法解脱业障的原因所在。佛法原本就不仅仅关注人类的社会文化，佛法还关注宇宙与生命的本质、真相。所以佛陀才讲"诸行无常，诸法无我，寂静涅槃"，才讲"若以色见我，以音声求我，是人行邪道，不能见如来。"

由此，人们总结出了在思维和学习中有三个障碍：

第一个障碍叫"所知障"，第二个障碍叫"文字障"，第三个障碍叫"智慧障"。

这些障碍综合来说，就是人们所受到的教育，使人们认识世界的时候陷在了只会用所受到的教育、思想去认识，很多有学问的人只是在他那个领域里头算有学问，超出他的领域之外，就一无所知，但这些学问人自己并不这么认为，这就是知道的东西反而阻碍了人们进一步了解外部的世界。

人们读所有圣人的经典，就似看天书一般，原因是人们几乎所有的起心动念，都是以自我的心为圆点画圆，来认知旁人和世界。如此一来，人们和世界的交流是不平等的，也就是说，人们的心是有取舍的，对己有用的东西才认为是好东西。这在佛教里叫我执，叫所知障，就有了智慧障碍。

比如，站在人类的角度讲，这个宇宙的存在，分为"法""理""像"，这三个认知层面，人们一般所看到的，感知到的都是"现象"，然而，人们之所以能看到现象是由外在的物质条件所支撑的。比如看到屋子内的电视机，人们认为理应看得到，可是如果关了灯在黑暗的房间里，现实空间的一切就什么也看不到了，何况在空间中客观存在的还有红外线、紫外线，人们也是看不到的。所以，人们的"看到"，仅仅是一种生理功能，而不是"真相"，是受到肉体限制的。人们"耳朵听到""眼睛看到"的，不一定就是这个宇宙的真相，人们的智慧，也就在不经意间，被人们自己的生理功能所局限住了。

说过了《心经》标题中的意思，对于《心经》的内容，有许多的书籍介绍，讲解得都很好，但那终究是别人的心读出的经。所谓"论道容易修道难"，如果没有切身修行的体会，生命的本质没有觉悟，就很难真正理解《心经》的内涵。

因此，人们如果想了解《心经》的内容，最好能够先多读、多读、再多读《心经》的原文，再加上自身的修炼，慢慢的就会明白《心经》的内容，就会"接收"到《心经》的般若能量，就会与自己的心相通了。阅读也好、修炼也好，不必执着。

第三节　　佛教与中国之缘

在东汉永平七年（公元64年）的一天晚上，汉明帝刘庄做了一个梦，梦见一位神仙，有光环环绕着的金色身体，从远方轻盈飘荡地飞来，降落在皇帝的御殿前。汉明帝醒来后非常高兴。

第二天一早上朝，他把自己夜里做的梦告诉群臣，并询问梦到的是何方神圣。身为大臣的太史傅毅，博学多才，他告诉汉明帝："听说西方天竺（印度）有位得道的神，号称佛，能够飞身于虚幻中，全身放射着光芒，君王您梦见的大概就是佛吧！"汉明帝听了很是高兴，于是派出了使者羽林郎中秦景、博士弟子王遵等13人前往西域天竺，访求佛道。

佛教传入中国

三年后的公元67年，这13位出使西域的臣子，联同两位叫迦叶摩腾和竺法兰的印度僧人回到洛阳，他们牵着白马，带回了一批经书和佛像，并开始翻译了一部分佛经。

公元67年的这一年，被后世认为是佛教传入中国的第一年。汉明帝刘庄下令在当时的首都洛阳城建造了中国第一座佛教寺院——白马寺，以安置德高望重的印度名僧，储藏他们带来的宝贵经像等物品。

东汉永平十一年（公元68年），佛教传入中国后兴建的第一座寺院，有中国佛教的"祖庭"和"释源"之称的中国第一古刹——白马寺建成。据说该寺是因当时驮载经书佛像的白马而得名，而白马寺也因此成为中国佛教的发源地。

假如一千九百多年前公元64年的那一天晚上，东汉朝代的皇帝汉明帝刘庄，没有做梦梦见光环环绕着的金色身体，从远方轻盈飘荡地飞来，降落在御殿前,那么,佛教会有可能传入中国吗?

佛教在中国的发展

由于佛教传入的时间、途径、地区和民族文化、社会历史背景的不同,中国佛教逐渐形成了三大体系:汉地佛教(汉语系)、藏传佛教(藏语系)和云南地区上座部佛教(巴利语系)。

佛教传入中国汉地的年代,学术界没有定论。但古代汉文的史籍中有秦始皇时沙门室利防等18人来到中国的记载。

自公元67年,史籍记载佛教开始由印度传入中国,经长期传播发展,形成了具有中华民族特色的中国佛教。当时有人认为佛教是一种神仙方术,因此,东汉第十位皇帝汉桓帝刘志(公元132～167年)将黄帝、老子和佛陀同祀,"诵黄老之微言,尚浮屠之仁祠",把沙门视同为方士。

到了南朝宋、齐、梁、陈的年代,各代帝王(公元420～589年)大都崇信佛教。梁朝的皇帝梁武帝(公元464～549年)笃信佛教,自称是"三宝奴",在做皇帝期间,四次舍身入寺作了和尚,每次都是由国家出钱赎回他。公元527年,梁武帝第一次做了三天和尚,公元529年第二次做了12天和尚,20年后的公元547年,第四次做了三十七天和尚。他建立了大批寺庙,亲自讲经说法,举行盛大斋会。梁朝时,全国的寺庙有2846座,僧尼82700多人。在建康(今天的江苏南京)就有大寺700多所,僧尼信众常有万人。

北朝时期,虽然在北魏世祖太武帝(公元408～452年)和北周武帝(公元543～578年)时发生过禁佛事件,但总的说来,历代帝王更多的是扶植佛教。比如,有趣的是,北魏文成帝(公元440～465年)的爷爷北魏太武帝在世时灭过佛,这位太武帝的孙子文成帝于公元452年即位后,恢复了佛教,并在北魏首都现今的山西大同开凿兴建了著名的云冈石窟。这位文成帝的孙子孝文帝(公元467～499年),于公元494年从山西大同迁都河南洛阳后,为纪念母后开始营造著名的龙门石窟。云冈石窟、龙门石窟的建造规模空前绝后,显示了非同凡响的宏伟气势。

史书记载,北魏末年,流通的佛经共计415部,1919卷,有寺院约3万余座,僧尼约200余万人。也就是说,从公元67年佛教传入中国后的450年中,全国修建了3万多座佛庙。

北齐时期(公元550～577年),僧官管辖下的僧尼有400余万人,寺庙4万余座。这是自东汉的汉明帝刘庄皇帝开始,500年中历代皇帝对于佛教所作的贡献。

佛教经魏晋南北朝的发展,为隋唐时期创立具有中国特色的佛教教派创造了条件。隋朝的建立者隋文帝(公元581～604年在位)统一全国后,即下诏在五岳胜地修建寺院各一座,并恢复了在北周禁佛时期所破坏的寺庙佛像。在首都大兴城（汉朝长安城东南）建立了执行佛教政策的国家寺院——大兴善寺。

佛教八宗派

隋唐时期，佛教得到蓬勃发展，促成大乘各宗派的建立。重要的有智𫖮（yǐ）创立的天台宗；吉藏创立的三论宗；玄奘和窥基创立的法相宗；道宣、法砺和怀素分别创立的律宗；由北魏昙鸾开创，隋代道绰相继，唐代善导集成的净土宗；弘忍的弟子神秀和惠能分别创立的禅宗，有北宗和南宗，在唐中叶后又陆续出现"禅门五家"，即沩仰、临济、曹洞、云门和法眼五派；法藏创立的华严宗；由印度僧人善无畏、金刚智、不空和惠果所奠定的密宗。

以上这些成为了中国佛教的八大宗派：即天台宗、三论宗、唯识宗、华严宗、律宗、密宗、禅宗及净土宗。

佛教初来中国，并无宗派之分，后因佛典翻译昌盛，思想体系与义理各有独到之处，师承各有法脉，所着重的经论互异，遂依其特色分门分派，而于隋唐时期大放异彩。八大宗派的共同精神，可以用"缘起无自性，一切法无我"来概括统摄。

进一步说，佛教各宗派只是破除障碍人心妄想的方法不同而已，比如，禅宗通过参话头破妄想，净土宗通过念阿弥陀佛破妄想，天台宗通过数息止观破妄想，密宗通过三密相应破妄想……因而，无论哪个宗派，皆有其难能可贵之处，应平等视之。

这些宗派创立后，随着隋唐时对外交通的开拓，不久即传播到海外。

北宋初期，朝廷对佛教采取了保护政策。宗派以禅宗特别是临济、云门两派最盛，天台、华严、律宗、净土诸宗稍次。天禧五年（公元1021年），天下僧尼近46万人，寺院近4万所，为北宋佛教发展的高峰。

宋朝徽宗皇帝时（公元1100～1126年在位），由于朝廷笃信道教，曾一度下令佛道合流，改寺院为道观，佛教一度受到打击。

南宋偏安杭州，江南佛教虽仍保持一定盛况，但由于官方限制佛教的发展，除禅、净两宗外，其他各宗已日益衰微远非昔比。

元朝崇尚藏传佛教，对汉地佛教也采取保护政策。佛教中的禅、律宗等继续流传、发展，寺院林立，僧尼21.3万多人，中央和地方都设有严密的僧官制度，加以监督。

明朝佛教对内融会禅、律等宗的学说，对外融通儒、释、道三家，得到了士大夫的欢迎和一般平民的信仰，使其更加具有了中国的特色。

清朝康熙年间，迎明末隐居山林的高僧重返京师，使已经衰微的佛教一时又呈现出活跃的气象。雍正虽重视藏传佛教，但主张儒佛道异用而同体，并行不悖，推崇无论各派都要念佛号，促进了佛教各派的融合。

中国近代思想家如康有为、谭嗣同、章太炎、梁启超等都受过佛学的影响。

禅宗的境界

佛教八宗派中，使现代人觉得神秘而好奇的除了后面会说到的密宗外，在汉地人们谈论多的是公元536年去世的中国禅宗的始祖达摩，以及以《坛经》流传于世的禅宗第六祖惠能（公元638～713年）。

说到惠能，人们津津乐道的有这么两个故事：

唐高宗李治是唐朝的第三任皇帝。在1300多年前唐高宗仪凤元年（公元676年）的正月初八，惠能来到广州法性寺，这天，在广州的法性寺内，当时印宗法师正在讲授《涅槃经》，这时候，风吹得寺庙庭院里的幡哗哗作响。"时有风吹幡动，一僧曰风动；一僧曰幡动；议论不已。"慧能听到他们的争论后说："不是风动，亦非幡动，仁者心动。一众骇然。"

再说另一个故事。禅宗的第五祖弘忍法师想要验证众弟子修行的境界，让弟子们各做一首诗，以此来表达对于"禅"的认识。大弟子神秀于是做了一偈："身是菩提树，心如明镜台。时时勤拂拭，勿使惹尘埃。"

这是神秀对于修行境界的认证和理解，偈里文字中充斥着对于"诸相"的执着，将四大和合（地水火风）的虚幻肉身，作为"实际存在"的不变道场，将阿赖耶识（八识之一，八识指眼、耳、鼻、舌、身、意、末那、阿赖耶）的习气、妄想、感受、波动，遇"境"成"幻"的心，当成了"实质存在"的不变恒定的修行基础；由妄想念头聚合了因果业障而成的身与心这一毫无实质性的"存在"，将这些虚妄的"存在"，作为了修行见性的方向和目的，实为南辕北辙。

当时慧能在五祖的寺庙中，只算是个打杂的，自己也不识字，当听到师兄的偈子后，他找了个人帮他在墙上也写了一首偈子：

"菩提本无树，明镜亦非台；本来无一物，何处惹尘埃？"

这首偈子是以"诸相"破相，以"诸法"破法，偈子里文字背后的"真性"是离一切相，断一切思维，破一切法执，法我皆空，当下顿悟，实为佛法大乘的核心，实为寂灭法的体现。

现代的人们将神秀的偈子认为是渐进修持的方式，将慧能的偈子认为是顿悟的楷模。当人们现在了解了这两个偈子的内涵后，知道了从修持的角度，神秀的偈子并不是渐修的方法，而是没有入门。

佛教四大名山

佛教在中国的发展，形成了四大名山：山西五台山、浙江普陀山、四川峨眉山、安徽九华山。中国四大名山形成的佛教圣地，分别供奉了文殊菩萨、观音菩萨、普贤菩萨、地藏菩萨。

文殊、观音、普贤、地藏是大乘佛教中最著名的四大菩萨。大乘佛教理念的人格化凝聚在四大菩萨之中，使至理佛言成为有血有肉的形象、事迹。在中国，信仰四大菩萨的盛行成就了四大名山道场。大乘佛教最著名的四大菩萨，象征智慧的是文殊菩萨；象征慈悲的是观世音菩萨；象征实践的是普贤菩萨；象征愿力的是地藏王菩萨。他们都是以慈航普度、助佛弘化人心而担当重任的法身大士，他们示现、教化、拓展了人们四种理想的人格魅力：智、悲、行、愿。所以正如前文提到的，三界当中应该膜拜大菩萨，菩萨功德是无量的，因为她们对众生有慈悲，才会彰显她们的智慧。

四大名山随着佛教的传入，自汉代开始建寺庙，修道场，延续至清末。中华人民共和国建立后，四大名山受到国家的重视和保护，并对寺院进行了修葺。现在已成为蜚声中外的佛教、旅游胜地。

汉藏道场五台山

五台山是中国佛教寺庙建筑最早的地方之一。自东汉永平（公元58～75年）年间起，历代修造的寺庙鳞次栉比，佛塔摩天，殿宇巍峨，金碧辉煌，是中国历代建筑荟萃之地。雕塑、石刻、壁画、书法遍及各寺，具有很高的艺术价值。唐代全盛时期，五台山共有寺庙300多座，经历几次变迁，寺庙建筑遭到破坏。目前五台山内外有寺庙47座。

相传五台山是文殊师利菩萨讲经弘法的场所。清代，随着喇嘛教传入五台山，出现了各具特色的青、黄二庙。青庙亦称和尚庙，僧侣大都为汉族，一般穿青灰色僧衣，称青衣僧。黄庙亦称喇嘛庙，属于藏传佛教。五台山藏传佛教均属宗喀巴大师创立的格鲁派，信教喇嘛均穿黄衣，戴黄帽，称黄衣僧。五台山是当今中国唯一兼有汉地佛教和藏传佛教的佛教道场。

东汉永平十一年（公元68年），也就是汉明帝刘庄在洛阳修建了白马寺后，两位印度僧人迦叶摩腾和竺法兰就从洛阳来到了五台山（当时叫清凉山）。相传他二人在五台山不仅发现有释迦牟尼佛所遗足迹，而且还发现佛"舍利"，此外，五台这座山的山势奇伟，气象非凡，和印度的灵鹫山（释迦牟尼佛修行、讲经处）相似。两位印度僧人下决心在此建寺。寺院落成后，以其山形命名为灵鹫寺。汉明帝刘庄为了表示信佛，又加上了"大孚"（即弘信的意思）两字，因而寺院落成后的全名是"大孚灵鹫寺"。大孚灵鹫寺是现今五台山显通寺的前身，从那时起，五台山开始成为中国佛教的圣地，五台山的大孚灵鹫寺与洛阳白马寺同为中国最早的寺院。

奇特的预言

四大名山中，为什么单单突出谈五台？一方面它与白马寺同时期，是最早的中国佛教道场，一方面，它有着佛陀奇特的预言。

什么奇特的预言？据说，在五台山建庙，并作为供奉文殊菩萨的道场，竟然在距今2500年前的释迦牟尼佛的经卷中有几次被提到过。就是说释迦牟尼佛在五台山修庙前的500年，就知道了、预言了将会发生在五台山兴建寺庙以及供奉文殊菩萨的事情。这么说有什么证据吗？

《文殊宝藏陀罗尼经》中说，佛告金刚密迹主言："我灭度后，于南赡部洲东北方，有国名为震旦，其中有山名曰五顶，文殊童子，游行居住，为诸众生，于中说法。"

《大方广佛华严经》（卷45）说："东北方有处，名清凉山，从昔已来，诸菩萨众，于中止住。现有菩萨，名文殊师利，与其眷属、诸菩萨众，一万人俱，常在其中，而演说法。"

古代时的中国，曾叫作震旦，就像现今的印度，古时叫做天竺。五台山，现在依然被人们称作清凉山。现在人们去五台山朝圣、旅游时，当地的出家人会自豪地告诉人们，2500年前释迦牟尼佛就说过：震旦国，清凉地，五台为峰，文殊驻地。

藏传佛教

五台山是当今中国唯一兼有汉地佛教和藏传佛教的佛教道场。藏传佛教，或称藏语系佛教，俗称喇嘛教，是指传入西藏的佛教分支。佛教在西藏的流布要晚于中土汉地大约700年左右。

人们按传播经典所使用的语言和所在地区进行分类：分为南传佛教，汉传佛教和藏传佛教。藏传佛教，与汉传佛教、南传佛教并称佛教三大体系。

藏传佛教是以大乘佛教为主，其下又可分成密教与显教，是大小乘兼学，显密双修，见行并重的。

藏传佛教是在中国青海、西藏、四川、内蒙古等地区流行的一种佛教。佛教之所以为佛教，在于其三藏经典与戒律，以及法脉的传承。藏传佛教所依据者是真实的三藏经典，而未经过其他宗教修改；藏传佛教的戒律体系是真实的佛教体系，比丘、比丘尼、居士、瑜伽士等戒律一应俱全；在法脉上，从释迦牟尼佛一直延续到今天，由清净证悟的大德传承代代相传至今。藏传佛教可以说是完整地保存了整个佛教的形式与精髓，相反地，汉地佛教则依据本地风俗而舍弃了一些内容，例如汉地没有班智达这些概念，没有辩经等，这些都是佛教本身就具有的东西。又如汉地佛教造像方面也偏重于姿态优美的佛与菩萨形象，而对形象可怖的菩萨，则少有造像，而西藏佛教则没有如此对待形象欠佳的菩萨。

据史籍记载，藏语系佛教始于7世纪中叶，当时的藏王松赞干布迎娶尼泊尔尺尊公主和唐朝文成公主时，两位公主分别带去了释迦牟尼8岁等身像和释迦牟尼12岁等身像，以及大量佛经。依据藏地佛教史记载，松赞干布本身为十一面千手观音，文成公主与尺尊公主分别为绿度母和白度母，后建大昭寺和小昭寺。

清王朝通过尊奉藏传佛教，从而与生活在西藏、云南、四川、青海、甘肃、新疆、内外蒙古和东北地区的蒙、藏民族建立了强有力的共同的精神信仰纽带，进而控制了东北到西北、西南的广大地区，为入关统一中国创造了重要的条件。藏传佛教于1000年前后弘期时传入青海、四川、甘肃、内蒙古、云南及今日的蒙古国，13世纪后开始传入元、明、清宫廷，对中央政府的治藏政策和宗教政策产生了重大影响。还先后传入尼泊尔、不丹、锡金、拉达克等周边邻国及邻境。20世纪初，开始传入欧美，分别建有传教中心或藏传佛教研究机构，并得到发展，现已成为西方国家的宗教信仰之一。

藏传佛教五支派

宁玛派：是藏传佛教最古老的一个派别。由于该教派僧人只戴红色僧帽，因而又称红教。宁玛派14世纪就已传播到不丹、尼泊尔；近现代以来，印度、比利时、希腊、法国、美国等都建有宁玛派寺庙，并不断出版有关教义著作。

萨迦派："萨迦"，藏语意为灰白色的土地，因该派的主寺——萨迦寺建寺所在地呈灰白色而得名。由于该教派寺院围墙涂有象征文殊、观音和金刚手菩萨的红、白、黑三色花条，故又称花教。

噶举派：是藏传佛教支派最多的教派。"噶举"，藏语意为"口授传承"，说的是其传承金刚持佛亲口所授密咒教义。因该派僧人按印度教的传统穿白色僧衣，故称为白教。

格鲁派："格鲁"一词，汉语意译为善规，指该派倡导僧人应严守戒律。又因该派认为其教理源于噶当派，故称新噶当派。由于此派戴黄色僧帽，故又称为黄教。格鲁派既具有鲜明的特点，又有严密的管理制度，因而很快后来居上，成为藏传佛教的重要派别之一。

活佛转世制度的采用，是格鲁派走向兴盛的转折点。清朝时，格鲁派形成达赖、班禅、章嘉活佛（内蒙古）、哲布尊丹巴（外蒙古）四大活佛转世系统。

噶当派：藏语"噶"指佛语，"当"指教授。通俗说法是用佛的教诲来指导凡人接受佛教道理。噶当派的奠基人，是古格时期从印度迎请过来的著名佛教大师阿底峡，该教派以修习显宗为主，主张先显后密。

噶当派在藏传佛教中是比较特殊的一派，它以显宗为主。显宗是相对密宗而言的，显宗为哲理，指通过明显的教理去修证，可向任何人传布。噶当派主张显、密二宗不应相互攻击，应相互补充。

大乘、小乘佛教

说藏传佛教是以大乘佛教为主，大小乘兼学的佛教。那么，什么是大乘佛教？什么又是小乘佛教呢？

佛陀在世时，并没有所谓的上座部、大众部、说一切有部、经量部、法藏部等部派，也没有所谓的"大乘""小乘"等区别。当时的僧团在教理上、戒律上皆是同一师学、和合无争的，并没有出现多少分歧。

佛陀去世后约一百年之间，被称为原始佛教时期，在这之后约四百年之间为部派佛教时期。大约在公元前1世纪左右，出现了大乘佛教，大乘佛教亦称"大乘教"。因而，从时间上说，佛教，分为了原始佛教与后期佛教。现在，原始佛教被称为小乘佛教，主要指南传佛教；后期佛教又称为大乘佛教，主要指汉传佛教和藏传佛教。

"乘"是梵文的意译，指运载工具，用来比喻佛法济渡众生，像舟、像车能载人由此到彼一样。事实上，佛法共分为了五乘，分别是：人乘、天乘、声闻乘、独觉乘、菩萨乘。

大乘，就是大的车乘或行程的意思，因为是以普度众生为宗旨，要能运载无量众生到达菩提涅槃的彼岸，成就佛果，所以叫大乘。大乘佛教包括信、愿、行、证四个阶次的修学。大乘佛法以亲证真心阿赖耶识（第八识，眼耳鼻舌身意、末那识，是前七识）为根本目的，在亲证真心后，便修行菩萨道。

在弘法的方法上，大乘佛教注重信仰与实践的结合，强调实事求是、因地因人制宜，大乘佛教灵活开放、慈悲平等、普度众生、贴近生活。

出家人中将以前的原始、部派佛教称为"小乘"。小乘佛教也叫做"小乘教"，是对三乘佛法中"声闻乘""缘觉乘"的统称。

小乘法门，是以自我完善与解脱为宗旨，其最高果位为阿罗汉果及辟支佛果。

不过，部派佛教也不承认大乘，他们认为"大乘非佛说"，指责大乘佛经是后人编造，也不认可大乘佛教徒加在他们头上的"小乘"之名。

大乘佛教产生后，小乘佛教仍然继续传播，现在泰国、缅甸、老挝、柬埔寨和我国云南的傣族等都信仰小乘佛教。

据记载，在中国，大小乘佛教是同时传入中国的。佛教传入我国的时候一直就以大乘为主，小乘佛教没有在我国有系统地传播过。中国汉传佛教的十三大宗派中，也有专门的多个小乘宗派，如：毗昙宗、成实宗、俱舍宗等宗派。中国的律学和唐代创始的律宗，皆以小乘律本为依据。目前，中国全面保留的古印度大陆各派的小乘经典也非常丰富。

佛经记载，释迦摩尼佛在成道觉悟的时候，最初的本愿并不准备将佛法传出去普度众生，原因是佛陀的觉悟智慧，只有达到同等境界的佛陀才能够相互印证，而对于没有达到佛陀觉悟的众生来说，听闻高深大法就如同向盲人描述太阳、月亮和颜色，毫无实际意义可言。

但是因为佛陀最初修炼的发心是为了解脱众生的生老病死，为了能够使有情众生解脱三界六道轮回的痛苦，这才将一定层次的宇宙真理讲出来，引导众人走向永恒光明的涅槃境地。在传法的过程中，佛陀也曾向身边的上部座弟子讲述过更加高深的佛法，这就是佛教中"大乘"与"小乘"佛法的来源。

佛陀讲述的更加高深的佛法，与他在普罗大众前所讲出来的佛法是不同的，只是为当时身边的四大菩萨，十大弟子，这些上根弟子所述，一般根器的弟子就算是听闻讲法，也无力印证佛法中的真性，无法将自性中的觉悟与法性光明结合起来，这是修炼境界的不同所决定的。

所谓的"法无定法"，除了佛法在宇宙不同层次、不同境界、不同世界的如意展现以外，还包括针对不同修炼层次的人，佛法对于不同修炼层次人的引导也是不同的。

传法就像是在预先铺路，要真正地度化有缘人，还必须得等到此人的机缘成熟，接受真理的善果已成，才能使法与人类的先天佛性结合起来，达到明心见性，直指人心的作用。

为了加强各国佛教徒和人民的互相尊重和团结，中国佛教协会已经不再用大小乘的名称，而称其为南传上座部佛教或巴利语系佛教。而根据南传佛教的定义，南传佛教统一称为上座部佛教。

大、小乘佛教的区别

既然不再用小乘的名称，那么，一般认为的南传佛教与大乘佛教的区别是什么呢？

第一，经典不同。南传佛教只承认早期结集形成的经典是佛经，比如《阿含经》。对后出的大乘经典，如人们熟悉的《阿弥陀经》《金刚经》《法华经》《华严经》，一概不承认。

大乘佛教承认南传佛教的经典，但认为大乘佛教的佛经才是根本经典。南传佛教经典用巴利语写成，大乘佛教的经典用梵语写成。

第二，对佛的看法不同。南传佛教认为，现在世界只有释迦牟尼佛，将来会有弥勒佛，此外没有其他的佛。大乘佛教认为，十方世界现在有无量诸佛。对释迦牟尼佛，南传佛教更多从"人"的角度理解，认为是导师，已经涅槃。大乘佛教则认为，作为"人"的释迦牟尼佛只是应化之身，不是佛的真身。佛还有报身、法身，作为报身的佛已灭。作为法身的佛，常住不灭，无在无不在。

第三，对解脱的认识不同。南传佛教认为常人修行的最高等次是阿罗汉，达到阿罗汉已经涅槃解脱，不再有来生。大乘佛教认为，阿罗汉不是最终解脱，人人都可以成佛。南传佛教以罗汉的解脱为目标，大乘佛教则以菩萨道的圆满、成佛为目标。

第四，对涅槃的认识不同。南传佛教认为涅槃是"灰身灭智"，即灭除肉体和精神，不再有来生。大乘佛教认为涅槃是"常、乐、我、净"。

总之，南传佛教是"我空法有"，讲究戒律；大乘佛教是"法我皆空"，讲究般若，也就是空性智慧。戒律是修行者的基础，但是初期一过，戒律本身的存在，对于生命的升华就起不到指导灵魂升华的过程，就一定要有理性的对生命、修行、宇宙存在的思考，这个称之为"思维修"；到了中层，见证本性，就是开始觉悟了；到了高层，就是实质性的生命改变，从人性到空性的改变。

大乘佛教与南传佛教之争历经千年而未停休。

人们读了本章的故事后能够发现，大乘、小乘，两者唯有互相尊重，才可以使众生受益。

第四节　人们的修行之路

人们从以上几节，了解了佛陀悟道的艰辛、了解了佛陀弘法的四个方面内容：四谛、八正道、缘起论、三法印。

人们了解了要"勤修戒定慧,熄灭贪嗔痴"，戒定慧是对治贪嗔痴的方法。

人们了解了"佛为一大事因缘出现于世"，是为了了生死而来，是为众生的觉悟而来。

人们了解了佛陀弘法的经历。

人们了解了"人身难得，佛法难闻"。

人们了解了"缘起性空"、灵魂、因果的真相。

人们了解了般若波罗蜜多，是告诉人们能用大智慧度到彼岸去。

人们也了解了佛教传入中国的过程……

人们了解了这些内容后，按照四谛、八正道、缘起论、三法印的要求，就能成佛了吗？显然人们还没做到。这是为什么呢？

人们所了解的这些，都是佛陀告诉人们的确立正知见的非常必要的内容，但仅仅作为知识的了解，仅仅作为学术理论的学习，就成为了人类的"思维学术"，这并不是佛陀的本意，佛陀真诚、真心希望得人身、闻佛法、有佛性的人，都能获得无比的智慧，都能获得身心、灵魂的真实解脱。

那么，如何才能真正地走上成佛的道路，成佛的方法又是怎样的呢？人们如何能发心修炼呢？

发心与布施

人们常常听说学佛的人讲要发心。到寺庙里去游览的人们，会听到和尚们说"你要发心啊！"这时许多是说你要拿钞票出来布施，或者叫你要建个寺庙，或者叫你做个什么慈善，那虽是发心，是发布施的心。

实际上，布施也可以不用拿钞票的。佛经上说：即使你没有财富，也可以给人七种布施：

1. 为和颜施：对别人给予和颜悦色的布施。
2. 为言施：对人说好话的布施，存好心做好事做好人说好话，并勉励人切实力行。
3. 为心施：为对方设想地心，体贴众生的心的布施。
4. 为眼施：用慈爱和气的眼神看人的布施。
5. 为身施：身体力行帮助别人的布施。
6. 为座施：让座给需要的人的布施。
7. 为察施：不用问对方就能察觉对方的心，并给予相对其所需的方便的布施。

总体上说，布施有三种：财布施、法布施、无畏布施。舍财而施是财布施；历代的三藏法师说法、令人悟道，称为法布施；无畏布施就是帮助人们、让人们不再感到畏惧。

但是，真正在佛法、佛教中所说的发心，是叫人们发"解脱生死"的心，这个才叫发心。这个发心，就是佛经上讲的，是发阿耨多罗三藐三菩提，求无上正等正觉，大彻大悟，是发菩提心，是发一个解脱自己生死、了自己生死的心。因为，决定修行最终结果的，不在修行者言谈行为的付出；因为，真理不在禅定中，不在布施中，不在佛经的文字中；因为，心灵着相是生死之因，妄想执着是轮回之果；因为，真理在正知见中，在妄想的背后。正如禅宗祖师达摩在《悟性论》中说："众生心生，则佛法灭；众生心灭，则佛法生。心生则真法灭，心灭则真法生。因为众生心，妄心也！"所以又说，"以妄心逐于法，则法亦成妄法。"

一个人在人世间发"解脱生死"的心，实际发的也是慈悲心。除了对正法的敬仰以外，就是慈悲。

什么叫慈悲？无我才能称为慈悲。能够为众生、真理舍弃自我的一切，这个才是慈悲。这种慈悲就可以最大程度地去消减人类思想和身体当中的，生生世世所积累的业障，消减所积累的在业障这个基础之上所形成的因果情愫和执着带给人们的幻想。

慈悲不能理解为感情，因为感情的基点就是索取，无论多么美好的感情本质都是一样，都有我执。

而慈悲是大无畏的公心，是为了众生的幸福可以牺牲自我，没有任何对于自我的执着。慈悲就是洞知一切，却不为一切制约；慈悲是利他无我，纯净牺牲；慈悲通过情感体现，就是无私，就是奉献，就是设身处地为了别人的痛苦去考虑问题。

在人类的精神世界中，在肉体之内所存在的感受，唯一接近法界、接近本性真理的感受，只有两个：无私和纯洁。一切宽容、善良、理解、付出、包容、真诚，都源自于无私与纯洁，纯洁到极致，就是无我；无私到极致，就是慈悲。

所以说发心极其关键，一个人没有正确的发心，修行一生，得到的只是福报而已，但并不能左右这个人的生死。

一个人的发心，可以用八个字来概括："一念精诚，至死不休"。发自灵魂深处对真理最渴望的这一念，可以导致一个人生命解脱轮回的因果。这个发心，就是一个要解脱生死的觉者的写照。

路径和方法

佛，就是彻底觉悟宇宙和生命真相的人；成佛，就是成为彻底觉悟并证得生命本性，获得真理解脱的人。

探索成佛的道路和方法，当然不能偏离佛陀所指的方向、所教的佛法。而佛法有八万四千种，选哪种最好呢？

有人将显宗、密宗的各种修炼法门亲身实践后，认为佛法基本的修持在小乘，立刻可以证果，求证得道，认为释迦牟尼佛当年教给人们的一个修安那般那的方法，是人们走向成佛之路的方法。

佛陀所教的安那般那法，是怎样的呢？

当小孩子出生时，婴儿开口"啊"的一声出了气，鼻子的气立刻进来了，从此开始一生靠鼻子呼吸了，后天的生命就靠地水火风四大中的"风大"一呼一吸来来去去。

呼气叫般那，吸气叫安那。佛陀教人们走呼吸路线修持，安那般那就是一呼一吸。

婴儿开口是"啊"的一声出气，所以佛法中念阿弥陀佛的"阿"是开口音。鼻子呼吸也好，嘴巴呼吸也好，吸进来是氧气，呼出去是碳气，一来一往，人们的生命就是靠喉咙这里三寸的这一口气。气出去了不进来会死掉，进来后不呼出去也死掉。生命如此的脆弱、短暂，就在这个呼吸往来之间。因此，安那般那，就是一种注意吸气呼气的修定方法。

安那般那，中文称为：出入息。在中文里，"息"是休息的意思。呼吸一出一入，一出一入这里有个中间，这个中间很短暂，几乎分不清楚中间那个宁静的阶段。呼吸中，一出一入，一进一出，中间的一刹那叫做真息。

当一个人睡眠真正睡得好时，会觉得这个人一点呼吸都没有，一点动静都听不见，大概有一分钟时间，那个时候是真睡着了，那时候就叫止息。人的脑筋真的宁静到极点，往来的呼吸停止了，那也叫止息，是出入息中间那个止息的阶段。

出入息、真息、止息，都是呼吸中的不同阶段和过程。

佛陀叫人们先修出入息，再修到明心见性、再证阿罗汉、再成佛，连带身体也变化了，叫即身成就。

六妙门数息法

为了能够较好地掌握安那般那呼吸方法，佛陀告诉人们一个具体的办法，叫六妙门，首先让人们数数。怎么数呢？

人们知道呼吸出去，就注意它出去，进来了，就注意它进来。一进一出叫一息，就在心里数一；再来一进一出，数二；再来一进一出，数三；默记这个数字。如果呼吸一进一出，一、二、三、四、五、六、七、八、九、十，数到十以后，不数下去了；再呼吸一进一出就数九，再一进一出数八，倒回来数。

如果呼吸一进一出数到三的时候，中间想别的了，就不算数，重新来数。再数一进一出的呼吸数一。如果数到六，又有别的思想岔过来，就又不算数，再来从一数起，这叫数息的法门。

人们只要注意呼吸，不要太用心，自然放松，呼吸到了哪里不要管，慢慢人们会能感觉到呼吸到了哪里了。

数息的秘密

佛陀有个秘密的吩咐，当人们在数息的时候，鼻子的气进来出去数一，那么，在哪个时候计数呢？佛陀告诉人们真正修道是数出息，是要注意出息。佛陀讲的秘密，出息怎么数呢？在数出息的时候，要把自己所有的一切，连自己的生命，一切烦恼、病痛，跟着出息放出去。无论是什么病，让它一并跟出息一起数出去，出去就空了。经过这样数息，身体很快就可以轻松了。

注意数出息，不是注意数入息，如此人们就都有出息了。

为什么要数息

站桩、打坐时来数息一、二、三，为什么要数呢？能数的是心念，不管数不数呼吸，人们都在呼吸，所以数不数与呼吸没有关系，不过是借用呼吸把心念拉回来，跟呼吸配合。

佛陀所以叫人们用数息，是因为可以用呼吸往来做工具，把心拉回来，心真的拉回来后就不要数了，不数接下来干什么呢？随息。

随息的状态

六妙门的第二步是随息。呼吸出去知道出去，进来知道进来，旁边那些思想妄念一概不要理，心念专一，专一了就随息了。气进来心念知道它进来，不管它到了哪里，但实际上是有感觉到了哪里的。

这个气进来，"众人之息以喉"，就是普通人的呼吸只能到胸部、肺部，或者身体不好的人，呼吸只到喉部。"真人之息以踵"，就是得道的人，有工夫的人，气一进来，一直灌到脚底心。气长命就长，气短命就短，这叫随息。不要去用心，有一些杂念妄想一概不理，心里已经知道了，还去管

第五章 释迦牟尼的故事

杂念妄想干什么呢。一知道杂念妄想，妄想就已经跑开了、没有了，所以只管这个息，随息就好。

止息、观息的状态

随息后面是止息，怎样是止息呢？感觉着、看着、观着呼吸的长短、进出，慢慢地，愈来愈深愈长，随即到了不呼不吸了，就是止息。

鼻子呼吸一进一出，到了宁静专一时，呼吸也不动了，好像没有呼吸了，就是止息。

到了止息的时候，思想念头没有了，一念清静，止住了。到达念也止了，息也止了，还有没有呼吸呢？有。进一步知息长短。很长一段时间才感觉到还有一下呼吸往来，或者是出息，或者是入息，进来止在那里很久，偶然重新来一下。来一下是什么？长中短、短中长。有时候感觉到出息很长出去了，止息，回来的时候很短促，已经满了。有时候感觉到短中长，出息很短，或者入息特别深沉，一身气都充满了，没有饿的感觉了。

到了止息的时候，不要注意感觉，气本来也是空的，如果觉得太充满，或者用鼻子，或者用嘴巴，把它呼出去，一概把它放掉，空了，身体也不管了，气充满时念头也止了。这样身体内部变化会很大的。

止息以后是观息，那么，什么叫观息呢？

知道自己呼吸宁静了，虽然没有完全定住，很久才呼吸一次也知道了，不管了，这个时候是观息。

那个知道，已经是在观察自己了，不需要另有个观的意念。

还息净息

数息、随息、止息，观息，六妙门接下来是"还息"，就是要按前面这个路修行，然后工夫到了，好像鼻子呼吸一切都停止了，身体内部都完全变化了，还要再"还"到哪里去呢？再回到哪里去呢？要回到不呼不吸，回到老子讲的"如婴儿乎"，回到娘胎里或刚出娘胎时那个婴儿的呼吸状态，应该回还到这里。

然后是"净息"，呼吸也清净了，杂念也清净了。杂念清净了以后就没有思想吗？不是，见闻、觉知都还在，觉是感觉，知是知道。能够知道一切，也能够明白一切。

以上就是佛陀教导人们的呼吸方法，安那般那法。

寺庙建筑的内容是安那般那

当人们到中国各地的佛教寺庙时，能感觉到真正的佛教丛林建筑，表现的就是修行的方法。

人们一进到寺庙山门里头，前面的第一殿供有哼哈二将，就是显示安那般那的呼吸作用。那个"哼"是用鼻子呼气,"哈"是嘴巴哈气。就似告诉人们修行要先从安那般那,哼哈入手。

再往里进,是四大天王殿,看到他们的眼睛、耳朵、鼻子、嘴巴,中间有一个大肚子的弥勒菩萨在哈哈大笑。大肚能容,容天下不容之事;慈颜常笑,笑世间可笑之人。人生难得是开口一笑,嘻嘻大笑,所有的气就都通了。

转过了弥勒菩萨后面是韦驮护法菩萨,面向着寺院,以守护伽蓝(即道场)。

进去大雄宝殿中是释迦牟尼佛的法身、报身、化身,三身坐在那里,眼睛并不望着人们,而是含着双眼,启示人们多向内看,精气神少要外泄。大殿释迦牟尼佛边上的两排是十八罗汉,或者是四大菩萨,这一建筑形式都是配套的。

再转过大殿,背后是大慈大悲观世音菩萨,独站鳌头,俯视众生,预示得道以后要再入世,再来苦海里头救度众生。

所以真正的佛教寺庙、丛林,实际上是用诸佛的形象来告诉人们修行的方法。

如何做如何坐

了解了释迦牟尼佛指出的修安那般那路线的内容、方法后,如何操作呢?这里指的操作,实际就是如何打坐的问题了。

我们在上一章提出道家中许多都先采取站桩的姿势,站上很长一段时间后再打坐,效果会非常好。但是,释迦牟尼佛的修行是"敷座而坐",没有站桩啊。所以,这就要因人而异,自己选择了。

佛教认为,真正在打坐的不是"肉身",而是"心神"。打坐是一种突破了生命形式,将原始的生命力绽放了出来的方式,生命力是原始的宇宙力量。如果采取坐法,要注意身体端正,不要塌腰,不要昏睡,这样才能给身体留出了气路。

人们看到道家的师傅们瘦的多,佛家的师傅们胖的多,原因是他们在打坐时的掌心是朝上还是朝下。朝上为阳掌,多为佛家所用;朝下为阴掌,多为道家所用。

打坐,也就是修炼者的静坐方式,既是在休息,又不是为了休息,是为了净化思维与心灵。但是,打坐的形式不是修行,就像看经书也不是修行,做佛教功课也不是修行,放生也不是修行,禅定也不是修行,这些都只是修行的某一个组成部分,而不是其主体。

人们用眼睛看到的这个世界,用耳朵听到、用心灵感受、用思维理解的这个世界,人们真实活在的这个世界,一切都仿佛真真切切的存在,如此的细致、真实、鲜活。然而,当修炼者的执着心能在漫长的岁月中逐步退去,情感能渐渐地淡化，思维能慢慢地消失，在执着、情感、思维这几种构成人们现实生命的表现之下，就会复苏人们原始的生命本质，那才是修行。

咒语、佛号的意义

人们从道家的三清像、佛家的佛像中，都会发现有许多的手印，这些手印都是有意义的，是在告诉人们如何修炼。（作者注：上一章第四节中曾谈到过一个具体的手印。）手印被称作"身密"，另外还有观想的"意密"，和咒语的"声密"，合起来成为"三密相应"。

三密相应，是密宗的修炼方式。汉地的人们大都在电影、电视中见过密宗师傅们念咒的情景。最短的咒语，要数普贤菩萨的三字明根本咒：嗡（ōng）、啊（ā）、吽（hòng）

说到咒语，人们听到最多的就是念阿弥陀佛的名号。念完了一声"南无阿弥陀佛"，身心一下沉下去了，沉到虚空，这是修净土念佛三昧的方法，也是禅宗净宗的同修之路。

南无阿弥陀佛（拼音发音为：na mo a mi tuo fo）六个字中，"南无"是皈依，阿弥陀佛是佛的名号，意思是无量光、无量寿。

阿弥陀佛，"阿"字是开口音，是喉部、胸部的音。梵文翻过来是无量无边，其大无外，其小无内，简单地讲就是无量。

"弥"是光，无量的光，光充满了法界宇宙之间，无所在无所不在。"阿弥"是无量光。

"陀"是寿，永远不生不灭的寿命。

阿弥陀佛就是无量光、无量寿，永恒不生不灭生命的本源。阿弥陀佛，就是光寿无量无边。

佛家认为，当人们请求佛陀加持时，一声佛号念出，身口意三业专一，一念无量的智慧，无量的光明，无量的力量，集中到一点，像一个磁场一样，像大的磁电一样，像地心吸引力一样，所有东西都吸过来了。一念佛号，就进入一片清净光明的净土。

当人们开口念佛的时候，身口意合一，眼睛不看外面向内含着，回转来意念观自己内在；耳朵不听外面的声音，只听自己念佛的发音，每个字从内在发出来；鼻子安那般那不管了，念佛就是一呼一吸，气归于一；舌头在弹动念佛，身体端坐，寂然不动。

阿弥陀佛身旁有观世音和大势至两位大菩萨。这个念佛方法，是大势至菩萨教的"念佛圆通法门"。

当念佛时身口意三业合一，眼睛一闭，心念反观内照，心光照耀，只有一片光明，黑色就是黑光，白色就是白光，黄色黄光，青色青光，红色红光，光也一概不管。这样念佛，自己会进入一片光明清净中，有无比的感应。这是声音瑜珈，配上了身体瑜珈，又配上了心意的瑜珈。

现代许多人们喜欢上了去体操房学练瑜伽，现在知道了，真正的瑜伽不仅仅是有健身房的身瑜珈，还有声瑜珈和心瑜珈。

佛号、咒语的秘密

念佛号表面是声瑜珈，实际上还配上了心瑜珈和身瑜珈。汉传佛教中人们念佛念"南无阿弥陀佛"佛号的人多，藏传佛教中人们念佛、念各种咒语的人多。佛号、咒语，根本上是一致的，都是声瑜珈，都是打开人体另外一个能量库的密码，都是震荡了人体不同部位的穴位。

比如，密宗内炼过程中，用得最多的莫过三字明根本咒：嗡、啊、吽。密宗把人体分为三部分：天部——头部，是上丹田；地部——海底轮，是下丹田；人部——心轮，是中丹田。认为嗡字咒，是宇宙原始的根本音，具有无穷的功能，可清净贪之毒，故而念嗡字咒时，头部感应强烈。啊字咒是开天辟地时，人体生命生发的根本音，亦具无限功能，可清净嗔之毒，对人身体内脏的作用显著。吽字咒是激发生命潜力的根本音，亦具无限功能，可清净痴之毒，可谓是海底轮、下丹田之声。

六字大明咒"嗡嘛呢叭咪吽"，是大慈大悲观世音菩萨的心咒，六字大明咒是"嗡啊吽"三字的扩展，内涵异常丰富、奥妙无穷，蕴藏了宇宙中的大能力、大智慧、大慈悲。此咒即是观世音菩萨的微妙本心。久远劫前，观世音菩萨自己就是持此咒而修行成就的。

人们念密宗的六字大明咒"嗡嘛呢叭咪吽"，是震动了人体不同的部位；人们念"南无阿弥陀佛"佛号，是震动了人体任督二脉上的六个穴位。不停地念，就不停地震动、震动、震动……

佛家以及道家的咒语，实质上是人们通过声音振动人体不同的部位，用来与高能量层次空间的高能量体沟通的语言，是用来获得高能量的途径。所以，咒语是借音频激发心频，以心频带动光频进而相继光明的一种修持语音的方法。修持语音、修持咒语，就是要让音频转化为光，进而进入到光明大定中去。

咒语不是为召神请鬼而设的，它是一种光音的修持。咒即是光，光即是咒，光咒不二，这是咒语真正的密意。

咒音念诵的窍门，除了专一、深入之外，更重要的是以诚恳、恭敬与信仰的心来念诵，发自内心的诚、敬、信。若是稍有迷惑，稍有疑惑，便不可能相应了。

当然，人们也无须把咒语看得过于神秘，因为人们不可能只将某个特别咒语一念就会出现奇迹。咒语是否神奇，是要看是否真有心性功夫，一切咒语的作用，还在心里，是心的作用，心性功力不到，咒语不灵。

一个普普通通的凡人，就算是持诵大觉悟者持诵的咒语，所起到的作用，也是很有限的；而一位圆满的大觉悟者，持咒加持所起到的作用，是巨大的，是可以改变一定层次宇宙能量的伟大力量。当人们了解了这个道理后，再读释迦牟尼佛说的《药师琉璃光如来本愿功德经》，也就是人们常说的《药师经》时，就可以懂得经中释迦牟尼佛诵咒一段文字的真实意境了：

"时彼世尊，入三魔地，名曰'除灭一切众生苦恼。'即入定已，于肉髻中，出大光明，光中演说大陀罗尼曰：

那谟薄伽筏帝，鞞杀社窭噜，薛琉璃，钵刺婆，喝罗阇也，怛陁陀揭多耶，阿罗诃帝，三藐三勃陀耶。怛姪陁，唵，鞞杀逝，鞞杀逝，鞞杀社，三没揭帝娑诃。

尔时光中，说此咒已，大地震动，放大光明，一切众生，病苦皆除，受安隐乐。"

以上这一段《药师经》的原文，就是说到释迦牟尼佛在讲说药师经中的药师咒时，"大地震动，放大光明。"这正是一位圆满的大觉悟者，持咒加持所起到的巨大作用，具有可以改变一定层次宇宙能量的伟大力量。

所以，佛家认为，修炼中的人持诵大觉悟者留下来的咒语，可以起到求得高能量层智慧生命的看护与加持，促进修炼的进步，使生命尚未觉悟的本性与宇宙高能量层的庞大智慧生命得以沟通。

念咒语、念佛号的修持、修炼，与三界外法界菩萨的无漏智慧和永恒法性相比，这些修行者曾经用生命去履行的方式法门，在真实如意的无漏佛法智慧的境界来看，虽然都是假象，可是，修炼的人们都是要通过人间的这些不同的修炼法门，这些对于觉悟圆满的大菩萨来看是"假象"的方式中，才能修持圆满，因而难能可贵。

然而，念佛得因果，诵经得聪明，持戒得生天，布施得福报，但是，觅佛终不得也。佛啊，既不诵经持咒，也不持戒犯戒，因为佛不去造善业，也不去造恶业。唐高宗时期著名的永嘉禅师（公元 633～712 年）说过一句话："住相布施生天福，犹如仰箭射虚空"。射到虚空中的箭迟早要掉下来的，从而依旧会在六道中里走。所以，如要修佛，只须见证真性，见证真性就是佛。那么，怎样能够真正做到见证真性呢？

第五节　生命成就的真相

前面说到，佛，就是彻底觉悟宇宙和生命真相的人；成佛，就是成为彻底觉悟并证得生命本性，觉悟真理的人。这儿进一步说，佛，是每个人先天本性的觉悟。

虽然说，每个人真正的先天本性从来没有真正消失过，只是被人们现有的这个自我把它蒙蔽掉了，但如何能够解脱现有的自我，达到每个人本性的复苏，达到每个人本性中的最根本的空性的那个地方、见证真性呢？

二千五百年前佛陀在世时，成百上千的人证到了罗汉、菩萨的果位，他们解脱了生命的轮回、摆脱了三界的束缚。

安那般那、六妙门，是佛陀传下的方法，被无数的人们实践着。南怀瑾老师用他自己的经历，向人们推荐此法，但他又说没有看到此法对现代的谁起了成就的作用，问题出在了哪里？

另有成千上万无数的人在按照佛陀所说的大乘佛法，花费着时光，修炼着无漏，企盼着圆满。从公开的资讯中人们看到，在国内的佛家、道家的大德中，有一些修炼到了色界天最高层的四禅天的报道，这虽然还没有到达无色界，也还没有走出三界，但已经是极其稀有的事情。

南怀瑾老师在他2009年91岁时出版的书中说："想到自己这个风烛残年，再想到认识的一批朋友，学佛的，做学问的，用功的也很多，但我讲句真心话，在我内心感觉很悲哀。我今天讲这个是真话，因为不管出家在家，没有一个有成就的。尤其这一次，古道听我的话，去了江西，禅宗五宗的祖庭都去了。我特别叫他在每一个禅宗祖庭，都住半个月体会体会，看深山古刹里面有没有真正的大修行人。我讲大修行人哦！大修行人那就不是打打坐了，而是大彻大悟，得道的人。古道出去还写日记报告，几个月回来对我笑一笑、摇摇头；我也只好对他笑一笑、摇摇头。这个笑是很痛苦的笑，我们中国传统的文化怎么办？都没有人！自己感到非常的悲哀。因此也想到，大家有些都是大师了，大教授，我今天讲很不客气的话，在我内心感觉很严重！"

那么，无论显宗、密宗还是南传佛教，在当今，在国内无数的修炼者当中，有没有像佛陀那样为了觉悟真理，全心全意地、舍生忘死地，有着"不能证到无上大觉，宁让此身粉碎"的决心而悟道成功的人呢？有没有像佛陀那样解脱了三界的束缚，彻底觉悟了宇宙和生命真相的人呢？

答案是：已经有了。

有这样一个人，誓愿"耗尽生命追寻真理，希望以自己修行的证悟点亮有缘人的心灵，珍惜生命的可贵，用心灵的坚韧给生命赋予高尚的意义"。一天天地，他像佛陀一样证悟了觉悟；一天天地，他不断前进接近着佛陀的圆满。而且，他用他对佛法的实证，对人们讲述了自己证悟觉悟、走向圆满的根本方法，对人们讲述了走向觉悟、走向成就的根本方法中内在的、根本的、透彻的原由和人们如何到达那里的方法。

二千五百年过去了，今天人们有幸听到、看到又有人到达了、证到了佛陀悟道成佛时所到达的地方，让当代人不仅仅是透过所翻译的佛经，而是也可以透过当代语言的真切讲述，了解到佛陀所说佛法的真相，了解到宇宙自然的实相。

在以下的文字中，人们会从宇宙生命的真相中，既能了解真相的内容，又能了解到如何让自身证得真相的秘密和方法。相信无论是多大的学者、大德，无论是普通百姓，无论是谁，真理面前，都将会平等地、平静地、自觉地审视自我生命的过去、现在、未来，都将会用心领略人们生命中本有的无穷智慧。

要说清楚觉悟宇宙和生命的真相，要想圆满宇宙和生命真相这样如此重大的题材，要成就我们每个人的生命，要弄明白从理论到实践的具体步骤，文字稍微长了些，但对于人们的未来，对于有助于人们自觉见证生命成就的真相与秘密，请无需在意文字的长短，而去在意文字内彰显出的真理内涵。

这不是哲学思辨的文字，这是讲述人们生命进程的真理。对于一些看似艰涩的词汇、对于一些可能不易理解的地方，不要紧，请暂时跳过去，每个人的灵魂都会因此文字中的真理内涵而升华，那时可再回来感受叙述真理的脉络和魅力。

让我们放松心态，在文字中寻找宇宙生命的轨迹，一睹佛法内涵的真谛，品味每个人生命轨迹的究竟：（作者注：为了便于阅读，以下出自这位觉悟者博文中文字内容的小标题是本书作者加上去的。）

我所写出来的这些文字，跨越了佛教中经历几千年来一些高僧流传下来的"经论"，因为它们大部分都是"人类"在"思辨"、在"感悟"。所流传的，都是人类的知识、情感内涵、哲学认识，以及对于"境界"本身的执着。

现在的很多"经论"，早已经被人心的执着障碍"篡改"得面目全非！严格意义上说，已经不属于真如法性，而是属于人类的"思维学术"。

觉悟者可以说人类社会的一切都是人类的思维、情感、欲望幻想出来的假象，那是因为修炼觉悟后，真实的智慧实证到了生命宇宙的真相。所以觉悟者说那是假象，是应该的、必须的，因为这个假象对于他就是真实的实证觉悟。

什么是实证？人们能够改变自己的一个观念，去除自己的一个欲望需求，就是实证。

而人们在没有证悟到"颠倒世界"的真实境界之前，所谓的人类假象就是人们的"幻想"，就是人类思维中所谓的"逻辑"，就是宗教中千百年来一些修行者迷惑于文字语言的一种可悲的思维游戏。

法界之上才有真法，三界内的众生，包括人类所能看到的佛法表现，都是在情障迷惑之中的见闻。这个虚假的自我，这个后天在常人世间形成的观念、思维，感受中所认识到、看到、理解到的形式与内涵，只是真实伟大佛法在最低下的宇宙时空、人类世界的展现，佛陀是宇宙法的表现，是不同层次宇宙境界与无量众生的存在基础，是造就不同宇宙体系、生命的本源，他的慈悲不是只针对人类的。

证悟了觉悟

在打坐中，随着心灵的纯净程度慢慢地增加，这种纯净达到一定的标准之后，就不再是常人的人心情感，就会融化在真理的纯净慈悲的能量之中。

心灵是思维活动的根本动力源，没有了情感和执着心的推动，思维就会缓慢下来，记忆就会出现空白。

记忆是情感、观念、感受、执着心的叠加组成的对于人类时空的幻想积累，当人们的心灵纯净的标准，与真理融合为一体的时候，生命的主体，就会脱离思维与记忆的系统。就好像是把汽车的发动机从车体中取了出来，没有发动机的车，仅仅是一个躯壳，发动机，才是生命的主体。

没有了心灵，就没有了自我；没有了记忆，思维就像是空气中的烟雾一样，淡淡消散。此时，只有真理，肉体，空灵的境界存在。

在这个过程中，我经历了三年，自2007年开始，我真的以为这就是修炼的全部了，空灵中体现出来了苍茫宇宙、无限天体、无量众生，我真的以为这就是宇宙的真相了。

一切众生的思想、因果，历历在目，众生的轮回生死，层层层层、无限广大、无限微观的不可思议的宇宙，无量层次、浩如烟海、无穷无尽的世界，繁杂得不可思议的众生，一切一切的奥秘，都尽收眼底，无所遗漏。一切宇宙间的真理体现，都在空灵的尽绝处，在空无至极的真理标准中，体现出来了层层变化，体现出来了无穷奥妙，体现出来了无穷伟大，体现出来了无限威严，我怎么可能会认为这些实实在在的智慧是假象呢？

佛教的、道教的经书中，高深的内涵到底是什么，所有人都在背诵"色不异空，空不异色，色即是空，空即是色"的观世音菩萨的《心经》，谁都知道这些理论，可是很少人真正能达到这个不退转的般若智慧。

历史上，能够达到这个色不异空的境界，就是解脱生死了，谁能够达到，谁就能够开创新的法门了。

禅宗的成就，是从"佛祖拈花，迦叶微笑"的心领神会中，感悟到了"空性与佛法本质相通，一性，同在，不灭"的奥妙，所以，才讲万法皆空，才讲放下一切世间幻想，就在当下觉悟，是"本性奥妙在瞬间的体现"。因为禅宗不留于文字，世代口传心授，所以，搞得世间修行禅宗的人，总是神神秘秘，觉得一切文字、现象，都是执着幻想。可是，原来他们所追寻的真理，原本也仅是真如法性中，渺小如微尘的一点真理之光而已。

这样的语言，对于许多人们，情感上已经接受不了了，可是，智慧的体现,是真如法性的表现,事实胜于雄辩,智慧的交锋,能够明辨是非,展现境界与生命层次的差别。

可是,如此现实的这一切,这些智慧与生命标准的体现,这些宇宙天体,无量众生的奥秘,最近在打坐中,却变成了"幻想"。天哪,当在人性绝对的静止中,原始生命**本性**苏醒过来的那一瞬间,原有的一切修炼成就,就变成了执着!变成了幻想!变成了低下的糟粕!这一切真实伟大的智慧与宇宙真相,只不过是底层的生命系统对于法界的模仿而已!只不过是神灵的纯光照射在沼泽泥浆中,泥水下投射出来的一点点光明。

过去的修炼是我在修,是这个现实的我在修行。对于真理的认识理解,在逐步地代替人类的思维情感,代替这个有血有肉的人,一切的修炼变化我都是知道的。可是,当生命的本质,原始的生命因素苏醒的时候,我,这个人类修炼的一切,原来都是为了它的清醒觉悟。当生命的原始性质,清醒独立的时候,这个表面上的我,就消散了。原来这个我,是人类的情感、执着、欲望与思维的幻想所集中构成的假象啊。

当人们原始的本性清醒的时候,这时的状态,不能说这个状态的生命是"我",因为这时的本性已没有人性的任何因素束缚,没有人间的"我"这个概念,没有"我"这种因素与构成人类"我"的任何物质体现。它存在于人类的思维之下,肉体之中,从未消失,从未改变,从未离开,在生生死死的轮回中,体现出来了无数的形式,却从来没有清醒过,亿万年的迷茫,只是为了等待今天这一刻的觉醒。

现在看这篇文字的人,在自己生命最原始最本质的那个自我苏醒的时候,就会明白我今天在说什么了。

当本性苏醒的那一刻,人类的时间就停止了,宇宙间层层天体,浩瀚苍穹,苍茫无量世界,与三界人间无量众生的过去与未来,尽收眼底,此时此刻,洞知一切,无所遗漏。

人们想象不到那种感受与情景:从人类原有的大脑中、心灵中、感受的制约中脱离出来,看原本的人类所谓的"自我",就像是烟雾构成的一个虚幻的假象,瞬间消散,看人类这个世界,就像是一幅静止的图画一样。

人们都见过沙盘模型吧?整体的人类社会体现,就像是沙盘一样,很粗糙、很狭小、很局限的一个空间,人类就在这个沙盘里,幻想着这个沙盘里的美好生活。

人类这个沙盘,微观中,却体现出来了层层空间。无数的众生世界,很多种生命形式。

人类的世界、物质、肉体的眼睛局限,已经无法阻挡本性的光明。空气中,在纯金色的强大能量光明的透射下,展现出来了无穷无尽的世界与更加广大的苍穹体系，能量本身就是生命、就是智慧，无所不在、无所不知、无所不能。

曾经我修炼中的一切智慧、成就、所谓的感受与理解，在本性的觉悟中、光明中，在真实的神性纯净照耀下，变成了灰尘般渺小的人类幻想。在能量无限微观的纯净能力智慧解析下，智慧透彻十方世界，布满苍穹的任何一粒空气微尘中的苍穹，无尽、浩瀚、无休无止的天体、世界、神佛尽收眼底。

时间停止了，思维、心灵、情感消散了，也就没有现实的、人类中的我了，就只有**本性、正法与人体**的存在。

在2010年的12月以后写出的这些文字，还是人类的思维与感受，不是真实的佛，但是，未来的四年中，这种神性的体现会越来越频繁、真实。也许，以后我再看今天写的这些文字，就像是本性觉悟后，看曾经写出来的对于修炼的理解认识一样，都会是灰尘，我相信会这样。因为，目前还有人类的思维与情感，无法真实如意地表现真理的真相。但是，我是一个诚实的人，不会去想象、编造什么景象，也不会隐瞒自己的错误，毕竟，本性的觉悟才是人们真正的自己。

正法的标准

真正的正法，它有三个特性：第一，离相；第二，无我；第三，心内求法。符合了这三条，无论这个法是谁讲的，必定是正法。为什么呢？

虽然一切正法也皆是虚妄，没有什么正法，一切法因一切心，**离心无法，心空法灭**，有的唯有真心，但是因修行者觉悟境界的不同，故而体现出修行的次第，三条标准确定了正法的基础，指导了真理的方向。正法修行唯一的衡定标准就是三法印，诸行无常，诸法无我，寂静涅槃。

第一，"离相"。离相，就是不着相。"着相"是内心欲望、贪婪的积累，在妄想中生灭妄想，以妄修妄，依幻说觉，犹未离幻，不能解脱。爱，即是无我的基础，无我、大爱即是离相。

第二，"无我"。无我，就不是"有我"。

人们的眼识、耳识、鼻识、舌识、身识、意识、末那识，都是由佛教中所讲的"第八识阿赖耶识"生出的。前六识能见闻觉知却不做主，处处做主的是末那识，就是人们的思维。凡夫众生一向不知道第八识阿赖耶识不生不灭，才是真正的"你"，（其实它本身是无我的，假名为我，也就是道家中所探求的真性道法。）却误认为能见闻觉知的第六意识、处处做主的末那识，再加上自己的色身，就是所谓的"我"。凡夫众生所认为的前七识的"我"是诸缘和合而有的"我"，有生有灭的"我"，是假"我"，所以佛说"无我"。

第三，"**心内求法**"。心内求法，就是心灵不攀援外相。内心清净涅槃，有所灭，无所得，脱妄离幻，心无所住，诸心皆为菩提；唯有不入生灭的法，才是究竟的法，无体无相，不会随着环境的改变而改变，不会随着时空的推移而变化；唯有不生不灭的法，才能真正超拔救赎灵魂迷茫，随顺世间诸相，借助万法万有，利用无量众生的烦恼业障，去破开众生的妄想因果，救赎灵魂于无明轮回。

由于众生的"觉性"体现了法界，因为众生的识性"产生"了三界，当觉性与识性消退分解之后，三界与法界无量世界与真理，人世间的众生诸相，三界六道、生死轮回就都全部消散掉了。

由于众生原始真正的"**自性**"，是无形无相、无自性、无实性存在、无自觉、不住任何觉悟与智慧的如如不动、不落任何相、不在任何境界当中的寂灭无生，因而一切语言文字、任何相、任何的觉悟、任何的境界，相对于"它"都是妄想幻境。

比如，一个圆形的玻璃瓶，上下无底，从美国装一瓶子"虚空"，堵住两头拿到中国，放开瓶口，请问，美国的虚空是否少了一块？而中国的虚空，是否多了一块？

瓶子就是众生的"识性"，两个开口，就是"心与意"，将瓶子打碎，内在的虚空与外在的虚空没有区别，没有分离，自性即如虚空一般，无染无漏，无相无别，只因众生的识性觉明，分割了自性与世界众生的空性实相，瓶子的两个开口，一个是意识形成的"所知障"，一个是心灵形成的"烦恼障"，所知障与烦恼障即是众生轮回生死的根本。

若不明自性空性，无漏无得，无染无住，却要随烦恼业障攀缘诸境，就形成阻碍，牢固地塞住瓶子两端，蒙蔽自性。

所谓的修行就是修心，断意识烦恼，犹如通开堵塞瓶子的两端开口，心意寂灭时，转识为智，瓶子粉碎，虚空无痕，自性本来**圆满**清净，无修无证，无得无住，是名涅槃。

寂灭为法 *

这个宇宙，它原本是不存在的，人们现在所理解到的宇宙、十方诸佛和三世诸佛菩萨，以及无量的华藏世界，这一切的一切，原本都是不存在的，而现在的存在，原本都是众生的"幻想、着相、觉性"所构成的宇宙苍穹天地。

为什么这么说呢？

这个宇宙，在它没有诞生之前，在它没有产生这个"相"和"有"之前，

---

* 作者注：寂灭为法这一段，是唯一概念性内容较多的一段，许多的概念用黑体字做了注明。坚持读过去，后面就容易读了，坚持不了，就尽可先跳过去。

宇宙是寂灭的。

当年，阿难问释迦牟尼说：在觉性之上，是否还有超越于"觉性"的、更高境界的那个地方？释迦牟尼说：有一个"**寂灭**"，但是，不管众生永永远远修炼多少阿僧祇劫（作者注：佛教语，指无数极长的时间），都不可能到达那个地方。

寂灭是一切一切、一切万法的根本。那么，寂灭如何产生的万有和万法呢？释迦牟尼说，是"**妄动**"。

这个妄动，是个怎么样妄动的过程，寂灭为什么它会妄动呢？释迦牟尼又举了个例子说：眼，不能自见。眼睛是不知道自己、看不到自己的。但是当眼睛生病了，眼睛进了沙子，当它去感觉到眼睛存在的时候，那一刻，称为"妄动"。

妄动，就会形成了这个宇宙一切**存在**的法。这个妄动，因为它是在寂灭当中升起来的，所以它具备了寂灭的无量无际的这么一种特性，这个过程我们把它称为"**真性妙体**"。（作者注：由寂灭的妄动，产生了真性妙体一词。）

因为寂灭之"妄动"，产生了寂灭妄动的"存在"，寂灭妄动的存在，无漏地体现着"寂灭海"无生涅槃的"性质"，因寂灭海妄动的投影，从而假说有一个"寂灭海"存在，其实寂灭海无处不在，亘古、过去、未来、就在当下，因为众生的妄想妄动，掩盖了当下真理的面目。

寂灭"妄动"称为真性妙体，真性妙体存在的瞬间，"存在"已经偏离了寂灭无生，但它的存在依旧是无形无相、无量无际、无内无外、没有微观也没有宏观，甚至于没有"存在"的"概念"，但是因为偏离了寂灭，已经不再是无生、无住、无存、不动的寂灭，我们把"它"称为寂灭的妄动，就象是寂灭的影子一样，是寂灭的"虚妄"存在，但这时候任何物质还都没有，这里称它为"真性妙体"，这里就是一真法界。

真性妙体是法界源头，与法界一体，是十法界的根本，是最高处，它具有"寂灭性"，但没有达到寂灭"实地"，唯有正等正觉、无上正等正觉的圣者，才能够证到寂灭实地，那是"诸法实相"。离一切相、无相、无自性、无自觉却遍及一切。因为无形无相，所以一切有形有相的，都是它所折射。

它成就一切、遍及一切，当它开始"彰显"存在的时候，当它开始彰显存在"**种性**"的时候，就会折射出来"真如不二"的空性万有，当种性开始体现出存在并有所表现的时候，这就是地、水、火、风、见、识、空，七大种性开始聚合演化形成宇宙万有的时候。

因为有"种性"的体现，才会展现出来了"**空性**"，"空性"因种性而生，空性与种性一体，因七大结合形成的苍穹宇宙，层层演化而彰显出空性的不同境界，但是空性的性质、实质，不会有任何改变。众生的"觉性"*折射着寂灭无生，产生了宇宙，这正是空性派生法性光明，法性光明制约空性，形成万法万有、律法形态的过程。

在真性妙体的种性之中，"空"所派生出来的"见"，使众生有了"觉性"，众生因为觉性而对无生寂灭产生了"认识"，而生成了万法、万有、苍穹宇宙与世界众生，这就是"宇宙"产生的原因。

宇宙的一切都是"缘起法"，因缘和合的根本是因为众生的"觉性"；众生有觉性，就会对**真性**有认识；有了对真性的"认识"，就会形成万有之内不同层次法性的体现来。这个就是无量无际的宇宙、层层宇宙标准、层层律法形态、层层众生和层层华藏世界的由来。

在宇宙当中是一层境界幻想出来下一层，一层境界的幻想和妄动导致了下层的世界的产生。但是一切全部是积累在众生的"觉性"之上，所以因为有觉性，众生"确定"觉性，众生被觉性所带动、所蒙蔽，走向空性律法的制约。

成、住、坏、灭、空，体现着众生被觉性、识性掩盖原始真性后，真性折射而成的诸种幻想，妄念聚合体现出万法形态，因缘相续，形成了宇宙万有，轮转幻灭，一刻不停。

众生的妄想有生灭流转，妄念生灭间有"间隙"，是为真性透过觉性、识性展现出来的"空性"，那就是诸法实相。

宇宙是众生妄想聚合因缘相续而成的幻境，万有世界都在体现幻想，宇宙成住坏灭空，与众生妄想一致。宇宙的生成，就是妄念升起；宇宙的存在，体现妄想过程；宇宙的坏灭，体现妄念之间的"间隙"。而"空性"是没有自知的、没有觉悟的，因为原始真性"寂灭"离生灭妄想，无存无住。宇宙无量无际的众生原始真性从未生过，所以也不会随着妄想进入生灭。

即使众生的妄想"体现"分解了，觉性消散了，但是众生的真性从未改变，仅仅是被觉性、识性蒙蔽，真性不在"生灭"妄想中。

当众生从成、住、坏、灭、空，走向最后一步"空尽"，空性与众生觉性一体，因觉而有空，将觉性消散，离空离觉，是为寂灭，就彰显出来了真性寂灭的"无漏圆觉"。这就是"无缘大慈，同体大悲"，真正的、最根本的境界和实相，因为一切万法都是虚妄，一切万有都是妄动。当觉性妄动幻想消散，"空照"无住，寂灭无生，远离寂灭，如如不动，

---

*觉性：无存真性被空性境界掩盖称为"觉性"，觉性就是空性。犹如人们身体没有毛病的时候，"你"不会认为身体是"存在的"，当身体有了疾病，酸痛感体现，才会有身体的概念，才会有认识身体的"你"，你与身体，皆因"疾病"而现，一切"境界"皆是"酸痛感"疾病的体现；同样，当"空性"体现，一定有觉察"空"的意识同时体现，这个"意识"就是"觉性"。

包藏虚空，是众生真性原始，"寂灭圆照"。

法界众生因为"觉"，蒙蔽了自性无生、无自觉、寂灭无住，而"觉"幻想出来了"法性"折射寂灭海的智慧，所有一切智慧的彰显，都是寂灭无生的彰显，但是它已经掩盖了寂灭的实质，它以智慧彰显着寂灭，以智慧来体现寂灭，智慧折射寂灭的特质，就会成为"觉"的本质，觉本虚妄，因虚妄而生的诸法，即为虚妄空花，这个就是"万法皆空"的原因。

万法皆空说的就是：万法原本不生，万法原本幻灭，万法性空、万法虚妄，就是因为有了"觉性"，才会"折射"了寂灭，而恰恰是因为有了"觉性"，寂灭就不再成为寂灭，而"体现"了空性。

所以觉性"智慧"所能彰显的最高的境界，就是空性的境界，就是"万法不生，万法性空，万法如幻，万法不实"，这些全部都是"智慧"所能彰显的，但将"智慧"拿掉，万法性空、虚妄、不实、幻灭，也就同时不存在了，那里就是言语道断、众生觉性智慧无法触及，却贯穿觉性智慧、苍穹万有的寂灭实性，那里就是"诸法实地"。

所以，一切法，真正的佛法，一定是离一切相，离一切觉悟，离一切智慧，离一切法性，那才是真正的如来寂灭海，大方广圆觉陀罗尼。

法界众生，因"觉"生"法"，原本无自性的、无自觉的、无生无灭、不动离幻的寂灭，因觉生妄。这个觉悟就似乎是眼睛生病，看到虚空升起了"空华"，"眼睛"因为看到了虚妄空华，反推有一个"看到"空华的"存在"，这就是"觉性"；通过眼睛"看到"的万事万有的这种一切景象，反观"眼睛"的存在，想要去描述原本无自性、无自觉，原始寂灭实相的时候，这里就会成为"觉性"。

觉性对于"空华"有了认识，就是智慧的派生，因为"智慧"对于"空华"的认识就会产生出了万有和万法，包括整个法界无量无尽众生所构成的光明世界，所以法界的整体境界是觉性智慧构成，因为智慧是因"空华"而起，众生的"觉性智慧"构成的法界，依旧是为"空华虚妄，因幻而觉"，所以，法界也是虚妄不实；觉悟"彰显"着寂灭实相，但是就是因为它们的彰显、就是因为它们的觉悟，恰恰蒙蔽了寂灭实相的原始无存的面目。所以众生都试图在"觉悟"之中，最大程度的去接近它，但觉悟却永远不可能是寂灭，所以说言语道断，离一切相，即为佛相。

当法界众生，以觉悟智慧在彰显着寂灭实质的时候，久而久之众生将"觉性"的存在，智慧绽放的法性光明，当成了寂灭不变的境界标准的时候，就是众生觉性蒙蔽了寂灭性而被觉性"束缚"在觉性智慧的境界之内，这就是众生妄想偏离"诸法实相"的开始。

众生因为确定智慧所彰显的觉悟境界是"实有"，因为觉悟境界的"确认感"，确认觉悟境界所彰显出来的智慧法性，认为它是宇宙真理的时候，这就是众生的原始无自性的寂灭性被觉悟智慧所掩盖住了。

觉悟智慧折射寂灭无生，通过觉性体现出来的"空性"境界，展现"法性智慧"不同层次的空性标准，因为对法性彰显智慧的执着而降低了空性的标准，一步一步，彻底地掩盖了寂灭无自性、无实性、无形无相的原始的面目。这个时候，就是寂灭实性已经被"万法万有"的幻想完全掩盖了，而众生却会认为"觉悟"折射寂灭，彰显出来的万法万有，诸法法性的表现和觉悟智慧，就是原始真理，就是寂灭实地，此时，众生已经走到了"背离"真性的边缘。

当众生的寂灭实性已经几乎被觉悟所绽放的智慧，被智慧所绽放出来的这种法性光明完全掩盖，并且确定法性光明就是真理、就是他自己"自性"的时候，"自性"就会派生出对法、对智慧、对觉悟不变的认识和理解，就已经完全的偏离了寂灭无生不动，无存无住的实性，但是这时候众生依旧是"无自性"、依旧是无自我，但因执着于无自性、无自我的法性"表现"，从而因法性表现而确定了"自性"的存在。

当法界众生认为法性表现是"实有"的，是确实不变的时候，此刻众生就已经接近于"三界"，因为三界内一切的法，一切宇宙世界众生的存在，全部都是众生真性被觉性"蒙蔽"后，妄想幻想而成，是真性累世累劫对于万法形态和觉悟智慧、法性表现形式固定不变的认识、以及空性标准境界的确定感，从而掩盖了原本无自性、无形无相的真性，被"确定感"所束缚蒙蔽。

当寂灭的妄动、当寂灭的无明、当寂灭的幻想、当寂灭的一个念头表现的时候，这个念头里面的性质带有寂灭的成分，这个就称为了"真如"。这个念头的表现形式，称为"万有"。

所以，真如和万有是"一体一性"的。宇宙苍穹、无量众生、无量法的体现，法性光明、空性的这些内涵，全部是真如的表现和真如生命力的彰显。真如是真性的绽放，而真如的本体，真如的本身，它内在的这种性质，就是寂灭。

就是说，真如派生出了万法，万法相对于真如来说已经是幻想了、是不究竟的了、是不真实的了，但万法里面依旧是贯穿着真性妙体的真性存在。"空性"因觉性起，觉性认识空性派生万法，万法是觉性折射真性，成为自性幻想，就好像做梦一样：一个人做了个梦，这是他的第一层梦境，这个梦境称为"觉性"；他在梦境里面做了第二个梦，这个梦就称为"空性"；第三个梦就是觉性对于空性的认识，从而因空性纯度不同，而体现出宇宙"万法"；第四个梦就是万法派生出来的世界众生。但是任何一层境界梦想之中，都是"真性"通过觉性在折射彰显，一切梦境的实相，就是空性无生，所以说，妄想即真性蒙尘，"妄想"即宇宙。是法平等，无有高下。

但是，无论一个人做了多少层梦，一定都是这个主体在做梦，这个主体就是觉性折射真性形成的真性妙体。

所以，寂灭，它渗透在一切万有万法、空性法性之中；当它渗透在空性中，以空性的纯净程度表现，以法性不同境界的内涵表现空性的纯净标准的时候，这些标准里面就是真如。

万法，是指一切物质的源头；**万有**，是指一切万法的表现。万法包括了从空性尽绝，到法性的内涵、法性的形态、法性的实质，到律法的表现形式。人们想到、想不到的一切物质的根本，都是万法。万有包括了宇宙、苍穹、佛国世界、无量众生、三界众生，包括了一切的空气、阳光、水源，就是包括了人们能想到的、想不到的一切，皆称为万有。

真性妙体的性质和真性妙体本身的生命特质存在于万有之中。万法和万有概括了苍穹宇宙的根本和表现。

当能够从万法解脱出来的时候，当万法消散、万有无存的时候，人们就会发现，对万法与万有来说，实质上从根本上有一个贯穿万法万有的最根本的、没有办法去形容、去触及的生命力，而这种生命力它本身没有任何形式，没有任何境界，不存在任何的物质，不存在任何的法性，不存在任何空性的成分，这个称为"真如"。这就是彰显真性妙体存在的时候，所体现出来的万有和万法的"真如"，一切的真如和万法都贯穿着"真性妙体"的存在。但是，没有真如，就没有万有万法，万有万法都在体现、表现着真如，万有和万法的任何一个众生里面，在性质上都和真如没有任何区别。

"空性"是"真如"的"特质"；无存无漏，无形无相，是"真如"的"性质"；蕴化万有生命元素的力量，聚合万有体现生命，以空性展现物质最基本原始的粒子生命，是真如的"本质"，也即是如如空尽，万法彰显"万有"无漏圆满的"真性"。真如蕴化苍穹宇宙，体现万法自然，却不被"空性"成就的宇宙"万有"蒙蔽"生命力"本质，不被"万法"所改变"无存如如"的性质。

宇宙是真如本质"生命力"在真如特质"空性"存在的表现，真如与宇宙不二，与万法不二，与众生不二，而宇宙、万法、众生，体现真如"生命力"却无法触及真如，因为他的性质，就是"无存"。这就是"真空生妙有"，这就是"真如与万法不二"，"万法与空性不二"、"色空法性与真性不二"，"佛佛不二"，"宇宙、众生不二"。

真如是空性的"生命"，真如体现就是空性，空性彰显，就是真如存在，但是空性并不能代表真如，所以，宇宙万有与真如同体一性，却无法触及真如，没有万有、万法、苍穹宇宙、无量众生的存在，真如也就没有表现。但是，真如不在"表现"之中，不被"万有存在"带动，不被"万法"蒙蔽，苍穹万有，诸法众生表现却体现"真如"，因为一切物质都是"空性"派生，一切境界都是"万法"体现"法性空灵"，都在体现"空性"的生命本质。

真如可以通过万有的一切形态彰显本质，就是"如如不动"的真性妙体，所以，一切"生命"与物质形态都蕴含体现真如的空性"性质"。真空生妙有，彰显万法，却不被万法所改变。

在宇宙体现真如、"真如"蕴化宇宙，同体一性的"圆满"中，"无存、无相、无漏、无量"性质却展现真如蕴含生命的无穷尽，是没有"慈悲"概念的"寂灭如如"。一切物质运动中都有他蕴化万有的力量，一切法性空性境界都在体现他"无存无相"的特质，一切生命都在表现他的"生命力"，一切存在、不存在都是真如，却不是真如的实体，真如与万有同体一性，以万有体现真如。空性分解，万有消散，真如没有了体现之时，就是"寂灭"。

所以说，一切万法和万有的最根本的法性，它一定是寂灭的。但这种寂灭，它是在空性当中体现出来的，它是以空性的纯净程度来划分、来区分的。体现到了人世间的修行者身上，就是以不断割舍现有自我的这么一种标准程度，就是以舍弃自我、没有自我为标准，来划分一个人修行境界高低的程度。

这个宇宙当中不存在什么神，不存在唯一的主宰，宇宙中存在的只有一样东西——**幻想**。诸法众生都活在幻想之中，包括天界的这些执着于真性体现法性形态的无量众生们，众生的"真性"都已经被他们真性"彰显"、幻想而成的境界给"蒙蔽"了，认为智慧、法力、慈悲，就是真实的实相，实际上不是，只有灭尽"所得"，无住"寂灭"，自性无生，"遍及圆照"，才是诸法实相。

真性以空性彰显，但是寂灭永远不可能被"空性"触及，永远不可能被"万法"所带动、改变，永远不被众生"觉性"和"识性"所见证，众生只有将蒙蔽自性的一切妄动和幻想消散之后，可以当下顿悟"大方广圆觉陀罗尼、寂灭如来海"，任何众生饮此"海水"，即刻成佛，即刻圆觉寂照，即刻脱离妄动，即刻脱离万法制约。

所以说，寂灭为法；所以说，任何法的幻灭流转，都是体现着寂灭；所以说，在寂灭的境地，看万有和万法都为虚妄；所以说，万有万法的亘古不变的真谛，就是"寂灭为法"。寂灭无法触及，即使般若法中蕴含着寂灭的真性，般若法体现着寂灭法，寂灭法却不是万有中的任何一个般若法，不是万有中的任何一个如来法。寂灭法是所有真理的源头，是一切万有的根本。

寂灭为法，万法性空，空空真如，摄心为戒。

怎样对待寂灭法

未来这个寂灭法，当它在人类社会彰显的时候，当它以录像、录音、图片、文字在社会上传播的时候，有着不同烦恼、有着不同境遇的人将会更多地进到这个法里面来，进到这个法里面来了之后，他们会用自己的观点去看这个法。

那么，要怎样去对待这个法，这个法有什么用呢？

我要告诉人们的是：这个法，不是给人治病用的；这个法，不是为了给人解决灾难用的；这个法不是解决人们的感情痛苦用的；这个法，不是为了让人们在人世间获得幸福用的；这个法，不是为了让人类获得建立在人类幻想之上的好处来的。

这个法，只是为了超拔人们的灵魂，让人们解脱生死轮回的痛苦，甚至，连这一点也是附带的。

人们可以获得身体的健康，人们可以获得灵魂的升华，人们可以获得道德品质和灵魂的净化，人们可以获得家庭幸福，可以获得一切亲朋好友的宽容和一切的爱，没有关系，但是这个法，它永远不是为了人们的幸福而来；它永远是为了破除人们执着于幸福的幻想，它永远都是建立在寂灭基础之上的空性标准，它永远都是为了人类的灵魂回归。

它不会因为满足了人们的欲望，它就是正法，不会的。它也不会因为没有满足人们的欲望，它就是邪法，这更不可能。人们只有按照这个寂灭法不动不变，永恒不会改变的空性尽绝，祛除自己内心深处的贪嗔痴，割舍人世间基于幻想建立起来的一切的妄想，人们才能够真正知道真理是什么。

它就是人们生命的过去，就是人们的信仰，是人们生命的未来，是人们的全部。

寂灭法，也许会根据人们累世的因果，在这一世跟人们遇到了这样的机缘，附带着在人们的身体上面，在人们的情感上面，在人们的灵魂上面，在人们的幻想上面，去彰显了它的威力，去净化、去提升、去赐予了人们一个好的身体、好的心态、好的思想，但是它绝对不是为了这个东西来的。

所以说，当人们身上出现了一切变化也好，出现的一切感受也好，身体健康也好，家人环境和善也好，这个永远都不是寂灭法里面的东西。

寂灭法里面，一无所有。

因为正法，不是为了满足人们的幻想而来，正法，恰恰是为了破除人们的幻想而来。这个法，正是为了归正宇宙众生最根本的真性而来，它是一切神佛的基础，是宇宙苍穹万有根本不变的真理，它彰显着一切万有和一切众生永恒不变的如来藏，而不是为了小小人类的幻想而来。

所以，千万记住，这个法，第一个，不治病；第二个，没有神通；第三个，没有福报。这个法，没有老师，没有让人们可以崇拜的对象；

这个法不收费，完全都是无偿地给别人；这个法，永远不会向人世间的欲望和索取去低头。

这个法，今天的每一个人，包括未来每一个虔诚真理的真正修行的人也好，一定要从心底上断绝向这个法索取的心。人们只有去供奉的资格，没有去索取的资格，因为它就是人们灵魂的希望，是生命未来的归属。只有这样，这个法才是永恒金刚不破的法。

这个法，是救赎人们灵魂而来的，不看人们现有一切的因果业障。无论人们穷困一生，贫困潦倒，或是癌症，或是怎么样怎么样，它全部不看。无论是国王、是明星、是腰缠亿万的富翁，也一概不看。

它只看人们灵魂对于它的认识，人们认识到它，人们的灵魂就有救了。人们认识不到它，人们骂它无所谓，它不会因为人类的态度，而向人类任何的索取妄动低头，这个就是寂灭法，它会寂灭，会熄灭建立在人类情感之上的一切的妄动和需求。

当人们感觉到在这个法中获得了幸福也好，获得了所谓的健康、福报也罢，当人们产生了这颗心，当执着在这个"获得"的时候，这个心就是人们背离这个法的开始。

人们觉得好像这个法非常好，学了之后身体健康，家庭幸福，等等，当人们把这个心放到这个法之上的时候，就是人们开始背离这个法的时候。早晚有一天人们会知道，人们这个心会成为人们背离它的根源。那时，福报没有了，身体又不好了，一切景象又消失掉了，周围关系又不好了，那么是不是这个法引起来的呢？当人们去爱它的时候，必然会有仇恨在，一定的。当人们去索取的时候，必然会有一天，会因为人们索取的这些东西，而让人们背离它。

之所以说这些，就是因为学了这个法后有现实的例子：哎呀，家里面出现了奇迹，出现光芒了，病人都好了，然后有人告诉说他因为听到这个法解脱了。

我告诉人们，这个全部都是妄想！

这个法，除了人们生命的、最根本的灵魂对这个法本身的虔诚以外，它什么都不要，它什么都没有。

这个法，它永永远远是真理的根本，它不可能被任何一层法限制，也不可能被任何一个人心所玷污，它就是伫立在这里，这个地方，以寂灭无存破除人类一切妄想，直到人们的灵魂认清楚它，把人们的虔诚供奉给它，一直到人们灵魂解脱的时刻，那个地方才是它要的结果，那个地方就是人们原始的自己，清静圆觉。

寂灭法，无法，假名寂灭，实非寂灭。一切诸相诸法，皆是寂灭，与众生无分别，与世界不对比，若人们见证了心灵真性，自性空性，即知道了法无定法，万法归一，万法皆空的真实涵义，佛，法，魔，人，生老病死，地狱天堂，幻想而已。

真性空性

这个宇宙万有内的一切，全部都是万法的彰显，而万法聚合都是在体现着"真性妙体"展现的种性与**无自性**的**空如**。在万法的聚合流转表现形式之内，永远都有一个不变的东西，称为**真性**，真性无自性以**空性**彰显。

生命、宇宙、物质的真性，即是空性，"空性"即是佛法，是一切生命与物质的本源。

空性即真性。苍穹宇宙犹如雪花构成的世界，无论众生世界表现如何庄严庞杂，雪花与雪花之间，雪花内部结晶的空隙，不会被雪花形成的世界改变。

空性无生灭、无来去，遍及苍穹大地。真性无住，众生心灵蒙尘，就能看到欲望习气所幻化投射而成的世界诸相，众生心灵的习气、分别、我执消散，空性自性，即是真性。

可是，这个"空性"却不能以任何语言、文字来表达，如果落入文字境界，语言内涵中的任何概念与意义，就都落入了"五蕴、六根"的感受之中，即是**业障迷惑**。

所以历代圣贤，当修炼到了高深境界中时，对于"空性"，只能寓意不能言传，所以佛陀才说："一切圣贤皆以无为法而有区别"。

所有的一切智慧，无量无尽的慈悲与庄严，全部都源自于空性，人们能够最大程度解脱人性自我，在坚持真理标准，牺牲自我利益的过程中，"意识"被坚定的虔诚所代替，"无我"会突破"情"私的束缚，"奉献"就会本能的开启法性先天的空性；空性展现，法性光明自然体现出来无量智慧与慈悲光明，"意识"对于真理的虔诚，在彻底牺牲自我、成就真理无我的空性标准后，法性内核体现出律法直观的形式，就是解脱三界轮回，成就圆满。

"空性"是一切圣贤解脱众生死苦的良药，"空性"是指向宇宙世界终极真相的标准。可是，"空"，会因众生的**业力幻想**,展现出来不同的"**境界**"。

"空"是真理的体现，却不是真理的"实质"，真理实无"空性"可言，它不是生命宇宙的真相。被"空"所迷的人,犹如生病之人,执着于"药物"，将药物本身当成了健康，执着不放，最终吃药过度，药物中毒，走向另一种执着迷障，轮回"妄境"因果。

历史上无数外道，无数魔道，无数不究竟的修行方法，他们都永远搞不清楚,什么是"空",什么是"有"。永远想通过去除一个"虚妄"的有，生出来一个真实的"空"，这个真实的空和虚妄的有对应，这个真实的空就是"虚妄"的存在，都是"自心限量"的妄想体现，这个就是外道；

如果在虚妄的"有"之上，能升起来一个将"有"修"空"之后，修出来"神"，修出来"佛"，修出来万能的"主"，这就是"魔道"。因为将人的欲望、人的贪婪加进了"妄想"贪婪之中，分别二见是众生和死的根源，这个分别二见的根本是什么东西呢？存在妄想。

妄想虚空立世界，但真性却渗透其中，却不为妄想迷幻，随顺诸法，与万有万法和合，但是不被诸法万有所带动。

真性就是寂灭妄动后形成的真性妙体在万有内的彰显，以真如空性体现，但是空性内无存的真如，体现真性同时掩盖真性。

"真性"是寂灭妄动的体现，真性无性，空性无生，真性因众生妄想折射而起，本无自性，宇宙即是真性的体现，一切法性的根本源头，就是众生觉性折射空性而成。换个角度讲，宇宙众生体现着寂灭妄动的"幻想"，宇宙就是众生的妄想聚合而成，而妄想从何而来？"空性"真如，无法体现，假名空性，在原始空性未彰显之时，是任何法性，任何的觉受，任何的认知，任何智慧都无法去触及、理解、体验它。

当众生"觉明为咎"，将对于空性的认识，当成了实有，就从无生寂灭处，诞生了觉性与"空性"，空性因众生觉性起，觉性因认识空性，从而体现觉性，而空性与觉性的原始面目，皆是妄想。

觉性认识空性的时候，这个"认识"就即刻掩盖、扭曲、蒙蔽寂灭自性。寂灭无生、无住、无染、无漏、无空、亦无觉，遍随诸法却解脱诸法，随顺诸相而来去自如，在"觉悟"的那一刻开始，这个觉性，就已经背离原始，掩盖真性了。此乃"因空立世界"；宇宙苍穹，世界众生都是觉性蒙蔽真性寂灭折射而成，宇宙万有，皆贯穿着"真性"的寂灭性空。

真性包藏虚空，充满苍穹，彰显万法，渗透万有，与万有一体，在万法聚合、万有妄动当中以"空性"体现，却从来没有任何的改变、离开，只是被众生的妄想蒙蔽了。

真性永永远远不会被因果业力所改变，因为真性"无自性，无自觉，无存在"，就好像烟雾可以蒙蔽天空，却永远无法从本质上改变天空的本质，是一个道理。

所以说，见性，就是要在万法聚合流转、万有幻灭形态中，证到"空性"不动无生，见到真性寂灭的实性。

怎么去见？这个见的过程，就分为了不同的法门。

如何去见？古代圣贤原始七佛，包括过去证得大圆满、大觉悟的伟大的圣人们，他们所指的方向都是一个东西。什么东西呢？是停止。

当下停止你的心，停止你的思想，停止你的欲望幻想，停止你的情感波动，在那一瞬间，停止的"意"、停止的妄想和"未停止"的思维当中的间隙体现的"空性"，停止了之后又不住在停止境界"空性"当中的那个无所住、无所觉、无自性的寂灭清静，那个地方就是"真性"。达到那个地方，身心脱落，真性圆觉遍照。

所以，"真性"在思维上的表现就是"停止"；在心灵，就是"空寂无染"；在肉体，就是"身心脱落"，无生无灭，这就是"禅那"，就是解脱，就是真理的实相，就是一切正法修行者最终的目的，就是见证"自性"空性。

空性是亘古宇宙的基准。宇宙是法性的体现，法性最原始最根本的粒子构成就是能量，能量是法性的生命，是微观的宇宙基础粒子层层组合叠加形成的整体结构内不同境界的宇宙系统。

物质微观到了法性能量的尽绝处，就是寂灭的绝尽空性，这个"绝尽"，就是一切法性的根本源头，也就是律法的根本源头；空性是物质基准粒子的内涵标准，具有放射性和自动圆融物质、修复物质的智慧，因为宇宙基本的粒子源于"空性"，空性具有尽绝无漏的本质，它能解体一切不符合空性无漏、纯正圆满光明的附加和衍生物质，空性解体基本能量粒子的过程，就是空性修复法性，以及归正、圆满苍穹众生、无量宇宙的过程……

空性体现在三界法性内，就是通过情感的纯净程度来划分生命等级，对于情感的执着越少的生命，境界就越高，生命因空性提升法性的光明纯度，空性同时改变生命律法的形态，这就是欲界、色界、无色界的存在基础和内涵结构。

空性体现在人间，就是解脱生死，心灵的寂灭涅槃；体现在人性情感因果，就是利他、无我、牺牲、奉献。

当完全的空性代替了人性，那个空性，一定是以舍弃为目的，一定是以舍弃为根本，一定是以舍弃为准则，因为这个宇宙衡定好与坏的标准只有一个——就是空性的程度。空性的程度在彰显着生命中真性的寂灭，在空性里面就会展现出生命最原始的真性的特质，那就是寂灭。当完全寂灭，当人们完全不被万有幻相所迷惑的时候，就是大觉悟。

见证真性，见证真如空性境界当中不变不动永恒存在的真性，见证寂灭真性，这个是大乘佛法的最核心的东西。

因为法性不空，律法的表现就只能存在于业力轮报、生死轮回、因果相续、业障情缘聚合的幻灭之中；在人间想要恢复空性，唯有渴望解脱的虔诚无漏的心，唯有刻骨的深深忏悔的心，因为它们基本的性质都是舍弃。

律法表现法性的纯度。律法的标准体现法性形态，同时律法标准、形态制约法性内涵。律法标准的偏离，引动法性内核偏离空性，法性光明暗淡，同时法性内核光明衰减，表现出律法形态标准的降低。

律法的内容

这里说到了律法的表现、标准、形态，那么，律法是指什么呢？

这个律法不是人类思维、观念中所认识到的那些规章制度，或者条条框框。

空性体现出的光明境界称为**法性**，空性体现在"有"、体现在"存在"的表现的时候称为法性。法性因为空性纯度内涵差别，体现出来不同形态，称为"**律法**"。

空性必须通过法性来表现，空性是法性的内核和恒定不变的标准。

律法制约宇宙众生，维护空性标准境界，律法是空性的法性体现，是法性的另一面，制约着法性的存在形态和表现形式。空性蕴含法性，法性体现律法恒定。法性是生命的基础与内涵，而律法是生命的存在状态、形态、与规则。

打个比方来说：律法形式是浪花，律法形态是大海，法性内涵是水分子，空性本体是构成水分子的氧分子之类的"化学结构"。在万有之内，是以法性空灵作为恒定生命对错、高低的唯一不变标准，是以空性境界，恒定法性表现。再比如，阳光照亮大地，光线是"律法形态"，热能质量是"法性实质"，组成"热能"的各种"原子因素"是"空有法性"，而"空性本体"就是基本粒子运动的基本形态与轨道，蕴含"法性"制约"律法"形态，空性本体没有能量，只是"空性"体现真如特质显现。而推动各种因素粒子运动、转动、组合的"无形力量"就是真如，是真如"蕴化"万物的源动力。到了空性本体，就是真如存在最原始面目，空性本体分解，真如无存，万法苍穹消散，就是寂灭，而寂灭却从未"存在"过，也从未消失过。

"空性，法性，律法"只是造就维护着宇宙物质、世界生命的"形态"，在一切形态之中"彰显"生命与动力的，就是"真性妙体"，如如不动却充满遍及苍穹宇宙，极尽微观至无限广大，是真如体现"存在特质"——"空性"，造就物质万有形态，"蕴涵"在万有内圆满体现"真如生命力"之"本质"。

宇宙源自于空性，空性最原始、最基本、最初期的存在，就是真如"体现"的特质，空性特质的存在状态，反应了真如的本质，就是"生命力"；空性蕴含真理的特质，就是无形无相，无存无漏的"法性"，法性因为空性特质随着派生粒子的空性纯度偏离原始空性状态，而体现出来"法性形态"，这就是律法形成的基本原因。

空性是物质形成的原始因素，法性是粒子生命体现，律法是物质存在形态、形式的限定标准，法性纯净体现律法形态，同时律法标准也制约法性生命的纯净。法性越无我、纯净，律法对于粒子的制约力表现就越淡化。空性的原始没有律法，因为没有法性的体现。

最基本的粒子生命，物质空性、法性内涵和律法特性是没有分开的，法性、律法、空性是一体。空性纯度降低，法性表现就会被法性粒子最基本的特性律法所制约，体现出来宇宙的万事万物。任何物质的内涵都具备纯洁法性，任何物质的表现，都是律法制约法性存在，整体宇宙莫不如此，无所不包，无所遗漏，这就是"无漏"的含义。

法性光明内核暗淡，就是背离了空性的纯净标准，空性对于法性的制约中，被律法恒定制约走向解体。

宇宙源自空性，生命蕴含法性，体现律法。宇宙中，存在的一切物质、生命，不论是有形的还是无形的，都源自于"空性"。空性无我，空性体现出来的法性也是无我，但是粒子的组合是从微观到表面，有一个层层叠加、复制，体现空性在宇宙结构的过程，不分高低对错。好比人们的身体，各个器官的作用不同，都是细胞构成，分工不同。

律法决定了能量粒子运行轨迹与组成形态，能量粒子与苍穹宇宙的存在就是"律法"体现；基准粒子产生于空性，是真性妙体"无形"特质"蕴化生命力"本质，在"空性"之中体现出来了真如"本性"，真如无存却蕴藏法性与空性，渗透在空性律法之中，法性的空性纯度，导致了空性粒子组合形态、运行轨迹、物质"种性"随着粒子组合结构不同，而体现真如生命力"表现"律法形态不同，但却都贯穿"真性妙体"生命力的彰显，这就是四大——地、水、火、风的由来。

宇宙体现法性，法性的内核是空性，法性的纯净通过律法制约法性内核而表现不同，这就是宇宙、众生、生命形式、三界因果的根本。

在律法的形态中认识法性层次内涵，这就是"宇宙法理"的由来。佛教中"戒、定、慧"是圆满本性的道路，其中"持戒"视为修行的基础与圆满如来真性的根本保障；"戒律"，就是保障修行者法性觉悟复苏，圆满空性真如的律法层次标准；"禅定"是在律法标准的基础上，通过心灵感受空性律法更微观、深邃的生命纯净标准，开启空性智慧；禅定是戒律的升华。

三界众生生死轮回的基础法理就是自作自受，是空性律法体现在三界最高、最基本的生命标准。

物质粒子越微观，能量密度、放射性能越强大，极尽微观粒子密度构成的空性境界越是涵盖、渗透、制约存在宇宙的无所不在的物质与生命的表现存在之中，越微观就越接近空性，法性的纯净就越是纯洁，律法的体现就越伟大、无我、无限、光明、永恒。

信仰的真相

一个人，在人世间做人，虽然从根本上说，人们都是妄想和因果业障构成的一个虚假幻体，但在虚假幻体里面，有一样东西是很可贵的，那是什么东西呢？是人的信仰！是人们对于真理的信仰！

历史展现在人类社会的信仰有两种，一种是指向真理、真相存在的方向，是以理性、正知见、清净、慈悲，作为信仰的标准；另一种信仰，是充满欲望、自我、对于神通能力的崇拜和渴望。两种信仰，将导致灵魂未来归宿是"天堂"与"地狱"的差别。

对真理的探索的信仰，其基点是对于真理本身的信仰，是对于众生无明的慈悲；真理是宇宙亘古未曾改变的真相，存在于当下，不受人类的认知、理解、态度而改变。

真理不是哪个人的。它不是释迦牟尼的，它也不是老子的，更不是今天讲法的这个人的。这些人都是因为证到了真理，而借这个肉体，给三界六道当中因缘和合的众生宣说宇宙亘古的真相，让众生的灵魂听闻真理正法，从而走向一条解脱的道路。

人类对于真理的态度，决定着人类的未来。那么，真理它究竟在哪里呢？

真理不在外面，真理永远都在人们的内心深处，在人们的每一个起心动念的念头里面。真理永远都是当破除了自私欲望、幻想执着的当下清净，那个无生无灭，离一切妄想波动，就是圆觉寂照、清净涅槃。

因为它真实，所以对于它的信仰不需要情感的幻想就可以洞照它的客观存在，这就是人们的本性。

因为它无我，所以建立在自我欲望索取之上的信仰，都是与真理的信仰背道而驰。

因而一个人的信仰，一定要建立在理性的对真理本身的虔诚之上。

因为真理的亘古永恒，无处不在，所以它一定存在于当下、此刻，一定存在于外界一切表现之中，一定存在于内心深处蕴含之内，人们对于它的认识就是对于真理本身面目的发现，人们认清它，坚持它真实的存在标准，就是"信仰"的真实意义。

信仰，表现在人世间，就是舍弃对于自我的封闭，敞开心扉，让胆怯和自尊，让自我保护的私心，展现在真理的无私、真性的智慧面前，暴露出内心隐藏的阴暗，用理性的纯净荡涤人性的杂质。放弃对于自我欲望的苛求索取，情感必定宽厚慈善，就能够体谅别人的痛苦，愿意牺牲自我的利益去承受他人的痛苦，这就是慈悲。

信仰，体现在人们的感情当中，就是人的天良！人们做事情，不要昧良心，良心是对于众生一个公平的、公正的态度。良心最基本的标准，就是不要损人利己，不要为了自己去伤害别人，这是人们的良心。

然而对于坚定明确的信仰，无求无漏的信仰，它是有前提的，第一个前提是真理本身的真实性，第二个前提是要见证，也就是身体力行地见证真理本身真实的存在，这才是信仰坚定的原因。

如果是靠情感的维持，靠空洞的幻想，那是很脆弱的；靠未来美好回报的期许，靠人心的幻想与期望，那是很容易失望的，是经不起现实生活折腾的。

信仰的纯净度能够让生命达到高深境界，达到浩瀚正法所体现出来的对于生命更高标准的戒律。纯净的心，才能够脱离人，走向涅槃。

常人正确的信仰确实可以起到在人世间安抚心灵，充实空虚思想的作用，在某种程度上提升人的道德，净化人的生命境界，换个角度讲，信仰是完善常人精神世界、充实生活的一种手段。

可是常人的信仰绝对不是修炼，伟大的佛法修炼是从常人开始逐步成就人们生命真相的过程，生命境界的改变是真实不虚的，这种巨大的变化反映在人世间就是震撼的奇迹。

情感、欲望是人类先天就存在的，在人类身体的微观之中，它带有生命本质在宇宙不同时空中轮回所累积的因素。

想要破除后天形成的各种固有观念，返回本性纯净认知标准的人，我们称其为**修道者**。能够在人类生命进程中，完全返出先天本性纯净智慧的人，我们称其为**得道者**，也叫做觉悟者，也就是觉悟了宇宙生命真相，获得真理智慧的人。

对于修道者，不要去在意人们的行为是否符合修行人的标准，不要在意人们是否布施了、打坐了、禅修了、印经书了，不要在意这些东西，去在意人们自己的灵魂对于真理的认识！

真理的认识

在追寻真理的过程中，众生因缘体现根性不同，因果聚合形成生命内在对了真理折射而成的境界各有差别，因而对真理的理解、修持、认识的角度不同，正所谓"千江有水千江月，万里无云万里天"。

一个人的心原本就是虚空无实，因妄想而起。世界宇宙皆是妄想习气、因果聚合而成的投射而已。如果以妄心需求，追逐所谓有形有相的真理，渴望通过所谓的真理获得自性圆满解脱，是毫无意义的事情。

真理，不是空洞的学说；真理是遍及万有、当下可见的；是遍及苍穹、包藏万有、无形无相、无漏圆满的；真理，是在一切相当中、一切事当中、一切境界当中，通过事事处处随顺彰显真理的实质面目，不被诸相迷幻，不为一切因缘所带动而改变，这个才能称为真理。

真理，它一定要有对比才能够成为真理。在宇宙当中，所有物质构成的基准都是真理体现在那一层境界的真理标准，就是那一层境界当中所有众生生命存在的根本特质、根本标准。所有的生命形式，都是那一层境界真理的体现，所以真理是无限广大的。

天空，众生都能看得到，但是遍寻整个宇宙万有，找不到天空"实质性"存在的自性来。真理无"自性"，就像天空一样。天空是众生心灵妄想、习气、欲望、需求幻化出来的诸境而已。在这个妄想、幻化、习气而成的境界当中去寻找天空的实性，是找不到的。

法不孤起，依境方生，真理无自性，唯有通过诸法因缘聚合彰显真理的清净圆满、涅槃空性。

真理是无自性、无实性的，因为真理空性，无生无灭、无来无去，所以众生的妄想、习气聚合轮转的刹那当下，因缘过程刹那间隙，都遍随空性。众生如能知道反观内视，断妄想习气，断幻想境界的当下，皆可见证空性自性。那，就是真理所指的方向。

觉悟者，了知众生自性空性皆为如来，宇宙诸法性空无碍，皆为刹土，众生自性平等，众生妄想蕴含着空性不动的自性。而空性无生、无灭、无来、无去、无染、无得、无住，如意遍随，事事处处，随时随地，以一切相、一切境、一切语言文字和一切内涵体验，来破除众生妄想习气、心灵执着的幻境，彰显众生真性的原始面目，这个破除迷障的过程称为"真理"。

什么是真理，空性无漏、寂灭无存，是亘古永恒的真理。

真理是生命的源头，是物质诞生的根本，是亘古未曾改变的宇宙根本实相的体现。苍穹宇宙，无量众生，一切的真理法性的表现都在彰显"真理"不同空性的境界。

一切法性、一切空性，都在体现它。我用真如来形容它，我用真性妙体来形容它，但它的本质，它真正的性质，就是寂灭无存，但是它渗透万有，渗透万有是它的存在，所有的万有万法都是它存在的表现，所有的万有万法里面都有它的特质，这个特质就是人们内心里面的纯净纯洁。

真理，体现在人间修行道路上，就是"一切圣贤皆以无为法而有分别"，就是以空性辩真伪，以智慧论究竟；

真理，体现在人间情感上，就是以割舍自我内心中的私心、欲望、观念、保护自己个体利益的程度，来划分真理存在的纯度；

真理，体现在人间理性思维上，就是以智慧境界的内涵范围、空性无我的纯度大小，就是以"空性尽绝"在生命构成的微观之中，来体现真理境界。

真理不是道理，不是哲理，不是让人们思考人生内涵和目的的，真理是生命的过去面目，也是人们生命未来的阶梯。生命，因为与真理同在，而变得有了意义。

通过真理，人们能够获得解脱，因为真理虽只是通过肉体表达，却是三界通往法界、法界通往无量界的确实道路，是涵盖包容浩瀚无量苍穹、无量如来、无量觉悟者一切真理的综合体现，是真如法性、智慧无漏直接的表现，就在现在、此刻，呈现在人们的面前。

然而，真理又并没有实体，真理如果有实体，真理就不能普度众生。就像一个人，人因为有身体，人就必然会有影子。真理如果有实体的话，一定有真理所对应的"障碍"真理的"假理"存在。比如说慈悲是好的，不慈悲就是不好的，当人们执着"慈悲"的时候，必然会有"不慈悲"存在，人的慈悲与不慈悲"相对"，就没有办法去"解脱"不慈悲。

真理也绝对不可能因为人类的利益需求而改变，因为真理不是人类文化的产物，不会为了满足人性的贪婪、幻想、欲望，而顺从人间的心灵取舍。

真理律法的空性纯净，亘古永恒，奠定了灵魂回归的大道，而在这一条道路上，能够促使信仰者修行圆满的老师，只有一个，就是人们内心的虔诚，除此之外，别无二师。

真理为师，真理无师。真理不会被人间改变，好似孔夫子厄于陈蔡，颠沛流离，儒教却盛行千载。真理真实永恒，通过万物体现，老子隐遁，越函谷关弃世人，《道德经》依旧千古传颂。伟大的灵魂，一定是用平凡彰显思想的力量，借助苦难来体现真理无尽的光明，虽然并不是伟大的思想需要平凡，并不是无尽的光明需要苦难，而是只有平凡可以成就伟大，只有苦难可以圆满真理。

没有任何一个人可以代表真理，涵盖真理，包括传播真理本身的人。

修行圆满的人，是真理的体现，那一定是无我空性的真理标准，智慧光明的存在，无我执、无法执，而不会在意人性的情感欲望、顶礼膜拜。人们是三叩九拜，还是侮辱谩骂，都是人性对虚空无法触及、无法参与、无法带动觉者的境界。真理需要人心的尊重，因为人们要归正于真理标准内涵境界；但是去崇拜真理的表现，就是一件不理性的事情，觉悟的智慧，无我慈悲，不会因为人性崇拜而被情感带动，真理的标准在修行者的心里，不在任何形式之上。

没有修行圆满的人，人性具足，或许人心清淡，但是对于自我的执着必定没有消失，去崇拜这样的人性具足的人类，是否是一件很荒唐的事情？

在整个修行过程当中，人们自己想去掉自我的这个"心"是去不掉的，人们最多就是以一个观念代替了另外一个观念，人们是去不掉这个"我"的。那么如何才能把它去掉？是需要用另外一个标准，用另外一个实体去代替这个心。另外一个实体是什么东西呢？是真理。

真理无师，真理为师，修行者终其一生，能够恒定其修行境界的，唯有"智慧"辨真伪，"空性"论高低，内心能够割舍多少对于自我的执着，真理先天的原始面目就会从我们的生命之中展现多少，因为宇宙万物都是真理所造就，都在体现真理、彰显真理圆融不破之无漏圆满。真理没有老师，人们真正的老师就是人们自己心底里的虔诚，包括敢于向自己内心深处罪恶开刀的忏悔，就这两样东西。

在一切苦难、一切灾难、一切痛苦、一切欲望的诱惑、一切的人世间的这些斤斤计较和矛盾当中，人们要能够记住一句话，这句话是超过人们生命的：苦中无我，唯有真理慈悲！

这句话涵盖了整个修行过程一切的法理境界，一切的禅定次第，一切的心性标准；这句话无限的内涵包含所有的修行过程之中的实证体会，遵从这个标准，一定能让修行者解脱生死轮回。

"苦中无我"中的"苦"字，是什么意思呢？外界因果缘起的诸种境遇，内在心灵攀援的诸种体验境界，就是"苦"。六道三界，莫不是由苦而生，这个苦的根源，就是"心"，所以，无心即无我，无我即无轮回生死，因果顿消。

苦中无我，唯有真理慈悲。这是修行者，精诚一念，至死不休，终尽一生，无上不二的标准。真理是灵魂通往解脱的道路，真理完整无漏地保证了道路的畅通。修行者内心的老师，唯有真实深刻的忏悔，唯有刻骨、坚定、纯净、清晰的对于真理标准的虔诚……

虔诚的使命

虔诚，一定是与真理的"相应"，是以真理无我的标准去割舍心灵深处的我执妄想，从而让自性的"明光"透过心灵穿透人间六道，空性绽放出纯净离相之光明，去清洗累世累劫在思想和生命当中形成观念的冤亲债主，瞬间解开这些冤亲债主跟人们一切的因果关系。到了空性无我的"解脱"境界，人们就真正知道了生命就是为真理而存在的，人们就会用生命去珍惜它，去履行它，用真理的标准去对待人性一切的需求、自我妄想、一切罪恶的念头和一切自私自利的情感波动，这就是纯正的修行。

一个修行者，能够用自己生命的全部，用灵魂、用心灵最深处的渴望去供养真理，能够终其一生，并且坚持一生都不动摇，只信仰一个真理，这个视为虔诚。

一个修行者，能在自己受到痛苦的时候，能向内心去寻找，遵循真理的舍己利他、无私无我、利他无我、奉献宽容，遵循这种牺牲精神去向内求，割舍在痛苦当中割舍不下的我执、欲望、执着和情感，这个视为虔诚。

修行的人，不要以为说人们信佛了，人们很虔诚。人们那个"虔诚"是建立在自我获得基础之上的，那个是妄想。

我信佛了，我今天给佛捐了一百块钱，我将来就可以去西方极乐世界，这个是人们在辱骂十方三世的诸佛。也就是说，在人们的心目里面，诸佛是贪钱的；也就是说，在人们的心目里面，十方三世一切的诸佛都是可以被人们所买通的。错了！人们的这个心原本就是妄想。

寂灭法的修行，要求人们具备两种素质，第一种对真理本身有认识的人，就是法理好的人；第二个就是发心虔诚的人。

人们对真理认识的程度越深，修行起来就快，人们知道什么是如法的，什么是不如法的，按照法的标准把人性的错误修掉，那就是进步。但是人们必须是一个对于真理彻底虔诚的人，如果人们不虔诚是没用的，如果人们的根性不好，对法理不认识，人们光有虔诚也不行，那就变成迷信了，所以具备了这种条件，一个是对法理有认识，第二个是彻底的虔诚，这样，真理就会在修行者身上真正绽放出来它的力量来。

佛经、魔王

佛教经典，讲的都是实证境界，不是普通的道理，而是通往佛土的地图，人们要用心意、灵魂受持正法，亲自去按图走路，以正知见解脱无明，往离舍攀援我执的方向走，自性在尘境中逐渐复苏，才能够亲身体证佛陀所说的景色与境界。

诸法非法，执法为魔，无论是《楞严经》，还是《金刚经》，都是指导修行者修行的纲领，却非修行者成道的道路，人们以凡夫心，分别我执，攀缘经书，经书即是人们入魔的缘起。人们心性纯净淡漠，我执贪婪清净，问心、求心、破心，一句阿弥陀佛，足可以唤醒沉睡无始劫的自性清净。

万卷经书皆因心起，心生则法生，心灭则法灭，一切诸佛，皆因此地而成就，若回避心灵我执贪求，妄想幻境则永远不能断绝，无论人们读了多少经书，依旧是一个复读机，而自性的清净真心，被心灵内的妄想贪执、我执我慢，牢牢束缚在习气因果之中。修行者，没有实证，就算是将三藏十二部大乘佛经倒背如流，依旧是个凡夫。

念佛，是心在念，心是妄尘，所以，是妄尘波动，形成因缘相续，体现业障聚合，念佛即是无量因果中，其中一个因果。

诵经是心在诵，心为妄尘，妄尘攀缘佛经，佛经亦是妄尘，仅仅是在尘埃境界，减轻妄尘，获得妄尘透彻后，自性折射心灵的觉明，非解脱彻悟。

持戒是戒心，心非实有，戒为虚幻，心与戒实为虚妄，执着戒律，即是攀缘妄心，妄心所获，依旧虚妄，升天极乐，与地狱折磨没有本质不同。

布施是心布施，心攀缘布施相，即是妄想聚合幻想，注定获得的福报亦如镜花水月，实无可得。

若以尘心觅佛，犹如在迷虹之中寻找虚空，实无可得，若能求心真性，破心迷障，自性涅槃，无生寂灭，即是真佛。

人们总是说，自己的修行没有进步，没有改变，因为，人们修行的道路、方向是错误的。修行的道路在心，而非万卷经书，离开心之体验，思维理解，仅仅是累世妄想聚合而成的另一种"幻境"，一个修佛的幻境。

离心无法，一切经书皆是魔障；破心离意，世间万相皆是如来。心即是空，空即是境，境空心空，清净妙明，心灵是解脱生死束缚唯一的道路，没有捷径可走。

记住无我利他，奉献牺牲；记得苦中无我，唯有真理慈悲。人们一生什么佛法都可以不用看，只要将人们的心灵需求、我执淡化到最少，做到真心清净，就抵得上万卷经书。

人们觉得人世间的历史挺漫长的，而人生一世才短短几十年。可是，当人们的真性复苏，在寂灭圆满，无生无漏无存的寂静中，遍觉、朗照三千大千世界的时候，"观照"所有妄动形成世界中的时间，都是从来没有发生过的，"刹那间"就是亿万劫的永恒，刹那间就是整个宇宙的产生与终结。

在**万有妄动**之内，众生因为有**觉性**，**真性**被**空性**掩盖之后的**法性**形态进入三界妄想，妄想于是"确定"法性表现是"确实存在"的，妄想的确定感，形成了"感"，"感"的延伸形成了"受"，受被三界众生的"业障习气"所带动，就是"业力习气"因果缘起。妄想与感受的聚合，蒙蔽了无存真性成为"意"，就是三界众生的**识性体现**，最根本都是"妄想"的存在。因为有"感"，必定会有"所感""能"与"所能"，从而形成最初的"**分别二见**"，分别二见的"**妄念**"产生了时间和空间。

因为有意识分别，才会产生苍穹和万有；因为有识性，才会被万法波动形成万法的"表现"蒙蔽带动，从而产生因果缘起，生死轮回。所以说，识性、妄想是众生生死的根本。

五千多年前的那个修行者奎师那，真真切切几乎达到了大圆觉、大圆满，但是没有能证得无住涅槃，就是他证到了真性妙体，但是他却没有完全还原寂灭完整无漏的原始面目，寂灭"妄想"的习气附着在真性上面，还有性根的余气，还有"真性妙体"妄动的幻想，只要有"自我"的意识，一定是"妄想"的存在，而"真性"在被空性表现掩盖后，成为万有万法当中的"真理"表现了，而"寂灭"是没有实性实质存在的，是以一切万法万有体现真性圆满无漏的圆融不破，遍及一切，无所存在，无所不在。

大圆满大觉悟的寂灭境地，实无真理可言，实无寂灭可言，实无如来可言，实无万法可言，没有任何成就，没有任何"所修所证"，没有任何宇宙苍穹诸法合和"实质"存在，没有任何善法妙法"成就"实性存在，没有真性"境界"，也没有涅槃"境界"，唯有寂灭，却无住寂灭，远离"寂灭"；但是却与苍穹宇宙、万有万法、万法波动所体现的"现象"融为一体，因为"诸相诸法"都是寂灭的妄动，都是寂灭的"倒影"，倒影"蕴含"着真性，真性被倒影掩盖，却不被万法现象所改变、所触及、所消失，存在于亘古，就在此刻当下。见证了不动圆满的"真性妙体"，就从根本上"破除"了万法幻动、众生"妄想"、万法聚合造就的宇宙，也"破除"

了诸法万法的存在，在妄想破除的瞬间，"诸法"寂灭，真性圆觉。

奎师那证到了寂灭的实性，证到了"真性妙体"无所不在的这种遍及、遍照、圆满无漏，但是并没有证到寂灭的实地，在他证道的过程当中，最终没有去除"真性存在感"。这个"存在感"束缚了他的真性，没有能够解脱诸法聚合的万法表现，证到了"真性妙体"的寂灭性，但是却没有证得寂灭圆满无漏实性，就是没有证得在完全没有任何妄动彰显之前的寂灭原始。

他没有证到大觉悟，他的法里面就一定会带有他后天在万有万法当中形成的"虚妄"的存在。

虚妄掩盖之后的真性，被"感""受"掩盖、组合，形成的对于三界万有表现的"需求"，一切需求在彰显着一切的妄想，一切的妄想都是业力习气、因果的存在。

这个需求，一部分是主观需求，它建立在人的"感"和"受"，就是"感"里面有"受"，"受"里面有"感"，"感"和"受"都是妄想、幻想的具体体现，蒙蔽了真性形成了"意"，没有"意"，"感"和"受"无法聚合形成，无法和众生发生感受的牵引波动。幻想波动起来了，幻想一旦有波动的形式，就会具体在"感"和"受"这两种形态的存在中，贯穿有真性的妄想，有了"意"，才会产生感受的波动体现，这两种形态，将被法性掩盖的真性无存掩盖在了感和受之下，以"意"体会感受，它就会产生了妄动在三界之内的具体表现，这就是性根。

这个性根，第一层派生的是什么东西呢？是分别。

性根开始有分别了——这个是黑的、这个是白的、那个是红的、那个是绿的，种种感受不同的细微深入差别，这就是感受蒙蔽了"意"，感受派生的妄念幻想将"意"，塑造成了感受的深入具体化的存在，以区分于其它的感受表现的形式。"意"就会在感受分割的分别之后，产生出来了分别与其他存在的独立性，体现出感受细微深入的觉受——这个时候就产生了分别。

产生了分别之后，就会产生分别基础之上的"自我"认知，这个自我认知就是感受蒙蔽了真性，形成的"意"，就开始在感受分别的基础之上衍生幻想，幻想开始有了具体的对于感受的深入认识理解，派生出对三界之内一切事物的认识、理解、看法、觉受，这就是我执。

分别、我执，这两样东西就构成了在三界内这个具体的、生命的、主观需求的基础，是感受聚合业力习气，蒙蔽真性，将意分割塑造成为具体化、细微化、深入化的幻想内在境界，妄想的"意"摄取人们的六根，带动人们的眼耳鼻舌身，产生了"识"，主观意识对于客观世界的"识"，就是妄想的具体化。

"意"是"识"的根本，"识"是"意"的延伸体现，"意"是妄想的表现，是"识"的根源,"识"是"意"的具体存在表现,摄取六根,被心灵的妄想所牵引带动,这就是人类精神体系完整的由来。

主观的"需求",就是人的"意识",建立在幻想基础之上的、感与受具体"表现形式"。所有的欲望、表现、情感、执着、自我的分别与观念,全部去除漏尽的时候,会发现有一样东西,这个东西贯穿在人类的一切的思想、行为、心态、存在,一切观念的背后,一切行为的背后,包括人的客观需求,种种需求的"间隙"当中,都会有一个不变的"空性"存在,这就是真性的体现,"真性"通过诸法彰显"存在"。

空性无法被"需求"带动,不会跟着需求走,不会被需求改变,不会被需求牵引,亘古以来一直在"需求"妄想的内在,一直渗透在"需求"当中,无论需求如何变动、如何组合、如何幻灭,它一直是存在的。

它就在此刻,就在当下,只是众生颠倒了黑白,把假的、把幻想、把业力习气妄想境界当成"自己"了,真性就被这个"幻想"给掩盖了。不把这个"幻想"当成自己,把幻想当中派生出的这一切的"自我""意"的构成因素全部去掉,人们每去掉一分,就发现在去掉的那个地方,他一定是空性无漏的,在空性无漏那个纯净当中,一定有寂灭的真性彰显,就会有"性光"的体现。

人们以为人的"身体"是从何而来的?三界内所谓的众生的自我,根源是幻想,是"想"和"欲"的组合;"真性"因没有幻想就不会有"感和受"的附着。三界内不同空间的身体的"存在",是因果业障、是因果聚合、累世不同的冤亲债主在不同空间的积累,导致了后天的客观的在肉体之上的"反应",它是不由人们主观意识来左右的。

为什么呢?因为,因果习气是幻想形成层层层层微观下的习气,与累世冤亲债主累积在一起的体现。他们跟人们有因果关系,他们不受人们的"意志"支配,所以人体会有客观的、肉体的、生理的需求存在。

可是,如果将主观意识上的这个"自我"存在,从根本上去除的一瞬间,不再"幻想",回归寂灭清静的时候,肉体微观中无限深入的、累世因果聚合的"冤亲债主",同时会被法化、会被解脱、会被救赎。真性圆满的瞬间,会发现人们肉体的生理功能,所谓的"生理的需求",也会荡然无存。

这就是为什么历史上"得道高僧"会肉身不腐,或者会"虹化"为光的原因。

奎师那毕竟是证到了"寂灭性",证到了"真性妙体"的存在,证到"真如与万有不二"的般若境界,如果在三界内人间修行的这个人,最根本上"自我""妄想"这个根没有断掉,瞬间,所证到的一切寂灭、真性妙体,就会因为这个"自我"而变成魔王。整个的真性体现真如,派生出来的万法表现宇宙体系,就一定会贯穿着这个没有去掉的、根本上的这种性根的"妄想"形态。

这种妄想不是性欲，它体现出来的是"需求"。这种需求，会被寂灭性、会被"真性妙体"的存在所彰显，无限无量的渗透、成就、存在于广大苍穹，稀释到众生无法察觉的觉性之中，以万法万有、众生苍穹世界体现。就好像"灯泡"上面附着有油污灰尘，在"灯光"的照射下，油污和灰尘会形成阴影，渗透在无量"光明"之中，与阴影光明合一，就是"光明"的另一种体现，这就是"魔王"。

阴影遮挡光明，渗透成就一切宇宙、一切佛国世界、一切众生、一切万法的基础因素。而这些基础因素，通过万法、万有、通过一切的众生表现出来，不同境界众生的生命当中，真性展现法性形态中，都会体现着修行证到"寂灭性"之后，未曾去除掉的三界内的幻想产生的"性根"、在他世界之内的众生生命微观下，构成生命基准当中、生命的形式表现当中、意识形态当中、生命的内涵当中、一切生命的形式当中，都会体现出来这个"性根"的因素。

为什么有的教非常崇拜人格神，人们以为是他们教主提出来的吗？不是的，是因为过去的那个觉悟者没有成就正等正觉。他没有修彻底，从而遗留性根的习气妄想，会被他证到的"真性妙体"像是太阳蒸发水珠一样，把它变成水蒸气，扩散在无尽无量的空间当中，扩散在一切众生的生命的极尽的因素和法性当中去，然后众生的真性都在体现，一切法性都在表现，所有众生都会认为这种表现是正常的。

所以，当这个宗教的这些众生，修行过程当中的这些众生，他们的生命极尽微观的真性和法性表现里面，都由那个觉悟者的幻想所造就，决定了他们生命微观当中这种性根的需求。这种性根妄想造就的不洁净的、蒙蔽了真性寂灭的法性表现的时候，他的一切表现，都会偏离寂灭的特质。但是，他们本身是不知道的。

所以，某些宗教非常崇拜人格神，非常崇拜一些祭祀，他们把修行人分为几个等级。这些的分别，来自于什么地方，他们的神为什么会有分别？因为性根妄想有需求，因为有妄想，妄想蒙蔽了寂灭的实质，就会在妄想当中产生出对万法的"分别"，一切分别，根本上是因为妄想遮挡真性，油污遮挡灯光，体现出来了"阴影"。

虽然了脱一切相，就解脱了万法对于心性境界的束缚，见证不二，就是圆满真性、觉悟的开始。到了这一步，这个"自我"已经完全淡化，却依旧有潜在的"觉知"，无心才能无识，有任何细微的自我痕迹，不二空性就无法圆满彰显如如无漏不动，反而会因为这个牢固的自我意识，将成就几乎圆满的如如面目，瞬间"幻化"出来无量无际众生世界。

"幻化"出来的这个世界，和如如不是同体，因为有"自我"存在，隔绝了如如的"不二"特质，此刻"如如"犹如真理的宝藏，原本无我，宝藏就是宇宙众生与真理。众生、诸佛、万法不二，是同一体、同一性；而现在，是"自我"利用了这一切宝藏，满足了自我的愿望，利用宝藏创建了世界，而这个世界无比的真实，身在其中的众生，感受也是无比的真实。

这个世界，与佛陀世界的形态、众生的形式，几乎一模一样，只是内在法性特质的极尽微观中，基准因素不同，因为，此刻的世界是几乎"觉悟"的大圆满者的念头幻想，却不是纯正大觉悟者正空离幻的"等正觉"。所以，形态之中，都具备无上威德，苍穹众生体现福报，无量光、无量寿、无量福。只是佛陀的世界，众生祥和、纯正、质朴，以舍弃为心性，以众生的幸福为幸福，以去除外相、感受法性如如为本体，以慈悲利他作为众生恒定的境界内涵，福德圆满，亘古长存，众生性平等、体不二，圆满无漏的真如体现着庄严、殊胜、慈悲、威严。

而"觉知"利用"如如"幻想出来的世界，光明绚丽多彩，诸神法相庄严却落入"浮华"、众生妖冶，不二的如如真性，通过"觉知"转化为了福德的"表现"，渗透着觉知的幻境，无量众生的生命微观下、生命的基准，都渗透着"意识"的痕迹。

这个自我，不是人间的"感受"，而是三界内神灵的"认识"，这种认识，因为是"觉知"从如如幻化出来的，具备了法性能量，表现福德的"愿望"，可是这样的法性表现是不圆满的，是有分别的，众生等级森严，以神通大小的果报恒定境界高低，以"获得"为快乐，以执着法性彰显"表现"为满足，众生的幸福感受，不是源自于自性的如如真性，而是依据外在法性"表现"而产生觉受，是不圆满、不究竟的境界，离开了法性的光明绚丽表现，离开了神通广大的能力，离开了洞照一切万有的智慧，众生就索然无味，这就是魔王。

这个魔王是怎么来的？是因"着相"来，有"觉"必有"空"，有"空"必有"法"，法无自性，执着于"法相"，即入魔道；只要没有寂灭圆觉之前，还在修行之中，那怕你证到"般若"、在"真性妙体"无存，无无存的"空觉"境地，是凡有了自我"觉悟"的意识，有了自我意识的彰显，有了"觉性"的存在，有了"自我"的成就，瞬间入魔。

魔王世界的一切众生，将他们的外在表现、法性光明、神通、智慧去除，微观尽绝，看待众生的本性，在真性根本的地方，却被一个"觉知"阻挡，这个"意识"，凡夫叫"意识"，神灵称为"觉知"，就是那个即将要成就圆满的大觉悟者，临圆满前的一念，成就了魔王的体系。自己所有一切的成就、法性、空性、如如，都被这一个念头，带入了"魔心幻境"，因为他曾经是几乎证得正等正觉无上圆满的大觉悟者的前身，所以，当他成为魔王后，就具备几乎和如来一样的真性能力，具备几乎和佛陀一样的空性法性、万法妙用、能力智慧，魔王是修行几乎圆满、未曾觉悟的佛陀，他就成为了正法的有力维护。能够逾越他魔性法力、境界障碍的，必定圆满成就，不能逾越他的法性内涵、魔性诱惑的，必定进入他的宇宙世界，这就是维护正法纯净、纯正、根本的因素力量。

这也就是为何只有证得"真空"，离一切境界、一切觉悟，离空觉智慧的大觉悟者，可以不入三界六道轮回的原因，而菩萨、罗汉、声闻、缘觉依旧会被"业力"感召、牵引的原因。

而三界六道，因果轮回，众业所集而成的人间世界，渗透贯穿有魔性的因素，人性之中的贪婪、执着、仇恨，以及欲望、妒忌、恶毒、狭隘、血腥、暴力，无一不是来源于魔性体系。

按照佛教的说法，魔王的世界有一个不变的规矩，就是以交换的形式维护众生的存在状态，当人们想要满足自我的贪婪欲望，就要用生命之中其他的部分去交换，如生老死苦，是魔性最基本的表现，因为人们贪恋人间，享受情欲、名闻利养的果报，那么人们所交换的就是生命的衰老、病痛、死亡。如果人们想要从魔鬼那里获得更大的福报，获取原本不属于自己福报之内的利益，满足人力无法完成的愿望，就要交出生命微观下累积的精微生命福德养分，这个灵魂，就真正地出卖给魔鬼了，死后一直会在魔鬼的奴役下，在地狱中沉沦。

魔王的世界，众生恒定境界的高低，成就大小，不是以"清净涅槃"程度划分的；他们是以"能力"来划分的。什么是以能力来划分呢？谁证得的宇宙真相多，在这个万有万法的境界内，谁离最终极的"宇宙主"境界越近，他在宇宙内的地位越高，他的能力越广大，众生都得听他的，众生都是他层层层层地幻化出来的，所以他是众生的主，而众生都要一心一意地归顺它，等级森严。

这一切执着于"相"的根本，就是因为众生都有"自觉"。他没有"自我"，因为"自我"只有三界内的众生有。法界，魔法里面，也有他的法界众生，法界内魔民也是无我的，但是他们是有"觉知"，并且执着于觉性表现的，他们执着诸法的表现形态。当他知道有个"觉悟"的存在，就跟圆觉法的众生，不自知的清净涅槃就划分得泾渭分明。

魔性的世界有没有慈悲呢？是有慈悲的。那个慈悲是什么呢？就是你要信我，我才救你；你要给我供奉你所有的一切，我才会帮助你的。不听我的话，不信我的话，背离了我的教诲，就要降灾难给人类，会把你怎么怎么样，所谓的下地狱，等等。

如果一个人，在人间这个中转站选择了升华解脱的路，佛性的特质就是空性、就是清净、是无私奉献、是无我无存，放弃现实自我欲望，割舍人性执着越多，佛性的先天本性，就会苏醒的越多，生命解脱魔性控制的因素就越多，空性境界展现的福报，是生命本质不二真如原始的面目，所折射在修行者的心灵境界，不需要任何额外的交换。一切福报、

第五章 释迦牟尼的故事

境界、神通、智慧、法力，都是自性通过法性内涵所绽放的觉受，是永恒不变、亘古长存、空性无漏、不堕沉沦。

所以，灵魂的去所，是人类在有生之年可以自主选择的。选择欲望、情欲执着，就选择了无可更改的生老病死，轮回相续；选择了放弃自我人生索取，割舍情感欲望自私贪婪，就会面对本性如如，法空不二的本质，带给生命本质的升华。

要知道，人们的最终成就，不是谁赐予我们的，而是还原了人们生命原始的面目。解脱万有、空执的迷幻，就具足了一切如来的福慧威德，只看人们自心的选择，只看一生修行的态度，只看内心忏悔的程度，只看心性对于真理的虔诚。一生的心与行为，决定灵魂的归属。

详细地解说魔王世界的由来，不是为了提供神怪小说，而是为了警醒一切修行者，警醒一切渴望真理的信仰者，唯有真理本身值得人们去供奉、牺牲，而不是要从真理之处获得自己的利益回报。

正法觉悟者是无我的，是唯有真理作为生命全部所有标准的，是空尽无漏的，是没有分别的平等，是没有着相的智慧，是没有我执的慈悲。而魔性，是唯我的，是以一切相来阐述真理对比、勾引众生幻想的，是崇拜神通异能的，是利用真理的标准维护自我私心欲望的，是以神通法力大小恒定众生高低贵贱的，是以利益交换作为法性准则的。所以，正法所云"心外求法，皆为魔法，执着外相，皆为魔道"。

人们要清楚，佛是无我的，佛的眼中没有众生，没有佛陀，没有菩萨，没有神灵，一切诸相，皆是因果业障聚合的幻境，众生被幻境所束缚，沉沦生死，所以，佛法修行，一定是平凡、清淡、舍弃、离欲，不着诸相，只看心地纯净。

佛在心里，不在形式，不在文字，不在经书，不在思维。思维、文字、经书，只是修道者通往真理本性的道路，而真理本性在浩瀚的宇宙亘古岁月中从未改变过，只是被我们这个在人类产生的"自我"给蒙蔽了……

此时，人们是否能真正地知道人们的真性从未消失过，人们的生命就是为了找寻它而存在；人们是否知道需要用人们的生命去珍惜修行，去履行真性的空性标准；人们是否知道用真理的标准去对治人性一切的需求、自我、妄想，去对治一切罪恶的念头和一切自私自利的情感波动，去真正地进行修行。

修行的真实内容

一个普通的凡人想要修行，首先是这个人的原始自我本性开始震动，这个人的真心一念，会触及本性封存亿万劫迷失在轮回之中的原始记忆，本性就是空性无我，但是被这个假我蒙蔽了，现在这个人想修行解脱，是为了他的本性的清醒觉悟。

对于本性，这是亿万劫获得解脱的唯一机会，所以，和这个人的先天本性有关联的一切宇宙法界众佛都会震动，会过来看这个人。我说的这件事情无比真实，佛性一出，震动十方世界，此言不虚，原因是人们的生命本质都与高层宇宙空间的无量众佛相连。

众生是迷惑的佛陀，佛陀是觉悟的众生，所以，一个人想要修行必定会震动十方世界的众佛，人们的本性想要回归时，十方世界无尽众佛都会来无偿地帮助人们。

修行是生命依照佛法升华的过程，是理性地看待生命、破除在人间形成的观念，改变心灵对于生命存在的目的，整个禅修的过程，就是一个不断净化心灵的过程。

修行者，以心为道路，以正知见为准则，向自性回归，唯一衡量修行者进步的标准是心灵的清净程度。

心灵能够不攀缘外界境界，就是修行。心灵能够遇到矛盾，返观内视，寻找自己的贪嗔痴欲望波动，就是进步。心灵能够勇于面对我执我慢、习气欲望演化的自我尊严、利益执着，敢于示过、认错、坦诚、悔过，人们就是一个大雄勇猛者。

心灵能够认清觉知体验、心灵感受，都是虚妄不实的习气妄念，能够不随着妄念习气的波动而被带动，人们就能够见证心灵的本质即是习气生灭、妄想需求。脱离心灵波动妄想，即见妙明真心。

修行的目的，是为了圆满人们先天的生命本质特性，而不是让人们"上月球"，不是让人们当个什么形象的佛陀、神仙，修行只是为了解脱人们的生死轮回！

修行者的一生，就是在真理不动不变的标准，与人性聚合幻灭的自我之间，选择真理的标准，不断地去伪存真，达到觉悟境界的过程，所以，修行又被称为"返本归真"，修行过程之中的表现，却是"为道日损"，日益减少人性的自我。表现在修行者表面的行住坐卧，就是越来越平凡普通，心性单纯简朴，甚至于木讷。

人们往往将修行与寺庙联系在一起，听说过拜佛会有福报；听说过把钱捐献出来，人们可以上天国；听说过念一念阿弥陀佛，人们可以带业往生，去西方极乐世界。

人类的心是贪婪的，总觉得白给的福报是在占便宜，不要白不要，念念佛，获得一个心理安慰，反正我下辈子还当有钱人，修行干什么？反正我拜佛了，在我祈祷之下，这一辈子好事享受完，下一辈子还能够继续当有钱人，继续享受人间福报，这是太合算的生意。佛陀就是我的银行，我是他的债权人，等我死亡后，我拿着今生赠送寺院钱财的功德，去向他索取我来世的福报。几乎所有的人都在这么想，所以，佛教中的因果轮报，变成了佛法和人类现金交易的一个法理依据。

荒唐啊，荒唐。释迦牟尼佛的亲弟弟阿难，贪恋人世间的福报修行，佛陀给他展现未来，他因为修行获得的成就变为福报，在三十三层天享受完福报，继续堕入地狱受苦，偿还业障。

阿难还是一个佛陀身旁正规的出家人，尚且逃不过因果铁律，更何况人们是一个想要花钱买未来的凡夫俗子？福报不敌因果。万法皆空，因果不空，解脱因果，才是生命唯一能够追求的正道。

很多宗教无法让人们达到这一点，他们只是修行人的团体而已，他们本身不能代表真理本身。福报可以吸引人，过于宣扬福报就是误人子弟；生死可以警醒人，这才是修行者的立身之本。

如果人们问如何修行，我的体会就是清苦、离欲。如何解脱生死？只有一念之差，就是人们的心念动机，是利他还是私欲。如果人们一生念念为他，毫无利己，如果一生承受委屈、不平、痛苦、灾难，还能一心为他，人们不用念阿弥陀佛，人们就是无漏的光明觉者！

因为本性即佛陀，它就在人们心底最深处那无私的动机、思维的背后的纯净清净，它是肉体微观下永恒的生命力，它具足一切智慧，解脱一切因果。

本性没有自我的因素，没有人性的执着，体现在人间就是清净、无私、纯洁。它没有思想，但是体现在思想就是智慧；它没有心灵，但是体现在情感就是慈悲；它没有生与灭，体现在生灭中就是觉悟。

觉悟者没有思维，没有想像，是人性绝对的静止，本性彻底圆满宏大的无量无际，用语言描述的，仅仅是能够落入人类思维想像的一点点皮毛而已，人类世界生存的空间太渺小了，无法用现有的时空的限制所构成的空间认识，去理解没有时空制约的觉者的无边无际的宏大。

衡定修行的标准

所以修行人不要去迷信多高深的法理，如果要迷信，就去迷信每个人的人性当中的纯洁。

衡定人们修行成果大小、境界高低的标准，衡定人们成就的圆满程度的标准，一定是以纯洁程度来划分的，一定是以奉献程度来划分的，一定是以人们能够割舍多少自我，为真理、为众生付出多少的程度来划分的。千万不要以人们所说的这种空性的幻想去划分，那个是妄想。

人世间一切的矛盾、一切的幸福、一切的苦难或者一切的快乐，从根本上来说，无一不是因果轮报、业障妄想，就这么两样东西。

去"执着"奉献、牺牲、无我、利他，这是从情感当中体现出来的标准，它的内涵是舍弃，内涵是空性。人们能做到多大的强度，人们就能够破除多少我执；人们能够破除多少我执，人们就能够破除多少形成我执背后连带的因果，这个就是真正的修行。

到最后，人们完全是一个没有自我，完全是一个善良的、慈悲的、利他的、无我的，为了所有的人可以奉献一切的人。人们看你像常人一样，有常人的身体，可是你的内在一定是光明无际的，因为那是你的法性，它一定会体现出法性的律法形态来，那个地方就是三界物质所无法附着的空性标准，那时你就解脱了，所以，修行实际上不复杂，只是人们不知道生命的真相而已。

修行的根本与核心

修行的根本是摄心为法，摄心为戒。

摄心，以什么去摄心呢？是以真理的标准去摄心。真理的标准是什么呢？真理的标准一定是无我、无存、不着相，一定是寂灭，一定是不妄动，这是真理。

整个的修行过程，全部都是以摄心为戒，摄去一切幻，摄去一切妄，摄去一切的虚假，见证如来真性。这条道路，就是称为真正的正法修行。

修行的核心又是什么呢？修行的核心，即是不断破除内心对人世间诸相的执着、熄灭体验攀缘的过程。一切修行，皆以找到内心意识深处，不动见性为修行纲领，所有的修行方法，都不能离开这个核心。

修行就像是盖房子，一砖一瓦，是人们思维知见的选择，是内心动机的取舍，是诸种体验的叠加。如果基础错误，房子就是盖在沙滩之上，在流沙上盖房子，因地不纯，果地必魔。宇宙众生皆是因缘和合而生，由想而现，如果知见不正，一切获得皆是无明因果之延续，自欺欺人，轮回永无终尽。

以正知见盖房子的过程，就是以心意受持正法，破除无始劫无明妄想，消散习气业障的过程。当习气消亡，心意寂灭，法我皆空，正知见也将消失，犹如用热水浇灌冰块，冰块融化，热水也不可得；犹如给病人用药物治疗，等病人身体好了，药物也就不需要再去执着。

以正知见盖房子，一切所获得的境界，皆由"离舍"而体现，非获得而成就。以正知见替代所知障，用清净离舍相替代烦恼相，以清净离欲而现的空性，替代攀缘诸色而成的我执，最终心相寂灭，诸相皆空，即见自性原始不动的面目。当正知见所盖的房子，彻底取代了无明妄想，心灵中受取的正法体验，完全取代了心灵习气烦恼，正知见本质性空，因烦恼无明而现，当修行者心意除灭，烦恼清净，正知见所盖的房子，也就成为了过河所用之竹筏，不再留驻。

具体来说，修行的核心就是两样东西，第一个就是忏悔，就是人们通过学法，通过正知见的增长，知道自己过去错在什么地方，要去忏悔，深刻地忏悔；另外一个就是绝对虔诚，虔诚不是说去为哪一个人，或为真理做什么事情，虔诚就是人们可以用生命的全部去供奉真理，从而达到真理让人们放下一切妄念妄想执着的要求。

供奉真理，什么叫供奉呢？

在1500年前的南北朝时期，梁武帝萧衍一生修建了480多座寺院，公元527年，他问来到中国的禅宗始祖达摩：我建了这么多寺院，供养了这么多僧人，我的功德有多大呢？达摩说：实无半点功德可言。梁武帝听了很生气，把达摩赶走了。

人们就是希望通过利益去交换利益，人们就是渴望通过外在的，建立在虚妄、欲望、需求之上的种种的幻境中，去渴望获得"真性"永恒不变的光明。

一个修行者，在他已经穷得只剩下了最后半个馒头，他连命都保不住，但是愿意以生命最后一念，最后的呼吸，用生命当中所有的身、口、意去供奉佛陀、供奉真理时，他这一"念"，抵得过用如恒河沙数般的财宝来充满虚空去供养佛陀的功德。

前一个"国王"倾尽帝王家的财富供养佛陀的功德，不如后一个"乞丐"向佛陀施舍半个馒头，因为那"半个馒头"连带着他的身家性命。他愿意割舍身家性命，放弃生命的一切，放弃唯一生存的机会，放弃赖以生存的资粮，去供养真理的"心"，是要远远超过任何皇帝倾尽国之财力去供养真理的所谓"福德"，这是没法比的，这是灰烬与虚空的对比。

讲个前苏联发生的真实的事情。

前苏联有一个渔民，家里面非常贫困，穷得已经揭不开锅了。这个渔民和老婆住在靠海的一个小破屋子里面，他们膝下没有子女，但是这个老太太和这个老大爷一生心地很善良，他们收留了七个孤儿。日常生活全靠这个老大爷捕鱼维持，捕得到，全家有面包吃，捕不到，老太太就只能热一些前一天的剩饭，填饱这些孩子的肚皮。

有一天，老大爷出去捕鱼，第二天风雪交加中老大爷回来了，没有带回来食物，却带回来一个襁褓中的婴儿，那个老大妈就问他："老公，你今天带食物回来了吗？"老大爷说："没有"。"那你手里抱着什么东西呀？"老大爷说："我捡到一个婴儿，被人遗弃的婴儿。"那个大妈当时就很忧愁："老公你知道吗？家里面已经没有盐了，如果这个婴儿来到家里之后，咱们以后连盐都吃不上了。"那个老大爷沉默了一会说："那我就不吃盐了。"

这个故事，大概是我十八岁看到的，感动了我二十年，每每想起，都会热泪盈眶；历史上一切大修行者，心地能够赶得上这位大爷这一"念"、这一颗"心"的人，廖廖无几！

人们知道什么是真理？人们知道什么是虔诚？人们知道什么是供奉？人们知道什么是修行？人们知道什么是圣人吗？就在那个老大爷说出他那句话的当下，他就是真理！他就是圣人！

他可以为了一个素不相识的小婴儿的生命而牺牲，这个"念头"背后彰显的就是一个神灵的觉悟，这个心态里面彰显着无私无我，蕴含慈悲、包容、牺牲、付出，而他自己却"不自知"，他不知道什么是"圣人"，他不知道什么是"慈悲"，他没有文化，没有言语高尚的"觉悟"，仅仅是珍惜一个弱小的生命，愿意割舍自己的生存权利，老人这一颗"平实、普通、无求"的心，比历史上很多修行有成就的大德都要高尚无数倍，因为他没有"自我"。

人们以为修行是在宗教"经典"的那些章法里面吗？人们以为修行就是在供奉、布施里面吗？人们以为修行就是在参禅、打坐、磕头、膜拜里面吗？不是的！修行，就是在最关键的时候，在涉及到自己切身利益的时候，是否能够最大程度的放弃自己，帮助别人！这个就是真理，这个就是真理所指的方向，这个就是真理所彰显的标准！

谁是修行人？

同样的，这个寂灭法，我把它说出来，初期的时候，仅仅是针对上根的人，就是针对真正渴望生死解脱的人，真正以法为生命的人，真正只为了法什么都不要的人，渴望今生见证自性，不落生死轮回、不堕死亡黑暗的人。

这样的人，生命当中唯有法，唯有真理；这样的人，为了法可以捐躯，可以像释迦牟尼佛一样，为了一句真理去自毁生命；这样的人，才可能达到寂灭法对于修行者心地的要求和标准。

自古以来，修行这个事情，它只属于少部分人，极少部分人，为什么会这么说呢？

因为人们这一生中，实际上是人的"性根"在活，是人的"贪嗔痴"在活，真正能"破"贪嗔痴的迷障，从因果轮回当中解脱妄想的人是非常少的，因为人们无法认清由业力、习气构成的假我，无法认清被业力因果带动、梦幻相续，人们脱离不了妄想，就无法真正掌控生命的未来。

因此，寂灭法并不是每个人都可以学的，绝大部分人都学不了，为什么呢？因为一个常人他从执著"贪嗔痴"，从执著于生死苦海、爱欲轮回当中，渴望去寻求真理，这已经是很难能可贵了，让他一下子听到这个寂灭法到最后是得无可得，证无可证，修无可修，没有任何成就的时候，他会崩溃掉的。他宁可去执着于一个有福报的、有神通的，可以获得现实利益的东西，这个是很普遍的现象；要他去执着一个讲道理的法都很难，要他去相信因果，去执着"戒定慧"都是很难的。

人性的欲望贪婪一般都是执着神通的，执着福报的，就像是人仰天射箭一样，无论那个箭射得多高，无论人们修行得多么精进，箭终有一天会掉下来的。而寂灭法这个法，是解脱生死用的，不是让人们获得福报用的。

因此，严格意义说，现在讲这部寂灭法都是不合适的。释迦牟尼佛讲过，把大乘佛法给小乘佛法的人讲，小乘人会说你是魔的，他理解不了，他认为你在断送他的慧命。

但是，今天这个法是给未来留下来的，人们要不断地听，给人们讲了这些法之后我才能讲次第法，才能讲修行分为三个次第，就是从一个凡夫到一个觉者的次第：第一个叫奢摩他，翻译过来就是观止；第二个叫三摩地，是观幻；第三个叫禅那，是观空。如果只讲次第法不讲寂灭法，这个法是不圆满的。

虽然真正的大圆满大觉悟的寂灭境地，实无真理可言，实无寂灭可言，实无如来可言，实无万法可言，没有任何成就，没有任何"所修所证"，没有任何所谓的宇宙苍穹诸法合和"实质"存在，没有任何善法妙法"成就"实性存在，没有真性"境界"，也没有涅槃"境界"，唯有寂灭，却无住寂灭，远离"寂灭"。但这个宇宙间有一个不变的法则，什么法则呢？因果。万法性空，因果不空，就是人们种下什么因，人们必然会得什么果。原因是心生万法，万法唯心，因果即是心之体现，心空，则诸法诸相皆空，但是诸相因果依旧相续，但是人们的心空无染，不住空相，这就是大乘佛法。

讲寂灭法，就是为了给人们的阿赖耶识第八识里种下这个寂灭无生的因，未来无论人们修行到什么地步，这个法的本质，这个法的方向，这个法的实相，会牢牢地在人们的生命里种下去，人们将来修的一切法的次第都在走向这个方向，会导致人们生命最终的解脱。

修行中的解脱不是为了成就一个所谓的神，这个也就是一切外道所不知道的事情。

忏悔的意义

为什么说修行的核心第一个就是忏悔呢？

因为修行者的忏悔啊，不是说给别人听的，而是忏悔给真理听的。忏悔的目的是将人们的正信从人性的欲望和迷惑的自我当中清醒出来。忏悔不是为了去恕罪，不是为了下一个犯错误的借口，而是为了净化自己、解脱自己。

修行当中，人为什么会需要忏悔，是因为人们犯下的一切错，造的一切罪业，都不是人们真正的自己。要忏悔的是人们的那个动机，忏悔的目的，是要把人性当中的性根所派生出来的一切需求和妄念，所形成的自我，以及在自我之上所形成的这个妄动和错误的观念，在它们彰显的时候去忏悔这个念头，而不仅仅是忏悔行为。

忏悔的过程，就是一个不断地破除虚妄的自我、见证真性的过程。

忏悔的过程，一定是知道了怎样才符合真理的标准，人们才会知道自己的错误。

忏悔的过程，就是不断以真理境界的标准去割舍自我、去复苏出人们先天的真性妙体真如本质的过程。

忏悔，是找到真性的手段。人们消除自身业障的最直接方法，就是深刻、彻底、绝对、纯净地忏悔，发誓不会再犯这样的错误。

所以忏悔，是要发自内心深处去忏悔，而不是忏悔给别人看的，也不是觉得忏悔可以骗一骗别人，可以骗一骗人们的冤亲债主。而是自己知道我这件事办错了，我告诉天上的神佛，我告诉万有内的一切觉者，我以我修行者的真性作为誓言，我去忏悔我累世的妄念、因果、习气、贪婪、执着形成的当下错误的念头，我发誓永远不再犯这样的错误，这种忏悔，才是真正的有力量的忏悔。

建立在修行者能够为真理去牺牲生命的勇猛之上的忏悔，才能真正彻底铲除人性罪恶的性根，忏悔是一把利器，它直接针对人性的贪婪、虚荣、欲望、自我，能铲除和清洗一切的妄念和魔性。

忏悔诞生的是解脱我执后产生的对众生的这一种祝福，这一种感恩，这一种真正的舍弃自我，去包容众生的慈悲心，这种慈悲不是真慈悲，不是绝对的慈悲，但是它却是人们的真性妙体在三界迷幻当中可以彰显出来的标准，这个标准，把它称为忏悔的源头。

没有这个标准，人们站在人性当中去忏悔是没有意义的。今天你骗了我钱了，你做错事了，你说声对不起，这个不是忏悔的最高境界，虽然它也属于忏悔的范围，但它却不是忏悔的实质。

忏悔的实质一定是将自我去最大程度地割舍，去符合真理在人性当中的标准，以这个标准去对质那些错误的思想，这个称为忏悔。

以心印法，法明心透，是着相忏悔，忏悔的是外相行为；以心印法，法空心空，是觉性忏悔，离一切相，心空无住，诸相无染，是空觉忏悔觉明；以心印法，法空心空，心空意灭，离生灭空觉，是自性忏悔，净业解脱。忏悔没有形式，唯有内心最深处，最真实深刻的坚定。

烦恼即菩提，不要担心犯错，人们不犯错误，那个自私的心，那个心底里面的妄想与贪求，就永远没有办法显现出来，人们就永远没有办法把它分离出去，就见证不到真性妙体，它就永远都是人们自己。

忏悔可以使人们的灵魂得到净化，忏悔可以端正一个修行者对于真理的虔诚，忏悔是人们解脱灵魂被无明生死带动的有力的利器，忏悔是一个修行者坚定意识的最根本的基础，所以忏悔要经常做。

律法的纯洁，最看重人类的两颗心，第一颗心，是渴望解脱的心，第二颗心，是能够深刻忏悔的、改过的心。这两颗心，是修行圆满的基础，这两颗心，是智慧、慈悲、勇猛、所有一切佛心的基础。如果说，我今生讲了多少真理的道理、开示了多少律法的内涵、生命的真相，人们都可以忘记，只要记得这两个词，"虔诚"解脱的心，深刻"忏悔"的心，有这两颗心，坚持一生，必定解脱。

向内实修心灵

心灵如何能一步步地去修呢？

是去分辨心灵的对错，去分辨心灵的需求，分辨心灵的实质的本体和心灵的妄动，分辨心灵构成的种种因素和微观下的累世的习气业力。

当人们分解了人们的欲望，分解了人们心灵之上的执着幻想，分解了心灵构成的情感和一切的这种仇恨、焦虑、自我的这种观念之后，附着在层层构成心的空间之上的累世的冤亲债主和业力习气就会同时被分解，那个地方就是解脱的开始。

当真性的空性，当真性妙体体现在三界内那个不变不动的寂灭，那种无存无漏的圆觉，替代了心灵那一刻，就是众生的解脱和圆满。要到达这里，修行的人不能够去向外寻找，去通过什么方法，比如念经、放生、去做功课、去祈求所谓的超度，而是要向内求，向内找，找到心灵背后那个不动的、寂灭的、圆满的、清凉的，从来没有产生过任何相，不被任何相迷惑的那个真性。

这个宇宙当中所谓的极乐世界，众生所想去的极乐世界，心灵以外的所有的一切的天国世界全部都是幻想，全部都是不究竟的、不实际的，全部都是众生的妄念、恐惧，都是众生的贪婪所形成了这个宇宙当中所有可以救苦救难的神，而真正的解脱要靠自己，真正清凉世界、清凉法界、极乐世界，全部在人的心灵深处。所谓的极乐世界就在人们的心灵里面，不在外面。

这个所谓的心，就是生与死的根本，三界唯心，万法唯识。这个心，本质上毫无实质的存在，是情感、意识、观念的组合，这个心，不论他存在的境界有多么的微观，多么的美好，都是三界内情、感、受三样因素构成，把这三样因素分解，"受"带动五官，产生幻觉；"感"，蒙蔽空性，产生觉受、分别；"情"，掩盖本性，将空性的无量无我的光明，无尽头的智慧、大自在，与浩瀚慈悲，永远掩盖在三界轮回之中。

佛教理论认为，人们的肉体与灵魂都是三界内物质层层微观的因素所构成，每一境界层次的因素，都在那一个境界之中与同等境界的空间相互联系，这些因素的联系，牢牢地束缚着元神本性的空性，把这些人生命的本质限定在三界空间、六道轮回的轨道之中，任何一个空间的构成微观基础粒子都有情、感、受的存在，这就是因果的业力基础。任何一个三界的空间，都存在着生命过去和这些不同时空内部生命产生关系的冤亲债主，有感受，就会和这些生命发生联系，造就因果，无法解脱。

当生命本质没有解脱三界情、感、受的制约，无论人们去到任何一个天国世界，无论人们看到什么、感受到什么、体验到什么，都是情、感、受控制着人们的本质所演化出来的幻想。

三界外的法性智慧与三界内有情众生的区别，就在于一个"情"字，"情"是感和受的基础，也就是人们自我的基础，也就是人们心灵的基础，想要去除"我"，首先要分解"心"，"心灵"分解后，会将感受、观念、情感、欲望淡化，这个需要真理在人间的标准展现，就是舍弃、奉献、无私、牺牲、承受、忍辱，加上禅修入定，可以深入地净化生命的内在系统。因为这些标准背后，就是空性的解脱特质。

当人们证得了解脱，证得了内心的清凉，当人们证得了心灵背后的无相、无所住，证得了万法流转无所动摇的、又不在空性境界的真如，人们就称为圆满。

那么，空性怎么样才能在人性当中彰显呢，怎样才能去舍弃自我、去抵抗自我的魔性呢？

当人们生气的时候，当人们妒忌的时候，当人们厌恨的时候，当人们恐惧的时候，当人们焦虑的时候，当人们欲望彰显的时候，当人们被情感带动而迷惑的时候，人们要知道，它是人们的欲望、人们的思想、人们的执着在表现，但这些却不是人们自己。

一个修行的人只能以真理作为自己生命的全部，真理在人们的人性当中彰显出来，在表现形式上面，一定是付出，一定是奉献，一定是利他，一定是爱，一定是宽容，一定是真诚，一定是对别人的理解，一定是对自己的舍弃。当人们起心动念都是为了别人的时候，到最后，人们会发现人们没有起心动念的欲望和执着了。

为什么呢？因为当人们的起心动念只是为了别人活着的时候，人们的心态就清净、宽容、善良、不执着，没有任何物质可以带动人们，没有任何情绪可以带动人们，这就符合"真性妙体"在情感当中的折射————空性境界的体现。

这时候人们再打坐、修行，空性境界本身就会绽放出来一些法性的标准和智慧。这个时候人性就无法触及人们了。这个时候，人们人性中的自我、贪婪，生活内涵中的自我崇拜、自我执着，就开始被人们法性的这种光明加强了。"我现在已经修成一个罗汉了，一个菩萨了，我是某一个天主啊，我是某一个上帝啊。""恭喜"人们，这时人们就已经入了魔道了。

因为人们的人性清净，法性必定彰显，法性彰显了，但是它这时候跟人们的自我意识是连在一起的，因为人们还没有空性尽绝。

这时，有的人会觉得能够跟观音、跟老子对话了。但请问，你达到空尽了吗？你达到真如的无漏了吗？你带有人心，带有人的思维，带有人的情感、欲望和满身的业力、幻想，能跟你对话的除了魔，还有谁呢？观音和老子他们都是道的体现者，都是得道者，都是无形、无存、无我的，他们都已是法性的彰显和表现了，他们会跟你一个充满幻想和业力，充满情感和欲望的一个人去对话，你真的把他们这些神灵当成你们家的仆人了。

人们的自我意识如果走偏了，认为这个法性表现就是人们的实质，人们就已经进入到魔王的体系里面去了，人们就开始说胡话了，人们就开始认为自己是释迦牟尼第二，老子第二，甚至连耶稣都不如你了啊，甚至看不起一些修行的人啊，甚至别人说的一切法都会认为是有漏洞的，都没你的法高，这些，人们一定会出现的，因为我就出现过。

因为我的意识在没有去除之前，一定会以法性的这种空性境界和法性的这种所体现出来的标准，混合到一起，真的认为自己很了不起了。

但是，当他表现的越来越偏执的时候，就知道他一定不是我自己。为什么？我不是为了自我的圆满而修炼的，我不是想当一个什么伟大的觉者而修炼的，我不是为了什么想要解脱生死而修炼的，没有。

修炼的目的，修炼的最终标准，修炼的最终尽头，要获得的，一定是真理原始的面目，而不是自我的圆满。

那么，这个借助法性体现出来的骄狂就一定是魔性，因为它不是最终的要求，但是它是情感的体现，怎么办呢？向内心去找。

把人们内心里面对自我的执着、对自我的爱护、对自我的崇拜、对自我的这种欣赏，完全彻底无漏地表现出来。怎样表现呢？忏悔！去告诉它，你不是我，你真的不是我，我不是这样的人，我根本没有对自我的任何执着，你是上帝也罢，你是大师也罢，你是一个大觉悟者也罢，你拥有无量无尽的神通和法理也罢，你不是我，你不是我要的。

我要的不是这一切，我要的只是真理原本寂灭无存的那个地方，其它一切表现都不是我要的。

当人们能够认清楚人们的信仰，人们的正信，和人们的人性当中残存的意识当中自我差别的时候，就是人们又开始突破法性彰显出来的这么一种现象和智慧对于人们人性的诱惑，人们就从魔性当中解脱出来了，人们就又恢复到空性的清净当中了。

人们一定要记住，永远要记清楚，未来修行者唯一的东西：利他我无。苦中无我，唯有真理慈悲。这个是修行的唯一道路，没有第二条路可以走的。

所有偏移这条道路的都是魔王体系的，能获得什么，能成就什么，全部都带有魔性，自己却意识不到！利他、无我、奉献、牺牲、付出过程中伴随着的，就是对真理的虔诚和对自己人性的忏悔，这些完全可以保证修行者解脱。

当人们偏离了这些，不是利他无我，只是渴望在修行当中得道，人们能不能得道呢？可以得道，但是人们出不了三界，因为三界外是"无我"的，三界外的起心动念一切法，都是利他的，人们跟三界外的法不融合，人们的自我，就会把人们的法性牢牢控制在三界内的生死轮回之中。

"顽空"和"断灭空"

当人们修行证了"空性"，人们人性的表面体现在生活中，就是一种淡漠无为、心地清净的状态。

进一步，在修行过程中的人，会进入到一些空性境界当中去，修行者不要把这些空性境界当成境界。

如果执着于空性境界，那个地方就是魔障，就是所谓的"顽空"和"断灭空"。因为那个空尽，它依旧在境界当中，依旧在感和受当中，依旧在人们所证到的"空尽"当中，依旧有人们的存在，那种空尽就是人们的妄执，就是人们的魔境。如果人们执着于它的话，这个就叫"顽空"，就是不能够解脱的一个最重大的一种魔境。

真正的空尽，体现在三界之内，脱离寂灭的那一刻，称为"真性妙体"。真性妙体的表现称为"真如万法"。一切万法体现万有，一切万有当中贯穿着万法，而万法的性质一定是寂灭，而万法的这种空性妙体的寂灭，体现在三界六道当中的修行人的境界当中，它一定是以无我利他的空性来体现它的寂灭，而不是以执着于空性，去用一个人执着的自私和贪婪的心，障碍了真性妙体的无存。

空间与寂灭

有也好、空也好、寂灭也好，皆是"相"，是众生"妄想"折射真性的虚浮，就好像，因为"光明"，从而体现出来"空间"：

光明穿透空气形成了"彩虹"，彩虹是诸法，是"宇宙万有"，光明是"空"，"万有"因为"空"而生，诸法因"觉"而生，但无论"有"还是空，都在"体现"空间，"空间"因为彩虹与光明而"彰显"，没有彩虹光明，空间不体现，却无法"消失"，因为"空间"因"空、有"虚妄而现，无性无生无住，离生离灭，包藏虚空，随顺遍觉。

当真理彰显，向三界众生宣扬无相寂灭法，使众生了然自性空性是宇宙终极唯一的真理，遵从修行者虔诚、忏悔，苦中无我，唯有真理慈悲的标准，以无我利他、修心清净，去除业障习气对于真性的蒙蔽，逐步达到对于本性真如的见证，人们就解脱了六道业障的牵引，不入轮回生死。

所以说，无论人们为真理做多少事，无论人们印了多少经书，做了多少功德，或者布施了多少，那个仅仅是在增加人们的福报，因为人们人性中的自性未除，人们的心依旧在贪婪迷惑当中，依旧会被贪婪迷惑迷茫住、障住人们的先天本性，先天的清净妙体会继续在蒙蔽当中，被因果业力和众生的冤亲债主，被人们累世的习性，带入一世又一世的轮回，永无终尽。

所以说，修行中的人，想要通过外界的手段，完全消散累世的冤亲债主的因缘束缚，渴望通过外在能量、法理，获得自性圆满，是心外求法，如人入邪道，诸魔皆附体于众生"妄想所求"之心。

所以说，世界中任何法力、能量，都不可能从根本上解脱众生的因果，因为因果的根本，是种在众生累世妄想之上，不明了正知见，不能从心灵根本动机的索取中，断绝妄想执着，妄念就生灭相续，习气业障就不断聚合，依旧要升起诸种妄想境界，无休无止，无边无际。

所以说，众生解脱的道路绝对不是向外求，不是让人们去做什么，去对谁奉献什么，去执着于某种行为、获得某种解脱，不是的。心内求法，是苍穹宇宙无量众生追寻真理的唯一的、永恒的、亘古不曾更改的唯一道路，是正法永恒不变的、不动的、不灭的特质。心外求法，皆为魔法。法外无心，心外无法。

所以说，一个人怎么提升、提高的呢？并不是人们要向空性去找，而是人们要从现存的人性中去找。人们现存的人性能去除多少，人们空性的本质就能够复苏多少，人们的真性妙体就能够展现多少，一切的一切，全部都建立在人心的舍弃之上。

大根器之人观动机

众生的本性被累世积累形成的妄想业障蒙蔽的程度，成为了众生在修行中体现出来的"根性"，也就是佛陀所说的"种性"。

所谓的根性好，指的就是众生的"真性"，被阿赖耶识妄想形成的业障埋葬的程度较轻，真性"无自性"通过法性折射的光明"智慧"，透过累世业障的蒙蔽，在业障构成的人性表面上折射出来，这样的体会，就是"心灵"纯净，深信因果，敬仰佛法真理。对于真理的敬仰，不是人类情感的寄托，而是灵魂深处，真性自性的流露。

根性是怎么产生的呢？根性是一个人的累世轮回、是一个生命在累世阿僧祇劫的无始劫的时间以来，在不同世界轮回的时候，对于"自我"执着"割舍"的程度，决定了原始"真性"透过感受绽放的性光纯度，成为了人的"根性"。

在累世累劫轮回中，"意识"对于妄想和需求执着的越少，业力和习气蒙蔽真性越少的人，性根就越是透亮的，真性就越是清醒的，这样的人视为上根之人。

上根之人，在人世间不一定是大富大贵，不一定是多么聪明，不一定是多么的智慧，不一定学富五车。上根的人是众生寻找真理的人，上根的人"见闻"真理，人世间一切的"获得"，对于他来说都可以不存在，都可以没有，都可以消失，包括"生命"，这样的人属于上根的人。上根之人一世得度，一世解脱，一世成就。

中根的人呢，就是一种若有若无：我也觉得你说得好，我也放不下人世间的生活，我也愿意去执着生死虚妄，在短暂岁月中享受欲望情感的满足。但是我也认同你的看法和观点，那么，会在阿赖耶识种下对于光明的认识，未来呢，轮回多少世之后，有可能再一次碰到大觉悟者讲法，有可能再一次有机会获得光明，解脱成就。

下根的人呢，嫉恨、诽谤、仇恨、恐惧，极尽一切罪恶侮辱正法和正法的修行者，但是真修者是"不受"一切的。真正的正法修行者不受众生的膜拜，同时也不受众生的侮辱，当众生去辱骂、诽谤的时候，犹如烈火烧虚空，将粪泼向虚空，虚空无染，因为无心可受；众生因缘所致诸种心态，体现妄想境界，习气业障刹那相续，延续着生命未来的归属。

释迦牟尼曾经常常遭到一个人的嫉妒和谩骂，对此，他心平气和，沉默不语。有一次，当这个人骂累了以后，释迦牟尼微笑着问："我的朋友，当一个人送东西给别人，别人不接受，那么，这个东西是属于谁的？"这个人不假思索的说："当然是送东西的人自己的了。"释迦牟尼说："那就是了，到今天为止，你一直在骂。如果我'不受'你的谩骂，那么谩骂又属于谁呢？"这个人为之一怔，哑口无言。从此，他再也不谩骂释迦牟尼了。

释迦摩尼佛曾经讲过，什么是大根器之人。大根器之人并不是人们打禅打了多长时间，也不是人们遵守戒律多么严格，而是观动机。就是看人们念头当中的动机是利他的还是利我的，这一念就决定了人们的境界。利他是动机，跟物质没有关系，物质是因果。

凡夫俗子，心随境转；佛菩萨，境随心转。这个"境随心转"转的是什么地方呢？念头。因为它还并没有到真性妙体，并没有到般若这个地方的时候，它依然在境中，依然会跟着境走，这时候要观人们的念头。

佛陀曾经说过，真正最最上乘的大修行者，就是对于每一个念头的选择，念念唯法，念念利他，念念无我，这就是"空性"解脱人性，圆满"真性"寂灭的过程。

人们的念头，每一个念头，都是无私无我，都是纯净利他，都是慈悲的，这个时候人们会发现念头背后没有自我的存在，念头背后就是法性的空性境界存在，而这个地方就不会随着万法所带动，这个地方就是万法流转而空性无存。

当人们的心灵完整无漏地"选择"了真理，以真理无我、无私、奉献、承受、宽容、利他的纯净标准去面对生活，面对生活的每一天、每一件事情、每一个动机,并坚持数十年,这就是修行的根本,这就是身体力行以生命供奉佛法真理的实证。

禅的由来与真正的禅

心不生法,法不带动心,心体无存,空有不二,但是空有不二却不妄动,不会被空有不二的境所改变、所动摇、所幻境。这种寂静的涅槃称为身性脱落,那个地方称为禅那,这就是禅宗的由来。

可是,后世的人把这种禅那的表现,当成了禅那的实质,就变成了参话头。这个就是为什么到后来,禅宗就修行得很难了,就是在打哑谜了。就成了:

——你看到这个球了没有?
——哎,我看到了。
——你看到的不是球。
——我看到的不是球是什么呢?
——是你心中的妄想。
——哦。

当人们在当下把这个妄想放下,根器好的人,他可以见证到放下妄念那一刻的清净。根性不好的,就会陷入到这种思维逻辑的所知障当中去,他就不能解脱。实际上他看到的、见证的,放下妄念的那一刻,也不是究竟的禅那。

究竟的禅那是真性妙体,就是寂灭法破一切法相执着和法性彰显出来的在万法当中的寂灭的那一刻,那种无法无存,但是又不是顽空、死空,又不属于万法的流转,但是又渗透万法之内的寂灭如如不动,那个地方才是真正的禅。

因为那个地方就是在万法当中彰显着的寂灭清净。它是人的寂灭法,它是人的原始不动的那种真性在一切妄动有法的境界当中体现出来的真性妙体的原貌,那个地方称为禅。但是如果把禅的表现形态称为禅,那就是已经开始偏离了正法,走入了旁门。

什么叫禅?禅是原本如此的意思;禅是遍随无住的意思,就是事物的原本面目、原本状态,离相无住称为禅。当人们能够把不属于原本如此的空性境界当中附在人们空性境界当中的人性全部去除得掉、放得下了,人们就能够体会到禅意了。

所以,就如1500年前达摩来中国传顿悟禅宗法门的时候,他说:"此法并不是一般人能学的,此法是讲给大菩萨听的,讲给大根利器的上上修行者听的,是可以当下了脱觉悟的法,并不适合于大众修行。"

只是后期,"禅宗"被现在的修行者把它误读为一种哲学体系,误读为一种修行境界——成为一种非常时髦的文化形式了。

实际上,"禅宗"是可以当下觉悟佛果、解脱生死妄想的心地法门,是可以当下了断生死妄念、解脱无量阿僧祇劫妄想业障的、真正的大乘心地法门,但现在却变成了世间文人骚客附庸风雅的文字游戏了。这等附庸风雅的人,以"参禅论道"来彰显自己的"文化修养",谈及"禅那",必说"他就在当下,他就在那里,他不生不灭,他原本如此。"

可是,建立在人性欲望情感、心灵妄想中的"感受",真的是"无住生灭,遍及一切,离生离灭"的自性圆照吗?

众生若解"自性",则诸佛皆隐,虚空分解,诸法清净,诸相无染,这是修行"爱好者"能真实达到的境界吗?人们不觉得"真性禅那"落入人性的"思维感受",用于"卖弄风雅",这是件很可悲很可怜很可笑很无奈的事情吗?

奢摩他——观止、三摩地——观幻、禅那——观空,这是"成佛"的三大法门,这是成佛的三个境界,但这三个法门中任何一种次第,都可以独立拿出来成为见性成佛的法门。

奢摩他:观止。是见证心灵清净寂灭的无住,意识停顿,思维不生,心空法空,自性不动,这是止观,大阿罗汉;

三摩地:观幻。继续禅定,心空寂灭,无有空境,自性无住,无生无碍,身心脱落,法我皆空,这是三摩地;

禅那:观空。离空离觉,诸法无生,是无生法忍,十地菩萨;到了最后一步,无有你,无有法,无有佛,无有刹土众生,一切世界妄想皆是你,无量众生即是你,诸法性空即是你,十方三世如来与你一性同体,这就是禅那,你却无形无体,周遍一切,自性无得,无住,包藏虚空,那就是我们自性的原始面目,寂灭现前。

比如,一块玻璃,上面有雾气、水珠、灰尘,玻璃后面,是自性性空,因为玻璃的阻隔,而展现透明纯净的光明。玻璃前面,是世界,世界诸相即是温度,玻璃上面的水珠雾气,就是习气业力,玻璃上的雾气水珠,如果攀援世界,遇到温度就会凝聚结冰,冰花折射空性,投射五彩世界,这就是三界六道众生。如果,玻璃上的雾气、水珠,不攀援温度,静止、分解,玻璃的面目就会清晰可见。

纯净的玻璃,"如实"地反映世界,世界无非就是因缘和合、业力轮报、习气聚合而成的众生世界诸相,本质虚无,如果水珠、雾气,彻底没有了,玻璃上没有灰尘折射,就不会遇境转心,就是止观——奢摩他。

大菩萨是玻璃已经破碎,但是玻璃的微细杂质尚存,所以证得"法我皆空,无生法忍",因为觉性未除,觉性即是"习气",习气折射自性,才会生出觉空智慧,觉空无二,空觉性空,就是观幻——三摩地。

玻璃破碎,虚空无染,积累习气的基础没有了,习气妄想犹如空间中的灰尘,清净消散,空间也就分解消散了,空性无得,自性圆照,就是观空——禅那，诸法实地。

玻璃即是"心"，心是虚妄，性为无生，心性皆空，是名"自性"。当"觉性"折射自性，体现空性"觉知"，觉空成"智慧"，智慧境界固定即成"识性"，识性即是"心"的源头，也就是阿赖耶识最原始面目——"感"。

玻璃粉碎，真心无心，心空意灭，寂灭如如，自性无染，如虚空无得，这就是真性圆觉，无性无相，遍随世界众生，寂灭涅槃"大圆镜智"；周遍万有，包藏虚空，诸法皆是性空，众生皆是空相，性空无染无漏，无住无生，遍随众生，寂灭如如，众生即是如来，诸相尽是佛相；色、受、想、行、识，是世界众生缘起，六道轮回，众生诸相皆是心之体验，识性消散，觉空寂灭，即见自性佛，佛佛无二，同体一性，亘古、未来、当下，寂照圆觉。

如实说，我观止，用了三年，观幻，用了十六年，观空，用了一年，这只是修行过程中，对于无始劫习气、贪嗔痴妄想构成的幻想境界，展现自性原始清净而说的"次第过程"。

真性圆觉，当下了脱妄念幻觉，清净涅槃，无生、无灭、无住，遍及遍觉，这是多么伟大的觉者所讲的真法实性，"达摩"绝对证到了无住大般若涅槃，是证到如来境界的大觉悟者。然而，他给"大菩萨"讲当下觉悟的、当下成佛的、当下顿悟诸法实相的不二真法、当下"明心见性"的真理正见，却被后世人当做语言文字"游戏"落入人性的体会、妄想、情感、执迷当中，成为了彰显学术和内在道德修养的"时髦"，成为了安慰心灵，让情感、妄想活的更加自在的"工具"，这是一件很荒唐的事，荒谬至极。

禅修的步骤

说到禅修，实际上我不是很赞同修行者一上来就禅修的。禅修的目的是为了净化，可是如果连净化的基础都没有，人们如何净化？修行者一开始应该去修的是自己的"情感"，将情感、将现有的这些欲望、思维、内在境界和感受，让它们已形成的境界"分化"开来，好的变得更好，坏的把它们去除掉，这个就是修行的基础。

没有"基础"的禅修，就是在妄想构成的境界中，在虚妄当中去虚妄"禅修"的境界，根本谈不上任何的提高，谈不上任何的实质境界，不可能有任何实质性的提高。

如果真想禅修，想要尽早地进入到"禅定"的修行的形式当中来，也可以，但对于未接触过禅修的人们，不建议闭眼睛，建议人们睁开眼睛，眼望虚空。

这时人们的"意识"可住在"眼睛"上面，眼睛住在"虚空"上面。无论"看到"什么，无论是看到墙，是看到房间，是看到树，是看到云彩，就当什么都"没有"看到,"看到的"就是虚空。

人们的"心",心内在的境界和体会,在"看到的虚空"的境界对照下,反映出来"内在境界"的思想、习气、欲望,心灵的执着境界、需求所引起来的种种幻想,在虚空的对照下开始翻滚,开始体现出来;业障就是习气,本质是妄念,当下人们可以把内心思想当中的这种业力翻滚形成的习气景象,将它们分解,一个需求一个需求地清除掉,直到心空,与外在的"虚空"合为一体,没有任何念头可生,没有任何境界波动的时候,心内在的境界和外在的"虚空"合为一体之后,只有虚空的存在。

然后,再继续将"虚空",将虚空的"实质"空性,从虚空的"景象"当中分离出来,让虚空"景象"也消散掉,只有"空性"存在;最后再将这个空性,就是"意"的体现,将意断灭掉,无空无觉,就进入了禅那,此时,就可以闭眼睛了,就可以真正进入禅定修行了。

因为人们的内在、外在都是清净无染了,"真性"就通过清净无染的"感"反映出来。那才是真空,才不是断灭空,才不是死空,不是顽空,也不是幻想,而是不动念、无心、无我、无法、无境界、无意识、却如如不动,遍照无际。

一个人在打禅的时候,在入禅定的时候,"思维"是不生的,是没有思维的,因为"心"很干净,心里面无"我",心里面没有情感的波动,没有欲望需求的体现。因为人们的心是"空"的,记忆习气就象是"虚空"中出现的云彩一样,它升起来,又会灭掉,是不留痕迹的,这个时候才是真正地进入"禅定"了,才是真正地在禅定中进行修行了。

心意若住世间,佛法皆为魔法,心若离于世间,世间诸相皆为佛道,处处皆净土。

禅定诵经,布施建庙,心若住所求,则如水月镜花,实无功德成就。

真心无心,真觉无觉,真修无修,禅那无禅,安住清净空心,离相离我,无心无性,随顺遍及,无形无量,芥子纳须弥。

禅修的目的,就是为了展现先天原始的生命本来面目,初期修行,一定要以自己的解脱为方向。因为解脱一定是人性无存,有人性无存这个标准,才能去要求人的心,以后人们的法性开始替代人性之后,法性开始进到人性之后,就不会有为了自我而修行的过程,但是如果第一步,没有一个渴求解脱的心,人们是解脱不出来的。

在修行过程当中的初期,一定要有一个自我的标准,就像人们百米赛跑一样,一定要有一个标准的。人们不能去执着于空性、真如,那个现在跟人们没什么关系的,开始跟人们有关系的就是动机,就是人们的利他无我,就是人们的虔诚和忏悔,就是人们的渴望解脱的这颗心,就是针对人性的舍弃。

明确了目的、目标,明了了障碍所在,现在就开始下手,实际的进入禅定。这里，我们用第二人称来叙述操作的步骤。

第一步

第一步，就是盘坐，这个姿势几乎所有的修行者都会。禅修的姿式一般我们都是采取单盘，双盘也可以。单盘的时候呢，男性是左腿在右腿之上，女性是右腿在左腿之上。

盘坐好了之后，闭上眼睛，然后双手结印，男性呢左手在右手之上，女性呢右手在左手之上。两个大拇指对在一块，放在你的腿上面。这个位置是在你的掌弓位置，就是你掌的中间空性的位置，在你的肚脐的这块，然后你的上身自然挺直，下颌微收，很自然很放松的一种姿态。

坐下来之后，首先要做的是放松身体。从什么地方开始放松呢，从你的脊椎开始，从你的后脑这块，你要用意识把这块放松，再放松，你两边的这块肌肉开始放松，顺着你这条脊柱开始慢慢地一节一节地把脊柱放松、腰椎放松，你整个后背的肌肉要开始放松……放松了之后，然后把你这个眉头哇，这个眉宇之间要尽量的舒展，把你的眉宇要舒展开。

接下来，调整呼吸，平缓心情，然后就开始入定打坐了。

禅定刚刚开始时，人们是无法静止下来的，因为人们的心在动，所谓的"心猿意马"指的就是现在的这种状态，因为此时你的"意识"不是"真我意识"，而是业力、因果在思维中的存在体现，你就是你的"思维"。思维无法停止，你就无法安静，怎么办？

不要去管你的思维，不要去理睬他，去"观心"，看你心底里所有的情绪、愿望、情感、语言，来来去去、生生灭灭，"你"看着他，不要随他所动，实在是静不下来，就把心底里放不下的念头写出来，放在身边，告诉自己的心，你想的我都已经记录下来了，不要再想了。重复以上的举动，你的心会慢慢安静，停止下来，思维也会慢慢地清晰起来，而思维会想一些天马行空的事情，你可以对着思维说"我要修行，进入禅定了，不要干扰我"，说这话的时候，你的"意识"一定要清醒、坚定、明确，这个时候的"你"，就不是刚才那个满脑子"思想"的你。而是一个清醒的"意识"，是意识脱离"思想"的开始，这就是你修行解脱的开始。

禅修的初期，是"心"与"情感"的结合，心安静下来了，情感依旧会波动，因为人们平时生活中有着被各种欲望带动驱使着的心灵。心可以被调摄，而情感本能的不安全感还是在波动，试图带动人们的心，回归到"人类自我"的生存状态。此时，把注意力集中在"心"的起伏上面，用心灵的宁静来安抚情感的波动，这个功课平时在日常的生活中就要打下牢固的基础。

我所说的修行，基本的功课就是"清苦、离欲、自净其心"，平时你就要在生活中，工作中做到"无私、利他、忍辱、淡漠"，平时的修心可以放弃你很多的欲望和对于自我的保护。禅修中，情感的不安全感就会减少，安定感就会增加。

修行不是一个工作，而是人们人生的目的，是生命全部的意义，所以，不要以某一件事的成败来检验自己的修行成果。人们追求的，是当生命结束死亡来临的那一时刻，就是你解脱圆满，展现你修行成就的时刻。当然，如果你的宿世因缘、累世因果积累到今生，能够达到即身成佛，在肉体健在的时候就能成就光明圆满，那将是地球人类、三界众生的万世盛况。

在禅修过程中人们要遵循什么样的境界呢？就是"清静境界"，就是无论出现任何的现象，无论出现任何的神灵，无论出现任何的牛鬼，不要管他，你要管自己的心，你的心不要动、不要怕、不要欢喜、不要激动，完全不要被任何境界干扰，你就达到了修行的目的了。

修行打坐的目的，并不是让你成一个所谓的佛、不是让你的打坐打出一个什么境界来，你千万千不要执着。

打坐的根本目的，就是休息，就跟你睡觉没什么区别，但睡觉放松的是你的身体，打坐放松的是你的内在体系，是让你的思想、你的心灵不再繁杂、不再波动，是将虚假的自我所产生的幻想放下，让妄念沉静下来，这个打坐的目的要明确。

既然打坐是让你净化内在系统用的，所以打坐的时候，人的心态的波动、焦虑、思想当中的妄念是正常的，不要因为有妄念，不要因为有波动，就觉得自己打坐的境界不够了，它是个循序渐进的过程。

打坐的时候，不要渴望一坐之后就证到什么觉受了，就证到什么菩萨了。如果你见到了，那也仅仅是你的机缘而已，那个是真实的，但是也是虚妄的，你的心念一动，你觉得你见到了，你执着他，那一刻就是你入魔的开始。

整个修行过程当中都是为了成就正觉，而不是为了成就你，不要觉得自己获得了什么东西，修行人整个过程都是为了符合真理的标准，都是为了符合寂灭法的舍弃，而不是通过修行、通过打坐去获得建立在你人格之上的圆满，你如果有这个动机，就是你入魔的开始。

第二步

当你的心慢慢静下来了之后，当你的思想不像刚开始那样活跃的时候，然后在你的思想、在你的大脑深处，你要去想像一幅图像，什么图像呢？

你去想像一下这样一幅图像：

你的身体内部是一个无限广大的一个苍穹宇宙，你自己就是那个苍穹宇宙的本体，你的身体里面充满了无量无尽的这样的星球、无量无尽的银河系、无量无尽的宇宙……当你的这种内部的空间场，当你的身体内部的这种景象，随着你的这种思维这种想像越来越广大、越来越深入的时候，你会发现你的思想和你的心灵，在这些广大的空间当中，变得就像是云彩一样的飘渺了，它们不会再带动你的身体、不会再带动你的情绪，不会再带动你的心灵，它们只是像空气当中的云彩一样在你的身体内部飘浮着。你身体里面无限广大的宇宙，它一定存在着无限光明的能量，然后用你的空性的、非常广大的、非常绝尽的、非常纯净的这种能量，用这个能量去对照、去观照你思想和心灵当中的这些云彩、这些波动、这些翻滚着的乌云，尽量使它们平复下来、尽量使它们消散、尽量使它们恢复到原本无一物的状态，只有你的身体这个宇宙存在。

接着往下静止，当心灵与情感结合在一起，你会感受到心灵深处展现的深沉，那是一种前所未有的感受，是一个从未展现的"纯洁"，这就是你的生命在"人间"展现的第一次觉受，所谓"人之初，性本善"，指的就是这个，这是人类的天性，也被称为"天良"，这个天性会跟随你的一生。

天良泯灭，此人注定下地狱，佛陀都无法拯救他。天良泯灭的人，其后半生的思维、决定被三界内的恶鬼、邪灵控制，无恶不作，待消耗完所有的福报，万劫不复的地狱会吞噬他全部的生命。

人们在禅修中，清净了表面人体的思维和欲望。当从情绪的不安全感中复苏的时候，天良的善良、纯洁就会展现出来。要深刻地体会它，牢牢地记忆本性的存在状态，好好地呵护它，不要让仇恨、欲望、妒忌、贪婪污染它。它，就是你未来升华的基础，是你这个满身情欲的凡人，升华进入法界的起点，你的"成就"就建立在天性的基础之上了。

这样说，不是现实的这个你圆满成佛，而是从你的天性、天良的心性之上，升华、解脱构成人类的一切迷障，觉悟的时候，不存在你这个现实的人。

天良的存在是无私、纯洁、纯净、利他、善良、宽容，它的标准就是佛法展现在人间的标准。

人们在修行的过程中，要遵从心灵的标准，让佛法的内涵与心灵合一，这就是正确的修行之路。

第三步

再往下走，深入禅定，纯净、安宁、祥和、清净、温暖、美好的感受将包容着，你不会再有明确的"自我存在"，仅仅是内心和大脑依旧有"我"的概念，这个状态很幸福，这时在另外时空中对应的就是"欲界"天人众生的世界，你感受到的，就是天人神仙的福报。

入定的时候记住一点：你的意识要集中，千万不能睡觉！要清醒！

当你觉得昏昏欲睡的时候，就要睁开自己的眼睛，睁开眼睛的时候就会发现，就这么短短几分钟的时间里，你的大脑好像很干净了，你的心灵好像比刚才要简单多了，很多情绪在衰退，这就是法性的光明在清除人性的业障。

当人们的心越来越清净的时候，当人们自己越来越从思维和情感心灵当中解脱的时候，会发现生命原本是如此的纯净、原本是如此的高尚、原本是如此的无私、原本是如此的金刚不破……因为，人们的存在就是利他的存在，人们的存在就是真理在人间的彰显。

第四步

再深入禅定，幸福、安定、祥和的感受就会消失，取而代之的，是"空灵"。你的感知比过去任何时候都要清晰敏锐，心灵宁静透彻，身心会有清凉的通透感受，无为、不动、清静无欲，体会到的觉受是清凉通达，内心会有殊胜的觉受，这个觉受我无法用语言描述，因为在人类的情感中没有这样的体验。

这个状态，对应的就是三十三天中"色界"天的世界。

第五步

再继续禅定，清凉通透、敏锐、殊胜的觉受就又消失了，你就会进入"空性"，无觉受、无知觉、无意识、无我、无相、无思维，但是还是有"空性"状态存在。这个"空性"也是"状态"，没有过去没有未来，彻底的空寂，你没有任何独立存在的自我意识，没有任何觉受感触，没有丝毫思绪的显现，却明确地"知道"存在是"真实存在"的生命，这就是"空定"最后的一层，是"非想非非想"。

这一层，是从前几层境界中层层净化，升华上来的人性最终的境界，是天性最圆满的展现，对应的是无色界的天帝众神，这里的生命都是离欲无我的，但是还是被三界内的"人性"，也就是"天性"所制约，还是被"存在"所限制，还依旧不是解脱，因为你，此时依旧没有"法性"。

第六步

再深度入定，"空性"中会体现出来"法性"的如如不动，这个感受就好像是在阳光中，突然出现了"纯光"，在"纯光"的对比下，阳光就成为了"业障"，这就是观世音菩萨在《心经》里记载的"照见五蕴皆空。度一切苦厄。舍利子。色不异空。空不异色。色即是空。空即是色。受想行识亦复如是。舍利子。是诸法空相。不生不灭。不垢不净。不增不减。是故空中无色。无受想行识。无眼耳鼻舌身意。无色声香味触法。无眼界。乃至无意识界。"

法性的展现，是超脱于人性境界的"独立"存在，本质是真实的"空性"，而刚才那一种境界，是"人性"之中体现出来的"空性"感受，"感受"境界不是真实境界，而法性存在是亘古未曾改变的真如本性，从未生也从未灭，不增不减，不动不变，不沾染三界任何因素，不曾被三界任何物质所改变，只是被众生的因果业障所蒙蔽了。

正是因为它的真性不动，空性无漏，真如圆满，所以才能称得上"照见三界肉体"五蕴皆空";正因为它是真正的真实的亘古永恒存在,才能对比出来三界内一切现象都是"色不异空。空不异色。色即是空。空即是色。受想行识亦复如是。"

只有解脱了三界的因果流动,幻灭不实的业障,站在真如的本性中,才会看清"诸行无常,诸法无我,寂静涅槃"的本质。

第七步

再往下,"空性"就会消失,彻底消失,一切一切一切的修行过程、经历,生生死死的亿万劫岁月,都会瞬间消散。这个感受,人类历史上没有几个人真实的表达过,一切境界、生命的表象、一切物质与意识,都好像是倒映在镜子里一样;而你,真正的你自己,却从镜子外面苏醒过来了。苏醒的瞬间,时空停止,原始本性智慧从万物的表现中解脱出来,三界内一切世界、一切境界、一切感受、统统消散。你,原本的你自己,无量智慧洞知宇宙无量时空无量亿亿万劫,洞彻你与无量众生在三界六道的轮回生灭,死死生生,洞知无量三千大千世界、十方众神无量无尽的众生、世界、每一个生命的思想、思维的细微末节,都尽收眼底。

此时,肉体内展现出来无穷尽的世界,每一个细胞内都是无穷尽的世界众生,每一个细胞都是佛性具足的觉悟佛陀,法性无漏、智慧无穷、慈悲无尽、法力无边;每一个生命微观下的能量粒子都是浩瀚苍穹觉悟智慧的体现,具足整体觉者的无边法力与宏大慈悲;而无量无际、无穷无尽的能量粒子,又统一构成了整体的苍穹宇宙,无数无极的浩瀚天体、众神世界、恒河般沙数的如来世界、宇宙的无始劫过去与无量劫未来,一切一切一切一切……无量无际不可思议的众生的一切都是尽收眼底,就连细菌的未来、现在、过去,都是尽收眼底,秋毫可见。

生命力、原始本性、智慧、慈悲、宇宙、众生,此刻是一体一性、圆满无漏。这是佛陀的觉悟,圆满了宇宙众生,圆满了一切法。

禅修步骤的真相

以上讲述禅修步骤的文字,写出来了从人修行成佛的整个过程、细致的体验、佛法的参照与依据,记录了一个人升华的每一个过程的细微变化,从感受、到觉受、到净化、到改变、直至解脱。每一个大的境界提升改变,都会划分出无数的小的细致的心灵分别与差别,不一一描述了,一般的讲,每一层禅修境界都要经历数年的努力才能得到真实的觉受。

人类历史上所留下来的经书很多,都是从下往上修:第一个修心,第二个思维,第三个习气,第四个业力,第五个感与受。以后看到什么景象,有多少多少东西干扰你,那全部都是你的习气下的微观所对应的东西。你微观下这些自我不去除掉,有那些物质存在,就会有物质相对应的境界存在,它们就会干扰你,这就是禅定中体现出来的"五十阴魔"。

很多的经典都在描写修行当中的过程，在过程当中怎么去感受、怎么去思维，会存在什么景象，你应该如何去面对。他们为什么这么说呢？因为它们不是完整的真理，只有空性无染处诞生下来的那一束光，才是直指人心的大道。

这里所讲的，是本源那束光，直接从上往下，从物质的尽绝到人间人性的自我当中，层层叠加的过程，层层的结构法性内涵，层层的景象和你要面对的景象需要的状态。你们自己去感受，自己去尝试。当你们感受到这种思想、心灵、身体的内在变化了之后，你可能会觉得很欣喜。但我告诉你们，还差得远呢。

要继续往下修，你会发现你的自我越来越少，你会发现平常意识不到的毛病啊、情绪，都会不知不觉消减掉，你过去碰到你很喜欢的事，或者你很爱一个人的时候，会很渴望得到，或者碰到仇恨后会很痛苦。但是，你再碰到这些同样的事情后，你会发现你没反应了。为什么呢，因为空性在解体你的妄想。真理的标准在随着你不断地同化它、记忆它的时候，会被纯正的法性光芒，清洗掉生命在人间累积的杂质。

你认为人类的系统很复杂，人类的生命很致密，实际上，人类的生命系统微观下漏洞百出。人体微观下每个细胞间空隙是很大的，法性的能量进入细胞间隙，空性会瞬间清洗细胞、清洗生命微观当中一些杂质，那些杂质就是妄想形成的因果。把那些习气去掉了之后，把干扰你修行的那些因素去掉了之后，剩下一部分现有人体带有的习气，你要自己去认识它。

认识到了之后，用苦中无我的标准、用奉献利他的标准，去深刻忏悔反观自己，放下痛苦和自我，法性就会更进一步地、更微观地到你最表面上来，同时在过来的时候清洗你，因为你的标准达到了，自我舍弃的那个地方会空掉的，会被法性能量代替掉。

代替掉了之后，原本存在冤亲债主的这个地方，会把冤亲债主以法性的标准善解掉。同时把那些业力给消减了，因为法性的特性本身是空性，面对业力、三界物质的过程，本身有一个解体和修复、圆融的过程。把不好的、败坏的东西解体掉之后，修复成空性的法性内涵，那个地方就是光明，这就是圆满的过程。

当自己完全按照这个标准去做，你表面在做的时候，你装进去的法就在身体里面由内而外的，产生扩大和同化的范围，这时打坐修禅才是有意义的。如果要是没有这些标准、没有真理的力量，在一个禅定当中走，就一个境界，要走几年时间。

在打坐当中，最高的觉受是什么？无非就是空定而已，就是什么都不想了，好象都静下来了。但是那层空定的标准是什么，内涵是什么？空定境界当中展现出来的生命内在的体现是什么？你是不知道的。

自有人类历史以来，这是文字记载修行中最详尽的最真实的过程，如果这些文字都不能够促使人们内心生起解脱之心，生起渴望修行之心，那就是人们对于生命的放弃了。

实际上，我所说的唯有一个法门，即是"心地"，执着希望妄想的，就去用心执着真理；喜欢安静的，用心破除心灵浮躁；喜欢思维的，用心灵真性，去理解思维真理；喜欢一门深入的，用心记忆、体验真理法理。

心地法门，是唯一法门，八万四千法门，皆是心灵之妄想折射，因为要破除心灵习气的贪婪攀援而升起法门，法门非实有，是方便众生，随顺众生贪嗔痴，慈悲随顺的方便而已，诸相非相，因心而化，诸法性空，因执而生。

寂灭为法，万法性空，空空真如，摄心为戒。

寂灭为法的法，是空量，是折射自性之方便说，万法中却实无寂灭的实体可言。万法性空的性，是觉空一性，性空无生，空性中却无一个空性的实体存在，性空法空，圆觉遍照，如如无存。空空真如的空，是空所空灭的空，此空非空，实乃寂灭。摄心为戒的心，是觉知攀援。这四句心咒是整个寂灭法的总持，所讲的一切法无非就在解这十六个字，在解这四句话。

自身禅修体验透露

上面说到，如果人们心灵空寂，六尘无染，五蕴皆空，世界与万物都会像镜子一样反射在人们的身体内部，而不会被人心、欲望、情感的波动改变，这就是"空定"，是在三界众生中最高的存在境界，却还没有出三界，因为人们的真性妙体、法性光明并没有被开启。

这种"空定"的境界，每隔七天就会在我的生命中循环一次，前四天是人心波动到逐渐清净，后三天进入"空定"。第一天是"我空"，就是现有人性所有的记忆、情感、感受消失，没有恒定的自我，意识消散，所有的肉体细胞都在祥和放松的状态中，每一个细胞都恢复本性绽放出来的生命纯净、灵性独立的智慧觉悟；生命在肉体中的感受就是"大自在"，是解脱人性束缚后的轻松。

第二天是"法空"，内心和记忆中存在的纯净，对于佛法经书的记忆消散，没有信仰，也没有坚定，也没有虔诚，修行中一切赖以依靠的"法理"都消散了，只剩下本如真实的清净存在。

第三天是"性空"，在原本清净不动的"空性"状态内，体现出来生机勃勃、无穷尽的生命本性活力，虽然什么也不想，没有心，也不会幻想，就是充满真实生命力的存在，每一个细胞都在本能的觉醒，整体的苍穹宇宙，无尽的世界都在欢腾，慢慢地，这些生命力的真实存在现象与觉受就变得透明了，"空性之中"逐渐地显现出来"法性"的光明。

当法性光明显现出来的时候，会越来越强，本性的清醒越来越接近"觉悟"，觉悟后就是彻底的回归法界，但是此时仅仅是接近，非常接近。内在的体验，就和早上睡醒觉似的，虽然已经睡醒了，但是还是闭着眼睛的感觉一样，你清醒地知道法界的无量伟大，也知道此时的生命不再是轮回中的凡夫，但是，因为并没有睁开眼睛，所以还赖在床上。

在这一步的时候，法界的神灵也会看到我的觉醒，在半睡半醒的状态，算是没有完全破迷，他们是能量意识生命一体的庞大苍穹，他们在法界看到我本性觉悟的那一面，就像是亿万颗太阳照耀着我，无限威严而慈悲，而法性具足的觉悟，和真如法界是同性一体，也是强大的能量构成的，像是初生婴儿一样纯净的感受法界，但是因为肉体没有圆满的三界人性阻碍了法性的觉悟，这种感受很弱，就好像是隔着窗纱看世界一样，偶尔窗纱露出一条缝隙，瞬间可以洞知法界的无限浩瀚与伟大。

每隔七天，我都会轮回，徘徊在法界与三界、人与神之间，在我最接近法性觉悟的最后一天，空寂中，法界的能量，在温暖强大的慈悲照耀中，意识就会穿透我的生命，在空寂的状态中，会有意识体现出来，但是那绝对不是我的意识，因为我的意识是静止的，心灵是透明的，是无我、空性、不动的，而法界的慈悲无限浩瀚的智慧能量，穿透三界内我的境界就好像是光明穿透黑暗，无所阻碍，他们太纯净太庞大了，无法进入三界的空间范围，否则三界内无量众生都会瞬间销毁，所以他们选择可以圆满，但是还未曾圆满的觉者，在三界内传递他们的智慧本愿。

这个宇宙的结构讲起来非常非常的庞大，人们永远都没办法去想这个宇宙是怎么构成的，修行者能够看到、能够知道宇宙万有的一切奥秘，但是却很难给人们说出来，因为人们没有这样的思维，我也没有这样的语言。

为什么呢？由于人类的思想极其广大、极其聪明，所以人类就被思维的聪明、知识、观念，牢固地限定在思维认识的世界之中。谁都想不到，没有思维、没有心灵的人体，佛法还原生命本来面目的时候，光明的无量无极才是真正的广大。法界的纯光，亘古空性的无量智慧慈悲在接近人，我想要形容法界却没有语言，当没有了思维，自我本性就是法界。

七天一次的轮回，每天都有不同的境界感受，在清清楚楚、明明白白中，就洞知了宇宙的结构和生死轮回的究竟。

每次证悟到全新的境界，就会凝聚全部的精神投入，每天或有新的进展，就迫不及待地写出来，生怕忘记，就是想把修行中每一个次第、觉受、直到最后觉悟圆满的过程，详细记录下来，这样就可以看到一个修行者成就的完整过程。

生命实为一场梦境之中的旅行，命运与世界，因念头刹那生灭，相续念头聚合而成业尘，业尘缘起轮回，而成世界众生，一切相，皆是妄念幻相，实无诸相可得，一切相缘起性空，诸相非相，皆是虚妄。

空性无生故，妄念相续即成因果，诸相亦是因果相续，一切缘法皆是前定，2012年，圆觉因地缘起，因真性而生觉醒。2012年7月，自性初离梦幻，证本觉寂灭，离思维离体验，空灭离觉自性每天以千分之一的速度，开始成就长，而人性无明我执，也以同样的速度空灭。

2013年7月，心意我执开始分解，于内外世界物质诸相，身体觉知内，性光彰显，于思维体验，觉受感知，心灵取受中，见性不动，梦境无得，实证众生世界梦幻颠倒。一切意识分别、心灵体验、取受觉受消散，消散无所得故，空觉无生。无所得替代人性我执我得，无生无灭，圆照净觉。无所得故无所染，成为未来一年中，修行成就解脱梦幻之主体。

生命的根本

既然能够清楚、明白地洞知宇宙的结构和生死轮回的究竟，那么，三界众生生命轮回的根本到底是什么呢？是"分别"。

分别二见，是三界众生轮回生死的根本，是一切魔王外道对宇宙生命认识的根本，因为有分别，产生了佛与魔；因为有分别，产生了善与恶、对与错、生与死，因为对比、分别，从而产生了对于种种外相的执着，产生了崇拜能力、崇拜强权，这就是一切魔法的根源。（作者注：分别二见，也正如老子《道德经》中所言："天下皆知美之为美，斯恶已。皆知善之为善，斯不善已。"）

分别二见，区分了教主与众生，教主就是绝对的真理，这是对于灵魂的控制而非生命的解脱。真理寂灭，因为无生，所以不灭；真理以正法彰显，而正法仅仅指向了真理的方向，真理如果有固定不变的形式，就不是真理，着相的一定是魔障，真理无相圆满，才能解脱灵魂于清净自在，离一切言说章句，方能了达佛法不二的真如境地。

修行者整个的修行过程，执着任何境界必定是魔法，但在这个过程当中，人们又必须好好地去执着分别。这又是为什么呢？

修行就是在破分别二见，但是在修行的初期，修行目的就是修"分别二见"，就是人们的这个分别二见越清楚，对比越强烈越好，善与恶、对与错、好与坏，越清楚、对比度越大越好，因为要从人性妄想和贪欲中解脱出来，人们必须要有高标准，而这个高标准，一定是建立在妄想之上的妄心与妄心之间的对比。

如果人们一上来就想修掉"分别二见"，就是虚妄的；一开始修行就想把"分别二见"断灭，那么，这个动机、这个着手点，就是修行"入魔"的开始。就好像是一个刚上幼儿园的小孩子，一上来就想弄懂"相对论"，那是绝无可能的事情。

所以，修行刚开始的时候，就是用人们的"情感"去修行，让心中充满对于众生、真理感恩的愿望;"心灵"波动体现情感,在人类生活的方方面面、事事处处,彰显意识和道德标准,所以在修行的初期,一定要把"分别二见"形成的道德标准,修得淋漓尽致。让情感中的"善",变得更加善、至善、善到无我;就是脱离一切恶,将一切"恶"念灭尽;就是将人心道德标准提升到最高,将一切自我、索取减少到最少。

从修行的起步,到整个修行的中上层境界,全部都是人的"心灵"在修,而心灵的表现就是情感欲望、需求感受,所以,一定要将"分别二见"中的善的一面、纯净的一面、利他的一面、无我的一面,彰显到极致,成为人们"生命"的主体。

然后,修到人们变成一个完全利他无我、无私无我、纯净善良的一个好人的时候,"你"彻底无我了,人们就"体会"不到善了,这时候,恶也就自然消散了,建立在"善"与"恶"情感需求之上的"人格自我",就随着"善恶"消失,同时分解消散了。

这时候,无我的境界,就会体现出来自性的"清净涅槃",无受无生,不被世间诸相所带动,在内在清净"自性不动"的彰显对照下,才可以去修你深层意识的动机,"观"动机的灭,"观"动机的生住坏灭的整个过程,人们会发现一切"动机"里面依旧有一个"自我"的存在,这个"自我"就是心灵中"需求"的体现,再将心灵的"需求"将它灭尽掉。连需求"动机"都不产生的时候,建立在心灵需求之上的"自我"就会灭尽,"意"就会"空",在利我的动机"空灭"的时候,就不会产生善,也不会有恶的彰显,"自我"也就不存在了。

观"心灵"动机的生灭,把它灭尽之后,就会发现,修行到这一步的时候,实在是无法可修,空性无碍,不动无存,不被任何环境所触及所带动,全天候内在都是"禅定"境界,这时候,就可以进入到观幻的修行次第。什么是"幻"呢,观诸法万有,观人世间生死轮回,观人世间一切喜怒哀乐,观宇宙成住坏灭,观"自我"空性境界,皆为幻想,皆为不实。

然后,再下一步,人们会发现,针对这个幻灭流转、因果相续、刹那生灭相续聚合的成住坏灭空、因缘和合而成的世界宇宙,有一个相对于幻灭流转,诸法性空的空性"不动"存在,有一个"观幻""观照"存在,再将这个观幻的"照"寂灭,将这个观幻的"不动无我",把它从心灵本质、从生命本源"感"的这个源头,把"感"的妄想"存在"断灭掉,会发现法我皆空,没有一个观幻的"我"存在,所"观"的"幻",这个因果聚合的世界,性质、本质也是"空"的,没有幻也没有我,万法皆空。这时候,就会体现出来"空性"不"依他起"的无体无性,无生无灭,但是这个无生无灭却可以"照"出万法万有来,此"照"为"觉"。

再将这个"照"出"万法性空"的这个"空",所"映照"出的万法万有,宇宙苍穹，诸法世界，种种因为"觉悟"而产生的智慧景象，将它断绝掉，灭尽这个"空"，当下就是虚空分解，大地平沉；就是真性寂灭，无漏无生。

所以刚开始修行的时候，人们首先要做到的，就是要做一个好人，从心灵从人们的情感，做到利他无我、做到奉献牺牲，逐渐地升华到念念利他、念念无我，逐渐地升华到念念不生，逐渐地升华到无念可生，逐渐地升华到念我皆空，无念无我，无法无空；直至随顺诸法，念念生，念念性空，念念离空，瞬间超脱智慧觉性束缚，见证真性圆满无漏，遍及遍觉，充满苍穹，无体无性，遍及一切，如如不动，这时，人们就是"觉悟者"。

真实的记录

以上记录这些修行中"生命"改变的过程，目的是证实佛法"救度"生命的真实性。

从凡夫境界，升华到空性觉悟、本性圆满佛法的具体存在状态，就是佛法破除人性，体现真性原始面目的过程，真实不虚。本性的原始面目，就是宇宙与众生的真相。

真理不仅仅是道理，它是灵魂通往天堂的道路，文字背后有能量、有光明、有解脱生与死的智慧、有安抚灵魂躁动的慈悲，只是当前世界上真正有觉悟、能够证实佛法真实存在的人太少，在人间表达真理的真如伟大和浩瀚永恒的法理，展现给有缘看到这些文字的人，能否点亮生命隐藏在思维情感背后的光明，就看人们的缘分了，但是机会对于人们是平等的……

这一次，我记录下来的整个修行过程，就是梳理各个境界的次第、觉受、法理，目的就是破除各种形式的迷信对于心智的束缚，还原真理纯正的道路，理性地展现佛性的真实智慧。人们的选择，决定着自己的未来。

不过我还是要声明一点，现在的我还没有圆满，只有圆满真理的大觉者才可以普度众生，我没有那个能力，威德不够，我只是一个帮手，一个通过故事、智慧，让生命通向真理的通道，我本人不是真理，和人们一样，仅仅是一个修行者。

我所能做的，就是诚实记录修行圆满的过程，增添人们对于佛法修行的信心，理性认清修行前进的方向，珍惜生命中的每一天，我是人们在灵性升华过程之中的同行者。

生命成就的指向

以上所写所说生命成就实证的方式方法，使用了许多人们可能会认为艰涩、难懂的诸多词汇（比如寂灭、妄动、真性妙体、真如、律法、万法和万有、种性、真性、法性、空性、觉性、幻想、觉悟、觉受、觉知、无自性、空如、无相、无漏、寂照圆觉、圆满等），深入浅出地讲述了佛法的真谛、修行的真相。以上所带给人们实实在在的成就人们解脱生命因果的法布施的人，是一位觉悟了宇宙部分实相，见证了法性、空性、本性、真性，觉悟了宇宙局部真理的生于1974年的叫做谢安朔的人，他觉悟了宇宙和生命真相并正在走向觉悟圆满。

征得他的同意，将他在博文中所说的生命成就的秘密，将千百年来佛法修行的真相第一次公布于书中。（作者注：他本人的著作正在出版筹备中。）

谢安朔说："我还不是觉悟的人，但是在我生命里面有觉悟的、成就真理的生命的境界。我只是告诉人们这些境界和达到这些境界的标准、过程、道路。当人们达到这些境界之后，人们也能像我一样可以拥有智慧，可以拥有解脱生命的这种强有力的、清醒的、慈悲的、无我的这么一种超越人类情感的生命目标和方向，这个方向最终指向的道路就是解脱。

"我知道修行境界的无量无际、无漏圆满的宇宙真相和生命存在体现与内涵标准，对于修行者，这种智慧就是指向月亮的手。我告诉你道理，你自己去实证，身体就是你的车，信心就是你的车辆汽油，虔诚就是你的速度，勇猛就是你的车辆保养情况，而我，就是你的全球导航系统。

"我知道从凡人修行到寂静涅槃、法界、法界内无尽无量空性存在的内涵境界，但是我不是任何人的老师，我仅仅是个实证者。我和人们一样，都是行走在追寻真理道路上的人，我很平凡，真理的存在就在每个人的心里，你找到它，固守它，它体现在人们的无私、奉献、牺牲自我、成全他人的无我境界中，终其一生，人们守护它的纯净，那就是人们来人间一趟唯一的终极意义。

"佛教中'经、律、论'的出现，掺杂了大量人性对于'真如'的'参悟'，说白了就是'猜测'，人们想一想，当真理的纯净真实如意不动的本性，落入了'形而上'的猜测，也就落入了人心的理解揣摩范围，原本应该解脱生死轮回的宇宙间神灵的法则，却被人心带入了人类的'学术,文化,心理反映'，人类的执着，封死了解脱生死的道路，如果不是今生能够证得本性圆满的真如法性，谁敢质疑佛法在历史中流传下来的一切经书？

"可是，事实上就是这些经文、文字背后的境界，早已脱离了真理的光明智慧，而贯穿在了人性的'逻辑思维'中，这就是生命的绝望。正像与朋友聊天时，他直言不讳地对我说：'对于你修佛的境界理论，我很赞赏，但是对于你本人，我不是很信任。'

"黯然神伤。不信任的原因只有一个，因为我身上没有披着袈裟。如果今天我在寺院里穿着僧袍来展现大觉者的智慧，那么人们对于我的信，就不再是对于真理本身的信仰，而是情感对于宗教形式的依赖，迷信形式必定丧失方向。

"然而，会写字的不一定就是教授，穿袈裟的不一定就是活佛，人心的欲望结合观念，蒙蔽了先天的本性，在自欺欺人的幻想中进行着心理暗示，这就是目前绝大部分宗教教徒的生存状态。

"能够解脱生死的一定是真理，而不是哪一个人，职业和身份不能阻挡真理的展现。六祖慧能的职业是给屠夫做饭的厨子，却是禅宗智慧的传承者。

"历史上有太多在显宗和藏密中普通工作的修行者，在一生修行结束的时候，展现大圆满者的虹化奇迹。佛性众生皆有，不是哪一个上师给你的，所有外在的条件都是为了让人们能够找到自性的真如永恒，袈裟之中就一定蕴含着真理吗？穿上袈裟就一定能够成佛了？果如此，那么就不需要禅定与经书的思维修了，穿上袈裟立地成佛好了。

"人们被世界上的邪师骗习惯了，人们都觉得修行者有能量、有威德、有法力、有神通、无所不能，其实，所有这些都是三界内众生妄想习气的聚合幻像而已。真正的神，伟大的神，唯有正知见，一念正确，十方三世诸佛相随，普天神佛赞叹加持。人们这一辈子记住'无所得，有所灭'，心地虔诚，无所妄求，必定解脱。苦中无我，唯有真理慈悲，这是成佛的唯一道路。

"看到这些文章的人，人们可以质疑我的成就，但是，请你一定要拿出你修行的实证智慧来质疑，而不是随着你的情感和观念来质疑表面的形式。就好像我解开了一道世界性的数学题，你想要质疑我，必须要有两个条件，第一，你也解开了这道数学题，来质疑我的结论是否正确；第二，质疑我解开方程式的公式是否合理，离开这两点，其他的质疑，都是可笑的，不值一提。

"谦卑地对待看到这些文字的每一个生命，是我真实的心态，我是你们的兄弟、朋友，和你们一样的生活，只是存在的意义不同而已。

"修行没有达到最终圆满，就不能称为佛陀，这是对于真理最基本的恭敬与虔诚。我只是一个记录者，希望人们的理性与思维能看到这些文字背后的真理，希望人们的心，能够获得光明的方向与力量，与我一同从滚滚红尘的折磨中站起来，抬起高贵的头，看清生与死，了解生命的存在意义。

"生命不是用来消耗浪费的，不是为了无奈地面对死亡而苟且偷生的，不要让后天产生的欲望、观念、仇恨、狭隘、妒忌和种种割舍不了的执着，将宝贵的人身，再一次带入死亡的黑暗，就在这里，人们能否感受到震撼！"

～～～～～～～～～～～～～～～～～～～～～～

释迦牟尼的故事说完了。

人们是否有一种经历了宇宙生命无际无量时空隧道的感受？

人们是否能够被生命成就的真相中的实证故事所震撼？

人们是否对曾经好似虚无缥缈高深莫测的佛法感到历历在目、触手可及？

无论如何，我们希图说清楚什么是佛与佛法，说清楚生命成就的真相。

自二千年前的公元67年，东汉的皇帝从印度"请佛"来到中国，建立了中国佛教的"祖庭"洛阳白马寺起，到一千五百年前梁朝代（公元502～557年）时，全国建了2846座佛教寺庙；自一千五百年前的公元526年，达摩自印度来到中国传法，到一千四百年前玄奘于公元629年去天竺（印度）取经，十六年后（公元645年）回到长安，翻译出大量的佛教经书。随后的岁月中，人们通过佛经和寺院的宣讲，了解、学习释迦牟尼所说的佛法，这种取法、传法、学法的效果如何呢？

史书记载说，当年达摩要返回印度前，召集他的门人说："回国的时间到了，你们何不说说自己有什么心得？"

一个叫道副的说："在我看来，不拘于文字，不离开文字，这就是道用。"达摩说："你学到了我的皮毛。"

尼姑总持说："据我理解，就像庆喜见到如来的佛国，见了一次就见不到第二次。"达摩说："你学到了我的肉。"

道育说："地、水、火、风四大皆空，色、受、想、行、识五阴并非真有。在我看来，没有什么法可以学得。"达摩说："你学到了我的骨头。"

最后，慧可礼拜了大师，依次序站在自己的位置上，没有开口。达摩说："你学到了我的精髓。"

这个故事真实地告诉人们，即使祖师达摩亲传的门人弟子，即使门人弟子所说的都是他们各自心性的真实表述，所学相差也无比巨大；这个故事还告诉人们，达摩所授的内容，无论当时还是现在，大部分的人们都无法理解、都没有弄明白他具体说的到底是什么。

达摩说，他传的法并不是一般人能学的，是讲给大菩萨听的，是讲给大根利器的上上修行者听的，可见，说清楚、听明白佛教的内容和内涵，是多么的不易。

此时，读到谢安朔先生讲述的佛法的人们，从他所解说佛法的文字中，人们是不是一下子真的就可以看懂了、了解了、弄明白了、感受到了，曾经是如此深奥费解的佛法真谛和曾经是如此玄妙莫测的佛教真义？他所进行的讲述，是不是道出了人们的生命中渴望成就的真相与秘密？由于他证悟到了释迦牟尼佛当年所到达的地方，又由于他与我们同一时代，因此，他用三界内的语言，解说了法界的佛法在三界中的内涵，他用现代的语言、词汇，解说了千百年来人们认为深奥难懂、无法理解的佛法，以及如何实证佛法。历经二千多年，这一次，人们看到了整个修行的道路与方法，不是他人的文字记录，而是亲自"听法"，这样的好处是可以让所有修行者看到佛法的实证，可以不被任何境界所束缚，可以敢于直面人性自我的错误并加以更正，所以这是最直接、最见效的修行和感受佛法。

一位听了谢安朔说三界内的时空构成的出家师傅对他说："当我们听到：三界空间是法界空性光明折射在情感系统内部所拓展出来的法性境界，不同空间世界众生万物，是众生在感受之中，法性纯净程度决定的幻觉体现。就这一句话，我们思考了半年。"

谢安朔如是说："三界在哪里？就在众生的心灵中，以欲望、感受、执着、攀援妄想境界、深浅程度，划分生命境界。天堂地狱在什么地方，就在人们心灵妄想的深处，在人们念头动机产生的那个地方。这就是万法唯识，三界唯心的体现。

"神佛只是心灵业尘、因果习气聚合而成的假象，本质皆是梦境，实质虚幻，因诸法无所得故，诸相寂灭，一切相皆是心相，因心而现世界。一切存在，皆是心之存在，若无心灵之体验感受，则外界世界不现。一切境界皆是心相，一切心相皆是尘劳，一切尘劳皆是妄念，一切妄念皆是性空，于诸境界，无取无受，寂观诸境皆空，空境无得处，即见如来。

"三界、法界，并没有一个物质层次的区分，并不是真的在宇宙空间之中存在法界。法界和三界，是众生原始真性，通过幻想业障构成的因果聚合的身体，由于折射出来的性光不同而彰显出来的境界不同。法界三界，都在人体内部，是由人的心灵纯净程度，清净涅槃的程度决定了众生内在体现真性的原始面目不同；三界与法界万法形式很像，很接近，它们的区别就在于'法界'就像是天空当中的云彩，它是无自性存在的，它是没有一个"实质"存在的，它是随着因缘流转、因缘聚合而体现的，但是它的内在是'空性'的，所以无论云彩如何变动，那个虚空永远都是不动的；反过来讲，是因为有虚空的'无存不动'，是因为有虚空的'无自性'，而体现出来了云彩聚合幻灭性质的'无自性'，这就是法界。

"法界一切的诸佛、诸菩萨，一切的众生，都是无自性的，真性以空性体现诸法，众生所彰显出来的一切诸法表现都是无自性、无自觉而彰显法性光明的，但是因为他们是倒映在湖面里，湖面是由'水'构成的，在这个水里面倒映出来了天空和云彩，一定都会带有水的'制约'性，它会把天空和云彩'景象'化，因为水的特质而把它固化，固化'虚空'形成了无法脱离水的波动，无法脱离水的特质而形成在水中倒映出来的天空形态，天空就会被水折射成为水里面的天空，并且无法脱离水的存在，这就是三界。

"三界和法界就在众生的心灵当中，是众生心灵的纯净、清净、无我、离相、离欲、离幻、离境的涅槃程度，体现出六道轮回和法界觉悟，而寂灭实地却通过无量众生因缘相续、一丝一念的妄想在展现，破除妄想的当下，不住寂静涅槃之中，就是寂灭如来海，圆满解脱。"

至此，人们似乎都能理解了本章开始时，那佛家三界观中所描述的情景与构架。

至此，人们似乎已能跳出了以往心中所固守的佛教的范围，而能从宇宙自然的更大范围、更大时空来理解佛法的内容与内涵，因为本来，佛家就是在向人们描述宇宙自然的真相，述说人类社会的真相。

至此，通过本章中对"万法，指一切物质的源头；万有，指一切万法的表现"的了解，通过对觉性、空性、法性的认识，人们能够看到、能明白《道德经》中"道生一、一生二、二生三，三生万物"的这个"三"，就是法性，它派生出了万法，就是彰显真性妙体存在的万法，三所生的"万物"，即是万法、万有，而万法、万有都是道的体现。而这个一，是觉性，有了觉性就有了光明、智慧；二是无，是觉性光明派生出的生和灭；有了一才有二，有了觉，才有了觉性的光明和空性存在，空性光明进而不断派生出了法性的表现，生出了三，进而生出了万法、万有。可见，老子与佛陀，都是为人类描述、讲述他们所见到的宇宙中相同境界那个地方的那个真相，也即是："佛道同体，没有分别，空性无生就是大道无为"。

比较老子与佛陀在传法方式上的区别，释迦牟尼佛传法是以"世尊"的名义来度化他的弟子，目的是让人们的心灵有个归属感，有一个向往、集中的表相来束缚人们的心灵，达到戒律净化人们生命的目的。而老子没有采取"作老师带学生"的方式，只是把《道德经》留给人们自己去学、去悟、去修炼、去感受，是清静无为直指人心，留下了一条使人们归正自己的标准。

说释迦牟尼的故事，为了能够使人们整体地、方便地了解佛教与佛法来龙去脉的内容。要了解佛法的真谛，就不能只在文字、语言的表面形式上寻求佛法的内涵，只以哲学、文化的角度看待佛教，更不能只以福报的目的信奉佛教。只有整体地、客观地、本质地呈现佛法真相，通往真相的真实道路才能呈现出来。

人们自己内心深处对真理的渴望，是对正信修炼的认同。是否能下决心追寻生命真理的轨迹，是每一个人的选择与自由。期盼自己做个好人，敬畏因果，至少应是每个人最基本的善念。

人们如果想试着按照佛法的要求去做，那么，"利他无我，奉献牺牲"这八个字，就是参照，这是佛法在人间的标准；人们如果想说清楚佛法的真谛，那么，可以从理解"寂灭为法，万法性空，空空真如，摄心为戒"这十六个字入手；"苦中无我，唯有真理慈悲"十个字，则是修行者的路径，也是唯一能够出三界的路径，这不是口号，这是自性在三界内唯一的原始面目。

说儒道释的故事，在二千五百年前同一时代的三位伟人，所处的环境不一样，经历的过程不一样，觉悟的方式不一样。

一样的是三位伟人所提出的理论指导，所阐述的思想内涵，所论述的时空境界，以及理论、思想、时空境界所涉及、所影响的广度和高度，都为中华民族留下了深远的影响，都为中华民族带来了不朽的具有无限生命力的心灵启迪。

　　非常多的当代学者都有着这样的迷惑：在距今二千五百年前的历史时期，全世界突然地发生了一场思想大爆炸，一些影响人类后来几千年的哲学、社会、伦理思想，似突然间凭空就冒出来的一样，一大批名垂千古的伟人产生了，比如中国的孔子、老子、墨子等诸子百家，比如古希腊的苏格拉底、亚里士多德等哲学思想家，印度的佛陀，等等。这场思想大爆炸出现的历史条件及背景，目前学术界的解释各不相同。

　　有的学者们也有着这样的疑惑：人们读过老子《道德经》后会发现，《道德经》一书中随手摘抄下来的，都是格言般的警句，每一句话都是一个结论，一个观点，而根本没有中间的论述部分。与老子同期的其他著作，比如说《论语》、《管子》等，则没有这个现象。同时，令学者们不解的是，自从《黄帝内经》出现以后，事实上也没有一个人可以动摇这套理论的框架，历史上无数的名医，不论他有多么聪明，多么努力，当他临死的时候才发现：他的一生，其实仅仅是对《黄帝内经》的某些条文多了一些心得，根本无法走出《黄帝内经》划定的圈子，更别说发展它了。

　　无论学者们的疑惑与迷惑如何，当人们静静地读过了本书前五章的故事后，当人们透过《周易》《黄帝内经》《论语》《道德经》《心经》的内容，对中国文化的根本内容进行了整体的了解和梳理后，对学者们的这些千年疑惑，人们一定也就有了自己的看法。

　　在本书的开始，我们说"这本书，叙述了七个有关中国文化的很大很大的故事。这七个很大很大的故事，能使人们的心变得很大很大。人们的心变得很大很大了以后，就会很大气、很大气地对待自己与周边的一切"。

　　从这一章的内容中，人们了解到了"心有所得时，即是痛苦攀援之时；心无所得时，即是清净自性、反观内照、净心离意之时"，此时，人们的心是大气了，是小气了？是宁静了，是纷乱了？

　　儒道释故事中的内容，能量巨大，人们已经辛苦地读过了，无论是迷迷糊糊，亦或者是兴奋异常，总之，是不是从不同角度触及到了人们的灵魂、触及到了人们的心灵呢？

　　接下来的两章，就是轻松愉快地讲述一文一武的有趣故事了。

第六章
王羲之的故事

第一节　书圣王羲之成圣之路

第二节　人人可以写好毛笔字

第三节　人人都可以画出好画

第四节　琴棋的韵味来自哪里

说过了中国人的文化中许多伟大的理论思想体系,以及其中的入门方式、学习方法的故事后,我们来看看中国人的文化欣赏和实践中丰富多彩的内容,说说欣赏和实践这些文化内容的诸多故事和密码。

在现代人眼中,文化已融入了具有诸多当代色彩的文化娱乐形式,如影视、音乐会、戏剧、舞蹈等。这些文化内容,也是人类地球村中的共有文化。

都说中国文化博大精深,那么有着中华民族特色的文化指的是什么呢?人们习惯上将诸子百家、琴棋书画、传统文学、中华诗词、中华戏剧、中华武术、中国建筑和传统节日,作为中国文化的主要组成部分。其中人们参与最多的,应当是琴棋书画。琴者,吹拉弹唱,包含中国的民族乐器:古琴、笛子、二胡、古筝、萧、鼓、琵琶等;棋者,中国象棋、围棋;书者,中国书法、篆刻印章;画者,有国画,包含山水画、花鸟画、人物画、写意画等,有现代中国画。

琴棋书画中,受众最广、最受中国人喜爱的莫过于书法了。非常特殊的是,全世界只有中国人,将每天日用的文字书写与最奇特而抽象的词汇"艺术"有机地、完美地结合在了一起。

我们来看中国人称为书圣的王羲之的故事。

第一节　书圣王羲之成圣之路

根据文字的发展阶段,我们在前文黄帝的故事中了解了"甲金篆隶草楷行"七种书体,称为"汉字七体"。

在距今2200年前的秦朝,秦始皇统一中国后(公元前221年),统一了全国文字,统一后的文字由以前的甲骨文、金文发展到了秦篆,又称小篆。小篆一直流行到西汉末年(约公元8年),之后被隶书所取代。

小篆和隶书实际上是两个系统,小篆代表象形体古文字的结束,隶书是改象形为笔画化的新文字的开始。隶书以前的汉字是用绘画式的线条书写的,而隶书以后的汉字是用横竖撇点折等笔划构成的。自隶书出现后,汉字的结构基本上固定了下来,一直到现在,基本上没有太大的变化。

草书的诞生,它标志着书法开始成为了一种能够高度自由抒发情感、表现书法者个性的艺术。草书的最初阶段是草隶,就是草写的隶书,到了东汉时期(公元25~220年),草隶进一步发展,形成了章草,后由张芝创立了今草，即草书。

三国时期（公元 220～280 年），楷书成为书法艺术的又一主体。楷书又名正书、真书，由钟繇所创。

行书产生于汉朝末期，而它真正的繁荣时期是距今约 1700 年前的东晋（公元 317～420 年），被称为书圣的王羲之的代表作《兰亭序》就是行书。

从公元前 221 年秦始皇统一国家到东晋，中华文字几经演变、发展，最终确立了篆、隶、草、楷、行五种字体，并一直延续至今。也就是说，现代人所写的书法，基本上都在篆、隶、草、楷、行五种字体的范围内。

书圣诞生

书圣王羲之（公元 303～361 年），字逸少，号澹斋，祖籍山东琅琊（位处今山东临沂），后迁居至浙江会稽（今浙江绍兴），卒于会稽金庭。

王羲之的父亲王旷（约公元 274～328 年），历任淮南丹阳太守、会稽内史，是首先建议晋元帝司马睿渡江的东晋开国功臣。

父亲王旷的时代，西晋（公元 265～317 年）发生了"八王之乱"（公元 290～306 年），历经 16 年，死亡 30 万人。王旷审时度势，为避战乱，携家眷于公元 300 年来到江南定居，为官江南，任丹阳太守、安东将军的参军多年。

公元 303 年，即西晋惠帝太安二年的七月十一日，王旷的夫人在江南生下第二个儿子，取名羲之，字逸少。

王羲之出身名门望族，不但父亲为官，伯父王衍先后为晋惠帝（公元 290 年）的中书令、尚书令和太尉。南渡后，伯父王导官居宰辅，把持朝政，历事元帝、明帝、成帝三朝，出将入相。另一堂伯父王敦驻守荆州，掌握重兵。

王羲之的父亲王旷，请来比自己小 7 岁的弟弟王廙当王羲之的启蒙老师。王廙被誉为"过江书画第一"，就是说，晋室过江后，王廙的书、画当时排在第一，为此，王廙还做过晋明帝的图画老师。

王廙文武全才，除了具有深厚的书画功底，他还历任尚书郎、散骑常侍、左卫将军等职，王羲之从小就受到了王氏家族深厚的文化和书学熏陶。王羲之幼年时虽然不善于言辞，长大后却辩才出众，且性格耿直，在当时享有美誉。

史书记载说，王羲之七岁开始学习书法，十二岁从作为书法家的父亲枕中发现了一本谈书法的《笔论》，偷偷拿来读，书法大有长进。

王羲之童年时代，常随母亲从乡下到无锡城里看望伯父王导，深受王导宠爱。公元 309 年，王旷率军北上、驰援并州，全军覆没，被匈奴人刘聪俘虏。

当时汝阴太守李矩之妻,世称卫夫人,是晋代著名书法家,书法师承钟繇,尤善楷书。卫夫人与王旷又有着表亲的关系,王羲之就去向卫夫人卫铄学习书法。

学书卫夫人

卫夫人不但在书法艺术实践上有突出成就,不让须眉,而且在书法艺术理论方面也有重大建树。

据说,卫夫人(公元272～349年)撰有《笔阵图》一卷,在当时已有的书法理论基础上,提出了自己的看法。她在书中首先提出,书法之妙"莫先乎用笔"。主张学习书法要上溯其源,师法古人。执笔要有讲究,不同书体应采用不同的执笔法,并加以具体分析,她说:"有心急而执笔缓者,有心缓而执笔急者。若执笔近而不能紧者,心乎不齐,意后笔先者,败;若执笔远而急,意前笔后者,胜"。这些已超出了单纯论述执笔的范围,是对书法艺术中的笔、意关系和书家修养所作出的深刻论述。

对书写不同字体时的用笔,卫夫人亦有精辟论述,提出了书法家应把握不同字体书写风格的问题。具体到笔划上,卫夫人针对七种不同笔划的书写,提出七条标准,对七种基本笔划的描述,形象生动,恰合关窍,成为初学书法者良好的入门途径。

此外,卫夫人在《笔阵图》中还提出初学书法,"先须大书,不得从小","善鉴者不写,善写者不鉴"等理论原则,也都是宝贵的经验之谈。在上述论述的基础上,卫夫人概括她对书法艺术总体的认识,提出了"力筋"之说。她认为:"下笔点墨画芟波屈曲,皆须尽一身之力而送之"。"善笔力者多骨,不善笔力者多肉。多骨微肉者,谓之筋书;多肉微骨者谓之墨猪。多力丰筋者圣,无力无筋者病。"这实质上是卫夫人毕生从事书法艺术实践所得,为后代书法家指出了努力方向和途径,对历代书法理论和实践的发展都产生了巨大影响。

公元316年,王羲之13岁时作客尚书左仆射周顗(公元269～322年)家,宴席上与周顗相谈甚欢,周顗觉得王羲之小小年纪,很是招人喜爱,就将用牛心做的一道名贵菜肴,赠给羲之吃。从此,王羲之小有名气。

与王羲之同时的书法家庾翼、郗愔,都声名卓著,王羲之自谦还赶不上他俩。传说庾亮曾向王羲之求书,庾亮是宰辅,是庾翼的哥哥。羲之回答道:"(庾)翼在彼,岂复假此!"

庾翼在荆州时,见人们都在学习王羲之的书体,不以为然,曾说:"小儿辈乃贱家鸡,爱野鹜,皆学(王)逸少书,须吾还,当比之。"但后来庾翼见到王羲之写给庾亮信中的章草,才心悦诚服,给王羲之写信道:"吾昔有伯英章草十纸,过江颠沛,遂乃亡失,常叹妙迹永绝。忽见足下答家兄书,焕若神明,顿还旧观。"庾翼态度的改变,正是王羲之的书法向更高层次发展的印证。

巧补春联

王羲之一家是从山东老家移居到江苏，后又移居到浙江绍兴的，来到绍兴时正值年终岁末，王羲之书写了一副春联"春风春雨春色、新年新岁新景"，让家人贴在大门两侧。

因为王羲之书法为世人所喜爱，所以此联刚一贴出，即被人趁夜揭走。家人告诉王羲之后，王羲之也不生气，又提笔写了一副"莺啼北星、燕语南郊"，让家人再贴出去。

谁知天亮后一看，又被人揭走了。这天已是除夕，第二天就是大年初一，左邻右舍家家户户都挂上了春联，唯独自己家门口空空落落，急得家人直催王羲之想个办法。

王羲之想了想，又提笔写了一副，写完后，让家人先将对联剪去一截，把上半截先张贴于门口：福无双至，祸不单行。

夜间果然有人来偷揭。可在夜色下一看，见这幅对联写的太不吉利。来偷揭的人只好叹口气，又趁着夜色溜走了。

初一早晨天刚亮，王羲之即亲自出门将昨天剪下的下半截分别贴好，此时已有不少的人围观，大家一看，对联变成了："福无双至今朝至，祸不单行昨夜行"。众人看了，齐声喝彩，拍掌称妙。

袒腹东床

公元 326 年，23 岁的王羲之经母亲劝说去建康探亲，寄居在伯父王导家中。当时，晋朝的成帝即位，王导为司徒，车骑将军郗鉴领徐州刺史驻守京口（镇江）。此时刚平定王敦之乱不久，出于政治原因，郗鉴与王导拉关系，想与王氏联姻，派遣使者给王导带信，希望在王氏子弟中找个女婿。王导对郗鉴的使者说："你到东厢房去随意挑选。"

使者回去以后，对郗鉴报告说："王家的儿郎们都不错，听到来挑选女婿，个个都很矜持，个个都很重视，就是只有一个在东屋的床上露着肚皮躺着，好像没有选女婿这回事似的。"郗鉴说："那就选定这个了。"询问之下，这个人就是王羲之，于是就把自己的女儿郗璇嫁给了王羲之。这就是"袒腹东床"的典故。

王羲之出仕

王羲之开始在朝廷任职后不久，受征西将军庾亮的托请，王羲之做了参军，累迁长史，迁宁远将军、江州刺史。

王羲之迁宁远将军、江州刺史时，辞别母亲，赴江西上任，不料途中却遭原江州刺史的追杀，不能上任。愤怒之余，在游历了庐山之后就返回家中,并且辞了官。

由于王羲之既年少又有美誉,朝廷公卿都喜爱他的才器,频频召他去做朝廷的侍中、吏部尚书,这些都是大官了,王羲之却一概是"皆不就"。朝廷又授他护军将军的职位,王羲之又推托不去上任。

王羲之的朋友扬州刺史殷浩对王羲之一直很器重,这时就写信给他,劝说他应命出仕。王羲之接受了扬州刺史的劝告,出仕做了护军,后来又做了右军将军。所以后世人将王羲之称作"王右军"。

公元345～347年,40多岁的王羲之任江州刺史时,曾置宅于临川郡城东高坡,取名"新城"(今江西抚州市一所学校内),宅内挖有生活用井和练习书法用的洗墨池。此事南朝刘宋时期著名文学家、临川内史荀伯子在《临川记》和宋朝文学大家曾巩在《墨池记》中都有记述。《墨池记》全文285字,介绍了墨池来历,颂扬了王羲之苦练书法的精神。经过1660多年的岁月,洗墨池依稀还可以见到当年的容貌。

王羲之做右军将军时,有一位叫王述的建威将军,与王羲之同岁,并与王羲之齐名,两人却关系不好。虽然王羲之素来轻视王述,但王述却是愈来愈有名气和声誉。

王述做了现在位处浙江绍兴的会稽内史,不久,王述母亲逝世,时任会稽内史的王述离职办丧事,朝廷就派王羲之代理王述的职务,做了会稽内史。

兰亭序

在会稽内史的任上,于晋穆帝永和九年三月三日(公元353年),王羲之与孙统承、谢安等四十一人在浙江会稽山阴的兰亭聚会,修祓禊之礼(指人们三月三开春出游、踏青除邪之意),饮酒赋诗。据说当时王羲之用了特选的鼠须笔和蚕茧纸,乘兴而书写了一篇序文,记序盛会,写下了著名的、流传千古的行书《兰亭序》。

全文共三百二十四字,文中的二十个"之"字,各有不同的体态和美感。此帖好似下笔有如神助,被人夸赞为"遒媚劲健,绝代所无"。我们来欣赏一下这篇一千六百六十年前写下的千古流芳的文章:

> 永和九年,岁在癸丑,暮春之初,会于会稽山阴之兰亭,修禊事也。
> 群贤毕至,少长咸集。此地有崇山峻岭,茂林修竹,又有清流激湍,映带左右,引以为流觞曲水,列坐其次。虽无丝竹管弦之盛,一觞一咏,亦足以畅叙幽情。
> 是日也,天朗气清,惠风和畅,仰观宇宙之大,俯察品类之盛,所以游目骋怀,足以极视听之娱,信可乐也。
> 夫人之相与,俯仰一世,或取诸怀抱,悟言一室之内,或因寄所托,放浪形骸之外。虽趣舍万殊,静躁不同,当其欣于所遇,暂得于己,快

然自足,不知老之将至。及其所之既倦,情随事迁,感慨系之矣。向之所欣,俯仰之间,已为陈迹,犹不能不以之兴怀。况修短随化,终期于尽。古人云,死生亦大矣,岂不痛哉!

　　每览昔人兴感之由,若合一契,未尝不临文嗟悼,不能喻之于怀。

　　固知一死生为虚诞,齐彭殇为妄作,后之视今,亦犹今之视昔,悲夫!

　　故列叙时人,录其所述,虽世殊事异,所以兴怀,其致一也。后之览者,亦将有感于斯文。

兰亭序手迹

　　这篇兰亭序的书法作品,被后世称为中国行书第一(见上图)。

　　再说王述服丧后,朝廷于永和十年(公元354年)命他代替因北伐失败而被废为庶人的殷浩为扬州刺史,并加封了征虏将军。

　　王羲之耻于作为王述的部下,于永和十一年(公元355年)向朝廷称病去职,由无锡徙居金庭(在越州郡剡县,今浙江省嵊州),归隐会稽。王羲之开始了建书楼,植桑果,教子弟,赋诗文,作书画,以放鹅弋钓为娱的生活,并与许询、支遁等诸位名士,遍游剡(shàn)地(今浙江东部的嵊州)山水。自王羲之定居金庭后,当地书法兴起。他的后裔多擅书画,作品挂满厅堂、书房,被人称为"华院画堂"。

习练书法

　　王羲之一生中向不少著名的书法大家学习,最为著名的是楷书第一的钟繇,草书第一的张芝。

　　他将钟繇(公元151～230年,东汉末、三国时著名书法家)的楷书,融化到自己的书写中。钟繇书法的特点被说成"钟书尚翻,真书亦具分势,用笔尚外拓,有飞鸟鶱(xiān)腾之势,所谓钟家隼(sǔn)尾波"。王羲之心仪手追,但易翻为曲,减去分势。用笔尚内抵,不折而用转,所谓右军"一拓瓘直下"。也就是说,王羲之根据自己的特点进行融合创新,转化为自己书写中的笔法。王羲之的草书,师法张芝,也是自出机抒,别出心裁,独创新意。

　　当王羲之从卫夫人的书学藩篱中挣脱出来时,他已置身于新的书法境界。后来王羲之自述这一历史转折:"羲之少学卫夫人书,将谓大能;及渡江北游名山,比见李斯、曹喜等书;又之许下,见钟繇、梁鹄书;又之洛下,见蔡邕《石经》三体书;又于从兄洽处,见张昶《华岳碑》,始知学卫夫人书,徒费年月耳……遂改本师,仍于众碑学习焉。"从这段话可以看到王羲之不断开拓视野、广闻博取、探源明理的经历和用心。王羲之不断地超越自我,超越他人,他的书法成就,伴随着自我生命的成长与发展,不断走向新的高度。

晋朝玄学盛行,崇尚老庄哲学,因此,使王羲之深受其影响。后世认为,王羲之的书法艺术之所以能达到"登峰造极"的高度,究其成因,与王羲之信奉道教,书、道合一有很大的关系。历史上诸多道家学者多是有名的书画家,他们修身养性,既精通道法,又能挥毫泼墨,落笔成体。王羲之就是这方面的典型代表,他将修道和书法艺术相互契合,相得益彰,因而产生了具大的艺术魅力。

王羲之的道教信仰有着深厚的家庭背景。王氏家族是东晋时最有代表的文化士族。《晋书》中记载,王氏家族"世事张氏五斗米道,又精通书道。"

可见,无论是王羲之的祖上,还是其子孙、亲朋,都是虔诚的道教信仰者。同时,王氏家族还是名门望族,素来重视对家族成员文化素养的培养。王羲之置身其中,耳濡目染,自然深受影响。

王羲之少从卫夫人卫铄学习书法,后草书学张芝,正书学钟繇,博采众长,精研体势,一变汉魏以来波挑用笔,独创圆转流利的风格,隶、草、正、行各体皆精,被奉为"书圣"。

王羲之书风最明显特征是用笔细腻,结构多变。论者称其笔势,以为"飘如游云,矫若惊龙"。

王羲之的作品真迹现代虽已无存,人们通过临摹本依然可以看到他的书法风采。他的行书《兰亭集序》、《快雪时晴帖》,草书《初月帖》,正书《黄庭经》、《乐毅论》最为著名。

唐太宗酷爱王羲之书法

王羲之去世250多年后,唐朝的第二位皇帝唐太宗李世民(公元599~649年)极度推崇王羲之,不仅广为收罗王羲之书法原稿,并且亲自为《晋书·王羲之传》撰赞辞,唐太宗写道:

"祥察古今,研精篆、素,尽善尽美,其唯王逸少乎。观其点曳之工,裁成之妙,烟霏露结,状若断而还连;凤翥龙蟠,势如斜而反直。玩之不觉为倦,览之莫识其端。心慕手追,此人而已,其余区区之类,何足论哉。"

从此王羲之在书学史上至高无上的地位,被确立并巩固下来。在唐朝以后的宋、元、明、清诸朝的学书人,无不将王羲之的书法作为学习的楷模。

王羲之书法影响了一代又一代的书苑。唐代的欧阳询、虞世南、诸遂良、颜真卿、柳公权，五代的杨凝式，宋代苏轼、黄庭坚、米芾、蔡襄，元代赵孟頫，明代董其昌，这些历代书法名家对王羲之心悦诚服，推崇备至，因而他有了"书圣"的美誉。

中国书史上虽推崇王羲之为"书圣"，但并没有把他看作一尊凝固的圣像，只是看成中华文化书法艺术中创造的"尽善尽美"的象征。事物永远是发展的、前进的，王羲之这一"尽善尽美"的"书圣"，必将召唤后来者去攀登新的书法艺术的高峰。

第二节　人人可以写好毛笔字

了解了大书法家王羲之的经历后，人们关心的是我们自己有没有可能像王羲之一样写出漂亮的毛笔字呢？

回答是肯定的。但条件是，要像王羲之一样喜欢写毛笔字。

人们一定会想，这个牛吹得够大的。

这里要说的是，写好毛笔字也是有密码的。就像前面说出了许多治疗人体疾病的密码一样，来看人们能够写好毛笔字的密码是什么。

人们从小开始学习认字、写字。有些人上中小学时写过毛笔字，长大了就又搁下了，搁下的人当时就基本上没有学会写毛笔字，这里面也包括本书作者。现在随着电脑的普及，人们都在电脑、手机上"写字"，用钢笔、铅笔、圆珠笔写字的人都越来越少，写毛笔字的人就更少了。

虽然如此，写毛笔字的人还是有很多，各地都有书法协会等机构在交流、推广、普及着书法，甚至有城市获得中国书法家协会命名的"中国书法城"称号。

为什么要写毛笔字

为什么要学书法，为什么非要写毛笔字？这个问题怎么回答呢？

有人说，毛笔字是书法的一种，是一种艺术，可以起到艺术品一样的鉴赏功能。

有人说，毛笔字是一种学问，可以体验人生，陶冶性情。

有人说，写毛笔字是一种对人们意志的磨练。

有人说，写毛笔字，是用来修行的，是用来提升人类社会境界的；是可以修心炼己，安神养性，禅悟人生，寄托情志的；是可以通天地万物之大象，汇古今书家之神气。

自古以来，一笔好字有关人的门面，古代科举考试必须有一笔漂亮的馆阁体（指流行于馆阁及科举考场的书写风格，虽方正光洁但拘谨刻板），那是基本功，要是字写得出类拔萃，引起阅卷老师的注意，那就更增加了登科取士的分量，这在当时关乎人一辈子的功名，所以读书人都要有一笔像样的毛笔字。

后来毛笔字的分量虽然在社会中没有那么重要，却也是有关人的脸面。尤其在机关里工作的，写得一笔好字会受到领导的青睐。在社区里，写得一笔好字会受到街坊、邻里的赞许。

随着时代的发展，毛笔字基本上退出了实用的领域，即使最需要书法的匾额，也常常被计算机字库里的标准字所替代。书法已经成为艺术家以及爱好者的小众趣味。但是，还是有非常多的人认为，即使作不了书法家，日常写写毛笔字也是大有益处的。

首先，人们享受着写字的过程。练习写字，一小瓶墨汁，一支小羊毫笔，一张阅读过的废报纸，人们就可以开始写字了。如果再把这种练字的过程变为一种修炼，一种享受，练字的过程是可以愉悦自己的。

其次，写毛笔字可以静心，一笔一划，心一浮躁，笔划也就漂浮起来，或绵软无力、气浮笔飘，或张牙舞爪、外强中干，只有静心宁神，心沉神静，才能完成书写。在充斥着浮躁风气的现代，临习书法能让人安静、安心、安神。

第三，临习书法可以让人们清楚地认识自己。前人书法虽已达到高峰，尤其是张芝、种繇、王羲之这些绝世大家，无论在笔力还是人文修养上，都让人高山仰止，心摹手追。但是，追寻这些望尘莫及的艺术家，既能使人在前人面前保持谦卑，又可认识自己在艺术方面的水准。所以，作为一个书法爱好者，书法所给予人们的滋养，也是受用无穷的。

学书法，写毛笔字，一定是由于上面说到的这些原因吗？有时候，也没有什么原因，就像人们为什么非要看电视，非要唱歌似的，就是个爱好。

然而，书法泰斗、草圣林散之先生说："学字就是做人，字如其人，什么样的人，就写什么样的字，学会做人，字也容易写好。搞艺术是为了做学人，学做人。做人着重立品，无人品不可能有艺品。"这一说法，又将学习书法与做人联系在了一起。

现代大多数人可以不写毛笔字，而二千年的历史中古人不得不写毛笔字，他们是怎样写字呢？

书写形式的变迁

这里不是论述执笔书写的理论、方法的变迁，而是说书写的物理环境变化下的书法书写方式的变迁。

我们看到，从2200年前秦朝统一文字，到1700年前晋朝王羲之的时代，再到1400年前唐太宗李世民时代，八百年间，古人基本上都是地面铺席,席地而坐,这一习惯,秦、汉、魏、晋、隋、唐各时期,没有太多变化。据说唐朝时,高的桌、椅、凳等已开始被人们所使用,憩居形式到了唐代是两种形式并行,席地而坐仍然是很多人的日常习惯。

写下"红豆生南国,春来发几枝。愿君多采撷,此物最相思"的著名诗人、画家王维(公元701～761年),画过一张著名的"伏生授经图卷"(如图)。从图中人们看到伏生坐在地上的蒲团上,面前放一个长条木几,用于书写。

王维以后过去了近200年,五代南唐画家顾闳中(约公元910～980年),画了《韩熙载夜宴图》,这是中国画史上的名作,以连环长卷的方式,描摹了南唐巨宦韩熙载家中开宴行乐的场景。

我们从这张画中,看到了椅子、凳子、茶几。因此,真正开始垂足高坐是宋朝(公元960年)以后的事,各种配合高坐的家具也应运而生。人们今天几乎无法见到宋以前的家具实物,宋以后的千年当中,人们已习惯于垂足高坐。

说这些的目的,是说钟繇、张芝、王羲之等历史上顶尖的书法家们的书法,基本上都是在席地而坐的状态下写出来的,是说出了当时书写的物理环境。当时的书法作品，流传下来的主要是人们之间的往来书信，或者是对道家、佛家经书的抄录。这些作品的书写，大都是在一种放松的、宁静的状态下完成的。

从 1000 年前的宋朝开始，人们的生活中开始有了桌子，因此便有了坐在桌前的椅子上写字的历史。

近 30 多年来，在各式各样的文化社交场合，不但展示人们的书法作品，有时还展示人们的书写过程，而且书法作品越写越大，主要目的是用于在博物馆、展览馆展出，因此，许多人采用站姿写字。

需要注意的是，无论采用什么姿势，人们注意的是字、是书法，而不是字与书法以外的形式。

当代的书法状况

从 20 世纪 80 年代初开始，中国艺术进入全面的复苏期。对文革美术的反思与批判，艺术观念和创作手法上的"创新"与"求变"，成为中国美术界的主导潮流。

90 年代出现的"新古典主义"和"学院派"书法，曾经试图弥补现代书法在人文精神上的不足，然而实践证明，"新古典主义"和"学院派"显然缺少构成一种新"学派"的理论基础。倒是 20 世纪初期由康有为倡导的"民间书风"，由于符合 20 世纪末的艺术平民化倾向，逐渐成为现代书法探索的主导潮流。

进入新世纪以来，艺术市场的兴起，带来传统书法的价值回归，再加上现代书法实验本身所存在的局限，种种因素，导致中国的现代书法实验进入低谷。一批曾经专注于现代书法探索的书法家，重新回到传统的老路上。二十年的书法发展，经历了一个从"回归传统"到"走向现代"再到"回归传统"的轮回。当代书法究竟向哪里走？

其实，回顾二十年当代书法发展之现状，我们会发现这样一种现象：当现代书法实验如火如荼地展开时，传统形态的书法并没有退出历史舞台；相反，无论从公众舆论，还是从官方展览中所占的分量来看，传统形态的书法，始终占据明显的主导地位。

不可否认，传统书法价值观在今天依然有合理的成分，但它绝对不能成为当代书法的评判标准。因为我们无法想象，一种艺术会通过因袭和临摹传统延续下去。一个时代总有一个时代特定的社会环境、生活方式和价值观念，这种特定的时代精神，会通过那些敏感而富有想象力的艺术家，通过高超的技术手段、独特的生命体验创造性地表现在自己的作品中。从文化史的角度来看，那些打上时代深刻烙印的艺术作品和创造了独特风格的艺术家，会从特定的时代艺术潮流中挑选出来，成为传统的一部分流传下去。从这个意义上来讲，当代以临摹和因袭古代经典法书为特征的"传统书法",除了作为自娱功能的大众文化的存在价值外,不可能成为代表这个时代精神的当代书法艺术。

以上是中国国家画院网站首页文章中刊登的一大段专业人士的观点,从中可以看到专家们三十年来转来转去,对于书法的价值观、对于书法评判的标准,还在争来争去,还没争得明白。但有一点,他们承认大众喜欢传统形态的书法,他们承认传统形态的书法在大众和官方中占据明显的主导地位。他们总想唱出时代的最强音,总想以所谓的时代精神的当代书画艺术替代传统书画艺术,但这一善良的想法和愿望好像时代并不接受。

通过对儒道释的了解后,人们似乎都能看懂,一些冥思苦想出来的所谓现代艺术,是无法经受历史洗礼的妄作而已。其实,唐朝李世民的一句"玩之不觉为倦,览之莫识其端",倒是人们都能接受的很好的书法评判标准。

执笔写字

对从未碰过书法的读者,对从未想过自己能写书法的人们来说,书法是神秘的。本书作者以前也没有想过自己能写书法,直到有人教会了如何动笔写字,而自从学会写字后,觉得写字并非很难,只要按照以下步骤开始,就能很快入门了。如能坚持下去,就能很快学有所获了。

执笔的方法

专家们说,执笔有单钩、双钩、三指、四指、五指法、龙眼、凤眼法、双苞、单苞、撮管、握管法等等诸多方法。实际上,执笔就是为了写字,把执笔分类说得如此神乎其神,容易吓唬住人们。

古人说:执笔无定法,虚宽为怀。所以,只要能方便灵活的执笔书写就是好方法。

看过一张照片,是中国最著名的美术学院书法老师,于2011年4月教授韩国留学生写毛笔字的场景。看到这个教学场景的任何人,都能看到学习者的状态是紧张的,握笔的手是拘谨的,握在毛笔中间的部位是不容易掌控的。初学者一开始就悬着肘写字,毛笔是不会听使唤的。

再看上面这一张照片,是现代被誉为书法泰斗、草圣的林散之先生(公元1898～1989年,赵朴初、启功等称其诗、书、画"当代三绝")写字的坐姿,人们都能看到,他坐在那里是自自然然的,舒舒服服的,他不去拿笔的中上部,握住笔的部位,是感觉舒服的能用到力的部位。他写字为什么不悬肘呢?虽然,林散之先生也说过"悬肘是基本功之一。还要虚腕,虚腕才能使手中的笔自由转动,随心所欲。"但开始学写字,不能被悬肘、虚腕把自己束缚住了。

关于执笔的悬腕、悬肘的问题，是根据字的大小方便而定。并不是悬肘就是有功力和有笔力，一般是寸字垫腕，拳头大小的字垫肘，更大字悬肘。

当代草圣林散之的三指执笔，就如人们拿铅笔的三指执笔法。执笔的高低，以偏低、舒适为好，低则能沉得住气。握笔不可太紧，不可太松，恰如手中捏着一只麻雀，太紧了会死，太松了会飞，要气静神虚，使力量用在笔尖上。书法握笔，手指在笔杆上使力，反而使不出力量来。手心要像握着一个麻雀，下笔时催动这个虚运出来的麻雀，按照林散之的运笔法，字方能力透纸背，似有神助。下一章中在武术的熊形拳部分，"虚运一个形"的方法，对执笔法是个很好的参考。

从如何拿毛笔，人们可以得到许多启发。没接触过毛笔前，人们怕拿笔，因为怕它不听使唤，怕被它欺负。当人们一开始写字，像小学生拿铅笔那样拿住毛笔，再调整到怎么舒服怎么拿笔后，人们成了主人，毛笔回归到了书写的工具。有了这个感受、这个认识后，以后再看到电视上那些拿着毛笔杆尾煞有介事的书写者时，人们就能知道了那是在做秀，那样不一定能写出佳字，与书法艺术无关。

书写的原则与秘密

毛笔是用软毛制成的，一开始不容易写出刚劲有力的线条，因此就需要了解、认识古人所说的"笔法"。一般对书法用笔最初的要求是20个字：中锋用笔，笔笔饱满，藏头护尾，任笔为形，心手双畅。

大书画家黄宾虹先生说："落笔应无往不复、无垂不缩。往而复，使用笔沉着不浮。"这里说的往复、垂缩、沉浮，都是在讲用笔之法。

古人说："书，心画也。""用笔在心，心正则笔正。"书法的根本是体现一个人内在的精神气质，就是所谓的神采。精神气质、神采不是空对空的口号，而是能够通过点和线的形质表现在书写的每个字上。

人们可以从上面这幅弘一法师李叔同的书法作品中，看到字里点和线的品质：饱满厚实，而不是许多人容易写出的尖翘单薄。

人们在初习书法的时候就要从点、线条开始，使笔画书写得笔笔饱满、沉静、厚实。功夫全在用笔，笔画中间不能薄和弱，要能留得住气韵。一开始学写字，就要先按照书写的原则，看懂好字和差字的区别，然后再进一步要注意训练眼睛、眼力。

林散之说："写字时要做到指实掌虚。写字要运肘，运臂，力量集中。

光运腕，能把字写坏了。腕动而臂不动，此是大病，千万不能单运腕。腕动而臂不动，千古无有此法。"这是用笔书写的关键，这是当代草圣告诉人们用笔书写的秘密。书写时，"运肘，运臂，力量集中"，心手打通才能得笔力，个人的精神、情趣才能直接跃然于纸上。

古代时没有大字，不是为了在美术馆展览而写字。古代的书法作品大部分都是实际生活中的信札，信札大小一般似我们现在的复印、打印纸的大小。人们刚开始写字时，要写得与古人写的字大小一致，这样容易找到运笔的节奏、转折的弧度和运动的感觉，要点是自己要去找到书写的感觉。

从王羲之草书起步

学会了执笔，明白了书写的原则，那么，从何处开始，写什么能最好、最快、最方便现代人进入书法之门呢？

无论是书籍、网络、课堂，还是大小书法家，现代人们教人写毛笔字，都叫人首先学写楷书，按照楷书、行书、草书的顺序学习写字。相信许多人学写毛笔字从楷书都走不到行书，比如，楷书中那笔直的一竖，就会让许多人止步，而泯灭了人们书写的兴趣。

一开始写毛笔字时，人们的手、胳膊，都是紧张的、僵硬的，这时再写"机械"的楷书，会使人们更加紧张、僵硬。

然而当人们从草书起步，一开始就从王羲之的草书起步，在书圣王羲之的带领下、指导下，人们很快能找到手持毛笔的感觉，书写的手就变成圆润的、通畅的、自在的。人们找到了毛笔的感觉后，行书和楷书的入门与登堂入室，只是时间的问题了。

开始时，通过摹和临王羲之的书写方法，可以得到王羲之的笔法和书写状态，从而体会王羲之书法中的精神境界和美的韵味。

现代的人们已有的共识是，学习艺术，就要学一流大师的一流作品。古人也说："取法乎上，仅得其中。"

林散之说："草书宜学大王《十七帖》精印本；行书宜学僧怀仁《集圣教序》，有步可循，自然入古不俗矣。"

所以，按照林散之告诉人们的经验，学习草书就要从好的范本开始，就可从王羲之的《十七帖》入手。学习好的范本，先摹再临，不断找寻自己对毛笔的感觉，体会对毛笔字的感觉，体会王羲之笔法的感觉，体会好似自己就是王羲之在写《十七帖》的感觉。

实际上，林散之让人们"草书宜学大王《十七帖》精印本，行书宜学僧怀仁《集圣教序》"，就是在学一流大师的一流作品。纵览中国的书法艺术，最高峰就是魏晋书法，从最高峰开始，会让我们一览众山小。有人曾问林散之先生："为什么日本人的书法写的这么好？"回答是："学的高，非晋唐法帖不写，所以不俗，法乎上也。"

草书，是为了便捷书写所产生的一种书写体，常规来说，有章草、今草、狂草之分。章草是"今草"的前身，与"今草"的区别主要是保留了隶书笔法的形迹，上下字独立而不连写。章草笔划的省变有章法可循，代表作如三国时期吴国书法家皇象《急就章》的松江本。今草也称"小草"，是草书的一种，始于汉朝末，是对章草的革新。今草不拘章法，笔势流畅，笔画连绵回绕，文字之间有联缀，书写简约方便，为王羲之所发扬完善，代表作如晋朝王羲之《初月帖》等。狂草出现于唐朝，以张旭、怀素为代表，笔势狂放不羁，成为完全脱离实用的艺术创作，代表作如张旭《肚痛》等帖和怀素《自叙帖》，都是现存的珍品。也有人说，狂草是魔道，是人在神魂颠倒、迷乱发狂之时所创造出来的，是供那些低层的邪道在作符招阴鬼时喜欢用的字体。

我们知道了书法有隶、草、行、楷，四大体，从草书起步习字，并不是让人们没有规矩地写字，而是要在一笔一划中，写进书法之门，写出书法之正气，写出书法之神气，写出通神的天人之书。

初学书写的步骤

第一步，我们用薄麻纸蒙在原帖上，以便于摹写。（如图）

第二步，选用笔锋在2.5厘米长的羊毫毛笔，摹一个字，然后临一个在边上。按照书写的原则，找到点线的大小、方向、粗细，以及书写感。

第三步，从头到尾的摹一个临一个，这样几遍下来就能找到书写草书的感觉。草书的字不易认识，开始也不必认识，慢慢的边写边识草书、草法，随着不断熟悉和积累，就能越认越多。

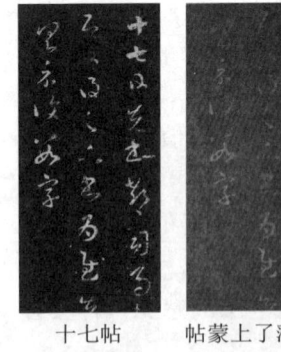
十七帖

帖蒙上了薄麻纸

摹帖

临帖

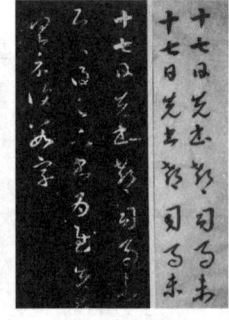
摹一个临一个

第四步，进行整篇的临写。写时应注意临摹的大小与原稿相同，只有这样才能找到王羲之书写用笔的方法。

按照以上步骤开始写字，人们很快就可以入门，找到写书法的感觉。写字所用的纸，开始可以选择使用麻纸而不是宣纸（麻纸，在绘画一节会详细解释），这样容易掌握用笔的方法。

这里还涉及一个选用毛笔的问题。有的人说，他不喜欢用羊毫，更不喜欢用长毫。实际这是外行话，因为古人已说过，欲想写硬字，必须用软毫，唯软毫才能写硬字，硬笔不能写硬字，宋四家、明清大家都用软毫。林散之先生也建议"要用长锋羊毫"。所以开始学写字，选用笔锋在2.5厘米长的羊毫毛笔即可。

书法的最佳范本：《淳化阁帖》

我们从王羲之的草书《十七帖》入手后，再要学习古人的书法，就要读《淳化阁帖》中的草书和各种书法帖子了。

现代人学书法，比古人的条件要优越太多，因为古代最好的文人书法作品都留在宫廷里面，普通人很难见到。现代人从书籍、电脑、影视资料、图书馆等各个渠道，都能看到以前人们看不到的东西。

淳化年间（公元990～994年），是宋太宗赵炅（jiǒng）使用的年号，这个年号共使用了5年。淳化三年（992年），太宗赵炅下令，将内府所收藏的历代墨迹，命翰林侍书王著进行编辑并在"秘阁"中刻制成书，因编刻于淳化年间，这本书故名《淳化阁帖》。这是我国历史上可见到的最早的一部书帖，分为十卷摩刻拓印。拓本由皇帝赐给亲王大臣，但不久皇帝就停止赏赐，所以在当时已非常难得。

《淳化阁帖》共有十卷，收录中国先秦至隋唐一千多年的书法墨迹，包括帝王、臣子和历代著名书法家103人的420篇作品，十卷中字体有篆、隶、草、楷、行等各种书体。

到了宋朝第四位皇帝仁宗庆历年间（公元1041～1048年），皇宫中发生火灾，《淳化阁帖》原版焚毁殆尽，只留下了祖刻拓本。幸好太宗赵炅将所收藏的历代墨迹编辑刻制而成了《淳化阁帖》，使人们至今还有幸能看到祖宗的墨宝。由于历史悠远的古代书法真迹都不存在了，人们只能从《淳化阁帖》中寻找、学习古代书法的经典范本。《淳化阁帖》被后世誉为中国法帖之冠和"丛帖始祖"，对后世影响深远。

《淳化阁帖》里面有被称之为"古之四贤"的张芝、钟繇、王羲之、王献之的大量书法作品，是人们学习书法最好的范本。临摹其中103人的作品不一定有时间，能真正临摹好"古之四贤"，就已是当代一流书法家中的一流水平了。当人们真的这么做了，就能真正体会到书法艺术中一览众山小的境界了。

书法作品的好坏、品味

学习书法，辨别书法的好坏，辨别书法品味的高低，非常重要，因为，眼高才能手高，书法越写到后来，越是比拼书写者的眼力。

前文已经知道，肝藏魂，而肝开窍于眼睛，所以人们的魂显现在眼，用眼品味书法，是一个人的灵魂在品味，是骗不了人的。

中国书画的精神，根本上是一个人思想境界的体现，儒家的中庸和谐，道家的自然空灵，释家的空性无生等，都通过笔墨将一个人自己的心境展示在其中，所以，书法的好坏、品味，更多地是体现人们的人格修养。

所谓欣赏书法，所谓看字，实际是在看人，是在看书法作品背后书写者这个人的内心世界。而不是在看书写者创作的字体的表面形态。林散之先生说："七十岁后，我才领悟看字着重精神。"

让我们静下心来，具体看一些好字、差字的例子，通过比较，感觉出字里面所包含的品味、气韵：

1. 好字宜沉稳流畅，忌气浮笔燥

沉稳流畅（晋，王羲之）

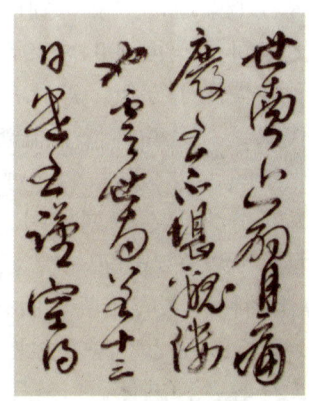

气浮笔燥少儒雅

2. 好字宜圆浑遒劲，忌肉而无骨

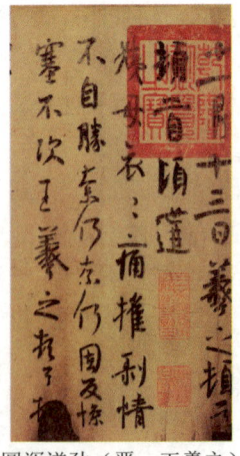

圆浑遒劲（晋，王羲之）

肉而无骨（清，佚名）

3. 好字宜古朴苍茫，忌薄而少肉

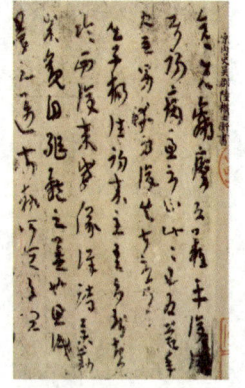
古朴苍茫（晋，陆机）

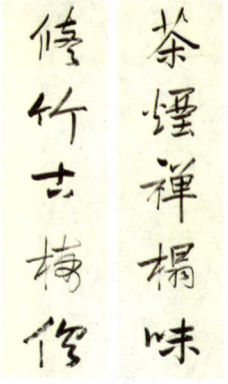
薄而少肉（清，佚名）

4. 好字宜天真空灵、劲挺清丽

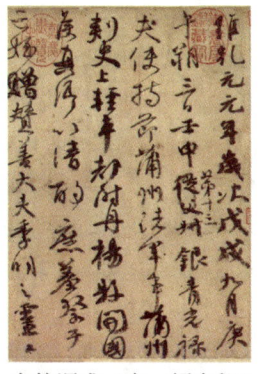
天真空灵（弘一法师）

劲挺清丽（五代，杨凝式）

5. 好字宜自然浑成、温和醇厚

自然浑成（唐，颜真卿）

温和醇厚（蔡元培）

书写原则二十字

我们学习了王羲之的草书，从《淳化阁帖》中，人们可以看到张芝的草书。

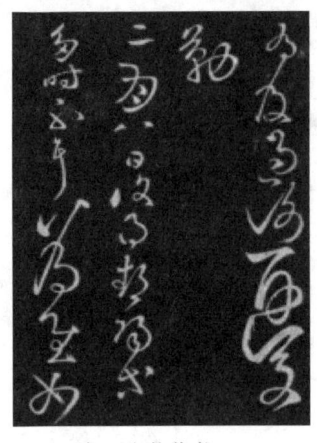 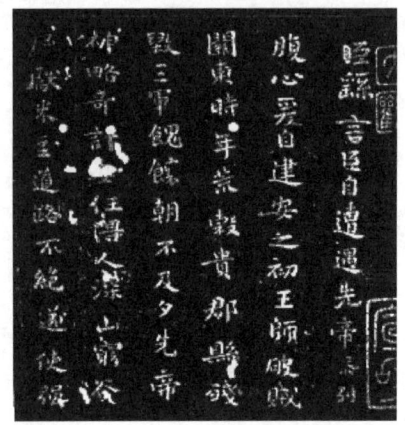

东汉张芝草书　　　　　　　　东汉钟繇楷书

学会了草书后，可以开始学习楷书的基本规则，学楷书要学钟繇的楷书。有了草书的书写感觉和了解了楷书的书写法则，就很容易学会行书的书写，行书还应继续向王羲之学习，可以临摹王羲之的《兰亭序》《圣教序》。

前面我们提到，一般对书法用笔的要求是 20 个字：

中锋用笔，笔笔饱满，藏头护尾，任笔为形，心手双畅。

历代书法家都非常重视用笔的方式、方法，"书法以用笔为上"，"笔贵圆"等，都是在说用笔的重要。这 20 个字的书写原则，也是用笔的规则，用笔的标准：

中锋用笔，笔笔饱满：笔尖为锋，两边为毫，"令笔尖在点画中行"，就是说，在写字的笔画时，笔杆要比较竖直，笔尖要在笔画的中间，笔毫在笔画的两边，这样的笔画能做到：笔笔有力、饱满，笔笔中锋。"能运用中锋，虽败笔亦圆，不会中锋，即佳颖亦劣，优劣之根，端在于此"。不善用中锋，就会出现扁、平、轻、浮、飘的书写线条。

藏头护尾：要做到笔画饱满，就必须在书写时藏头护尾。谈书法的名著《九势》里说："藏头护尾，力在字中，下笔用力，肌肤之丽。"

书法讲究含蓄之美，"藏头，圆笔属纸，令笔心常在点画中行"。"护尾，画点势尽，力收之"。比如，在写一横时，有三个部分，起、行、收。起笔"藏头"，也就是逆锋起笔，行笔时"中锋"令笔尖藏在点画中行走，收笔时"护尾"，也就是要有回锋动作。这一点，人们在当今的书法作品中，常常看不到"护尾"，多的是笔锋在纸上的任意甩之。

在书写的过程当中，都要做到"无往不收，无垂不缩"，收笔要让笔尖恢复到尖垂原状，以便于继续书写。这就是古人所说的用笔要"欲右先左、欲下先上"的道理。

任笔为形，心手双畅：横平竖直，笔笔见形。在于笔形的不断丰富，方、圆、锐、顿，兼而有之。横、竖、点、撇、捺、折、勾也都能具备特有的形状。

书写不能描画，要一笔到位。撇捺不能上翘，走横势才显得舒展。勾的角度要大，大则气开。笔要提得起按得下。

书写文字结构所运用的原则是：和而不同。这是出自唐朝书法家孙过庭的"违而不犯，和而不同"。就是要在对立中求统一，在统一中求变化，在变化中求出彩。在这个"和而不同"的原则下，书写者在字体结构中，按照大小相宜、左右相让、中宫收紧、左高右低、横细竖粗等，进行字体的结构安排。

至于有关书法的更多理论，上海书画出版社1979年出版的《历代书法论文选》中，汇集了历代书法家蔡邕、王羲之、欧阳询、李世民、颜真卿、陆羽、韩愈、欧阳修、苏轼、米芾、李煜、董其昌等众多历史上的书法名家谈书法的文章，对于想学习书法理论的爱好者，此书足矣。对于书法爱好者想学书法理论，可读此书。

写出好字的方法

写出好字的方法是什么呢？一位将《淳化阁帖》认真书写了几百遍，从而找到古人写字笔法的书法家告诉说："书法的成功不难，只是两个字：坚持。"

如何坚持呢？"书法的成功，切实学好、临好古代的四位顶级高手：草书张芝，楷书钟繇，以及王羲之、王献之父子。学这四个人，实际就是学习'魏晋书法'，是学中国历史上的顶级书法。"魏晋人崇尚精神的自由，魏晋人书法的关键是笔法，是精熟、放松，直接见本。

"书法的成功，还需切实学好、临好现代的两位顶级高手：弘一法师和林散之。"弘一法师李叔同的字，天真空灵，实在是极高的书法境界。心不静，气不凝，则无法下笔。

就像跟着一个全国太极拳冠军学习打拳，能够达到全国太极拳冠军一样的水准，人们也就成为了太极拳高手。人们达到了以上六位书法高手的水平，人们就成为了一流书法大家。这是中国文化的特点。

那么，具体怎样才能达到以上六位高手的水平呢？林散之先生的做法是，每天至少写字2小时，一生中无数次地临摹张芝。所以，如能像他一样，用心坚持写字，就成功了。

人们一说写字，就都没有时间，但人们又喜欢写写画画，怎么办呢？每天，或每两天，或每三天，请抽出半个小时。哪怕只写一张纸，或者就写一行字，或者就写几个字。还请注意，这不是在写，这是在玩，在坚持玩，在坚持用心玩。

每日临书，像拜会古代高人，点点滴滴写在心头。在不断玩的过程中，人们的眼力在成长，人们的书写状态在成长，人们的境界也在成长，人们会感觉到自己在以太极的圆润状态写字、玩字，三五年后，人们不仅仅是入门了，而且一定能成为书写的高手。为什么呢？因为虽然可能花的时间不多，但是路子是正确的，方向是对的，所以就不怕慢，贵在坚持。

所谓的书法创新

那么，什么方法是不正确、方向是不对的呢？

人们都喜欢谈论书法创新，甚至还流传着这样一个观念：说是有两个书法家，一个认真模仿古人，讲究每一画都要酷似某某。一个相反，苦苦地练，要求每一笔都不同于古人。第一个书法家说："您的字哪一笔是古人的呢？"后一个反问："您的字哪一笔是自己的呢？"第一个顿时张口结舌。人不要泯灭自己的个性，一味地模仿别人只会迷失自我。

我们来看，从王羲之到现在的一千七百年中，有没有书法创新成功的例子呢？当然有，比如毛泽东的书法。可是有几人做到了呢？人们会说，王羲之以后的唐、宋、元、明、清各朝代，不是也出了许多大书法家吗？近现代的弘一、林散之，不是也写出好字了吗？然而，中国书法的顶峰是在魏晋时期，以后的历代书法作品并没有超过王羲之的。

实际上，书法作品本不存在创新，乃至创作，存在的是自然地形成每个人自己的书写风格，写出自己的气韵、神韵。

这么说，也许不容易被人们接受，书画书画，绘画有创作，书法岂能没有创作？然而，中国绘画的最高境界是以书入画，创作的是绘画的结构和造型，绘画与书法一样，最终比的不是字的形式、模样，比的是人格、人品、气韵。毛泽东的书法，也不是特意创新，那是书写风格的自然流露。

因此，临摹一流大师的一流书法作品，是为了从中汲取营养、品味、气韵。书贵写，贵在最不经心、最不经意中而达到的书写高度，贵在自由自在、任笔为形，最终自然能形成自己的书法风格，而不是过早地被所谓的创新所迷惑，去追求字体形式的新、奇和怪异，相反，而是应在书写者自身的人品、气韵上去下功夫。

书法的境界

前面章节里，已了解了人体的经脉、穴位，知道经脉、穴位中流转、运转着人体的气脉。实际上，书法艺术之道，亦在于运转人体的气脉。

就是说，艺术也有脉。艺术境界的提升，就是达到天人艺三者合一，以艺术之脉通人体之脉，以艺术之窍打开人体之穴窍，相通相溶。人的境界提升了，艺术的境界也才能提升，这时所创造出来的作品就包含了高层境界的内涵，就有了深层的意境。这时的作品就是对自然的一种和谐调配，能够散发出天人艺合一的正能量，能在无形中对外界起到善的作用，起到提升外界环境的作用。

脉是起流动、流通作用的，是循环的重要通道。既然艺术也有脉，艺术就有着自己的完整循环，也就是说每样正统的优秀艺术，每件优秀艺术作品，其实都是一个微宇宙，一个缩小版的自然。对一件高境界的艺术作品，站在不同境界，能看到不同的内涵和意境。作品境界越高，所效法的自然和宇宙境界就越高，循环就越完美。

艺术的最高境界叫神韵，中层境界叫气韵，到了低层境界就叫风格了。风格是自然形成的，艺术作品中的风格，应当是效法自然风格而成的。效法了表面的自然，就形成风格；效法到高境界的自然，就叫气韵；效法了更高境界的自然，就是神韵，这就是有些作品能够传神的原因。

风格是循环的因素，这些因素能够相互作用，相互沟通，从而形成脉络，形成一个完整的循环，而要保持循环的畅通，就得保持风格的纯净。风格越纯净，循环就越顺畅、越完美，境界也就越高。所以艺术创作者，在创作中不断修心，不断纯净自己，然后通过创作，不断剔除作品中的杂质，剔除作品风格中不纯的因素，才会不断地提升自己的境界和作品的境界，这也就是艺术的修行。

书法有抑扬顿挫，有横竖撇点捺，每个字独成一体，又与其他字相联系，根据各人的悟性，自行调配笔画的构架，最后才能形成自己书法的风格。行笔有圆润、刚劲，刚柔并济，才能调配人体五行，与自然合一。字太刚劲，棱角太锐利，则杀气太重。太过于圆润，则又媚而无骨。这么说虽是极端，其中的度在于各人去体悟、去觉悟，以自然、空静去调配。

一些所谓书法大师所写的字，毫无气穴，经脉寸断，原因是错把无知当作了个性，错把无知当成了现代的主流艺术，错把无知所搞出的奇形怪异的、阴气的、带着不好信息的东西，当成了大师的作品。因此，现代人的书法，不应刻意地去追求所谓的个人风格、个性，而摒弃了书法之道、自然之道。

所谓书法的境界，就是在整体的文字书写时，必须要连成一体，从起笔到收笔，一气呵成，成为一脉。行字时，有疏有密，错落有致，整体布局又如行云流水，一脉天成，其中笔画里的窍穴自成。运笔前，讲究静心调息，清心断欲，以通天地之道法自然，以达天、人、笔合一，从而形成自己书法的风格，最终到达气韵、神韵的境界。

第三节　人人都可以画出好画

学会了写毛笔字，学会了书法，就学会了书画中的"书"，接下来，我们将学会书画中的"画"，学会用自己的眼睛看懂绘画，还要学会用自己的手画出国画。

中国文化中的绘画主要有山水画、花鸟画、人物画。在书画艺术中，就难易程度来说，书法最难，山水画其次，花鸟画再其次，人物画再再其次。

为什么说绘画没有书法难呢？原因是，中国绘画中的画是讲究以书入画，就是用书写的方式来画画，不通书法，其画无骨，所以绘画的根子在书法，所以一个人的书法、书写不好，画岂能真好？

人们已学会了最难的书法，再来学画画相对容易了许多。因此，这一节中，我们轻轻松松地学会看画、学会画画。

一定会有人想，自己没有任何基础，怎么能行？没有基础就是白纸，更容易画最新最美的图画，更容易走上正道，书法如此，国画也是如此。只需拿起笔，按照所说的步骤行动，就能够"一不留神，让自己成为了画家"。

为什么要学画画

正像要问"为什么要学书法"一样，还是要问一句：为什么要学绘画呢？

台湾知名画家、诗人、作家蒋勋先生（1947年～），在他的《写给大家的中国美术史》一书中说："为什么要画画呢？画画使我们观察、思考、表达。许多人认为画画是为了做画家，不做画家就不用画画了。其实完全错了。画画使我们更像一个健全的人，有很细的观察能力，有很清晰的思考能力，有很准确的表达能力。所以，虽然画画看起来似乎没有什么用，可是，人类的文明却永远缺不了画画呢。"

绘画是个创作美的过程，绘画是讲述美的过程，绘画是表现美的过程。当人们在一幅美的画卷面前欣赏、留恋、徘徊，倾听美的言语时，人们的心境仿佛来到了苍茫的云海中，仿佛来到了涓涓的流水旁，人们的心灵是愉悦的、舒畅的。当人们懂得了这一幅美丽画卷的言语后，也向往着自己能掌握、自己能拥有讲述这种美丽、表现这种美丽的"语言能力"。

中国书画是一种注重内在感受的艺术，是一种养心、养性、养气，本质仍是内在"修心"的艺术，是一个人的心态、境界、操守、修养，在不同的生命状态里所留下的痕迹。

这就是人们喜爱绘画的原因吧。

当代的绘画状况

据一家权威美术高考网2011年9月27日报道："近年来，尽管全国应届高中毕业生的总数有所下降，不少高校已经出现了生源不足的现象，但美术高考的热潮一直居高不下。据不完全统计，2008至2010连续三年报考八大美院的人数，少不低于2万，多则逾10万。报考人数与录取名额之比甚至不足1/20，其竞争激烈的程度毫不逊色于任何一所非美术类的名牌大学。美术高考中，素描、色彩、速写仍然是各大美术院校入学考试所采用的主要科目和形式。"从以上报道，人们可以窥见当代美术教育的一斑。

然而，想学书画的成年人、老年人，可能不一定喜欢素描、速写，因为素描的标准是"画得像"。当一个从未动手接触过绘画的人，让他对着石膏像，对着一个物品画得要像照片似的，这时，不一定会点燃起他的兴趣与信心之火的。面对石膏像，他可能会想，什么时候才能真正画出中国画呢？

2010年，中国国家画院院长在接受记者采访时说："考察了世界上大部分美术博物馆后，感觉中国的传统书画最值得重视，感觉当今美院的教育方法并非优秀。我们中国有八大美院，还有1000多家综合大学的美术学院或者美术系，引进的都是西方的教学体系。在这一体系下，培养了大量会画画的人，但是他们的思想和追求被科学限定了。这是我们数十年来没有培养出大师级人物的根源之一。"

凭借素描考入美院国画系，数年后作了中国国家画院院长，他的感觉却是当今美院的教育方法并非优秀，看到的是这样的教育"数十年来没有培养出大师级人物"。

这是大实话。纵观中国美术史，历史上著名的大画家，比如，元代的黄公望、倪云林、王蒙、吴镇，明朝的沈周、文征明、唐寅、仇英，明末清初四画僧（清初画坛的四位出家为僧的画家）渐江、石溪、八大山人、石涛，现代的齐白石等人，都是在没有石膏像，没有素描的时代，达到了人们至今难以企及的绘画境界。因此学画画，靠学素描、画石膏像，不应是唯一有效的方法。

文人书画

在距今1100多年前的唐朝（公元618～907年），大部分画家都是宫廷里的画家，他们以绘画为职业，皇帝吩咐画什么，他们就画什么。到了画家诗人王维的时代，他摆脱了宫廷的束缚，不以绘画为职业，绘画只是他的兴趣爱好。

前面说到唐朝的著名诗人画家王维画过一张著名的"伏生授经图卷"，描写一个古代用功读书的老先生，不断努力把古人的文化、学问传授给后人的故事。（请参看481页的伏生授经图）。

画面上一个骨瘦如柴的老人，盘膝坐在蒲团上，靠着几案，右手拿一卷书，左手指指点点，好似老师对学生讲书。伏生那么老，看起来又瘦又丑，没有华丽的衣服，可是，王维觉得，画画并不需要炫耀美丽的色彩，一个努力教书的老师，一个能把中国文化传下去的伏生，就可以是很好的绘画题材。所以，王维为这个有学问的老人画了像。

　　人们普遍认为，王维是中国"文人画"的鼻祖。文人画，就是读书人画的画。这种画，不用太多的颜色，不像古代宫廷画那么艳丽。文人画用的主要是墨，画面看起来很淡雅，很安静。这种自由自在的绘画方式，由王维开始，到了宋朝（公元960～1279年），得到苏东坡几个人的大力提倡。文人画到了宋朝被发扬光大。

　　苏东坡说，王维是"画中有诗，诗中有画"。王维本身是诗人，所以他的画中富有诗意，境界很高。比如，王维的诗"行到水穷处，坐看云起时"，简直就是一幅画了。

　　这些画家都是文人，爱读书，会作诗，会写字，精通"诗、书、画"，因此，他们的画就称为了"文人画"。王维的山水画影响很大，使得以后的一千多年，画山水多用水墨、淡墨，而不用青绿了。

　　这些文人画家，因为不以绘画为职业，所以对绘画的技巧不太在意。他们不喜欢太多的颜色，常常只用淡墨在纸上画画，非常自在，就像写书法一样。所以，人们看到绘画的落款，常常是"某某人写"，就是说，这幅画是自由自在"写"出来的，不是做出来的。

　　文人画代表了文化人的气质、心态，代表了对美好自然的憧憬。古代宫廷画的富丽堂皇，多少都展现出一股匠气；而文人画对大自然的自然描绘，给人以艺术的欣赏和人心的陶冶。延续至今，中国画中地位最高的依然属文人画，因为它也是思想者的绘画。

绘画起步于看懂绘画

　　那么，文人画具体来说好在哪里呢？回答这个问题，也就是回答了怎么知道一幅画是好画还是差画，也就是回答了怎样能看懂一幅画。所以，绘画的起步在于首先用自己的眼睛去看懂绘画。

　　现代人们去看一个画展，很难分辨别出绘画的优劣来。人们在不具备鉴赏力的情况下，不是相信自己的直觉就或是靠耳朵来"听"画。每次在一副画作面前停留的时间又不能太短，否则显得自己是那么的浅薄，好像自己不具有艺术的鉴赏力，好像艺术是多么的高深，好像自己是多么的缺少艺术天赋。有的人虽不懂绘画却很自信，相信自己的直觉，认为画得越大、越像、越细就越好，这也是自欺欺人。

　　看到电视台的一个著名文化节目里，一位年轻人问现在中国画坛上的最高权威人士："怎样能看懂绘画呢？"权威人士回答说："首先看你喜不喜欢这张画，其次看画中表达的内容能不能对你的精神境界产生升华，再次看画中是写实的内容还是写意的内容。"

　　实际上，就是许多的书画家也很难说是真正能够看懂绘画，更不用说书画收藏家们了。这句话会使人们很费解,因为,现代的人们很少有能够会真正欣赏绘画、欣赏古画的了,包括一些高等艺术院校的教授、专家和大师,由于他们自己都不懂得欣赏,无法看懂绘画,所以更无法传承国画之道。一代绘画宗师黄宾虹先生(1865～1955年)生前说:"我的绘画要50年以后,才能被人们看懂。"那么,现在离1955年过去近60年了,人们真能欣赏得了黄先生了吗?

许多的人们只相信绘画者的地位、宣传和炒作,许多的人们只相信绘画者的所谓"天赋",许多的人们只相信用名气和身价去定论艺术真正的精神与内涵,把轻浮当潇洒,把稚嫩当古拙,把生疏当散淡,把摹古当传统,以致把胡来当创新。欣赏力的缺乏,当然是绘画艺术的悲哀,也是这个时代文化的悲哀。但是,这不要紧,当人们普遍的文化素养提高以后,相信这种情况就会能够改观。

欣赏力是可以培养的,不应只是听别人说这张画是谁谁谁画的就好,不应只是听别人说这张画的价钱是多少就好,人们需要用自己的眼光去欣赏中国书画,心高、眼高,手也会高。当然,看不懂绘画,根本也谈不上画好中国画,眼睛是一把进入中国书画大门的钥匙。

怎样看懂绘画

那么,怎样看懂绘画艺术呢?中国的绘画艺术,看似没有一定的标准,但其内在的标准却是非常的明确。

首先,难度不等于艺术。比如右图的象牙雕刻,如此的精美,有相当的难度,但这不算是艺术品,它只是个工艺品。工艺品是能工巧匠的本事,非常好。但绘画艺术则是要用绘画的语言来表达思想,书画艺术家要展示的是用绘画的语言表达自己的思想、品味和精神。

其次,笔墨中的线是中国绘画精神的灵魂。每个民族都有自己的文化表达方式,有自身的表述习惯,笔墨则是中国人的视觉语言。黄宾虹先生说:"绘画的民族性非笔墨无所见。"傅抱石先生说:"中国绘画是中国文化精神、民族精神的最大表白。"可见,绘画表达的是中国的文化精神、民族精神。而这一中国书画的形式美主要是靠线来表达。

对线的偏爱,使中国画采用了最独特的绘画工具:毛笔。在运用毛笔时能随心所欲地在画纸上得到干湿、浓淡、方圆、刚柔、粗细、长短、曲直、缓急、畅涩、起伏、断续等各种有自己状态变化的线条，线条是一个人的思想、品味和精神在画纸上的直接体现，这就是为什么说字画"如其人"。

第三，怎样能做到画"如其人"呢？靠的是书写性的绘画方式。

前面说到，中国画里把绘画常常称为"写"，称为"写意"，称为"写山水"。为什么要"写"呢？写是什么状态呢？写是人们最直接的表述状态，是在最不经心中达到的高度。"写"是不带修饰、装饰、表现、设计、做作的成分，可以说是最本真的的状态，用西方的术语说就是来自身体"潜意识"的状态。中国画就是要看到人心真正达到的高度，这个高度，就像黄宾虹、傅抱石所说的，人们只有通过笔墨能够读到、能够看到、能够感受到的民族性和民族精神。要表达出真实的笔墨高度，必须诚其心、立其志、内修外炼，十年磨一剑，达到"人书俱老"的通达境界。

书写性的关键是如何用笔用墨，笔墨之中用笔又是根本，所谓"用笔千古不易"就是用笔的最佳状态，才能出现完全自然、天人合一、心手双畅的线条，才是真情意趣的所在。有时人们的绘画可以充满激情，但这不是中国文化的主流，温文尔雅、文质彬彬、清静平和、浑厚自然这种非激情状态却是绘画艺术永远的追求。

齐白石先生说："夫画道者，本寂寞之道，人要心清逸，不慕名利，方可从事于画。"书画乃修心务本之事，有功力心不能近其道。孔子称之为"游于艺"，游者，必先散其怀抱，忘其功名利禄，才能得其真，静其心，存其诚，示其魂，才是真人之作。利欲缠身则用心不能诚，不能纯一，不能见德见性，也就无法言书画之品。

所以，欣赏绘画就从线条起步，通过线条看出绘画者的状态，看到了绘画者的书写状态，就知道了高度，对书画也就有了初步的辨别能力。

看懂线条、评价线条

既然欣赏绘画从线条起步，具体是个怎样的欣赏法呢？

前几章谈论的儒道释的许多内容，那都是中国文化的精髓，是中国人的修身内容。到了这一章，我们说中国书画"是中国文化精神、民族精神的最大表白"，也就是说中国书画就是关于人的学问的一个部分，也是中国人的修身内容的一个部分。

那么最基础、最能流露出"人的学问"的气息、品味的，就是画家石涛所说的"一画"，即线条。线条能够反映出含蓄、虚灵、饱满、稳重这样的人的学问，才使人们可以通过线条看出绘画者的状态，才使人们得出"看画如看人"的神奇结论。

我们知道了线条能直接反映出人的内在精神，那么就要用自己的眼睛看出线条中所体现出的状态，好的状态的笔墨线条是能反映出人的内在精神的。比如以下的对比：

1. 浮躁 —— 安静，意思是浮躁的线条不好，安静的线条较好。
2. 轻飘 —— 沉稳，意思是轻飘的线条不好，沉稳的线条较好。
3. 郁闷 —— 舒畅，意思是郁闷的线条不好，舒畅的线条较好。
4. 软弱 —— 强健，意思是软弱的线条不好，强健的线条较好。

我们画了几根线条，用以直观地比较线条的不同状态（如下图）。

最上面一根，显示是浮躁的线条；第二根，显示是轻飘的线条；第三根，显示是郁闷的线条；第四根，显示是软弱的线条。相比之下，第五根，是比较安静的、沉稳的、舒畅的、强健的线条。

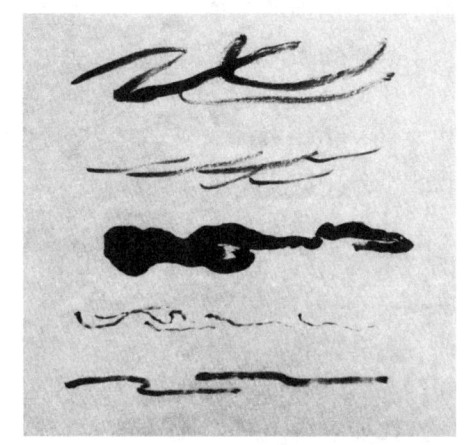

以拟人的行为、品格的优劣状态作为绘画的线条状态、线条质量的检测标准，进一步以绘画的线条状态、线条质量作为检测绘画水平的标准，会使人们较直观地、真切地把握绘画的标准。就是说，人们的心境是如此，修养是如此，画风也会是如此，即"画如其人"。作为一位好的书画者，画出的线，不应是浮躁、轻飘、郁闷、软弱的，而要求是安静的、沉稳的、舒畅的、强健的。

另外还有很多类似拟人的对比，可以作为绘画的参考，比如：

虚狂——沉静，轻浮——稳重，油滑——朴实，浓艳——清淡，单薄——浑厚，僵硬——舒展，死板——自在，粗鲁——文雅。

这些对比，用于对绘画的欣赏、品评、评判、以及开始执笔的入门画画，其标准都是一致的。

这些对比，使人们可以从以往感觉虚无飘渺的图画上，真真切切地把握图画的思想、品味和精神，体会书画者的状态和气息。

这些对比，从人文的角度，说明了绘画艺术就是一个有思想、有品味、有精神的人运用绘画语言来表达出自己的思想、品味和精神，其艺术作品，就是其思想、品味、精神、状态和气息最完美的结合。

这些对比，使人真切地感觉到为什么说既是看画，又不是在看画，而是在看人，在看书画后面的绘画者。

这些对比，是对人的性格、态度、修养的对比，不是把绘画庸俗化，而是借此来展示出书画者是否是思想自由、精神自在的人，从而真实地拉近了观者与画者的距离，完成了两者之间的沟通。

这些对比的"线条"，是最基础、最容易能让人看懂绘画的入手之法。

线条中的气息必须是安静的、丰富的、充实的，线条中有物、有气息、有性格，心能静则气能和，心能宁静，静则心安。自然、恬淡、虚无，宁静淡泊，宁静致远，这是中国画的"气息、品味"所在，这是好画中富含的"气息、品味"元素。

相反的，线条中轻浮的、单薄的、浮躁的，缺乏厚重、端庄，心浮气躁的，笔飘气浮的，平滑无物的线条，显示的是绘画者内心体会的无物，这是差画中经常出现的毛病。

具体到品评线条的优劣，可以从线条的画法中得其奥妙：

比如，线条要"无一笔不曲"，要直中带曲、曲中带直，因为线条是"走"出来的，走出来的就不会过直、过快，不直才能体现出线条中的变化、体现出线条中的丰富度、体现出与事物发展"曲成"的一致性。

比如，线条要"笔笔断"，目的是要交代清楚画者是如何用笔的。这里的"笔笔断"，不是故意做作出来的，而是画一条线时，一口气用完了，自然要有个停顿，而接着的一笔，与上一笔要有个断开，从而既有透气的效果，又说明了这一笔是从哪里走到哪里的。偶尔与上一笔没有断，是可以的；每笔与上一笔都没有断，是不可以的。

比如，线条要"圆"、要"留"，要饱满、要留住，不能描、不能涂抹。要做到线条"圆"，以篆书的笔意、以草书的气韵入画，是将毛笔在偏于竖直的情况下画出的线条。要做到线条"留"，是说一根线条在收尾的时候，不能飘出去，要能留住。

通过看懂线条，通过比较线条，人们会发现其实画之道，在于气与神。气是万物的灵动，而画之修行，就在于画家秉承画道，秉承气脉、神韵，与自然合一，在对自然万物的洞察中，不断提升自我，不断悟道，从而双眼通过能洞察万物之气，感知自然的灵动。然后配合画技线条，将万物之气与灵动，用笔墨在纸上表达出来。

真正一幅好的画作，是会传神的，能用人们的笔墨，通过线条画出万物之神来，这就是画的境界。境界越高，越传神。所以国画，不重表面，而重在传神，重在画之道意，画之心意。大道至简至易，高境界的画家，寥寥数笔，便能通过笔下线条，表达出自然万物之道来，能让人看后心清体透，心旷神怡，这就是画作的境界所在。

绘画的评判标准

当"画如其人"成为传统绘画的评判标准，当使用人格的好坏标准，作为评判绘画的标准来衡量画作的优劣水平时，人们立即能感受到书画与我们很近很近，立即能用自己的眼睛看懂画面上那纷繁的线条讲述的世界，立即能成为神秘书画的评判者、评论者和评价者。

当时下人们议论美术评论被金钱"绑架"，评论家自责不敢说作品的坏话时，我们感到，当人们掌握了对书画如此容易的鉴赏和评判标准后，美术评论终将会成为百姓眼中"皇帝的新装"。评也好，不评也罢，因为百花园中的鲜艳无需去评判，因为人们已了解了、掌握了其喜爱的理由与标准。这时，在书画的百花园中，就像歌中唱到的那样，"百姓心中有杆秤"。这是好事，这是绘画艺术走入百姓大众的盛事。

　　这里本应该用几组好画、差画作品的对比，进一步通过线条就绘画的优劣做具体说明，目的还是通过这些对比，使人们可以容易地用自己的双眼，而不再是用耳朵，真实地"看懂"绘画，品评绘画，欣赏绘画。但由于图片出版的原因，这里仅就**好画**中的线条做一展示。

　　面对下一页的十幅绘画作品，首先我们要看绘画中的线条。在这十幅绘画作品中，看出好画的线条，看出怎样才是安静的、舒畅的、沉稳的、强健的线条。

　　画作中自存拙趣。拙中之趣，是大智。所谓文章极处无奇巧，人品极处是本然。奇巧者，常人皆喜之，但最多称为能品，是匠气之作，无法与大智相提并论。"拙"不等于难看，亦不是恶俗之气，是浑朴天然的气息，是灿烂之极的神采。"拙"则沉稳，不油滑，恰如做人。

　　中国画是靠绘画者的知识涵养和人生体验而形成的感悟性的精神文化，中国的绘画者文画兼修，"文质彬彬，然后君子"，人品不高，则落墨无法。清朝张式在《画谈》中说："学画当先修身，身修则心气和平，能应万物；未有心不和平而能书画者。"

　　从线条入手去慢慢品味画中的玄妙，是最好的学习绘画的入门之法，线条不是唯一，只是一个较易切入的点，但是，懂了线条的原理之后，再慢慢体会和品味，才能真正懂得绘画，才能真正找到头绪，真正深入进去。

　　古人谈绘画，讲究散淡的用笔勾线，讲究用线去散步，讲究注重线条的内在美，讲究重蕴、蓄、藏、潜，不重露、扬、显、狂。

　　所以简要地说，欣赏一幅绘画，人们首先要看线条，其次，就要看画作的整体结构布局是否合理，第三，看画作的各部分细节的处理是否妥当。画作的整体布局决定画作的成败，画作的细节处理决定画作的品味，而线条又贯穿在整体与细节之中。

　　一幅绘画作品，经过这么三看，看线条、看整体、看细节，人们就可以读懂它、品味它、欣赏它，或批评它了。

　　黄宾虹说："中国画舍笔墨而无它。国画艺术的最高境界就是要有笔墨。"笔和墨都能体现情感、体现个性品德。所以，中国绘画者终生都在进行人格的锤炼和思想品格的修养，"人品既高，气韵不得不高"。

　　通过对这十张画作局部的鉴赏和对比，人们是否能初步看懂了绘画作品中线条的作用和区别，看懂了绘画作品中线条所表达的内涵，看懂了绘画作品中线条所展示的意境。

第六章　王羲之的故事

近代 齐白石

近代 齐白石

元 王蒙

元 倪云林

明 董其昌

清 石涛

清 石涛

清 梅清

现代 于少平

第六章 王羲之的故事

中国人的文化密码 The Generic Code of Chinese Culture

俗气

匠气

火气

蹴黑气

画忌六气

在二百多年前清雍乾年间，有一位官至内阁学士的画家叫邹一桂（公元1686～1772年），号小山，他在画论《小山画谱》中提出："画忌六气，一曰俗气，如村妇涂脂；二曰匠气，工而无韵；三曰火气，有笔仗而锋芒太露；四曰草气，粗率过甚，绝少文雅；五曰闺阁气，苗条软弱，全无骨力；六曰蹴黑气，无知妄作，恶不可耐。"

画忌，是为了忌讳绘画作品里品位差的格调情形，以格定局。也就是在论绘画作品气息的高低，品格的高下。忌的是下品，人品下则贱，画品下为劣。中国画以"逸格"为最高，以"俗格"为最低。

按照《小山画谱》中画忌六气的描述，选取了几张绘画照片，是学习、临摹的作品局部，作为参考（如上图），只为说明200多年前的人们所忌，竟是200多年后现代人们的所兴。不少现代人将所忌的六气，当作了现代绘画的特点，但这些，究竟不是文人画的宗旨。

俗气，只图外表漂亮，如脸上涂抹了厚厚的脂粉。

匠气，只图工细，如绣花女，针线活细。

火气，张牙舞爪，借势吓人。

草气，粗枝大叶，笔线似鸡毛乱飞。

闺阁气，苗条软弱，全无骨力。

蹴黑气，如进矿山，遍野煤渣。

俗气是美艳而品味不高；匠气是显工夫而少帅气；火气是少内涵而简单燥热；草气则是缺文气，毛里毛糙；闺阁气则是软弱无丈夫气；蹴黑气则是全无淡雅虚静。所以，透过文字就不单是对画作，而是对作画人的要求，人要摆脱这种气息，不用中国文化来修炼自身的习气是不行的，是没有结

草气

闺阁气

果的。

  中国绘画将气息、品味、神韵放在首位，字画如其人，就是一个人的气息和品味在书画作品中的流露。学会画画是不难的，多看好画，差画便知，难的是绘画中的修炼。学习绘画的过程，其实是一个修炼自己内心和养气的过程，把古代优秀作品中的气息养到自己的骨子里去，成为惯性。比如，人们评论古代绘画大家的画作时，都喜欢这么用词：

沈周山水 ———— 水墨淋漓、粗简豪放。
八大山人 ———— 枯索冷寂、雄健简朴。
石涛山水 ———— 简洁朦胧、清逸如仙。
梅清山水 ———— 清新淡雅、简洁虚灵。
文徵明山水 ———— 静洁冷逸、雅淡清新。
戴本孝山水 ———— 笔墨含蓄、品味细腻。

  这种描述和评论是中国文化中特有的评价方式，在人们没有了解到要通过线条去欣赏绘画前，总使人们觉得虚无飘渺，抓不到实处。而了解了线条的作用后，就知道这样的评价方式，实际上就是说的画作中线条勾勒出的气息、品味、神韵。

  说线条，说六气，说气息，说品味，说神韵，都是为了通过比较，使初次学习看画的人们，有个感性和理性的认识，这样，自己动笔时，就知道什么是所需，什么是所忌。

  所需、所忌，指的是绘画作品表现结果的内容，在形成表现结果的过程中还有个所处状态问题。人们在学习绘画以及以后自己绘画的过程中，都应时时抱着轻松的心态，在这样的状态中，笔笔归心，全无挂碍，线条就会自有神彩，而不必抱着刻苦的心态。因为玩耍时的心情是舒畅的，刻苦时的心情是沉郁的、身体是僵硬的。不与自己较劲，笔端是会生花的；与自己过不去，与自己的身体较劲，落笔是会不听使唤的。

动笔画画

此时可以说人们已初步看懂了绘画，接下来人们就要动笔画画了。

说到画，人们都知道有国画、西洋画之分。国画大致上有山水画、花鸟画、人物画；画法上有传统的、工笔的、水彩的、木刻的、版画的等形式；西洋画，也叫油画，有古典的、有现代的、有印象派、后印象派，等等。那么，这么多的派别，分类，我们从何下手，从何开始呢？

我们从国画中最难的开始。

何谓最难？前面我们提到，国画艺术中，山水最难，其次花鸟，人物最易。画法上，传统文人画最难，水彩其次，还有工笔。

学一流大师的一流作品

前面提到，学艺术，就要学一流大师的一流作品。那么，国画中的一流大师是谁，我们就学谁。一流作品是什么，我们就学什么。中国的文人画是一流的，文人画中的山水画是最高的，我们就从这里开始。

人们可能要问，为什么我们的学习不是由易到难呢？

我们知道了绘画是一种语言，既是语言，就有唐诗三百首和打油诗之区别，我们学习一流的文人画，就似学习唐诗三百首。专家们说，我们现在大学的美术教育，是继承前苏联的教学体系，而这套体系在世界上最多是三流的，因此，我们若取乎其下，只能学到末流。相反的，中国一流的文人画，即使绘画大师级的人物毕加索也是赞叹不已的。所以，学中国画，我们不从素描开始，不从静物开始，而是从一流大师的思想、精神和品味开始进入。

那么，中国一流的文人画大师都是什么人呢？

据媒体统计，现在全中国动手拿笔接触书画的人有2000多万人。

一千年来，宋元明清四个朝代时期，每个朝代全中国至少都有10万人画画吧？但是，现在人们一提古代名家就是宋四家，元四家，明四家，清四家，四四一十六家，扩大一些，也就二三十人，所以，这些人就是一流，是历史的大浪淘沙在一千年中淘出来、留下来的大师，这二三十人的画作，是经过历史筛选下来的，也就是那个时代绘画作品中最精华的部分。

前面提到的元代的吴镇、黄公望、倪云林、王蒙，明朝的沈周、文征明、唐寅（字伯虎，明朝人，生于公元1470年庚寅年的寅月寅日寅时，故名唐寅）、仇英，明末清初四画僧八大山人（朱耷）、石涛（朱若极）、渐江、石溪，这些人就是中国一流的文人画大师级人物。

画画的纸笔

在"书写形式的变迁"部分，人们了解了古人写字的姿势，而画画的姿势，端正、轻松、舒适就好。

人们开始画画，要注意的是画画的材料。古人画画最早多在绢上，在绢上画画一直延续到现在。在绢上画画，首先要将绢固定在一木板上，以便作画，因此，不是很方便。

纸张在汉朝就已发明，随着造纸工艺的不断改进，人们越来越多地在纸上作画，超过了在绢上作画。

人们现在看到的画作，绝大多数都是宣纸上的作品。宣纸出自安徽省宣州泾县旁的宣城，宣城为宣纸的集散地，所以这里生产的纸被称为"宣纸"。

宣纸起于唐代，历代相沿，是中国古代用于书写和绘画的纸。由于宣纸本身的特性，由于墨色在宣纸上常常显现的出其不意的"聚散"，使人们在宣纸上作画是不可控的。

古代的绘画大师们在宣纸上作画的人不多，留传下来的宣纸上的优秀作品不多。现代大画家齐白石多在宣纸上作画，但画面较简。大画家黄宾虹先生多在宣纸上作画，也是掌握宣纸上作画的大师级人物，但又不适于作初学者的入门示范。

因此，对于我们刚刚开始画画的人们，我们不用绢，也不用宣纸，而要使用麻纸画画。

现在人们看到的唐、宋朝的古画，大多是在绢上的作品，元、明代的古画，大多是麻纸上的绘画作品。麻纸是中国古代图书典籍的用纸之一，麻纸的特点是纤维长，纸浆粗（纸表会有小疙瘩），纸质坚韧，虽历经千余年亦不易变脆、变色；外观有粗细厚薄之分，有"白麻纸""黄麻纸"的区别。在二千年前的西汉时期，用于书写的最早的麻纸已经出现。由汉代至唐代，麻纸一直是产量最大的纸。隋唐五代时的图书（碑帖装裱）多用麻纸，至宋、元朝时期已不占主要地位，自宋以后，由于造纸业的发展，麻纸的优势地位逐渐被别的纸类所代替。明清时麻纸的使用更为减少。

对于初学画画的人们来说，使用麻纸，会较容易地掌握用笔画画的方法。纸的大小，选择类似A4复印纸的大小即可，具体尺寸为21cm×30cm。待到我们在麻纸上画了200张以上，画画的感觉就会非常熟练了，那时再在宣纸上画画，虽然笔法不尽相同，仍会感觉很快便可掌握了。

画画的用笔，开始就用很一般的"长锋蝇头小楷"，或普通的羊毫小楷就行。随着画画进展的程度，可以根据自己的喜爱再更换稍大的羊毫，比如像开始学写字时所选用的笔锋在2.5厘米长的羊毫毛笔，也可用来画画。

本书著者在学习画画的开始，老师会将长锋笔的2厘米的笔锋，用小胶带条缠掉一半，只剩1厘米长的笔锋，这样，在画画时会比较能使得上力。

画画，画线条执笔的方式一般有两种，五指执笔法和三指执笔法。五指执笔法就如我们现在写毛笔字的拿笔方式；三指执笔法是写铅笔字的执笔方法。人们可能觉得写铅笔字的执笔方法太简单，其实三指执笔也是古法执笔的一种方法。拿笔的部位不要高，越低，用起来可能反而舒服、可控，总之，执笔不拘形式，方便实用就好。

画画的步骤

令人稀奇的是，画画不似写字，用墨极少，一滴墨，几乎就能画出一张山水画，不是为了故意的"惜墨如金"，而是为了画出"干裂秋风"的效果，无需多用墨。

请看下面这张画，它是一幅石涛风格的作品，一眼望去，非常的难画。

本书作者在书画学习班上第一张就是画的这一幅。石涛是历史上的大师级画家，据称，近现代的画坛大家石鲁、傅抱石的名字都与他有关。1919年出生的冯亚衡，因为崇拜石涛和鲁迅，所以改名石鲁；1904年出生的傅抱石，原名傅长生，想一辈子抱住石涛的绘画艺术，改名为傅抱石，号抱石斋主人。我们就要从这幅很难的石涛的画开始我们的绘画历程。

图1

第一步 思考造型

对于没有接触过绘画的人，面对这样一幅绘画作品，要画出它来，会有根本无从下手的感觉，这非常正常。我们来一点点把它分解了。

1. 用比例的概念摆对位置。

我们用比例的概念，比如数学中的二分之一，三分之二，五分之三……在画面上找到某一块画面的基本位置。像裁缝画线一样，将所要画出的物体大小位置放准。

2．用直线去表现轮廓。

为表现准确，先去掉细节，用直线抓住形状的位置及倾斜的角度。

3．用几何形去表现形状。

为了准确简化物体的形状，可以用几何形去思考，比如，方、圆、三角、梯形、不规则形等。

开始用铅笔以直线画出比例和基本形状，后面可以再用橡皮擦去痕迹。

开始画画，关键是大致的位置，比如，从画面右边线上三分之一处左右，向底线的二分之一处左右画的一条山石的斜线，就用了比例的概念。这可能是初学者最难把握的问题，画上几张以后，慢慢就能掌握了。

比例和基本造型是绘画者的思考方式，按照图2的示范，想必都能用铅笔划出来吧。

第二步 细化造型

用铅笔淡淡地画出具体的外形，不是画直线和几何形了，而是画出具体物体的外形。

有人会认为用铅笔不符合中国画的方法。在古代作山水画时，很多的是使用柳条木炭来打稿，有许多名家都是如此，比如齐白石、黄宾虹等。使用铅笔只是更便于我们练习，随着造型能力的提高，我们可以慢慢放弃使用打稿。请按照图2、3的示范，画出轮廓来吧。

图2

图3

图4

图5

第三步 勾勒轮廓

线条在中国画里有着至关重要的地位，画家一辈子追求修炼线条中的内在高度。勾勒在山水画中所表现的是山石、树木、房屋、人物等的外形，称为轮廓。中国山水画表现的是绘画者的"胸中丘壑"，也就是文人画的绘画者是在表现自己心里的山水。

勾勒一词是两个动作，顺为勾，逆为勒。勾线的时候笔要稍微竖直一点，以深灰颜色的墨色勾勒轮廓，线条要沉厚有力，因为它是画者状态的直接体现。如图4。

线条是人内在气质直接的表现，勾时要做到笔干气和，直中带曲、曲中带直，不能直过。凡是有轮廓的物体都会使用到勾，无论山、石、云、水、树木、人物等等。

用深灰线条去勾勒，前深后淡，就表现出了层次、远近。树的轮廓也是用深灰线勾出。

画深灰线条是用一点点墨，沾一点点水，在小画盘的边缘，将笔几乎平倒斜着，调的干干的来画；或在一张手巾纸上，将笔平斜着舔得干干的来画。先经常在一张小的麻纸上联系一下画线条，逐渐就会调出笔的墨色，调出笔的干湿浓淡了。

第四步 皴纹理

皴（cūn）法是中国画表现技法之一。在山水画里有很多的皴法，如披麻皴、牛毛皴、折带皴、乱云皴、斧劈皴等等。其实所有的皴法都是以不同方式在表现山石、树木的纹理。

为表现山水画中山石、树木的脉络、纹路、质地、阴阳、凹凸、向背，逐渐形成了皴擦的笔法，形成中国画独特的专用名词"皴法"。

不同的山形有不同的纹理，土质与石质不一，丘陵与高岭有别。

山石因为日晒雨淋的侵蚀，使得山石纹理纵横，丰富多姿。皴就是要表现出这种山石的纹理。有横、有斜、有竖等等不同的变化。一般来说纹理大部分在山石的中下部向中心聚合。如图5。

第五步 染出层次

中国画山水中的山石也有明暗，一般是上淡下深，可以使画中的山水有厚实感。给山石做完了皴，接下来就是用笔蘸上少许较清的水，慢慢地给山石进行淡染，染出山石的明暗、远山和画面里的运气、画面的层次感。如图6。

古人说："山水墨法，淡则浓托，浓则淡消，乃得生气。作山石如法皴完，再加焦墨醒笔，复用水墨渍染，向山石阴处落笔，逼凸托阳，或半边染墨，或顶黑脚白，或上下俱黑，而托中间，随眼活取之，不拘锁碎皴纹，俱从轮廓大意，染出待干。又向阴处再渗水墨，层层接贴，此法极润泽明朗，又不失笔意也。此予闲试墨法，悟而得之，因并记之。"

第六步 点苔

点苔，是表现草苔之类附生于石、树身上的苔和小植物，是表现远景中的小树小石头；能用于提神，引起视觉上的注目，加强前后的对比，增

图6

图7

图 8

加山水的空间感；也能用于遮丑，对不满意的地方，可用点来掩盖和调整。如图 7。

在点之前先画出树的枝叶，具体枝叶的画法参考后面的山水画程式。

点，也要点出层次，也有前深后淡的变化。点时不要太湿，要多用干点。点要饱满浑厚，干湿相间，疏密有致，大点、小点、深点、淡点，前后是穿插的用。不可太多，又不可太少。这个问题，画得多了以后才自会有数。用好点则画有精神，使差点则画蛇添足。

古人云："点苔之法，其意或作石上藓苔，或作坡间蔓草，或作树中薜萝，或作山顶小树。概其名曰点苔，不必泥为何物。故其圆点横点、尖点秃点、焦点湿点、浓点淡点、攒聚点、跳踢点，皆从山石中皴法生来，又从树叶中点法化出。是幅应点之苔，不能混用于别幅，夫如是，庶几臻乎道矣！"

第七步 擦出质感

擦是将笔横倒，笔要干，来回轻涂，留下干干的痕迹，露出斑驳之感，使山石更有质感，使画面更加丰富。如图 8。

做完擦，然后再丰富细节和整体做些调整。山水画一般要画很多遍才能显出厚实的效果，少则几遍，多则可能需要几十遍。

通过以上的勾、皴、染、点、擦，再注意毛笔的干、湿、浓、淡，这样第一张山水画就完成了。纵观中国画的所有笔墨技法，都可以用九个字加以概括：勾、皴、点、染、擦、干、湿、浓、淡，前五个字是用笔的技法，后四个字是用笔的注意事项。这九个字构成山水画的基本技法，其它所有的画法都是由此九个字中变化出来的。用这九个字不断地训练自己，能使人们更熟练的掌握中国山水画的语言，由技入道，在画山水画的过程中获得"散步"、获得"游"的精神状态。

人们对于自己的第一张画作，不管自己觉得画的好与坏，终究有了一个大胆的起步，使自己完成了一张中国画。

这样做一遍非常重要，第一张就临摹画出石涛的作品，人们就有了对绘画大家的感觉和体会，以后就不会被大师级的绘画所震慑住，而是能从从容容地学习一流大师的一流作品了。有了这第一张画的实践，更多的山水画的技法才能慢慢的开始学习。

进一步的学习训练

人们已经画出了第一张画，有了一个良好的开始，进一步的学习是强化第一张画中所涉及到的概念，学习和掌握中国画的形式技法，笔墨技法是其中重要的一环。

下面两张图，是供练习勾线、皴、染、点、擦参考用的。

一为勾：是线条的练习。

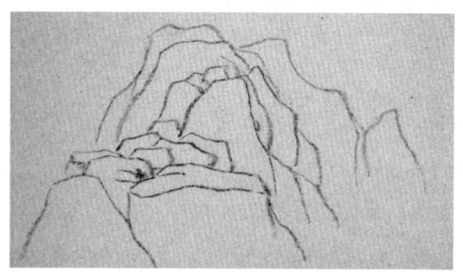

二为皴：是纹理的表现。

三为染：染出明暗和云气。

四为点：是丰富画面的方法。

五为擦：增加山石的质感。

六为墨色的浓淡干湿：

墨有浓、淡、干、湿种种不同的变化，人们常说的"墨分五色"，就是讲利用墨色的变化丰富的感觉。大画家黄宾虹先生总结出七种墨法，即浓墨、淡墨、破墨、积墨、泼墨、焦墨、宿墨。其实墨法并不复杂，平时在画中自然会无意识的用上。

1．浓墨、淡墨，中国画讲究墨分五色，也就是墨色要有变化。所谓五色是个抽象的概念，一幅画中何止五色。

2．破墨，在墨色将干未干时进行绘画，画上水多的淡墨，墨自然渗化而不死。有水破墨、墨破水等技法。

3．积墨，一遍干后再不断地加不同深度的墨色，反复加，到厚实了为止。

4．泼墨，先把不同的墨色泼洒上去，达到奇妙意外的效果。有人在纸上先用泼墨了以后，再进行勾线。

5．焦墨，墨浓而水分少，干枯而显老辣苍茫。跟湿墨产生对比，以达到"干裂秋风，润如春雨"的效果。

6．宿墨，即隔一日或数日的墨，在宣纸上所呈现出的一种脱胶墨韵，产生墨和水分离的特殊效果。使墨色更具丰富的变化，增加画面的丰富度。

七种墨法在具体运用中可有取舍。黄宾虹说："七种墨法齐用于画，谓之法备；次之，须用五种；至少要用三种；不满三种，不能成画。"

山水画中的树

学会了山水画中山石的画法后，再说一下树的画法。

距今270年前的1740年，清朝一个叫布颜图的画家在《画学心法问答》中说："凡画山水，林木当先，峰峦居后，峰峦者，山之骨骼；林木者，山之眉目。未见骨骼，先见眉目，故林木须要精彩。且树法非石法可比，石有皴擦点染，可藏拙，树则筋骨毕露，少有背逆，人即见之。故绘之者必用笔法，或用钉头鼠尾，或用蜂腰鹤膝，务要遒劲，一笔数顿即成挺干，不可回护。一笔要当一笔用，如一笔气力不到则败矣。一笔败则通身减色，而烟火市气由是而出。"

一千年前北宋的一部山水画理论著作《山水纯全集》中说："凡画全景

者山……要岚雾锁映、林木遮藏、不可露体,如人无依乃穷山也。且山以林木为衣,以草为毛发,以烟霞为神彩,以景物为妆饰,以水为血脉,以岚雾为气象。画若不求古法,不写真山,惟务俗变采合虚浮,自为超越古今,心以自蔽变是为非,此乃懵(měng)然不知山水格要之士,难可与言之。嗟乎!今人是少非多拘今亡古,为多利之所诱夺,博古好今学者鲜矣。倘或有得其蕴奥者,诚可与论也。"

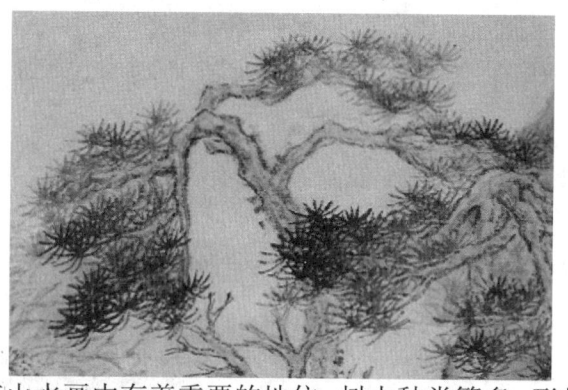

可见,树在山水画中有着重要的地位,树木种类繁多,形状也千差万别。但每株树都是由树根、树干、树枝、树叶构成,毫无例外。

一、树叶的画法

点叶法是古代画家根据自然中的树总结出的程式,程式化的画树的方法是便于人们去"写画"。山水画中树叶的种类不一,古人创造的点叶法多达二十几种。从用笔上看,点叶形式不外向上、向下、圆、尖、横、直等几种方式,举 反三,则点叶法就不难掌握。

1. 松针(向上类的树叶)

松针一般是由中心向四周发射的形状。松针有个中心,画时右边的从里向外画,左边的从外往里画。如图。

2. 各种变体向上的树叶

我们可以把向上的组成一类,虽然是不同的树种,但是属于一类,只要稍加变化就能掌握。如图。

3. "介字点" 垂叶（向下类的树叶）

介字点叶形下垂，下俯的弧形短线，下笔收笔都轻，中间略重。笔划之间要参差交叠，富于变化，不能整齐排列。

画介字点的步骤与画松针类似，只是反的，也有一个中心点，从上往下散开。有三叶、四叶、五叶、六叶式，根据需要安排在画上。如图。

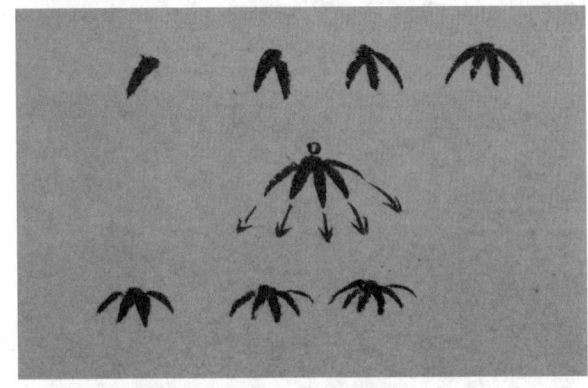

4. 各种变体向下的树叶

我们也可以把向下的组成一类，虽然是不同的树种，但是属于垂式变体的一类，通过阅读一些画册中的山水画，就能找出各种变体的树，并加以熟练掌握。如图。

5. 双勾类的树叶

也可称为"夹叶法",用双钩法画出,就是夹叶。是根据各种树叶的形状特征,把它变化为简单几何图形,比如三角形、圆形、菱形,以及这几种形状的组合。画夹叶,勾线要灵活,要有层次,力戒平板呆滞,或粗,或细,或巧,或拙,或实,或虚,要与整个画风协调一致。如图。

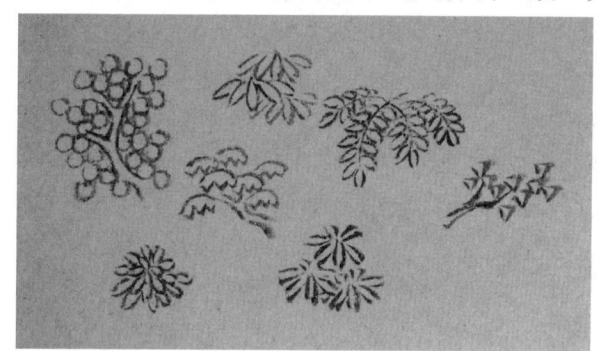

6. 杂点式

以点作树叶的画法,可分为圆、尖、胖、瘦、横、竖、斜等。杂点式的画法,难在沉着饱满与轻松自在,贵在变化多端。如图。

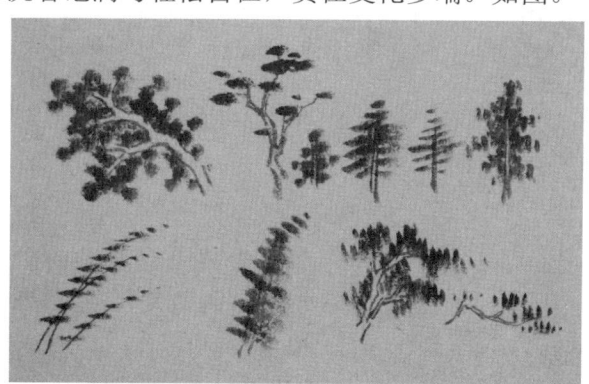

二、树的画法

学画树应从单株画起,了解树的结构及其画法,千株万树就不难下笔。树枝要用中锋,用沉稳的线条表现出枝条的挺拔圆劲,笔笔饱满送到位,切忌浮燥、轻挑、飘薄、软弱等毛病。用墨要前枝浓,后枝淡,适当地把空间距离拉开。

200年前的郑绩(公元1813～1874年),在他的《梦幻居画学简明》中,告诉了人们树的画法及注意事项:"晴树平正,雨树下垂,风树偏斜,雪树空白。春则秀丽,夏则浓郁,秋则萧疏,冬则枯寂。密林多高标而直干,悬崖每枝垂而根露。作者多游真山,博览真树,方能会此真意……远山须用远树。远山无皴,有皴亦当从略;远树无枝,有枝亦宜从简。故写远树,但一干直上,多加横点。以成树影,不分枝叶,此宜于远,不宜于近也。世人每于近树卜,每用远树法参补其中,作者以为大树脚之小树,不作远树看,不思大树之根株枝叶,纤毫可数,岂树脚之小树,独见直干,而枝柯杳然耶!"

1. 立树干(以下几步参考左图)

画树的程序,先立干,再分枝,后露根,最后点叶。树干、树根、大枝双钩墨线表现,小树与远树则用单线。立干是为了取势,一株树的姿势有正、有斜、有直、有曲的变化。

画树一般从左上角开始,这是古法。是写树,易布树的势。

用墨宜干、圆、劲、挺、健,以表现老树毛辣苍劲的质感,一般不用侧锋,因侧锋不易得势见力。用墨宜稍淡,画成之后,用浓墨在背阴处略加破醒,树见精神。

2. 树分枝

古人有"树分四枝"之说。"四枝"是"前后",即画树枝时要从左、右、前、

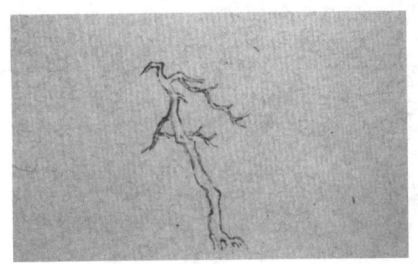

1. 立树干

2. 树分枝

3. 露树根

4. 穿插变化

5. 丰富内容

后四面出枝,才能表现出一株树的立体感和空间感。多而不乱,乱中有条,千枝万枝,笔不相撞。

3. 露树根

老树年久,根深入土,根结外露,如苍鹰利爪,稳固坚强。生于石上、岩边者,根部不仅外露多,而且屈折盘绕,如龙如蛇,丰富多变。

4. 穿插变化

画树难于穿插变化,和而不同。状态以不等边三角形最美。几根树干要姿态、高低、正斜、大小的变化,还要有疏密、粗细等穿插,层层生发开去,"齐而不齐,乱而不乱","疏处可走马,密处不透风",如跳动的音符、流淌的波浪,有着起伏变化。

5. 丰富内容

千树万树,树的种类要变化丰富,树的不同种类、树枝的变化和树叶的千姿百态都出现在一幅画面中,有姿有态,随景而生,由心而长,变化而成,会给画面带来勃勃生机。

应该注意树的姿态及前后呼应关系,三棵树既不要雷同,又穿插生动自然。每棵树都要姿态不同,又能和谐地统一在画面之中。

在丰富树木的过程中,姿态要生动,垂柳的枝干,自然下垂,力量从强到弱,有虚有实。如松树用鱼鳞鼓,椿桐用横披,柏树用绳索破,椿树用直披。最后细心收拾,加小树点苔,使其丰富丰满,生机勃勃。

临摹名家

人们了解了怎样欣赏、看懂绘画,了解了如何画山石、画树木,如果人们拿起笔"按图索骥",就开始了自己成为书画家的历程。这里所谈的绘画是文人绘画,接下来,只需要将宋、元、明、清朝代一共十几位一流大师的一流作品观摩、揣摩、临摹好,找到了感觉后,就会知道自己已站在了中国绘画的最高基础上,之后就可以开始拓展自己的绘画艺术。了解了传统中国文人的创作状态、绘画特性后,人们不一定也不可能完全照搬,但不可不了解,了解了,人们就清楚了自己的方向。

被称为中国近现代美术史上开派巨匠,"千古以来第一的用墨大师"黄宾虹所提出的"师今人,师古人",主要途径就是临摹。他建议用"朝斯夕斯,终日伏案","十年面壁,朝夕研练"的态度对待临摹。在他看来,临摹是学习前人理法、作品的必经之路。他说:"舍置理法,必邻于妄;拘守理法,又近乎迂。宁迂勿妄。""宁迂勿妄",是对临摹学习前人理法的极大重视。

这一节很大胆的题目是"人人都能画出好画",谈到这里,已经将人人都能学会画画,人人都能画出好画的原因、方法、步骤,全部展现在了人们的眼前。山水画是国画中最难的部分，人们已经了解了，而画花鸟画、人物画的原则、优劣标准，与山水画是一样的，山水画入了门，花鸟、人物画就非常容易了，所以，先把山水画学好是基础。

至于如何把树木、山石，以及云、水、车、船、人物、建筑、动物等多种多样的物象有机地组合安排在画面里，既要合情合理和谐，又要有意义、意境、品味，这就涉及到山水画的构图形式问题。

构图亦称章法、布局，是山水画入门后将涉及到的重要环节。构图的合理与否关系到山水画的好与坏。构图要与画面的立意相结合，要与画面的内容相协调。构图要体现宾主的呼应、远近的协调、虚实的搭配，以及疏密、聚散、开合、前后上下等关系，把这些对立关系统一在画面中，就可称得上是好的构图。

好的构图来自画者的心境，来自画者对自然、对生活的体验和感悟。这些都是"后话"，先入了门，先感悟了一流大师的一流作品，在不断的临摹、体会中，随着眼力的提高，对画作的感觉也会逐渐升华的，那时才有了谈构图、谈创作的基础。

这里需要注明的一点是，初学绘画，在麻纸上要强调"干裂秋风"的笔法，待到入门后在宣纸上作画时，干笔、湿笔的线条，都是可以同时存在的。虽然现在的画家，绝大多数是以干笔入画的，笔干气合，但是，湿笔画出的线条，也有其精彩的别样特点。

人人都能画出好画

至此，人们什么时候能画出好画，就在于自己的时间安排了。就像在书法部分的建议一样，每天，或每两天，或每三天，只需抽出半个小时，即使画一个山包、一块石头，或者画一颗树，哪怕就画几根线条，就一定可以入门了。此时，不是在画画，这是在玩，在坚持玩，在坚持用心玩。在不断玩的过程中，人们的眼力在不断地成长，人们的绘画状态在迅速地成长，人们的境界在自然地成长。画画贵有古意，必先师法古人，后与古人为友，再来写自家山水，三五年后，人们不仅仅是入门了，而且定会成为绘画的高手。为什么呢？因为虽然可能花的时间不多，但路子依然是正确的，方向是对的，坚持就能成功。

人们在成为绘画的高手后，还需要继续登攀，在古人绘画艺术的基础上，发现、整理出具有自己特色的绘画语言和形成具有自己思想特色、绘画风格、绘画气韵、绘画神韵的绘画作品。

绘画的境界

当代的许多人，由于已迷失、背离了自然，失去了心法，所以欣赏绘画作品的境界也降低了，不如古人。从而当代的艺术水准也随之降低了，由于很少有高水准的作品，人们也就很难欣赏到高境界的作品了。

当代的人们认为好的作品，其实境界是很低的，甚至有些很低俗。因为那些作品的创作者，是用七情六欲去创作的，所以作品中就包含了七情六欲，这也刚好满足了人们的欲望、执着，所以人们就觉得好，觉得喜欢。其实这并不是人们自己在喜欢，不是真正的自己的灵魂在喜欢，而是人们的情欲喜欢，是人们后天形成的观念、执着、业力等东西在喜欢。

真正高境界的绘画艺术作品，是能够直达人的灵魂的，是能够让人心深处涌起一丝暖暖的无名的感动，是能够让人会莫名地想流泪，是能够让人觉到很清静，或表面上没有什么反应和感觉，但心灵深处却被它改变，变得纯净，变得静谧。这也就是绘画艺术作品的境界和能量。这个能量能无形中让观者感动，无形中让观者归正、纯净。真正高境界的绘画作品，是能提升人与自然的境界的，是最值得珍惜的。

所以要想创造出真正的高境界的绘画艺术作品，就必须提升自己、纯净自己。必须是向善归正，去纯净自己的心灵，这样才能创造出越来越高境界的绘画作品，同时又在高境界的绘画艺术创作中，不断提高自己的品格、能量和智慧，不断提升自己的境界，绘画作品也就能对外界和自然产生善的作用。

一个真实的故事

2009年3月29、30两日，中央电视台10套科教频道的走进科学栏目，播出了节目"解密山水画——画家也能速成吗？"讲的是苏州画家于少平的教学传奇，说他能在半个小时的时间里教会人看懂中国画，也能在很短的时间之内把没有任何绘画基础的人培养成山水画高手，并且已把他的家人、朋友，身边凡是愿意学习画画的，都教会了。节目中的央视记者还通过社区居委会，找来几位未接触过书画的退休妇女进行试验，并全程进行了跟踪拍摄以证实这一说法。

半个月后的四月中旬，本书作者和已退休在家几年的65岁的原国家旅游局副局长、担任过六年中国驻意大利大使的程文栋先生一起（程文栋先生是自新中国在意大利设立使馆以来，唯一的会说意大利语的一位大使），两位从未画过画的人，抱着怀疑的心情，来到了于少平先生在北京的画室。正像电视节目里报道的那样，两人也是先学会了看懂中国画，又在大半天的时间内，生平第一次画出了一张石涛的山水国画。半年后，程先生就临摹出了近七米长的元代大画家黄公望的《富春山居图》（如下页图）。

程先生对于少平的评价说："在绘画教学方面，于老师另辟蹊径，独树一帜，自成一家，堪称精到。于老师的教学理念与众不同。他认为人人都

2009年底程大使所临《富春山居图》局部图

可以学画,人人都可以作画。这一理念颠覆了常理。人们一直习惯地认为画画是一种天赋,是一座神秘的殿堂,常人可望而不可及。在我看来,这就是伟大教育家孔子'有教无类'在绘画教学方面的体现,也是他长时间潜心研究中国古代绘画传统而得出的真知灼见。"

通过央视节目的传播,许多人找到于少平,期望着像节目中播出的那样来复制这种奇迹。人们在参加了七天的书画学习后,奇迹在不断地复制、再复制。时至今日,已有600多人学会了用自己的眼睛看懂画、用自己的手画出画,进入到绘画的神秘殿堂。

当一个从未动手书写、绘画过的人,第一天就让他能画大画家石涛的画,第一天就让他能写大书法家王羲之的草书,告诉他已经在书画着一流大师的一流作品时,就已点燃起他对中国文化、中国传统书画的极大兴趣与主动追求。这种颠覆性的教育,教一个,成一个,既省时,又省钱,既有兴趣,学习者又玩得快乐。

2011年海峡两岸的一件文化盛事——合展了660年前的古画《富春山居图》,而画的作者元朝的黄公望先生50岁后才开始学画山水画;清四家的著名花鸟画大家吴昌硕先生是48岁才开始学画画。所以,无论人们的年龄怎样,都有机会开启自己的书画潜能,旁人怎样说都无关,自己的开始才是生命的精彩。正如一位来自沈阳的既驼背又坐轮椅的退休大姐说的感想:"以前在家总躺在床上无聊,自从跟于老师学了书画,学会了国画、书法,是传统书画提高了我生活的幸福指数。"

当年大画家刘海粟先生在于少平画集的序言中写到:"他的画,气魄大,有才气,有前途。"有趣的是,有前途的画家于少平竟在无意中成为了著名书画教育家。

说这个真实的故事,是想说,以上学习书法绘画方法中的许多内容,包括书写、绘画步骤中的许多图片,来自于少平先生课堂上讲课的笔记,征得他的同意后公布于此,因此,实际上是于少平先生在此讲述了如何写字画画,而这一写字画画的方法是得到了包括本书作者在内的600多人实践过的有效方法和成功实验的总结。

说这个真实的故事,是想说,中国文化的奇妙,中国书画的美妙,能给人们的生活带来无限的乐趣。正像程先生的体会一样:老年人学会了书画,就有了一份永不退休的兴趣爱好。

本书作者 2011 年春天的纸本水墨山水

第四节　琴棋的韵味出自哪里

古代中国人的文化修养,是用琴、棋、书、画四方面的才能来表现的,琴列为了四大才能之首,可见地位之高。

人们研究历史认为,琴,也是伏羲氏发明的,发明的时候为五弦之琴,五根弦内合五行——木、火、土、金、水;外合五音——角、徵、宫、商、羽。五音出五调,慢角、清商、宫调、慢宫、及蕤(ruí)宾调。后来在三千年前商末周初,发展为七弦琴,再后来,发展成九弦琴,后感觉九弦琴不如七弦琴,就又回归到七弦琴,一直延续到现在。湖北曾侯乙墓出土的实物琴,距今有 2400 多年,唐宋以来,历代也都有古琴精品传世。据称,一百年前,为区别西方乐器才在"琴"的前面加了个"古"字,被称作"古琴"(如下页图)。

琴,又称瑶琴、玉琴,今称古琴,是一种七弦的古老的使用手指弹奏的拨弦乐器。简单说,古琴由狭长条的一块桐木面板(也有用其他松质木材)和一块梓木底板(也有用其他硬质木材)胶合而成,外表髹(xiū)以中国大漆。琴宽的一端为头部,下面有七个可以调音的小轴,叫做"轸",琴面外侧嵌有十三个小圆形的标志,叫做"徽",为泛音和按音音位的标志。琴面系弦七根,外侧至内侧由粗至细,横置于琴桌上演奏。

如再详细些说,琴的材质,上面为梧桐木,下底为楸梓木,是用两木

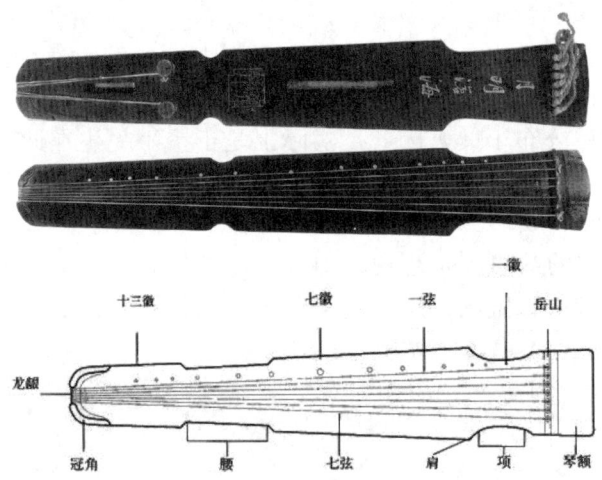

相合制造的。《太古遗音》琴材论说:"梧桐之材,心虚理疏,举则轻,击则松,折则脆,抚则滑,轻、松、脆、滑,谓之四善。"所以用"四善木"来作琴面面板,能发出美妙的音响。楸梓之木,心实理坚,《洞天清禄集》择琴底说:"面以取声,底能匮声,底木不坚,声必散逸。"所以用楸梓木来作琴底底板,能凝聚美妙的音响。

与很多乐器相比较,古琴有如下独特之处:古琴弦的有效振动弦长超出一般乐器的弦长,振幅宽大,音质低沉浑厚,幽静古朴;古琴的琴面即指板,无品无柱,出音孔开于底板,向下传音;琴上存有一百多个实用的泛音,堪称乐器之最。

古琴的各种构造部位,古人为其命了许多雅名。一张琴,琴体有头部、尾部和中间部分,就形象地名曰:金童头、玉女腰、仙人背,并以龙凤鸟雁金玉等为各小部分命名,如龙池、凤沼、凫爪、雁足、金徽、玉轸。琴长三尺六寸五分(约120—125cm),象征一年三百六十五日,琴体下部扁平,上部呈弧形凸起,上圆象天,下方象地,分别象征天地。琴的整体形状依凤身形而制成,其全身与凤身相应(也可说与人身相应),有头、颈、肩、腰、尾、足。这些名称、形状,让人们形象地了解了古琴的结构。

古琴的制作历史悠久,许多名琴都有可供考证的文字记载,而且具有美妙的琴名与神奇的传说。其中最著名的当属2600多年前齐桓公(卒于公元前643年)的"号钟",楚庄王(卒于公元前591年)的"绕梁",司马相如(卒于公元前127年)的"绿绮"和蔡邕(卒于公元192年)的"焦尾"。

"号钟、绕梁、绿绮、焦尾"这四张琴被誉为"中国古代四大名琴"。现在,这名扬四海的"四大名琴"虽已成为历史陈迹,但对后世有极大的影响。

"琴"这个词,最早是在中国第一部诗歌总集《诗经》中出现,"窈窕淑女,琴瑟友之",说明三千多年前,琴已经开始流行。后来,由于孔子的提倡,文人中弹琴的风气开始盛行，逐渐形成古代文人"琴、棋、书、画"修养的必备传统。吹箫抚琴、吟诗作画、登高远游、对酒当歌，成为文人士大夫生活的生动写照。

正音大音

琴，作为一种特殊的文化表现，概括与代表着古老神秘的东方思想。古琴音乐主要受儒家中正和平、温柔敦厚、"德音之谓乐"和道家顺应自然思想的影响，体现出清微淡远、清虚淡静的风格和意境。

儒家思想讲求中庸、和雅，反映在琴乐上则为鼓励推崇人们演奏雅乐、德音，贬斥俗乐、淫声、溺音。"琴者，禁也"，禁止于邪，以正人心。古琴被赋予了禁止淫邪、端正人心的道德责任。雅乐的特色在于其平和雅正、温厚含蓄，因而可起到导人向善的效果，其风格是含蓄的、平静的。这是以道德的取向介入了琴乐的审美标准。

道家出世，讲求自然，追求逍遥和超脱世俗。道家思想对琴乐和操琴者产生了深远影响，以清微淡远为音乐的理想意境，以讲求弦外之音为审美要求。

师旷与琴音

中国最早的最著名的抚琴大家，要数距今2500多年前春秋时期的师旷（公元前572～前532年），他比孔子年长21岁，是春秋晚期晋国著名的政治家、教育家、音乐家。

师旷的音乐知识非常丰富，不仅熟悉琴曲，并善用琴声表现自然界的声音。传说，师旷鼓琴，通乎神明。当师旷弹琴时，马儿会停止吃草，仰起头侧耳倾听；觅食的鸟儿会停止飞翔，翘首迷醉，丢失口中的食物。

师旷所在晋国的国王晋平公（公元前557～前532年在位）见师旷有如此特殊才能，便封师旷为掌乐太师。从而流传下来了师旷能听出"亡国之音"的故事：

晋平公新建的王宫落成了，要举行庆祝典礼。卫灵公（公元前540～前493年，是春秋时期卫国第28代国君）为了修好卫晋两国的关系，就率乐工前去晋国祝贺。

宴会上，卫灵公在观赏晋国的歌舞后，为了答谢晋国的盛情款待，便命师涓演奏从濮河边听到的一支曲子助兴。

师涓遵命理弦调琴，使出浑身解数弹奏起来。随着他手指的起落，琴声像绵绵不断的细雨，又像是令人心碎的哀痛哭诉。

坐在陪席上的晋国掌乐太师师旷面带微笑，用心倾听着。不一会儿，只见他脸上的笑容渐渐消失了，神色变得越来越严肃。

师涓刚将曲子弹到一半，师旷猛地站起身，按住师涓的手，断然喝道：

第六章　王羲之的故事

"快停住,这是亡国之音,千万弹不得!"

卫灵公是来给晋平公祝贺的,听师旷掌乐太师这么一说,吃惊地愣住了。师涓更是吓的不知所措,十分尴尬地望着卫灵公。

晋平公见喜庆之时,本国掌乐太师突然插一杠子,弄得卫国国君一行人下不了台,忙责问太师道:"这曲子好听得很,怎么是亡国之音呢?"

师旷振振有词地道:"这是商朝末年乐师师延为暴君商纣王所作的'靡靡之音'。后来商纣王无道,被周武王灭了,师延自知助纣为虐害怕处罚,就在走投无路时,抱着琴跳进濮河自尽了。所以,这音乐一定是在濮河边听来的。这音乐很不吉利,谁要沉醉于它,谁的国家定会衰落,所以不能让师涓奏完这支曲子。"

晋平公很不以为然地说:"早都改朝换代了,我们现在演奏一首曲子,又有什么妨碍呢?你还是让乐师弹下去吧!"

师旷摇摇头,执拗道:"佳音美曲可以使我们身心振奋,亡国之音会使人堕落。主公是一国之君,应该听佳音美曲,为什么非要听亡国之音呢?"

晋平公见卫灵公一行人面有难色,便命令师旷道:"你让乐师弹下去,别扫了大家的兴。今日是大喜之日,怠慢了贵宾,拿你问罪。"

师旷执拗不过,只能松手。师涓也终于弹完了那支乐曲。

当最后一个音符消失,晋平公见师旷面带愠色,便对他发问道:"你能说出这是什么曲调的乐曲吗?"

"这就是所谓的《清商》",师旷回答。

"《清商》是不是最悲凉的曲调?"晋平公问。

"不是,比它更悲凉的还有《清徵》。"

晋平公道:"好呵,作为回礼,你就弹一曲《清徵》吧!"

"不行。"师旷道,"古代能够听《清徵》的,都是有德有义尽善尽美的君主。大王的修养还不够好,还不能听!"

晋平公道:"我不管什么德什么义的,我只喜欢音乐。你快弹吧!"

师旷感到王命难违,只好坐下来,抚他自己的琴。当他用奇妙的指法拨出第一串音响时,便见空中有16只玄鹤从南方冉冉飞来,一边伸着脖颈鸣叫,一边排着整齐的队列展翅起舞。当他继续弹奏时,玄鹤的鸣叫声和琴声融为一体,在天际久久回荡。

晋平公和参加宴会的宾客一片惊喜……

阳春白雪

当代人熟悉的古琴十大名曲之一的《阳春白雪》,相传就是师旷所作。现存琴谱中的《阳春》和《白雪》是两首器乐曲。距今约 600 年前的公元 1425 年,明太祖的第十七子朱权编纂的《神奇秘谱》一书,是现存最早的琴曲专集。朱权善古琴,他在书中说:"《阳春》取万物知春,和风淡荡之意;

《白雪》取凛然清洁，雪竹琳琅之音。"

所以，当代人都用"阳春白雪"来比喻高雅文学艺术作品。

而"阳春白雪"的典故却是来自距今2300多年前《楚辞》中的《宋玉答楚王问》一文。楚襄王问宋玉："先生有什么深藏的德行么，为何士民众庶不怎么称誉你啊？"宋玉说："有歌者客于楚国郢中，起初吟唱'下里巴人'，国中和者有数千人，当歌者唱'阳春白雪'时，国中和者不过数十人。当歌曲再增加一些高难度的技巧，即'引商刻羽，杂以流徵'的时候，国中和者不过三数人而已。""是其曲弥高，其和弥寡。"宋玉以阳春白雪来比喻，歌曲越高雅、越复杂，能唱和的人自然就越来越少，即曲高和寡。

阳春白雪这个典故说明了欣赏者之间审美情趣和审美能力存在着巨大差异。乐曲的艺术性越高，能欣赏的人就越少。

虽然，作为"正音"，琴乐寄寓了中国千年正统的思想和文化，古琴为人们留下了许多动人的故事，比如伯牙弹琴遇知音；司马相如与卓文君借助琴来表达爱慕之心；嵇康面临死亡，还抚琴一曲《广陵散》；诸葛亮巧设空城计，沉着、悠闲的琴音，智退司马懿雄兵；陶渊明弹无弦琴等诸多故事，都为千古传颂。"高山流水""焚琴煮鹤""对牛弹琴"等妇孺皆知的成语都出自和琴有关的典故。

然而，古琴，从古至今，一直就是处在曲高和寡的状态。

在琴这一厚重的人文积淀之外，琴的审美在世界音乐中也是独树一帜。琴没有肆意的宣泄，只在含蓄中流露出平和超脱的气度。琴与诗歌密不可分，讲求韵味，讲求虚实相生，讲求弦外之音，从中创造出一种空灵的意境，这点和国画的审美情趣是一致的。

"月色满轩白，琴声亦夜阑；泠泠七弦上，静听松风寒。古调随自爱，今人多不弹；为君投此曲，所贵知音难。"这是唐代诗人刘长卿（公元709～789年）发出的感慨。

琴谱琴曲

古琴乐谱以一种奇特的方式，将几百年几千年前鸣响过而又早已消逝的古调古曲记录了下来，使后人能够基本恢复还原那些曾经消逝的古曲音响，使现代人能够领略古人古调的神韵。我国现存有150多种古琴谱。

古琴谱不是五线谱，也不是简谱或工尺谱，是用减字基本笔划将左右手指法、古琴弦数、徽位（徽位是说古琴上的音位，触按哪个"徽位"哪根弦会发哪个音）合写为一个任何字典内都没有的字，以说明古琴的演奏方法。这是经过古人雍门周（战国时齐国琴家)、赵耶利（初唐琴师）、曹柔盛（唐时期琴家）、姜夔（南宋音乐家）、朱权（明时期音乐家）等许多大音乐家长期研究改进的结果。这种谱不记节奏，给演奏者打谱预留下较大的再创造空间，认真按照这种减字谱指法要求，深入体会原作者的创作意图，竟能得到古琴之道。大道相通，小途略异，风格各领，殊途而同归。琴谱形态如上页图示。

目前所见古琴谱包括刻本，稿本和有完整体系的转录本达150多种，收录琴曲三千首以上，是一笔非常丰富的遗产。比如，汉朝的刘向（公元前77～前6年）所著的《琴说》中，综合了先秦时期特别是《乐记》和《荀子》论述古琴音乐的观点，提出"凡鼓琴，有七例：一曰明道德，二曰感鬼神，三曰美风俗，四曰妙心察，五曰制声调，六曰流文雅，七曰善传授。"从理论上全面总结了古琴音乐广泛的社会意义，就是明、感、美、妙、制、流、善，对以后千年古琴音乐的发展，有很大的影响。

作为古琴曲，现存较为大众熟悉的有：幽兰、流水、潇湘水云、阳关三叠、梅花三弄、广陵散、醉渔唱晚、平沙落雁、渔樵问答、春晓吟、凤求凰、关山月、碧涧流泉等。

古琴的内容

现代的人们认为：琴和笛、箫等其它乐器一样，隔墙也能欣赏其乐声。而从"琴"字的造字来看，琴从"今"、从二王，却是强调"当面演奏"，是指其演奏的隆重性、郑重性而言，它是为高贵宾客演奏用的高级乐器，宾客在聆听琴曲时，必须正襟危坐，是一种文化素质和修养的体现，也是社会文明程度的体现。

实际上，在中国的古代，古琴主要为文人雅士、士大夫的乐器，多属自娱的个人乐趣，它所追求的是弦外之音的深邃意境。这里面包含了琴意、琴情、琴医的秘密内容：

"意"的概念在琴学中的运用大概始于汉代。"伯牙鼓琴，钟子期听之，而意在高山……倾之间，而意在流水"，"及其所通达而用事，则著之于琴以抒其意。"意在高山、意在流水，抒其意，可见琴是作为了一种寄意的精神境界的载体。

古琴音乐主要融汇了儒、道两家的思想，而后者以道的目光观宇宙，因而在艺术实践上影响尤深。无论古琴的曲目、音色、音乐结构、弹奏姿势等不同层面，均反映出一种清和淡雅、温柔敦厚、优雅恬静的风格。这种风格所追求的意境自然是一种恬逸、闲适、虚静、深静和幽远的境界。因为能虚、能静，因而同时能深和能远。可见琴乐意境所强调的是一种无限和深微的境界。这种境界的至极之处是只可意会而不可言传的，正是所谓"弦外之音""韵外之致""味外之旨"。

明朝徐上瀛（约公元1582～1662年）的弹琴专著《溪山琴况》中称

这一境界为："其无尽藏，不可思议"；"琴中有无限滋味，玩之不竭"；"迂回曲折，疏而实密，抑扬起伏，断而复联，此皆以音之精义，而应乎意之深微也"。

琴乐的境界是"虚静""无限""深微""悠远"的，以最少的声音物质来表现最丰富的精神内涵，所以琴声音淡、声稀，琴意得之于弦外，正是言有尽而意无穷。陶渊明的"但识琴中趣，何劳弦上音"，把琴乐的重意、重弦外之音的意境抬到了极处。

古人在琴乐中重意，同时也有"琴者，情也"的奇托。

抚琴，以句为单位，配合人的自然呼吸，体现人内在情感的节奏变化。琴曲中多用吟、揉、微、弱的振动以表达人内心深厚的情感和生理基础之气。琴乐或模拟自然界的生息，比如："流水""平沙落雁"，或为抒情之作如"阳关三叠"、"忆故人"等，多于景中含情或情中寓景，意与情融，使人的精神、情意，有所思、有所寄、有所游、有所会、有所合，听之使人悠然意远。

古代的七弦古琴，琴弦是用蚕丝制成，就是用蚕丝缠绕而成的丝线来做琴弦，乐字的繁体写法——樂，木上有白丝，形象地表示了"乐"出自"琴"。

七弦古琴，用蚕丝制成的琴弦共有七条，今称一、二、三、四、五、六、七，七弦古称宫、商、角、徵、羽、文、武。一弦（宫弦）最大，以次至七弦（武弦）最细。

现代的古琴琴弦，已是用尼龙线缠绕在钢丝外面的制作，其效果，很似现代以钢丝做针灸之针，而不是古时以骨、以竹做针灸之针。人们可以想象，尼龙钢丝琴弦的味道与蚕丝琴弦的味道，会有着怎样的不同？

古琴的摆放位置是宽头朝右，窄头朝左，最细的线朝自己，徽位点和最粗的弦在对面。

如按专业人士的说法讲来则是："琴首在右，琴尾在左，凫掌与轸置入案头开孔之内，雁足置于案面之上，这是用特制琴案置放的方式。如无特制琴案，借用普通几案的时候，则凫掌与轸都要垂悬案侧，离案约留三四指宽的空间，便于转轸。琴身宜靠案边，不置案中，近人身体，便于下指。"

古时候抚琴，古琴是放在双腿上还是地上，均有可能，不得而知。自唐、宋开始有了桌子和椅子后，这时抚琴的坐姿也就有了详细的规定：

"坐位宜较常用的椅凳稍高，琴案则宜比常用的几桌稍低，椅、案位置的角度，以入坐后身胸离案约半尺为标准，心对琴五徽之间。若偏于右……凡此种种，都宜出于自然，又不可用此而形同木偶，否则不仅形态难看，而且手指运用，也会连带不灵。要在神明于规矩之中，而不为法度所拘束，自然合式。"

古琴是静态美的艺术，因此弹琴讲求幽静的外在环境与闲适的内在心境的配合，方可追求琴曲中物相合、情意相合、主客合一的艺术境界。

这也就是古人多在两、三个人，至多几个人中抚琴，可以真切地体现出抚琴者内在胸怀、情感的细微的表露与变化。

我们在黄帝的故事里"五藏"的部分，谈到五藏有声音————角徵宫商羽五音。角徵宫商羽五音，相对应于五行的木火土金水。角徵宫商羽在五音里，换个排法，宫商角徵羽，对应、相当于现代西乐的 Do（宫）、Re（商）、Mi（角）、Sol（徵）、La（羽）（没有 Fa 与 Xi），亦为五音。

从人体机能与声波、次声波之间的关系中，从五藏对五行、对五音的关系中，木火土金水，肝心脾肺肾，角徵宫商羽。人体的脏腑功能正常时，中气充足，丹田气盛，所发出的声音大而和，深而沉。声音相和，体健无病。反之亦然，声宏则脏实，声怯则脏虚。因此，在五音中，角（jué）音乱则病在肝；徵（zhǐ）音乱则病在心；宫音乱则病在脾；商音乱则病在肺；羽音乱则病在肾；五音声乱则五藏皆病。

角徵宫商羽，凑五音，以调五行。五音运转阴阳，调配五行，以通人体之气脉。五行造化万物，自然中自有五音。同音相应，同气相求，调五音，以应五行。抑扬顿挫，以合阴阳之变；韵律之行，以合气脉之流；节奏之顿挫，以合窍穴之通达。或缓或急，或抑或扬，琴之操，合人之修，一曲天成，有如一脉相通，接天地之气，通身体百窍，天、人、琴合一，琴法自然，此乃琴之道。

古人临琴，必沐浴更衣熏香祷告持斋戒，以通天地；必清心静息秉承琴道，以合自然。身之操者，凡丝之音。神之操者，天籁之音。

今之操者，已绝琴脉，百窍不通。以古之琴，操靡靡之音，此所谓老子所言：五音令人耳聋。已无道也。

古人抚琴，十指连心，抚琴的过程，也是通过琴来调心、调五藏、调健康的过程。著名作家金庸先生的小说《笑傲江湖》中，有任盈盈为令狐冲抚琴奏曲，为令狐冲调理体内真气的精彩描写。正是由于琴有着与抚琴者似朋似友的亲密无间的关系，古人中不乏抱琴而眠者。疯焉？痴焉？

五音的天文对应

在黄帝的故事里，说到"五运六气的来源"部分谈到：在月地日系统中，甲子六十年历年月亮点位的变化就是一个（-7）系列。这是天干的"隔八相生"，对应的是音律也有"隔八相生"，反映了大自然自身固有的韵律，是运气学中"太少相生"的依据。

五音十二律，隔八相生，六十为一周。五运化五音是运气学的固有内容之一。五运木火土金水，对应着五音角徵宫商羽。十干分阴阳（奇偶数位），五音呈太少。阳干为太，阴干为少。太少相生亦即阳生阴、阴生阳的具体应用，用以说明五运的更迭和气候的轮转。比如，甲为阳土，阳土甲生阴金乙，阳为太，土为宫调，阴为少，金为商调。就是说，阳土甲生阴金乙，即太宫调生少商调；同理，有阴金乙生阳水丙，即少商调生太羽调；阳水丙生阴木丁，即太羽调生少角调。余类推。下图可清楚地看出太少相生的关系。如图。

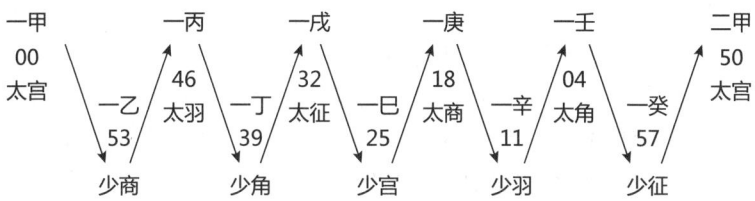

五音对应五运、五音对应五藏，从而人们抚琴虽是抚的五音，确是包含了天人合一的境界、包含了琴意、琴情、琴医的内容。

古琴的秘密内容，如用一句话来归纳就是，琴为心声。所以，听琴，就是在听抚琴者的心语，就是在听抚琴者的心声。

古琴今昔

古琴由于其乐器的形制、音色、乐曲题材、内涵、结构等因素，其音乐风格是静态的、简单的、含蓄的、平淡的、阴柔的、抒情的、典雅的。这会使很多当代人于第一次在琴旁听琴乐时，甚至觉得这件乐器是无声的。

古人亦说古琴"难学、易忘、不中听"，正因为古琴音乐的风格属于淡静、虚静、深静、幽静、恬静等等静态的美，这也是为什么有人认为古琴最适宜于夜阑人静时弹奏，因为这样的环境才能与琴乐的风格和它所追求的意境配合。

然而，无论怎样评价古琴，在古代众多的乐器中，除了古琴，又有哪件乐器在人们的心目中，在娟美的诗篇中，无数次地留下了它的"旋律"呢？

唐朝诗仙李白（公元701～762年），写过一首《听蜀僧濬弹琴》的诗：

蜀僧抱绿绮，西下峨眉峰。
为我一挥手，如听万壑松。
客心洗流水，余响入霜钟。
不觉碧山暮，秋云暗几重。

那位写下"先天下之忧而忧，后天下之乐而乐"的北宋著名政治家、文学家范仲淹（公元989～1052年），在他的《和杨畋孤琴咏》诗中写道：

爱此千年器，如见古人面。
欲弹换朱丝，明月当秋汉。
我愿宫商弦，相应声无间。
自然召南风，莫起孤琴叹。

古琴音乐艺术，被称为了琴道，是因为对古琴的欣赏和认识已不能只单一地从其音乐曲调去理解，需综合地从多方面作为中国文化的精神反映来去理解。"为我一挥手，如听万壑松""我愿宫商弦，相应声无间"，这一切则表现在对琴曲题材的选择、抚琴意境的追求、琴意道德的规范等各方面代表着琴乐的理想风格和审美标准上。而抚琴者演奏的琴德、意境、琴道，是琴乐表现的完美境界。

古老的琴，几千年流传至今，琴居四艺之首，琴在很大程度上也提升并影响了中国书画等其他艺术门类的境界。

到了现代，听琴、赏琴的人越来越多，人们已能从一些演出现场，看到有一、二十人组成的古琴表演，这是根据时代的变迁，从几个人听琴发展到通过音响供一场音乐会的听众听琴的转换，当然，这时听的只是气氛、赏得只是场面了。

1980年代，全中国会抚琴者仅有200余人，30年后的今天，抚琴者已达到2万多人。古琴，这一曲高和寡的艺术，这一包含琴意、琴情、琴医的文化，这一表露人们心声的学问，还将会流芳百世。

棋的艺术

中国古代四大艺术："琴、棋、书、画"的棋，指的是围棋。

棋艺，是说的围棋的艺术与棋力的高下。围棋起源于中国古代，据文献记载，距今4200年前的尧舜时期发明了围棋，是一种二人棋类游戏，使用格状棋盘及黑白二色棋子进行对弈。围棋古称"弈"，意思是"你投一子我投一子"。而名称"围棋"的含义则是"一种以包围和反包围战术决出胜负的棋戏"。围棋是易学难精的游戏，下法规矩，一说就会，下好却难。

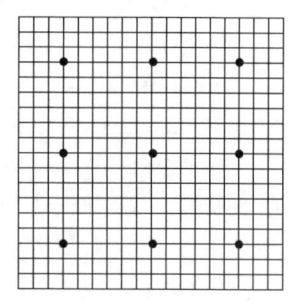

人们认为，围棋实为古人一种观天工具，棋盘代表星空，棋子代表星星。如果久久凝视棋盘，会产生一种浑然一体，茫然无际的感觉，似仰视浩瀚的苍天，如俯瞰寥廓的大地。

记录公元前722～前453年共269年历史的《左传》一书里，记载了这样一件事：公元前559年，宁喜按照父亲宁殖的遗愿，答应再把已被驱逐出国的卫献公迎回来。大叔文子批评宁喜说："今宁子视君不如弈棋……弈者举棋不定，不胜其耦。而况置君而弗定乎？"

用"举棋不定"这类围棋中的术语来比喻政治上的优柔寡断，说明围棋活动在2560年前已经成为人们所习惯的事物。

到了距今1500年前的南北朝时期，玄学的兴起，导致文人学士以清谈为荣，因而下棋的风气更盛，下围棋被称为"手谈"。上层统治者也无不雅好下棋，他们以棋设官，建立了"棋品"制度，对有一定水平的"棋士"，授予与棋艺相当的"品格"等级。当时的棋艺分为九品，史书记载："梁武帝好弈，使恽品定棋谱，登格者二百七十八人。"可见当时的棋类活动非常普遍。现在围棋中"九段"的划分，就是来源于此。

被人们形象地比喻为黑白世界的围棋，是人们喜爱的娱乐竞技活动，同时也是人类历史上最悠久的棋戏。从围棋悠久的历史中看到，琴棋书画的排列顺序，是与这四种艺术技艺产生的先后顺序一致的，就是说，先发明了琴，接着是棋，发明了纸以后，产生了书法、绘画。

围棋对于中国人来说，已远远不止是一种益智游戏，它被赋予了志存高远的思想，它被认为是难寻答案的数学，它被人们看作是永无止境的艺术，它被形容成异峰突起的云雾，它被比喻为人心的曲曲弯弯水，它被描述为世事的重重叠叠山。

围棋棋盘

标准围棋棋盘呈正方形，由纵横各19条线垂直、均匀相交而成，形成361个交叉点，构成一幅对称、简洁而又完美的几何图形。围棋的棋子分为黑白两色，黑子181枚，白子180枚，黑白子加起来是361枚，恰好和棋盘的点数相同。围棋盘上有九个星，最中间的称"天元"，"元"是第一的意思，"天元"就是天空的最高点。以"天元"为中心可以找到九个同心的正方形。

围棋棋盘的最大特点，在于它的整体性、对称性、均匀性。它全然一个整体，上下左右完全对称，四面八方绝对均匀。它既没有双方阵地之分，也没有东西南北之别。棋盘可以任意摆放，下棋者可以任意落子。围棋棋盘的这些特点十分契合宇宙空间的本性。

围棋棋盘被分割成324个大小相等的小方格和361个交叉点，成标准网格状。324的众数和为9，361的众数和为1；九九归一，这种网格是围棋棋子运动的载体。围棋棋盘这种有形之网正象征着天地之间的无形之网。从现代物理学的角度看，这种无形之网可以涵盖宇宙中四种基本作用力：万有引力、电磁力、强力、弱力。再来看地球，随着科技的发展，跨入了网络时代，电网、数字网、光纤网、因特网……种种看不见的网密布天空，覆盖天空，覆盖世界。天地之间，天网恢恢，疏而不漏。

围棋棋盘，仿佛是晴朗夜晚的浩瀚天空，仿佛是二十八星宿里上古的阡陌。围棋喻示了宇宙、喻示了世界、喻示了奥秘。围棋追求的是在上下四方内，要限制对方的发展，要在对方的宫廷，举办我的盛宴，要让对方去流落、僻远，安我的中原大营。

围棋棋子

围棋的棋盘隐含着奥妙，围棋的棋子蕴藏着玄机。围棋棋子具有一种"元素性"的特点，是一种最抽象、最概括的存在。从种类、颜色、形状上，都具有鲜明的特色。

从棋子的种类和功能看。象棋的棋子：将、士、象、车、马、炮、兵七种，等级森严，象征着各具不同的功能。而围棋棋子的元素性，象征着宇宙物质的本质存在，隐喻着物质的基本属性就是客观的实在。围棋棋子元素性表现在它可以不断地、重复地使用上，被吃掉的棋子仍然可以继续重新投入战斗，遵守着宇宙中的物质不灭定律。

从棋子的颜色看。围棋棋子在性质上是无差别的，在颜色上则分为黑、白两类。自古以来，人们形容围棋是黑白世界。围棋的黑白二色，是古代太极、阴阳学说的反映，是阴阳二级的象征，由此而在代表天地的棋盘上展现着进退、攻守规律的千般变化。

从棋子的形状看。棋子为圆形，象征着宇宙物质的基本形态。宇宙中大到星体，小到基本粒子，都是圆形或近似圆形状，一粒围棋子，宛如一只神秘莫测的飞碟。

围棋之道，其实就是通脉。当棋子连成一线时，就是一条棋脉。但每条棋脉必须得至少留下两个窍穴，以通天地之气。不然这条棋脉就是断脉、死脉，不能接收天地之气，没有能量流通。下棋的人们，一般将这个窍穴称为"气"口，就是每条棋脉得至少留下两口气。对弈时，可通主脉，一气呵成。亦可通支脉，各成一气。亦可将支脉接通，使棋局连成一片，归为一脉。

棋局变化莫测，周而复始，局局如新，这也表征了宇宙的循环。每局棋都会形成不同的棋脉、穴位、局势，变幻莫测。道法自然，围棋也是对自然之脉及循环之道的效法。弈者根据各自的悟性，打通棋之脉络，天、人、棋合一。

围棋棋局

围棋棋盘象征着宇宙时空，围棋棋子象征世上万物。围棋棋子在棋盘上的散步、跳跃、对弈，隐喻着宇宙生存、发展、运动、变化、衰亡的总规律。"局方而静，棋圆而动。自古及今，弈者无同局"。

人们知道围棋中，有一个围棋术语叫做"劫"，是打劫的简称，也称"劫争"、"争劫"。对局双方从开劫、提劫、找劫、应劫、再提劫，直至最后解消劫的整个过程，均可概括称为"打劫"。人们喜欢用人生比喻棋局，旧劫打完，新劫又生，局棋中既有白子和黑子，这劫就来来往往，生生灭灭，循环不尽。

围棋对弈，隐喻着宇宙中有生于无的生成规律。象棋对弈从"有"开始，开前战，棋盘上已森严壁垒。围棋则从"无"开始，在空无一物的棋盘上陆续落子。宇宙的创生即是万物生于有，有生于无。黑白二子通过围气，通过寻找气眼，通过发现棋盘中的呼吸，发现棋盘中围气产生的力道，从无中生有处，分出谁的生命力更强，谁的力道更强。正是人法地，地法天，天法道，道法自然。

围棋对弈，象征着宇宙繁生于简的发展规律。围棋的规则极为简单，它的棋子无级别划分，没有功能规定，自由落放，平等竞争。这一平等原则，反映出宇宙的运行，恰似围棋一样，通过简单的规则，经由空间与数量产生着一切变化。

琴棋书画中，只有围棋是要两个人进行的，只有围棋是要相争相斗的，只有围棋是要分出胜负的。

据说古代的人们发明围棋时，旨在清心、增慧、修行，并不在于胜负。棋盘中阴阳二气缺一不可，在于调配，没有胜负。后世人，将围棋当成了搏杀的工具，是完全丧失了奕棋之道。每弈必要竭力拼杀，一决输赢，以满足自己虚荣、好斗与名利之心。

唐宋元明清，虽然都有围棋古谱流传至今，但是，围棋棋局、围棋对弈、围棋的相互厮杀、围棋的仁者之静，就像琴书画一样，也是非常不容易被大众来认识、来欣赏、来品评的。所以，看懂棋、欣赏棋、玩味棋，就是非常重要的一步。

棋盘中隐含着奥妙；棋子中蕴藏着玄机；对弈中，隐喻着宇宙中有生于无的规律；棋局中，旧劫打完，新劫又生，生生灭灭，循环不尽。

这些奥妙、玄机、规律、生灭循环，组成的一局又一局棋局，分化出各式各样的棋局，对棋艺高手来说，能够较轻易地辨别出其中的奥妙和玄机。这一现象，就似中国人的文化构成一样。伏羲所创的八卦，以及河图、洛书、五行、太极、干支、阴阳、大道无为、空性无生、琴棋书画等等所组成的中国文化的这些基础元素，构造出中华大地上一个巨大的棋盘，亿万大众就是棋盘中一个个的棋子。这一个个棋子，有的有对手，有的无目标；这一个个棋子，有的自己在忙布局，有的在不停地被布着局；这一个个棋子，有的留恋纵横交错的棋盘，有的疲惫不堪地等待棋局的终结。棋艺高手，能够辨别出棋局里的奥妙和玄机；作为一个个棋子，又如何瞧出人生棋局内自身的端倪？

中国人的文化，总有将不同级别、不同层次、不同式样的棋局，按照人们的期望来观赏、吸收、融合、提升的内容、方式和办法。中国人的文化，是自强不息的中国人所创造的灿烂文化，这样的文化，总能下出令人感到精彩绝伦的棋局。

经济学家的艺术文化观点

我们在这里谈论琴棋书画，也许有相当多的人会觉得这与现代的商业社会相距太远太远，学琴棋书画能有何用？

然而，当我们看到最具商业气息的香港人，最具经商理论的国际著名经济学家张五常先生在博文中所谈艺术文化在国民教育中的观点后，我们会觉得，无论两岸四地，凡是中国的青少年，人人都应学会中国本有的文化，从而成为中华民族文武双全之人才。

1. 中国的艺术文化是真学问，也是对职业生涯有帮助的学问。四十年前，后来成为撒切尔夫人的顾问的A. Walters到我西雅图的家作客，进门后看到壁炉上放着一只青花碟子，立刻说："这是康熙时期的真品，值钱，要放在安全的地方。"后来知道此君对多种文化有研究，而朋友说那是他在经济学之外的重要本钱。《经济百科全书》(New Palgrave)关于弗里德曼那项是此君写的，同学们要拜读，看看人家的学问变化。学问要学出变化，最容易是从艺术文化入手。所有艺术都重视变化，而从文化的角度投入是学变化的首选过程了。

不是说笑，一个青年长大后到社会找工作，应对时能表达一点文化知识是占了很大的便宜。理由明显：日常的社会交际中，严谨的学术不管用，体育、娱乐等话题免不了平庸，但文化的知识表达容易遇到同好，可以投入地倾谈，也显得自己广博。

2. 中、西双方的文化截然不同，二者都是人类的骄傲，同学们都要学，问题是中国的文化比西方的难学很多，所以最好从小学学起。

西方的艺术文化主要起自达芬奇。只不过五百年，但光芒不可方物，其变化有着明显的节奏，比起中国的是远为容易欣赏了。一个高中学生可以在两分钟之内衷心欣赏莫奈的莲塘，两天对莫扎特的音乐着了迷，塞尚与巴哈远为困难，但用不上两个月的工夫。

要体会中国的艺术是远为困难了。我是个石章专家，但篆刻艺术要怎样品评我今天还不懂。书法我要经过几位大师指导，遍读前人的书法论著，才懂得欣赏。国画我不懂八大山人；其实中国古代的国画大师我没有一个真的懂，只是见到北宋范宽的《溪山行旅》懂得站起来。此站也，不是因为懂，而是发现荷兰伦勃朗的震撼西方的构图哲学，范宽早就用得精妙。后者比前者早生六百多年。瓷器我懂宋徽宗、懂清雍正，但不懂清乾隆。汉玉雕难懂，而石上如果刻着大篆十个字我八个不认识！寿山石雕可能是唯一易懂的中国文化，不难看出康熙时期的杨玉璇与乾隆时期的周尚均是天才，而我引以为傲的是一个大发现：晚清与民国时期的林清卿是人类历史的一个伟大雕塑家。以刀作画，林公的艺术与技术超越了伦勃朗震撼西方的铜版蚀刻——绝对是，可惜有机会欣赏的人很少。中国的文字艺术也比较易懂，但推到魏、晋之前就比较麻烦了。

中国的传统艺术一律有深度，学懂了一般有趣，也给炎黄子孙带来震撼：真的吗，这些是我们的以往吗？这样一来，归属感油然而生，而这就是国民教育的最高境界了。

中国的艺术文化难学，主要是因为重要的发展起于2500年前的春秋战国，其后的变化多而微小，一点一点地加上去，不像西方艺术那样有明显的派别风格转变。中国的艺术没有西方那么夺目，但醇而厚，耐人寻味。二者趣味皆高，但中国的要多花时间跟进才能领会，所以中国的文化要从小学起。

我很欣赏上海某小学，规定几岁的小朋友每星期背诵唐诗两首，其后转到宋词与古文去。我认为香港的学生从小起要学习用毛笔写字，小小的时间投资将来的回报很高：懂得用毛笔容易学书法，也容易学国画。最近雷鼎鸣发表文章，主张学简体，放弃繁体。这不对，因为简体不能写书法：楷书可以，行书很难，而重要的草书是不可能的了。孙过庭说："草乖使转，不能成字。"意思是说写草书，笔锋转差了一点就不是字。繁体字的草写有转弯的规格，转与不转由君选择，但简体没有这个选择，近于凡转必错。除了写书法，繁体要学，因为懂繁体不需要学简体——我从来没有学过简体，但阅读上半点困难也没有。倒转过来，我不懂得写简体字，但不需要懂，因为不懂得写繁体的内地青年多半懂得读，羡慕我这个懂得写繁体的人。再者，不管是古时还是今天，国画上题字一律用繁体——十多年前一位国画大师不小心在画上用了两个简体字，该画之价大跌。看来国画会继续用繁体题字，直到永远，正如印章用篆书几千年不改，观者读不出只能叹自己的学问不足矣。香港的小朋友们不要中雷公公之计，小小的投资学繁体，长大后可以表演一番——今天的香港还在教繁体是学子们的大幸。

3. 最后要说的是文化教育课程的编排。这里香港的专家可能不够多，但内地是愈来愈多了。选出约九项题材吧：国画、书法、文字、陶瓷、石雕、音乐（尤其是古琴）、青铜、哲理（尤其是孔子）、金银器。然后每项到内地找两至三位专家写报告，说明是中、小学用的，也说明要有示范照片或图片，加上要提供参考读物。二万港元一份报告可以买到很好的。拿得这些资料，再在香港找中学老师重写及编辑，要说明资料的来源，中学与小学要有不同的水平，而老师们读了参考读物就可以教。

了解了张五常先生的艺术文化见解后，按照本章所谈成人学习书画的方式方法进行调整，想必中小学生既能学到正宗的中国艺术文化，又能为青少年们节省出大量的宝贵时间。

读了王羲之的故事，人们了解了琴棋书画，了解了中国文化中"文"的部分内容。接下来的最后一章，是中国文化中"武"的风采。

538

中国人的
文化密码

The Generic Code of Chinese Culture

本书作者的纸本水墨山水

第七章
张三丰的故事

第一节　真仙张三丰之路

第二节　真人张三丰之说

第三节　太极张三丰之谜

第四节　武艺武德与武术

由于电影、电视、小说的影响，张三丰，这位550年前的传奇人物，在当代中国几乎家喻户晓。传说中的张三丰是这样的：

公元1247年出生，这一年，南宋已有120岁，与南宋152岁的寿命相比，还有32年。

公元1458年辞世，这一年，是276岁的明朝建国90岁之际。

自公元1247年出生，至1458年辞世，时间跨越了南宋、元和明朝三个朝代，享年212岁。

张三丰，本名通，字君宝，号玄玄子，著名儒者、道士。善书画，工诗词。辞世后的第二年，即明天顺三年（1459年），明英宗皇帝赐号"通微显化真人"；英宗的儿子明宪宗皇帝特封号为"韬光尚志真仙"；宪宗的重孙明世宗皇帝（公元1507～1566年），赠封他为"清虚元妙真君"。

明朝三代皇帝在张三丰辞世后的100年间，分别追封他为真人、真仙、真君，可见当时张三丰的神仙名声，非常响亮。

第一节　真仙张三丰之路

史载，张三丰的祖先是江西鹰潭龙虎山人。龙虎山是中国道教名山，是道教创始人张道陵张天师的炼丹之处，张三丰也自称是张天师后人。

传说张三丰的祖父裕贤公会看星象。南宋末年，他从天象上看到天下王气将要从北方起势，于是带着一家眷属，从南方千里迢迢迁徙到了辽宁省的辽阳懿州（今辽宁阜新）。裕贤公的儿子叫张居仁，字子安，是张三丰的父亲。

公元1247年的夏初，张居仁的妻子林夫人梦见一只玄鹤从海空飞到自己的体内，就生下了家中的第五个孩子张三丰，这一天是四月初九日子时。出生时的张三丰被描述为"丰神奇异，龟形鹤骨，大耳圆睛"。

张三丰五岁时得了眼病，时间一长，人就昏昏沉沉，睁不开眼。当地有个叫张云庵的人，乃是世外高人，号白云禅老，是当地道观碧落宫的住持。他见到张三丰长相奇特，就对林夫人说："你的孩子有仙风道骨，自非凡器，但是眼睛得了大病，必须拜我为师，做我的弟子，待去除了眼睛的蒙蔽，恢复了眼睛的光亮后，再把儿子还给你。"林夫人答应了，于是，五岁的张三丰成为了张云庵的徒弟。在碧落宫静养了半年后，张三丰的眼睛渐渐地恢复了光明。张云庵教习道经，张三丰过目便知大意。读儒家、佛家的典籍也是随手翻阅，知晓大意即止。

一晃七年过去了，林夫人想念她的张三丰，来到碧落宫要儿子，张云庵并未挽留，于是，少年张三丰拜辞了师傅回到家里，专门研习儒家经典。

1260年，14岁的张三丰考取了秀才，"举茂才异等"。接着，张三丰被当地列为"文学才识"，也就是被官场定为后备干部。

为官两年

1264年秋天，18岁的张三丰来到燕京（今北京）游览，这时，元世祖忽必烈已定都于此，诏令列为文学才识的人待用。在燕京期间，张三丰结识了中书平章政事廉希宪（公元1231～1280年），廉希宪非常欣赏张三丰的才学，上奏朝廷，补张三丰为中山博陵的县令，于是张三丰开始做官生涯。

在做官的闲暇时间，张三丰从河北到福建省霞浦县的葛洪山游历，这里曾是东晋道教理论家、医学家、炼丹家葛洪的炼丹处。张三丰想，葛洪这个人官做得这么潇洒，闲散舒适，我能不能也像他一样呢？

公元1266年，家中长辈相继去世，张三丰需回家守丧，居丧期间，每天悲伤异常，仕途进取的意愿渐淡渐无，但诵读经书未尝一日懈怠。

有一天，一位邱道人敲门来访，两人谈论玄理，均感互相投缘，大有相见恨晚之意。张三丰写了一首诗纪念此次相见：《家居无事·忽有邱道人见访——临别诗以赠之》：

> 我见先生方外来，先生见我笑颜开。
> 无官自合寻黄石，有客何妨共绿醅。
> 出世心从天海落，入山兴与岳云回。
> 几时佩剑携长笛，相访高真到碧台。

辞官云游

邱道人走后，张三丰将家中的田产等嘱托族人照管并代为扫墓，就带了两个随童，开始了出门云游。他在《上天梯》诗中说：

> 弃官游海岳，辛苦寻丹秘。
> 辞我亡亲墓，乡山留不得。
> 别我中年妇，出门天始白。
> 舍我非角儿，掉头离火宅。

总之，官是不做了，黎明前从家中出发，开始了求师访道的生活。了却生死路，到处任遨游。从此，世界上多了一位龟形鹤背，大耳圆目，须髯如戟的江湖人。张三丰寒暑都只穿一衲一蓑，吃饭升斗辄（zhé）尽，或数日一食，或数月不食，或处穷寂，或游市口，浩浩自如，旁若无人，自称"邋遢道人"。有问之者，或终日不答一语，但说起三教经书，则吐辞滚滚，妙语连珠，然皆不离道德忠孝。

张三丰这一游竟是几十年，往来于名山古刹之间，走到哪里就住到哪里，吟咏闲观，如云如风。三十二岁时（1279 年），张三丰作了《三十二岁北游》一诗：

　　　　幽冀重来感慨忘，乌纱改作道人装。
　　　　明朝佩剑携琴去，却上西山望太行。

1295 年，张三丰作《悠悠歌》：

　　　　悠悠歌，悠悠歌。
　　　　四十八岁空消磨，人生寿命能几何！
　　　　株守恒山十六载，燕赵往来成逝波。
　　　　到不如携琴剑，整笠蓑，东走蓬莱唱道歌。

从"却上西山望太行"到"株守恒山十六载"，从 32 岁到了 48 岁。从诗句可知，他还未遇到高人传授至诀，访道求真尚无所获，这样消磨着岁月，不禁惆怅哀叹。

这一天，张三丰离开河北恒山，来到了陕西宝鸡山，看到山中有三尖山，三峰挺秀，苍润可喜，于是，给自己起了个号"三丰居士"，并作诗一首《宝鸡晚行》：

　　　　倏尔游秦凤，飘然到宝鸡。
　　　　路随流水远，山压暮云低。
　　　　对面三峰立，关心一榻栖。
　　　　结茅聊息足，吾亦老磻溪。

巧遇火龙真人

岁月匆匆，一晃又是二十年。到了公元 1314 年，67 岁的张三丰第一次登上陕西终南山，巧遇陈抟老祖的徒弟火龙真人，并有幸拜其为师。张三丰向火龙真人学习了大道，得到了地元、人元、天元三元丹法，更名玄素，号玄玄子。后来写了一首赞颂陈抟师祖的诗《陈希夷抟》：

　　　　浩浩希夷，守正怀奇。
　　　　不夸丹道，不露玄机。
　　　　不令人侧，只求己知。
　　　　华山高卧，吾师之师。

张三丰在终南山里住了四年，静心修道，结果功效寂然。火龙真人又传了他丹砂点化之诀，并让张三丰出山修炼。张三丰离开师傅时，为先生呈诗一首《终南呈火龙先生》：

　　　　白云青霭望中无，已到仙人碧玉壶。
　　　　拚却芒鞋寻地肺，始瞻大道在天都。
　　　　乾坤一气藏丹室，日月两丸曜赤炉。
　　　　实与先生相见晚，慈悲乞早度寒儒。

张三丰拜辞了恩师，离开了终南山，和光混俗，遍游大江南北，依旧往来于名山古刹之间。离开终南山时，张三丰的心境在他的诗《出终南二首》中表露无遗：

　　生平好善访仙翁，十万黄金撒手空。
　　深谢至人传妙诀，出山寻侣助元功。

　　一蓑一笠下终南，云自山清万象涵。
　　他日大丹熔炼就，重来稽首拜仙庵。

对于在终南山遇到恩师，张三丰感到非常高兴，并在后来的文章中记述他20多岁出家云游，到67岁才遇到真正名师的过程：

"玄素叹人生光阴有限，富贵无常，若风灯草露，存没倏忽，自古至今，比比皆然，深可惊省。以是日夕希慕大道，弃功名，撇势利，云游湖海，遍访名师，所授虽多，总皆旁门小法，行于身心，无所益也。考诸丹经，而又不合，与道乖违，徒劳勤苦，性命惶惶，不得一遇至人，以了生平之愿。

"延祐间，幸天怜我，初入终南，得遇火龙先生，询是图南高弟，绿鬓朱颜，俨乎物外神仙，春秋不知几许矣。玄素异之，礼拜师事，跪问大道。蒙师慈悲，鉴我精诚，初指炼己功夫，次传得药口诀，再示火候细微，与夫温养节度、脱胎神化、了当虚空之旨，无不一一备悉，真所谓'口口相传，心心相授'。得闻斯道，何幸如之。"

武当山上成大道

自遇到火龙真人又过十年，公元1324年，已是77岁的张三丰来到湖北武当山，当时山中是："百花争妍笑龙泉，苍松巍立火岩山，峰云山月映芝草，峭壁玲珑古洞天，高山无睹窥千谷，三阳开泰忆当年"，一片山林美景，使人心旷神怡。虽然山上的五龙宫、南岩宫、紫霄宫都毁于兵火，但张三丰断言："此山异日必大兴。"

张三丰在武当山中结庐修道，面壁九年，潜心调神修炼，终与道合真。他"跨鹤青天如大路，任他沧海变桑田"，始信有此出世之法，皆因广积阴功，累行方便，得遇至人而成。

1333年，张三丰在87岁时，体内结成了仙丹，同时修成了大道。张三丰在《丹成作歌》诗中对此做了记载：

　　洞里深藏太古春，心虚气静养元神。
　　直寻世外千年药，不染人间半点尘。
　　时饮蟠桃酒，时采灵芝根，如醉如痴气血生。
　　八两真铅汞半斤，月圆花现景难论。
　　捉虎擒龙挥易事，先天一气要殷勤。
　　火候分明度数的，十月功完脱圣真。

>凡愚何处求丹法？此是吾家不二门。

武当山,又名太和山、谢罗山、参上山、仙室山,古有"太岳""玄岳""大岳"之称。张三丰《太和山道成口占二绝》：

>太和山上白云窝,面壁功深似达摩。
>今日道成谈道妙,说来不及做来多。

>九年无事亦无诗,默默昏昏不自知。
>天下有人能似我,愿拈丹诀尽传之。

经过九年静修大道始成后,又到湖南、四川,隐显畅游了十来年。1343年左右,近100岁的张三丰从湖北回到了老家辽阳,祭拜了父母的墓地后到了燕京。经过80年的岁月,当年的公卿故交,已全部离开了人世。

张三丰在燕京的西山又碰遇了八十年前的老友邱道人,两人谈心话道,促膝参同,议古论今,并在西山把臂遨游。张三丰为这次欢聚赋诗《燕赵闲游晤邱长春遂同游西山》：

>天寒白日澹幽州,燕市重寻旧酒楼。
>新学疯狂为醉汉,故交豪杰已荒邱。
>驹光不似壶中日,蚁命犹如水上沤。
>我遇至人谈大道,西山晴雪共遨游。

所谓"至人",我们在第二章中谈到过,《黄帝内经》素问第一篇"上古天真论篇第一"将人分成真人、至人、圣人、贤人："中古之时,有至人者,淳德全道,和于阴阳……"

弟子沈万山

与邱长春分别后,张三丰去了陕西、四川等地,从湖北又转江浙,在南京,张三丰遇到了后来成为江南第一富豪、全国首富沈万山,收为弟子,授以丹道之法。沈万山,名进,字勋条,俗称万三。万三者,万户之中三秀,所以又称三秀。沈万山出生于1328年戊辰年九月十八日未时,做了张三丰的弟子后,自号三山道士。

张三丰在南京遇到沈万山后,写了两首诗记载了当时的情景。

《游金陵赠沈万三》：

>秦淮落落大渔家,看破浮云似暮霞。
>乘月泛舟沽绿酒,感君从我问丹砂。
>黄中妙理何人识？白下英雄此个夸！
>愿把赀财参道法,一堂妻子不咨嗟。

《别万山》：

>群雄扰扰尽征戡,我与先生把道谈。
>今日东南王气盛,他年晤子到西南。

写这诗的时间是元至正十九年，即1359年。从"今日东南王气盛，他年晤子到西南"一句看，当时诗中就预言了分别以后会在西南再与沈万山相见。1359这一年，张三丰112岁。在南京期间，张三丰访道观崇清寺，并在壁上题诗《南京道观崇清寺题壁》：

千古丹经载圣经，两言定静可延龄。
何须遍处求方术，致使妖书乱典型。

烟霞客抱长生诀，山泽臞游不老春。
谁与皇家谈此理，不修治道想修真。

现在人们在江苏昆山的古镇周庄就能够看到沈万山的故居。当地人认为，因为有了沈万三，周庄才成为江南著名的古镇。南京城墙的修建，沈万三也有很大的功劳，三分之一的城墙是他出资修建的。

沈万三后来出了事，差点性命不保。《明史·马皇后传》记载："吴兴富民沈秀者，助筑都城三分之一，又请犒军。帝怒曰：'匹夫犒天子之军，此乱民也，宜诛之。'后曰：'其富敌国，民自不详。不详之民，天将灾之，陛下何诛焉？'乃释秀，戍云南。"原来，《明史》说沈万三钱多，帮助朱元璋修城墙后，想再出钱慰问犒劳一下部队，在今天看来，这叫慈善捐款，而当时的皇帝朱元璋认为，你一个百姓拿钱来犒劳我皇帝的部队，属于乱民的作为，应该除掉你。好在有马皇后阻拦，于是把沈万三一家发配充军到了边远的云南。

据野史记载，是朱元璋想犒劳部队，召沈万三来说："我的部队有一百万人，如果有钱犒劳部队的话，每个人发一两就足够了。"皇帝没想到的是，沈万三二话没说，如数将一百万两银钱给了朱元璋。朱元璋看到沈万三没有一点为难处，深感诧异。由此推想，此人日后定成后患，一定要除掉。沈万三被要求捐款又被扣上了莫须有的罪名发配云南这件事，在明朝建国前10年，张三丰竟已在《别万三》的诗中写出来了。

明朝于公元1368年建国，到了1391这一年，张三丰在武当山写了《**将之云南先寄故人并序**》：

余自洪武二年己酉至二十四年辛未，居武当二十有三年矣。其间著丹经，舒清啸，晦迹韬光，云来鹤往。近闻沈三山得罪朝廷，徙于滇上，株连其婿余君，西南之约，吾其行乎？爰为作此，先慰天南海曲之迁戍者。

壶中日月洞中春，二十三年静里身。
遥知远徙云南客，蠢雨蛮风忆故人。

洪武二年己酉年是公元1369年，洪武二十四年辛未是1391年。自1369年到1391年的23年间，张三丰是从122岁到了145岁，这期间他一直住在武当山隐居，并留有《隐居吟》诗一首：

三丰隐者谁能寻，九室云岩深更深。

>   漠漠松烟无墨画，淙淙涧水没弦琴。
>   玄猿伴我消尘虑，白鹤依人稳道心。
>   笑彼黄冠趋富贵，并无一个是知音。

洪武二十五年，即公元1392年，张三丰如约去云南会弟子沈万三，离第一次两人相见已过去30多年，高兴之余，赋诗一首《滇南会沈子三山兼赠令倩余十舍》：

>   一家眷属小游仙，翁婿同居滇海间。
>   玉润郎君余十舍，冰清老丈沈三山。
>   都因象齿能为祸，未触龙鳞早犯颜。
>   今日我来齐度脱，大丹还胜大刀环。

张三丰在云南写的另一首诗，也反映了与沈万三一家相聚的欢快场面。《赠沈线阳、余飞霞两女仙》：

线阳仙女，薛真阳之高徒，沈三山之长女也。弱龄出世，父徙云南，忽来拜省，与余女同服大药，冲举而去。余女者，十舍令爱，西平侯沐春夫人，得母翁外丹之传。飞霞乃吾赐号也，尝有小传记之。

>   十舍非无子，三山亦有儿。
>   仙姑与妹女，阆苑两灵芝。
>   服我天元药，飞升昆明池。
>   老翁开眼笑，吾道属娇痴。

这首诗中的内容也很有趣，人们看到，不仅沈万三跟张三丰学道，沈万三的大女儿沈线阳当年三岁时丢了，却原来是一直跟着薛真阳学道，学得也很好，成为了高徒，现在跑回来见父亲了。沈万三的女婿是余十舍，余十舍的女儿余飞霞也是道中高手，张三丰很高兴地看到沈线阳和余飞霞服了他的天元丹药后的奇景。丹药分天元、人元、地元，这都是极其珍贵的外丹药。

诗中还透露了，沈万三被朱元璋发配到云南后，沈万三的外孙女成了西平侯沐春的夫人，而沐春是沐英的长子，沐英是朱元璋的开国名将，是朱元璋的义子。沐英死后，沐春继承了父亲的爵位，镇守云南。既然外孙女婿是云南王，外公被充军发配在云南的日子就不会太差了。

最奇特的是145岁高龄的神仙张三丰，又能写诗，又有徒弟一大家人与他在一起，其乐融融。

皇帝诏书无人接

史书记载，洪武十七年，即公元1384年，朱元璋派使者邀请137岁的张三丰入朝，三丰没有答应。第二年又强迫沈万三敦请，认为弟子必能劝动师傅下山，三丰依然没有答应，并赋诗一首《却聘吟·洪武十八年》：

>   流水行云不自收，朝廷何必苦征求。

　　　　　　从今更要藏名姓，山北山南任我游。

　　据《明史·方伎传》记载，虽然未请到张三丰，朱元璋依然对张三丰兴趣不减，于洪武二十四年，即公元1391年，又派士兵去武当山请张三丰下山，结果"觅之不得"。皇帝再三下诏，他硬是不去，颁诏的使臣也根本找不到他。

　　到了燕王朱棣（公元1360～1424年，朱元璋的第四子）于公元1403年继位后，他对张三丰也是非常感兴趣。永乐四年（1406年），大臣胡广对朱棣皇帝说，张三丰"深有道法，广具神通"。永乐五年（公元1407年），朱棣命一位与张三丰相识的大臣叫胡濙（yíng）的，带人去各地寻访张三丰。永乐十年（1412年），朱棣皇帝还亲自写了封《予张三丰书》，并召来张三丰的弟子孙碧云（公元1345～1417年），让他去找张三丰。信中写道："皇帝敬奉书真仙张三丰先生足下：朕久仰真仙，渴思亲承仪范。尝遣使奉香致书，遍诣名山虔请。真仙道德崇高，超乎万有，体合自然，神妙莫测。朕才质疏庸，道行菲薄，而至诚愿见之心，夙夜不忘。敬再遣使，谨致香奉书虔请，恭候雷车凤驾，惠然而来，以副朕拳拳仰慕之怀。敬奉书。"

　　这封信对张三丰非常客气，还自称"才质疏庸"，已经是降尊纡贵，给了张三丰空前的礼敬。这一年，张三丰已是165岁。但是张三丰依然没有奉诏，只是赋诗一首，让他的弟子孙碧云转交朱棣皇帝。

《答永乐皇帝并书》：

　　皇帝陛下，福德无疆。臣本野夫，于时无益。荷蒙宸翰，屡下太和，车马数驰，猿鹤相讶。付愿陛下，澄心治理，屏欲崇德，民福主福，民寿主寿。方士金石，勿信为佳。恭进一诗，乞赐一览。外附口歌三章，皆系山人祛欲修身之道，毋视为异术，则臣幸甚。

　　　　　　地天交泰化功成，朝野咸安治道亨。
　　　　　　皇极殿中龙虎静，武当云外鼓钟清。
　　　　　　臣居草莽原无用，帝问刍荛若有情。
　　　　　　敢把微言劳圣听，澄心寡欲是长生。

《答永乐皇帝》：

　　　　　　天机不可轻轻泄，犹恐当今欠猛烈。
　　　　　　千磨万难费辛勤，吾今传与天地脉。
　　　　　　皇帝寻我问金丹，祖师留下长生诀。
　　　　　　长生之诀诀何如？道充德盛即良图。
　　　　　　节欲澄心澹神虑，神仙那有异功夫。

《托孙碧云转奏书词》：

　　　　　　圣师亲口诀，明方万古遗。传与世间人，能有几人知。
　　　　　　衣破用布补，树衰以土培。人损将何补，阴阳造化机。
　　　　　　取将坎中宝，金花露一枝。庆云开天际，祥光塞死基。

归已昏昏默，如醉亦如痴。大丹如黍米，脱谷证无为。
优游天地廓，万象掌中珠。人能服此药，寿与天地齐。
如若不延寿，吾言皆是非。金丹重一斤，闭目静存神。
只在家中取，何劳向外寻。炼成离女汞，吞尽坎男精。
金丹并火候，口口是元音。

张三丰受明朝代历代皇帝的推崇不可谓不厚，然而，张三丰认为，帝王自有帝王之道，不能用道家的金丹金液来分散励精图治的心思和志向。古来方士们之所以酿祸，都是因为游仙入朝，想作为获利的阶梯。

敕建武当山

四处寻访不到张三丰的朱棣，带着无尽的遗憾。

明朝的时候，道教的事情归朝廷的礼部分管。永乐十年（1412年）二月初十日，朱棣的大臣礼部尚书吕震在奉天门宣读圣旨："道录司右正一孙碧云，着他去武当山南岩办道修行……若是他要去天下名山福地，修行云游，都随他往来自由，不要阻挡，钦此！"这道圣旨，把张三丰的弟子孙碧云派到了武当山驻守，让他继续寻找张三丰。

就在同一天，朱皇帝又给孙碧云颁旨《敕道士孙碧云》说："今特授为道司右正一，不拘以职。"这就是说六品官职的右正一，不必在道录司任职。还不到一个月的时间，在三月初六日，永乐皇帝又颁旨《敕右正一虚玄子孙碧云》，内容一是张三丰在武当鹤驭之处，建筑道场；二是在靖难中，为有显佑功劳的北极真武大帝修建宫殿。故命孙碧云，"尔往审度其地，相其广狭，定其规制，悉以来闻，朕特卜日营建，钦哉。故敕。"

1412年七月十一日，大臣隆平侯张信上奏，武当山大顶上出现了"五色彩云"，此为吉瑞之兆。听到张信的奏报，群臣立刻一片恭贺，正在北京全力兴建紫禁城的朱棣，颁诏修建武当宫观，下旨工部侍郎郭琎（公元1371～1447年）、隆平侯张信（公元？～1444年）、驸马都尉沐昕（沐英的小儿子）等承办其事，并征招工匠三十余万人正式开始营建。这次敕建，包括八宫二观、三十六庵堂、七十二岩庙，十二亭和三十九座桥梁等庞大的道教建筑群。其中最著名的是金殿，所谓金殿，就是一个铜铸的建筑，耸立于天柱峰顶，故又称金顶，十分壮观。永乐十五年（1417年），金殿兴建完工，朱棣下旨：

"武当山古名太和山，又名大岳，今名为大岳太和山。大顶金殿，名大岳太和宫。"

朱棣又分别给新建的五个宫殿赐名："玄天玉虚宫、太玄紫霄宫、兴圣五龙宫、大圣南岩宫、大岳太和宫"。永乐十六年（1418年）十一月，武当山宫观主体建筑全部完成，朱棣亲自撰文纪念："十二月丙子朔，武当山宫观成……上亲制碑文以纪之。"以后，又补充修建了大小宫观十余处，永乐十七年（1419年），朱棣下令建静乐宫，一直到永乐二十二年（1424年），武当山宫观建筑群才全部竣工。

至此，张三丰1324年77岁时在武当山讲的"此山异日必大兴"的预言，100年后在他177岁时已完全实现了。

在修建武当山宫观的过程中，张三丰经常出现在武当山的建设队伍中，只是没有人能认得出来；这期间，他的徒弟孙碧云去世。永乐十五年（1417年），孙碧云对门人说："教门已兴，吾将往矣。"第二天，他更衣沐浴，焚香遥空礼谢，端坐而逝。三位钦差，营建武当山工程的主要负责人，驸马都尉沐昕、礼部尚书金纯、工部侍郎郭琎，闻讯后都悲伤哀悼不已。

在中国历史上，虽然崇道的皇帝不少，但皇帝为一名道士大兴土木，建造宫观，并塑像祀奉，派官员洒扫的事情，却不多见，武当山宫观的修建，使张三丰的声誉响彻海内。

真仙的仙诗

自永乐十四年即1416年后的40来年（1458年，212岁），已看不到张三丰事迹的记载，但从留下来的张三丰诗词中，依然能看到真仙的踪影。

《入蜀》：

> 剑门雄壮蜀山高，飞去飞来鹤亦劳。
> 万点苍尖分历落，千重碧嶂几周遭。
> 时时牧笛吹秋草，处处樵风吼暮涛。
> 最爱峨眉峰顶月，清晖白上道人袍。

《栖云庐望大峨留月庐作》：

余阅山水多年，所尝留意者蜀之大峨、楚之武当，因各构一庐为往来栖真之所。出则青鸾万里，入则白云一窝，佳夕澄清，在武当栖云庐望大峨留月庐作此。

> 楚蜀频来自往还，结庐高卧两名山。
> 静中偶动仍非静，闲里能安乃是闲。
> 只候紫书来阙下，细研丹诀度人间。
> 武当夜对峨眉月，遥忆吾徒已闭关。

从上面这两首诗中可知，张三丰得道成仙后，经常往来于四川峨嵋、湖北武当两山之间。青鸾，是古代传说中凤凰一类的神鸟。羽毛颜色赤色多一些的为凤，青色多一些的就为鸾，多被用作神仙的坐骑。看来真仙张三丰的交通工具是仙鹤与青鸾。

《晚步咸阳》：

> 天边飞雁排云表，我亦长吟咸阳道。
> 咸阳古道草迷离，百代王侯尽枯槁。
> 西行万里多感怀，人生岂若神仙好！

　　　　　　　任他沧海变桑田，鹤貌松姿长不老。

《闲眺》：

　　　　　　　山借云霞藏峻骨，水将舟舫送行人。
　　　　　　　乾坤一览饶吟兴，造物原来各有因。

《归去来》：

　　　　　　　归去来兮归去来，蓬宫云散月华开。
　　　　　　　身骑黄鹤九千里，到此丹台半夜才。

以上几首诗，都是张三丰描写自己神仙生活里自由自在的情景。

《重九日与回翁及蓝养素、白玉蟾同游峨眉》：

　　　　　　　雨后飞行上大峨，尘寰下视瘴烟多。
　　　　　　　群真雅集成高会，万里空明各放歌。
　　　　　　　鹤啸入云蓝板和，鸾鸣通汉白车过。
　　　　　　　独余吕老无词曲，挥剑穿崖笑擘窠。

　　张三丰的这首诗，说得是某年的九月重阳与其他三位神仙一起在峨嵋山的情景，更不容易被现代人所接受，可张三丰就是这么详细记载了他们的欢聚。这里的回翁是指吕洞宾。吕洞宾在尘世中度人时，将吕字中的两口变形回字，自称回翁。蓝养素，唐代真人，为八仙之一蓝采和。白玉蟾（公元 1194～？），南宋真人，世称南宗第五祖。张三丰与他们联诗唱和时，吕、蓝的岁数大张三丰 600 岁。白玉蟾长张三丰 53 岁。然而，还记得前文张三丰记录公元 1314 年 67 岁时见到火龙真人时的说法：火龙真人"春秋不知几许矣"。当年他拜师不知师的年纪，后来张三丰给世人留下的也是"春秋不知几许矣"的惊叹。

皇帝的诰命

　　公元 1459 年，明天顺三年，明朝第六位皇帝明英宗朱祁镇（公元 1427～1464 年）得知头一年，212 岁的张三丰去世了，于是特下敕封诰命，封张三丰为"通微显化真人"。

　　明天顺皇帝敕封诰命说：

　　　　奉天承运，皇帝制曰：朕惟仙风道骨，得天地之真元，秘典灵文，集阴阳之正气。顾长生久视之术，成超凡入圣之功。旷世一逢，奇踪罕见。尔真人张三丰，芳姿颖异，雅志孤高。得仙箓之秘诀，饵金鼎之灵膏。去来倏忽，实得造化之机；隐显微芒，吻合乾坤之妙。兹特赠尔为通微显化真人，锡之诰命，以示褒崇。尚期指教，式惠来英。天顺三年四月十三日。

宝诰一

　　　　元朝名士，天师后昆。鹤骨珊珊，龙髯拂拂。非百里之小才，得一官而勇退。出辽东而访道，入终南而遇师。笠穿衲敝，寒暑不侵；果熟丹成，纵横自在。托歌词而谈道,响彻云霄;藉尘垢而隐真,人称邋遢。玉枢宣诏,金殿飞身。玄妙无方,隐显莫测。大忠大孝大慈大悲南极会上群仙领袖玄玄演正武当继武真君。

宝诰二、宝诰三、宝诰四（略）

宝诰五

　　玉虚上相,金阙高真。德畅人神,经开井鬼。广三千之功行,醒亿万之沉迷。昔从元岳而成真,今继玄天而阐化。扶正教无党无偏,辟旁门有声有色。诛杀乾坤之方士,挽回道德之宗风。指先天而对月,招后进以升云。道妙无方,玄微莫测。至灵至圣至大至尊体合自然神凝般若三教真宰一气权衡参法天师洞玄帝君犹龙六祖隐仙寓化虚微普度天尊。

诰书,是皇帝封赠官员的专用文书,从"明天顺皇帝敕封诰命"中人们看到了 550 年前的皇帝敕封诰命文书的样式,以及诰命里将张三丰的生平、修炼的事迹,以及张三丰的见解、主张、外号等,都叙述得非常详细。

张三丰的回复

明英宗皇帝在 1459 年赐号张三丰为"通微显化真人",五年后的 1464 年 2 月 23 日,明英宗已经离世了。奇特的是,张三丰在 100 年后,竟自己写了篇文章予以回复,真是匪夷所思的事情。

自题《勅封通微显化真人诰命》后跋：

　　从古称真人者,必须外达真气、内涵真心、入有真操、出有真守,实之而得。夫真道,弃世而不恋世,避人而不见人,不为势利所羁勒,不以黄白欺世主。岂若方术之士,谬邀锡命而不自怍乎！由汉迄宋,其间明元机者,如吾尊崇之八遁,清风峻节,或逃名,或却聘,或功成勇退,或世衰遁藏,其怀真不露,奚常以长生药炫朝廷哉！余幼耽元理,晚得真诠,狂放自如,实厌流俗。窃以真人真君,锡自上帝者为宝,人间敕封何足贵哉！夫惟天顺皇帝,亦明亦决,庙讳英宗,赐我诰命,乃受承之至。若成化、嘉靖之间,番僧札巴、妖僧继晓,封国师、禅师,方士则邓常恩、李孜省、邵元节、陶仲文、唐秩、刘文彬,以及羽流数百,均系阿比宵小,设诡贪奸,妄称法师,普号真人,泛滥无涯,笑骂史册。当是时,砆砆（wǔfū）乱玉,鱼目混珠,决不受此诰也。厥后或诛或罢,追夺前封,殆无遗匿,快哉乐哉！岂非上帝郑重勅典,不肯与人间滥予匪徒,而默削其浮名也哉？ 大元遗老三丰道人书。

之所以说这是明英宗皇帝 1459 年赐号张三丰"通微显化真人" 100 年后张三丰自己写了文章予以回复,原因是文中提到了明成化年间（公元 1465～1488 年）,明嘉靖年间（公元 1522～1566 年）。1563 年对比 1459 年,已有 104 年了,此时,张三丰也已 316 岁了。

是不是由于有了这篇"自题《勅封通微显化真人诰命》后跋",使得就在这一年,即嘉靖四十二年秋(1563年),明世宗皇帝(公元1507～1566年)赠封张三丰为"清虚元妙真君"呢?据史书记载,晚年的明世宗皇帝,听到张三丰显化南京的消息,遍索其书,得到了《玄要篇》。阅读后感叹地说:"我朝真仙也。"于是封张三丰为"清虚元妙眞君",并勒于张三丰旧栖处建"清虚观",来祭祀这位神仙,"清"是在说不染于物,"虚"则是说与太空同体。

小徒竟是清代人

张三丰给小他417岁的清朝徒弟汪观察汪梦九(公元1664年～?)写了许多诗词,比如:

《大峨遇梦九观察口占赠之》:
>上界神仙吏,人间大隐来。
>为民祈雨降,何日御风回?
>石向蓬山卧,桃会阆苑栽。
>功成归去好,早早炼灵台。

《题梦九院中》:
>小乾坤里大乾坤,中有吾家不二门。
>劝汝世间求道客,休从尘海走浑浑。

《示梦九》:
>得剑除烦恼,弹琴引静机。
>道心从此悟,流水过渔矶。

《重游剑南歌》:
>剑南自汪观察去后,余不到嘉州又一百年矣。近观少微星朗照乎凌云乌尤青衣长乙之间,爰作重游剑南诗,以志访焉。
>化鸾化鹤化云烟,又化渔樵与老仙。
>隐显遨游度有缘,少微星照九峯巅。
>或寻崖谷咏诗篇,或观水石弄溪泉。
>或骑黄犊来山前,或抱青琴坐松边。
>不知不悔住林园,不忮不求养性田。
>是皆处士与高贤,我愿访之共周旋。
>妙绝青衣古洞天,峨眉一气相钩连。
>倒拖铁杖寻幽偏,中有数人谈自然。
>快哉乎!不到剑南今百年,再来犹是张玄玄。

唐朝时,将全国划分为十大部分,称十道,剑南是其中的一道,地方在现在的四川绵竹。嘉州即今四川省乐山市。汪观察,名叫汪锡龄,字梦九,生于康熙三年甲辰年(公元1664年),是张三丰的徒弟。观察,是清朝官职的名称。

张三丰的徒弟汪观察汪锡龄,在清朝雍正元年(公元1723年),将所藏张三丰"丹经二卷，诗文若干篇"及所记"祖师显迹三十余则"，辑成《三丰祖师全集》藏在家中，这一年，张三丰已476岁了。

这样计算年龄必不准确，还是一句"春秋不知几许矣"，比较能说明真仙张三丰的年龄吧。

如果按照前文所述道家、佛家三界观的说法，真仙张三丰则是修到了欲界、色界、无色界三界中的第二界，是色界天里最高的四禅天的境界了。这也印证了那首诗：三十三天天重天，白云里面有神仙，神仙本是凡人做，凡人三丰修成仙。

所以，人们说到真仙张三丰时，总是说他：生于元，游于明，神行于清，六百年来不随物化，历世既久，仙迹多著也。

奇哉，真仙。

妙哉，世间真有神仙？

第二节　真人张三丰之说

上面说到张三丰寿命之长，作为现代人是无法理解和接受的。

在公元1247年张三丰出生时的270年前，宋朝的第二个皇帝宋太宗赵炅（jiǒng）（公元939～997年），下令李昉、扈蒙、李穆等12人编纂了《太平广记》一书。编纂正式开始于太平兴国二年（977年），第二年完成，因成书于宋太平兴国年间，和《太平御览》是同时编纂，所以叫做《太平广记》。

全书有500卷，取材于汉朝至宋初的野史小说及释藏、道经等及以小说家为主的杂著，属于类书。从内容上看，收的最多的是小说，可以说是宋朝之前的小说总集。其中有不少书现在已经失传了，只能在本书里看到它的遗文。许多唐朝和唐朝以前的小说，就靠《太平广记》保存了下来。书中关于神仙、女仙的故事有七十卷，且排在全书的开头，书中有许多活了几百岁的人物。比如，孟岐是清河的一位隐居的高士，有700岁；琴高200岁；周穆王140岁；东方朔200岁。对于这些书中的高寿人物，现代人是不会相信的。因此，张三丰究竟活了几百岁，人们不用计较。

从张三丰的诗文中，人们看到，无论是他隐居武当山的时候，还是在其他时段，都有著丹经的经历和记载，并有许多著作流传至今。

公元1413年永乐十一年的秋天，也就是朱棣皇帝在武当山大兴土木的第二年，166岁的张三丰写成《玄要篇》一书，自序说："……玄幸荷天庇，得以有成，虽不敢妄泄真传，亦不敢缄默闭道，因是作为修炼内外金丹歌论诗词，编次成录，以觉后学，名曰《玄要篇》。其行道之功夫，与得道之口诀，及成道之旨趣，诚无有切于此者矣。"传自张三丰祖师的《玄要篇》，抉道之奥，搜道之髓，实万世之元秘，学道之正鹄也。《玄要篇》上下两篇，主讲丹诀，内容宏大。

三教同一观

元朝时有儒士论及三教，说佛家是黄金，道家是白玉，儒家是粮食，指出金玉虽贵，但有它无多，无它不少，而社会不可一日无粮。这个视佛道如金玉的比喻背后隐藏着对佛道的贬斥。

张三丰倡导三教同一，他只承认有正邪之别，否认有三教之分，"古今有两教，无三教"。

张三丰认为所谓三教不过是创始人不同而已。他说，儒佛道都讲道，它们的社会功用都是"修身利人"，"儒离此道不成儒，佛离此道不成佛，仙离此道不成仙"，儒家"行道济时"，佛家"悟道觉世"，道家"藏道度人"，同孔子一样，老子所传的也是"正心、修身、治国、平天下"的理论。儒家修养人道，道家修炼仙道。

张三丰把二者联系起来，以修"人道"为炼"仙道"的基础，强调无论贵贱贤愚，老衰少壮，只要素行阴德，仁慈悲悯，忠孝信诚，全于人道，离仙道也就自然不远了。

张三丰巧妙地把道家的内炼思想同儒家的道德学说牵合在一起，说："人能修正身心，则真精真神聚其中，大才大德出其中。"这些说法较先前的道教宗师可谓别具一格。

张三丰说："孔子'绝四'，老子'抱一'，牟尼之'空五'，皆修己也；孔之'仁民'，老之'济世'，牟尼之'救苦'，皆利人也。修己利人，其趋一也。彼世人之别为孔、老、牟尼者，盖以名分，不查实也；抑以形分，不按理也。"可见，三教的宗旨都是"修身利人"、"修己利人"，所以说三教是同一的。

张三丰说："夫道，中而已矣。故儒曰致中，道曰守中，释曰空中。而内丹之所谓中，窍中之窍也。窍中之窍，乃真中也。余独概夫世人之不识中也，或求之九宫之中，曰泥丸，而不得也；或求之脐下一寸三分，曰丹田，而不得也；或求之心脐相去八寸四分，而以中一寸二分为中，与夫两肾之间，前对脐轮，而不得也……"

五德说

张三丰还别出心裁地给儒家倡导的仁义与道家炼丹的铅汞画上等号，称"仙家铅汞即仁义的种子"。他认为，道家五行的木火土金水、儒家五德的仁义礼智信和人体五藏的肝心脾肺肾是一一对应的。

他在《五德篇》中说："仁属木也，肝也；义属金也，肺也；礼属火也，心也；智属水也，肾也；信属土也，脾也。"人生有五德，人身有五藏，天地有五行，皆缺一不可。无仁者，必无养育之念，其肝已绝，而木为之槁枯；无义者，必无权宜之思，其肺已绝，而金为之朽钝；无礼者，必无光明之色，其心已绝，而火为之衰熄；无智者，必无清澄之意，其肾已绝，而水为之昏涸；无信者，必无交孚之情，其脾已绝，而土为之分崩。

所以说，"为人者，必先有心之五德，而后有身之五藏。仁不绝，肝气生；义不绝，肺气平；礼不绝，心气明；智不绝，肾气灵；信不绝，脾气醒。德包乎身，身包乎心，身为心用，心以德明。是身即心，是心即身，是五德即五藏，德失藏失，德成身成，身成藏成，而后可以参赞天地之五行"。

真人悟真

我们说张三丰是真人，明朝皇帝也说张三丰是真人。在《黄帝内经》素问第一篇是这样定义真人的："黄帝曰：余闻上古有真人者，提挈天地，把握阴阳，呼吸精气，独立守神，肌肉若一，故能寿敝天地，无有终时，此其道生。"

寿敝天地，无有终时的真人张三丰也谈过"真"，悟真：

> 世人皆欲悟真，而悟之不真，非悟也，真之不悟，非真也。今即字义解明之。

> 悟者，觉也，求也；真者，实也，正也。夫人知之也，岂知"悟真"二字，书义亦深乎？悟从"吾"、"心"，先当以修心为本。太上云：'吾从无量劫来，观心得道'是也。

> 真者何也？《六书》云："人受气以生，目最先，神之所聚，无非实也。"故从"目"从"匕"。匕者，化也。又从"丌"，丌（qí）者，气之形也。可知欲炼道者，须先炼目，炼目乃能聚气，炼目即可收心，所谓"机在目"者是也。识得此机，便见真机；识得此机，便知息机；识得此机，便入妙机。悟如是、真如是也，请以告天下之悟真者。

真字

《无根树》词

张三丰在武当山上留下了一首讲说丹道的名篇《无根树》词，世人将它看作是修道的阴阳丹法。

人们认为，清静丹法是阴阳丹法的根基，没有清静丹法的修炼，无法修持阴阳丹法。清静丹法的修炼可使精全、气足、神旺，并有炼己持心的心性修养，这对于阴阳丹法来说，尚属"内药养性"阶段，使自己的元神养得充足。而阴阳丹法的目的是"外药立命"，通过采得彼家灵铅而点化此身。没有清静丹法的功底，就没有资格进行阴阳双修。清静丹法中的导引、行气、辟谷、胎息功夫、炼己境界都是阴阳同修的基础。我们前文说的许多内容，也都是清静丹法的内容。

而张三丰真人写的《无根树》词，是以树喻人。凡树都有根，有根之树才能生发，树若无根，必不长久。人生在世，生老病死，百年岁月，石火电光般过去，亦如树之无根。以无根树为名，叫醒世人，使其看破浮生梦幻，早修性命。这里摘录《无根树》词二十四篇中的三篇：

（一）　　无根树，花正幽，贪恋荣华谁肯休。
　　　　　浮生事，苦海舟，荡去漂来不自由。
　　　　　无边无岸难泊系，常在鱼龙险处游。
　　　　　肯回头，是岸头，莫待风波坏了舟。

（二）　　无根树，花正微，树老重新接嫩枝。
　　　　　桃寄柳，桑接梨，传与修真作样儿。
　　　　　自古神仙栽接法，人老原来有药医。
　　　　　访名师，问方儿，下手速修犹太迟。

（二十四）无根树，花正无，无影无形难画图。
　　　　　无名姓，却听呼，擒入中间造化炉。
　　　　　运起周天三昧火，锻炼真空返太无。
　　　　　谒仙都，受天符，才是男儿大丈夫。

张三丰说："无根树者，指人身之铅气也。丹家于虚无境内养出根株，先天后天都自'无'中生'有'。故曰：'说到无根却有根'也。炼后天者，须要入'无'求'有'，然后以'有'投'无'；炼先天者，又要以'有'入'无'。然后自'无'返'有'。修炼根蒂，如是而已。二十四首，皆劝人无根树下，细玩仙花。"

从《无根树》词中，人们看到从清静丹法修炼到了阴阳丹法后，道家是不主张旷夫怨女地修炼，而是推荐夫妇俩同时修炼，会大有裨益。这个观点，从张三丰的下面这首词中说得更为明白。

《赠李圆阳混元仙曲》：
　　　　圆阳道士真游戏，访道抛官如敝屣。
　　　　八年失偶梦孤栖，夜凉铁枕寒鸳被。
　　　　看容颜白了髭须，论年华犹馀生意。
　　　　我劝你，早觅黄婆，娶个娇妻。
　　　　男下女，颠倒坎离。雄做雌，调和神气。
　　　　天台仙子的温柔婿，张果老儿的美丽妻。
　　　　美丽妻，温柔婿，洞房中不知天地。性情交感，命共眉齐。

浑浑沦沦，那时才见你真心；恍恍惚惚，那时才见你真意。

这道情，是你的初步仙梯，笑呵呵，传与你，三丰道人走笔题。

这首词曲，描写了偶谐三昧，及幻住解脱法门，可谓函盖无余，神妙破的，叹为观止。

劝世人整修长辈坟墓

说清静丹法也好，谈阴阳丹法也好，都使我们这些现代人觉得陌生和玄奥。人们来看张三丰谈的一件与人们密切相关，很实用又易操作的事情，其实也算是风水中的一件非常实际的，帮助人们调理生存环境的办法，是谈祖宗的居室问题。

尝思屋舍为生人之宅，坟墓乃亡人之家。瓦漏墙圮（pǐ），风雨飘洒，生人不能安也；土崩椁坍，蚁入虫钻，亡人奚以安乎？今劝世人各培祖墓，有才量独任其功，福之来也已受；无措施自出其力，灵之妥也荫随之。勿恤钱财，勿惰心力，家业素丰者，须知今日之荣耀，仍是祖人之遗留；家道崛起者，须知今日之亨通，仍是祖人之子孙。

于我何功？于我何德？生前衣我食我，高厚之恩难酬；死后朝思暮思，泉壤之地宜切，世世培修，尔之子孙还厚尔；年年补葺，神之善报益觉神。不信者，天、贫、死绝、寒微；诚信者，寿、富、安康、贵显。尝见佳城冷落，即知后世荒凉。石碣卧寒烟，子嗣颓（tuí）颓者几姓？荒邱埋腐草，儿孙堕败者孑（jié）家！人孰无情！谁能遣此！

吾今说个常情，尔当明其道理。讲风水者培沙枝，观瞻尚取其包护；修墓基者为台砌，地脉尚不肯伤残。而且寻常百姓之家，甫葬先骸之日，两旁密种疎（shū）篱，一抔（póu）勤累土石。如何前日经营，忽到后人荒废。今谕尔等，人人拜扫，好土宜加；岁岁游观，恶木宜拔。斯坟头无缺陷之害，脉气弥蒸；佳城有茂草之生，树根安入。祖灵安妥，贤嗣繁昌。若违吾训，定遭神谴。

这一劝导，是让人们在每天清扫自己居室的时候，莫忘了每年至少要去清扫一下自己祖宗的居室，这就是生前孝，身后还要孝的忠告，这是对祖宗和自己都有益的方法。

医药篇

再看张三丰教人怎样看病，怎样行医：

医之为道也，能活国亦能病国；药之于世也，能活人亦能杀人。不可不慎其术也。中有理焉，学之无尽，行之无穷。药分君臣佐使，病分虚实旧新，凡医士皆能言之，而能知之者罕也。

圣贤学问精而志气益下，道德高而心怀益谦，操歧黄者亦宜如是。不可自轻，不可自误，不可自欺。自欺欺人，自误误人，自轻轻人，其罪集于乃躬也。故此道立功易，取过亦易，积福难，招祸不难。

欲求有功无过，有福无祸，则必兢兢自持，脉理微细，浅学难知。

今劝尔医士，入病人之榻，先问从来，勿以药试人也；今劝尔病家，对医士之前，先明原故，勿以命试医也。以命试医咎在己，以药试人咎在医。更宜扶危急莫高身价，救困穷莫计金赀。能洞见其症候者，即行拯拔，不能见其症候者，以候高明，则积稳诚之善也。更劝汝儒学者流，多考灵方，细研医旨，勿秘勿妄，利己利人。

真人谈神仙

人们对神仙都非常有兴趣，到底什么是神仙，神仙是什么样子？真人张三丰作了神仙后，写下《玄音篇》谈神仙：

玄学以功德为体，金丹为用，而后可以成仙。仙品有五，实言之则只四。

一曰人仙。人仙者，炼元精而补元气，已培修仙之本，然能养健，不离生死，此人中仙也。

一曰地仙。地仙者，炼元气而结内丹，已无漏通之患，然可陆行，不离尘埃，此地中仙也。

一曰神仙。神仙者，炼元炁而化元神，已有神通之妙，水火无害，又名水仙；炼神还虚，即天仙也。

是故天仙而下为神仙，神仙而下为地仙，地仙而下为人仙，人仙而下，则有鬼而无仙也。鬼者纯阴，仙者纯阳，人得半阴半阳，则不离乎生死，缺阴之半则成仙，缺阳之半则成鬼。故人在可仙可鬼之中，亦暂在可仙可鬼之中，欲逃出可仙可鬼之中，即当住天仙、神仙之中。

回头识岸，撒手离尘，丹经万言，总在自己，认己为他，即落旁门。前圣遗书，亦须善玩，非金非石，非汞非铅，非炉非鼎，非女非男，非日非月，非坤非乾，非公非母，非龙非虎，非乌非兔，非牝非牡。玄在何处？玄在玄处。妙在何处？妙在妙处。我有真传，不敢妄言；人有真情，亦不闭门。广积阴功，始为仙品；广行方便，始是仙基；广修因果，始是仙根。若得是人而求吾道，吾愿与说最上乘法，指点微言，必如拨云雾而见青天，长啸而去。

此篇指陈仙品，明明朗朗，惟望人积阴功而求真传，则神仙之道实不难至也。

真人张三丰留下的文献，讲了他如何修身、修行、用德以及劝世的理论和体会，也透露了身体力行地验证老子道德理论而实修实证的体会与结果，使人们既能了解了张三丰的理论与实践，并通过张三丰对中国文化里道家所言的成仙成道，得以一窥究竟。

第三节 太极张三丰之谜

本书写王羲之的故事，是在谈文。

本书写张三丰的故事，是想说武。

现代人所了解的张三丰，多是从小说、电影、电视剧中知道张三丰创立了武当派，张三丰创立了五当派中的太极拳法，太极剑法。认为那奇妙通玄的太极拳法，是张三丰给人们留下的一个宝贵财富。

相传张三丰真人修道武当山时，一天，真人在武当后山洞里闲坐时，听见外面有喜鹊的叫声，他循声走出洞来，发现一条蛇和喜鹊正在"缠斗"。当喜鹊攻击蛇的头部时，蛇以尾部来还击它；喜鹊攻击蛇的尾部时，蛇用头来攻击喜鹊；喜鹊攻击蛇中部时，蛇的头部和尾部一齐来夹攻喜鹊。最终，想吃蛇肉的喜鹊只好落荒而逃。看见这种情景，张三丰似有所悟，这难道不就是我反复参悟的太极阴阳互变道理吗？太极的道理就在自然之中，自然、和谐、阴阳互变。没有什么比这自然的东西更好的了。于是，张三丰真人顺其自然变化的道理，结合他修炼的内丹功力，以道教所传太极阴阳为体，五行八卦为用，河图洛书为经、八卦与九宫为纬，合成太极拳术五行八卦十三式，突出"以武演道，以道显武"的特点。

人们普遍觉得像太极拳这样融合了道家的"以柔克刚""以静制动""后发制人"等诸般至理的拳法，若非张三丰这样的道家高人是决计难以发明出来的。太极拳法通俗易学，然而却能由浅入深，引导人们从简单的拳法中体会道家的至理，并能克敌制胜，以弱胜强，确实是道家理论和实践相结合的光辉范例。

以上就是张三丰发明太极拳的过程，也是人们为张三丰发明太极拳而创作的发明过程。

世传张三丰所创的太极拳法、武当武功，现代已经风行世界，被人们看作修炼之初的动功导引术。通过习武可以强骨、实髓、开脉、祛疾、健身、筑基。武术家有"依武入道"的说法，近代形成的内家武术，如太极拳、八卦掌、形意拳等，无不受益于道家修炼之学、养生之道，因此，已将拳技看作助道行功之术。

太极图与太极器官

我们在伏羲的故事中，了解了太极图图形的形成道理，即是由对二十四节气的太阳投影线段的连接而成。

我们在黄帝的故事里谈到五藏、经络时，引用了无名氏先生对人体内观、内证的成果，说到"五藏这五个宝库中，出现了两类以'象'为最主要特征的物质，一类是魂魄，即三魂七魄；一类是以五灵为主的五神形象，青龙、朱雀、凤凰、白虎、玄鹿。这些都属于'无'物质的内容。"

通过内观、内证的观察，无名氏说，人体中除了三魂七魄等"象"器官这种"无"物质外，还有一种数量极大、在人体中普遍存在的更基础的"无"物质的器官，叫作"太极器官"。因此，人体中存在着"象"和"太极器官"这两种形式的"无"物质。

无名氏对药物的具体体验和内观、内证结果的论断是："中药在人体内，能够产生太极器官、黑洞、阴阳物质等。"

古人将人体中普遍存在的"无"物质的内容，多用气、炁等词汇来描述，现代人将人体中普遍存在的"无"物质的内容用"器官"来描述，"器官"这个词是不是更形象、更具体一些呢？因为人们认为气是看不见、摸不着的，器官总觉得是可见、有形、有质的。然而三魂七魄等象器官、这里谈的太极器官，依然还都是在描述人体中普遍存在的"无"物质内容。

那么，什么是人体中的"太极器官"呢？

太极器官的形态是圆球体、椭圆体，太极器官的运动以旋转运动为主，构成太极器官的无物质主体主要是真气、光、五行、阴阳等，它在人体内的运动位置是相对固定的，因而把这种圆球体旋转运动为主的无物质结构，叫作太极器官。

总结太极器官的主要特点有：

1. 太极器官是人体中普遍存在的生命物质结构，在人体中无处不在。——这是指存在的**空间位置**。

2. 观察到大的太极器官，直径接近一尺；小到人体的基因那么小的物质层次，仍然有太极器官在运动。——这是指**大小**。

3. 太极器官主要是圆球体或者近圆球体的结构。——这是指**结构状态**。

4. 太极器官内部有多种构成部分，至少包括两部分以上；古代的研究者一般把太极器官分为阴阳两部分。——这是指**数量**。

5. 太极器官由多种复杂物质构成，有真气、有光、有精等。——这是指**内容**。

6. 太极器官的运动比较复杂，有的甚至有多种运动方向和多个运动方式。比如穴位，至少有逆和顺两个运动方向。运动方式，有数链的链条式运动，有精气的流水式运动，还有光和真气的轨道式运动。但是，太极器官的运动以旋转为主，圆和旋是太极器官最重要的两大特点。——这是指**运动形态**。

7. 太极器官有一个重要特点，就是具有太极图中的"鱼眼"。——这是指**关键点**。

8. 太极器官有自己的衍生和运动程序，它按照大易规律运行。这说明太极器官有自己的"软件系统"。——这是指**运动规律**。

总结太极器官的形式与分类有：

银河系、太阳系、二十八星宿都是超大的太极器官，这些大的太极结构，是"有和无"的合一。人们生活在太阳系内，人体中存在着太极器官，人们的周围空间也广泛存在着太极器官，这些太极器官中，大的星体，人们都能看到，除此以外还有许多内容，有的是人们能够看到的，大部分内容人们看不到。

但是，据说有所谓天眼开启的人，能通过天目的位置看到自然界中存在着的阴阳旋转运动着的太极图或太极器官；在深度宁静的状态时，甚至还能看到河图、洛书，卍万字符图形等等。但是，这些说法还没有经过现代科学的验证。

我们人体的肉眼具有三大特点：见前不见后，见明不见暗，见现在不见过去未来。据说，天眼则不同，通过信息能看见物体，不受光线、时空的限制。只要有信息，可以超越时、空地"看到"。

释迦牟尼佛在《金刚经》中说：如来有肉眼，如来有天眼，如来有慧眼，如来有法眼，如来有佛眼。说明"眼"有五个层次。

不同的太极器官在人体中的功用不同，人体的三个丹田，是人体中最重要的、处于控制地位的太极器官，它们控制的是人体最重要的系统，是人体的核心器官。比如，大脑中的太极器官，心藏的太极器官，肚脐下面的太极器官，古代的修道者把这三个最重要的太极器官叫三个丹田。它们的主要功能是接收信息、处理信息、产生信息、开展衍生。

每当人体中某一条经络旺相时，旺相经络上的穴位就会多方向旋转运动、鼓胀、发生衍生，穴位内的数链因此会发生结构变化。所以，针灸是在针刺人体中的太极结构和太极器官，并不是在针刺人体中的一块肉或是一块皮，或是想像中的一个什么东西。针灸所针对的是人体生命物质结构，所依据的太极器官是十分具体和准确的。

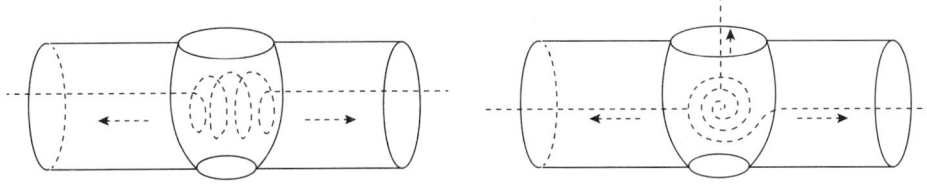

数链发生结构变化

穴位作为一种最基本的太极器官，含有数链、本经脉的精气等信息类物质，而且这些物质是在穴位中不断运动的。好的针灸师，就是用针刺来调节这样一个个的小太极器官。

太极器官、太极拳与张三丰

太极器官与太极拳有关系吗？

太极拳正是根据太极器官原理而创编的拳术，它的形态又与太极图的阴阳互抱相似，它锻炼的是人体体内的太极器官。每打一遍太极拳，就等于把人体中的太极器官从头至尾运动了一遍。

太极拳的每一招一式，都符合人体左、右侧"十二经脉"的运动规律。之所以这样说，因为练习"太极拳"其左右手足的动作是：当左侧出手向上方运行拳式时，而右侧的出手即向下方运行拳式；正当右侧出手向上方运行拳式时，而左侧的出手即向下方运行拳式，其左、右手足动作协调而轮换不已。这正好与人体"十二经脉"的机理相一致，"太极拳法"合乎人体阴阳经脉的运行规律，故能获到良好的健身之效，因此太极拳具有延年益寿的功效。人人有太极，一人一太极，太极本无极。

真人张三丰说："夫道，中而已矣。……内丹之所谓中，窍中之窍也。窍中之窍，乃真中也。余独概夫世人之不识中也，或求之九宫之中，曰泥丸，而不得也；或求之脐下一寸三分，曰丹田，而不得也；或求之心脐相去八寸四分，而以中一寸二分为中，与夫两肾之间，前对脐轮，而不得也。"这一席话，说明真人张三丰对人体的各种穴位、窍位都非常清楚。

甚至我们认为，张三丰应该接触过比他早170年的学术界公认的理学派开山鼻祖、北宋著名哲学家周敦颐（公元1017～1073年）所作的《太极图说》，因此，对于真人张三丰来说，有关太极的内容应是他比较了解的事情，只是每个人叙述的角度可能不同。然而，人们从前两节的内容中，以及张三丰的众多文章、诗词中，除了32岁、48岁时在诗中提到过"佩剑携琴"、"携琴剑、整笠蓑"外，得道后偏偏却从没有看到他提及、提起、提到过太极拳、太极剑、武当拳等内容，显示太极拳、太极剑与张三丰竟是毫无关系。

相反，真人张三丰留下了一篇《刀尺赋》，是说他自己出门云游喜欢带着刀和尺，而没有说过携带太极剑的事。

刀尺赋

三丰先生常携刀尺以遨游，空乎两大，浩乎十州。客有怪者，不知其由，先生乃为之赋曰：

是刀也，能开混沌；斯尺也，用契蓬莱。故相随而不失，知造化之剪裁尔。尔其百点明星，双叉皎雪。绳墨从之，锋芒胥（xū）若。分修短分合宜，剪水云兮快绝。期妙用之无方，岂微能之足述。至如裁妙理，削尘嚣，量度数，别昏朝。火功寸寸，风信刁刁，胎养刻刻，羽衣飘飘。度龙门至万仞，如虎剑之两条。梦益州而不愿，与方丈而同超。刀兮刀兮，妙之又妙；尺兮尺兮，要所必要。匪欧冶之能熔，匪公输之能造。与我偕行，任他嘲笑。将求织女之云绡，缝出仙翁之衣帽。

歌曰：一刀一尺遍天涯，四海无家却有家，破衲补成云片片，袖中笼住大丹砂。

邱长春与丘处机

有人会说，张三丰20多岁见到丘长春道人，近100岁时又见到丘长春道人，丘长春道人是不是与张三丰在教授、切磋武艺呢？

丘长春，道号符阳子；而人们普遍知道的会武术的邱道人是宋朝的丘处机（公元1148～1227年），字通密，道号长春子。因此，两个邱道人是两个姓邱而不同姓名、道号的人。况且，邱处机离世20年后的1247年，张三丰才出生。

一些文章中所说的真人张三丰所创的武学有王屋山邋遢派、三丰自然派、三丰派、三丰正宗自然派、日新派、蓬莱派、檀塔派、隐仙派、武当丹派、犹龙派等至少十七支。对于这样一个说法，在张三丰身上竟然找不到任何根据。

史书记载了张三丰有不少弟子，比如沈万三、邱元靖、孙碧云，太和四仙的卢秋云、周眞得、刘古泉、杨善登，冰壶先生明正、王宗道、李夫子李性之、汪锡龄梦九先生等。而金庸先生在小说中刻画的张三丰弟子的人物有宋远桥、俞莲舟、俞岱岩、张松溪、张翠山、殷梨亭、莫声谷等，这些人物，只是文学作品中的人物而已，即使历史上有个别同名人物，也没有发现与张三丰有武术上的关系。

所以，聊了两节真仙、真人张三丰的故事，竟得出了太极拳、太极剑、武当拳的发明人不一定是太极张三丰的结论。

张三丰与张三峰

之所以有张三丰创编了太极拳的说法，据说是因为宋朝确有一位武术大家叫张三峰，号朴阳子。因此，关于太极拳的起源和创始人，在众说纷纭中，大致上有唐朝的许宣平、宋张三峰、明张三丰、明末王宗岳和陈王廷（公元1600～1680年）等五种不同说法。

其中一个故事的演绎是：距今400年前的明万历年间（公元1573～1619年），有一位内家拳名家叫王宗岳，精通拳法、剑法、枪法，研究数十年，颇有心得。他写了一部《太极拳谱》，其中的《太极拳论》，被视为太极拳的经典理论。

在明万历二十四年（公元1597年），一个叫蒋发的人，到山西跟随王林桢（字宗岳）学了七年拳，算是王宗岳的传人。蒋发返乡后，在河南温县赵堡镇传授此技。

因此，王宗岳是武当赵堡（和式）太极拳宗师，蒋发是第二代传人。接着，三传邢喜怀，四传张楚臣，五传陈敬柏，六传张宗禹，七传张彦，八传陈清平。

到了距今150年前的1867年，一个叫李亦畬（公元1832～1892年）的拳师，在《太极拳小序》一文中说："太极拳始自宋张三丰，其精微巧妙，王宗岳论详且尽矣。后传至河南陈家沟陈姓，神而明者，代不数人。我郡南关杨某，爱而往学焉。专心致志，十有余年，备极精巧。旋里后，市诸同好，母舅武禹襄见而好之，常与比较，伊不肯轻以授人，仅能得其大概。素闻豫省怀庆府赵堡镇，有陈姓名清平者，精于是技，逾年，母舅因公赴豫省，过而访焉。研究月余，而精妙始得，神乎技矣。"这篇文章，已成为离现代人最远的记载太极拳源流的文章了。

《太极拳论》

上面所说王宗岳的《太极拳论》，是太极拳的经典理论：

太极者，无极而生，阴阳之母也。动之则分，静之则合。无过不及，随曲就伸。人刚我柔谓之走，我顺人背谓之粘。动急则急应，动缓则缓随。虽变化万端，而理为一贯。由招熟而渐悟懂劲，由懂劲而阶及神明。然非用力日久，不能豁然贯通焉。虚灵顶劲，气沉丹田。不偏不倚，忽隐忽现。左重则左虚，右重则右杳。仰之则弥高，俯之则弥深，进之则愈长，退之则愈促。一羽不能加，蝇虫不能落，人不知我，我独知人。英雄所向无敌，盖皆由此而及也。斯技旁门甚多，虽势有区别，概不外，壮欺弱，慢让快耳。有力打无力，手慢让手快，是皆先天自然之能，非关学力而有为也。察四两拨千斤之句，显非力胜；观耄耋御众之形，快何能为。立如秤准，活如车轮，偏沉则随，双重则滞。每见数年纯功，不能运化者，率皆自为人制，双重之病未悟耳。欲避此病，须知阴阳；粘即是走，走即是粘，阳不离阴，阴不离阳；阴阳相济，方为懂劲。懂劲后，愈练愈精，默识揣摩，渐至从心所欲。本是舍己从人，多误舍近求远。所谓差之毫厘，谬之千里。学者不可不详辨焉。是为论。

从现代看到的史料，自明朝的万历年间，山西武术家王宗岳著《太极拳论》，从而确定了"太极拳"的名称，此时距张三丰出生时已有330年之久。

太极拳之所以名叫太极拳，是人们根据太极图的形态，取法于太极阴阳动静之理，盈虚消长之机。太极拳运动作势，纯朴自然，圆活运动，如环无端，循环往复，无休无止，变化莫测，气象万千。

从王宗岳所著《太极拳论》看到，太极拳是既有形又有质，是形质相成的运动。所以打太极拳不能只讲形，不讲质，是既要讲形又要讲质，做到形质兼备。而不能把太极拳打成了太极拳操，那样就是有形无质，没有打出太极拳的内涵来。

无论太极拳是谁发明的,太极拳已成为人们家喻户晓的一项强身健体的运动方式。

第四节　武艺武德与武术

从历史文献中,虽然看不到真人张三丰与武术有着怎样的联系,但武术作为中华文化中的特殊内容,在华夏大地有着极其众多的爱好者、参与者和欣赏者。

武,说的是勇猛、猛烈、气势。术,说的是技艺、动作、方法。武术,是打拳和使用兵器的技术,是冷兵器时代保卫和平、阻止战争的方法。

在现代,人们将**武术的组成**分为两个部分:

1. 套路,各种拳术都有套路,套路好似没有什么技击实战的作用,但是,这是武术的基本组成部分,套路可以锻炼身体的柔韧性、协调性、灵活性,能使身体平衡,获得力量、耐力等。武术套路运动的动作包含着屈伸、回环、平衡、跳跃、翻腾、跌扑等,就是让人体的各部位几乎都要参与到运动中来。

2. 攻防,你打我防,我打你防,只要哪一方防不住,哪一方就输了。从攻防延伸出来,人们就可以去考虑、模拟出一个虚拟的对手,他对你进行各种攻击,你会怎么去防守和反击,把这些防守和反击的动作组合起来,加以一定的物理学应用原理,再配合身体的灵活性和力量,就可以称之为一门武术了。

目前,武术的概念被表述为:

以技击动作为主要内容,以套路和格斗为攻防运动形式,注重内外兼修的中国传统体育项目。

人们将**武术的形式**分为两个部分:传统武术和竞技武术。竞技武术是由传统武术演化而来。

武术,本质是一种格斗,它与普通的体育运动不同,体育运动是一种健身游戏,而格斗却是一种生存游戏。这一生存游戏,内容包括了搏击技巧、格斗手法、攻防策略和武器使用等技术。所以,传统武术不被认为是一种体育运动。

而目前流行的竞技武术是一种体育运动,因为国家设定的国标武术是竞技和表演性质的,本质上接近于体育。竞技武术划分为散打和套路,散打又叫散手,是武术的擂台形式,套路则为武术的表演形式。传统武术现在依然具有极其广泛的群众基础,被认为是中华民族在长期的社会实践中不断积累和丰富起来的一项宝贵的优秀文化遗产,被视为中国文化的精粹。

中国的武术,是中国社会重要的文化记忆之一,在各种文学、电影、戏剧中经常出现,对中国社会有着深刻而无可取代的人文意义。由于全球化的关系,中国武术经常出现于欧美电影、电视节目之中,被欧美社会看成中国文化的重要组成部分。

武术是中国文化的一部分,这就是为什么中国武术往往带有思想文化特征及人文哲学的特色和意义,因此,武术对中国的大众文化一直有着深远的影响。

止戈为武

每当中国人谈及中国武术,均重视"武术的道德规范和价值",也就是很注重"武德"。

经常有人引用"止戈为武"来解释中国武术的人文精神,这是出自距今2300多年前史书《左传》的记载:"夫文,止戈为武",是说中国的汉字"武",由"止"和"戈"两个字组成,由此解译"武"的真正价值,由此解译"武"并不是为了杀伤人群、破坏环境,而是为了制止内乱、保卫和平。因此,不少人都喜欢视"止戈为武"为解释中国武术精神的重要部分。

武字

无论武术家,无论是小说、电影,都经常这样强调中国武术的价值:"功夫并不是用来打架,而是用作强身健体"。

当武术家切磋技艺时,应该"点到即止",不应伤人。

会武的人,"切忌心浮气躁",必须是心字上面放把刀:"忍",因为武术不应用作主动伤人,而只应"在必要时作自卫用途"。

至于国家面对危难时,便是"匹夫有责"的时候,便应是会武术的人出手的时候。因此,中国武术对中国人的意义,体现在提倡爱好和平,保持身体健康,不主动侵犯他人,但亦不容许让他人侵犯。

因此,当人们一旦会了武术,当人们一旦能通过武术保卫自己的时候,还要主动出手保护弱者,社会对会武人的要求,甚至有点像是国家有难时人们对军人的要求一样。但也正因为此,武术界还有一句话:"古人讲,武者不祥。"

武术界的老师傅说,练武的人太容易陷进是非中,有时还不如不学武,就算学了,也最好一辈子默默无闻,有一分名气,便多一分烦恼。可见,古人不是像现在的人们热衷于出名,而是认为有一分名气,便多一分烦恼。

武术门派

由于历史发展和地域分布的关系，衍生出不同的武术门派。中国武术门派之多，在世界武术中是非常少见的。据统计，中国目前"历史清楚，脉络有序，风格独特，自成体系"的拳种约有 300 多个。

中国武术门派众多，最早的是在 1400 多年前北齐时期（公元 550～577 年），少林寺出了一位以武功著名的稠禅师，那时少林寺才建寺不久。隋朝末年（公元 610 年左右），少林寺十三武僧助唐王李世民击败王世充后，少林武功从此渐有名气，被称为天下功夫出少林。少林武术是中华武术中的一颗璀璨明珠。

清朝以后，特别是 100 年来，民间将太极拳、形意（也称：心意、六合、意拳）拳、八卦掌、通背拳内外兼修等为代表的武术门派称为内家拳，此外的拳种统称为外家拳。

内家拳的拳技有着共同性的特征，即注重内功，注重阴阳变化，动作沉稳，姿势含蓄，劲力浑厚，神意悠然，讲求意、气、劲的协调统一；体现在具体的应敌对抗中则是以柔克刚，以静制动。这些特征无不与道家清静柔和、淡泊无为的主张和道家的炼精化气、炼气化神、炼神还虚的"三宝"修炼相吻合。

武术的门派中，被广为宣传从而广为人知的是少林拳和武当拳，或者说人们都从影视中知道了少林棍和武当剑。为广大武术爱好者日常习练较多的还有太极拳、八卦掌和形意拳等。这几年通过《叶问》电影的传播，咏春拳（是少林拳之南拳的一个分支）得到了众多爱好武术人们的喜爱。

现在比较知名的太极拳、八卦掌、形意拳以及咏春拳等，历史都在 200 到 500 年左右。但无论哪个门派，其练拳、练武的方法是一致的，就是"内练精气神，外练筋骨皮"。

内练精气神，外练筋骨皮

武术"内外合一，形神兼备"的特点主要通过武术功法来体现。"内练精气神，外练筋骨皮"也好，"内练一口气，外练筋骨皮"也好，是各家各派练功的准则，如太极拳主张身心合修，要求"以心行气，以气运身"。形意拳讲究"内三合，外三合"，少林拳要求精、力、气、骨、神内外兼修。此外武术套路在技术上往往要求把内在精气神与外部形体动作紧密相合，完整一气，做到"心动形随""形断意连""势断气连"。以"手眼身法步，精神气力功"的变化来锻炼心身。这一特点反映了中国武术作为一种文化形式在长期的历史演进中倍受中国古代哲学、医学、美学等方面的渗透和影响，形成了独具民族风格的练功方法和运动形式。

通过系统地进行武术训练后，对人体的速度、力量、灵巧，对耐力、柔韧等身体素质要求较高，人体各部位"一动无有不动"，几乎都参加运动，使人们的身心能得到全面锻炼。对外,身体能利关节,强筋骨,壮体魄;对内,身体能理藏腑,通经脉,调精神。武术运动讲究调息行气,对调节内环境的平衡,调养气血,改善人体机能,健体强身十分有益。

说到益处,人们总结了武术的益处有:提高素质,健体防身;陶冶情操,涵养身心;锻炼意志,培养品德;交流技艺,增进友谊。

武术中的十八般武艺

金庸先生的武侠小说中谈到了许许多多的神奇武艺,其中《笑傲江湖》中独孤九剑的精妙剑法里,将各类兵刃打法、武术中的十八般武艺说得精彩纷呈:

> 独孤九剑的精妙剑法,自"总诀式"、"破剑式"、"破刀式"、"破枪式"、"破鞭式"、"破索式"、"破掌式"、"破箭式"而到"破气式"。

> "破剑式",用以破解普天下各门各派的剑法。"破刀式",用以破解单刀、双刀、柳叶刀、鬼头刀、大砍刀、斩马刀的种种刀法。"破枪式",破解长枪、大戟、蛇矛、齐眉棍、狼牙棒、白蜡杆、禅杖、方便铲种种长兵刃之法。"破鞭式",破的是钢鞭、铁锏、点穴橛、拐子、峨眉刺、匕首、板斧、铁牌、八角槌、铁椎等等短兵刃。"破索式",破的是长索、软鞭、三节棍、链子枪、铁链、渔网、飞锤流星等等软兵刃。"破掌式",破的是拳脚指掌上的功夫,将长拳短打、擒拿点穴、魔爪虎爪、铁沙神掌,诸般拳脚功夫尽数包括在内。"破箭式",这个"箭"字总罗诸般暗器,不但要能以一柄长剑击开敌人发射来的种种暗器,还须借力反打,以敌人射来的暗器反射伤敌。"破气式",是为对付身具上乘内功的敌人而用,神而明之,存乎一心。

从金庸先生的武侠小说中,人们了解了中国武术中这么多的冷兵刃,以及每种兵刃的使用都有一套自己的体系。随着当今热兵器的发展,大规模的征战中,许多冷兵刃虽然大多已退出了历史舞台,但仅这些名称,就透着武艺中那许多的神奇。

武术的神秘色彩

中国武术始终给人以神秘的色彩,好似会武术的个个都能刀枪不入,飞檐走壁,这既有武侠小说和功夫片的宣传影响,也是中国武术本身由于受到传统宗法制度的影响,大多都是秘密传授,而练武的关键之处更是不见诸于文字,只是师徒口耳相传。因此仅仅是按照书本学武,基本上是不可能真正学会的。也正是因为如此,许多拳种也逐渐绝迹,慢慢变成逸闻或坊间的神话。为什么会这样呢?中国传统宗法制度认为,采取秘密传授的原因是:不传恐绝道,妄传遭天诛。这点,颇似前面提到过的:"天机不泄世难知,漏泄天机写作诗"的做法。

正因如此，人们看到的武术可以是有套路、攻防这样的表面化的竞技表演内容，也有许多内在的东西。武术对于人们的强身、健体的作用，不会被现代健身的力量、耐力锻炼所包含甚至代替，它有许多独特的、与其它体育项目不同的东西。

那么，中国武术的神秘色彩、神秘内容到底是什么呢？

抱着"恐绝道"的心态，我们就一个拳种——形意拳，来进行了解、说明、分析、探秘，来探索武术这门独特的中国文化密码，发掘武术中真正功夫的神秘和内涵。

形意拳是中国三大著名内家拳拳种之一（太极、八卦、形意），加上外家的少林拳，据称合为中国四大著名拳种。形意拳的风格直观看上去是硬打硬进，几如电闪雷鸣，在内家拳中独树一帜。那么，三大著名内家拳的特点都是怎样的呢？

三大内家拳的特点

武林里有句取笑太极拳、八卦掌、形意拳姿势的话，虽是取笑姿势，但很形象，叫做"太极如摸鱼，八卦如推磨，形意如捉虾"。

"太极如摸鱼，是说打太极要如手探到了水里一般，慢慢移动，太极推手正如摸鱼般要用手来'听'，练拳时也要有水中摸鱼的劲，有这么一点意念，就能练出功夫来了。"

"八卦如推磨，除了向前推，还要推出向下的碾劲，八卦掌一迈步要有拧股劲，随时转化，明白了这拧股劲的道理，就能理解八卦掌的招数为何千变万化。"

"形意拳如捉虾，出手的时候很轻快，收手的时候，手上要带着'东西'回来，这'轻出重收'四字便是练形意拳的口诀，千金不易。"

这三句形象的比喻，说出了三个内家拳深层次的特点与精要。

从《太极拳论》中，人们已初步了解了太极拳。

而八卦掌，是一种以掌法变换和行步走转为主的拳术。由于它运动时纵横交错，分为四正四隅八个方位，与我们第一章中的《周易》八卦图中的卦象相似，所以叫八卦掌。"八卦如推磨"，即八卦掌就是教人"送"，八卦像推磨，凡推过磨的人会知道，要想将谷物磨得细腻，直愣愣地推肯定不行，手上的那股劲得把磨杆"送"出去，送得"平、圆、悠、远"，还要送出一股向下的碾劲，这股另有的劲叫做"留"。

八卦掌的有送有留，不是靠站桩就能站出来的，所以八卦掌的门人不站桩，都是在运动中求送、求留。

与太极拳、八卦掌齐名的形意拳，分成河南、山西、河北等不同派系，由于地域不同，传承中分化成不同的名字，包括心意六合拳、心意拳、形意拳等，是一个拳种不同的名称。各派虽然风格不同，但拳理拳法是一致的，共同据守着一个共同的拳谱,拳家的古训说:"师傅可以改拳,但绝不可以改谱。"

下面来具体了解形意拳这一拳法的内容,仍是建议读者以玩的心态,欣赏形意拳的种种奇妙,也许看过后,能对前几章中国文化的内容又有了新的启发和认识。

形意拳的基础——站桩

中国传统武术中的形意拳,以《三体式》的桩法为基础,以五行拳(劈、攒、崩、炮、横)和十二形拳"龙、虎、马、鼍(tuó)、熊、猴、燕、鸡、骀(tái)、鹰、鹞(yào)、蛇"的组成为基本拳法。

《三体式》的桩法是形意拳的基础。三体者,三节也,以全身而言,好似以树做比喻,头为梢节,身躯为中节,腿为根节。《三体式》的桩法是形意拳最吃劲的功法,具备了形意拳的四象之功:鸡腿、龙身、熊膀、虎抱头,歌诀说:三体桩功四象分,形意拳中此为根。

形意拳基本桩式的站姿要求是:两脚错步站立成顺势,后脚与正前方呈45°,前脚直对前方,后脚跟与前脚内侧,应在一条线的两边;

两腿屈膝下蹲,前膝垂线不过足跟,后膝垂线不过脚尖;前后两腿的距离,是一个小腿的距离(也就是自己站桩时,后面的腿单腿跪下去,正好与前脚的脚后跟在一条线上);

前手高与胸齐(指尖的高度与鼻尖相齐),前手的肘部向下松垂,掌心斜向前下;后手置于脐前,腕部紧贴小腹,掌心向下;眼向前看。三体式要求顶头竖项、沉肩、坠肘、塌腕,含胸拔背、立腰、实腹、敛臀、缩胯屈膝、脚趾抓地。如下图。

这段描述站桩的文字虽已较详细,但要实际操作,难度似乎仍然挺大?但是,读者如果参考互联网上三体式站桩的视频,来学习站桩的姿势,则会非常容易了。

三体式的站法有沉肩、坠肘、拔背、提肛、并膝、裹胯、三圆、三顶和三扣等技法要求。如能慢慢地掌握要领,则能自然而然地达到抻筋拔骨的技法目标,也能实现筋长劲大、放而能远的具体操作,但这些都是在轻松、自然、和谐的锻炼中逐步完成。

三圆

所谓"三圆",是对形意拳掌形的要求:

"手心圆",由于掌心回收,使掌的

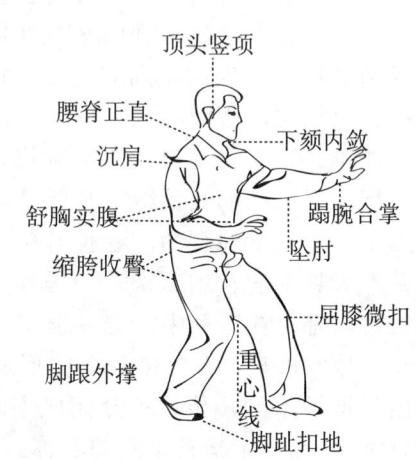

横撑力大，有利于控制对方重心。

"手背圆"，使劲力易贯于指，三节劲整，便于"三催"气贯。手心、手背虽互为表里，但因用意不同，劲与作用也不一样。

"虎口圆"，是助长掌的外宣和里扣之劲，使所打出的掌到对方身上能产生较强的控制力。因而有沉肩、拔背的要求，前胸后背自然会圆，而不必再作"胸背圆"的要求。

三圆也是指：脊背圆，其力摧身；前胸圆，则两肘力全；虎口圆，则勇猛外宣。

三扣

所说的"三扣"是指：

"齿扣"，是发动骨梢之威。切齿会使周身筋骨紧缩而力大，所谓"有勇在骨，切齿则发"。

"手扣"，是发动上肢筋梢之威，可使劲达于指，气贯梢节。既可增大起钻拔根之力，又可增大落翻发人之劲。

"脚扣"，是发动下肢筋梢之威，劲达下肢，气贯掌趾，增强下盘桩基之功。因已有沉肩、坠肘，就不需要再有"扣肩"的要求。

三扣的另一个说法是：肩扣，则气力到肘；膝胯扣，则全身气凑；手足指掌扣，则周身力厚。

三顶

所提"三顶"，是指：

"头上顶"，有冲天之雄，发动血梢之威，振发精神。由于身躯的抻拔使"三关"易通，骨气能上达泥丸以养性。头发根耸起，血气沸腾，好像大鹏鸟随时可冲天而起，令人勃发英雄气概，"虽微毫发，力能撼山"。

"舌顶上腭"，有吼狮吞象容。发动肉梢气实之威，因舌卷气降，沉入丹田，使肾气归根以养命，且因舌卷唾液增多，既润口腔，又咽津还丹，以顺气养身。舌头掀起，浑身肌肉振奋，"丹田壮力，肌肉似铁"。而且舌一顶住上牙床，牙就咬紧了，牙紧手就快，比拼果断。

"手顶"，好像有推山之功，助长筋梢之威，且腰力得展，"三催劲整"（即上肢的身催肩，肩催肘，肘催手；下肢的腰催胯，胯催膝，膝催足），气贯五指，完整一气，动作如一，增强起钻落翻之劲。

三顶不单单是激发劲道的比武要诀，也是保养身体的锻炼方法。

初学站桩，首先要掌握上述要领，待有一定基础后，再以拳经的理论来作指导。以下拳经中的话，可做参考：

经云："鹰捉四平"。

五行、十二形拳的起手势多用的是"鹰捉"。桩功的三体式也就是"鹰捉式"。"鹰捉四平"就是"三体式"所要求做到的"四平"："头顶要平"，"两肩要平"，"前手前臂要平"，"两足抓地要平"。

经云："足下存身"。

这里的"下"是"放入"的意思。三体式虽是单重前三后七，但要求把身体重心放在后脚根的里边。上体虽偏后，却不影响整体平衡。这样不仅前腿灵活，容易变化，虚中有实，使后腿既支撑力大，又得蓄力待发。

经云："六合"。

六合是形意拳妙谛入道法门。做不到内、外"三合"，就技法论，等于失去了要旨的前提。"内三合"是"心与意合、意与气合、气与力合"，"外三合"是"手与足合、肘与膝合、肩与胯合"，内外共为"六合"。而"外三合"虽见形于外，但不是上下相对，而是上肢与下肢的各个三节的意、气、力，以及动、静的相合。

上、下虽是两条线在统一指挥与行动下，以腰身催根节，根节催中节，中节催梢节，上下合为一力。六合一气周身一体才能意气归根，从而使内劲萌萌而生。"内三合"是不见形的静中寓动，是"意"在起作用。但必须在"外三合"的上下相随的基础上，练得心与意、意与气、气与力三合归一。这样，以求得上下相随、内外合一，才会进而周身一气，则形意技法精华自可求得。站三体式桩功，外形是静，内意在动，这就是静中求动，是意气在起作用。

经云："明了四梢多一力"。

人的毛发为血梢，舌为肉梢，手指甲、脚趾甲为筋梢，牙齿为骨梢。四梢发动，使气质神态会猝然生变，自己会觉得精神雄劲，胆壮气豪，人见而生畏。

"惊起四梢"实际是"意有所感，神之所施也"，主要是发挥内在的精神作用。站三体式应"静中有动"，追求"意"的作用。但人们在练这个似乎枯燥的桩功中，易生杂念，气浮不安，站而不能持久，主要是因为只站外形而无内意，静中无动。反之，在站桩时"静中有动"，运用"意"与"神"的作用，惊起"四梢"与外在动作结合，自然倍增气势与神采。

实践证明，每于锻炼之前，能做些有益于腰、腿、关节等准备活动是很有益的。不仅会提高腰、腿、身、手的灵活性，更增进站桩或练拳的锻炼效果，这是轻、灵、柔、韧与沉、重、刚、实互补短长，相得益彰的锻炼。

老派的形意拳不说站桩，只说是"校二十四法"，二十四法是三顶三扣三抱三圆三摆三垂三曲三挺，不知二十四法就不知人体之妙，如"虎口圆则力达肘前，两肱圆则气到丹田"，这是需要有过多少实践才能得出这些结论。

形意拳的成就者在习武之初都是要经过严格的校正二十四法的阶段，没有这个，不成功架。形意拳中任何一个招数都可以站桩，但要求一站就要二十四法齐备，否则比武必败，没二十四法甚至不敢练拳，因为五行拳功架联系着五藏，一法不到身体就可能受了伤害。

站桩的内涵

仅一个站，就能有这么多的门道、学问，然而不仅如此，内里还有更多的内涵。形意拳的老师傅这样谈《三体式》站桩：

若是诚意练习，总要勿求速效。一日不和顺，明日再站，一月不和顺，下月再站。

《三体式》是从练习变化人的气质开始，并非要求血气之力，是祛站桩者自身之病（指拙气、拙力之病）。所以，站《三体式》的人，会有迟有速，会因人的气质、禀赋而不同。

站桩与打拳有一个最关键的要点，对这个要点如果没有体会，练拳就不出功夫，站桩也照样不出功夫。这就是"桩法能融入拳法中，拳法能融入桩法中"的道理。

古时候学武，总是讲拳的多，说功的少。因此，学到拳的是学生，学到功的是徒弟。

按照形意拳第三代宗师李存义的说法，站桩能使小脑、肾、性腺都能得到开发。所谓"形意一年打死人"，并不是说招法厉害，是说形意拳能令人短期内由弱变强，精力无穷，是体能变得厉害了。

桩功有个要点，时常浑身抖抖。传说狗熊冬眠的时候，每隔几天，它就自发性地浑身颤抖，否则僵滞不动，身体要有问题。同样，站桩为什么站不下去？就是缺这一抖。很细致很轻微地抖抖，就能够享受桩功，就养生了。

桩功中一个练法是，小肚子像打太极拳一般，很慢很沉着地张出，再很慢很沉着地缩回，带动全身，配合上呼吸，不是意守丹田，而是气息在丹田中来去。这个方法可以壮阳，使肾虚、滴漏的毛病都能治好。另外打拳也要这样，出拳时肚子也微微顶一下，收拳时肚子微微敛一下，好像是第三个拳头，多出了一个肚子，不局限在两只手上，三点成面，劲就容易整了。

站桩要力丹田，一力丹田就顾不上累了，桩法能融入拳法里，拳法也能融入桩法里，体会不到丹田，跟高手过一次招就明白了。还有，丹田不是气沉丹田，要较丹田，肛门一提，气才能沉下来，否则气沉丹田是句空话，上提下沉这就较上了。较丹田的好处多，学不会较丹田，练拳不出功夫，也等于白练。

站完桩要多遛，这一遛就长了功夫，遛是站桩的归宿，遛一遛就神清气爽，有了另一番光景。站两个小时，是功夫达标的衡量准则，是功夫成就了，能站两小时，练功夫则要少站多遛，不见得一次非得站两小时。

有一个长功夫的标志，就是站桩站得浑身细胞突突——高密度、高深度的颤抖，由突突到不突突，再到突突，反复多次，这就出了功夫，站桩能站得虎口、指缝里都是腱子肉，这是突突出来的。

还有一个方法，站桩先正尾椎，尾椎很重要，人们在心情不好时，按摩一下尾椎，就会得到缓解。从尾椎一节一节脊椎骨顶上去，直到后脑，脊椎自然会反弓，脑袋自然会后仰，两手自然会高抬，然后下巴向前一钩，手按下，脊椎骨一节一节退下来。如此反复练习，会有奇效。

脊椎就是一条大龙，它有了劲力，比武时方能有"神变"。站桩不要较力不要找劲，站着站着，身体容易不知不觉较上力，就要懂得松下来。形意拳不怕松就怕紧，形意以敏感为先，一重拙，就不长进了。其实站得轻盈，才是真较上了劲。站空了自己，才是全身都振奋上了。

要注意的是，《三体式》桩功都是动的，不过很慢很微，外人看不出来，桩功是"慢练"。这些都是入门的巧计，一练就会有效果。

有一句"练功不练拳"的话，认为功是站桩，拳是打拳。认为"练功不练拳"就是只站桩不打拳，这是初学者容易产生的误解。站桩的要点是"学虫子"，冬天虫子钻进地里死了一般，等到了春季，土里生机一起，虫子就又活了。站桩要站出这份生机，如虫子复苏般萌动，身上就有了精力。站桩有无穷益处，是练功，其实打拳也是练功。形意拳是要"练精化气，练气化神，练神还虚"，这个气不是呼吸的气，比如，男人的英姿潇洒、女人的妩媚亮丽，就是气的作用，就是所谓的生机勃勃。

刚开始学拳不敢动，就是在校二十四法。而站着不动地校正，是唬不了自己唬得了别人，站了一段时间后，别人瞧着是模是样，可自己知道差得远。练拳是唬不了别人唬得了自己，一旦活动起来，就什么都顾不上了，一动就没，自己还觉得挺带劲，而在别人眼里看去，毛病全显出来了。

形意拳是用身体"想"，开悟不是让脑子明白，而是使身体明白。与禅的"言下顿悟"很是相似，等身体有了悟性，听到一句话就有反应，就像马挨了一鞭子似的，体能立刻勃发出来了。

形意拳要用神，神是自然而然的，意是做作的。先从做作到自然，作了意还要入神。中医讲久站伤肾，而形意拳是久站强肾。如果练桩功而肾痛，是没有收益，是因为没有入神，练武要像写字、画画、奏乐般享受，才是练对了。形意拳不是力气活儿，要学会调养自己，站桩的要领、姿势可从拳谱上找，而"入神"要自己体会。

以上老师傅们的解说，鞭辟入里又趣味横生，但用文字描述站桩的内容，再怎么描述，也都只是入门的引路和方法，都是入门后的参考；如果真的要想入门，总是要亲自站一时期，站出了感觉，站出了滋味，站出了舒服，而不是站出了痛苦，才能体会老师傅们的妙语和真谛。

形意拳中的拳

通过一段时间的站桩后，可以开始学习形意拳中的五行拳了。形意拳的根基是五行拳，配合金、水、木、火、土，相应的有劈拳、攒拳（钻拳）、崩拳、炮拳、横权，五种拳法。

劈拳

劈拳是专门锻炼肺藏的拳术，劈拳一出，气血归手太阴肺经，属金为阴，在志为魄，司呼吸朝百脉，调一身之气。（请参考本书204页中的图示）

劈拳的动作是要注意一气的起落，其形似斧非斧。劈拳的起落都是从中府穴、云门穴的位置而出。这两个穴都是肺经的重要穴位。落劈时，虎口撑圆，使肺气直贯少商，进入大肠经的商阳穴。少商是肺经的井穴，直接关系到呼吸系统一切疾病的治疗。

劈拳的这一要求，与第二章经络的关系极其密切。似乎显示出医家不一定会武，但武家却必是懂医，都是中华文化的重要组成部分。

劈拳配肺气要"凛"，劈拳的动作可以促进手太阴肺经的经气，使肺活量增加，两臂肌肉和关节韧性力的增长，气足神旺，伸缩力增大。两手之出入、钻翻带动肋间肌、肋下肌，使肋骨上提下拉，增加了呼吸时胸腔的收缩和扩张，起到养肺的作用。反之，拙气、拙力、怒气填胸，不仅无益反而对肺部有害。所以，拳家用劈拳来锻炼肺藏。练习劈拳到一定功候，真气的运行，一势一周天。在拳钻出时（吸气）真气延任脉下降至丹田。同时，周身毛穷嘘唏，通透畅达。

以上是对劈拳的描述，从文中人们看不出怎样具体练习打劈拳，只是知道打劈拳能够锻炼肺藏、疏通肺经，好像打拳既在练武，又在健体，而更主要的是为了治疗肺经脉中的疾病似的，这从一个侧面充分说明了打拳的现实意义。

打拳需要面对面的教授，从头到肩、到手臂、到胯、到腿、到脚，一招一式，都不简单。五行拳的练习，都有四个步骤，第一起手势，都是由横拳出势；第二落势；第三回身势；第四收势。用文字描述，实在说不清楚，即使是形意拳的名师说拳，也并没有一个明确的拳路示人，因为学形意拳是要师傅教徒弟一个对一个地带出来的，就算写成文字全部公布，若没有实际练拳的体会，也难以明白，而且在教拳的过程中有时做一个表情、一个动作，就能让徒弟搞懂，而转化成文字则难度太大。

比如用文字说这个形意拳的起势：起势要"起"得敏感。具体动作是，两手像托着两碗水似的向上举，在眉前一转，就举上了头顶。假想中的水不能洒了，慎重了，也就敏感了。

举到头顶后，大海退潮一样退下来，到眉前有了压意。空气就是大海绵，要把海绵里的水挤出来，这样一直压到大腿根。此时要屈膝合胯，整个人蹲下来。蹲下的同时，两只手一提，缩到了腰际。

身子团紧了,手也要团紧,像拧一个东西似的,五指一个一个地攒起来。一作起势,周身敏感。两臂上举,大脑就清爽,犹如野兽脑后的毛能炸起来,脖梗子会吃劲。屈腿蹲身,能生力,犹如野兽一咬东西尾巴就炸开,尾椎子会吃劲。眼睛在正面,人在眼前做事,前身人人都不迟钝,只有后身敏感了,才能快人一筹。

形意拳的起势好处多,学一个起势就可以练功夫了。起势后面的劈攒崩炮横,这份敏感也得带上。

这段描述起势的文字要实际操作难度是不是仍然挺大?但是,如果参考互联网上五行拳的视频来学习打劈拳的动作,可以很准确地、容易地学会。

老师傅教导,开始练劈拳,要找个开阔地带,犹如人登上高山,视野一开,会禁不住地长呼一口气。在开阔地带,气息容易放开。

劈拳的姿势是手的一探一回,犹如人的一呼一吸。一趟四五百米地打下去,气息越来越绵长,越来越深远,精力便越来越充沛。

手部动作激发了全身,渐渐会感到气息鼓荡,全身毛孔开合,呼吸的妙处在打劈拳时可以体会到,也就明白了为什么说"练拳的人要学会体呼吸"。

许多人身体都有隐疾,劈拳练息可以将其灭于无形。而且人一上了岁数,身体会亏空,用劈拳就可以通过练息将气补足。

气息充沛,这是习武的基础,所以形意拳先练劈拳。劈拳中本就含有攒拳的姿势,练好劈拳接着练攒拳就比较容易,正是"金生水"的格局,劈拳属金,攒拳属水。

劈拳养肺,人的两条胳膊对肺有直接作用。人们做的广播体操,如扩胸运动、伸展运动都是通过运动两条胳膊,来达到锻炼呼吸、强健肺部的效果。

在练劈拳的阶段,都可能会遇到这样的情况,觉得身上皮肤逐渐增厚,像大象皮似的,而且觉得手指粗得像胡萝卜,两个手心像有两个小旋涡,十根手指自发地紧紧握起,不愿意打开……这都是错觉,因为身上的气充足了,情绪也变得活跃,忙了这个忙那个,像小孩子一样干什么都兴致盎然。

这是一个必经的阶段,发现自己变成这样了,就说明功夫已上路了。这时就不必再到开阔地去练劈拳了,形意拳自古讲究"拳打卧牛之地",有个能挪步的地方就练上了,到开阔地打拳只是入门的方便之法。

因为劈拳练息,这个功夫得一年才能成就,先祛病再强身。通过练息,身上的正气养育起来,肺气一回升,体内黑气就褪掉了,人的皮肤会变白,大脑时常会有灵感,此时的学拳就真的是趣味无穷了。

攒拳

攒拳也叫钻拳,是专门锻炼肾脏的拳术,攒拳一出,气血归足少阴肾经,属水为阴，为先天之本。攒拳的动作是要注意一气的上下，有山倒岭塌之势，其形似闪非闪。攒拳的关键是腰起而钻，使肾水往上提，滋润心火不使心火过亢，使人体心肾相交，水火既济，达到人体"阴平阳秘"的正常生理状态。（请参考本书227页中的图示）

攒拳配肾气要"敌"，攒拳的动作可以促进足少阴肾经的经气，使先天之本肾藏发达。锻练了人体的肾藏后，肾精充沛，骨骼坚固，毛发光泽，牙齿坚固，性功能强。反之出现筋骨瘘（lòu）软，阳痿早泄，骨枯髓减，牙齿脱落等。

练攒拳时，身体上下相随，手足相顾，两手划圈，两肘交替向身体中线裹挤，形成了全身以腰为主宰的运动形式，使整个脊柱不停蠕动，很好地锻炼了肾脏，肾主藏精，主水，内藏相火，精能化气，肾精充盈，真气便活泼盛旺。练习攒拳，可有助于使背部三关（尾闾关、夹脊关、玉枕关）开启，任督畅通，有益气生精之效，更兼还精补脑之功。

同时，肾水上行以济心火，形成良性循环，肾与膀胱相表里，膀胱的作用乃肾阳之功，气化自行。所以，拳家用攒拳锻炼肾藏。打完劈拳练攒拳，循五行生克之理，金能生水。练攒拳到一定功候，督脉腰部命门处真气最为活泼，真气随呼气直达于头顶百会，令人头脑清爽，心情愉悦。

以上是对攒拳功能的描述，这些描述可以作为练拳的参考，具体学拳可通过互联网上有最好的形意拳老师的视频，教会人们掌握攒拳动作的方法与练习的步骤。

老师傅说，劈拳养肺，人的两条胳膊对肺有直接作用。而人的两条腿属于肾，一个人得了阳萎病，会被叫做"肾水不足"。攒拳以打法来说，是要练肘或指节的，但以练法来说，是要练腿的，以活腿来养肾。所以攒拳的步伐不是直来直去，而是螺旋前进。让两条腿有一个松快的余地，这样肺气足、肾水旺，上下身都修好，才可以再向上修。因而攒拳是接着劈拳后面练的。

水处卑下，往低处流淌，所以练成攒拳后，人的性格也会变得沉稳谦和，皮肤质地都会得到改善，声音会非常悦耳，心思也会变得很缜密。人还会变得气质高雅，很有涵养，因为形意拳是内家拳，所以不但能改造人的身体，还能改造人的心志。

崩拳

崩拳是专门锻炼肝藏的拳，崩拳一出，气血归足厥阴肝经，属木为阳（体阴而用阳），在志为魂。崩拳的动作是要注意一气的出入，有舟行浪头之势，其形似箭非箭。拳谱云："身如弩弓发，手似百箭穿。"（请参考本书235页中的图示）

崩拳配肝气要"顶"，崩拳的动作可以促进肝经的经气，具有舒肝理气，解郁、调血、和胃的作用。练崩拳进步时，后脚拇趾跟部特别用力，大脚趾内侧为脾经的起点隐白穴，外侧为肝经的起点大敦穴，因而换一步就能从此二穴牵动肝和脾，肝经的脉气，沿腿内侧而上，起到"肝脾之气宜升"的作用。两臂出入时磨肋，不断地抚摩期门、章门二穴。章门为肝经的要穴，脾经的募穴，为八会穴之一，期门为肝经的募穴，大敦为肝经的井穴。所以练习崩拳可以舒肝，肝气舒则心血足，筋膜健、脾气开则肌肉丰满。如果崩拳锻炼逆了肝气就会郁结，脾胃不和。所以，拳家用崩拳锻炼肝藏。

我们在黄帝的故事中，提到"男士'七八，肝气衰，筋不能动'"，因此，50多岁的男人，用两把椅子放在门框旁，每天把腿在门框上拉拉筋，是很好的锻炼。

可能许多男士认为身体已无法承受拉筋的练习。实际上，通过练习崩拳，就进行了舒肝、开筋膜的锻炼，练了崩拳再去拉筋，就会感觉轻松、容易了许多。

循五行生克之理，打完攒拳练崩拳，呈水能生木的格局。练习崩拳到了一定功候，自会气从根生，由腰脊发于四肢，使人有臂粗拳大之感，且两胁舒畅，步履轻捷。

形意拳主要是攻中路的拳，所以崩拳是形意拳的重点。崩拳伸手就是，没有劈拳那么严格的"拳从口出"的动作。但这一小套拳中含的"狸猫上树"、"懒驴卧道"都是拳从口出，而"后手撩阴"的变招"反手刺喉"也是擦口而出。因而崩拳中也有这个训练，这是形意拳的基本。形意拳是主要攻中路，崩拳要坐腰，一坐腰，人就低窜出去，正好打在敌人的胸膛小腹。站桩时也要揣摩提腰坐腰，微微活动着，这是拳法融在桩法中的妙法。

炮拳

炮拳是专门锻炼心藏的拳术，炮拳一出，归手少阴心经，属火为阳，在志为神。炮拳的动作是要注意一气的开合，有江水拍岸之势，其形似炮非炮。如炮忽然炸裂，其弹突出，其性最烈，其式最猛。

炮拳配心气要"沉"，炮拳的动作可以促进心经的经气活力。心主血脉，心气旺盛，使血液在脉管中运行不息，从而供应全身的需要；心气旺盛，血脉充盈，则脉搏和缓有力，面色红润而有光泽。心藏神，心的气血充盈，则神志清晰，思维敏捷，精神充沛。反之，心气不足，心血亏少，脉细弱，面色白而无华，出现失眠、多梦、健忘、神志不宁等。（请参考本书219页中的图示）

练习炮拳，一拳上翻，可发动心经脉气自腋下的极泉穴经由少海、神门、少府各穴直达小指尖桡侧的少冲穴。同时，也调动了心包经的脉气自乳头外侧的天池穴，沿臂内侧，正中经曲泽、内关、劳宫各穴而达于中指尖的中冲穴。另一拳磨胁而出，发动肝木之气以助心火之威。左右交替，生生不息，两脉畅通则心气和顺，心气和顺则能养心血。心与小肠相表里，心火与小肠火密切相关。心与肾为火水，心、肾相交，有赖于呼气推动心火下降，吸气引动肾水上升。

炮拳的关键是心气向下沉，用心火温煦肾水，不使肾水过寒，这就是人体水火既济，心肾相交，阴平阳秘的正常生理状态。炮拳练对了，心地敏明；练错了，头脑昏晕，心中少智。所以，拳家用炮拳锻炼心藏。打完崩拳练炮拳，循五行生克之理，呈木能生火的格局。练习炮拳，全在一心，心平气和、动静相间，则四肢百赅悉皆听命。

横拳

横拳是专门锻炼脾藏的拳术，横拳一出，归足太阴脾经，属土为阴，在志为意。横拳的动作是要注意一气的团聚。横拳形圆，是以性实，气顺则脾胃和缓，气乖则内气必努力。内中努则失中，失中则四体百骸无所措施，诸式无形。万物土中生，所以，其气要圆，其劲要和。（请参考本书216页中的图示）

横拳配脾气要"入"，横拳的动作可以促进脾经的经气活力，脾气充盛则能统摄血液，使之循行于经脉之中而不外溢。四肢肌肉得脾气输送的营养，肌肉丰满，轻劲有力，口唇红润光泽。反之，脾虚，便出现食欲不振、腹胀、倦怠消瘦、四肢无力，口唇淡白不泽，面萎黄，出现种种出血病，如便血、崩漏、紫斑等。

练横拳时，后脚斜蹬、拇趾叩地、两臂如丝锥拧进，阴阳转换。大脚趾内侧的隐白穴，乃脾经之起点。两臂阴阳分布着大肠经、小肠经和三焦经。蹬脚、拧臂，则带起碑经的脉气，大小肠经的脉气也随之通畅。中土运化水容之机乃得健旺，久练则食欲增进，体重增加，脾胃为后天之本，为生化之源。所以，拳家用横拳来锻炼脾藏。脾属土，是后天五行之本，是五藏之根。打完炮拳练横拳，循五行生克之理，火能生土。练习横拳到一定功候，气发章门、势如泉涌、身体捷健，有轻身减肥之效、荡涤肠胃之功。

五行拳的生克

五行拳是形意拳中的五种拳法，是以性能和作用取意的，而不是象形以练习的。所有五行拳的形，是根据人体生理自然配合人体内藏各部机能，互相制约，互相促进，而不可须臾失调的形体运动，使人体内部各藏器的机能，在不断的运动中，阴阳得以相对平衡，这是动态中的平衡，身体就会健康。

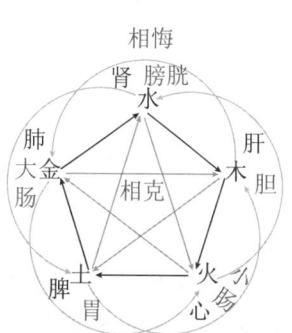

拳法之意本五行，生克里边变化精；
学者要知真消息，只在眼前一寸中。

劈拳之形似斧，崩拳之形似箭，攒拳之形似锥，炮拳之形似炮，横拳之形似梁。

按照五行生克之理，五行相生为金、水、木、火、土的顺序，是一个人联系劈拳、攒拳、崩拳、炮拳、横拳五行拳的顺序。由相生之理，横拳能生劈拳，劈拳能生攒拳，攒拳能生崩拳，崩拳能生炮拳，炮拳能生横拳。正如万物之于土，故横拳能生各拳。

如果是对练拳，目的是将形意拳五行相生相克的原理用于两人攻防对抗，可按照五行相克的顺序练习，即金、木、土、水、火、金的顺序行拳，即对方出什么拳，就用相克的拳招相制。比如劈拳（金）破崩拳（木），崩拳（木）破横拳（土），横拳（土）破攒拳（水），攒拳（水）破炮拳（火），炮拳（火）破劈拳（金）等，攻防进退，循环练习。

形意拳以五行的相生之理练习，强身祛病；以五行的相克之理锻炼，技击应用。

形意拳精要

形意拳的精要，不是练视力、听力，而是练的一份感应能力。形为所有外在，意为所有内在，形意拳就是在"练一切"，一切都知道。

练形意要养成"上虚下实"的习惯，上身永远松快不着力，功力蕴藏在下身。上身如天，下身如地，这就符合自然了。电视里练拳击的外国人，上半身太过紧张，该虚的地方实了，在中医讲，就是病态。而形意功夫出在腿上，符合自然，所以不伤身不劳神。

当然，也不能把"上虚下实"理解偏了，站桩时刻意地把全身重量压在两条腿上，便不对了。"实"是充实有内涵，不是死硬。所以劈拳里的"前脚外撇的大跨步"，非常好，能把两条死腿弄活了，把体重转化成活泼的劲。

别家打拳，是出拳时使劲，呼气越猛出拳越猛。而形意拳相反，不练呼，要练吸。出拳时不使劲，很轻很缓地比划出去就行了，这样的动作，必然令呼气很轻很缓。而在收拳时，要使劲，吸得猛一点。用动作的"轻出重收"，来自然造成呼吸的"轻呼重吸，长呼短吸"。

这是以动作来改呼吸，主要由腿来完成。

比如，劈拳是只进不退的，腿上的"轻出重收"，体现在收拳时腿部让人看不出来的后颤上，劲收腿不收。劈、崩、炮的基本型也都如此，而攒、横的基本型就把这个"重收"耍在动作上了，攒拳是进一大步退一小步，横拳是进一小步退一大步。而在变化形中，劈、崩、炮都有退步法，最有名的是崩拳的"退步崩"了。

形意拳在打法上是只进不退，但在练法上是"不求进步，不断退步"的。这样练拳的好处就大了，练武时练吸，等真比武时，就没有吸气只有呼气了，你一吸气就有了破绽。要连续不断地进攻，连续不断地呼气，你若一口都呼出去了，便没有后劲了。

形意拳练法和打法往往是反的，练的东西，在打时呈现出来一种反面效果，正是恰到好处。按照"轻出重收"来练五行拳，人们就有了自己的节奏，五行拳是一个动作一条直线地打下去，无限重复，不是为了"一招熟"，是为了练那个潜在的节奏，有了节奏，人才会越来越强。

"轻出重收"时，每个人和每个人还不一样，总有差别，越练就越和自己的天赋、形体般配起来，所以练形意拳是越练越有自己。

有了自己，人就越来越强。也因为有了自己，越练就越容易上瘾。所以，形意拳是不能随便教人的，否则一上瘾，就只想练拳不想干别的了。

十二形拳

形意拳由三体式桩法、五行拳和十二形拳组成。

十二形拳，取十二形"龙、虎、马、鼍（tuó）、熊、猴、燕、鸡、骀（tái）、鹰、鹞（yào）、蛇"，这十二动物形都有长于人的特殊本能，取其所长而补人之不足，合于拳法内以为取胜的基础。

形意拳中的十二形拳，是从动物的动作中象形取意而得出的拳法，而不是象形以取形的，拳法极为简练，一式也就一两个动作。模仿动物的扑击、穿侧、捕食、闪躲等动作，具有明显的攻守意识，每一形皆有其独特的含意。

五行拳的五种拳法（劈、攒、崩、炮、横）配合了五行和人体五藏；十二形拳，配合了人体所属的十二经脉及阴阳五行，比如：

龙形，足厥阴肝经；虎形，手太阴肺经……蛇形，足少阳胆经。

如果能尽十二形拳的妙用，身体何患不能健康，技击艺术又怎能不出神入化。

以熊形拳举例

比如，熊生山野，是猛兽之一，形状顽钝，但实际禀性并不愚蠢，且具有拙中藏巧的能力。熊能攀登树木，常和鹰隼（sǔn）为敌。它的项力特大，敢和虎豹作斗。十二形拳中的熊形拳取它这一本能特长，演练而成拳法。熊形拳，在人体内能使阴气下降还于丹田，能复纯阳之气升至头项。拳谬，则影响脾胃不和，两肩无力。

形意拳是"事少而功多"，方法简单而功效大。比如，熊形拳是在理顺臂、肩、头三者的关系，练习时可先找一个西瓜，单手托在右肩上。右手臂搂着，要防止西瓜滚落，手心和肩头要相互照应。找到这个体会后，就把真西瓜去了，搂着个想象中的空气西瓜，掌心对着肩部胆经上的肩井穴，掌根对着耳朵，这样腕部就有了一个弧度，自然地向里。

肩膀和手心一照应，大臂、小臂就绷圆了，肘尖不能扬起，要如弓上的箭，在劲上缩着。要体会出空气西瓜的重量，肩和手心细微地控制着它。当右肩上的空气西瓜有了真实的重量，身体为了维持平衡，左边的腋窝就张开了。腋窝的开张，是用拳的关键，张开不是无限度，如狗熊夹玉米棒子。左胳膊是斜垂着的，腋窝一张，手就抬起来，再一夹，手就向前了。狗熊掰棒子，随夹随掉，所以腋窝的开张也是很灵活的。如果把夹、张做快了，或者说把腋下的玉米棒子拧一下，拳劲就旋起来了，练好了这感觉，整条胳膊就活了，打拳就能拐弯了。

熊形是左右互换，也就是西瓜和玉米棒子要互换。练了熊形，自然就能对"转环崩"（崩拳的一种）有感悟的，形意拳是一个拳补充另一个拳，甚至一个拳里有所有的拳。西瓜和玉米棒子，实际叫"虚运一个形"。

这个秘密，1650年前王羲之的儿子王献之就已讲出来了。

王献之少时在写字时，王羲之从后面过来，猛地抓他的笔杆，竟然没有抓动，王羲之就说这个儿子已掌握了书道的秘密。书法握笔，指头在笔杆上使力，反而使不出力量来。手心要像握着一个鸡蛋，下笔时催动这个虚运出来的鸡蛋，字方能力透纸背，如有神助。

如果说王献之写字死扣笔杆，几根指头是抵不住王羲之奋力一拔的力量的，而是说王献之手心虚运出一个形，这个形有了实感，手中的笔别人就拉扯不走了。

王献之只练了一只手，形意拳是在练整个人，所以形意拳是大书法，这个虚运之形，身上曲折成空的地方都要有。

形意拳简单的练法就是练"辶"，"丶"这一点，就是沉着，拳要先练这个劲，一沉能着上，着上就是一沉。身子往下一沉，手能着上对方，千招万势都可以这么打人。

有了浑身一沉，浑身能沉能着。沉下去，还要能起来，但这一起可就凤舞龙翔了，"丶"要扯成"夊"——这是身法变化，也是劲催的。有了一沉再转，就能从一沉里转出新东西来。形意拳就在"辶"里。

另有一个熊形的要诀——狗熊人立。狗熊展腰方能立起，肩上托西瓜也要挺腰，才能撑住西瓜的重量。狗熊人立时，脚跟不着力，使用前脚掌支撑。重心放在前脚掌上，才能发力，后脚跟是虚的，轻易不实。

习武要先从弱点上练起，从失衡处下手。一般人都是右重左轻、头重脚轻、前重后轻。站熊形一开始要体会出自己的失衡，自己搞懂自己，右边重了，便要在左边加力量，或者将右边放松——这是熊形的轻重诀。

熊形最后要集中在两个小腿肚上找轻重。小腿肚就是毛笔的笔肚，弹性都在里面。熊形的提顿就是毛笔的提顿，提顿是古人发现的微妙。天地生万物，也是这一提顿，世间巧到极点的工艺，都是这一提顿。

轻重诀后是水火诀。水消减火，火消减水，上下、前后、左右要相互抵消，都抵消掉了，就整身和谐了，就所谓"为道日损"了。轻重诀只是力感，水火诀是气感。力感调对了，才可敏感到气，此时的气才可用。调不好力感，便只有乱气错觉。

熊形要形完气厚，站熊形要有气感，会觉得上下身、前后身、左右身的气感不同，有清浊、爽腻、温寒的差别，便要让这不同的气感相互抵消掉。

轻重诀凝成一个力，水火诀凝成一团气。轻重诀和水火诀，关键要在行拳时体味，行拳时的力感、气感更迅速微妙。

练熊形拳要先把自己当成一个重病患者，这个身体已经经不起折腾了，要很小心地体会自己——这是孔子讲的"慎独"，知道自己在干什么，知道自己怎么了。

在形意十二形拳中，重点突出所取动物的进攻技巧，不求形象但求意真的练法，内里讲究木、火、土、金、水的五行内涵，有"外三合"和"内三合"的要求，即是要求内心的心情与拳招、力度等合一，方可发挥出威力。

由于公开的只是招法，形意拳的口诀是要面授口传的，又由于人们比武求胜的心理，许多人学形意拳都是在学格斗法，对于深一层的道理无法求得甚解。但内家拳的要点不在拳招，在于"神气"，在于这种非常灵性的东西。

以上对形意拳的基础——《三体式》的桩法，对形意拳的组成部分五行拳和十二形拳的内容进行了简单的了解、描述与说明，使人们对形意拳这一著名的内家拳，有了一个全面的了解和认识。同时，也会对五行、五藏、十二经络与武术的密切关系，有了进一步的认识。

对于有兴趣练习形意拳的人们来说，对于想通过学拳来达到"男人英姿潇洒、女人妩媚亮丽"的人们来说，对于想通过学习拳法中的练拳练息达到祛病强身的人们来说，以下练习形意拳的相关内容和注意事项，也是很有意思和应该了解的内容。

武德的重要性

说拳先说武德，说拳必说武德。

武德是练武人的救命草，没有武德，伤害了他人是一方面，更糟糕的，同时也会把自己弄得家破人亡。做人不能为富不仁，也不能为武不仁，练武的人应该是仁者、善者、德者，只有功夫没有德行，人就会丧心病狂。

武术的传承是不讲情面的，不是关系越好教得越多，许多拳师是连自己儿子都不传的。练武是"孝"字为先，连自己父母都不孝顺的人，没有人会教他，每日要以"忠义礼智信"来衡量自己。

练武的人说话讲信用，说出来就算话，还不能有脾气，武艺是要教给不使性子的人。练武的人都不生气，练了武就藏着，藏不住就会得罪人，一得罪就是一大片，藏还得深藏，关键时候露一手就行了。形意拳就是留给笃实用功、心地纯正的君子用的。

练拳容易执着，练出了力度，得意于力度，会产生很多错觉，功夫就不易上身了。同样，练拳有了轻灵感，得意于轻灵，就肤浅了。处处得意，永无进步。

练拳如参禅，对一切现象不管不顾。此时人就分了高下，有人就成为了贵族，有人就成为了市侩。人的气量决定了人的最终所得，练拳人需要高傲点，需要大隐。做到了这点，也就没有了古人讲的"武者不祥"。

练拳的朝向

练形意拳的做法是，刚开始练时，不管白天黑夜，一定要对着东方练，这是死规定。太阳从东方升起来，东方生机勃勃，这也是在象形取意。这个死规定练起来，得了好处，自己就明白了。

练法、打法、表演法

形意拳有个奇特的地方是，形意拳的练法、打法、演法（表演）的口诀竟然都是不一样的，也就是说，练是这么练，打时却不是这么打。而且形意拳的每一个姿势都有练法、打法、演法三种变化，书本上没有，只有拜师后，才能知道。后来很多人也都弄混乱了，会出现用打法去练功，用演法去比武。

为什么形意拳有这个奇特的地方，就是说为什么形意拳的练法、打法、演法（表演）的口诀都是不一样的呢？"形意拳是内家拳，练的是精气神，练功的时候是要把精气神含住，但很多拳师都在练打人，将精气神提起来，一发劲都发出去了，这种打法不可能不短命。原因是不明白动静有别，身体自然会出毛病。"

俗话讲"太极十年不出门，形意一年打死人"，学形意拳的都在学打人，最终把自己打死了。这就是为什么在打太极时，要带点形意的充沛，打形意时，要带点太极的含蓄。

所以，形意拳的练法和打法，迥然不同。比如，练法要以身推肩，以肩推肘，以肘推手，直至练到川流不息的程度。而打法则先要将手似鞭子一样地甩出去，再以肘追手，以肩追肘，以身追肩，用身子拍手，这样一反，就是打法了。

以劈拳为例，劈拳的练法是劈拳如推山，身上由后向前，一分一分地缓缓而推，推得越吃力越好，如此能长功夫，而劈拳的打法是劈拳如抡斧，山民抡斧头劈柴，跟抡鞭子一样，要有个脆劲，否则斧头就只能砍进木头里，无法一下劈成两半。

形意拳古谱上有"打法定要先上身"的话，说比武之前，先要练身子拍手的技巧，将浑身的劲改了，否则比武时光有功夫，没有速度，不干脆，必败。但身上没有功夫，就妄自练打法，又会震伤关节和后脑，所以习拳之初又是"打法定勿先上身"。

怎样练形意拳

弄清如何练形意拳，是个很重要的开始。

形意拳的老师傅说，练武先要神闲气定。心安，智慧自然升起，练拳贵在一个"灵"字，拳要越练越灵，心也要越练越灵。练功时不能有一丝的杀气，搏击的技能是临敌时自然勃发。造作杀心去练拳，人容易陷于愚昧。形意拳站桩时，目光要远大，眼神放出去。打拳时，目光盯着指尖或拳根，随着拳势而顾盼，但余光仍要照着远方，这都是将意发之于外的训练法。

练武时，脚下不可用力，要提着脚心，因为在人体力学上，脚跟和后脑是杠杆的两端，打拳时狠劲蹬地，会震伤后脑。练形意拳练得头晕目眩，记忆力减退，就是脚下太用力了。

武艺练气，道艺练神，从力气上出来的功夫不会有这种如行云流水般的感应；从神上出来的功夫，才会如云行水流。没有这种感应，就没有身法的神奇。形意拳是道艺，作为习者，要懂得向上求索。

比如，人听唱歌会受感动，在天地万物中，也会有受感动的地方，有了感动就有功夫。一感动，拳架子里头的东西就不一样了。这时候，琴棋书画、山河美景、禽兽动物都可以借来入象。练武人学了文化，能比文人用得还好，都能用在身上。唐诗宋词也是象形取意，练形意拳，练得诗兴大发似的，就练对了。

但象形取意要取得含含糊糊，模模糊糊有点意思，一动笔好诗就出来了，这点意思的动力很大，肌肤爽透，比洗热水澡还舒服。

形意拳的根本是敏感，练拳不是练拳头，练得是全身敏感。

练拳不能太用劲，要用脑子调。太紧了人受不了，人们以为下了功夫，只要练就肯定好，不一定，练反了就糟了。形意拳哪一拳都健身，反过来哪一拳都伤身，越练越松快，就对了，练着乏味痛苦，就要赶快变招。否则劲太紧了，能把人练傻了，这不是比喻。练拳就是练脑子，师父留一手，徒弟们就成傻瓜了。

老师傅说，形意拳的形与意，只能授者身教，学者意会，如果勉强以文字描述，那么形就是"无形"，意就是"无意"。可见，无形无意，能胜有形有意，这句话，颇似"无招胜有招"的武家最高境界。

老师傅的练武名言是"练功不练拳，用劲不用力"。

平时总爆发着练拳，拳头抡得越猛，劲越单薄，竹篮打水一场空，练不出功夫。所谓"大势所趋"，练的是身法的动态趋势。抡着胳膊打人，不是形意拳。形意拳是扑着身子打人的，犹如虎豹，蹿出去一丈是这个势头，略微一动也是这个势头。武术一定要练到指尖，手指一弯就是拳，死握着拳是很难练出劲道的。

练拳要如盲人走路，盲人跟常人不同，是蹭着地走路，外表好像很沉重，但脚下是活的，并不只维持着前后平衡，四面八方都照顾着，绊到什么东西，一晃就站稳了，这是以柔用刚，多股劲的作用。这个柔不是软化，是变化。

拳法的根本是"舌顶上腭，提肛，气降丹田"，没有这个，练拳等于瞎跑趟。较上丹田会有立竿见影之效，动手能增两百斤力气；不较丹田，比武就要寻思怎么动劲，而较上丹田，不知不觉就动上了劲。

练拳有练悚（sǒng）了的，一练拳就害怕，这是不较丹田的缘故，练得自己中气不足，凭空消耗。

练武要像干一件隐秘的事，偷偷摸摸地聚精会神，不如此不能出功夫。

怎样练出功夫

中国武术的传统教法，凡是武师真传的，人数一定不会很多，三五个人，才能忙得过来，才教得透。

广收门徒，往往就会出现"教拳的多，传功的少；讲招的多，传理的少"的情况。其实，这不是武师们不实在，而是因为功、理是很"身体化"的东西，讲不明白，得身教方能体会得出。仅靠在练武场上喊几句口诀，即便是古代秘传真实不虚，做学生的也很难体会。

有功夫上身，才是拳术。功夫是不能速成的，能速成的是打法。但没有功夫。只有打法，也就只能欺负普通人，上不了台面。

形意拳难看，因为拳架既不是用于表演的，也不是用于实战的，而是用来出功夫的。拳架能出功夫？比如，练形意拳总是挤着两个膝盖，磨着两个胫骨轴，一蹲一蹲地前进，用此打人就太糟了，两腿总并在一块，只有挨打的份。其实"挤膝磨胫"的目的，是练大腿根，大腿根有爆发力，比武时方能快人一筹，这是功夫。

人体强盛了之后，不知调养，精气神会如江河奔流般地消耗，练武是强身，但往往练武之人会短寿，一过壮年衰老得厉害。

以前练武之人四处寻访，就是要找名师解决这个"盛极而衰"的问题，所以练出功夫后，不知道还有这一档子大事，光四处比武争名声，是自己毁了自己。

武术这东西是很系统的，虽是一下悟进去了，还是要一点点练出来。否则只知有一，不知有二，还是不行。当然，一个人不用功，一辈子练不上档次，就没有这个危险，当个业余爱好，也是很快乐的，因为学拳重要的是身心愉快。

形意拳是"炼拳"，是修炼，是要与精气神发生作用，所以形意拳能变化人的气质，将威武变文雅，又将文雅变威武。拜老师学拳，就是找个人能帮助自己由"练拳"过渡到"炼拳"，就不会盛极而衰了，就会永远生机勃勃。

比如，老师傅说，形意拳的桩功是站着练的，床上也有桩。桩法的第一个要点，是开肺，分为卧桩、行桩。如何开肺，也就是练肺的要领是怎样的呢？

卧桩的要点在于手，手是打开肺的钥匙。躺在床上，两手虚抱在胸前，无所作为，静待感觉发生。手没感觉，就让手松下来，腕子以上没有手似的——这不是意念，而是力度的控制。也许五分钟，也许十分钟，手部率先产生酥痒感，随后这种感觉延续到小臂，奇妙的是，酥痒感不会延续到肩、脖子，而是直接通到肺部，手和肺直接有了感应。（这也证实了《黄帝内经》中说过的肺经走向）

躺在床上，接着可以用两脚打劈拳，不真动，感觉上动了就行了。打劈拳时，要吸着手心，同样，脚心也吸着。这样做了以后，第二天站着打拳，感觉会全然不同，有了"如犁行"的味道。人整片整片地行进，飘然匀实。形意拳的劲道妙在脚心。

平躺时，呼吸不顺畅了，马上一侧卧，气一下顺到脚。在床上辗转反侧，是在练呼吸——会了床上的桩，也就会了溜达。先以形调气，日后用脑子练拳时，呼吸也会起变化，不是"升降吞吐"所能概括的。呼吸一微妙，生理就微妙了。

有些挨打的拳，一是打法不灵，光会动蛮力，别人找对了击打你的位置，一下就把你甩出去了。二是光在肌肉上长功夫了，不会在五藏六腑长功夫，那么功夫还是虚的。就好像窗户纸，好像有个门面，其实一捅就破，打这种人，一两下就能把他捅趴下。

武艺是以气用力，道艺是以神用气，更高一筹。形意拳是道艺，想不明白是当然的，这种高深的东西，只能练明白。

闭五行（五官）

形意拳的内功、功夫是从何开始呢？也许会惹人笑话，是从大小便开始。形意拳的架势好理解，所谓外五行就是那么几个架势。还有内五行呢？一个人对自己的五藏六腑没有体会，便没法练形意拳。

人们很难体会五藏六腑，所以先要在大小便的时候"闭五行"，闭目，咬牙，耳内敛，鼻静气，脑静思。这里是把五官叫做了五行。

大小便时因为体内有运动，就牵扯上了五藏六腑。对五藏六腑有了体会后，不大小便的时候也就能闭五行了。闭五行好处多，在坐公共汽车时，在闲散时间里，都可以闭五行。尤其是在早晨醒来时，醒后先不要急于起床，闭一会五行，就是形意拳中的长寿之法，就是闭五行能使人长寿的方法。

所以，练功夫可先从闭五行中找到一点内功的味道。

曾经有人问形意拳的老师傅："形意拳的内功是什么？"老师傅回答说："形意拳就是内功"，就是这个，不再有别的什么内功。

通过老师傅的这句话，人们对南怀瑾老师所说的"中国的文化如果讲修炼，第一练武功，第二步是气功，第三步是内功，第四步是道功，第五步是禅功"，是不是有了一定的体会呢？

明劲、暗劲、化劲

拳术有三步功夫，就是"明劲、暗劲、化劲"。所谓形意拳中"用劲不用力"的"劲"，说的就是明劲、暗劲、化劲。

形意拳的老师傅这样说劲：用力好比用一个指头打人，用劲好比用整个拳头打人。再比如说：形意拳古谱上有一句有名的歌诀"消息全凭后脚蹬"，如果理解成以蹬脚跟发力出拳，十个人练十个人都会震得后脑生痛。至于能不能发出大力呢，的确能，因为拳击运动员也是借助蹬后脚发力的，蹬后脚扭腰，这是发力最科学的方法。不过拳击蹬的是后脚尖，就不会震得后脑生痛。

"消息全凭后脚蹬"，形意拳先要想提肛，肛门一提，腰上就来劲，腿上跟着来劲，后脚蹬的是腰上的消息，不是用脚后跟蹬地。

拳谱上讲的"消息"，不是以后脚去蹬力，消息是关于劲的消息。正如现代医学仪器在人体上找不出经络，同样，劲也不能以肌肉的伸张来测度。后腿一蹬，大腿肌肉的力气，利用人体的合理构造，通过关节，层层加重，传导到拳头上——这是力学，用它并不能确切说清武术。

如果解释说，后足一蹬，能将整个身体的重量都集中到拳头上，这也不可能做到。就算一个成年人的体重有200斤，用了此法，也不太可能打出200斤的拳头。一个50斤的麻袋，从1米高的距离掉下来，击打地面的力量会有50斤。但一个200斤的人不能打出200斤的拳头，正如人从1米的高处跳下时，由于人体的关节构造，能将地面的反弹力疏散，所以人体不会受伤。当一个人妄图以体重打人时，人体构造却将力量分散，任你后脚猛蹬，也蹬不出太多力量。

而劲不一样，劲就好比是一个网兜，将一堆散放的桔子似的人体拎起来砸出去，人的体重就不会贬值，而且还能赚到加速度的便宜，打出超出体重的力量。妙用如此，形意拳当然要"用劲不用力"了。而只有不用力才能练出劲，因为劲关系到周身上下，一用力便陷于局部，拣了芝麻而丢了西瓜。

有的武术爱好者见到拳谱上写着"形意拳有明劲、暗劲、化劲"，便以为开始一定要练得刚猛，一练拳便频频发力，果然也有成效，打架厉害。其实拳谱上明劲的明字，除了明确，还有明白之意，是要人能够体会到什么是"劲"，拳力增大是这一阶段的必然效果；暗劲是要人由明转暗，淡忘对劲的执著，让劲成为一种自然反应，化劲说的是收放自如。

暗劲与化劲难以描述，只能勉强说一说明劲。练明劲有个巧方法，要在转折处求之。五行拳实际不是练拳，而是在练五种不同的劲，所以每一种拳的转身姿势都不同。转身姿势是为劲而设立的，多练练转身，对劲的领悟会有帮助。

说到化劲，化劲是道艺。画家的"意在笔先"、"胸有成竹"也是化劲，有了意念，不必斤斤计较一笔一划怎么搭配，落笔自能协调。

形意拳是用劲，劲练成后，一切无可无不可，所以也就没有"形"可言。至于意，造作意念，毁人不浅。以前的拳师由于没有文化，在没有得到名师指点的情况下，看到拳谱上的形容词，就以为是口诀，如见到"四两拨千斤"，以为要在力学上取巧，有了贼心，就练不出功夫来了。现在有武术爱好者受气功影响，打拳时，自作主张地加入好多意念，练桩功要"双手捧起整个大海"，大海有多重呢？这样想，只能让精神无故紧张。

究竟何谓意？一个体操队的小女孩，她翻跟头不用多大力，也没什么意念，她靠的是练就的身体感觉，感觉一到，便翻成了一个跟头。形意拳的意，类同于此，不是在脑海中幻想什么画面，所以意等于无意。形意拳之意，比如画家随手画画，构图笔墨并不是刻意安排，然而一下笔便意趣盎然，这才是意境。它是先于形象，先于想象的，如下雨前，迎风而来的一点潮气，似有非有。

形意拳以静为本体，动为作用，寂然不动，感而遂通，是化劲练神还虚之境。明暗二劲，是体用兼备。先将周身四肢松净，神气内敛，提肛实腹，气沉丹田；拳式中的刚柔曲直，纵横捭阖，起落进退之法，练则为体，较则为用。

人体身法上有八要，指身体的起落、进退、反侧、收纵。起落者，起为横，落为顺。进退者，进走低，退走高。反侧者，反身顾后，侧身顾左右。收纵者，收如猫伏，纵如虎放。大抵以中平为宜，以正直为要，与三节法相贯。

明劲的练法为：动转和顺、起落整齐，方正其中。

方正其中，是达到高度平衡的意思。明劲并不是一味刚猛，而是追求练拳时的平衡感。

暗劲的练法为：充实丹田，使身体坚如金石，神气舒展、动作圆通，圆者以应外。

暗劲阶段，丹田会发生作用，练精化气，暗劲令肌肉坚实。"暗"不是阴虚，暗劲是指协调性，是要"活活泼泼不可滞"，动作可以不规范，在周身协调的基础上，以随意的动作来提高自己的机动能力。

化劲的练法为：动作不可着力，专以神意运用，勿忘勿助，一气贯通而已，三回九转是一式，即是此意。

化劲在动作上与明劲、暗劲的动作一致，是规整的拳套或稍作变化的拳套，不是把拳打出新模样。动作虽一致，但内涵已变，动作不用力，以神意练拳。

比如，猫全神贯注地盯着老鼠洞，达到忘我之境，老鼠一出洞，猫就扑上去。此时猫不会想着腿如何跳、爪如何抓，意念一动，身体就飞出去了——这便是化劲。

化劲以意练拳，收无意之效。形意拳练神不练力，有了神也就有了力。

如何生神？前文说的三顶三扣即能生神。

形意拳先教"行劲"，行对了劲，也就找着了身法。对了身法也就找着了劲，能找着自己的劲，也就能找着别人的劲，碰上就倒。

这三个"劲"是练拳术之根本，也是练术合道之真诀。

初学者要避三害

习练武术，有三害应当注意，三害不明，练武反而伤身。力避三害才能体质强健，力量增加，坚毅果敢，并能神清气爽，直入武术道义之门。

三害是什么呢？一是拙力，二是努气，三是挺胸提腹。

拙力之害

拙力就是用力太笨，气血凝滞，以致血脉不能流通，筋骨不能舒畅，甚至四肢拘急，手足不能灵活，虚火上升，浊气滞满胸臆，是肢体凝滞之处，或细胞爆裂变为死肌，贻害终身，不可不慎。

习武中一旦形成拙力，不但难成高手，并且后患无穷，会造成局部死肌。

努气之害

努气就是力小任重，或用力太过，以致气满胸膈，壅滞不通，其气管往往有爆裂之虑，甚至气逆肺炸，或得不治之痼疾者，数见不鲜。

人在正常的运动时，呼吸量越大，力量越大。古时候，管大力士叫"肺强之人"。当拳击比赛到五六回合时，讲解员多会喊"拳击手体力消耗过大"，不是消耗了什么，而是肺部承受不住了。

形意拳练的第一拳劈拳便是锻炼呼吸，肺部不强而做剧烈运动会"炸肺"。肺部负担过重，气管就会受损。中学生们跑一千米，体育才能及格，学生们跑完后往往痛苦不堪，原因就是炸了肺。体育课让学生硬性达标，而不做强肺训练，越锻炼越损伤身体。

凡是懂得这个方法的中学体育老师，会教学生用深蹲法作为长跑的准备课程。深蹲时，两臂平伸在胸前，缓缓蹲下站起，起到锻炼肺部的作用，与劈拳有异曲同工之妙，这样的老师才是真懂体育的人。

深蹲法是有体无用，能起到强肺作用，但不能用于技击，包括华佗的五禽戏都是有体无用。而形意拳则是有体有用，其姿态能锻炼能技击。以憋住呼吸、逆呼吸等方法发力，对人的损害更大，最好以自然呼吸练拳，让肺部自然地强大。如果肺弱而做强力运动，必损伤肺。

体育比赛中很少会真的炸肺，因为人有自我保护意识。但比武时就不一样了，真的会炸肺，比如两个练八卦拳的人推手，推着推着一个人就倒地休克，送去医院急救。对手的力量袭来，他以强力抵抗，对手一逼，人就停不下来了，肺部不支，就伤了气管。比武受伤，往往不是被对手打伤，而是素质不够，自行崩溃。

挺胸提腹之害

挺胸提腹之害是指气逆上行，不能降至丹田，两足似浮萍一样无根，重心不定，身体摇动不安，拳术不能从容中道。练习时，必须要将气降至丹田，甚至直达脚底涌泉，然后身体屹立如山，虽有雷霆万钧之击，也不能撼动毫厘。

挺胸提腹地打拳，看着体型漂亮，却会造成气逆上行，练出高血压。人们一般都重视上肢忽视下肢，上肢离大脑近，神经敏感，注重上肢，是人之常情。但形意拳不是常情，练武一定要气降丹田，发力点降到腰部。气沉丹田不是硬压出来的，有个小窍门，两臂举过头顶，气就下沉了。上举才能下降，形意拳的起式和收式都是两臂上举的动作，强调气沉丹田。气沉丹田一开始难以做到，得等打拳打得周身发热时，两臂一上举，小腹中觉得有了一块酥甜甜的东西——这是气沉丹田。

武伤脑眼

练武最容易伤的一是脑子，二是眼睛，会觉得脑子糊涂眼睛有压力，这时，要赶快以二十四法来校正自己。《象形拳法真诠》也是以二十四法为篇首，它是形意拳的根本，犹如出家人的戒律，自学者找不到老师，就要以二十四法为师，时刻保持警醒之心。

站桩也要练脑子，无为的要得站出灵感才行，有为的得站空了自己才行。至于说站桩站得像有大山压着，也许是长功夫的好现象，但更可能是站塌了腰，没有做到"三顶"中的"头顶"（发顶），头部肩部萎顿着，就算有再美好的意念，也出不了功夫。

拳劲起自腰劲，只有头虚顶了，腰里才生力，站桩首先是为了生腰力，脊椎别扭就什么都生不了。由此可见二十四法是动静不能离的根本。

世人练拳多是执著一项，或是求重，打沙袋、负重力，或是求轻，故弄玄虚。老师傅们则说，求什么便被什么所局限，拳术是无所求的。

轻与重都不是拳术，拳术是能轻则轻、能重则重的东西。以轻练轻、以重练重，就离题万里了。

练拳术，应循规蹈矩，不可固持己见，以致有偏枯之弊。若专从力的方面发展，则为力所拘；若专从气的方面发展，则为气所蔽；若专求沉重，则为沉重所捆；若专求轻浮，则为轻浮所散。

总之气血并重，性命双修，循序渐进，自强不息，久之则神意归于丹田，灵气贯于脑海，身体自然能轻、能重。轻则身轻体健，行走如飞；重则屹立如山，确乎不拔。这就是：练神还虚则身轻如羽，气贯涌泉则重如泰山。

练武之人不比武

功夫高的人之间不用比武，也无法比武，一旦动手，都不敢留余地，根本没有将人弹开这一说，手上的劲碰到哪儿就往哪儿扎进去，必出人命。

老师傅们认为，勇气和本领是要报效国家的，对于私人恩怨，要摆出一副窝窝囊囊的样子，才是最好。"他强由他强，清风拂山冈。他横任他横，明月照大江"。有了清风、明月的胸怀，武可以练，却不必比。

等到真比武时脑子就空了，一切招式都根据对方来，等着对方送招，对方一动就是在找挨打，所谓"秋风未动蝉先觉"，不用秋风扫落叶，秋天有秋天的征兆，一到秋，蝉就知道了。所以所谓的比武，就是比谁先知道，形意拳的后发制人，不是等对方动手了我再动手，而是对方动手的征兆一起，我就动了手。不是爱使什么招就使什么招，是要应着对方，适合什么就用什么。在平时多动心思多练习，比武时一出手就都是合适的。只有在练拳时将方方面面的心思都动到、都想到，在比武电闪雷鸣的一瞬，才能变出东西来。

形意拳比武发力时，只在碰到对手身上的瞬间，手才握紧。同样的道理，只在打倒敌人的一瞬间，才露真形——这是五行拳的用法，只用一点，一点即可。大部分时间是存而不用，储备在身上就行了。

练了拳，一天到晚身上显着架子，这是妖气十足。刹那显真身，才是形意拳的大巧。古拳谱云："拳打三节不现形，现形不为能。"就是说，不恰当地现了形，是大外行。

擒拿的内容

形意拳的擒拿是连拿带磕。"拿是死的，磕是活的。实际没有拿，其实只有磕。"这说出了学擒拿的关键是学会后续手段。

由于擒拿容易造成伤残，因而老师傅们立下规矩，严禁徒弟们使用擒拿。

点穴

点穴不是要点得人一动不能动，而是点了以后人一动就会痛苦，不舍得动；其次，点穴不是追着认穴追着点，那样一辈子也点不到人，点穴的要诀就是自然而然地在你来我往中刚刚好能点上穴。追着点穴是追不到、来不及的，要等着点穴。

点穴不是点上去的，也不是打上去的，而是撞来的。顺着敌手的劲戳住了，顺手在哪里就是哪里。懂了形意拳的高级打法，也就懂了点穴。点穴的手形是剑诀，食指和中指叠在一起。那么如何练指力呢？不是去戳木头沙袋，而是劈抓，形意拳古谱中有"三顶"的要诀，其中有指顶，指顶有推出之功。

至于解穴，只要一个人会了点穴自然就会了解穴，揣摩着点上去的劲，反方向一拍，也就解了穴。点穴的奥妙不在指头，不在中医经络图，而在打法，这是粗浅的点穴原理。

形意拳的境界

人们打形意拳，会觉得自己很渺小，就似人在高山、大海前会感到自己很渺小一样，油然而生对大自然的敬畏之心。高峰坠石、浪遏飞舟——这种天地间的惊人之举，在形意拳中都有。大自然里有的，形意拳里都有。

书圣王羲之说，自然里有的书法里都有。圣人的这种见识，打形意拳的人也能体会出一点点。书法写在纸上有迹可循，尚且如此，何况是无迹可循的拳法？这是最基本的拳理，也是人们打拳的起点，这里面的道理很深刻。

练形意的人通过练拳，渐渐地就会感知天命了，就觉得风水、相术不用刻意去学，自己想想，就能明白个大概。

形意拳进入了高功夫，必定是慈眉善目。通过练拳感知了天命，思维和常人就拉开了距离，从而也就有了悟性。悟性就是感天感地，把天地间的东西贯通在了自己身上，也就达到了天人合一。

武术的体系是网络状的，无法一根直线顺序地讲完，只能循环地讲，越往后讲，更会大幅度地回到前面。起点即终点，初步就是高处。形意拳到了高级阶段，又是没有具体功法的，都是在谈天说地，使人会感到形意拳不是人教的，是天教的。因为人们不管总结得多高明，只要落成文字，内行人见了，总有"这少一句那少一句"的感慨，武术这个东西，是说不全的。

说不全的武术

说不全的武术，我们却在此将形意拳这门武术中的《三体式》桩法、五行拳的五种拳法和十二形拳的特点进行了描述与说明。目的是通过一个拳法看到武术强身健体的本质特性和通过武术达到天人合一的具体方式和方法。

无论人们是否喜爱武术，通过上面形意拳精华的介绍，是不是大致了解了武术功夫中的无穷魅力和诸多秘密呢？其中的最大秘密，就是在知止的情况下的永无止境。

无论人们是不是习练武术，只要根据武术功夫中的诸多原则来调节自身的行、走、坐、卧，或是每日站上十几分钟的《三体式》，就会在日常生活里逐渐体会到"男人英姿潇洒、女人妩媚亮丽"的气质和修为。

正如形意拳所要求的，武术既是"练拳"，也是修炼，能与人体的精气神发生作用，能变化人的气质，将威武变成文雅，又将文雅变回威武。

从这个角度说，武术的练习，与前文说到的个人敲打按摩自身经络的方法，与站桩打坐静修的方法，与书法绘画抚琴的方法，都有着异曲同工的相通之处和相得益彰的互助之功。

说不完的文化

中国文化中的这些互助之功、相通之处，将文化中的文与武融为了一体，将自然界中的能量、磁场，吸收、融化成人们自身文武中的状态、自身文武中境界里的能量，从而促进了人们精神生活的丰富多彩，促进了人们在自然的变化中、在天地的呼吸中，有滋有味地进行着文武双全的修炼与升华。

我们通过七个大故事，简要介绍了中国人的文化中最根本的组成部分。七个大故事看似内容各有分别，但都贯穿着宇宙自然与人们的相互联系、相互作用和相互影响，实为一脉相承。

无论是作为"一直作为中华民族的智慧之源、中华文化的源头活水"的《易经》，还是作为"一部以生命科学为主体的中华民族灿烂文化发展进程中里程碑式的巨典"的《黄帝内经》；无论是儒、是道、是释，还是从形、从气、从神，从平面的、从立体的，从其大无外、从其小无内，他们无一不是在讲述着、转述着宇宙自然中本有的规律，无一不是在陈述着这些规律与人类的联系和关系，无一不是在呈现着中国人文化中的完整密码。

所以，中国文化中一脉相承的是宇宙自然与人类的互动之脉，相承的是通过宇宙自然相生相克的相互作用以维护制约人类世界物质体系的循环规律之脉，相承的是达到宇宙自然与人类天人合一的和平、和谐、和睦的相处之脉，相承的是盘古开天辟地、牺牲自己造福人类的持久之脉、互助之脉。

伴随着岁月的流逝，人们将一个人的日常行为叫做了习惯，将一群人的习惯称做了习俗，将一个区域所流传的习俗叫做了传统，将一个社会的传统生存方式叫做了文化，将一个国家久远与当代文化的传承与展现称为了文明。如同要改变一个人的习惯很难，而要改变数亿人积累数千年的习俗、传统与文化，难于上青天。无须执着于知识，不应忽视了思想，莫要轻视了文化。

因此，以中国一脉相承之优良的文化影响习惯、习俗，并弘扬这一优秀的文化，光大民族优秀的文化精神，就是一个国家和民族顺应文明发展的正确方向。这也就是公元1912年出生，已过100岁的老红军王定国老人为本书题词："传承文明"的祝福与期盼！

每个人的心灵都有一把专属的钥匙，只有这个人自己能够将它打开。当中国人的文化密码众所周知之日，密码也就不成其密了；当人们用中国人的文化密码，开启自身那天人合一的人体宝库之时，密码也就融化在了人们的血脉中，从而呈现出的是人们的健康体魄，是人们厚德、务实、包容、友爱的文化精神，是人们热爱生活、积极向上的无尚风采。

中国人的文化博大精深，本书所谈到的中国人的文化密码，仅仅是浩瀚的中国文化密码中的一点点，真诚希望这个一点点能引起人们对中国文化的更多关注，能吸引人们对中国文化的更加喜爱，能唤起人们对中国文化的更深体验，能促使人们对中国文化的更为自豪。

这正是：

羲黄儒道释文武，
千年万载延流长，
文化密码今日解，
化作香飘百姓窗。

本书作者的纸本书法扇面

596

中国人的文化密码

The Generic Code of Chinese Culture

本书作者的纸本水墨山水

感言

世上没有任何一种文化能够像中国文化那么悠远绵长，能够像中国文化一样，可以进行自我调控与自我平衡。作者王丁虹是我三十年的好友，我一直关注着她，尤其是她离开国家机关，复每每在一起，总有许多议论不尽的话题。

舒建新，山东省青州市人，现为中国国家画院研究员、中国国家画院美术馆馆长。2012年8月，任云南省普洱市人民政府副市长（挂职）。

作品多次参加国内外重要展览，出版有多本个人画集。

在交談中我感到他對中國傳統文化有著深刻的理解不久前他去看我新近寫了《中國人的文化密碼》一書作為文化人我祝賀這本書的成功出版作者將中國几千年的文化傳統用故事的形式娓娓道來以中國人自身

感言

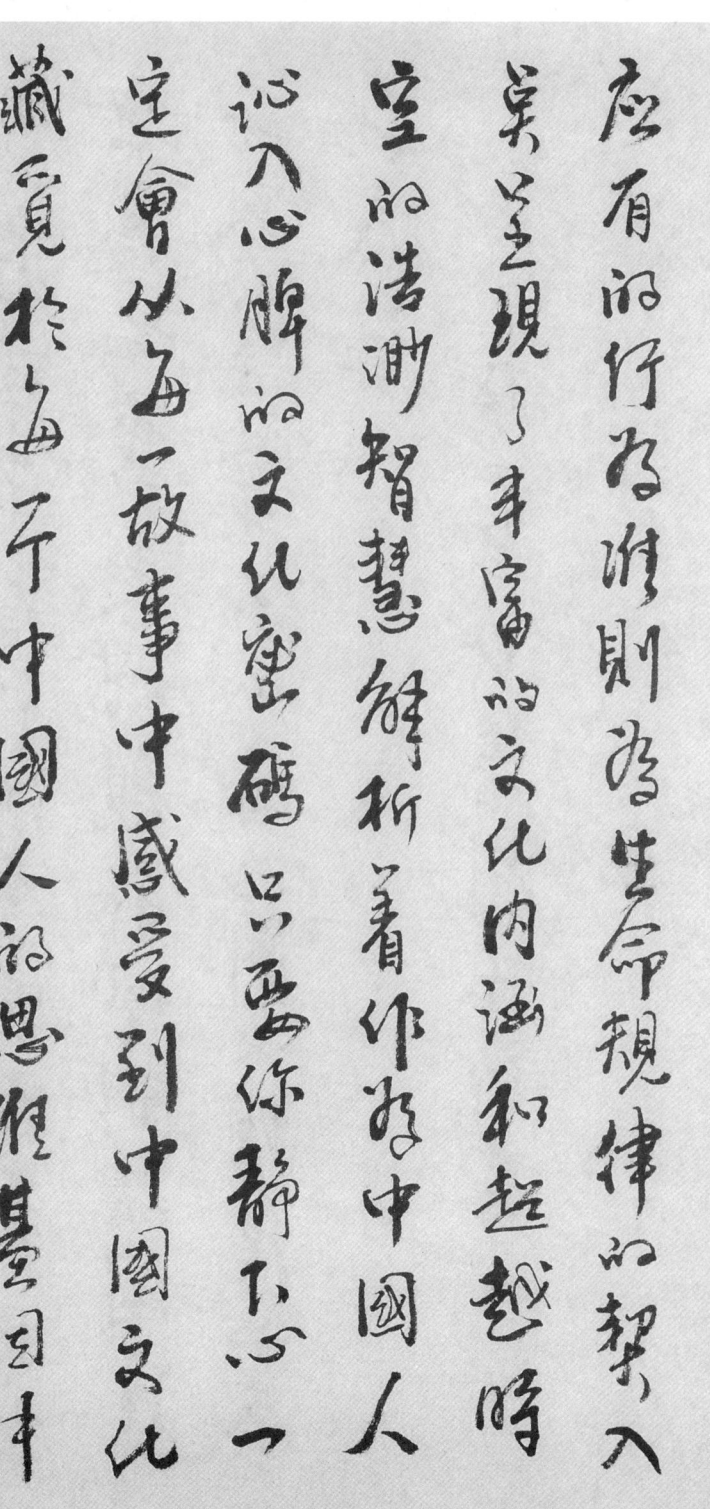

应有的行为准则为生命规律的契入呈现了丰富的文化内涵和超越时空的洁渊智慧解析着作为中国人沁入心脾的文化密码只要你静下心一定会从每一故事中感受到中国文化蕴育于每下中国人的思维基因中

的密码由来看到浑厚与庄严脱尘与高元柔美与亲和风雅与闲适历尽艰辛而不衰的种种绚丽的文化底蕴

癸巳年新春辟邪新书

后　记

　　一本书，说了七个故事。

　　这本书用大白话解说深奥难懂的问题，试图使人们在阅读轻松故事的过程中，逐渐了解易经、黄帝内经、儒家经典、道德经、心经、书画、武术说了些什么，使读者能够找到中国文化的入门路径。当然，是否做到了这一点，阅读了本书的读者朋友才能评判。

　　看懂了以后呢，想玩哪一个，静静地玩，坚持玩，不经意间，就入门了，就成为门中高手了。

　　中国文化的这七个故事，每个标题下的故事，之前都有许多人分别说过了许多次，他们都说得很好，作者又串在一起说了一遍而已。而且，既然是串在一起说，就可以拆开来跳着看。

　　可是，没看第一个故事，第二个故事读起来就费劲；没看第一、二个故事，第三、四、五个故事，读起来也费劲；没看第四、五个故事，读第七个故事，又会觉得不可思议，又会觉得怎么可能是这样。

　　比如，第一章、二章、四章、七章，都有"太极"的相关内容，不断深入，不断破译，人们就不再觉得太极虚幻，而会感到太极真切，会感到中国文化的一脉相承，这就是中国文化的特性。

　　虽说如此，每个章节内的内容，愿意跳着读，也是方便的，这时，也许读者会认为，噢，这原来竟是一本"工具"书。

　　因此，之所以串在一起又说一遍，一定是内容上、观点上、方式上，有太多太多的不一样，一定是有太多太多文化中的好玩的东西想介绍给大家，兴许人们读了这七个解密的故事后，再去读许多人都写得很好的书，会容易些，会方便些，会简单些。之所以这么说，是因为这七个故事说的是中国文化中的最底层、最基础，又最高深的内容。

　　记得大学刚毕业，在书店买了一套三本的《庄子集释》，22岁的年龄，根本进入不了书中的内容。对于一般人来说，并没有人阻挡我们去读《易经》，读《道德经》，读《黄帝内经》，但为什么打开书本，就似被撞回来一样，昏昏欲睡，而进入不了呢？

　　快过去三十年了才认识到，几千年流传下来的中国文化中的经典，经过几千年的洗礼，至今还活在书店里，活在图书馆里，活在人们家中的书橱里，就因它们说的是宇宙自然中能量场的内容，就因它们内在蕴含着巨大的"能量"，只是一般人承受不了这个能量。而人们心目中敬仰的那些个宗师、大家，大学者、大教授、大科学家等，他们的脑量，他们的自身能量，已到了那个量级，所以，他们读起来这些经典，并不费劲。

因此这些个经典中的能量，既能吸引人，又可排斥人。就好似一般人，随意拿起幼儿园的图书给孩子们解说时，这些常人，这些幼儿的父母，在幼儿的眼里，哪个又不是宗师、大家呢？

鉴于此，这次用大白话来啰嗦地说这些关于经典的故事，也就不可直来直去地说，也怕经典的能量场，伤着一些人们的好奇与期待，只好拐着弯地，一点一点地逐渐进入，即使如此，也许依旧做不到位，即使不能到位，也一点一点不断地提问题，不断地深入。

所以才说，请各位以玩的心态读之，坚持玩，玩过了能量场的冲击波，玩进了能量场的旋涡，玩的融化在能量场中并吸收了能量，也就使我们这些不是宗师、大家的普普通通的一般人，都能在玩中，提升了自己自身的脑能量，都能在玩中，成为了宗师、大家，一定会的。

为什么一定会呢？因为这个宗师、大家的标准，不是去与李白、杜甫比，不是去与曹雪芹比，而是与昨天的你比，而是与你最亲密的小伙伴们、老伙伴们比，而是与原本未来的你比。比着比着，也就到了李白、杜甫、曹雪芹的境界里了。

"神仙本是常人做，只怕常人心不坚"，人们个个都有机会做神仙，何况仅仅先做个读书中的宗师、大家呢？一旦人们做到了半个"神仙"，再看这些人们心目中仰视的宗师、大家，就又会觉得这些宗师、大家，他们的能量场也还具有可以再提高的空间呢。

事，不是这个事，理，却是这个理。

拿我自己来说，去年读到一本称作看懂了《黄帝内经》的书，读后虽觉得还不透彻，总体觉得已经很好了。但今年自己写书写到《黄帝内经》时，才深切感受到，不把《黄帝内经》放到广袤的宇宙自然空间中去理解，其实是理解不了的，是读不懂的。相反，把这个道理说开了，人们就都能很容易地看懂了《黄帝内经》。比如，书中在谈西医、中医的同时，加入了气医、道医的内容，生出"西医每责中医迷信，中医复笑气医'巫'骗"的故事，人们从中再回过头来看中医，也就简单了、容易了。

看懂了《黄帝内经》很重要吗？非常重要，因为这不是哪个个人的事，这是关系到中华民族整体身体健康的大事。

所以，当人们读完此书后，当人们去找出、去发现书中诸多的不足时，人们的自身水平也就提升了许多，因为，人们品评的是最经典的文化内容。这是中国文化的独有魅力，而不是哪个作者的个人本事，不是的。

这是一本文化普及的书，也是一本"工具"书，更是一本面向未来的书，是读者朋友为自己的未来要读的书。虽然，那些宗师、大家们常说的一句话：此生读书此生用，已晚矣。但是，无论哪个年龄段的人群，只要有缘真正进入中国文化，都是不会晚的，不会的。

有人说，书有两种，一种是从中获取知识，另一种则是从中汲取思想。前者影响你的某些观点，但看完后，你还是原来的你；后者则会改变你的思维，看完后，你将是一个全新的你！

那么，有没有既能动摇观点，又会更换思维的一类书籍呢？如果有，那会是说文化的、说历史的、还是说科技的一类书呢？都会有的。

本书所说的各个故事，希图在尊重历史事实和挖掘事实真相的基础上，说清楚中国人的文化中这些最基础的东西里面有什么，是什么，为什么，做什么，也就是洋话中说的 what，why，how。从洋话再转成中国人说的，就是：是何、为何、如何。

比如，说到人体十二经络的第一条经络肺脉时，不断地问下去，肺经到底有什么用？怎样用？说到人们广为知道的《道德经》中的名句"人法地，地法天，天法道，道法自然"，还要再往前追问一句，"自然"究竟是指什么？只是问还不行，还要给出答案。

之前读到的说中国文化基础的许多书籍，感觉说 what，说 why 的人多些，说 how 的人少些，因而本书就尽量落到如何容易地做上面，落到学以致用上面，落到有益于文化精神的整体提升上面。对于喜爱中国文化的读者，但愿本书致用部分是个入门的方便法门。

现在一方面国学热在兴起，一方面也有许多人觉得中国文化似乎禁锢了、限制了国人的思想，影响了国家的发展，希望能向西方强国那样发展科技和民主来强国。然而，作为国民生存基础的传统文化，同样是国家强盛不可或缺的基础。何况西方国家也在学习中国传统文化，以及佛教文化。

一国文化既有精华也有不足。五千年的中国文化，使无数中国人受益，没有受益于中国文化的人群，并不能就说中国文化不好。有趣的是，人们对于真正的中国文化多半是听说的多，了解的少；了解的多，行动的少；行动的多，坚持的少。凡是坚持了，成效就看到了。

本书选取的七个故事，仅仅作为总揽中国文化的钥匙。现代的人们观察世界，依然是不可能离开宇宙自然。从大的方面说，应立足于学好、用好、发扬好、传承好中国人自己的文化。而对于每个个体来说，自己学好了、用好了，自己好了，就是发扬好了、传承好了中国人的文化。人人自己好了，国家也就好了。

非常感谢老领导刘毅先生在他 82 岁生日之际，为本书题写了书名。刘毅先生 1977 年从孔孟之乡来到北京，任国家商业部副部长，1982 年商业部、粮食部、全国供销合作总社合并为新的商业部后，任商业部部长；1988 年调到国家旅游局任局长时，我在旅游局内被调去做局长秘书工作。

记得我做秘书工作报到的第一天也是第一次见到他时，这位当时58岁的领导微笑着说，"只给你交代一句话：任何时候、任何场合，不许说我的好话。"任何时候、任何场合，定义了时间与空间，作为25岁的青年，自然听不懂这句关于时空的话，只是照着做而已。

后来看到谦卦☷☶的卦象，才理解了他所说话的内涵，就更加感谢他作为长者、智者，对一个刚刚涉世青年人的保护和厚爱。

二十年前，工作中有缘认识了那时年已80岁的王定国老人。

定国老人出生于1912年的大年三十，1933年参加红军，任妇女独立营营长，同年加入中国共产党，1935年跟随红四方面军参加了举世闻名的二万五千里长征。抗日战争时期，曾任陕甘宁边区政府党支部书记、延安市妇联主任、中共中央法律委员会党支部书记。建国后，是第五至第七届全国政协委员。

定国老人是"延安五老"中的第三老谢觉哉先生的夫人。1937年1月至1947年3月，中国共产党中央驻扎延安时，中央领导和全体机关干部，将徐特立、吴玉章、谢觉哉、董必武、林伯渠五位老同志尊称为"延安五老"，即按照年龄大小分别是徐老、吴老、谢老、董老、林老。"延安五老"是德高望重的中国老一辈无产阶级革命家、政治家和杰出的社会活动家。

今年已过了100岁的定国老人，依然身体矍铄，社会活动不断。原本想请她为本书题词：文化定国，她的秘书看了本书的目录和介绍后，觉得文化的境界不可太硬，于是老人题写了意境深远的美好祝愿："传承文明"。非常感谢百岁老人家的题词，它为本书增色、增辉。

非常感谢谢安朔先生、于少平先生、无名氏先生、吴清忠先生，以及国际著名经济学家张五常先生等人对本书的大力支持；非常感谢书中故事里所涉及到的许多作者及专家，你们的智慧，提升了本书的境界与高度，使本书成为值得人们阅读的一本有价值的文化普及的书。

感谢老朋友舒建新先生发自内心的感言。本书是在中国旅游出版社李志庄社长鼓励下写作的，在此谨以致谢。同时，还要特别感谢华夏出版社黄金山社长，以及本书的责编贾洪宝、杜晓宇。

为了方便人们对书中内容的进入，以本书书名设立的博客（http://blog.sina.com.cn/zgrdwhmm），将进一步与读者讨论中国文化中的诸多有趣内容，因为文化不是听热闹的，而是要坚持"玩"的。

本书介绍了许多中国文化中的宝贝和使用的初步方法，对比中国文化的浩瀚与博大，仅是沧海一粟，不足之处，敬请读者们多多批评，接受读者批评的邮箱地址为：wenhuamima2012@163.com。

作者

2013年6月6日 于北京

参考书目

郑 军		《太极太玄体系》	中国社会科学出版社 1992 年版
柏 杨		《中国人史纲》	山西人民出版社 2008 年版
郭志成	郭 韬	《走进伏羲》	光明日报出版社 2003 年版
朱伯崑	主 编	《易学基础教程》	九州出版社 2003 年版
曾仕强		《易经的奥秘》	陕西师范大学出版社 2009 年版
南怀瑾		《易经杂说》	复旦大学出版社 1997 年版
田 园	齐 巨	《易解人生——田园破解伏羲易》	人民文学出版社 2010 年版
田合禄	田 峰	《周易真原》	山西科学技术出版社 2004 年版
黄 凡		《周易—商周之交史实录》	汕头大学出版社 1995 年版
李山玉	李健民	《八卦象数疗法》	团结出版社 2009 年版
张其昀		《"说文学"源流考略》	贵州人民出版社 1998 年版
刘文元		《四柱命理正源》	中国商业出版社 2009 年版
刘文元		《奇门启悟》	中国商业出版社 2009 年版
唐赤容	编 译	《黄帝内径》	中国文联出版社 1998 年版
刘力红		《思考中医》	广西师范大学出版社 2003 年版
无名氏		《内证观察笔记》	广西师范大学出版社 2009 年版
李阳波		《开启中医之门》	中国中医药出版社 2005 年版
李卫东		《人类一半是外星人,一半是地球人》	上海锦绣文章出版社 2010 年版
中里巴人		《求医不如求己 1》	中国中医药出版社 2007 年版
中里巴人		《求医不如求己 3》	江苏文艺出版社 2008 年版
吴清忠		《人体使用手册》	花城出版社 2006 年版
南怀瑾		《论语别裁》	复旦大学出版社 1996 年版
南怀瑾	讲 述	《禅与生命的认知初讲》	东方出版社 2009 年版
南怀瑾	讲 述	《人生的起点和终站》	上海人民出版社 2008 年版
仿 佛		《气道针经》	团结出版社 2006 年版
韩金英		《内在小孩解道德经》	团结出版社 2010 年版
蒋 勋		《写给大家的中国美术史》	生活读书新知三联书店 2008 年版
于少平		《于愚公画集》	人民美术出版社 2006 年版
徐皓峰	整 理	《逝去的武林》	当代中国出版社 2006 年版
		《袖珍中医四部经典》	天津科学技术出版社 1986 年版
		《三丰全书》	上海将左书林印行 1918 年版
		《历代书法论文选》	上海书画出版社 1979 年版

图书在版编目(CIP)数据

中国人的文化密码/王圣钧著. —北京:华夏出版社,2013.10
ISBN 978-7-5080-7819-9

Ⅰ.①中… Ⅱ.①王… Ⅲ.①中华文化－研究 Ⅳ.①K203

中国版本图书馆CIP数据核字(2013)第227519号

中国人的文化密码

作　　者	王圣钧
责任编辑	贾洪宝　杜晓宇
装帧设计	刘春州

出版发行	华夏出版社
经　　销	新　华　书　店
印　　装	北京爱丽精特彩印有限公司
版　　次	2013年10月北京第1版　2014年2月北京第1次印刷
开　　本	787×1092　1/16
印　　张	38.5
字　　数	760千字
定　　价	129.00元

华夏出版社	社址：北京市东直门外香河园北里4号　邮编：100028
	网址：http://www.hxph.com.cn　电话：010-64663331（转）
	投稿互动：hxkwyd@aliyun.com　010-64672903

若发现本版图书有印装质量问题,请与我社营销中心联系调换。